黄河·长城·太行文旅融合研究

主编 郝平

山西出版传媒集团　山西人民出版社

图书在版编目（CIP）数据

黄河·长城·太行文旅融合研究/郝平主编.—太原：山西人民出版社，2020.9
ISBN 978-7-203-11398-0

Ⅰ.①黄… Ⅱ.①郝… Ⅲ.①地方文化-地方旅游业-产业融合-产业发展-山西-文集 Ⅳ.①F592.725-53

中国版本图书馆CIP数据核字（2020）第079703号

黄河·长城·太行文旅融合研究

主　　编：	郝　平
责任编辑：	王新斐
复　　审：	贾　娟
终　　审：	张文颖
装帧设计：	谢　成

出 版 者：	山西出版传媒集团·山西人民出版社
地　　址：	太原市建设南路21号
邮　　编：	030012
发行营销：	0351-4922220　4955996　4956039　4922127（传真）
天猫官网：	https：//sxrmcbs.tmall.com　电话：0351-4922159
E－mail：	sxskcb@163.com　发行部
	sxskcb@126.com　总编室
网　　址：	www.sxskcb.com

经 销 者：	山西出版传媒集团·山西人民出版社
承 印 厂：	山西出版传媒集团·山西人民印刷有限责任公司
开　　本：	787mm×1092mm　1/16
印　　张：	40.25
字　　数：	560千字
印　　数：	1—1000册
版　　次：	2020年9月　第1版
印　　次：	2020年9月　第1次印刷
书　　号：	ISBN 978-7-203-11398-0
定　　价：	158.00元

如有印装质量问题请与本社联系调换

前　言

山西不仅是矿藏资源大省，更是文旅资源大省。在经济发展模式转型升级的背景下，从传统矿藏资源开发到新时代文旅融合产业的转变，是实现山西经济高质量可持续发展的必然要求。2017年9月，国务院印发《关于支持山西省进一步深化改革促进资源型经济转型发展的意见》（以下简称《意见》），提出实施产业转型升级行动，积极推进全域旅游示范区建设，推动文化旅游融合发展，打造文化旅游支柱产业，支持有条件的市县创建国家级旅游业改革创新先行区。时任山西省长楼阳生在2017年9月21日召开的山西省旅游发展大会上提出"举全省之力锻造黄河、长城、太行三大旅游板块"的新品牌战略，加快构建"乐水、尚城、崇山"的旅游品牌体系，以突破传统"点状分散、线状短窄、片状不足"的旅游格局，把文化旅游业培育成战略性支柱产业。

山西大学在文化旅游研究领域实力雄厚，拥有历史学、旅游学、经济学、文学、考古学、艺术学等一批相关学科，且长期以来致力于人才培养和学术成果的转化应用，为我省文旅发展做出了大量基础工作和重要贡献。为贯彻落实《意见》精神和省委、省政府锻造黄河、长城、太行三大旅游板块的战略部署，山西大学和山西省社会科学界联合会于2017年12月23日至24日共同主办召开首届"新年论坛"，聚焦"锻造黄河·长城·太行文化旅游新品牌"，来自全国各大高校和科研机构的 130 多位学者共聚一堂，为山西文旅产业发展建言献策。本文集就是论坛的一项重要成果，为便于读者检索阅读，以下从四个方面对文集内容予以概述。

一、纵论三板

"三大板块"是一个新概念，多位学者从综合角度进行了论述。山西大学杨军教授、河南财经政法大学旅游发展与规划研究所苟自钧教授、山西省社会科学院杨晓国研究员就如何打造"黄河·长城·太行"三大板块的核心吸引力，提升山西文旅品牌建设及对山西文旅三大板块崛起的形势与期望进行了深入剖析。杨军重点分析了山西文旅发展现状，指出山西旅游发展基础存量在全国位居前列，但总体开发程度较低，已有景点量少质优，发展程度处于全国中游地位，面临较大的赶超压力。在消费主体、消费需求、经营主体、行业发展模式转变的新形势下，三大板块崛起的路径需要依托交通网络建设和景区合作开发的开放崛起；旅游业态、服务模式和行业规则创新的创新崛起；生态、绿色、可持续，树立山西旅游新形象的绿色崛起以及盘活闲置资源，共建全域旅游的共享崛起。苟自钧从市场营销学的角度，分析旅游业发展中面临的诸多问题，其中最核心的就是吸引力。他指出，山西可在旅游产品上做出亮点，提高服务质量，改善社会环境，注重市场口碑，打造经典品牌。其中，长城板块主推线路服务，多建景点和服务设施，开展多种旅游形式；黄河板块形成三点一线的沿线模式，以壶口为核心，往北延伸至碛口，往南延伸至永济，全方位表现黄河文化；太行板块以南段为重点，修建观光火车道，形成核心旅游区。杨晓国指出了在三大板块开发过程中存在的问题，强调了黄河、长城、太行旅游开发的意义和战略：首先，从整体的宏观背景认识三大板块构想与山西省委、省政府"2020 年实现脱贫"的战略相结合,将旅游业作为"润滑剂",实现山西省脱贫与旅游开发的共同发展;其次,三大板块的开发将使山西的交通问题呈现颠覆性的变化,交通线路的开发至关重要;第三,《意见》给山西旅游的发展带来了巨大契机;最后,应将山西的旅游业发展深化到太行山里去、黄河边上去、长城脚下去。山西省社科院历史所高春平研究员着重分析了黄河文化的多重内涵,并提出长城和太行板块历史文化资源向旅游资源的转化,建议省政府做好相关沿线群众和部门的统一协调指导工作、启动相关发展的整体规划,依托省内外相关专家组建保护规划开发专委会。山西大学中国海外利益发展研究中心王毅教授认为,黄河·长城·太行文化旅游主要有三个发展方向:第一是潜在优势,包括以省委与省政府的政策支持作为基础,以山西联结东西和贯通南北的地理和区位优势作为条件,以及山西作为中华文明发源地以其独有的文化旅游资源作为支撑;第二是递次推进与内蒙古以及周边的蒙古国、俄罗斯的旅游互动;第三是创新驱动,包括引入共享经济理念,将山西旅游资源的优势与从山西经由内蒙古到蒙古国再到俄罗斯伊尔库茨克段的旅游资源共享整合;通过这三个方面推动山西文化旅游发展,促进经济转型。山西大学孟伟教授着眼于金元以来的晋商历史文化,强调历史文化对旅游业发展的基础作用。"自然地理文化"需要与"历史人文文化"有机结合、有机交融,并且以"晋商文化"为纲。总结历史的经验,汲取三十年来的教训,才是真正实事求是地对待历史文化的态度。对文化产业的本质性认识,亟须有全新的方法论。山西省社会科学院历史所董永刚副研究员,基于对山西古物候环境的考察,从自然物候、人文生态及人地关系等方面论证了位于黄河流域的山西成为人类文明"直根"的原因。山西大学中国城乡发展研究院乔陆印,基于晋、陕、冀、豫四省的比较分析,提出要加快构建以"高速铁路+高速公路"为骨干网络的综合交通体系,提升区际交流合作的便捷程度等观点。山西大学音乐学院许晓云对舞蹈旅游产业进行了界定，通过对舞蹈旅游产业真实性的探讨，进而提出了满足旅游产业对人民大众日益增长的精神文化需求的理念。

二、黄河之魂

"黄河之魂在山西"板块从历史、文化、地理、旅游等学科出发，将理论研究与具体实践相结合，为山西省经济转型发展、文化旅游发展及黄河新品牌的锻造提供对策。山西大学历史文化学院乔新华教授提出围绕"黄河之魂在山西"进行"乐水"旅游品牌体系的思路构建与实践探索：以运城市根祖文化资源、临汾市自然与人文资源、吕梁市商业文化与红色文化资源、忻州市生态建设资源为主体，着力在山西打造"四市四区"特色黄河旅游带。山西大学历史文化学院张世满教授强调地跨内蒙古和山西，长达2700多华里的晋蒙粮油商道，是黄河文化旅游开发的重要资源，他认为这条商道在成就一系列重要的口岸城镇、带动相关地区商品经济的发展方面起到重要作用，在当今黄河文化旅游的大背景下，深入挖掘其中内涵，围绕传统水运方式、旧宅大院等理念发展黄河主题旅游、古镇旅游与皮筏体验旅游价值重大。山西大学苏泽龙教授以山西省临县碛口古镇为例，通过对古镇的黑龙庙、碑刻、家谱等文化信息进行解读，为游客构建出古镇的历史文化空间，以满足旅游者对民俗旅游"求新、求异、求乐、求知"的心理需求，并以此为契机来探索古镇旅游发展的新空间。山西大学文学院张建伟教授认为运城地区是黄河中游的重要区域，有着得天独厚的地理优势和文化资源，因此可将运城地区的鹳雀楼与国家弘扬的传承与创新精神紧密结合，把旅游和唐诗融为一体，打造唐诗之旅的精品路线，满足游客的不同需求。山西大学法学院赵小平副教授认为"黄河之魂旅游带"拥有丰富的旅游资源，是推动山西省黄河流域转型发展的关键一步，应充分依托、运用、保护"地理标志产品"，发挥其在文化旅游中的综合价值是实现山西特色旅游发展、提高山西文化软实力的有效途径。山西大学历史文化学院魏晓锴副教授从华夏文明、商业文明、红色文化三个视角突出黄河在山西历史上的地位，他强调黄河不仅是华夏文明的摇篮，也是晋商走向全国、迈向世界的重要起点，更是中国共产党红色文化的重要发源地。山西大学晋商学研究所荣晓峰等对黄河文化及旅游产业发展的现实状况和优势进行梳理，分析了山西省黄河文化传承及文化产业的内涵，针对山西省黄河文化旅游产业面临的问题，进一步对山西省传承黄河文化和产业转型升级提出发展建议。山西大学历史文化学院王勇鹏认为山西沿黄县市所在范围不但自然风光优美，而且拥有丰富的民俗文化、农耕文化和红色文化，具有独特的欣赏价值，但目前项目开发仅处于初级阶段，应及时对沿黄乡村产业进行转型升级和借鉴国外乡村旅居产业的发展经验，并对沿黄乡村旅游产业提出四种发展的路径。忻州师范学院经济管理系岳瑞波副教授以"黄河旅游"的可持续开发为重点，从申遗、宣传、名人效应、历史和神话故事、交通条件的改善、景点群、优惠政策与幅度、游与留、提升服务设施与服务质量、开发与保护等十个方面提出黄河旅游发展对策。山西师范大学历史与旅游文化学院胡炜霞结合山西黄河旅游开发的基础理论与实践，指出山西必须搞清黄河旅游所具有的地域独特性，依据自身资源环境特色，制定山西黄河发展战略，主动融入"一带一路"建设中，将山西黄河旅游打造成"一带一路"上的山西名片。运城学院政法系孔令杰从运城古代石刻的保存现状、运城古代石刻旅游的开发价值等方面对主题进行了阐述，他认为古代石刻具有丰富的历史文化价值和审美价值，开发和保护运城古代石刻资源，既体现了区域特色，又提高了山西旅游文化新品牌的发展力和影响力。山西大学魏春羊认为，山西黄河文化旅游发展还很不充分，其中一个重要的原因是对山西黄河文化的内涵把握不到位，这也直接导致沿黄地区文化旅游发展出现了诸多问题。应当通过加强对沿黄地区文化资源的普查与保护工作；建立健全山西黄河文化内涵的研究机制；打造独具特色的黄河文化旅游品牌等方式，充分挖掘和全面展示山西黄河文化的内涵。山西财经大学旅游管理学院张慧霞对打造山西黄河水蚀浮雕国家地质公园中存在的问题及其重大价值进行深入分析，并对其未来发展给出具体建议。山西大学经济与管理学院裴丽婕等阐述了黄河左岸生态文化旅游经济带交通发展现状和旅游交通发展存在的问题，她认为旅游发展，交通先行，公路铁路以及河运作为旅游的交通载体，对于推动旅游业的发展至关重要，并对黄河生态文化旅游提出相应发展对策。

三、长城博览

"长城博览在山西"板块围绕"山西长城的修缮保护与开放利用""山西长城文化的挖掘与宣传""山西长城史料的搜集与整理"等多个主题展开论述。山西大学晋商学研究所刘建生教授通过对"西口"进行考辨，认为山西杀虎口是最早的西口，并提出在山西旅游资源开发中应加强顶层设计、挖掘文化内涵、加强新闻媒体的宣传，实现产学研相结合，打造山西省旅游新品牌的建议。太原师范学院历史系的王杰瑜教授认为，"黄河、长城、太行"三大板块是认识山西历史文化的全新视角和方式，使人们可以从空间维度认识山西、了解山西；"三大板块"为山西大力发展旅游文化产业进行了谋篇布局。同时提出，长城不是一条线，而是一条带、一个区域，要寻找长城之美，全力推进长城文化旅游产业。大同大学李珍梅等介绍了大同地区现存各朝代长城情况，认为长城物质文化资源丰富，但大同长城多为断壁残垣，继而在分析长城保护利用现状的基础上指出目前长城边堡的保护缺乏统筹规划，存在各自为战的弊端，长城属于不可再生的文化资源，需要制定保护优先原则，并制定完善的解说系统，深挖长城故事。山西师范大学历史与旅游文化学院仝建平教授在分析长城文化研究现状的基础上，提出了关于山西长城文化研究和长城资源开发的几点思考，认为山西长城旅游资源的开发首先应依法切实加强保护，然后科学利用，并需要加强长城文化的研究和宣传，为山西经济社会转型发展做出贡献。大同大学历史与旅游文化学院孙瑜副教授以地方相关碑刻为主要史料依据，探究了明清山西长城地带关公信仰的演变，同时通过对碑刻资料的研究，提出长城沿线地区关公信仰的演变突出表现在称谓及职司两个方面，并从国家立场的角度出发，以关公信仰为视角，分析了民间信仰这一文化形态在发展演变过程中国家与社会之间的互动关系。山西大学历史文化学院赵杰副教授从自然地理地质特征方面对山西省明长城沿线区域进行了考察，认为长城从修建伊始就与当地的自然环境契合在一起，而长城沿线地区的地质构造也影响着长城的保存。长城承载着历史与文化，自然景观承载观赏与健身，乡村生活承载回忆与体验。山西省社科院历史所赵俊明指出，山西已形成典型的长城资源文化带，但目前长城资源的开发利用却远远不足，应深入挖掘整理山西长城历史文化资源，加快打造山西长城体育旅游和长城乡村旅游新品牌，加深游客的体验感。内蒙古鄂尔多斯博物馆窦志斌介绍了鸡鸣三省之地的黄河文化、长城文化和草原文化，多种文化在这里交流、碰撞、融合，形成了当地独具特色的多元文化。北京市文物研究所尚珩通过展示一些有关长城的历史舆图、历史影像和卫星照片，为保护和修缮古城提供了依据，同时介绍了与长城相关的图说体志书，并对有较高史料价值的文献进行专门论述，为长城文献的查阅工作提供了线索。内蒙古社会科学院草原文化研究所的康建国通过对晋蒙交界的长城现状进行调查，认为保护长城必须考虑周边村庄的现状。中国文化遗产研究院刘文艳从管理状况、旅游经营、利用模式、本体保护管理等方面分析和评估山西长城开放利用的现状，认为山西长城的开放利用应该结合本省长城与传统村落的特色，将长城利用与传统村落保护相结合，加强环境整治，完善基础设施，加强行业沟通，发掘山西省长城资源集中的优势，形成山西长城开发利用合力。内蒙古社会科学院历史研究所翟禹以线性文化遗产为视角、以朔州市右玉县的云石堡及周边长城遗存为例，探讨长城的保护与利用问题，认为在长城保护利用工作中，首先要全面认识和描述长城遗产，其次要结合实际情况科学合理地制定旅游容量，并充分认识到交通路线的重要性。山西大学历史文化学院李燕燕通过对自助游游记文本中的热门景点、路线、推荐和重游信息的挖掘，认为来晋旅游旺季为3至4月和7至10月，热门路线集中于晋中大院和大同、五台线上，长城景点分布较松散，建议景点开发从旅游通达性入手，如构建快捷交通网。山西大学历史文化学院贾亿宝等依据残存碑刻文献以及在方志中的记载与书写路径推断，山西晋北区域的扶苏、蒙恬信仰祭祀为跨地域崇拜，并猜想这一崇拜是对当地神灵与著名人物的时空重合与移植建构而成，而这一过程，极有可能是长城地区人口迁移与文化融合产物，至于具体情形，需要材料进一步印证。山西大学法学院叶振韦聚焦于锻造山西长城旅游新品牌，提出将地理标志开发为旅游资源有益于丰富长城旅游形式，弘扬长城优秀地域文化，增加长城旅游区就业岗位，提高长城沿线居民收入。增加地理标志数量、地理标志的宣传推广和地理标志的价值培育，能够解决当前山西长城旅游区存在的分布不均、产品结构单一、深加工率低、开发利用率低等诸多问题。鄂尔多斯博物馆甄自明结合鄂尔多斯市的长城现状，提出了加强长城管理工作，制定长城保护规划等一系列长城保护建设性意见，为山西长城保护带来了"他山之玉"。

四、大美太行

"大美太行在山西"板块围绕太行山文化的挖掘、旅游开发、自然生态等专题展开论述，为深入挖掘和利用太行山的历史文化资源和自然资源进行了有益的探索。复旦大学历史地理研究中心安介生教授强调太行山在中国历史地理上的重要性，《尚书·禹贡》始，太行山作为一个具有标识意义的山脉，呈现在中国传统的地理版图之上，而传统时代对于太行山的认知也有一个渐进与整合的过程，其影响与意义也随之扩展。他从太行山在中国历史地理上的区位价值、太行山与山西的重要地位、太行山的精神文化内涵等方面分析说明太行山在中华文化史与民族发展史上的巨大影响。山西大学历史文化学院郝平教授等从历史文化视角，探析山西太行山堡寨村落的农耕文化、科举文化、官宦文化、防御文化等多元内涵，进而提出相关的旅游开发策略。山西大学历史文化学院朱专法教授通过对山西典型避暑型乡村旅游点的调研，总结了山西太行山区避暑型乡村旅游发展的现状、特点，提出了发展太行山区避暑型乡村旅游带的设想。山西大学历史文化学院周亚教授在长时段视野下，从文化史的角度对历史时期太行山的蕴意进行梳理，研究从古史传说之神山，到兵家必争之雄山，到历代游人激赞之奇山，再到全民抗战时期肩负民族和历史使命之英雄山，以及建设时期典范辈出的劳模山的过程，认为名山的形成有赖于自然因素，更离不开人文因素。长治学院历史文化与旅游管理系段建宏教授把太行山区域的乡村分为绿色乡村、传统村落、特殊村落、现代村落四类，乡村在发展过程中面临诸多问题，既有理念的问题，亦有资金、经营模式等问题。对于发展乡村旅游，他主张让游客体验乡村的熟人社会。山西大学晋商学研究所成艳萍教授等针对过去太行山开发的不足，提出集合旅游资源进行整体规划、改善景点单一，发展红色线路一路服务、完善基础设施、加大宣传力度等四点对策。长治城乡发展研究院郭译仁教授对山西省太行山区旅游业的发展问题进行深层分析，指出太行山发展中区域经济比较落后，山区旅游基础设施建设相对滞后，缺乏统一的规划，开发建设能力较低，景区环境质量严重下降等问题，并提出了产业发展建议。山西大学环境与资源学院上官铁梁教授提出太行山自然生态资源和社会文化资源的数量、质量和特点是区域旅游业健康持续发展的环境与物质基础，直接决定了区域旅游生产力水平和持续增长潜力。太行山作为旅游资源具有丰富的多样性，作为旅游产品极具观赏价值，作为旅游文化和品牌有极强的感召力和号召力，作为旅游资源具有广阔的开发利用空间，作为区域文化景观则内涵深远，应在保护的基础上开发，在开发过程中保护。山西大学刘美玲提出，太行地区在长时间的抗日战争实践和历史积累中，形成了以太行精神为核心的太行红色文化。当下，山西正处于转型发展时期，要用太行精神指导实际行动，用太行红色文化旅游资源优化山西的产业结构。要对太行红色文化资源深化认识、加强整合、推进创新，进而完成山西省由资源大省向经济文化强省的转型发展。山西大学体育学院刘映海教授等通过梳理适合与体育旅游融合的历史文化内容，对其在太行山地区开展体育旅游进行了 SWOT 分析，并据此提出体育旅游的发展路径。山西省社会科学院历史所冯素梅研究员对太行山传统村落保护与开发提出具体建议，应坚持保护第一、保护为主的原则，要更新观念，在保护的基础上开发利用，开发乡村文化旅游风格、线路，打造品牌，加强红色旅游资源与其周边旅游资源整合开发。太原旅游职业技术学院罗海英通过对文化旅游新品牌的内涵阐释，提出锻造太行旅游新品牌要在文化载体建设、人才队伍建设、旅游安全保障体系三个方面达到高标准。旅游建设，文化先行；核心竞争，新型人才；健康发展，安全保障，并详细做了阐释。山西大学历史文化学院杨波等从长平之战历史的考证研究中另辟蹊径，重点考察长平之战的历史记忆对地方社会的影响，这对于长平之战旅游景点的规划开发有一定指导意义。山西大学历史文化学院牛婕等通过对抗战时期正太铁路沿线日军封锁墙进行考察，并结合实地调查成果以及文献研究，认为这段石墙并非明代长城，而是抗战时期日军所筑的封锁墙。它既是日寇侵略我国的铁证，也是我国军民英勇抵抗侵略的见证，对开展爱国主义教育和弘扬太行文化都具有积极的现实意义。

习近平总书记多次强调，人是科技创新最关键的因素，创新的事业需要创新的人才。高校和科研机构是生产知识的地方，可以产生很多具有原创性和前瞻性的成果。应集中发挥人才和智力优势，以社会亟须为主，关注和研究社会发展的重大问题，让智力引领发展。以"锻造黄河·长城·太行文化旅游新品牌"为主题的首届山西大学新年论坛，是顺应国家与省委、省政府关于山西经济发展转型要求的一次重要会议，数十位不同领域的专家学者对"三大板块"的深入探讨，对专业人员和人民大众了解、保护、利用中国自然和文化遗产，以及开展科学的文旅融合实践具有积极意义。山西大学也将以本次论坛为契机，认真开展相关学科的深度协同与融合，在科学研究、人才培养和服务社会等方面继续为我省经济转型发展注入新的动力。

郝平
2019 年 12 月于山西大学主楼

目 录

纵论三板

山西文旅三大板块崛起：形势与展望／杨　军　赵永斌 …………… 3

打造核心吸引力是撬动"黄河·长城·太行"三大板块旅游的

　　重要抓手／苟自钧 …………………………………………………… 15

整体启动山西境内黄河、长城与太行山旅游深度发展的重大

　　现实意义／杨晓国 …………………………………………………… 21

关于做好我省"山水一体"大文章，构建"黄河引擎、

　　两翼齐飞、十轮驱动"旅游发展新格局的思考／高春平 ………… 25

黄河·长城·太行文化旅游的国际化发展思考／王　毅 ……………… 36

黄河·长城·太行的三位一体：历史文化构建当代旅游

　　——以金元以来晋商文化为重点／孟　伟　闫爱萍　宁茉玲 …… 45

这里何以成为人类文明的"直根"

　　——基于对山西古物候环境的考察／董永刚 …………………… 65

山西省转型发展的战略定位与对策建议

　　——基于晋、陕、冀、豫四省的比较分析／乔陆印 ……………… 73

舞蹈旅游产业真实性表达研究／许晓云 ………………………………… 81

黄河之魂

黄河之魂在山西:"乐水"旅游品牌体系的构建思路与实践探索
　　/乔新华　靳　茜 ………………………………… 93
黄河碛口至碴口段商贸文化及其旅游开发/张世满 ……… 103
民俗旅游与古镇历史文化解读
　　——以黄河碛口镇为例/苏泽龙 ………………… 115
唐诗旅游路线的规划和建议/张建伟 …………………… 123
基于GIS的山西沿黄区旅游资源的空间分布研究
　　/马义娟　侯　丽 ………………………………… 128
地理标志保护与运用视野下的黄河文化旅游发展研究
　　/赵小平　高　娟 ………………………………… 139
黄河在山西历史上的地位/魏晓锴　王建云 …………… 148
山西省黄河文化传承与产业发展研究
　　/荣晓峰　陈海英　王　浩 ……………………… 156
山西沿黄乡村旅居产业发展路径研究/王勇鹏 ………… 166
基于RMP分析下山西黄河流域生态体育旅游资源的开发
　　/石晓峰 …………………………………………… 180
山西黄河旅游景点可持续开发对策分析/岳瑞波 ……… 196
融入"一带一路"的山西黄河旅游地域独特性及重点市场开拓
　　/胡炜霞 …………………………………………… 204
运城现存古代石刻的保护及旅游价值开发/孔令杰 …… 224
山西黄河文化旅游发展的瓶颈突破
　　——以黄河文化的内涵为中心/魏春羊 ………… 234
关于打造山西黄河水蚀浮雕国家地质公园的思考/张慧霞 ……… 243

黄河左岸生态文化旅游经济带交通建设对策分析

　　/裴丽婕　靳晓宇　梁四宝 …………………………… 249

长城博览

走西口旅游文化资源探析/刘建生 ………………………… 259

提高站位，挖潜文化内涵，全力推进三大板块文化旅游产业发展

　　/王杰瑜 ………………………………………………… 275

大同长城文化带旅游业发展再思考/李珍梅 ……………… 280

山西长城文化研究及旅游开发的几点思考/仝建平 ……… 299

明清山西长城地带的关公信仰研究/孙　瑜 ……………… 309

山西省明长城沿线区域自然地理地质特征考察/赵　杰 … 329

山西长城资源特点及开发利用刍议/赵俊明 ……………… 340

鸡鸣三省之地

　　——黄河文化、长城文化与草原文化的交会处/窦志斌 ……… 348

山西明长城史籍考述/尚　珩 ……………………………… 356

"废墟中的废墟"何去何从

　　——晋蒙交界地带长城田野调查研究/康建国 ………… 371

长城开放利用现状初研——以山西长城为例/刘文艳 …… 380

线性文化遗产视角下晋蒙明长城文化遗产廊道旅游区构建

　　——以云石堡及周边遗存为例/翟　禹 ………………… 390

基于UGC文本挖掘的山西长城板块旅游景点和路线研究

　　——以马蜂窝游记为例/李燕燕 ………………………… 410

晋北地方神灵崇拜建构中的"长城记忆"猜想

　　——以原平、代县扶苏、蒙恬崇拜为中心/贾亿宝　杨永康 … 421

山西长城旅游发展视角下的地理标志开发与保护/叶振韦 ……… 434

内蒙古鄂尔多斯市长城的现状、保护、管理与利用/甄自明 …… 444

大美太行

从历史地理看太行山精神与民族崛起/安介生 …… 455
历史文化视角下的山西太行山堡寨村落文化旅游开发研究
／郝　平　刘伟国 …… 470
建立山西太行山区避暑型乡村旅游带的设想/朱专法 …… 485
长程累进：太行山文化的历史脉动/周　亚　李善靖 …… 496
太行山乡村旅游发展的问题与应对/段建宏 …… 530
太行生态文化旅游资源开发对策分析/成艳萍　张　琪　付喜凤
…… 539
太行文旅产业发展思考及对策/郭译仁 …… 548
太行山生物生态景观类旅游资源及文化景观价值/上官铁梁 …… 557
发展太行红色文化　实现山西转型发展/刘美玲　高田慧 …… 569
太行山脉历史文化资源背景下体育旅游的SWOT分析与发展路径
／刘映海　郭凌宇 …… 579
山西太行山传统村落保护与开发的思考/冯素梅 …… 590
锻造太行文化旅游新品牌的三大高标准/罗海英 …… 600
长平之战的凭吊祭祀地点与旅游景点开发/张　楠　杨　波 …… 608
抗战时期正太铁路沿线日军封锁墙考察/牛　婕　胡一平 …… 617

后　记 …… 624

纵论三板

山西文旅三大板块崛起：形势与展望

山西大学　杨　军　赵永斌

告别煤炭发展"黄金十年"之后，山西经济已连续长期在低位徘徊，多年积累的"一煤独大"结构性矛盾、"一股独大"体制性矛盾、创新不足素质性矛盾持续显现，全省上下加快转型综改、创新驱动的呼声空前高涨。在此背景下，文化旅游业发展在山西转型发展中的重要性日益凸显，省第十一次党代会正式宣布"要将文化旅游业培育成山西省战略性支柱产业"。《国务院关于支持山西省进一步深化改革促进资源型经济转型发展的意见》中，也将建设全域旅游示范区作为山西省资源型经济转型发展的重要路径。

在2017年全省旅游发展大会上，"打造黄河、长城、太行三大旅游板块，构建山西文旅发展大格局升级版"的山西省文旅发展新思路正式提出，引起强烈反响。在随后的工作中，全省上下围绕文旅三大板块发展新格局做了大量工作，省委省政府围绕此命题多次开展专题研讨和常务会议，省旅发委制定了《全力打造黄河、长城、太行三大旅游板块构建山西文化旅游发展大格局升级版工作方案》，近期，省政府成立了高规格的山西省黄河、长城、太行三大旅游板块推进工作领导小组。至此，三大板块推进的顶层设计、构想蓝图和领导推进机制皆已具备。

山西省旅游品牌重塑，由过去五台山、云冈石窟、平遥古城三大品牌，拓展提升至黄河、长城、太行三大板块。从覆盖范围上看，由点到面，优化了山西旅游空间格局，体现出山西省在文旅产业发展规划上的整体性和大格局转变；从品牌元素上看，由山西元素转变为中国元素，显示出山西将打造国家甚至是国际旅游品牌的高定位。然而，当前山西谋划文旅三大板块崛起也面临着十分严峻和复杂的形势，尽管具有得天独厚的旅游资源，但由于开发程度低、知名度小，山西实现三大板块崛起还有很长的路要走，尤其是新时代旅游需求多元化、市场竞争激烈化的背景下，山西旅游三板如何精准破题，利用优势，抓住特色，形成适合本地的文旅发展新模式，具有深刻的研究价值。

一、山西文旅三大板块发展现状

（一）旅游资源丰富，开发程度不足

山西素有华夏文明发源地之称，5000年文明看山西，悠久的历史文化传承造就了众多人文古迹；山西地处中国第二阶梯向第三阶梯过渡地带，两山夹一川的地形地貌造就了诸多山水名胜，黄河、长城、太行三大板块几乎覆盖了山西现有的旅游资源体系。

从总体开发情况来看[①]，山西旅游资源开发有三个明显特征：一是总体开发度低，山西旅游资源存量位于全国前列，但A级以上景点数量排名靠后，位于全国第24名；二是已有景区量少质优，4A级以上景区排名全国第15名，旅游总体收入排名也达到了全国第15名，可见已开发的景区中，4A级以上景区为山西省旅游创收主力；三是可升级开发的后备景区匮乏，我们用3A级以下景区数量表示一个省短期内可供升级开发的后备资源，山西省3A以下景区数量为全国第

[①] 旅游景区质量等级可以综合反映一个景区的开发程度和服务质量等要素，在这里我们用该指标来表示景区开发程度，资料来源于《中国旅游统计年鉴2016》。

28名，后备可升级景区极其匮乏。这意味着三大板块的开发任务中，对现有旅游资源的原始开发将会占到很大比例，开发难度之大可见一斑。

三大板块的开发程度也存在比较明显的差异。太行板块以现有的五台山、藏山、壶关大峡谷、王莽岭等众多山水名胜，初步形成了太行山水元素主打的品牌特色；黄河板块虽有壶口瀑布、云丘山等8家国家4A级景区，但其中黄河元素并不丰富，老牛湾、乾坤湾、碛口古镇等河边景区开发度不足；相比之下，长城板块略显"荒凉"，虽有"长城博物馆"之名声，但从与长城元素直接相关的景区来看，仅有雁门关、娘子关等景区开发较好，其余资源尚未有效开发。因此，山西文旅三大板块崛起，尤其是黄河、长城两个板块亟须进行整体规划和保护开发。

（二）毗邻消费市场，交通通达欠佳

山西东倚太行，北踞长城，西南皆临黄河。从山西内部来看，三大板块分布于山西省四周，成为山西游客出省游或回省的必经之景；从山西四周看，三大板块东、南、西南紧邻京津冀、中原城市群、关中城市群三大人口密集区，向西南由大西高铁连接川渝人口密集区。因此，山西文旅三大板块崛起具有天然的市场优势。

然而，由于山西"两山夹一川"的地形地貌限制，加之三大板块均为山河险峻之景，对交通通达性形成了天然的阻隔。尽管山西省单位面积机场数量、高速公路网密度、营运铁路网密度等交通条件指标排名均显乐观（三者依次为第12名、第12名、第7名），但是由于长期"一煤独大"的经济结构，旅游业大规模发展起步较晚，旅游景区交通建设不尽如人意，虽毗邻消费市场，但开放的客运交通体系尚不完善，通往景区的"最后一公里"交通建设严重滞后，导致当下山西三大板块崛起充满"临渊羡鱼"之势，因而退而结网，完善景区交通建设，特别是景区最后一公里交通建设，对三大板块崛起具有重要的意义。

（三）品牌定位居高，亟须山西特色

三大板块的提出，从以往五台山、云冈石窟、平遥古城等山西元素上升为中国元素，山西谋划文旅崛起的品牌定位于打造中国乃至世界的旅游品牌。正因如此，山西实现三大板块的崛起，面临的最大压力就是来自品牌特色的压力。当前，黄河、长城、太行三大概念在中国部分省市均有景点，且已先入为主地占据了大部分市场份额。黄河流经9个省份，品牌竞争激烈；长城已有八达岭、山海关等著名景点，山西虽踞长城之博，但知名度远不如前两者，同样面临巨大的竞争压力；而太行旅游开发格局已基本形成，山西、河北、河南三省均围绕太行山开发了诸多景区，同样也面临着品牌之争，且河北、河南两省地处平原，交通发达，与山西相比，更加靠近消费市场，太行开发竞争之激烈可见一斑。

当下，山西如何驾驭这三大中国元素，如何在黄河、长城、太行三大概念上凸显山西特色，如何在消费者心中树立黄河之魂在山西、长城之博在山西、大美太行在山西的消费理念，是山西文旅三大板块崛起的当务之急。

二、山西文旅三大板块崛起面临的形势

（一）面临消费者客源散客化、需求差异化

随着经济发展和居民收入的提高和信息化时代的到来，越来越多的游客选择自驾游或者 DIY 的出行方式，旅游行业正进入散客化时代。以 2014 年统计数据为例，2014 年中国国内 36 亿旅游人次通过旅

行社安排出行和目的地旅游的不到4%。

散客化时代反映出消费者旅行消费的差异化需求,消费者旅行的目的不再是单一的观光旅游,在工业化快节奏的工作和生活节奏下,当下的旅游更多的是休闲游。休闲游最大的特点是需求的差异化,体验旅游、民俗旅游、度假旅游和探险旅游等多种旅游需求已成为当前旅游消费端的主要旅游形式。多元的消费需求对当前旅游产品供给体系提出新的要求:景区开发必须满足游客多层次的消费需求,创新产品形式和文化内涵来吸引游客。在此背景下,景区之间的马太效应愈加明显,众多传统景区和新开发景区纷纷推出综合功能的旅游体验产品,最具代表性的就是玻璃栈道在全国各景区迅速推广。在"散客化"的趋势下,由于散客活动范围常常不限于景区,而更多的消费发生在旅游目的地除景区之外的其他场所,这种潜在消费将给旅游地带来隐性的旅游收入。

在此形势下,山西实现文旅三大板块崛起有一定的后发优势,即可以实现高标准谋划,高规格开发,但也面临着马太效应。因此山西在景区开发过程中,亟须重整思路,另辟蹊径,在细致调研三大板块主要客源类型,针对国际化客源、本土客源、N小时圈客源等不同类型客源设计差异化旅游产品,在有条件的景区打造综合型旅游度假区,力争发挥后发优势,实现弯道超车。

(二)面临激烈的市场竞争,赶超压力巨大

我们以旅游收入综合衡量某地区旅游业发展的吸引力和竞争力的大小。从目前来看,山西省仍不能称之为旅游强省。从旅游收入来看,2016年,山西省实现旅游总收入0.42万亿,处于全国中游水平;从发展态势来看,2016年全省旅游业收入同比增长23.2%,增速快于全国的13.6%,发展态势良好,这与煤炭黄金十年过后,政府和企业,特别是煤炭企业转型旅游业有密切关系;从产业结构来看,山西省2016年文化旅游业增加值占第三产业增加值的比重达到20%以上，接近全国平均水平，排名全国第15位，与2015年持平，全省文旅产业规模比较合理[①]。

综合上述山西省旅游业发展态势可以看出，山西文旅三大板块崛起所处的发展环境和态势尚好，但分析全国旅游业竞争态势可以发现，山西文旅三大板块崛起也面临着前所未有的赶超压力。从旅游收入增速来看，2016年旅游收入在山西之后的广西、福建、陕西等省份旅游收入增速均超过山西，2015年旅游收入落后于山西的河北、云南两省也凭借较快的旅游增速，在2016年实现了对山西的赶超。

（三）面临全域旅游和"旅游+"概念兴起的时代背景

山西文旅三大板块的提出和规划，从单一景点开发转向区域整体开发，板块崛起，这正与当下国家倡导全域旅游建设的思路不谋而合。全域旅游给山西文旅三大板块的开发提供了可借鉴的模式，即将板块内旅游资源开发与建材等行业、生态修复、旅游扶贫、交通建设等统筹谋划，实现板块内和板块之间的资源有机整合与产业融合发展，实现板块内部旅游相关要素配置完备，由单一观光功能向休闲度假、民俗体验等综合功能旅游区转变。但当下全域旅游概念在全国范围内兴起，2016年国家分两批先后确立了500个全域旅游示范区，山西省共有20个全域旅游示范区，数量处于全国平均水平。20个示范区几乎全部分布在三大板块覆盖区域，也就是说，山西文旅三大板块实现整体崛起，必须要充分发挥国家规划的20个全域旅游示范区的示范建设作用。但是，20个示范区如何从全国500个全域旅游示范区中脱颖而出，山西文旅三大板块如何依托全域旅游示范区建设而崛起，面临着巨大的竞争压力。

---

① 中国产业信息网：《2017年中国山西旅游行业发展现状分析》。http://www.chyxx.com/industry/201705/523673.html.

当前,"旅游+"概念在旅游景点开发和传统景区升级中应用广泛,创新出众多新的旅游业态,激发和创造了大量的旅游需求。旅游+城镇化、旅游+教育、旅游+卫生依次可以演化出特色小镇、研学旅游、康养产业,等等。"旅游+"包容性强,在山西推动文旅三大板块崛起之际,"旅游+"概念的推广可以创新传统旅游景区开发模式,创造新需求和景区特色,对形成三大板块的山西特色具有启发意义。

三、山西文旅三大板块崛起的五个展望

(一) 开放型交通网络和景区合作开发的"开放崛起"

山西毗邻京津冀、中原城市群、关中城市群三大人口密集区,沿着大西高铁向西南延伸,又可连接川渝人口密集区。三大板块紧邻消费市场,然而,由于交通网络不健全,特别是高铁网络发展滞后,外界赴晋旅游多有不便,造成山西文旅三大板块崛起呈现"临渊羡鱼"之态。因此,本文建议山西应及时"退而结网",构建开放型高铁网络,以缩短游客来晋时间,扩大N小时圈客源的范围。

当前石太客运专线、大西高铁(未贯通)、太焦高铁(未贯通)将形成支撑山西旅游的高铁网络,分别面向京津冀人口密集区、关中城市群人口密集区和中原城市群人口密集区,这三条线路在山西境内形成了"大字形"高铁网络。除此之外,应尽快打通大(同)张(家口)高铁,疏通京—晋—西南地区通道,截流部分"京—冀—豫—西南"通道上的游客;还应积极推动大同—呼和浩特段高铁线路,与现有高铁网、大张高铁(未贯通)一并形成"天字"开放型高铁网络,至此,山西与邻省省会高铁线路全部贯通。大同—呼和浩特高铁建设的意义在于:一方面缩短了内蒙古游客入晋旅游行程,另一方面

则通过大西高铁和太焦高铁分别连通中原、东南和广大西南地区，使山西成为西南地区、中原地区、东南地区赴内蒙古旅游的重要节点，增加山西游客量，同时也是打通中蒙俄通道的重要一步。此外，应当及时谋划雄安入晋特别是晋北高铁线路，吸引雄安新区游客资源。

建好通往景区的"最后一公里"交通也是三大板块崛起的重要任务。由于三大板块的核心元素黄河、长城、太行均远离主要城市市区，由市区通往三大板块的交通通达性和便捷性较差。此外，由于长期一煤独大的经济结构，导致现有的交通网络多是以运煤网络为基础建设的，煤运客运不分离，造成旅游线路污染严重，高峰期拥堵严重。因此本文建议尽快建设市区到景区的旅游客运专线，尽快建立景区到景区的旅游线路体系，打造"环山西"快速旅游专线。

三大板块特别是黄河和太行均临近省界，板块开发与周边省份的合作是必然趋势。长城板块的开发，也应广泛吸取北京八达岭长城开发的经验与教训。因此，山西在推进三大板块景区开发过程中，应秉持开放共赢的态度，建立合作开发与利益共享机制，积极吸收周边旅游发达省市的先进景区建设经验，推动山西与京津冀、中原地区、陕蒙地区乃至更大范围的旅游通关一体化建设，打造好山西三大品牌。

（二）旅游业态、服务模式和融资开发"创新崛起"

当下，全国旅游市场存在旅游形态多样化和出行方式散客化的两个趋势，度假旅游、休闲旅游、研学旅游、养老旅游等多种旅游需求迫切需要满足。与此相对应，现有景区存在单一观赏功能的景区空间形态不适应多元的旅游形态、以旅行社为核心的服务体系不适应散客旅游形态的两个不适应。在此背景下，为使三大板块开发适应市场形势，本文针对性地提出两个创新：一是创新旅游业态，满足多元需求。针对当前多元的旅游需求，三大板块的开发宜立足于全域旅游示范区建设，紧紧抓住"旅游+"概念，创新旅游业态，创建综合型现代旅游高地。如旅游+度假，打造太行山顶休闲度假区；旅游+高科技，建设山间观光体验区；旅游+自贸区，创建山前保税购物区，娱乐休闲街区等多功能综合型旅游景区；旅游+教育，推动运城学院升级为"黄河大学"。二是创新服务模式，提升旅游品质。针对散客化出行趋势，应尽快创建全域旅游示范区，完善域内旅游配套产业，提升全域旅游服务能力，合理引导游客消费。在信息化背景下，推广"旅游+互联网/科技"开发模式，推动旅游服务智慧化、智能化和便利化。

景区开发需要大量的资金支撑，由前述分析可知，山西文旅三大板块崛起存在板块元素（黄河、长城、太行）不足，后备可升级景区资源匮乏等现实，虽然具有可以后续直接进行高规格、高标准规划与开发的后发优势，但对景区的原始开发对资金供应提出了更加严峻的挑战。因此，应大刀阔斧创新现有融资模式，除传统融资模式以外，三大板块的开发还应该大力推广资产证券化、PPP 等现代化融资方式。此外，可利用旅游+扶贫的理念，在建立完备的资金管理、使用监督和分红机制的基础上，向贫困县区公民和企业等投资主体发起社会众筹等方式，扩大投资主体和资金来源，在资金上保障三大板块如期开发。

（三）生态、绿色、可持续，树立山西旅游新形象的"绿色崛起"

山西省生态环境脆弱，环境承载力较差，黄河、长城、太行在山西的分布与山西 46 个限制开发的重点生态功能区高度重合，因此，山西发展生态旅游是山西文旅三大板块的必由之路，绿色崛起是三大板块崛起的唯一选择。黄河与太行板块的开发，应将景区开发与流域治理、生态恢复相结合，发展绿色生态旅游，满足观光、休闲、康养旅游等多种旅游形态，打造黄河综合绿色生态旅游廊道，创建太行天然氧吧和绿色清凉太行休闲康养基地。长城板块旅游资源以人文旅游资源为主,应注重旅游资源的可持续发展,开发与保护并重,尤其是长城的开发,要在保护中开发现存的长城遗迹,充分利用旅游+教学、旅游+文化等理念,发展研学游、爱国主义教育和文化旅游产业。

除在景区开发上贯彻"绿色崛起"理念外,省域形象、旅游形象也要树立"绿色形象"。首先,长期以来,"一煤独大"的经济结构使山西在外界树立了"黑色山西"的形象,而大美太行、博览长城、滔滔黄河的形象长期不为外界所知。因此,山西实现文旅三大板块的崛起,必须首先打造绿色口碑,树立绿色的省域形象。其次,由于宰客现象在全国旅游业中均有出现,近年来,该现象越来越受到广大游客的诟病,山西旅游形象也曾因五台山餐饮宰客事件受到冲击。这背后反映的是旅游行业监管不到位,行业标准和行业规范有待完善的问题。在全国旅游行业形象参差不齐的情况下,山西要实现文旅大板块崛起,必须尽快加强行业监管,建立旅游行业和其他相关服务业的行业标准和规范,首先在全国树立绿色诚信旅游行业新形象。

(四)板块之间、产业之间统筹兼顾的"协调崛起"

三大板块崛起是一项系统工程,协调崛起必须贯穿始终。在山西文旅三大板块崛起过程中的协调崛起有三层含义:一是要实现板块内部各种资源和要素的协调配置。在内部景区开发过程中,应在广泛调研和论证的基础上,确定景区开发和其他配套设施的配比关系,避免铺张浪费、重复建设和资源闲置,尤其在同一板块中,避免相同主题元素的景区出现同质化和无序竞争。二是要协调推进三大板块开发进度,实现三大板块的整体崛起。应尽快开展三大板块系统开发的前期专项研究,并在此基础上编制三大板块开发专项规划。黄河、长城、太行三个板块中,太行和黄河当前的开发程度较高,而长城的开发程度相对较低,建议从已见效的旅游区收益中,设立"旅游开发基金",

反哺开发程度较低的"长城板块",加速长城板块开发,形成三足鼎立,促进整体崛起。三是要统筹兼顾旅游业和山西其他行业的协调发展。即应在充分发挥旅游业对相关服务业和其他产业的带动作用的同时,防止规模旅游投资对其他产业的"挤出效应"。山西旅游三大板块的开发和建设,要建立高效的政府投资机制和合理的社会资本引导机制,避免出现旅游投资的"潮涌效应",造成重复投资和投资效率低下;同时在省域层面要防止旅游业投资对其他产业投资的"挤出效应",促进省内产业协调发展。

(五)盘活闲置资源,共建全域旅游的"共享崛起"

旅游行业投资开发存在投资数量高、投资周期长、投资回报慢等特点,而现有景区特别是山西等北方省份的旅游景区,游客数量普遍存在明显的季节性差异,加之旅客出游的散客化,加剧了景区客源的不稳定性,给景区设施的利用率带来了极大的不确定性。如果按照淡季的游客量设计景区服务设施,则在旅游旺季势必捉襟见肘,有损旅游形象,反之则面临着设施利用率低、经营成本高、企业管理困难等局面,且受投资报酬递减规律作用,旅游投资效率越来越低,投资回报越来越少。

在此背景下,山西三大板块崛起,应在规划之初引入共享经济思维。商业投资应重点用于景区开发和交通设施等相关配套基础设施上,其他服务设施的投资,应利用全域旅游建设之契机,打造统一平台,将现有酒店以及市区居民闲置住房等住房资源、现有旅游汽车公司和周边居民闲置车辆等交通资源以及其他资源进行充分整合,充分盘活旅游地相关资源。如此,在散客旅游和家庭自由行的旅游需求下,旅游目的地家庭所拥有的闲置资源完全能够满足这种市场的旅游需求,也使家庭闲置资源进入旅游市场成为可能。最后,严格制定准入条件规范、服务内容与规格等相关管理制度和规则规范,建立便捷的游客投诉维权通道，做到价格透明化、服务标准化，树立诚信经营的旅游服务新形象。

本文系国家发展和改革委员会地区经济司项目"中部地区打造全方位开放重要支撑区的思路与策略"（项目编号：201704004）的阶段性成果。

作者简介：

杨军，男，1965年生，湖北松滋人，山西大学经济与管理学院教授、博士生导师、经济学博士、北京大学博士后，主要研究方向为资源型经济绿色发展研究；赵永斌，男，1992年生，山西阳泉人，山西大学经济与管理学院硕士生，主要研究方向为产业经济和绿色发展研究。

参考文献：

[1] 晋迪，宋保平，高楠. 基于"点—轴"理论的山西旅游空间结构特征研究［J］. 干旱区资源与环境，2013，27（05）.

[2] 马晓龙，曹杏娟. 省域旅游竞争力的空间格局与形成机理研究［J］. 旅游科学，2013，27（02）.

[3] 孙玉梅，秦俊丽. 山西省文化旅游资源的特征与文化产业发展模式［J］. 地理研究，2011，30（05）.

[4] 胡炜霞，刘家明，李明，朱林珍. 山西煤炭经济替代产业探索——兼论重点旅游景区拉动地区经济发展之路径［J］. 中国人口·资源与环境，2016，26（04）.

打造核心吸引力是撬动"黄河·长城·太行"三大板块旅游的重要抓手

河南财经政法大学　苟自钧

2017年山西省旅游格局迎来了重大变革,省委、省政府根据旅游形势的发展,审时度势,提出了"黄河·长城·太行"三大旅游板块划分和旅游新品牌塑造的重大战略举措,给省内各级政府、旅游相关部门和旅游企业及旅游业从业者,下达了旅游发展新时期的新任务,同时也给我们旅游学术界提出了新课题。

本次论坛的主办方安排我就三大板块的旅游营销谈一谈。旅游营销是区域旅游发展与旅游经营必不可少的重要战略,涉及的内容很多,短时间内难于全面叙说。因此,我仅就三大板块旅游营销最基础性的、最依赖的核心吸引力这个问题,谈一下自己肤浅的认识。恳请各位批评指正。

一、三大板块需要打造核心吸引力,重构山西旅游新概念

旅游营销是通过对旅游资源的开发和对外推介运营,最大程度将游客吸引过来的一系列活动的集合。三大板块的旅游营销应该是一个庞大的系统工程,有很多诸如旅游市场的细分、目标市场的确定、营销战略的制定、旅游资源的开发规划、项目设计、旅游产品及相关服务的配套、旅游线路安排、旅游价格策略的制定、旅游销售渠道的建立与拓展、旅游宣传推介(包括旅游概念与旅游形象、旅游品牌的打

造）的持续开展、旅游促销、公关与推销手段的施展，等等。所有这些营销活动的基石是你卖的东西人们喜欢，即旅游核心吸引力强。因此，做好三大板块的旅游营销首先是打造好核心吸引力。

旅游的核心吸引力包括三部分内容：旅游资源、旅游产品和旅游品牌。旅游资源是本底，是依托；旅游产品是设施与服务（软硬件形成的完整旅游单元）；旅游品牌是游客的口碑，是旅游价值的市场评价。因此，三大板块的核心吸引力单纯依赖旅游资源的品质是不够的，更需要开发出相对独特、新颖、游客喜爱的旅游产品，并通过高质量的旅游服务体系创立游客满意的旅游品牌，才能让市场积极响应，从而激发市场，撬动市场。

三大旅游板块的旅游资源都很丰富，旅游资源的类型也很多。三大板块的黄河、长城、太行，一个属于人文旅游资源，另外两个属于自然旅游资源，都极富文化内涵和观光游憩价值。旅游资源禀赋具有原始的吸引力。既然三大板块以山西省境内三个具有世界影响力的黄河、长城、太行来划分，那么首先就应该对这三个代表性的旅游资源进行有效开发，做出有个性、有特色的旅游产品，形成三大板块的核心吸引力，重构山西旅游新时期的新概念、新形象。

二、三大板块代表性旅游资源不具垄断性，重在旅游产品创新

黄河、长城、太行，这三大旅游资源并不为山西省所独享，北京、河北、内蒙古、陕西、宁夏、甘肃等省市区也有长城，特别是北京八达岭、慕田峪长城更是先声夺人，早就产生了世界影响。

黄河依次流经青海、四川、甘肃、宁夏、内蒙古、山西、陕西、河南、山东九个省区，很多省区的旅游也在打黄河牌。

太行山纵跨北京、河北、山西、河南4省市，特别是河北、河南直接面对华北平原以及华东这个大市场，具有地利之便。

山西省的黄河、长城、太行山三大旅游资源不是山西省的垄断性旅游资源。因此，在开发旅游产品时，需要特别注意与其他省市同类旅游产品的差别，做出旅游产品的差异性，创造旅游业态的新颖性，让游客看到不一样的旅游项目、不一样的旅游形式，享受不一样的旅游过程，得到不一样的旅游感受，在旅游产品层面体现独创性、唯一性和领先性。这样才能突破同质旅游资源竞争的困境。正所谓好的旅游产品是营销成功的一半。

三、打造三大板块核心吸引力的重点项目初级构想

（一）黄河板块核心吸引力打造的初级构想

黄河板块的龙头理所当然的应该是壶口瀑布。壶口瀑布虽不是山西独享，但山西壶口瀑布景观震撼，使人观后感受万千，思绪难平，是整个黄河流域最大的旅游亮点，享誉海内外。黄河板块要把壶口瀑布景区进一步做大做强，深度挖掘黄河文化，体现黄河文化，丰富壶口瀑布景区旅游项目，拓展旅游空间，扩大旅游规模，将其与黄河碛口、永济鹳雀楼以黄河观光廊道相连接，形成三点一线的黄金旅游线，使其成为黄河板块旅游的发展引擎。我非常同意西北大学城市与环境学院、陕西世纪城市景观规划设计有限公司所做的黄河板块旅游发展规划纲要。他们的规划纲要很实际，很有道理，比我想的深入详细。

（二）长城板块核心吸引力打造的初级构想

长城是中国历史上举世无双的宏伟工程，国际国内影响极大，是中国的地理标志。长城不仅是历代的军事防御工程，还蕴含着古代商贸、民族交融、文化传播、历代行政建制等丰富的文化内涵。利用长

城的显性和隐性旅游资源，有很大的创意空间。

山西长城的旅游开发，离不开与北京长城对比分析。北京的长城景区是明长城，保存较完整，看起来雄伟壮观，极具观光价值，吸引了众多国内外游客不断前往游览。北京的长城旅游主要是对某一时段长城的观光游览。

山西有不同时代的长城，现存遗迹按朝代可分为战国长城、东魏长城、北齐长城、北周长城、隋长城、宋长城、明长城、清长城，属长城分布较多的省份之一，主要分布于9个市40余个县（区），总长度累计3500多公里，现存较完整的城墙和遗迹有1500多公里。大同、朔州的长城最典型，分为外长城和内长城。山西如果也是选取某一部分长城段落开发为景区，则永远赶不上北京长城旅游的影响力，也很难形成核心吸引力和市场竞争力，需要另辟蹊径，走不同的开发路径。

山西的长城板块除了长城，还有镇、路城、卫、所、堡、寨、烽火台、烟墩等，是我国冷兵器时代先人创立的军事防御体系，凝聚着古人的军事智慧。北京看长城只能看一段，来山西看长城要能看到整个防御体系，既有部分又有整体。山西的长城旅游应该摒弃传统的景区模式，按照线路旅游安排，创新线路旅游产品和沿线的旅游服务，如开发低空飞行观长城、骑马看长城、自驾与骑行游长城等旅游形式，沿线路设置旅游驿站、自驾车营地、旅游机场、自行车租赁与维修站、团队游车队服务机构等一系列公共服务项目。每个长城的游览点都要充分展示长城文化，开展与长城文化有关的参与性休闲体验活动，使游客全面了解长城、欣赏长城、感悟长城，感受长城文化，在游览中增长知识、开阔眼界、得到快乐。以此作为长城板块的龙头项目。

（三）太行板块核心吸引力打造的初级构想

太行山横卧在山西的东部，南北绵延八百里，整体山脉峡谷纵横、绝壁纷呈、危岩耸立、雄险秀奇，旅游规模庞大，已经开发的景区很多。太行山地貌最美的段落在南部，那里比较有名的景区有陵川的王莽岭、平顺的通天峡、壶关的太行大峡谷等，是规模很大的优质旅游资源群落。现在的太行山被一个个景区碎片式地开发了，其实景区与景区之间还有很多资源在闲置，在沉睡。当然，那里也成为户外运动一族的天堂，有些还是经典的跨省穿越太行的徒步线路、摄影爱好者的线路。目前，太行山的景区开发形式趋同，旅游服务形式趋同，但美景各有不同，如要把该板块的核心吸引力做强，就应该在旅游方式上有所创新，进行开发的和未开发的资源进行整合，在规模上进一步做大。

太行山应该在最亮丽的平顺通天峡、壶关大峡谷、王莽岭之间修建观光火车，将几个成熟景区串联起来，形成一个规模宏大的大旅游区概念。火车可采用新颖的全天窗、大车窗形式，沿途可看到奇景不断、风光各异的太行景观，同时解决各个热点景区之间的交通问题。现在太行山景区的进入性问题不大，每次讨论会大家都认为还是交通问题阻碍了太行山的进一步开发。其实指的就是景区与景区之间的交通问题。这个问题大家普遍想的是用公路来解决，其实不如用观光火车解决好。公路交通不具备旅行中的观光功能，公路没有直接经济收益，公路交通不新颖。观光铁路不仅可以具备上面三种功能，还能够吸收社会大小资本投入，共建共赢。以前我提出来时，有很多人赞同，但担心国家政策不允许。现在交通运输部、国家旅游局、国家铁路局、中国民用航空局、中国铁路总公司、国家开发银行《关于促进交通运输与旅游融合发展的若干意见》（交规划发〔2017〕24号）指出：（十）促进铁路旅游产品转型升级。积极发展遗产铁路旅游线路、精品铁路旅游线路等铁路旅游产品。针对市场需求增开特色旅游列车、旅馆列车等特色旅游专列。鼓励景区结合铁路遗存、自然景观等，设置旅游体验或短途观光线路。支持开发适合旅游特点的特种观光列车等装备。所以，观光火车的建议应是政策允许的。

四、三大板块要实行双轮驱动战略，继往开来壮大山西旅游

三大板块覆盖了全省范围，各板块内还有很多前期旅游发展的成熟景区，继续发挥这些景区的强大作用不容忽视。三大板块的提出也是在前期旅游发展的基础上重构的，是继往开来的新局面，而不是将以前的计划安排全部推翻重来。每个板块都应该实行创新发展的新项目、新龙头、新核心，与传统格局的老牌景区，如大同的云冈石窟，忻州的五台山，晋中的平遥、绵山，临汾的洪洞大槐树，运城的关公故里，晋城的皇城相府等一些5A、4A级景区，实现互动、联动发展，双轮驱动。这样才能把山西旅游进一步发展壮大。

整体启动山西境内黄河、长城与太行山旅游深度发展的重大现实意义

山西省社会科学院　杨晓国

2017年，山西省整体启动省境内黄河、长城与太行山的旅游发展。几个月来，此项工作已引起各市县与行业的极大重视。当此之际，进一步深入认识这项工作的深远意义并切实去寻求一整套科学可行的实施方法和策略，显得尤其重要。

首先应深入认识整体启动山西境内黄河、长城、太行山旅游发展在三个方面的深远意义。

先讲第一方面的现实意义。整体启动山西境内黄河、长城、太行山旅游发展，首先表现在它将有效促进全省的扶贫脱贫工作取得关键阶段的进展。

熟悉山西地理环境和历史背景的人们都很清楚，无论是黄河在山西流经的市县，还是内外长城在山西的分布地域，或是太行山在山西所覆盖的面积，其中相当多的县市过去都属于贫困地区。我们粗略估计，过去山西全省的贫困县市，其中可能有60%以上都分布在黄河、长城和太行山的覆盖范围之内。

以旅游发展为突破口和切入点，促使贫困地区脱贫致富，这在改革开放40年的历史上，已经有众多事实证明是一条成功之路，仅在山西省内，就有许多具体事例。我认为，在山西省整体启动省境内黄河、长城与太行山旅游发展，只要科学规划，方法得当，实施的策略设计到位，必将会更雄辩地证明，以旅游促脱贫是一条正确的道路。

再讲第二方面的现实意义。整体启动山西省境内黄河、长城、太行山旅游发展，我认为将会从根本上彻底改善山西过去交通不便且内外封闭的经济社会困境。

在中国历史上，从自然地形和自然地理看，过去曾有两大封闭区之说。一是四川因盆地而封闭，另一处就是山西因山河阻隔而封闭。这里的山，就是指山西省界之东与南方向的太行山，而河则是指山西省界之西与南方向的黄河。两千多年前的春秋战国之际，山西高原的北部因战争开始出现长城，至约五百年前，今山西北界即完全为万里长城所封闭，形成内地与草原大漠间的长期阻隔。山西与外界的交通，在人们久远的记忆里，仅能依靠所谓"太行八陉"和极少的险要峡谷；而与黄河以西豫陕甘宁数省的沟通，则只靠十几处延至千百年的古渡；至于省之北界，虽无险山大河，但千里长城之上也仅有20余处关隘。

25年前，我在《山西经济报》上曾发表过一篇文章。文中说到：若从九霄云层俯瞰山西，山西可能更像一座院落，太行是它的东院墙，黄河是它的西院墙，长城则是它的北院墙。要说南院墙，一半儿是黄河，一半儿还是太行山。那时，从偏关老牛湾到垣曲小浪底，近两千公里的黄河上，能通公路的桥梁只有4座，能通铁路的桥梁只有两座。而从风陵渡向东直至晋城500余公里的山河屏障上，能通往河南省的公路桥那时仅有两座，公路也仅有五条。总之，直至20世纪90年代初期，由黄河、长城和太行山密围而成的山西这座院落，那时可供现代交通工具内外出入的门户与道路还只有50处左右。而我们也都知道，山西与豫陕冀蒙之间的省界总长在四千公里以上，也就是说，平均近百公里只有一条通省外的路啊！当然，应该说近30年以来，随着改革开放的不断深入，目前山西的交通设施建设已经有了颠覆性的变化。仅民航、高铁与高速公路这样的高端交通都初步形成了一个成网络的框架。但若与较发达地区相比，山西交通的落后则依然较为明显。落后在什么地方？我以为还是在黄河、长城与太行山的分布区和覆盖区。今后几年要整体启动黄河、长城、太行山旅游发展，解决交通问题，仍将是最困难、最关键的问题。要根本解决黄河、长城、太行山的旅游交通问题，绝不是从南到北只修一条沿黄公路或从北向南只修一条沿太行山的公路那样简单。黄河、长城、太行山的旅游发展就是要长成三棵茂盛的大树，不但主干要立起来，而且每棵大树的支脉和叶脉也都要长成。我想，整体启动山西境内黄河、长城、太行山旅游发展，这项事业的最终实现时，也必将成为山西历史上内外封闭、交通不便的状况彻底改观之时。

接着讲第三方面的深远意义。我认为，整体启动山西省境内黄河、长城、太行山旅游发展，必将促进山西成为国家全域旅游示范区。今年9月1日，国务院颁发了关于支持山西省进一步深化改革促进资源型经济转型发展的42号文件。文件确定了今后几年山西转型发展的四个主要目标，其中一个目标就是要把山西省建成国家的全域旅游示范区。为此，我们有必要回顾一下以往的实际情况，目的是要把握好当前的大好机遇。我认为，过去在大多数的情况下，山西省的旅游发展基本上一直维持着一种从基层县市发力，偏重于由县市建设景区景点，渐次由少到多的自然积累方式，而缺少什么呢？我认为缺少的就是全省性的战略谋划和整体性的顶层设计。正是这种偏失致使山西旅游发展呈现出一种特殊的状况，虽然景区景点达到600余处，但景区景点之间缺乏区域整合，长期处于各自为战、分散叫卖、散点经营和碎片化营销宣传的落后局面。由于景区景点各自为战，同时又形成另外两种情况，那就是大多数景区和景点综合服务不配套，有看的，没住的和吃的地方。还有就是在目前大的干线交通日新月异的情况下，景区景点之间的"断头路"则普遍存在。应该说，这些弊病正是造成省外大量游客不能入晋的主要原因。我认为，此次整体启动山西境内黄河、长城、太行山旅游深度发展的顶层设计与战略决策，正是我们久久盼望的正确决策，这一决策也正是促使山西尽快实现全域旅游示范区这一目标的关键所在。

省委、省政府关于整体启动山西境内黄河、长城、太行山旅游深度发展的决定出台以后，目前最主要的工作即是迅速寻求一整套科学的实施方法与策略。楼阳生同志 2017 年 11 月 1 日的讲话重点就是要求在这方面有所突破。毛主席在战争年代曾讲过这样一句话：战略上我们要藐视敌人，但在战术上则要重视敌人。这句话对目前落实省委、省政府整体启动黄河、长城、太行山旅游深度发展的顶层设计同样适用。因时间关系，今天就不展开讲这方面的具体内容了。

关于做好我省"山水一体"大文章,构建"黄河引擎、两翼齐飞、十轮驱动"旅游发展新格局的思考

山西省社会科学院历史所　高春平

当前,围绕我省经济转型发展和建设文化旅游强省的目标,全省上下都在紧锣密鼓地推进"黄河""长城""太行"三大历史文化资源向旅游资源转化发展新品牌的建设。笔者认为,省委、省政府提出打造黄河、长城、太行三大新的旅游品牌,抓住了山西旅游资源的根与魂,是很有远见的战略决策。规划得好、落实到位必将有力推动山西旅游产业发生质的飞跃,显著提升山西在全国旅游格局中的地位,并将在推动我省建设综改试验区,锻造能源革命排头兵、打造内陆地区开放新高地的进程中发挥极其重大的作用。为此,建议省政府首先做好黄河、长城、太行山沿线相关市、县、乡、村各级干部群众和部门的统一协调指导工作,避免各地一哄而起争抢资源;坚决杜绝无视国家《文物保护法》和《长城保护条例》的破坏性开发行为。其次启动《山西黄河旅游发展整体规划》《山西长城旅游发展总体规划》《太行山生态旅游发展全域规划》。最后依托省内外有关专家组建"黄河保护规划开发专家委员会""长城保护规划开发专家委员会""太行山保护规划开发专家委员会"。

一、作为山西根祖文明的黄河文化内涵

黄河是中国的第二大河,流经青海、四川、甘肃、宁夏、内蒙

古、陕西、山西、河南、山东九省（区），全长5464平方公里。黄河支流众多，流域面积大于1万平方公里的有11条，为中华民族提供了优越的生存环境，被视为母亲河和华夏文明发源地。

秦汉以降，黄土高原的水土流失日益严重。据不完全统计，从西汉到中华民国的2100余年中，黄河决口1590次。从总体上说，黄河赐予流域内人民巨大的福利。黄河作为我国唯一穿越干旱、半干旱地区的大河，给人们提供了丰富的水源，带来了饮用、灌溉、航运以及电力之利，有利于农业生产和社会发展。

考古资料证明，今晋、陕、豫三省交界处的黄河"金三角"地区，是黄河流域古人类最早活动的地域。仰韶文化庙底沟类型当为华族创造的文化。苏秉琦说："庙底沟类型遗存的分布中心是在华山附近，这正和传说中华族发生及其最初形成阶段的活动和分布情形相像。所以仰韶文化庙底沟类型可能就是形成华族核心的人们的遗存。作为庙底沟类型的主要特征之一的花卉图案彩陶可能就是华族得名的由来，华山则可能是由于华族最初所居之地而得名。"

黄河中游地区号称"天下之中"，具有得天独厚的区位优势和便利的交通条件，有利于与周边地区进行经济文化交流。以长安、洛阳、太原为起点通往中亚、西亚和欧洲的丝绸之路横贯黄河流域，隋唐大运河以洛阳为中心，元代截弯取直，从黄河下游地区穿过，是连接中国南北的水上交通线。

黄河流域被称作中华文明的摇篮。在人们笃信中华文明起源"多元论"的今天，黄河还能不能称为中华文明的摇篮？李学勤说："我觉得，对这个问题的答复应该是肯定的。尽管我们对各地的文化发展有了新的估计，但必须认识到，中原在我国古代文明的形成和发展历程中，仍有不同于其他地区的特殊作用。这是由于当文明产生萌长的时期，中原地区是政治、经济以及文化的中心枢纽。"

从公元前第五千纪开始的仰韶文化时期，直至夏商周三代，黄河流域在中华历史文化上一直起着独特的作用。秦汉以迄北宋，全国的政治、文化中心长期在黄河中下游地区。尽管后来社会经济的重心有所迁移，黄河流域在文化史的演变过程中，依然具有非常重要的地位。

山西历史上形成了晋南和代北两个文化亚区。晋南芮城西侯度的旧石器时代遗存是迄今黄河流域发现的最早的旧石器文化点，表明距今180万年前这里已经有古人类生存。后来又有匼河、丁村、许家窑、峙峪、下川等旧石器遗址。新石器时代是仰韶文化西王村类型和龙山文化陶寺类型的分布区，也是传说中尧、舜部族的中心区，后来又成为夏王朝的中心区。春秋战国时期文化昌盛，这里是华夏族、汉族与北方少数民族的杂居区，成为黄河文化与北方文化联系的重要纽带。

从目前的发现来看，山西远古人类的活动地点，最主要的都分布在黄河流域及其支流汾河流域。这就是180万年前的芮城西侯度遗址、六七十万年前的芮城匼河遗址、十四五万年前的襄汾丁村遗址、10万年前的阳高许家窑遗址和两三万年前的朔州峙峪遗址以及一两万年前的沁水下川遗址和吉县柿子滩遗址。

（一）以三晋文化为枝干的黄河文化是一种典型的农耕文化

历史上，适宜的气候，肥沃的土壤，便利的灌溉构成黄河流域农业发展的基础，尤其为干旱地区粟作农业的发展提供了优越的条件。黄河流域勤劳的先民长期不断地精耕细作，使得黄河文化成为一种高度发达成熟的农耕文化。它与北方的草原游牧文明和南方的渔猎采集文化，共同构成中华文化的母体。事实上，晋、豫、陕三省交界的黄河金三角地区即是华夏文明之根源，又是中原农耕文化的典型代表。

（二）以三晋文化为枝干的黄河文化是一种开放性、包容性极强的文化系统

黄河文化是一种极具包容度的开放性文化：一是黄河文化作为中华传统文化的主体，其本身就是综合各种地域文化的产物。如新石器

时代中晚期,黄河流域文化就包括上游地区的马家窑文化、中游的仰韶文化、下游的大汶口文化等。二是黄河文化在发展演进过程中,与周围其他地域文化不断地进行吸纳、融合,进而充实丰富自身。九曲黄河像一条绵延不断的纽带,横贯东西,串联南北,将北中国大地复杂多样的地形地貌与地域文化有机联结。正是这条母亲河,使黄河流域不同的民族和文化得以连接;正是这条母亲河,让草原游牧文化和中原农耕文化得以碰撞、交流和融汇。在漫长的历史长河中,黄河文化不断吸收来自西方、中亚和北方少数民族的文化,体现出极强的包容性,促使中华文明长期保持着旺盛的生机和不竭的动力。

(三) 以三晋文化为枝干的黄河文化是中华民族精神主干的象征

在人类文明长河中,黄河流域长期扮演着全国政治中心和中华民族精神主干的重要角色。尧都平阳、舜都蒲坂、禹都安邑。传说中的三皇五帝大都和山西有密切的关系。早在4000多年前,我国历史上第一个王朝——夏,就在黄河流域立国建都。从此直到北宋,大部分王朝在黄河流域建都。从远古时代的大禹治水、台骀治汾开始,热爱家园、热爱生活的中华儿女,一次次战胜洪涝灾害、外敌入侵,并在灾难屈辱中不屈不挠,不断抗争、成长、壮大,造就了中华民族刚正不阿、坚强不屈的品性和抗争到底的顽强生命力,被誉为"黄河魂"和"民族脊梁"。黄河铸就了中华民族的伟岸性格和善良美德。黄河大浪滔天,一泻千里,象征着中华民族一往无前、所向披靡的进取心、磅礴气势和创造力;黄河裹挟泥沙,奔腾前进,象征着中华民族的非凡气度和包容耐力;黄河九曲连环,勇往直前,象征着中华民族的革命英雄气概和自强不息的奋斗精神。

（四）以三晋文化为枝干的黄河文化是大自然与人文的有机统一

中国古代向有"天人感应"之说，黄河也是人与自然的和谐统一。从自然景观来讲，黄河给了人类生命之源、造物之美；从文化层面来说，黄河熔铸了中华民族坚强的魂魄、血脉、风骨、精神。黄河文化是在人与自然、人与河流、东方与西方的相互交流、影响、作用中产生完善的。远古以来人类逐水而居，与河相伴，无论大禹治水、潘季驯治黄，还是现在三北防护林、黄河沿岸郁郁葱葱的绿化带、令人流连忘返的黄河旅游景点、抗洪抢险壮举，都是黄河文化的有机构成因子，都以不同方式体现了人与自然的和谐统一。

总之，以三晋文化为枝干的黄河文化是中华民族优秀传统文化的代表，是人类文明发展的精华，它始终影响和制约着中华民族的价值取向、文明进程、道德规范和审美情趣。同样，黄河文化又不断地在继承中发展，在发展中创新，在创新中完善，并为中华民族的伟大复兴释放出无限的光芒和正能量。

二、长城板块历史文化资源向旅游资源的转化

（一）基本情况

山西长城自战国开始修筑，历经秦汉、北朝、隋唐、五代、北宋、明数代，延续时间长达两千余年。国家文物局认定的山西省长城有5017处，其中长城墙体828段，各代累计总长1412876.22米，附属长城关堡364座，烽火台等单体建筑3798座，其他相关遗存27处。涉及战国、秦、汉、北魏、东魏、北齐、隋、五代、明等历史时期，分布于大同、朔州、忻州、吕梁、阳泉、晋中、长治、晋城等8市39县（市、区）。

山西省长城资源的保存状况不容乐观。墙体部分保存较好的大约仅占总长度的18.91%，保存一般的约占总长度的30.92%，保存较差的约占总长度的20.4%，保存差的约占总长度的11.25%，基本消失的约占总长度的18.52%。

（二）特点

1. 山西境内长城资源体量大，分布密集，尤其是明长城资源独特。

2. 山西内外长城并存，中间形成了一条长城大道，沿此线深入挖掘，可以充分、全面、完整地表现出长城文化。

3. 以雁门关为界，从关内和关外来看，山西长城又是一条历史大道、文化长廊。

中国长城学会副会长董耀会将山西长城定位为：军事防御之重镇，茶马互市之通道，民族融合之家园，中华民族之纽带。

总体来说，开放长城段落规模较小，利用率偏低，明代以前的长城开放更少。

总的来说，就是要深入研究、科学规划、理念超前，基础设施先建，合理有效利用，把保护做真做实，切实保护好长城及周边原生态环境。

三、关于太行山历史文化资源向旅游资源的转化

（一）太行山历史文化资源的分类梳理、特点

楼阳生同志指出，大美太行在山西。太行山是中国东部地区的重要山脉和地理分界线，号称天下之脊，自然山水雄奇、险秀、壮美，令人流连忘返。太行山与华夏文明的起源有密切关系，是农耕文明的

博物馆，至今依然在许多地方展示出古老农耕文明的风情物貌。太行山又是中国革命圣地，太行山区许多地方都留下了共产党领导的八路军坚持全面抗战的历史遗迹、红色遗址，太行精神也已成为中华民族光耀千秋的宝贵精神文化遗产。

1. 物质文化资源

（1）自然山水

两百多万年以来的第四纪时期，由于太行山的强烈抬升，有了太行山以东盆地的不断沉陷，形成了太行山最具魅力与特色的典型地质地貌景观——长崖、曲峡、塔峰。山西境内最著名的长崖有锡崖沟，最壮观的曲峡有阳城县润城以下的沁河曲峡、晋城以下的丹河曲峡、灵丘隘门峡的唐河曲峡、陵川的黑毛沟曲峡，等等，最壮观的塔峰是陵川王莽岭一带的塔峰。

（2）文物资源

山西全国重点文物保护单位共452处，位于全国前列，而太行山地区的高平20处、泽州19处、陵川15处、平顺14处、长子12处，在全国遥遥领先。山西省级文物保护单位共487处，太行山地区有100多处。

2. 非物质文化资源

太行山最突出的非物质文化资源就是红色文化，也可以说是革命的太行精神。

（1）红色文化精神遗存——太行精神

山西红色文化的线可以拉得很长，从抗日战争根据地时期到解放战争时期，再到新中国成立初期，都可以看到太行山人民在中国共产党领导下不屈不挠、浴血奋战、英勇抗争、艰苦卓绝的奋斗历程。红色文化成为太行山内在的精神内核，新中国建立以后，西沟、大寨、锡崖沟、石圪节等都是山西红色文化的永续传承。抗战歌曲《在太行山上》，赵树理小说《三里湾》都是红色文化不同时段的反映。

（2）有关太行山的历史文献记载和文学作品，包括上古神话传说以及相关的民众信仰。

太行山是中国历史上最早被认识和记载的山脉之一。上古文献中许多神话传说都和太行山有关，如女娲造人、女娲补天、愚公移山、精卫填海、后羿射日、黄帝战蚩尤等，而尧都平阳、舜都蒲坂、禹都安邑的记载也和南太行有关。

太行山区广泛流传着神农炎帝传说，晋东南地区就有好几个羊头山，说明太行山上的上党地区与华夏文明起源、炎黄文化也有密切的关系。晋东南地区的上古传说人物信仰大多都有相应的庙宇存在，可作为神话传说的一种印证。

（3）太行山民俗风情、非物质文化遗产

山西目前共有157个项目列入国家级非物质文化遗产名录，省级共754项，类别包括民间文学、民间音乐、民间舞蹈、戏剧、曲艺、传统技艺等。上党地区是戏曲之乡，上党梆子历史悠久，文化深厚，有着广泛的群众基础。此外，襄垣秧歌，壶关秧歌，沁水鼓儿词、八音会等都有传承。

太行地区的民歌具有浓郁的山西特色。左权是民歌之乡。

（二）太行山历史文化资源的特色或优势

通过以上梳理，可以看出山西境内太行山历史文化资源具有三个特色或优势。

1. 雄奇险秀的自然资源

太行山处在中国地形第二阶梯的东缘，由于远古时期地质运动，山体上升、河水下切，山西境内的太行山形成了曲峡、长崖、塔峰等独特的地貌，穿行在其间，可以获得比平原地区更壮观、神秘、美妙的体验。

2. 丰厚的红色文化资源

山西境内的红色太行文化时间跨度大、地域广，从抗日战争时期、解放战争时期，一直到新中国成立时期；地域分布广，沿太行山从北向南都有遗存；影响深远，至今这些地区还广泛流传着抗日战争时期共产党八路军将领和人民军队可歌可泣的动人故事，在新时代发挥着更大的感染力和影响力。

3. 古老农耕文明资源

有关专家认为，山西境内的太行山是中国农业文明起源的重要地区之一，古人类遗址、神农炎帝的传说等是与文明起源特别是农业文明起源相关的文化资源。

（三）太行山历史文化资源开发利用的现状和存在的问题、困境

1. 山西对太行山文化旅游资源宣传重视不够

山西是太行山的主体和腰身，但现在河北抢其首，河南夺其尾，很多太行资源被人家抢先。

2. 旅游开发的成本和难度大

太行山，其总长数百公里，分属4省市，主要是晋冀豫3省，与另外两省资源的共享程度高，同质现象严重，加大了旅游开发的成本和难度。

综上所述，建议山西省学术界系统挖掘山西黄河文明、长城军事文化、太行红色文化历史底蕴，省旅游局科学开发规划，做好"山水一体"生态旅游大文章、构建"黄河牵引、两翼齐飞、十轮驱动"的旅游发展新格局。具体来讲：

A. 思路框架

（1）山水一体：长城、太行、黄河。

（2）黄河文明根魂牵引。

（3）两翼齐飞：自然生态风光、历史人文景观。

（4）三板突出：太行（红、绿二色）自然原生态，革命文化，红色遗址；黄河文明、黄河峡谷、黄土高原地貌（黄色）自然景观（沟、壑、梁、塬、滩、峁）；长城（黑色）边塞风光、军事、经济文化、民族融合舞台。

B. 十轮驱动

黄河：

（1）晋南华夏文明探源之轮，重点打造西侯渡、陶寺遗址、柿子滩遗址公园、壶口瀑布、盐池、舜帝庙、后土祠、关帝庙、风陵渡、龙门渡、茅津渡、偏关老牛湾、临县碛口、柳林军渡等沿黄历史文化景区和特色名镇与晋陕峡谷黄河沿岸黄土高原自然遗址公园和传统古村落。

汾河流域：

（2）晋中晋商文化开放创新之轮，重点打造万里茶道节点城镇，平遥古城，祁县乔家、渠家，灵石王家，榆次常家，寿阳祁隽藻，太谷曹家、孔家。

（3）临汾尧都和根祖文化之轮，重点打造丁村文化博物馆、尧庙景区、法制鼻祖皋陶、洪洞大槐树、霍州衙署、襄汾南高刘家。

（4）太原龙城历史文化名城之轮，重点打造晋祠、天龙山、虞弘墓、双塔寺、傅山文化园、晋源明太原城、晋阳湖、阳曲青龙镇及清、太、徐抗日民主政府遗址、面食文化等。

（5）晋东南炎帝农耕文明之轮，重点打造高平炎帝景区、历山风景区、沁水流域古堡群、襄垣法显与"一带一路"景区。

（6）太行、吕梁红色文化复兴之轮，重点打造太行山水自然风光游览，太行民风、民俗、民居游览，兴县蔡家崖，八路军太行纪念馆，黄崖洞，左权殉难处，黎城会议旧址，兴建刘伯承兵工厂博物馆。

（7）阳泉工矿实业之轮，重点打造藏山赵氏孤儿、娘子关、渠本翘保晋矿务公司、阳泉狮脑山、水上人家、平定书院。

长城：

（8）朔州农牧文化交融之轮，重点打造大西口文化带、右玉全域生态旅游、芦芽山、应县木塔。

（9）忻代佛教文化康养之轮，重点打造五台山、云冈石窟、阿育王塔、上下华严寺、宁武芦芽山、走西口、河曲民歌。

（10）晋北边塞军事文化尚武之轮，重点打造偏关、大同内外长城、雁门关、广武城、宁武关、平型关、得胜堡、弘赐堡、李二口。

C. 注意问题

（1）必须科学规划

（2）基础设施先行

（3）生态文明引领

（4）美丽小康目的

（5）避免盲目开发

（6）上下整体协调

D. 对策建议

（1）启动《山西黄河旅游发展整体规划》《山西长城旅游发展总体规划》《太行山生态旅游发展全域规划》。

（2）依托省社科院、山西大学和省文物局、省旅发委等单位有关专家成立黄河保护规划开发专家委员会、长城保护规划开发专家委员会、太行山保护规划开发专家委员会。

（3）省政府做好沿黄、沿城、沿山相关市、县、乡、村各级领导和相关部门的统一协调指导工作，杜绝各地一哄而上争抢资源，毁坏文物，单纯政绩和挣钱观念误导下，无视国家《文物保护法》和《长城保护条例》的破坏性开发行为。

（4）按照十九大建设生态美丽家园的精神，保护文物古迹原貌、保护原生态景观，要做到规划先行、基础到位、科学管控、适度开发、生态优先、持续利用。

黄河·长城·太行文化旅游的国际化发展思考

山西大学海外利益发展研究中心 王 毅

大力发展文化旅游产业，是山西经济转型发展的重要组成部分之一。国务院下发的《关于支持山西省深化改革促进资源型经济转型发展的意见》明确指出应"积极推进全域旅游示范区建设，推动文化旅游融合发展，打造文化旅游支柱产业"。根据这一精神，省委、省政府提出锻造黄河·长城·太行文化旅游产业的发展目标。锻造黄河·长城·太行文化旅游产业，应积极融入世界经济，走国际化之路。国际化是当前我国旅游产业发展的大势所趋。有研究指出："中国的旅游产业已与国际旅游产业市场接轨，要保持旅游产业持续、快速度的增长势头。面对国外旅游产业的激烈竞争，维持旅游产业对国外客源市场的吸引力，就需要在旅游产业对外开放的同时，开创旅游产业国际化的发展模式。"[1]

锻造黄河·长城·太行文化旅游产业，如何切实走出一条国际化发展之路？本文围绕这一问题提出一些思考，以期抛砖引玉。

一、潜在优势

山西属内陆省份，不沿海，不沿边，加之境内山脉交错，交通不

---

[1] 朱杰堂、席雪红：《我国旅游产业发展的趋势走向》，《郑州航空工业管理学院学报》，2008（6）：121。

便，自然条件似乎不利于深度开放，由此也滋育出一种在对外开放问题上的消极、迟滞态度。任何事物都需要辩证地分析，山西存在一些制约深度开放的因素，但同时也包含着一定的优势，尤其对于旅游业。只有将潜在优势转化为显性优势，找准战略方向，才能切实推进我省旅游业国际化。

（一）政策支持

来自上级的政策支持，是各项工作顺利开展的重要条件，我省已经享有了强有力的政策支持。《关于支持山西省深化改革促进资源型经济转型发展的意见》明确提出要把"扩大对内对外开放"作为指导思想，具体化到实际策略中，对内开放重点在于对接"京津冀协同发展战略"，对外开放重点在于融入"一带一路"倡议。融入"一带一路"倡议，就是以基础设施为抓手，强化物流基地、交通设施、互联网、出入境口岸等的建设与升级，将山西建设成为连接"一带一路"的大通道。旅游业属于关联发展产业，山西经济社会整体上对外开放水平的提升，必然深化旅游业的国际化程度。

山西省委、省政府提出锻造黄河·长城·太行文化旅游产业，将党中央、国务院的政策支持具体化为现实的发展规划。三大文化旅游板块涵盖了山西西、北、东三面，有效地整合了省内旅游资源，打破了以往地区分隔、各自为政的局面，必将迎来山西旅游业的全面振兴。

（二）区位特征

历史上的农耕文明时代，山西独特的地理和区位具有无可比拟的优势，有"治世之重镇，乱世之强藩"之美誉。进入工业文明时代之后，山峦阻隔，交通不便，反而制约了山西经济的发展。新中国成立之后相当长的时间里，山西一直在为打通与外部的交通通道而努力，直到最近的20年，高速公路、高速铁路、民航航线全方位开通，交通闭塞的状况才得到实质性改变。随着下一步新一轮的交通基础设施建设，山西的交通条件将得到进一步优化。

交通条件改善之后，山西的区位优势就会凸显出来。所谓区位优势，就是指山西位于中国的腹地，联结东西，贯通南北。山西东西窄，南北长，自北向南，晋北各市区，毗邻蒙古高原，地势平坦，直抵蒙俄；晋中各市区，是京津冀与大西北的结合部，东抵华北平原，西向陕甘腹地；晋南各市区紧靠陕、豫，陇海线横贯东西，并有多条高速公路与高速铁路与外部连接。这样，自南向北，自动延伸到"中蒙俄经济走廊"，从东向西，直通"新欧亚大陆桥""中国—中亚—中东经济走廊"。"一带一路"建设的六大经济走廊，有三条与山西相连，这是我省旅游业国际化发展可以借助的便利。

这样的便利，目前还是一种潜在的便利，换言之，是山西旅游业与国外间接联通。旅游产业发展的顶层设计中，需要有意识地挖掘这些潜在的便利，使这种间接联通逐渐转化为直接联通。

（三）文化禀赋

山西是中华文明发源地之一，享有"中国古代艺术博物馆""文献之邦"的美誉，也有"地下文物看陕西，地上文物看山西"的说法。山西文化旅游资源极为丰富，不再赘述。山西文化的另外一个优势与独特的区位相关，即山西一直是农耕文明与游牧文明的过渡地带。晋南紧邻中原，是典型的农耕文明。北部地处塞外，已属游牧文明，游牧文明再向北延，即与来自俄罗斯的东正教文明连接，向西则与发端于中亚、中东的伊斯兰文明、萨满宗教相通，多重文明的交织造就了山西文化的多样性，也使山西文化具有了兼容并蓄、和谐并存的特征。

独特的文化优势，使山西的文化更容易被其他文化所接纳、欣赏，从而成为山西旅游业国际化的便利。晋北地区盛行佛教文化。历史上，佛教文化从南亚发端，经由伊朗、中亚、新疆一路传播抵达晋北，沿途经过了各种不同类型文化的洗礼，又与中华文化相结合，既包含了各处不同文化的元素，又有了中华文明的内涵，共性与特色并存，显现出独特的魅力。晋中以南，历史上与中亚地区的商贸往来曾经非常繁荣，可以想象，来自中亚各国的游客看到虞弘棺椁上的绘画和雕塑，一定会感到非常亲切。

黄河、长城、太行三大文化旅游板块，较好地凝聚了山西的文化优势。黄河是中华民族的母亲河，黄河文化也就是中华文化的代名词。长城是中原文明与游牧文明的分界线，长城文化包含了多重文明交流互动的内涵。太行山是早期龙山文化向南传播的通道，是中华民族的摇篮。而且，黄河、长城、太行三大板块也汇集了山西境内最优美的山川景观。美丽的自然景观与深厚的文化传统有机结合，成为山西旅游国际化发展潜在的优势禀赋。

独特的文化特性也是晋商兴起的重要原因之一。晋商所以能够北上草原，远抵俄欧，文化上的亲近感不能不说是一个重要的纽带。晋商开拓的"万里茶路"充分发挥了沟通文明的重要作用。当前，振兴山西旅游业，非常有必要重塑这一重要功能。

二、梯次推进

旅游业总是与经济社会发展的自然过程同步，经历国内游、入境游、出境游"三步走"的步骤。我国旅游业走的是一条非常规的发展道路。改革开放早期，最先得到发展的是入境游，来自发达国家的游客率先进入我国旅游。20世纪末、21世纪初，我国国内旅游业出现井喷式发展，至今热潮未退。近年来，出境游持续升温，全国年均境外游高达1.2亿人次。我省是出境游小省，年度出境游游人数也达到

30万人以上。这样的背景下,推动我省旅游业国际化发展已经刻不容缓。国际化发展需要有明确的战略安排,努力将潜在的优势转化为现实的成果。

山西旅游业的国际化发展,可以分为三个方向,即南北向连接蒙古、俄罗斯,东西向连接中亚,全方位面向世界。综合考量各方面因素,可以考虑按南北、东西、全面的步骤依次推进。锻造黄河·长城·太行文化旅游产业起步伊始,应将南北方向与蒙古国、俄罗斯连接作为重中之重,重点打通山西至俄罗斯伊尔库茨克段的旅游线。主要基于两方面理由。

(一) 地理条件

蒙古国是距离山西最近的外国,从大同市到中蒙边境的二连浩特市只有450公里的距离,而且地势平坦,全程高速,交通便利。从二连浩特出境,向北经蒙古国首都乌兰巴托再到俄蒙边境城市苏赫巴托尔(原万里茶道"买卖城")距离860余公里。再出境到俄罗斯,200公里左右即可到俄罗斯西伯利亚核心城市伊尔库茨克,抵达贝加尔湖。即便从太原出发,到伊尔库茨克也只有1500公里左右的距离。这段距离恰恰是外出旅游的最佳距离。

这条旅游线,南端是我省正在开发的黄河·长城·太行文化旅游版块。北端是世界最大的淡水湖贝加尔湖,又是广袤的西伯利亚森林,是全球知名的旅游区。中间1500公里左右的距离内,纵贯三种文明区,经历高山、草原、沙漠、森林、湖泊等多种不同的地貌,可供游客欣赏的自然和人文景点多达上百个。

(二) 旅游基础

近年来,旅游业发展迅猛,这条线路上的旅游业已经有相当的基础。2014年3月,习近平主席访问俄罗斯,在莫斯科国际关系学院发表了题为《顺应时代前进潮流 促进世界和平发展》的重要演讲，将17世纪的"万里茶道"与当前的中俄油气管线并称为联通中俄的世界"世纪动脉"[①]。其后，复兴"万里茶道"成为"一带一路"建设的有机组成部分。几年来，相关工作进展顺利。2014年3月，中华文化促进会所属的"万里茶道协作体（TRC）"在北京雍和艺术馆成立。自2012年起，"万里茶道"与中蒙俄城市发展市长峰会机制形成，每年召开一次会议，至今已召开5届。在这些机制推动下，沿线的旅游业发展一日千里，蓬勃兴旺。

同样是在这一主题下，内蒙古自治区与蒙古国、俄罗斯之间的旅游合作业已形成热潮。由二连浩特出境，经由扎门乌德、赛因山达、乌兰巴托、达尔罕、阿拉腾宝利格、恰克图、乌兰乌德、贝加尔湖、伊尔库茨克，直到后贝加尔斯克的旅游线路热度逐年上升，包括自驾游、狩猎游、团体游等多种旅游类型。2016年度，仅仅是经由二连浩特出入境的人数就高达210万人次[②]。

当内蒙古自治区的边境旅游蒸蒸日上之际，只有咫尺之遥的山西却只能当看客。山西本地游客自驾前往内蒙古呼伦贝尔草原的旅游人数以几何级数上升，成为一条热线。但融入中蒙俄国际旅游客流却少之又少。俄罗斯远东地区，甚至欧洲地区，也有大批游客进入中国，但都是从山西门口路过，很少进入山西滞留，做深度游。山西旅游业，需要改变姿态，主动拓展，融入这条热线。

三、创新驱动

旅游业是新兴的绿色朝阳产业，旅游业在推动经济发展中的重要作用早已为人们所熟知。各地在发展本地旅游产业中也形成了一些相

---

① http://paper.people.com.cn/rmrbhwb/html/2016—08/03/content_1700730.htm.
② http://www.elht.gov.cn/zhxw/bmdt/201701/t20170126_111511.html.

对成型的做法。宏观层面，凝练特色、打造品牌、扩大宣传。微观层面，丰富内容、延伸服务，除提供食、住、行、游、娱、购之外，进一步扩展休闲度假功能。总之一句话，想方设法延长游客在本景区的旅游时间，提供一站式服务。这些发展模式本身不存在问题。但拘泥于这些方式，也有一些不容忽视的问题。一方面，这样的方式投入大，成本高，也容易形成不同区域之间的同质竞争；另一方面，也容易产生边际效应，游客兴趣不高，旅游动机也不再强烈。并不是所有的旅游都需要提供星级的住宿服务，也不是所有的游客都是见物就购，旅游业国际化发展更应强化创新驱动。具体到发展中蒙俄国际旅游，应从以下三方面着手。

（一）引入一种理念：共享经济

信息化时代，共享成为经济发展的全新模式。美国华盛顿特区经济趋势基金会总裁，著名经济分析家杰里米·里夫金在其著作《零边际成本的社会》一书中提出："人们分享的越多，效益就越大，而且并不增加对自然资源的消耗和索取，这是传统经济结构中做不到的事情。"[①] 信息经济中，充分创造共享，是降低成本、提升效益的主要途径。我省旅游业与中蒙俄旅游接轨，也需要借用共享经济理念。

具体而言，就是发挥山西的黄河、长城、太行旅游资源的优势，并与从山西经由内蒙古自治区到蒙古国，再到俄罗斯伊尔库茨克段的旅游资源共享起来，融入一个更大的国际化的旅游平台之中，使不同的文化形态、不同的自然景观整合起来，成为一个整体。尤其是使山西突出的文化旅游优势与俄罗斯西伯利亚和贝加尔湖的自然景观共享。以远东地区的自然景观吸引国内游客出境游，以山西独特的文化优势吸引境外游客入境游。使我省锻造黄河·长城·太行文化旅游产

---

① 转引自银昕：《共享经济：带领我们进入"共情"世界》，《商学院》，2015（6）：113。

业，从一开始就不走独立运行之路，而是主动融入更大的旅游框架之中。在国际上，与境内外其他旅游景区协调互动、共同发展。

(二) 打造一种功能：旅游通道

或许会有疑问，山西锻造黄河·长城·太行文化旅游产业目的是为了吸引游客，壮大本省旅游产业，按照共享思路，加之我国对蒙古国、俄罗斯拥有明显的经济优势，可能会出现大量的游客外流，山西为他们作嫁衣的结果。这样的疑虑不无道理，但其中恰恰包含的是"直中取"与"曲中求"的辩证转换，所谓"功夫在诗外"。按照习惯的旅游业发展思路，当然可以吸引一定的游客，增加旅游收入。但从实践经验看，难以取得最理想的效果，更不可能使我省旅游业出现超常规增长，担当起拉动资源型经济转型发展的使命。这就需要在旅游共享的基础上，强化山西的旅游通道功能。

历史上，山西曾经是中蒙俄交往的枢纽，是重要的商业通道，原因当然很简单，这段路程最近。随着现代化交通设施和交通技术的运用，"近"已经不再具有吸引力，这也许是山西在中蒙俄经济交往中被边缘化的最直接原因。但旅游与商业往来不同，远与近并不是旅游的主要考量依据。作为游客，更关注的是一条线路上能够看到什么，欣赏到什么，体验到什么，这是山西独特的文化魅力真正的用武之地。黄河·长城·太行文化旅游国际化的真正意味，就是要使游客在"山西到伊尔库茨克旅游线"上获得独特的旅游体验和收获。

无须为到底是中国人出境游多还是外国人入境游多而担心，真正应当关注的是，我们能否积极主动地参与到这条线路的开发与建设中，借锻造黄河·长城·太行文化旅游产业之机，将"山西以伊尔库茨克旅游线"打造成为国际性的旅游热线，使山西成为中蒙俄国际旅游的首选通道，使我省的旅游业得到发展。

（三）强化一种模式：国际合作

我省旅游业国际化发展，必须深化旅游合作，走合作发展之路。具体包含两个层面：

其一，政府间合作，深化政策沟通。地方政府间合作，是当前国际合作的新领域。随着"一带一路"建设的推进，我国地方政府与境外地方政府间的友好合作发展迅猛。地方政府间的合作可以直接切入具体的业务领域，沟通政策，形成合作框架。就中蒙俄旅游合作而言，内蒙古自治区及其各沿边城市与蒙古国、俄罗斯地方政府间的合作已有较深入发展。前述"万里茶道"与城市发展中蒙俄市长峰会，前两届会议就由内蒙古自治区二连浩特市政府承办。其中第二届峰会的主题就是发展中蒙俄旅游协作。山西省及相关地市政府如果能积极参与这样的地方国际合作，继而主动发起相关的地方协作机制，必然会为旅游业发展创造条件。

其二，产业内合作，搭建合作平台。在国际框架内发展旅游合作，业内合作即旅游企业间的合作，是重中之重。旅游企业间的国际合作，着重在于建立跨国的旅游业合作平台。基于统一的平台，协同实施品牌宣传、旅行社服务、旅游产品开发、拟定旅游服务标准，等等。产业内合作涉及旅游业的方方面面，需要做大量具体的工作。长期以来，我省旅游业一直徘徊在中蒙俄旅游合作边缘，缺乏深度的介入。在锻造黄河·长城·太行文化旅游产业起步伊始，更应该积极主动地发展外向型合作，主动与内蒙古自治区以及蒙古国、俄罗斯旅游行为发展相应的合作关系，努力先形成一个多边合作框架，在这一框架内再逐步形成更为深入的合作细则，最终搭建起相对完备的产业合作平台。

黄河·长城·太行的三位一体：历史文化构建当代旅游
——以金元以来晋商文化为重点

北京晋商博物馆　孟　伟　山西大学历史文化学院　闫爱萍
太原师范学院教师工作部　宁茉玲

以"黄河·长城·太行"作为山西未来的产业转型的复合化标志和标识，具有顶层设计的现实意义，不失为高瞻远瞩的蓝图。但是将这些历史自然地理的符号转化为旅游产业，则需要更为具体的"金元以来的晋商历史文化"为基础、纲领。金元以来的晋商文化不仅是整个山西地区最基础的"活的灵魂"，更是"东方民族从农业到手工业，再到商业，再到金融的历史阶段性的革命性飞跃"的历时性与共时性有机交融的标志和标识。如此民族性的、本土化的、东方中国自身的、脉络清晰的、历史阶段相继的文化特殊性，在整个华夏大地独一无二，绝无仅有。恰好也是金元以来三晋大地的祖先和儿女代代传承的优良品质和取得辉煌业绩的精神源泉。"自然地理文化"需要与"历史人文"有机交融，并且以"晋商文化"为纲。只有抓住了"纲"，才能"纲举目张"。因此，需要有对历史文化的敬畏和尊重之心，需要改造认识、改造学习，更需要重新认识"金元以来晋商文化"的历史价值。与之相对应，无视金元以来晋商文化特殊性的传统范式，则难以避免走向视野狭隘的老路。总结历史的经验，汲取四十年来的教训，才是真正"实事求是"地对待历史文化的态度。对文化产业的本质性认识，亟须全新的方法论。

一、问题提出

古往今来,人们习惯使用"表里山河""华夏枢纽""胜京屏障"等来形容、描述地处长城、黄河、太行山之中的山西。作为一个历史自然地理的视角,原本无可非议。然而倘若在当今时代用作"标识性符号"来构建山西全域旅游的顶层设计,则有过于单纯地局限在"自然山水"之嫌,抑或容易产生误会和歧义,至少缺少更为丰富的内涵,有对三晋历史文化的当代性及其价值认识不足之嫌。一则,改革开放四十多年来即便旅游业也早已"从自然旅游步入到了新阶段";二则,日新月异的科技手段早已改造了传统的生活方式;更为重要的是山西作为一个省份真正的旅游价值和资源是"丰富而厚重的历史文化"。也就是说,未来山西旅游产业的价值源泉、重心更应当在"讲好山西历史文化故事"。对山西历史文化的认识,伴随着视角、方法、层面、论域、学科等不尽相同。按照历时性的传统习惯,以金元以来的晋商文化为主,称之为"重中之重"也不为过。

金元以来晋商文化绝不单纯是经济史视角的学术问题,更应当看作是串联"长城、黄河、太行的一条总线",抑或作为一条全域旅游的"总纲"都是恰当的。纵然山西未来旅游文化产业的设计和规划无限美好,但是离开了历史文化的内涵则美好的旅游业蓝图也犹如"空中浮萍"。四十年来的经验教训不能不汲取——晋中的"晋商大院"不可谓不多,但却未必都充分地发挥了其价值与功能、作用。单纯地凭借文学的浪漫、拍脑袋的轰轰烈烈的运动是无济于事的,充其量也仅仅风火一时,而很难取得价值最大化和效益长期化。文化经济与实体经济的分野关键在"历史文化资源"的科学配置,把历史的细节真实放置在整体的规划蓝图中予以落实,让历史"知识和事实"自己说话。马克斯·韦伯就"经济与文化"的思想和学术建树,非常值得借鉴①。法国年鉴学派的"社会史学的方法论"也值得借鉴②。

本文的旨趣和追求在于,实证地给出这一主张的学理依据,以弥补长期以来对山西旅游业的认识偏差,更希望山西旅游业能"由表及里",把根深深地扎在厚重的历史文化土壤中。

需要强调指出:将关注的重点放置在"金元以来的晋商文化"上,并不是否认其他时段价值,也不是"厚此薄彼",而仅仅是"以金元以来晋商文化为例"阐明一个隐藏在"历史性文化价值当代性转换"中的道理。

二、金元时期山西地区的特殊性

众所周知,考察漫长的人类社会发展史有许许多多的学术视角、学科、论域、范畴等,伴随着时代的发展,科学地审视有关历史时期的山西地区,其情形也大同小异。针对历朝历代祖先的历史,最近100多年来的前贤学者为此付出了艰辛的劳动,值得敬仰和借鉴,更值得科学总结。

把关注的重点聚焦在金元以来,道理很简单。其一,相较于漫长而悠久的历史而言,金元以来山西地区的历史距离现在不足千年,有许许多多的历史遗迹和遗存直到现在还能作为旅游文化和产业发展的基础线索和物质形态;其二,更为重要的是从长时段的角度来看,"金元时期的山西地区"不仅表现出时代特殊性,而且这些特殊性还与明清以来地处内陆的山西商人引领时代潮流500多年有最直接的源流关系;第三,探究明清以来山西商人的独领风骚,绝对不能囿于明

---

① (德)马克斯·韦伯:《新教伦理与资本主义精神》,于晓,陈维纲等译,生活·读书·新知三联书店,1987年;《经济与社会》,上海人民出版社,2010年。

② (法)费尔南多·布罗代尔:《15至18世纪的物质文明、经济和资本主义》(三卷本),顾良,施康强译,生活·读书·新知三联书店,1993年。

清时期本身，更应当上溯下延。实际上单就方法论而言，"追根溯源"也较单纯地关注"辉煌的顶点"更为深刻，更符合人们对历史文化认知的普遍性原则。

金元时期以来山西地区的特殊性可以在"国家与社会""历时性与共时性"的视野下窥见一斑：

（一）国家政治层面

就国家政治的层面强调山西地区的特殊性，并不是说，金元以来的山西历史与中国社会变迁的整体历史割裂，而是希望特别地强调指出：山西地区作为一个区域社会的"历时性和共时性"的本质特征，在华夏大地上有其特殊性，并且是绝无仅有的特殊性。

第一，至少从晚唐开始，山西地区就处于"特殊的历史时期"，后晋、后唐、宋（北宋）、辽、金、元在山西地区的政治格局非常特殊，这一特殊性对于山西地区的历史走向影响深远，甚至具有决定性意义。然而，恰恰这一时段的"中国历史"书写并不完整，难以从正统的"二十四史"中具体地给出相对应的"历史细节"，仅仅能够知道大概的"粗线条"。

第二，在长达500余年的历史中，历代政权将长城沿线（辽长城）、大同周边地区、河东地区、整个太行山地区的社会治理等"文化形态"予以对应性地塑造。直到现在，我们所能看到的"实体的历史文化遗存"以及"非物质的文化"都有其非常鲜明的特殊性。而这些特殊性，恰好也与当前打造的"黄河·长城·太行"形成"局域的对应关系"。

总之，倘若按照传统的"二十四史"是很难科学地回答目前山西地区历史文化遗存的"整体故事"与"区域特色文化"之间的一系列关联性问题的，也就难以回答：明清时期地处内陆的山西竟然能成为整个华夏大地上最具"经济活力"的地区的真正的"动力性机制"。明清时期"山西地区的经济起飞"绝非简单的"明清时期"的问题，树有根，水有源，追根溯源的一个学术视角，就在"辽金元"时期的"特别的国家政治"上。

（二）民间社会层面

所谓的"山西地区民间社会"则是与"国家政治"相对应的学术范畴，也有诸多学术的视角，伴随着学科、层面、领域而不尽相同。目前"山西地区民间社会的特殊性"在学科层面愈来愈凸显，是如火如荼的社会史潮流使然。然而，还是由于学科设置的局限、壁垒、藩篱等，也愈来愈暴露出直接的肢解和割裂情形。抑或说，对于"金元以来山西地区民间社会"的认识散落在诸多的学科范畴，而恰恰缺少必要的以"山西地区"为中心的"整合性梳理"。举例如下：

雁门关外的地区，习惯上称之为"塞外"，或者"长城沿线及其草原地区"，虽然历史的遗存愈来愈少，但是"非物质的历史文化"却非常特殊。诸如，燕云十六州、杨家将、辽金联盟、宗教信仰等，尤其是民间社会的生活方式的传承，一方面有自然地理的区位因素，另一方面则更多是"民族性文化交流和融合"的"文化形态分界线"。宣大地区墓葬壁画中的"茶文化""造纸""染布""豆腐制作""服饰""戏曲""壁画艺术""城堡规制"，以及"器皿、器物"等，直到现在都别有韵味，形成与农耕文化迥然有别的差异。毫无疑问是"长城沿线历史文化的真实的历史图画"。

太行山地区，由于其天然"躲避战乱"而形成的文化特色则是另一番情形，尤以从南到北的庙宇建筑与村庄的关系、庙宇规制、神灵信仰等的差异性最为突出，区域性特征与阶段性的历史时代相对应。传统宗教庙宇与民间信仰的脉络非常鲜明，比如，北太行地区的"五道庙"大体上以五台山为中心，北至草原，南到"辽州"；有关民间祈雨的活动方式，也是南北风格迥异，时代特征也非常清晰；再如，以"戏台"为界的长城沿线的村落划分，则分明就是"农耕文化与草原文化天然的分界线"，等等，类似的情形不一而足。而南太行的"传统村落的自治和治理"则毫无疑问与长达二三百年的"太行山忠义军"密切相关，"社"与"会"的民间组织方式，直接地决定了这一地区的"社会结构和形态"。"村庄自治"的文化传统则直接地延续到了"抗日战争太行山根据地"的建设时期。可以肯定，太行山抗日根据地建设的文化脉络中，蕴含着这一民间的惯性文化。而以太行山为依托、主线的民间经济，诸如煤炭、冶金、烧造、石刻建筑艺术、干果、药材、潞绸，等等，则直接传承到了明清时期。总之，太行山文化是一个整体，既有历史的"远古神话"历时性延续，更有金元以来的民间性政治、经济和文化的历史传承和相继。

顺着奔腾不息的黄河水，沿着黄河河岸，从北到南，黄河文化在山西的历史阶段和区域性也一览无余。黄河和草原的源头不必说，需强调指出，在黄河"拐弯处"的河东地区以及汾河入黄的平阳蒲州下游地区，抑或黄河与太行山的交会地区，甚至顺着黄河一直到东流入海的下游地区，始终是金元以来整个中国最富庶的地区之一，农耕文化在这里彰显出了历史的传统和魅力，尧、舜、禹、炎帝、汤王、黄帝、嫘祖等农耕文明祖先的"庙宇"，闪烁着中华民族的光芒。黄河文化真正的"文化之源"深深扎根在这一富饶的土地上，如此民间性的文化形态，全中国绝无仅有，全世界也绝无仅有。并且以此为中心，形成"民间性文化的谱系"，蔓延开来，一方面，西接"秦晋之好"，也就有了明清时期的"山陕会馆"；另一方面则东连运河和泰山，于是乎"一文一武两圣人，山左山右两夫子"，进而有了明清时期山西大槐树、赤土坡移民以及山西商人活跃在齐鲁大地的历史事实。而在其北面则形成了"太行山与长城草原"的天然分界，却又与"黄河"相连，则必然地出现明清以来的"走东口（跑草地）、走西口、闯关东"等民间性文化的延伸。进而，伴随着元明以来的"大运河"而形成天然的"山西地区经济起飞"的"历时性与共时性"空间地理——明清时期山西商人习惯的"东南西北路"的向心发散格局。

总之,金元以来的黄河、长城与太行山文化,虽然在历史地理上构成了三晋文化自然的山水整体,而其本质则是代代相继的华夏祖先和三晋儿女的摇篮,自然的山水与历史上民间性的政治、经济和文化交相辉映、有机交融、相得益彰。

三、金元以来的山西商人与黄河、长城、太行山及草原

黄河、长城和太行山作为中国自然地理与人文历史的标志,毫无疑问是上苍恩赐给三晋大地的厚礼,祖祖辈辈的三晋儿女也深受泽被,真可谓"一方水土养育一方人"。

(一)金元以来的山西商人与黄河

北宋南渡,黄河照例奔腾不息,黄土地依旧沉睡而静谧。但是深受传统儒学浸染的三晋大地却"历史地分合",再度进入了"民族共存"的全新阶段,就山西地区而言是近千年来较大的变局之一,称之为"区域性变迁的拐点"都是恰当的。这些变化,直到现在还依稀可寻。

第一,政治上,从金朝开始山西地区就被一分为二为河东北路和河东南路,整个山西地区也由"战区"逐渐成为"后方",地处黄河中游地带的平阳以南地区更为突出,几乎成为金元时期的政治、经济和文化中心,得到了前所未有的发展。目前有大量的遗存,记载着这一段长达200余年的历史。

必须指出一个严肃的问题:就山西地区而言,北宋南渡之后,几乎不存在"南宋"这一概念。纵然有"收拾旧河山"的愿望,也多

局限在民间社会的层面，身处北地的民间百姓有与陆游相似的"王师北定中原日，家祭无忘告乃翁"的心愿——坐北南盼，山西地区已进入金元时期。可以肯定，长期以来的传统学术范式中，无视这一长达200余年的山西地区的特殊性，对于山西地区的历史书写来说影响极其重大。许多的学术偏差由此而产生。诸多的学术疑问也隐藏其中。事实上，这200余年的特殊性基本上决定了明清时期山西商人崛起的动力源头。

第二，经济上，真正给山西地区带来的变革非常巨大，虽然并没有充分地表现在"商业"上，但却实现了"从单纯的农耕向传统手工业和商业的过渡"，手工业的集约化孕育着未来商业的萌芽。而这些萌芽，最初是表现在以"村庄自治为主要特征的宗教世俗化进程"中①。决定明清时期山西商人走向辉煌和伟大的"合伙制"就出现在金元时期。可以充分肯定，明清时期可以与西方社会的"资本主义"相提并论的制度和机制——山西商人的"合伙制"绝非"天外来客"②。孕育明清时期山西商人"合伙制"的土壤就在金元时期黄河中游的平阳、泽潞地区。也就是说，明清时期晋商的辉煌源头是在金元时期的平阳、泽潞地区。汾州府、太原府山西商人的崛起要较之平阳、泽潞商人晚得多，但他们的后来居上却是"从商业到金融"的必然的历史新阶段。

---

① 在太行山地区，有非常清晰的时代性印记：北宋南渡之后，传统的宗教逐渐消失，而"村庄土庙"急速发展，村庄自治成为时代主流，最鲜明的标志是：1. 庙宇下山进村；2. 庙宇营建采用了"合伙制"；3. 庙宇所有权益归"社"和"会"；4. 如此情形，一直保持到民国时期；等等。参见孟伟：《社会经济史方法与理论：太行山古村落考察》，社会科学出版社，2017年。

② 乔志强先生曾经多次指出，包括山西票号在内的山西商人的辉煌"绝非是天外来客"，一定有其特别的历史渊源。参见乔志强：《山西票庄史序》，出自史若民：《山西票庄史》，山西经济出版社，1995年。唐力行先生早在二十年前就尖锐地指出："山西商人具有民族特征，他们的轨迹并非是地域的。"参见唐力行：《商人与社会》，商务印书馆，1993年版。余英时先生也很早就说："山西商人有传统文化的特质，它的来源在儒学伦理。"参见余英时：《中国近世宗教伦理与商人精神》，台北联经出版社，1987年。

同样有必要强调指出：目前有关山西地区的历史真相，并没有真正被揭示，进而导致了许许多多的偏差，乃至错误，委实是历史学者的失职。

第三，文化上，源于山西地区的"元曲"堪称中华戏曲的摇篮，除了历史时期的山西地区众多杰出的元代戏曲大师早为世人所知之外，最近三十年来经过山西师大三代学人的努力，至少在河东地区找到了几十座（处、所）金元时期的"村庄庙宇戏台"，实物地展示了黄河中游地区的历史事实①。山西大学乔全生先生则从语言学的角度给出了"民族交融"的图画②；段友文、亢西民先生则在民俗学的层面充分地揭示了金元以来的文化形态③。所有这些都与我们长期的田野作业的"实际情况"相吻合。

事实上，与以山西地区为中心的中国戏曲文化近似于并列的"关公文化"以及一系列的庙宇、古建筑文化也是在金元时期的河东地区开始发轫，逐渐形成"一文一武两夫子，山左山右两圣人"。甚至金元时期诸多方面的文化也因为金元时期的特殊性而呈现"历时性与共时性的圈状"，一轮一轮地向四周扩散④。

---

① 山西师大"戏研所"三十年来致力于"古代戏曲文物"整理与研究，从黄竹山先生开始，继之冯俊杰先生，直到现在的车文明、延保全、曹飞等教授，为中华戏曲之源头的山西做出了重大的学术贡献。

② 乔全生先生一生致力于"历史语言学"，为华夏民族的活化石——"晋方言"做出的贡献有目共睹。参见乔全生所著《晋方言语法研究》《晋方言语音史研究》《洪洞方言研究》《山西方言调查研究报告》《汾西方言志》《平遥话音档》（合著）等。

③ 参见段友文：《汾河两岸的民俗与旅游》，旅游教育出版社，1995年；《黄河中下游家族村落民俗与社会现代化》，中华书局，2007年；《中国民俗知识——山西民俗》，甘肃人民出版社，2008年；《走西口移民运动中的蒙汉民族民俗融合研究》，商务印书馆，2013年；《古村镇文化景观整体保护与扶贫策略研究——以山西"三河一关"20个古村镇为中心》，中国社会科学出版社，2016年；亢西民：《山西神话系列》（十卷本）山西人民出版社，2017年。

④ 孟伟，闫爱萍，杨波：《关帝庙遍天下的视角转换：以武侯祠及其三国历史人物祭祀为参照》，载《2017年山东社科论文集》，齐鲁出版社，2017年。郝平，孟伟等：《高平关帝庙研究》，高等教育出版社，2017年（2015年教育部后期重大项目）。

(二) 金元以来的山西商人与太行山

一个时期，北宋与辽、金之间的战争是以黄河、太行山为分界线，北宋南渡之后，整个太行山地区表面上纳入了辽的版图，而实际上，抗击辽金的局部战斗依然存在。因此一直到蒙元时期，太行山就是一个非常特别的区域。广义而言，太行山地区的特殊性几乎与平阳、河东地区相似，然而也有差别。尤其在地理区位和村庄治理、手工业向商业的发展方面，"合伙制"的家族性或许更为突出。因此也就造就了泽潞商人的新阶段——"合伙手工业"向"合伙商业"的发展。主要表现大略如下：

第一，在太行山地区，最突出的是村庄自治，而武装性自保直接决定着太行山地区古村落的延续性。宗教世俗化的情形在环太行山地区格外鲜明：1. 历史的庙宇摆脱传统宗教，神灵多样化、区域化；2. 庙宇下山，进村；3. 村庄中的"社""会"组织"合伙"营建庙宇。

第二，金元时期太行山地区所形成的"民间性的村庄自治"作为一种制度和机制性的文化，一直影响明清时期的社会化进程，甚至还延续到了抗战时期的"太行山根据地建设"。比如，明代的里甲制，在太行山地区的村庄近似于"虚设"，绝大多数的村庄一直采用金元时期的"会社制"，区域性民间文化的强大惯性可见一斑。

第三，太行山地区的"村庄会社制"与"纯经济的工商业合伙制"原本是一脉相承的，仅仅在所属的学术范畴表现出差异而已。而这些制度性机制则与太行山地区的煤炭、铁冶、烧造业、雕刻业相对应——合伙制的规模更大、水平更高，甚至向着将"铁冶产品"进一步推向农耕文化区域的高度发展。因此，平阳、泽潞商人便在"东出太行"的"商路"上会合了。"河东南路的山西商人"会合之后，到了异地他乡，最早的山西商人会馆也就开始出现——以"四大王庙"和"财神庙"的面目出现在了卫河、运河、黄河、淮河流域，乃至沿路的太行山腹地。目前至少有百余座与山西泽潞、平阳商人密切相关的早期"四大王庙""财神庙"陆续被发现。元大都的煤炭、铁器、铜器、琉璃、建筑材料等行业，也与太行山地区的山西商人直接相关①。

第四，至于到了明清时期，太行山地区从北到南，围绕"太行八陉"的几个州县的山西商人都非常活跃，分别形成蔚州（包括门头沟、张家口）、平定州、潞州、泽州几个煤炭冶铁中心。直到现在，这些铁冶文化依然是相应地区的"物质与非物质文化"之精粹。

总之，金元时期形成的独特的"太行山文化"与"晋商文化"本质上属于表里关系，而太行山文化则在传统村落、民间信仰、冶铁、烧造等方面独领风骚。

（三）金元以来的山西商人与长城及草原地区

金元以来的山西商人与长城及草原的关系，很显然是朱元璋逐蒙元北归之后最为耀眼的，历史的轨迹也较为明朗。具体的时间也与之相对应，基本在明清之际乃至民国时期。大体上可以分为两个阶段，其一是以朱明王朝设立"九边"，实施"开中制"为起点，一直到晚明隆庆朝的"宣大议和"为一个阶段；其二是晚明开始一直到抗战时期乃至解放初期。在这500年的历史时期，前者以国家政治为主导，后者则以民间经济为主流。对应的山西商人群体也非常清晰，前者与平阳、泽潞商人相对应，后者则基本上与汾州府、太原府以及忻州、大同商人相对应，甚至还包括"走西口移民文化"在内。虽然这一部分

---

① 有关明清时期山西商人的"会馆"问题，目前存在的学术问题更为严重，除了对基本情况不甚了解之外，混淆概念的情形尤为突出。事实上，清代乾嘉以后，"士农工商"各阶层都有使用"会馆"的情形，尤其是民国时期，曾经出现过"庙宇归国家"的情况，但"会馆"则不在其列，因此也就有"改庙为会馆"的情形。目前所知，巴蜀地区的"会馆"更多是"村庄移民性庙宇"，与商人在城市、商埠、码头的会馆，性质迥异，以上情况有必要引起注意。

前贤学者有所探讨，但语焉不详的情形也直接地造成历史真实的混乱，对未来山西旅游产业的发展贻害无穷，有必要正本清源、拨乱反正。

第一，长期以来，前贤学者将晋商的源头界定在明初"设九边"的"开中制"，这并不是很科学①，更缺乏历史文献的实证支撑。即便明初的"开中制"在国家政治的层面给予山西商人以"机遇"，也与地处汾河中游谷地的汾州府、太原府商人的兴起关系不大（目前几乎没有相关的资料支撑）。反倒是与金元时期逐步形成的"村庄自治"以及初步形成的"合伙制"等有直接关系，平阳泽潞地区愈来愈多的"商人墓志铭"可以充分证明②。

第二，晚明时期的"宣大互市"（也称"隆庆议和"）才是汾河谷地山西商人真正崛起的时间节点。目前汾州府、太原府各县地方志记载有大量的"军籍"就在当时的宣大地区服役。"隆庆议和"之后，有过近一个世纪的针对"宣大地区的移民"和"屯垦"，直接地催生、造就了汾州府、太原府商人奔赴张家口地区的历史，称之为"移民性地走东口"也是恰当的③。这一国家政治的"机遇"更多地与汾河谷地山西商人的兴起相对应。

第三，真正让汾州府、太原府商人崛起的原因，主要有：1. 汾州府、太原府商人科学地发展了金元时期形成于平阳、泽潞地区的"合

---

① 参见张正明：《晋商兴衰史》，山西经济出版社，2015年。晋商兴起于明初的"开中制"，作为目前最普遍流行的学术观点，最早是日本学者寺田隆信在《山西商人研究》（山西人民出版社，1986年）一书中的学术主张，该书即是由张正明、孙凤翔等翻译（孙先生20世纪80年代初为山西大学外语系主任）。继此，成为四十多年的陈说。

② 参见孟伟：《金元以来平阳、泽潞地区山西商人墓志铭整理与研究》，社会科学文献出版社，2017年。

③ 我们组织全国二十几所高校、科研机构的学术团队，用两年的时间，针对张家口地区的古村落——村堡，进行了地毯式的"田野作业"，从这些村庄的历史遗存、形成过程中，非常清晰地发现了这一特别的时间节点以及几乎与目前汾河谷地现存的200余个村庄一样的情形，尤其是庙宇营建的规制、时间、神灵祭祀，等等，如出一辙。碑刻的记载也充分反映了这一历史事实。田野作业可以极大地弥补传统文献的不足。像张家口这样的城市，在明清时期尚属于较低级别的新型城市，田野作业更为重要。

伙制"，较为彻底地摆脱了"家族制"，形成崭新的"货币资本与人力资本有机结合的合伙制"；2. 张家口地区"互市"的"标期和市圈"；3. 张家口地区特殊的"交易形态"——以"计算货币"为基础的"物物交换"①；4. 建立在"计算货币"基础上的"龙门账会计体系"等。所有这些，才是汾州府、太原府商人后来居上的根本性机制，而这些机制多半是在国家框架下的"民间性习惯法"——"山西票号的金融经营六要素"，以及"祁太平标期""举荐制""本平制""账期制"等一系列的社会经济模式。

第四，清军问鼎中原，一系列的针对蒙古草原地区的国家政策，诸如"张家口八大皇商""多伦会盟""张家口市圈改造""恰克图贸易"等，与汾州府、太原府山西商人们逐步完成的机制建设相配合，在乾嘉时期完成了"传统商业向传统金融的革命性飞跃"，而山西账局和山西票号则是最具代表性的组织机构。

第五，直到现在，在汾河谷地仍有两个最直接的历史文化现象与长城文化相关联。其一，是目前所开发的几十座"晋商大院"，无一不与张家口及草原地区有最为密切的关系。但是，必须注意，其中并不包括晚明前清的"八大皇商"。那么所谓的"八大皇商"在哪里呢？其二，就是"八大皇商"的老家就是地处汾河谷地的灵石、介休、汾阳、文水、交城、清徐、榆次、太谷、祁县、平遥这一地区。"八大皇商"就在现存的200余座"村堡"中。在汾河谷地出现"村堡"非常特别，意味着这些村堡与长城沿线地区的时代性相对应——村庄建设的时间和形制，几乎是一模一样的。

第六，有必要强调指出，道光初年出现的"日升昌"仅仅是山西票号成熟的标志，绝对不是诞生的标志。一系列错误认识的产生是由

---

① 长期以来，前贤学者习惯用"虚银两"，也即"虚实"的哲学思想和范畴。而使用"计算货币与实体货币"更为科学。参见凯恩斯：《就业：利息和货币通论》，商务印书馆，1999年。孟伟：《物物交换：晚明以来张家口市圈变迁及其交易形态考察》，载《"历史时期中国北方边塞地带的人群、生计与社会进程学术研讨会"论文集》（太原），2017年。

于"商人不入仕""士农工商"的传统认识所导致的历史记载缺失。山西票号也绝对不是"雷履泰的个人发明和创造",至少是山西商人几百年商业实践的科学总结和结晶。道理很简单:1. 山西商人以及山西票号绝对不是区域性商帮,至少是民族性的金融历史阶段;2. 山西商人以及山西票号的制度性机制不是简单的表象,本质上是东方民族时代性的本土化潮流。

总之一句话,地处长城与草原衔接地带的张家口在明末清初是中国的金融中心,山西票号就是在这一土壤和氛围中孕育而逐渐走向成熟。举凡早期的民族、国家的金融中心均与民族性贸易密切相关,近代以来,金融中心才与国家政治相吻合——有些国家的首都亦成为金融中心[①]。长城和草原地区与山西商人的兴衰休戚相关。目前所开发的"晋商大院",离开了长城草原文化必然是空中楼阁。

四、纲举目张:以晋商文化为纲的"三位一体"

长期以来,囿于传统的学术范式,加之各学科之间设置的藩篱和壁垒,直接地割裂了山西地区特有的历史文化的"历时性与共时性",有限的学术视野和方法论更使得"整体性与动态性"得不到应有的彰显。所有的现在与未来都是从历史中走来,"以史为鉴"绝不是"口号","读史使人明智"的内涵和价值就在于此。现实的价值判断以及未来的价值预期,必然地建立在历史的固有价值的基础之上,未来区域性的文化产业可持续发展更是如此[②]。因此,我们强调:1. 三位一体:以晋商文化统领长城、黄河、太行山;2. 四轮驱动:"历史文化与自然文化"有机交融、相得益彰。

---

① 参见孟伟:《明清以来中国金融中心变迁研究》,社会科学出版社,2017年(2017年国家社科重点项目《明清白银货币演变史》)。

② 参见2017年教育部重大攻关项目《中国传统村落价值体系与异地扶贫搬迁中的传统村落保护研究》。

(一) 三位一体：以晋商文化统领黄河、长城、太行山

狭义而言，所谓的"三位一体"就是自然地理方位的"黄河、长城与太行山"天然地构成三晋之屏障，而广义的"三位一体"还包含能够使三者有机结合的"三晋文化"，遵循诞生、发展与消亡的运动原则，既有历史文化，也有现代文化，还应当包括未来的预期文化。历史文化必然是基础，并且是动态的变迁过程。

诚如以上所论，金元以来的晋商文化恰好能够，也必然能够将三者有机地统领起来，而活跃在三者之间代际传承的三晋儿女则是灵魂，是统领三者的纲，唯有抓住了纲，才能"纲举目张"。

1. 历时性角度

历时性地看，有两个角度，一是晋商历史脉络的移动及其比较；二是三晋外部的空间关联性。

第一，北宋南渡之后的200多年里，山西被分为"南北两部分"，北部称之为"河东北道"，南部则称之为"河东南道"。在这一时期南北文化的差异开始显现，与此同时"平阳和泽潞"则有机地融为一体，因此具有政治、经济和文化的一体性特征。直到现在，村庄庙宇的情形最为突出。地理空间上则西起黄河，东达太行山，形成"东西走向的驿道和商道"。

第二，明清时期的山陕商人在黄河、两淮、江南地区的合作就依托三原—韩城—禹门口—绛县—曲沃（北接平阳、南接蒲州）—翼城—沁水—高平—泽州（北接潞州）—天井关—清华镇的历史商道而形成。山陕商人东出太行山后，或者沿卫河北上东达运河，或者过黄河南下汉镇，明清时期的"山陕会馆"就在这一背景下形成。而在山东、河北、天津、北京、东北、蒙古地区则几乎没有"山陕合作"的情形出现。

第三，需要特别注意：就在以上基础上，直到现在还保留了大量平阳、泽潞商人元明时期的"合伙制"遗存——山西商人最早的会

馆，第一阶段并不是以"会馆"命名，而是"四大王庙"和"财神庙"，而第二阶段的"关帝庙"是在晚明时期；第三阶段是康乾年间，由"关帝庙"逐步变为"山西会馆"或"山陕会馆"。

"黄河中游—太行山—黄河下游（包括运河）"与平阳、泽潞地区的商人，乃至陕西商人的历史渊源——民间性政治、经济和文化的有机结合，可见一斑。金元以来的山西商人是贯穿"黄河与太行山的灵魂"。

2. 共时性角度

共时性地看，也有两个角度，一是在相同时间节点的晋省内部的空间性差异；二是不同阶段的对外关联性差异。

第一，从陕西过黄河，横穿平阳、泽州，东出太行山的历史情形，从金元时期一直延伸到太平天国时期，山陕商人主体性分离。而平阳和泽潞商人的传承则一直延续到建国后。其中，另有一个必须注意的情况是：泽潞、平阳、蒲州商人（包括移民）向西北地区的发展，大体在明清时期，他们的方向恰好与陕西商人向东发展相反。因此，在陕西、甘肃、宁夏、巴蜀等地区也揭开了"合伙"营建山陕会馆的序幕。西过黄河，成为山西商人的又一开拓方向。

第二，到了清中期，尤其是乾隆朝，由于东口地区早已填满，因此"走西口""跑草地"开始掀起高潮，伴随着一曲曲《走西口》的民歌，原来属于"河东北道"的地区的人们"过黄河""越杀虎口"到西北垦荒，或者"燕行"，或者"移民"，顺着长城、大青山逐渐向西，一直到天山脚下的黄河上游的两岸，也即甘肃、青海地区，两股大军则"南北会合"了。直到现在西北地区的长城沿线，有关山西商人和山西移民历史的遗迹随处可见。

第三，在这一广阔的地区，平阳、泽潞商人"合伙"营建会馆的传统依然保留，但北路的山西商人以及移民则要逊色得多，唯有以"字号"和"州县"命名村庄的"圐圙"随处可见。虽然传统文化的习俗性机制迥然有别，但其中的"合伙制"却根深蒂固。

由此不难看到：黄河与长城在山西商人和移民西进的历史进程中会合。与之相反，当他们返回故里的时候，习惯上区分南北，分道扬镳，从不同的"黄河渡口"回到家乡。

（二）四轮驱动："历史文化与自然文化"有机交融、相得益彰

在黄河文化、长城文化、太行山文化与晋商文化的关系问题上，也不妨借用"四轮驱动"来描述，其中，"晋商文化"则无疑是"主动轮"，是"动力之源泉"，它能够将其他三者带动起来。核心的思想就在于：金元以来的山西商人活跃在跨越黄河、长城与太行山的整个华夏大地上，而他们的根则深深地扎在由黄河、长城、太行山有机构建的"三晋大地"，生于斯，长于斯，长眠于斯，每一个山西商人都与具体的古村落的院落与祖茔相对应。正是因为有了"金元以来山西商人活的灵魂"，才使得自然地理层面的黄河、长城、太行山更加伟大。正是动态的历史人文使得自然文化更有了"灵气和精神"，两者有机交融、相得益彰、并行不悖。可以用许许多多的理论与之对应，尤以"内容与形式""普遍性与特殊性"最为直观。

1. 新时代旅游产业的主要内容

回顾和总结改革开放四十多年来旅游产业的发展历史，虽然地处内地的山西坐拥丰厚的历史文化资源，但其发展却始终慢半拍，个中原委，在这里无须过分追究。需要强调指出的是：全新的时代来临，万不可再坐失良机了。科学充分地认识三晋大地历史文化资源的特殊性是当前最为关键的问题。而特殊性的关键则在"金元以来晋商文化"的独领风骚，用全世界都绝无仅有来界说，都丝毫不为过。

晋商文化的独特性及其伟大的价值，其实并不难理解，仅仅需要把金元以来山西商人内在的"动力性制度机制"和"效应性的辉煌业绩"放置在整个人类的历史长河中，就不难看到：（1）在整个华夏大

地上，能够自觉地形成从农业到手工业、从手工业到商业、从商业到金融的历史进程的"连续性轨迹清晰的区域性文化"，除了山西之外，再也找不到类似的可以相提并论的第二个区域；（2）虽然"区域经济起飞"的时间略显漫长，也呈现出由南向北的动态的"局域性移动"情形，但其内在的动力机制则始终是连贯的，道路漫长的原因也是历史阶段性的局限；（3）山西票号的辉煌更彰显出了东方民族的伟大智慧，山西票号展开专门化金融经营的"六要素"直到现在依然是现代金融的内核——货币资本与人力资本有机构成的"合伙制"思想、"分号经营，总号结算"的制度、伟大的会计体系"龙门账"、具有货币理论的"本平"、创新的"书信经营"的工具应用、具有民间习惯法本质的"标期"，无一不是当代中国金融发展值得借鉴的宝贵财富；（4）而与这些伟大的人类贡献相对应的也正是遍布三晋大地的"直观的文化遗存和遗迹"；（5）所谓的"黄河精神、长城精神、太行山精神"等，本质上是民族的精神，蕴藏在祖辈的奋斗历程中。

总之，未来山西旅游产业的真正资源是隐藏在直观的历史文化遗存背后的"人类历史的制度和机制"。所有这些具有"精神层面的价值"才是未来山西旅游产业的资源和动力。山西旅游文化产业的真正内容更在曾经推动、造就山西商人辉煌的制度和机制范畴。而这些"无形的资产"较之直观的"自然山水"更有价值和魅力。这一魅力和价值贯穿金元以来的全过程，与华夏民族的兴衰相始终，更囊括整个三晋大地整体的历史阶段，体现出历时性与共时性的特征。

2. 新时代旅游产业的主要形式

黄河、长城、太行山各自表现出的天然风光无限，令世人感叹。与此同时可以充分肯定，任何华丽的外表都不能离开"内容和灵魂"而存在，内容与灵魂的确立较之外在的表现形态更为重要。未来山西旅游产业的发展也不例外。

太行山的远古神话、滔滔黄河水奔腾不息、茫茫草原的周而复始，早已任凭雨打风吹去，难以寻觅和追忆。而事实上，在整个三晋大地上金元以来的历史文化遗存却格外分明。我们固然不能薄古厚今，但着力打造金元以来的历史文化也是切实可行的。

毫无疑问，如何将"自然地理的标志和标识"予以"历史文化的符号化"是当前以及未来山西旅游产业面临的任务。将独特的自然地理形态进一步赋予历史文化的内涵，需要做大量深刻细致的工作。形式的改变可以借助现代科技手段，但历史文化的内涵则非下苦功夫不可，需要科学的"实证归纳"，来不得半点虚假。尤其需要在思想上予以高度的重视，深刻反省四十多年来实践中的成败得失。几十座晋商大院的开发和利用违背了历史事实，或者说缺了历史文化的"景观"，充其量是华丽的"空壳"。无论广告宣传多好，都仅仅是一时的喧嚣，抑或昙花一现的空中楼阁。未来的三晋文化旅游不能再重蹈覆辙，单纯地注重外在形式迟早是会吃苦头的，必然是对后代的不负责任。

历史遗存中的内容不是凭借单纯的外在形式彰显魅力的。文化资源的深度挖掘、品质鉴定、资源整合配置、价值标识标注等，不能类比工业生产，需要科学、需要专业化。当前山西旅游文化产业要解放思想、提高认识，确立对"历史文化"的崇敬和敬畏之心，更为恰当地用"金元以来拥有辉煌业绩和历史的晋商文化统领长城、黄河与太行山的三位一体"。

结 论

冗长拖沓的考论不免有琐碎之嫌，因此稍加归纳总结也就显得必要。

第一，目前，由于种种原因，无论是学术研究的"历史事实"，还是旅游产业发展的"战略规划"，我们都对曾经给予山西重大影响的金元时期认识不足，而这一问题恰恰直接地影响山西未来产业的具体操作和深化。以自然地理为标识的"旅游产业"规划,必须充分注意能够将"黄河、长城、太行山"有机地整合在一起的"历史文化",唯有抓住了"历史文化之纲",才能够使得"自然山水有了历史的内涵而彰显其魅力"。

第二,金元以来的晋商文化具有特殊性,也必然地具有人类历史发展的普遍性,堪称东方民族自身历史轨迹的集大成者,其连续性、阶段性、时代性的脉络格外清晰,无论是过去,还是现存的遗迹在整个华夏大地上都是独一无二的。正是这些特殊性文化的内涵与外延决定了山西地区历史文化资源的当代性价值以及开发利用的方向。

第三,充分认识三晋大地的历史文化价值,科学的方法论至关重要。尤其是金元以来晋商文化的当代性,绝对不能再囿于传统的学术范式。要更为科学地审视,就必须改造我们的学习、改造我们的学术、改造我们的认识。所谓的"深化改革",首先在世界观、在认识论。薄古厚今、急功近利都不可取,历史的经验教训不能不汲取。科学总结,有利于当代和未来。

第四,未来山西旅游产业的前景不可限量,黄河、长城、太行山"三位一体"的顶层设计是标识和符号,但科学地揭示隐藏在背后、蕴涵在其中的"金元以来的晋商文化"更为重要。这样才能抓住"纲",抓住"灵魂和精神"。"三位一体"和"四轮驱动"在现阶段不失为"抓手"和"操作性要领"。

项目基金:2014年国家重大招标项目《山西民间文献收集整理与研究》阶段性成果(批准号:14BZS048);2016年国家社科规划项目《明清山西关帝庙碑刻收集整理与研究》阶段性成果(批准号16BZS112);2017年用友"商的长城"项目《晋商商路上的碑刻字号整理与数据库建设》;2017年国家侨联重点项目《清代至民国华商在外蒙的文献收集整理与研究》。

这里何以成为人类文明的"直根"
——基于对山西古物候环境的考察

山西省社会科学院历史所　董永刚

中国早期文明是在黄河流域、长江流域和辽河西南部这一广大地区发生的。但在各地区密切、频繁的文化交流和融合中,黄河流域的文明力量逐渐加强,并且进一步集中到黄河中游地区。

学术界一般认为,公元前3000至公元前2000年是中国古代文明的形成期。距今五六千年以前已经产生了文明的因素,而且这些要素在各个地区的考古资料中都有所反映,比如红山文化中的祭坛、积石冢、玉器等。从表现形式看,这里的宗教信仰非常强烈,这与当时社会认知能力有很大关系。一直到距今四五千年前,社会开始进入转型期,即由原始社会向阶级社会转型。这一阶段相当于考古学上的仰韶文化晚期和龙山时代,相当于传说中的五帝时代。因此,从某种意义上讲,把龙山时代称为中国古代文明的形成期是符合客观实际的。

苏秉琦认为,中国古代文明起源、形成和发展经历了三大阶段,即古国、王国、帝国。古国是指红山文化、良渚文化、大汶口文化等所反映的社会结构。在这些文化遗址中,存在着大型祭坛,表明这时的社会神权至上,神权支配一切,这是古国阶段的特征。王国是指王权国家,国家的主宰是通过战争涌现出来的军事首领。在此阶段,除了凌驾于社会之上的权力,也开始产生维护、实行这些权力的制度,形成了真正意义上的国家。夏、商、周就是这类性质的王权国家,真正意义上的文明也从此出现。

龙山文化至二里头文化时期，从不同区域文明发展的进程看，有一个明显的现象，那就是伴随着文明进程的进一步发展，除晋南、豫西一带的文明链条一直绵延至今没有断裂，而长江流域、北方一带的几个文明中心大部分都相继衰落或者消亡了。而山西作为早期文明的肇兴地，率先由铜石并用时代进入铜器时代，并实现了由"邦国"向"王国"的过渡。到夏商周三代，黄河中下游地区中、东、西地域势力更是呈现出此消彼长的发展动态，不仅创造了辉煌的青铜、礼乐文明，而且确立了黄河中游地区在全国的中心地位。而这一发展路径或者说发展模式很大程度上得益于山西所处的地理位置及上古时期这里的自然与人文环境。

一、自然物候

对史前社会的研究，古地理、物候首当其要，二者关系紧密。一方面，史前考古在认识不同文化特色的形成、文化变化的原因，分析遗址区域、探索文化传播等问题时，必须了解相应的自然环境；另一方面，史前考古的研究成果，对于探讨古环境气候的演变也有积极的作用。研究山西的史前环境最基本的出发点是要以整个华北地区为依托，所涉及的有气候、水文、植被等方面。人口活动与自然环境和社会经济条件联系密切，彼此影响，相互制约。不同的地理环境是决定一个民族文化特征的重要因素，李约瑟曾指出："地理背景——演出中国文化发展这出戏的舞台。实际上，地理因素不仅是一个背景……它是造成中国和欧洲文化差异以及这些差异所涉及的一切事物的重要因素。"[①]

中国是典型的大陆型国家，华夏的肇始正是先民利用其自身所依存的生态环境，着重发展农业经济，从而成为世界上最古老、最典型

---

① 张密生：《中国科学技术史》，武汉大学出版社，2009年。

也最稳定的大陆型农业社会。正因为如此，人们称中华文化为"农耕文化"或"黄土文化"。

山西地处黄土高原东部，表里山河，形势险要。从自然区划上看，其北与内蒙古高原接壤，东临华北大平原，位居三大自然地理区的核心。地理坐标为北纬34°34′—40°43′、东经110°14′—114°33′。东西宽约290公里，南北长约550公里，全省总面积15.67万平方公里，约占全国总面积的1.6%。在地质构造上，山西属华北地台中部的二级构造单元，经太古代原始陆核形成。元古代古地台形成之后，古生代由海洋向陆地转化，这一时期气候温暖湿润，植物繁茂，高大的蕨类植物为煤的生成提供了物质基础，形成了石灰、二叠系主要含煤地层。

山西地形较为复杂，境内有山地、丘陵、高原、盆地、台地等多种地貌类型，山区、丘陵占总面积的三分之二以上，大部分在海拔1000至2000米之间。正值半湿润气候向半干旱气候过渡地带，是夏绿林向西北森林草原和干草原过渡区。由于这种过渡性的地理位置加以境内山峦重叠，更有利于动植物生长和人口的繁衍生息，所以这一地区自古以来历史文化十分发达，是研究我国区域文明的主要地域之一。

地理和考古研究表明，仰韶文化时期（全新世中期）曾出现过世界性气候回暖时期，故亦称为"仰韶温暖期"，距今3000—8000年。从3000年前开始出现了气温下降的趋势，一直持续到现代，而其间又穿插有若干次以世纪为期的气温回升和复降。

黄河中下游地区（包括黄淮海平原）在5000年前处于温暖湿润的气候环境。西安半坡遗址中发现了距今约6000年的獐、竹鼠和貉等动物遗骸，这些动物现今则主要生活在气候温暖湿润又多沼泽的长江流域。竺可桢指出：距今3000—5000年，黄河流域的年均温较今约高2℃，冬季温度则高3℃—5℃，相当于今长江流域。① 而距今3000年至今，温度波动表现相当明显，其变化周期大约为400—800年，年均温振幅约1℃—2℃，与历史事实基本相符。根据动植物地域分布的演变来看，5000年来温暖时期越来越短，温暖程度越来越弱，而寒冷时期则越来越长，强度也逐步增大。这种变化同旱涝状况与气候冷暖交替基本一致，而这种变幅高纬度地带又大于低纬度地带。

在五六千年前中国大部分地区覆盖有天然植被。进入全新世以来至两三千年前华北亦普遍分布有茂密的天然森林植被。与《禹贡》中所描述华北平原中部兖州"厥草惟繇，厥木惟条"的植被情况基本相似。又如黄河中游黄土高原东南部，近几百年来森林破坏严重，而在2000年前却覆盖有茂密的森林和竹林。据《诗经》《山海经·五藏山经》等先秦著述记载，现今陕北、陇东山地及汾河下游霍山、中条山森林遍布，太行山区淇水流域的竹林则在西周时代已很著名。其后，受人类活动影响，各地天然植被分布地区逐渐减缩。一般说来，当人类社会生产活动中出现了原始农业，即开始改变天然植被，即栽培植被代替了天然植被，但其原因、程度和过程，在各地区之间差异很大。

总之，进入历史时期以后，黄河流域一线天然植被变化很大，其中有自然本身的原因，但更主要的是人类活动的影响。各地区的植被变化程度随人类活动频度的不同而异，如华北平原因开发较早、人类活动频繁，天然植被已破坏殆尽，全由栽培植被替代，实质上意味着大片森林的砍伐。又如黄河中游、太行山区除了人为破坏外，再加上气候干燥等不利的自然因素，更使不少地区变成了荒山、荒坡和沙丘。

---

① 竺可桢：《中国近五千年气候变迁的初步研究》，《考古学报》，1972年第1期。

二、人文生态及人地关系

在人类的生产活动中，自然环境和自然资源是人类赖以生存的物质基础，在一定程度上影响着人类的繁衍和发展。自然环境不仅是塑造不同人类文化的重要外部条件之一，自然环境的变化，有时还会引起人类文化发生变化。特别是在史前时期，由于人类对自然界的改造力很有限，而对自然环境的依赖性很明显。在这种情况下，当一个社会所处的生态环境发生较大的变化而使传统的生活方式难以为继时，生活于其中的人类必须做出适应性的反应，或是改变传统的生活方式以适应新的生态环境，或是迁徙他乡寻找新的生活资源或适宜于生活之地。

山西自然条件复杂多样，自然资源丰富。这在人类生产活动中有利有弊。山西地貌特点是山地多，平地少，地形高低起伏悬殊，中部为一系列断陷盆地，东西两侧为山地丘陵，土地类型多样，人口多聚居在盆地内。中部盆地，由北而南，依次是大同、忻定、太原、临汾和运城盆地，海拔由1000米逐渐降低至360米。中部断陷盆地把高原斜截为二，东西两侧，均为山地丘陵。东部和东南部，主要有恒山、五台山、太行山、太岳山和中条山等，山间夹着大小不等的山间盆地，如长治、寿阳、高平、晋城等盆地；西部是以吕梁山为主体的隆起山地，主要由管涔山、云中山、芦芽山、关帝山和吕梁山等组成，吕梁山地西侧，黄土覆盖深厚，逐渐向西倾斜至黄河沿岸，已被流水切割成黄土丘陵，山间主要盆地有静乐盆地、岚县盆地等。

大地是人类活动的主要舞台。山西因其复杂的地貌特征决定了其总体上不利于人口活动和迁移，尤其在上古时期，这一制约性则表现得尤为突出。但从另一个侧面看，在洪水泛滥的上古时期，也正是因为这种山地特征才孕育了光辉灿烂的古代文明。山西地处中纬度温带大陆东岸季风气候区，跨温带和暖温带两个气候带，由于四周山脉环绕，地势较高，对来自东南的海洋气流有一定阻挡作用。冬季受蒙古高气压控制。气候特点表现为夏季湿热多雨，冬季寒冷干燥，春季干旱多风沙，秋季天气晴和；春、秋短促，冬季较长。气候的有利条件是光热资源比较丰富，高温和雨期同时，有利于农业生产，不利的条件是盆地降雨较少，灾害性天气较多。

山西地处内陆，气候比较干燥，日照充足。全省年平均气温大部分地区在4℃—13℃之间，由南向北递减，由高山向盆地递增。全省无霜期介于80—250天，适宜多种温带作物的生长。尤其是山西大部分地区山地丘陵占优势，因而形成多样的气候生态类型，有利于多种经营，宜于多样化农业生产。但总的来看，气候对生产活动影响有利有弊，一般来说，能保证人们的正常活动。自古以来，山西就具有春耕、夏耘、秋收、冬藏这种有规律的生产劳动。由于南部地区气温高、降水多、无霜期长，宜于一年二作，农业产量高，人口比较多；北部天寒地冻，冬季长达五六个月，无霜期短，降水少而多风沙，农业仅能一年一作，农业产量较低，人口比较少。

水资源是人类生活的命脉，自古以来，人类就是沿着河川生存和发展的。山西的河流除黄河干流外，皆源于本省东西山地，较大的河流有汾河、沁河、涑水河、三川河等，分布在中南部和西部，属于黄河水系。桑干河、滹沱河和漳河分布在东部，属海河流域。这些河流不仅为人口和城镇提供了生活用水，而且为生产用水提供了方便，因而全省大部分人口和90%以上的城镇都位于河流沿岸。山西的水资源，无论是地表水还是地下水皆来自大气降水，总体上十分贫乏。

山西人口繁衍是从河谷平原开始的，黄河下游是我国古代文化的摇篮和发祥地之一。距今180万年左右的芮城"西侯度遗址"，证明山西南部是我国最早有人类活动的地区之一。人类之所以能在这里繁衍生息，一个重要原因是这里的气候温暖湿润，植物繁茂，果实丰硕，自然环境优越，为人类生活和发展提供了良好条件。历史传说中的尧、舜、禹均建都于晋南地区，史书记载尧都平阳（临汾）、舜都蒲坂（永济）、禹都安邑（夏县）、黄帝妃嫘祖养蚕取丝于夏县、周祖后稷教民稼穑于稷山等。这都表明，原始社会时期山西南部人口密集，政治、经济、文化较其他地方都相对发达。

地理环境是人类生存发展的基础，是人类物质生命、精神生命的生成土壤，它虽不决定一切，但却毫无疑问直接或间接影响着生存于其间的人类所创造的文化，包括物质、精神、制度、风俗习惯、艺术、语言符号等。

地理环境分自然地理环境和人文地理环境，二者互相作用，互有联系。自然地理环境指"生物特别是人类赖以生存和发展的地球表层"。[①] 在人类产生前，自然地理环境已经存在，尽管在进入文明时代以后，随着人类对地球的"征服"和"利用"，地理已经"人化"，单纯的自然地理环境已经不复存在，但将地理环境分为自然地理环境和人文地理环境还是有助于论述研究有关问题的。

人文地理环境指人类在生存、生产和生活过程中进行各种活动的分布与组合，如民族、聚落、社团、经济、交通、军事等，也称人文圈或社会圈。一般而言，人文地理环境的变化比自然地理环境的变化要快，因而在考察人文地理环境时，宜将之置于相应自然地理环境中去，研究自然地理环境对人文地理环境的影响，此种方法利于寻觅到文化发生发展变化的起源。

以包括山西在内的黄河中下游为中心的中国东半部，降水量相对较少而气候干燥，大部分地区分布着结构松软而易于耕作的黄土或黄土状土。特别是黄土高原，黄土广阔丰厚，具有较好的直立性，土壤的渗水性强而地下水位一般较深。与这种自然环境相适应，最早经人工驯化而成的栽培作物只能是耐干旱、易生长的粟类，并逐渐产生出

---

① 《中国大百科全书·地理卷》，中国大百科全书出版社，2002年。

以旱田粟作农业为主要特征的史前文化。另外，在史前时期，房屋的建造主要从实用性的角度考虑，并充分利用和适应环境条件而建成了不同的形式和风格。在温和半干旱的黄土地带，房屋的主要功能是避风防寒。于是史前先民充分利用黄土的特性挖穴造屋，冬暖夏凉的窑洞也就成为黄土地带居民从古至今最主要的建筑形式之一。

可以说，从石器时代起，山西的古人类活动不但从未间断，遍布各地，而且他们活动的地区走向有一个非常明显的特征，那就是早期的古人类主要生活在以芮城西侯度、匼河为代表的晋南黄河拐角处；中期便逐渐北上，到达汾河湾旁的襄汾丁村，再进而北上到达桑干河上游的阳高许家窑一带；晚期又回头南下，经由黑驼山下桑干河源头地朔州峙峪，最后落脚于历山东麓的沁水下川和吕梁山东麓的吉县柿子滩，甚至到以襄汾陶寺为代表的新石器时代晚期龙山文化，所有这些文化遗址的发现与发掘，都构成了人类从蒙昧进入文明的完整演变序列，确凿地显示出中华民族走向文明真实而漫长的轨迹。

山西省转型发展的战略定位与对策建议
——基于晋、陕、冀、豫四省的比较分析

山西大学中国城乡发展研究院　乔陆印

"十二五"时期是山西省发展进程中不寻常的五年。总体上，经济实力明显提升、产业结构不断优化、社会民生持续改善、基础设施更趋完善、生态环境显著好转，但也暴露出严重的结构性问题。近两年，全省经济增长出现断崖式下跌，与周边省份的差距逐渐拉大，经济复苏与转型发展形势十分严峻。本文通过与相邻省份对比分析，认清山西省在产业结构、资源禀赋、国家战略等方面的优势与不足，寻求科学的经济转型导向、空间布局思路和支撑条件建设方向，为山西省全面转型发展提供有益参考。

一、经济发展的基本特征

（一）农业资源禀赋不具备优势，农业总规模小、发展缓慢，需向特色高效农业转型

受自然地理条件限制，山地丘陵占全省总面积的80%，平川谷地仅占20%，与冀、豫广阔的黄淮海平原以及陕西的"八百里秦川"相比，发展大农业的资源条件不具优势。2015年，我省第一产业增加值为788.10亿元，仅是陕西省的50%、河北省的22.9%、河南省的18.7%；占GDP的份额为6.2%，而冀、豫则分别占GDP的11.5%、11.4%。2015年我省第一产业增加值增长1.0%，而陕西省增长

5.1%、河南省增长4.4%。数据分析表明，我省农业总量小、发展缓慢，在全省经济快速下行的特殊时期，对宏观经济所起到的稳定作用和拉动作用十分有限。"十三五"时期，我省农业发展如何结合自身的自然条件与资源特征，与陕、冀、豫等周边诸省错位发展，提升农产品的附加值与竞争优势，加快农业转型发展，亟须准确的战略定位。

表1　晋、陕、冀、豫四省农业发展基本情况

地区/指标	第一产业增加值（亿元）	占GDP份额（%）	2015年增长率（%）	对GDP增长贡献度（%）
山西省	788.1	6.2	1.0	2.0
陕西省	1635.8	8.8	5.1	5.7
河北省	3439.4	11.5	2.5	4.2
河南省	4209.6	11.4	4.4	6.0

注：数据来源于各省2015年统计公报。

（二）我省现代制造业和高新技术产业仅占工业增加值的5%，仍处于起步发展阶段

长期以来，我省产业发展对煤炭资源形成很强的依赖性，导致了"一煤独大"的产业结构。2013年，我省工业增加值为6006.09亿元，而重工业占比达94.37%，工业结构"重型化"全国罕见。从不同行业看，煤炭开采和洗选业、石油化工、金属冶炼、电力热力等能源资源行业（也是去产能的重点行业）占到工业增加值的83.23%，而医药、装备制造、电子通信、电器机械等现代制造业和高新技术行业仅占比5.04%，仍处于起步发展阶段。

比较来看，2013年河北省的医药生产、设备制造、电子通信等高新技术制造业占工业总产值的13.87%，食品、服装、木材、造纸等传统制造业占工业总产值的11.04%，二者合计约占四分之一；2014

年陕西省的电子通信、装备制造、医药等现代制造业占到工业总产值的21.66%；同年，河南省的电子信息、装备制造、食品产业等高成长性制造业占工业增加值的45%以上，医药、电子通信等高技术产业占工业增加值的7.6%，煤炭开采、能源化工、金属冶炼等行业仅占工业增加值的35.3%。

数据分析可知，在国家化解煤炭、钢铁等行业过剩产能的宏观背景下，我省"一煤独大"的产业结构受到的冲击最大，在现代制造业和高新技术产业未培育发展起来之前，我省工业发展将持续面临巨大的下行压力。河北省的钢铁产业、陕西省的能源化工产业也将受到较大冲击，但两省的现代制造业已具有相当规模，并表现出良好的发展势头，一定程度上降低了"去产能"对经济发展造成的影响。相较而言，河南省的工业结构最具竞争优势，这也是四省中河南省保持最大经济规模和最快增长速度的重要原因。

（三）我省生产性服务业基础较好，经济对外依赖性强，市场活跃程度与社会创新能力弱

四省中，我省第三产业增加值总量最小，仅为河北省的一半、河南省的四成。从第三产业内部结构看，我省农业生产服务、现代物流、信息技术、金融业、商务服务、科技服务、教育等生产性服务业增加值占到第三产业增加值的47.85%，略高于河南省的44.15%。具体来看：1.我省的交通运输、仓储和邮政业（现代物流业）增加值仅为河南省的53.62%，但占第三产业增加值的份额高出河南省4.5个百分点，说明我省经济对外依赖性较强、河南省经济内生性较强；2.我省租赁与商务服务业增加值不足河南省的三成，市场经济发达程度和专业化水平较河南省差距明显；3.我省的科研与技术服务业和教育业仅为河南省的24%，导致社会创新能力明显低于河南省。数据分析表明，我省第三产业总规模偏小，生产性服务业占比适中、基础良好，经济对外依赖性较强，但市场经济发达程度和社会创新能力

较弱，存在巨大的提升空间。

二、转型发展的战略定位

（一）转型发展的本地条件

晋、陕、冀、豫四省在资源禀赋、区位条件、产业结构等方面存在较大差异，对接着不同的国家战略新定位。梳理与分析发现，我省在资源禀赋方面不具备明显优势，产业结构方面"一煤独大"，重型化严重，区位条件与其他三省相比处于劣势，战略层面仍需加大对国家综合配套改革试验区"先试先行"政策运用与机制创新。今后如何基于自身资源特点与发展条件，遵循特色发展、协同发展、转型发展的新理念，激发发展新动力、培育发展新动能、厚植发展新优势，亟须清晰的战略定位与顶层设计。

表2 四省的资源禀赋、产业结构与战略机遇

地区	资源禀赋	产业结构特征	国家战略	省会优势
山西省	①山地多，平原谷地少；②煤炭资源丰富；③旅游资源丰富。	①农业所占份额较小；②工业"一煤独大"，重型化严重，现代制造业仍处于起步阶段；③科技研发与教育业份额小，社会创新能力较弱。	①国家综合配套改革试验区。	①区域交通枢纽；②太原城市群核心城市。
陕西省	①关中渭北农业资源丰富；②陕北能矿资源丰富；③旅游资源丰富。	①能源化工、金属冶炼等行业占比超过六成，重型化严重；②现代制造业和高新技术产业发展较快。	①"一带一路"重要支点，向西开放前沿阵地。	①高校众多，科技发达，创新力强；②全国性交通枢纽。

续表

地区	资源禀赋	产业结构特征	国家战略	省会优势
河北省	①平原广阔；②铁矿、能矿资源丰富；③港口资源优势。	①农业所占份额为11.5%；②工业结构重型化，钢铁行业去产能压力大；③现代制造业初具规模。	①"京津冀"协同发展；②环渤海经济区。	①全国综合型交通枢纽；②打造京津冀城市群"第三极"。
河南省	①平原广阔；②旅游资源丰富。	①农业所占份额为11.4%；②高成长性产业和高新技术产业份额较大，经济发展动力强；③商务服务、科技研发、教育等份额较大，市场活跃、创新能力强。	①中原经济区。	①全国综合型交通枢纽；②腹地广阔，经济网络发达。

（二）产业转型发展定位

农业发展突出特色高效：按照错位发展理念，根据我省农业资源禀赋和农业发展基础，调整农业种植结构，优化农业生产布局，重点支持优质果业、特色杂粮、蔬菜、中药材、农产品加工等高效农业发展，增强特色农产品的市场竞争力。大力推进都市农业、休闲观光农业增量提质，满足多样化消费需求，促进农村一、二、三产融合发展。

工业发展注重新兴产业培育：产业转型是我省经济转型发展的核心内容，大力发展战略性新兴产业，重塑区域经济增长引擎，破解"一煤独大"经济困局。重点支持高端装备制造、医药产业、新材料、信息技术、新能源汽车等现代制造业和高新技术产业，营造良好的产业发展与营商环境，激励社会与人才创新，激发经济发展新动力。

第三产业发展形成"新型生产性服务业＋特色旅游业"的格局：

基于特色农业和新型工业发展定位，优化服务业结构，大力发展新型生产性服务业。重点支持现代物流、现代金融、研发设计、信息技术服务、检验检测认证、电子商务、商务咨询、服务外包等行业发展，为新型工业发展提供有力支撑。

扶持特色旅游业和健康养老产业发展，培育新的经济增长点：重点支持文化旅游、红色旅游、乡村旅游、旅游服务、健康服务、养老服务等发展前景良好的生活性服务业，促进我省经济的多样化发展。

（三）区域发展布局思路

基于我省自然地理条件特征，根据区域双核结构理论（中心—门户城市），以省会太原为区域中心（核心）城市，在空间布局上形成"省内四大组团、省际四大板块"的宏观格局，促进区域协同发展。

晋北组团、晋冀蒙长城黄金三角板块：太原市为区域核心城市，忻州市、朔州市为节点城市，大同市为门户城市，辐射带动区域内的小城镇，形成晋北组团；以大同市、朔州市、呼和浩特市、乌兰察布市、张家口市为重点城市，加强省际合作交流，构建晋冀蒙黄金三角板块。

晋中组团、晋冀中心板块：省城太原为区域核心城市，晋中市为节点城市，阳泉市为门户城市，辐射带动周边小城镇，形成晋中组团；以太原市、晋中市、忻州市、阳泉市、石家庄市为重点城市，加强晋冀核心区域的交流协作，构建晋冀中心板块。

晋南组团、晋陕豫黄河黄金三角板块：太原市为区域核心城市，临汾市为节点城市，运城市为门户城市，辐射带动区域内的小城镇，形成晋南组团；以运城市、临汾市、渭南市、西安市、三门峡市为重点城市，加强区域协作与联系，构建晋陕豫黄金三角板块。

晋东南组团、晋豫板块：省城太原为区域核心城市，长治市为节点城市，晋城市为门户城市，辐射带动区域内的小城镇，形成晋东南组团；以长治市、晋城市、焦作市、郑州市、济源市为重点城市，加强晋东南与豫西北的全面合作交流，构建晋豫板块。

三、支撑转型发展的建议

（一）加快推进交通基础设施建设，提升区际交流合作的便捷程度

根据点轴开发理论，通畅便捷的交通廊道能够有效连接不同城市，强化区域之间的要素流动，促进区域联动发展。基于我省空间布局思路，"十三五"及今后一段时期，应大力推进省内交通网络体系和对外交通干线建设：1.重点推进原平—大同（服务晋北组团）、太原—长治—晋城（服务晋东南组团）、大同—张家口（服务晋冀蒙板块）等高速铁路建设，并对既有线路进行改造升级；2.加快省内高速公路和出省通道建设，实现"县县通高速"、高速出省口在现有基础上有增加。尽快形成以"高速铁路+高速公路"为骨干网络的综合交通运输体系，进一步提升我省对外交流合作的便捷程度，为区域之间要素流动、人才交流、信息获取以及现代物流业发展提供有效支撑。

（二）加大教育科研投入力度，建立人才创新奖励办法，提高社会综合创新能力

我省要加快经济转型发展，科技创新是第一驱动力，而人才是支撑创新驱动的核心资源。一是，持续增加高等教育、科技研发等知识密集型行业的投入与支持力度，特别是增加战略性新兴产业领域的科研项目数量，支持科技创新研究团队和研究基地建设。二是，着力提升科技成果转化率，重点加强社会化、网络化的科技成果转化中介服务体系建设，培养一批专业化的技术经纪人队伍，推进科技成果转化工作。三是，建立人才创新奖励实施办法与指导细则，激励科研人

员、企业研发团队、社会个人等不同主体的创新积极性，着力营造有利于万众创新的制度环境和人才流动交流的社会环境，加快知识扩散，增强知识的溢出效应。最终实现社会创新常态化，更有力地支撑我省经济全面转型发展。

（三）加强差异化的区域发展政策供给与机制创新，为全面转型发展提供有效保障

在我省国家资源型经济转型综合配套改革实验区的总体框架下，充分运用好国家赋予的"先行先试的试验权"，进一步解放思想，大胆改革创新。同时，借鉴吸收其他综改试验区的经验，围绕产业转型发展定位和区域发展布局思路，加强差异化的区域发展政策供给与机制创新，为我省全面转型发展提供有效保障。产业发展方面，以支撑特色高效农业、新型工业和高新技术产业、生产性服务业和特色旅游业等行业发展为目标，加强土地、金融、财税等方面的政策创新，加大科技投入与成果转化力度，破除产业发展的制度体制壁垒，助推我省产业转型发展。区域协同发展方面，明确产业宏观布局、区域板块与核心城市职能定位，加强对区域中心城市（太原市）、节点城市、门户城市（大同、阳泉、运城、晋城）的差异化政策供给与机制创新，加强与周边省份交流合作，促进区域协同发展。

国家自然科学基金青年项目：资源型地区乡村转型发展的多维过程及其动力机制研究（41701195）。

作者简介：

乔陆印，男，山西临汾人，博士/讲师，主要从事土地利用与城乡发展研究。E-mail：qiaoly@sxu.edu.cn

舞蹈旅游产业真实性表达研究

山西大学音乐学院舞蹈系　许晓云

　　舞蹈是一种美的形态，是人类追求至高境界（真善美）的重要途径，也是人类满足对美需求的主要来源。它多维的角度承载了历史，同时也印记了文化。它可以像幻灯片式的再现你可以想象到的许多画面，也可以与你近距离甚至是零距离地感受难忘的时刻。生动的舞蹈是与宇宙对话的"天线"，是维系社会关系的"纽带"。它是一门综合性艺术，综合了音乐、诗歌、戏剧、绘画、杂技等，在交流与整合中，逐渐成为独立的一门艺术。舞蹈既是时间的概念，也是空间的概念，是集视觉、听觉为一体的艺术门类。

　　随着时代的发展，旅游产业越来越成为当今经济、文化领域的宠儿。我们常言："物质是基础，文化是人类的精神食粮。"旅游产业的兴起与兴盛，既实现了经济的增长，也满足了人们的精神渴求。随着物质基础的夯实和全球一体化的交融，人们对旅游的需求，特别是精神文化的需求有增无减。十九大报告指出："中国特色社会主义进入新时代，我国社会主要矛盾已经转化为人民日益增长的美好生活需要和不平衡不充分的发展之间的矛盾。"因此，旅游产业将是一个发展前景不可估量的事业，这个事业应该像艺术一般，充满着文化气息和美的追求，对重新认识人的本来价值有一种积极的作用与启发。我想，旅游产业也应有对哲学层面的不断追求。

　　我们应该通过舞蹈独特的言语表达，结合数据时代背景下多元的技术，在创新意识的推进下，通过旅游产业真实性的发展，进而促进旅游产业满足人民大众日益增长的精神需求，在保证经济效益的同时，对地方文化的自觉与中华民族的文化自信起到积极作用。

一、何为舞蹈旅游产业

（一）何为舞蹈

"舞蹈"概念有广义与狭义之分。狭义的"舞蹈"指的是舞台艺术舞蹈；广义的"舞蹈"不仅包括舞台艺术舞蹈，也囊括存在于民众之中的旨在自娱、健身、祭祀及娱人的一切舞蹈文化。广义舞蹈是在特定的自然环境和文化环境中产生的，是一种主要以身体为表达媒介的行为艺术。本文的舞蹈概念不仅指舞蹈本体形态要素（动作、音乐、服装、道具、舞美、灯光等），也涵盖了舞蹈所赋予的文化表达与内涵。

对于旅游产业的发展与需求，舞蹈主要具有形象性、承载性和娱乐性的特征。首先，形象性是舞蹈最重要的表达方式。通过开发身体与其他媒介的可能性，进而生动地塑造出各种形象，包括具有生命的形象，比如人物形象、动物形象，还有无生命的形象，比如山石、废墟等。形象性使得旅游产业的发展更加多元化，也增添了具象的审美表达。把当地抽象的文化，通过舞蹈的方式栩栩如生地表达出来，满足了游客对真实再现的体验，使游客得到文化的熏陶与美的享受。承载性，更多指舞蹈所表达出的文化现象和文化内涵。"一方水土养一方人"，一方水土也孕育着一方舞蹈。蒙古族舞蹈，作为符号，是蒙古族文化的代表，作为文化，是蒙古族民族属性的体现。比如"勒马手""马步"都属于游牧民族的象征符号。蒙古族舞蹈所体现出的豪放、大气的动作风格与舞蹈气质，也都是蒙古族历史文化的体现和民族性格的表达。娱乐性使得舞蹈成为雅俗共赏文化中的重要组成部分，其传统民间舞蹈，成为中华民族非物质文化遗产的代表，是人民大众喜闻乐见的艺术形式，具有坚实的群众基础与精神休闲娱乐功能，是游客旅游的主要动机。

（二）何为旅游产业

旅游产业，在本文更多指的是文化旅游产业。从发展历程来看，文化旅游属于旅游发展到一定阶段的产物，或者说是旅游的高级形式，其目的在于追求精神上的满足，促进旅游者精神素养的提升。从文化旅游者的目的地选择来看，更偏向于文化底蕴深厚的旅游目的地或者旅游产品，但是也不能把山水型的旅游者排除于文化旅游者的范围之外。只要能带给游客不同的体验及文化的提升，就都可以纳入文化旅游的范畴。

旅游产业的主要特征可以归纳为：文化性、综合性、体验性、创意性以及民族性和国际性。首先，旅游产业的文化性蕴涵着大量的知识信息，它可以为旅游者提供丰富的自然风光、科普知识、历史知识、社会知识，使游客接受艺术熏陶，提高文化修养，从中得到些许感悟与升华。比如，以历史文化景点作为文化艺术的演出场所，或是在景点附近人工搭建演出场所等（如《又见平遥》）。其次，综合性是指文化旅游产业集"吃""住""行""游""购""娱""健""闲""体"九位于一体，并在每一个旅游环节中赋予了更为丰富的文化内容；从产业关联的角度看，文化旅游产业是集"旅游产业""文化产业""休闲娱乐产业""艺术产业""体育产业"等于一体的庞大产业，产业边界越来越模糊。从某种意义上讲，文化旅游产业已经发展成了一个万能的无所不包的产业，具有超强的综合性。这种综合性，使得舞蹈文化可以广泛地渗透在所有旅游产业之中，作为符号代表、娱乐形式等存在于旅游场所与文化之中（如迪士尼的街道歌舞表演)。第三,现代文化旅游倡导的是文化体验与文化参与行为。由于时代的变迁和发展,当代人对旅游的要求越来越高,单纯的静态观赏历史古迹已经无法满足当代人对旅游的需求,旅游的体验和参与的程度要求越来越高,人们在体验和参与的过程中感受文化的价值和魅力。借助舞蹈动态的艺术特征,通过身体运动,来让游客亲身感受旅游场景的客观存在与文化氛围,带给游客身心合一的艺术享受(如游客与演员一起跳篝火晚会的锅庄舞)。第四,创意性。今天的文化旅游不仅仅与历史古迹相联系,而且更多的是通过文化创意来实现。好的创意本身就可能成为文化旅游的吸引点。一些创意点就需要动作形象表达的协助,把意识形态层面的想象变成人们通过视觉、听觉看到和感受到的(如嫦娥奔月的民间传说故事)。第五,民族性与国际性。文化旅游的景点,一方面具有民族性,是一个民族精华的代表。中国博大精深、多姿多彩的民族舞蹈就可以成为其重要的组成部分。另一方面旅游产业越来越具有国际性,因为文化旅游景点既是民族领先的,又是世界一流的,是被世界认可的高品位的民族精品,因而现当代舞蹈(如深受西方舞蹈文化影响的舞蹈类别)与一些高科技舞蹈都可以成为其言说的重要方式。可以说,旅游产业,特别是文化旅游产业所反映的文化内涵既是民族的,也是世界的。

(三)何为舞蹈旅游产业

旅游产业是一个很大的概念,其中包括艺术与娱乐的部分,艺术可以看作文化的概念,娱乐可以看作心理的概念。舞蹈旅游产业主要就是针对需要有舞蹈部分的旅游产业或者是主要以身体为表达方式的旅游产业。比如旅游演艺产业,通过舞蹈的形式与其他技术的配合,以传统或突破传统的方式,通过内容与形式上轻松愉快的形式,让游客有一种美的享受,并且有身临其境的体验感或有高度的参与性。舞蹈旅游产业在弘扬地域文化的同时,让游客获得审美满足,知识与思想的启迪，得到身心的愉悦与放松。

二、舞蹈旅游产业对旅游真实性的表达

"真实性"由马丁·海德格尔在《存在与时间》一书中首次提出，此概念随着20世纪五六十年代"文化和遗产旅游"的兴起而进入旅游研究领域，并最终成为衡量旅游产品质量和游客满意度的决定性因素。[1] 由此可见，真实性是游客旅游的主要动机，真实性的再现与感受，是吸引游客的主要内容。随着旅游真实性学说的研究成果日趋全面性与合理性，其逐渐发展为四种类型，即客观主义真实、建构主义真实、后现代主义真实和存在主义真实。

（一）客观主义真实

支持客观主义真实观点的学者是从客观的、博物馆学的角度来看待真实性，他们强调被旅游的客体与原物完全对等。客观主义真实性学说是从专家的客观标准看待旅游吸引物的真实性。马康纳提出"舞台化真实理论"，其核心观点可以概括为：真实应是旅游吸引物的固有属性，可通过一定的标准和客观程序进行鉴别，旅游客体的真实性直接决定旅游活动的体验质量。伯斯汀进一步指出由于商业化及产品的同质化和标准化影响，大众旅游成为"伪事件"。因此，"真实的复制"这一概念被提出，从而使绝对的客体真实被相对的客体真实所取代。[2]

旅游产业离不开中华五千年的历史长河。回望历史，在浩瀚几千年的中华文明史中，舞蹈作为一种具有审美意义和文化价值的生动形

---

[1] 陈享尔，蔡建明：《旅游客体真实性与主体真实性集合式关系探讨——以文化遗产故宫为例》，《人文地理》，2012.27（04）。

[2] 陈享尔，蔡建明：《旅游客体真实性与主体真实性集合式关系探讨——以文化遗产故宫为例》，《人文地理》，2012.27（04）。

态,在华夏文明进程中起到了独特而积极的作用。历代的舞蹈艺术,无不应和着各个朝代独特的历史进程,演绎出各自不同的动人姿容,形成了富有史学含义的独特学术内容和疆域。中国舞蹈史来源于经史子集、诗词歌赋中,存在于壁画、岩画、青铜、画像砖石等文物中。①笔者认为,中国舞蹈史的研究工作可以为当前的艺术创作、旅游文化产业提供强有力的服务。比如,宋朝非常重视宫廷食飨之乐,因此宋朝的宫廷燕乐表演发展规模宏大。其中队舞以其华丽、精彩的表演以及感人的故事情节在宋代宫廷食飨歌舞中占有重要地位。队舞是在唐朝宫廷舞大曲的影响下发展成的一种集音乐、舞蹈、诗歌为一体的艺术表演形式,具有很高的艺术表现力以及艺术价值。在宋代宫廷礼仪、典礼、娱乐等方面有着重要的作用。这种宋代队舞是否可以在旅游景点——宋城旅游区有所重现,再现宋代文化盛貌,值得思考与借鉴。

（二）建构主义真实

建构主义真实则是学者研究真实性的焦点从旅游客体转向旅游主体的过渡阶段,是在承认旅游客体存在真实性的前提下,加入旅游主体真实性感受的新元素。②

游客的主体参与性,具体情境的真实塑造与如何发展,是建构真实性游览感受的重要因素。舞蹈本体中,动作和音乐具有时间属性,它们可以通过动作与音乐的择取与创作,营造出特定背景下的特定情景。道具与服饰具有符号性,可以通过特定服饰和道具的选择,来对情境的时间、地点以及其他具体信息提供象征意义。再加上舞美灯光的营造,通过空间感与色彩的运用,增强游客身临其境的真实感受。

---

① 茅慧,廖燕飞:《筚路蓝缕 信史丹心——"纪念中国舞蹈史研究60年学术研讨会"综述》,《艺术评论》,2016.12。
② 陈享尔,蔡建明:《旅游客体真实性与主体真实性集合式关系探讨——以文化遗产故官为例》,《人文地理》,2012.27（04）。

大型情境体验剧——《又见平遥》就是一个典型且成功的范例。整个演出通过"选妻""镖师死浴""灵魂回家"等充满仪式感的舞蹈片段，配合剧场内部声光电等新技术的运用，在独特的建构平遥古城的街景和赵家大院的舞台场景设计中，观众可以置身于演员的表演时空中，与演员同处一个真实物理时空，切身感受平遥晋商文化和诚信精神。该表达形式具有震撼的视觉效果，在语言的具体讲述中，极大冲击了观众的情感，让观众感同身受，在情境体验中，感悟人生，反思人生。

山西是黄河文化的发源地，在 20 世纪 80 年代震撼全国的"黄河三部曲"（《黄河儿女情》《黄河水长流》《黄河一方土》）就是结合黄河流域农耕文化中民俗文化的具体舞蹈形式，并称为"黄河派"歌舞艺术。其中，《黄河儿女情》的所有舞蹈都具有浓郁的生活气息和民俗风情，并高度提炼出山西民间舞蹈的独特形式。[①] 黄河歌舞系列不仅是山西区域文化的表达，也是黄河文化、中华文化精髓的体现。我们可以在黄河文化的基石上，建构"黄河歌舞"的山西旅游文化品牌，形成具有窗口效应的品牌产品。

（三）后现代主义真实

后现代主义真实则完全否认了旅游客体的"真实性"概念，认为仿真比原物更加真实，已达到了一种完美的"超现实"。[②] 后现代主义真实的代表作是艾克的《超现实世界中的旅游》，他认为真实性的参照系已随着技术的进步被打破，旅游产品中现实与虚拟、真实与复制的界限也被打破，所以真实性已无从谈起。迪斯尼乐园的巨大吸引力和成功运营是此种观点的最好例证。麦格雷戈指出随着游客向后现代

---

① 韩敏虎：《试论山西民间歌舞艺术对文化旅游产业的推进作用》，《经济问题》，2015（11）。

② 金丽：《物与像：从旅游者视角看旅游中的真实性》，《合作经济与科技》，2007（01）。

主义旅游者的转变，其对旅游客体真实性的要求将逐渐减弱。[①]

人都是追求自由的，希望哪一天可以像鸟儿一样自由飞翔，而无须热气球等外在器械的协助。20世纪中期，"风洞"技术的出现，实现了这一梦想。它通过人工产生和控制气流，对人进行可量度气流的控制，进而可以让人在没有借助任何器械的前提下，飞向天空。这种技术原本是用以模拟飞行器或物体周围气体的流动设备，比如汽车、飞行器、导弹（尤其是巡航导弹、空对空导弹等）设计领域，现在也开始运用于旅游产业。我们可以通过"风洞"技术，设计一些空中舞蹈的场景，像"嫦娥奔月""化蝶"等具有故事情节的舞蹈，把这种仿真的空中漂移化成传说故事的真实再现，把不可能的虚构现象变成真实的舞蹈情节。

（四）存在主义真实

存在主义真实是以旅游主体为研究载体的真实性学说，此类学者对真实性的理解是从游客而不是从旅游客体的角度出发[②]，着眼于旅游主体的本真体验。存在主义者认为存在的真实强调的是旅游主体（旅游者）的真实存在状态，即真实是游客自身的一种感受，它与游客真实的自我体验相联系。即使被旅游的客体是完全虚假的，游客可能还是在追求一种真实性，即一种潜在的、由旅游活动激发的存在的真实性。[③] 游客在某种旅游活动的激发下，毫不关心旅游客体的真实，只是借助于旅游活动或旅游客体寻找真实的自我。[④]

[①] 陈享尔，蔡建明：《旅游客体真实性与主体真实性集合式关系探讨——以文化遗产故官为例》，《人文地理》，2012.27（04）。

[②] 杨丹丹，宋保平：《遗址博物馆旅游真实性感知指标体系研究——以秦始皇兵马俑博物馆为例》，《河南科学》，2013.31（11）。

[③] 陈享尔，李宏：《时间、载体、体验倾向三种角度下的旅游真实性研究述评》，《北京第二外国语学院学报》，2010.32（01）。

[④] 陈享尔，蔡建明：《旅游客体真实性与主体真实性集合式关系探讨——以文化遗产故官为例》，《人文地理》，2012.27（04）。

存在主义真实的实现，离不开虚拟现实技术。虚拟现实技术是多种技术的综合，包括实时三维计算机图形技术，广角（宽视野）立体显示技术，对观察者头、眼和手的跟踪技术，以及触觉和力觉反馈、立体声、网络传输、语音输入输出技术等。利用虚拟现实技术，结合网络技术，可以将文化旅游资源的展示提高到一个崭新高度。利用虚拟技术更加全面、生动、逼真地展示文化旅游资源，借助计算机网络在大范围内进行营销推广，将为各地文化旅游的发展创造一个新的腾飞机会。

虚拟现实技术可以给游客带来多种感官刺激的虚拟环境，游客以自然的方式与环境交互，产生置身于相应的真实环境中的虚幻感、沉浸感、身临其境的感觉。虚拟现实系统有桌面式、增强式、沉浸式和网络分布式四种。[①] 目前，虚拟现实技术应用最广泛的领域是娱乐业，我们可以将其引入旅游业中的娱乐产业和艺术产业中，通过设计虚拟技术的舞蹈画面，来增进舞蹈艺术表达的力度和真实感。比如，很多演绎旅游产业，舞蹈演员一天最多可能演出十场，他们的体力和精力都会随着下一场的演绎而大打折扣，我们可以借助虚拟现实技术，以一个真人在跳舞来表现多个"真人"在跳舞的画面，并且通过画面的切换，达到不仅生动而且真实的效果。这种技术，不仅可以运用到舞蹈演员身上，也可以使游客通过肢体语言来感受到虚拟现实技术的虚幻与真实。

三、余 论

旅游产业是人民实现精神需求的重要途径，美的诉求是精神需求的主要方面，舞蹈文化是审美表达的生动形式。随着文化自觉与文化

---

① 高志坚：《虚拟现实技术在苏州文化旅游中的应用》，《合作经济与科技》，2017(24)。

自信的个体与族群需要，大众旅游者对文化真实性的要求不会像诸如民族学家、人类学家这样的学者那么严格与苛刻，他们更多的是在旅游中追求美感、解脱感、自豪感、新鲜感、认同感等许多难以名状的东西，这就对真实性多了一份非理性的体验与感受，也多一份人文关怀与价值觉醒。舞蹈作为诸多艺术门类中具有动态的艺术形式，留下了身体的印记与文化的印刻。舞蹈的形象性、承载性和娱乐性的主要特征与实现旅游者的真实感受与体验密不可分，在这种欣赏与感受中，引导旅游者去领悟文化的真实性，而旅游者对文化的感受又反过来加深着文化真实性的内涵。舞蹈旅游产业的发展，最终希望通过舞蹈文化，使得当今旅游业达到体验异质化的目标，即把静止的变成动态的，把历史的变成现在的，把虚拟的变成现实的，把不可能的变成可能的。

作者简介：

许晓云，山西大学音乐学院舞蹈系讲师，中央民族大学舞蹈学院博士。

黄河之魂

黄河之魂在山西:"乐水"旅游品牌体系的构建思路与实践探索

山西大学历史文化学院 乔新华 靳 茜

"黄河之水天上来,奔流到海不复回",从巴颜喀拉山出发的母亲河,越过青藏高原的崇山峻岭,横跨"天苍苍,野茫茫"的河套平原,在晋、陕之间的高山深谷偏关老牛湾撞开了山西的大门,进而奔腾向南飞流直下五百多公里,至吉县壶口骤然收紧、跃"龙门"而出,之后调头东去,横穿华北平原,汇入渤海。世人惊叹"黄河万里动风色,蜿蜒九曲源流长"!这条横亘在中华大地上的"金色巨龙",穿过山西境内4市19县(市),给三晋大地添加了波澜壮阔的美景和源远流长的文化。黄河是中华民族的母亲河,更是山西人的母亲河。

黄河自高耸的西北向低缓的东南顺流而下,沿黄河流域生活的山西人则以坚强开放的拼搏精神逆流而上,孕育和书写了人类历史和华夏文明的华美篇章。4000万年前垣曲"世纪曙猿"这"一缕曙光"照耀人类的远祖,180万年前的芮城西侯度人点燃了史前文明的圣火,神农炎帝开启了中华农业文明的历史,奠定了中华文明的基础;"尧都平阳,舜都蒲坂,禹都安邑"彰显着这里是中华文明总根系中的"直根"。作为秦汉魏晋南北朝时期民族融合的大舞台,这里不仅促成了"丝绸之路"上平城和晋阳的繁荣,也催生了盛唐时代,"秋风楼""镇河铁牛""鹳雀楼""普救寺"让我们遥想古河东大地曾经的盛世欢歌;此后明清"走西口"的晋商在"九曲黄河第一镇"碛口以坚韧拼搏的精神和"汇通天下"的开放气度创造了商业奇迹,近代革命烈士以昂扬的斗志在吕梁血染黄河，今天我们仍以坚韧的毅力推进黄河生态文明建设，为实现"美丽中国"而努力奋斗。伟大的黄河以她温暖的臂弯拥抱着三晋大地，以她甘甜的乳汁哺育着炎黄子孙，以她深邃的内涵滋养着三晋文化，从远古流向当今盛世，繁衍了生生不息的华夏子孙，孕育了古老灿烂的三晋文明！这条大河犹如一条绚丽的黄丝带，串联起山西西缘一颗颗明珠，形成深厚的历史积淀和独特的文化底蕴，成为中华民族精神和民族情感的象征。

2017年10月山西省旅游发展大会上关于黄河、长城、太行三大旅游板块和"乐水、尚城、崇山"旅游品牌体系的提出，既是省委在山西政治生态由"乱"到"治"、社会发展由"废"到"兴"的转折关头，将我省打造成富有特色和魅力的文化旅游强省，使文化旅游产业成为转型的新引擎新支柱的重大战略决策，① 也是山西省政府贯彻落实2017年9月国务院《关于支持山西省进一步深化改革促进资源型经济转型发展的意见》精神的重要思路举措。黄河之魂在山西，长城博览在山西，大美太行在山西！"乐水、尚城、崇山"旅游品牌体系的提出彰显着山西特色、闪耀着国家名片、聚焦着世界眼光。黄河、长城、太行三个标志性的品牌关键词很好地概括了山西旅游文化的骨架，这三大资源环绕并全面地覆盖了山西大部分的地域，是三晋大地悠久历史文化和壮美山川风光的形象主体和标识符号；黄河、长城、太行是具有地理特色和民族感情的象征性符号，极易引发有同样血脉的炎黄子孙的感情共鸣，是华夏文明载体和"美丽中国"的闪亮名片；黄河、长城、太行文化与旅游深度融合发展，意在整合山西全省最具特色和代表性的旅游、文化、生态资源，打造全省域全国旅游示范点、全国文化旅游发展新高地和世界知名旅游目的地②，必将吸

---

① 楼阳生：《锻造黄河·长城·太行新品牌，开创文旅融合创新大格局》，《中国旅游报》，2017年11月21日。
② 厉新建，张凌云，崔莉：《全域旅游：建设世界一流旅游目的地的理念创新——以北京为例》，《人文地理》，2013年第3期。

引和聚焦世界眼光!

黄河之魂在山西!山西黄河旅游板块是黄河文明的核心、中华精神的地标、大河风光的华章、黄土风情的高地。① 这里独树一帜的旅游资源优势和国人对母亲河的执着情怀,为沿黄旅游带的开发提供了得天独厚的条件。如何构建"乐水"旅游品牌体系,把博大的黄河文化内涵、多彩的黄河风情以及厚重的民族精神主题深度融合在母亲黄河、龙腾黄河、多彩黄河、生态黄河旅游精品线路中,既是打造全省域全国旅游示范点、全国文化旅游发展新高地和世界知名旅游目的地的开篇之作,也将是创造旅游"山西经验"和唱响"山西好风光"的华美篇章。

一、以运城市根祖文化资源为主体,以"运城盐湖、后土祠"为标杆性龙头景区,构建"母亲黄河"旅游精品线路,展示"中华根、黄河魂"的黄河风情和民族精神

黄河从运城河津寺塔西侧入运城市境,由北向南依次经过河津、万荣、临猗、永济,在芮城县的风陵渡曲折向东,过平陆、夏县,到垣曲县的碾盘沟出境,共流经8个县(市),长度396公里。黄河在这个区域冲刷出最适宜农耕文化的汾渭黄汇聚的"黄河三角洲",孕育了绵延不绝的根祖文化,是名副其实的华夏文明之摇篮,也是构建母亲黄河精品线路的核心区域。

这里有点燃了史前文明圣火的芮城西侯度遗址和开启了旧石器时代早期的芮城匼河遗址;大量新旧石器时代的远古遗迹,如垣曲南海峪遗址、芮城坡头遗址、芮城金胜庄遗址、闻喜回坑遗址、永济石庄遗址、新绛马庄遗址、平陆赵家滑遗址、垣曲丰村遗址等,见证了这条流经中华文明心脏地区的圣河对中华民族形成的伟大贡献;"尧都平阳,舜都蒲坂,禹都安邑"所发现的襄汾陶寺文化遗址,述说着中

---

① 张复明:《山西推进黄河板块旅游开发》,《中国旅游报》,2017年11月9日。

华民族最早的创世英雄们,在"黄河三角洲"建国立都的伟大史诗,吟唱着舜帝在广袤无垠的运城盐湖边抚琴而作的《南风歌》,讲述着大禹在河津龙门凿石导黄河入海、在大禹渡种神柏的传说;与大禹渡并称为"黄河三大古渡"的还有"鸡鸣一声听三省"的风陵渡、"铁码头"茅津渡,由东流的黄河串联而成,可谓是"一水分南北,中原气自全"。这里也是人文荟萃的聚集地,历经时代风霜,凭河而立的秋风楼传唱着汉武帝在后土祠祭祀时所作的《秋风辞》:"秋风起兮白云飞,草木黄落兮雁南归。兰有秀兮菊有芳,怀佳人兮不能忘。泛楼船兮济汾河,横中流兮扬素波。箫鼓鸣兮发棹歌,欢乐极兮哀情多。少壮几时兮奈老何!"历史文化名楼鹳雀楼吟诵着王之涣的"白日依山尽,黄河入海流。欲穷千里目,更上一层楼"和畅当的"迥临飞鸟上,高出世尘间。天势围平野,河流入断山";爱情圣地普救寺流传着"红娘月下牵红线,张生巧会崔莺莺"的动人爱情故事;世界桥梁史上的传世之宝蒲津渡的黄河大铁牛追忆着唐代的盛世和我国古代劳动人民的聪明才智。风后陵、舜帝陵、永乐宫、关帝庙、流庆寺等人文遗址,至今还闪耀着中华文明的光泽。

"中国死海"运城盐湖地处华夏民族的中心地带,在中华文明史中占有重要地位;汾阴后土祠是汉武帝、唐玄宗、宋真宗等多位古代皇帝亲祭后土的地方,是根祖文化的一大体现,因此要将其作为运城市"母亲黄河"旅游精品线路的两大标杆性龙头景区。"河浸华夷阔,山横宇宙雄。""这里是中华民族总根系中的'直根'。"[①] 在运城市探寻黄河的历史,就如同开展一段千载传承的寻根之旅!黄河东岸的古河东大地,风光无限,人文荟萃,光耀中华!沿黄而行,可以读懂中国,明白我们从哪里来!

---

① 苏秉琦:《华人·龙的传人·中国人》,《中国建设》,1987年第9期。

二、以临汾市自然与人文资源为主体，以"壶口瀑布、乾坤湾"为标杆性龙头景区，构建"龙腾黄河"旅游精品线路，展示"自强不息、拼搏向上"的黄河风情和民族精神

黄河干流流经临汾境内全长 174 公里，流域面积 7738 平方公里，主要涉及永和、大宁、吉县、乡宁四县。黄河在临汾境内奔腾蜿蜒，以大自然的鬼斧神工造就了令世人震撼的动静两大奇观：动是奔流不息、大气磅礴的壶口瀑布，静是千曲百回、蜿蜒静美的乾坤湾。一动一静之间，体现了"一阴一阳之谓道"的哲学精华，体现了中华文化"自强不息、拼搏向上"的基本精神，因此临汾是构建龙腾黄河精品线路的绝佳之地。

滚滚黄龙昂首向前、不舍昼夜奔入吉县人祖山脚时，被两岸苍山挟持，约束在狭窄的石谷中，400 米宽的河床骤然收缩归拢成 50 米宽的一束，这时河水奔腾怒啸，山鸣谷应，最后跌落"十里龙槽"倒悬倾注，若奔马直入河沟，其声惊天动地，其势气壮山河，其形如巨壶沸腾。从"龙洞"远看宛若茶壶注水，故壶口瀑布有"源出昆仑衍大流，玉关九转一壶收"的赞誉。汹涌澎湃的壶口瀑布代表着坚贞不屈的黄河魂，那九曲十八弯的黄河岸边，回荡着船夫号子、山曲儿、伞头秧歌、威风锣鼓，奏响了山西儿女的黄河情；"天下黄河第一湾"的乾坤湾，在永和境内，一连七个 320 度的大转弯，形成了山环水抱、和谐共生的黄河蛇曲地貌。传说中华文明始祖太昊伏羲氏在这里"仰则观象于天，俯则观法于地，观鸟兽之文与地之宜，近取诸身，远取诸物，于是始作八卦，以通神明之德，以类万物之情"，诠释了人类不屈不挠地认识自然、改造自然的拼搏之心。壶口瀑布是中华民族精神的重要象征，乾坤湾则是中华文明的完美诠释。在这两处绝世景观之外，沿黄四县还拥有地质景观、水域风光、遗址遗迹、人文景观等各类旅游资源 30 余处。地质景观有吉县锦屏山、人祖山、克难坡、禹帽峰，永和楼山、姑射山、二郎山、翠云山、景明风景区等；

水域风光有石窝宝镜、孟门夜月、十里龙槽、九河之蹬、七郎窝大桥、绝地争锋等；遗址遗迹有丁村遗址、舜王坪、侯马晋国遗址、霍州州署大堂、永和红军东征纪念馆等；人文景观有尧庙、挂甲山摩崖造像、云丘山、结义庙、华灵庙、文笔峰双塔、寿圣寺、千佛洞、小西天、大槐树、广胜寺、女娲陵庙、苏三监狱、东岳庙、永和文庙大成殿、永和关、永和朝阳寺、黄河仙子祠等。

在临汾市构建"龙腾黄河"旅游精品线路，就是要体悟黄河塑造的中华民族自强不息、一往无前的民族性格，领会黄河文化承载的孜孜以求、不屈不挠的民族精神，增强实现中华民族伟大复兴的自信心、凝聚力和向心力，编织"中国梦"的瑰丽前景！

三、以吕梁市商业文化与红色文化资源为主体，以"碛口、红军东征纪念馆"为标杆性龙头景区，构建"多彩黄河"旅游精品线路，展示"勤劳勇敢、拼搏开放"的黄河风情和民族精神

黄河干流沿着吕梁山西麓流经吕梁市的兴县、临县、柳林县、石楼县四个县，奔流不息的黄河与巍峨险峻的吕梁山并驾齐驱，成为山西西侧的两道重要屏障。表里山河的地理特征使山西"进可攻，退可守"，"进"即是向外拓展，表现之一就是开拓进取、勤劳勇敢的晋商文化，"退"即是养精蓄锐，表现之一就是坚韧不屈、不畏强暴的红色文化。吕梁地区的历史资源是构建"多彩黄河"旅游精品线路的重要依托。

这里有"晋陕第一大镇""九曲黄河明珠"的"水旱码头"碛口古镇，它在明清至民国年间凭黄河水运一跃成为我国北方著名商贸重镇，享有"水旱码头小都会，九曲黄河第一镇"之美誉。五里长街，车水马龙，商贾云集，两旁密布四百多家店铺；黄河岸边的石梯，是纤夫用汗水和足趾刻印出来的人间杰作；古刹黑龙庙的戏台，有"山西唱戏陕西听"的奇妙音响效果；构思精巧、形制特异的西湾、李家

山明清民居建筑更是碛口商贸经济繁荣折射的产物。① 在吕梁黄河段上，点缀着碛口古镇、三交镇等贸易集镇，闪耀着商业折射出来的多彩文化。这里也是红色基因传统的一方革命圣地，在战争年代以"养兵十万、牺牲一万"的不屈精神献身革命，为后代留下了可歌可泣的"吕梁精神""晋绥精神"等红色文化，红军东征坪上渡口纪念碑、红军东征抢渡黄河天险浮雕、刘志丹将军殉难纪念亭、红军东征纪念馆、四八烈士殉难处、刘胡兰纪念馆、晋绥解放区烈士陵园、晋绥边区革命纪念馆等红色景点共同见证了那段峥嵘岁月，一起书写着吕梁英雄儿女用鲜血和生命铸就的吕梁精神和红色丰碑！毛泽东极力肯定了黄河是保卫延安、对敌作战的重要天堑："没有黄河，就没有我们这个民族啊！不谈五千年，只论现在，没有黄河天险，恐怕我们在延安还待不了那么久。抗日战争中，黄河替我们挡住了日本帝国主义。"② 可以说红色代表着吕梁的辉煌历史。在吕梁除了明清商业折射的多彩文化与红色文化资源外，还有酒都杏花村的白酒文化；庞泉沟、柏洼山、北武当山、"第一山"卦山、关帝山、白龙山、云梦山等山沟文化；玄中寺、天宁寺、凤山道院、则天圣母庙、三皇庙、太符观、后土圣母庙、神峪千佛洞、"华北第一险洞"白马仙洞等宗教文化。

  吕梁市的"多彩文化"正体现于此，因此以晋商文化资源和红色文化资源为主体，构建吕梁市"多彩文化"旅游精品线路是打造"乐水"旅游品牌的又一个重要组成部分。循着这条线路，让我们体会晋商纵横欧亚九千里，称雄商界五百年的开放诚信精神！"雄关漫道真如铁，而今迈步从头越"。站在新的历史起点，迎着中国梦的瑰丽前景，让我们从吕梁精神和红色精神中汲取不断开拓进取的智慧与力量！

---

① 高春平：《明清以来山西碛口镇的商业兴衰》，山西黄河新闻网，2015 年 2 月 9 日。
② 霞飞：《毛泽东的黄河之行》，人民网，2016 年 8 月 19 日。

四、以忻州市生态建设资源为主体，以"老牛湾、晋陕大峡谷"为标杆性龙头景区，构建"生态黄河"旅游精品线路，展示"建设生态屏障，挺起绿色脊梁"的黄河风情和民族精神

"九曲黄河十八弯，神牛开河到偏关，明灯一亮受惊吓，转身犁出个老牛湾。"从黄河入晋第一县偏关向南划一道弧线，落在这条弧线里的偏关、河曲、保德等县，曾有一个共同的名字——生态脆弱区，祖祖辈辈流传着"河曲保德州，十年九不收，男人走口外，女人挖苦菜"的民谣，诉说着昔日穷苦荒凉的悲壮。恶劣的生存环境激发了当地人治理黄河、建设生态屏障的决心，因此忻州市成为生态建设较早，并且卓有成效的一个示范区。

"黄河清，圣人出"，中华人民共和国成立以来，毛泽东以一代伟人治理黄河的英勇气魄和热爱人民的赤子情怀，在视察黄河时表明自己的心迹："黄河是伟大的，是我们中华民族的起源，人说'不到黄河心不死'，我是到了黄河也不死心。"在他"绿化祖国"的号召下，涌现出保德张侯拉，河曲苗二满红、苗混瞒，神池高富，五台胡存官，静乐宁琨等一批"全国造林英雄"。党的十八大以来，在习近平总书记"既要金山银山，也要绿水青山"和"建设美丽中国"精神的引领下，忻州市涌现出了偏关、河曲、保德等生态建设新样板：偏关"两湾一山"工程沿黄河老牛湾、乾坤湾、紫金山一线，鱼鳞坑、石坎水平阶按等高线在崇山峻岭中画出一条条优美的弧线，黄河则躺在这群山危崖怀抱中。护河长城遗迹犹在，拥簇着烽火台的松林漫山遍野，成为"黄河入晋第一湾，造林绿化第一景，生态旅游第一处，美丽偏关第一点"的生态景区。"鸡鸣三省"的河曲县地处晋陕蒙交界，陕滨大道是其建设的沿黄河一线通道绿化的一部分，它把长城大街、临陕公园和西口古渡串起来，向南延伸，按照片林、混交等不同栽植模式，形成园林式的景观环境。保德贺家山荒山造林10万亩，混交造林成规模，林道绿化成景观，管理区域成游园，造管并举成亮

点,成为黄土丘陵沟壑区抗旱造林技术组装配套的示范区。保德县飞龙山城郊近2万亩森林公园,既为近城园林添彩,又为远城森林扩模着色,既为生态文化强功能,又为宜居城市增景观。[①] 这一颗颗散落在黄河沿线的绿宝石,逐渐被串在一起,造福着生活在这里的人们。除了上述生态景区外,还可以将晋陕大峡谷、五台山、奇村温泉、顿村温泉、大营温泉、西河头地道战遗址、忻口战役遗址、白求恩模范病室旧址、阎锡山故居、芦芽山、万年冰洞、禹王洞、天池、宁武关、悬棺、雁门关、平型关、偏头关、边靖楼、赵杲关、阿育王塔、杨家祠堂、奇山怪石的天涯石鼓、松柏辉映的五峰叠翠、天柱山的天柱龙泉、西口古渡等旅游资源纳入忻州市"乐水"旅游品牌体系的建设中。老牛湾村有黄河经过,也有长城莅临,有大河奔流的壮丽景观,也是长城与黄河握手的地方,是中国最美的十大峡谷之一,是人文历史和自然遗迹完美融合之处。以"老牛湾·晋陕大峡谷"为标杆性龙头景区,当是"生态黄河"旅游精品线路的重中之重!

不忘初心,方得始终。靠着党的政策,靠着科技的支撑,靠着机制的引领,忻州在生态屏障建设中挺起了绿色脊梁,奏响了"生态黄河"的最强音,成为构建"生态黄河"旅游精品线路的一个重点区域,体现了"人定胜天"的毅力和决心,也是"建设美丽中国"的重要载体和主要内容,顺应了时代的要求和民意的呼唤。

历史上,黄河是中华民族的血脉。新时代,黄河是民族复兴的光芒!在山西沿黄流域打造"四市四区"各具特色、各有侧重的百里黄河旅游带,是构建"乐水"旅游品牌体系的一大创新,也是追溯黄河历史,体味黄河文化的一场实践。发展沿黄旅游集群,拓宽和延长产业链条,突破传统"点状分散、线状短窄、片状不足"的旅游格局[②],

---

[①] 《忻州市:建设生态屏障,挺起绿色脊梁》,《山西日报》,2016年12月22日。
[②] 孟丹,刘海鸿,赵静:《山西沿黄旅游资源深层次开发浅探》,《城市旅游规划》,2015年8月下半月刊。

推动文化旅游融合发展,以文化旅游促进三次产业融合发展,打造有特色的旅游品牌系统①,是旅游行业发展的世界趋势,将使山西同质化的旅游市场重新焕发生机与活力,也将使山西旅游行业走向中国乃至世界的发展前沿。

黄河是母亲河,孕育了优秀的中华儿女,也孕育了优秀的中华文化。从垣曲"世纪曙猿"溯流而上,直到万家寨水库,好像穿越时空,带我们从旧石器时代走进了新时代!黄河之旅是风光之旅,更是文化之旅,是身之旅,更是魂之旅!"文化兴国运兴,文化强民族强",黄河之行是吮吸五千年中华文明优质养分之行!

黄河之魂在山西,"乐水"旅游品牌体系的构建是山西文化的再挖掘,是一次重生,也是山西文旅产业试图破局的探索之路,在战略路径和策略上可谓任重道远。我们热切期待黄河、长城、太行"新三板"与五台山、云冈石窟、平遥古城"老三篇"以及"一带一路"上的古城古镇交相辉映,共同书写"华夏古文明、山西好风光"的绚丽篇章!

作者简介:

乔新华(1972—),女,山西大学历史文化学院教授,博士生导师,副院长。山西省中共党史人物研究会会长。

靳 茜(1993—),女,山西大学历史文化学院2016级硕士研究生。

---

① 宋振春,纪晓君,吕璐颖,李允强:《文化旅游创新体系的结构与性质研究》,《旅游学刊》,2012年第2期。

黄河碛口至磴口段商贸文化及其旅游开发

山西大学历史文化学院　张世满

黄河是中华民族的母亲河，也是中国的第二大河，但是由于上中下游落差很大，河道或在山谷中逶迤奔腾，礁石碛瀑众多，或在黄土淤积严重的平原漫流，河水深度有限且河道多变，使其航运价值大打折扣。然而，不排除黄河上的某些河段在某些时段依然可以发挥其水上航运的功能，其中清朝至民国年间兴盛的晋蒙粮油黄河商道就是典型一例。这条地跨内蒙古和山西，水陆相接长达2700多里的商品运输线，将大量产自内蒙古的粮食、油料、盐碱等日用物品顺着黄河输入山西中北部，这对于山西社会的稳定和经济的发展、对内蒙古中西部的开发都产生了深远的影响。我们将这条商路命名为"晋蒙粮油故道"。当下，山西要打造黄河旅游品牌，研究挖掘黄河文化内涵，这条曾经繁荣了两百多年的水上商道应该是黄河商贸文化旅游开发的重要资源。

一、黄河商道的时空范围与商品

（一）空间范围

黄河水路始于内蒙古自治区西部的旧磴口（今阿拉善左旗巴彦木仁苏木）黄河码头，沿黄而下，经今天的磴口县、临河区、杭锦旗、五原县、乌拉特前旗、包头市、达拉特旗、土默特右旗、托克托县、准格尔旗、清水河县进入山西，经偏关县、河曲县、保德县、兴县至临县碛口码头；与其衔接的陆路始于碛口，经南沟、离石、吴城，翻薛公岭到汾阳，再经文水、交城、清徐到太原。黄河水路长约 1120 公里，其中内蒙古段约 800 公里；山西境内陆路长约 240 公里。水陆总计约 1360 公里，其中陆路约占 17.6%。

（二）存在时间

这条商道早在康熙年间就已经部分开通。康熙三十一年（1692），康熙皇帝曾打算将"宁夏米谷运至西安"，手谕大臣硕萧勘查黄河水路。查看的结果是：除壶口外黄河自宁夏至潼关皆可舟运。① 可见早在康熙年间，这条粮道就已经进入皇家的视野，并进行了初步勘查。康熙三十六年，康熙皇帝谕大学士伊桑阿，用来自宁夏的船"将湖滩河朔积贮米或五千石，或再加多量行装载，交巡抚佟伦派贤能属员转运，顺流而下至保德州，比时价减粜，于民大有裨益，着学士黄茂同部院司官前往，侍郎安布禄留此监发米石。"② 这一举措基本可信得到了落实。这样，黄河托克托县河口至保德州的水路在康熙朝中后期已经开通。另据光绪《永宁州志》记载："康熙年间，岁大祲，三锡恻然隐忧，因念北口为产谷之区，且傍大河，转运非难，遂出己赀于碛口招商设肆，由是舟楫胥至，粮果云集，居民得就市，无殍饿之虞。"③ 这段话虽没有说明具体时间，但根据陈三锡的生卒年代（1685—1758）推断，应该在康熙后期。这条记载如果属实，康熙晚期，黄河内蒙古河口至山西碛口水路已经由民间开通。

到乾隆年间，这条水陆商道实现了全线贯通。乾隆八年（1743），山西巡抚刘于义就筹划将口外之米以牛皮混沌运入内地之事上奏折

---

① 《清圣祖实录》，卷 154。
② 《清圣祖实录》，卷 183。
③ ［光绪］《永宁州志》，卷 22《孝义》。

称，"归化城、托克托城等处，离太原千有余里……若以陆路转运，车骡雇价为费甚多，运到内地已与市价相去无几，商贩惟有乘大青山木筏之便带运米石。然木筏每年为数有限，故带运米亦不多。又有商人造船载运，因黄河之水建瓴而来，河中又多沙碛湍急，运米之船只能顺水而下，不能复逆流而上"。因此，刘于义"于保德州买米三十八仓石，令装入混沌试运，不过四日，已至于永宁州碛口地方……陆运至汾州，每石较市价可减银四钱，陆运至太原，每石较市价可减银二钱"。[①] 联系吉兰泰盐于乾隆"五十一年准水陆并运，其水运者，至临县之碛口起岸"的史实，以及前引《孝义县志》关于蒙粮晋用的记载，由旧磴口到碛口再到汾阳太原的两千七百多里的晋蒙商道全线开通。

商道衰落的时间是明确的。主要是由于京包铁路（1923）、北同蒲铁路（1939）修通后，晋蒙之间货物运输的水上优势不再，因而这条商道不可逆转地走向衰落，时间大约是20世纪30至40年代。

这样算来，晋蒙粮油故道存在的时间，如果仅就黄河水道而言，应当在250年左右；如果以全线贯通来说，大约200年。

（三）主要商品

这条商路基本上为单向运输，由内蒙古运到山西的货物有粮、油、盐、碱、药材、皮毛等，其中粮油是最大宗的商品。尽管《绥远通志稿》说"其始主要运输则在盐而不在粮"，但黄河盐运，尤其河口（内蒙古托克托县境内）以下，时断时续不是常态，大部分时间处于禁运状态。其他如碱、药材、皮毛等货物，相对于粮油运量要小得多。毕竟粮油是人民日常生活之必需，山西地区缺口较大，而内蒙古"垦殖日广，民殷物阜"，有多余粮食油料可供输出，自然应该是主要的商品。如《保德州乡土志》记载："食品不足，取之蒙古……商贾

---

① 转引自《历史档案》，1990年第3期。

全赖河上水运粮油,他物绝少",以及水路终点碛口镇现在依然完整保存下来的众多经营粮油的大院和骆驼大店,就更加印证了这条商道上最主要的货物是与民生关系最密切的粮食和油料。

二、黄河商贸造就的沿途市镇

总长约1360公里的晋蒙粮油故道,沿线有许多城镇。这些城镇可以分成两种类型,一种是随商道发展而兴起,另一种是在商道兴起之前就存在。前者主要有磴口、包头、河口、碛口,后者主要有河曲、保德等。

从第一类城镇看,它们是和商道紧密联系在一起的,都是在商道的发展过程中出现并得到发展的,或者从原先小的居民点转变成重要口岸。因此可以说,没有商道就没有这些城镇。当然,这些城镇同时也构成这条商道必不可少的水陆口岸,对商道的存在、发展与繁荣发挥着重要作用。

从第二类城镇看,它们对商道的依存度不像第一类那么高,在商道没有出现之前就已经存在。但商道兴起后给这些城镇带来新的活力与生机,它们的商业发展明显加快,而且经济结构发生了变化。

(一)磴口

阿拉善盟的磴口从空间序列上说可称为晋蒙粮油故道第一镇,是随着优质吉兰泰盐运销山西中北部而在乾隆年间由一个小小居民点变成重要盐运码头,围绕吉盐运输、仓储、装船这一系列核心功能,又派生出木植、造船、吃住、粮油输入及加工、日用品贩运、销售等许多外围的服务性行业,从而使磴口发展成为一个繁华的口岸商镇。

(二)包头

处于晋蒙粮油故道水路中点的包头,最初是一个由走西口者聚居而自发形成的村落，时间在雍正朝至乾隆初年。但它的快速成长是与粮油故道密切相关的。嘉庆十四年（1809），包头村发展为包头镇。道光以来，随着后套地区的开发，晋蒙商道的粮油货源逐渐向后套转移。道光三十年（1850），黄河主流由北河彻底改道为南河，下游河口码头又被大水冲毁，包头由此成为黄河中上游最重要的水运枢纽，南海子成为最繁忙的黄河码头，所有运销山西的西路货尤其是粮油都要经过包头，包头随之变成后套粮油输往山西等地的集散中转中心，包头的发展因此而大为加快。清末吉盐水运逐渐放开后，包头又成为吉盐运销归绥及山西的控制性口岸，加上黄河上游地区皮毛、中药材等商品的大量下运，包头迎来大发展、大繁荣，成为西北地区最大的商贸集散口岸城市。

（三）河口

托克托的河口是粮油故道上游最早形成的口岸城镇。土默川平原的粮油是商道最早的商品，这些通过黄河输往晋省粮油的集中、装船之地就是河口。河口很早就是一个黄河津渡，并不是城镇，仅仅是一个小小村落。只是因为粮油故道兴起后，不仅归化土默特一带的粮食要在这里上船下运，而且这里是运销口外诸厅、山西中北部的吉兰泰盐的必经口岸和管理机构所在地，所以，在嘉庆十二年（1807），河口村升格为河口镇。道光朝以来甘草成为粮油故道重要商品，河口又成为最主要的甘草外运码头，这一新的功能使河口愈加繁荣。

（四）碛口

碛口作为晋蒙粮油故道水运终点是与商道关系最紧密的口岸，这座纯粹的货物转运型城镇完全是商道的产物。在商道出现之前，并没有碛口镇，甚至连碛口村也没有。正是内蒙古及西北商品输入晋省腹地的需要造就了碛口，并使之成为商道山西境内最大的卸货码头及水陆转运枢纽。商道兴起之初的康熙末期及雍正年间，碛口镇开始形成；商道发展的乾隆、嘉庆、道光年间，碛口镇"商务发达，遂称水陆小埠"；商道鼎盛的光绪朝至民国初年，碛口的商号数量、货物转运量、商旅往来量、对外影响力等都达到前所未有的高度，出现空前繁荣；而20世纪二三十年代商道走向衰落，碛口同样由盛转衰。碛口的产生与成长轨迹完全与商道所走过的历程相对应、相吻合，在这一方面碛口是所有口岸城镇中最为典型的。

（五）河曲新城

河曲新县城的前身河保营本来是一个屯兵之地，粮油故道兴起后，河保营的水西门外码头成为口外商品水陆转运的必经枢纽，商贸与运输大为发展，居民大幅增加，外地商人云集，经济远比旧县城发达。乾隆二十九年（1764）遂将县治从河曲营（旧县城）迁到这里。河曲在道光年间进一步发展，曾出现"一年似水流莺啭，百货如云瘦马驼"、商号林立、交易频仍的繁荣景象。

（六）保德东关

保德口岸是在保德老城外的东关发展起来的。保德由一座黄河岸边的山城，清代乾隆朝以来变成商贸重镇，完全归因于粮油故道。早在乾隆八年（1743），山西巡抚刘于义就利用东关口岸进行"牛皮混沌"运粮至碛口的试验。嘉道年间，随着粮油故道的发展，保德口岸的对外经济联系大为加强，走西口致富的保德人开始把口外的粮油、甘草等商品运回保德出售，促进了东关口岸的发展，进而使保德由一个山区小城变成区域商贸中心。

三、黄河商道文化遗产的旅游开发

这条商道留下了丰富的文化遗产，如前所述，内蒙古的重镇包头,以及碛口、河口,山西的河曲、保德、碛口都是商路的产物,某种意义上可以说,没有这条商路,就不会有这些沿黄城镇。这些城镇中当年商贸运输的设施、店铺、院落也或多或少有遗存。围绕当年繁荣的商贸也流传下许多著名字号及故事佳话,尽管这条黄河水路上已经陆续筑起好几道拦河大坝,早已失去其航运价值(全线通航已经不可能),但是,这些黄河市镇仍然可以挖掘当年的航运商贸内涵,围绕传统水运方式、商贸活动,依托旧宅大院、当年老商号开发文化主题旅游项目。既保护传承了历史,又带动了旅游发展。为此提出下列几点建议供参考。

(一) 开展黄河商道主题游

黄河文化旅游的市场首先是黄河上游与中游地区之间的互访。长达1100多公里的黄河水道跨越山西、内蒙古两省区,沿途有商道上的一些码头古镇和节点城市,可以设计一条黄河商道主题游线。游线的起点设在乌海市北面阿拉善左旗的巴彦木仁苏木(旧磴口,晋蒙粮油故道黄河水道起点),起点也可以向西延伸到蒙盐主产地吉兰泰盐池,经当年的运盐驼道至旧磴口。

沿黄河北上第一站到达今天磴口县,主要参观三盛公水利枢纽。该枢纽是内蒙古河套灌区的引水龙头工程,灌溉面积达870万亩,是亚洲最大的一首制平原引水灌区,工程造型别致、宏伟壮观、气势磅礴,素有"万里黄河第一闸"之称,现为国家级水利风景名胜区。

继续北上第二站至巴彦淖尔市政府所在地临河区,可参观总占地面积4500亩,水面达800亩,堪与宁夏"沙湖"媲美的镜湖景区,以及内蒙古西部最大的汉传佛教寺庙甘露寺、规模宏大的藏传佛教寺庙慈云寺和中国河套文化博物馆。

沿黄河东行过河套重镇五原(输晋蒙粮主产地),第三站至乌拉特前旗乌梁素海,可领略面积达293平方公里,被誉为鸟类天堂、塞外明珠的著名旅游胜地乌梁素海景区。

继续东行，第四站即是草原钢城，也是黄河商道上最大的中心城市包头。可参观中国著名的藏传佛教圣殿、规模宏大的五当召，喇嘛教传入蒙古时的重要弘法中心美岱召，以及集江南水乡的灵秀与内蒙古大草原的宽广于一体，被人们称为"塞外西湖"的包头南海湿地景区。而南海子正是当年黄河水道的重要码头所在。

顺流而下即到第五站托克托。在托县境内，历史上先后修筑过云中古城、阳寿故城、东胜州古城、云内州故城、东胜卫故城、镇虏卫故城等13座古城，是内蒙古古城遗址最多、保存最完好的地区，所属河口当年亦是黄河水运重镇。

继续南下就进入山西境内偏关的老牛湾万家寨旅游区。这里是长城与黄河握手之处，有老牛湾堡、望河楼、黄河乾坤湾、万家寨遗址、黄河大坝与高峡平湖等壮美景观，可以让游客大饱眼福。

偏关往南到河曲。这里是黄河中游晋陕峡谷难得一见的开阔地带，也是当年黄河水路的码头重镇，是晋西北人民走西口的主要出口。沿黄河一路下来可欣赏龙口电站、神奇的弥佛栈洞、黄河上唯一有人居住的小岛娘娘滩、黄河西口古渡以及有"晋西北小五台山"美称的海潮庵等景观。

经保德、兴县，过佳县的白云山，最后的目的地是黄河水路的终点、粮油故道水旱大码头临县的碛口古镇。

当然，这条商道现代人已经很少知晓，而且由于几个水利工程的建设已不可能全线通航，要做这样一条主题旅游线路，一定要晋蒙两地的旅游部门特别是旅行社鼎力合作，进行必要的宣传与营销，引起两地人民对这条商道的兴趣，因地制宜地推出水陆结合的大线路与分段旅游线路产品，灵活掌握，实现晋蒙两地互为客源地，共同促进黄河旅游的发展。

（二）黄河古镇游要充分展示原有商道的商业元素

黄河商道上的一系列码头古镇，当年都有知名的商号与店铺，尽管现在这些店铺未必能保存下来，但字号招牌是有案可查的。

比如盐碱运输大码头碛口的复盛号、三合兴号、永裕顺号、复盛信号、复盛全号、复盛永号等。

中转集散加工大码头包头的如月号（定襄人梁如月所开）、义成昌（忻州人所开）、永合成、三义公、广盛公（祁县乔家所开）、公义店（河曲陈姓所开皮毛店）、广恒西（忻州人所开）等，山西人在包头还组织了代州社、祁太社、云朔社、忻定社、文交社等社团，而以行业组成的九行十六社，鼎盛时更是包括了2000多家店铺商号。

甘草、皮毛大码头河口的晋益恒（保德人所开）、双合店（太谷人所开）、惠德成（祁县人所开）、荣升昌号、庆和成、信成、日生、公义昌、庆记、裕隆、集义昌、义和永、德和昌、德义成等字号，鼎盛时河口镇有店铺92家。

鸡鸣三省的重要口岸河曲城的十大成、德兴裕、复兴成、公庆兴、裕生瑞、通顺店等字号，民国年间城内鼓楼街、南门街、南关街、西门街、西阁街、东门大街、大栅街、马营围街等八条大街店铺林立。

保德东关的店铺字号亦不少，据保德文管所收存的乾隆四十八年（1783）《重修关帝庙捐资碑记》，所开列的捐资商号店铺共71家。另据道光十八年（1838）一通碑记，在为保德城"建楼、修殿、建厦亭、竖旗杆"等事项而募集善款的过程中，可辨认的捐资者共52家商号、店铺。[①] 民国初，保德有注册商号70多家，行业以绒毛、皮张、甘草、布庄为盛，百货什杂次之。

---

① 参见忻州市政协文史资料委员会编：《忻州文史》，第8辑，内部资料，2006年印行，第1023—1024页。

碛口古镇有案可查的商业字号多达上百个。例如乾隆年间的"长盛厂、广昌号、广裕号以及永隆店"（乾隆四十七年）为杂货店，"永顺店"（乾隆五十四年）、"永裕店"（乾隆五十九年）均是粮油货栈，"祥光店"（乾隆五十七年）为骆驼店，"笾泰店"（乾隆五十四年），上述五家字号有保存至今的商号匾额。著名的还有锦荣店、荣光店、大顺店、永裕店、天聚永、万兴店、义成染、永丰店、晋泰祥、长兴店、兴盛韩、永生瑞、万盛店、福顺德、长顺店、万顺德、三益店、三星店、洪发店等。

这些古镇在文化旅游开发过程中，客栈、民宿、餐馆、茶楼、旅游商品店、纪念品制作销售点、游客服务中心、旅行社、旅游运输企业等服务机构，在冠名时应根据业务性质和特点选取使用原有商号的名称，在设计、装潢、小品点缀、使用的家具、器皿上也要尽量体现清代到民国年间的元素与风格，甚至服务人员也可以穿上清代的服饰，营造商贸古镇氛围，让游人感觉仿佛回到了百年前的场景，增加文化体验，留下深刻印象。

（三）开展黄河特种运输方式羊皮筏子体验游

当年黄河水运的主要的工具是木船与皮筏，六大类北路货物中的五类主要靠木船运输，船只品种有长船、盐碱船、草船和渡船几种类型，其中长船又分为"七栈船""五栈船"[①] 两类，这些船只并无奇特之处。唯有胡麻油主要靠羊皮筏子下运，这是一种奇特的运输方式。它是以完整的羊皮筒作为盛装货物的工具，若干这样的羊皮筒结成筏子，完成运输货物的任务。羊皮筏子主要用来装运粮油，又以油筏子居多。皮筏运输盛行于包头至碛口，途中的河曲是制筏中心之

---

① "七栈船""五栈船"，也叫"七站船""五站船"或"七板船""五板船"，是指船的侧帮用七块或五块板子拼成，黄河船的形制大多是"一帮二底"，即底宽为帮高的二倍，而船的长度为宽度的三倍，即"一宽三长"。

一。河曲城东之铁裹门村以最善制筏而出名,清末全村40户就有30户经营皮筏。①

皮筏运输的第一个环节是准备好皮筒。当放血宰杀之后,先将羊的头颅和四蹄割掉,然后囫囵将整皮翻剥下来,盛上生石灰水使皮子上的毛脱落,并将里外都刮干净。至此,如果用来装油,皮筒就已经能用了;皮筒子有不同叫法,如"红筒""红胴""混沌""浑脱""皮囊"等。

第二个环节是皮筒子装货。方法很简单,装油的话,先将脖子和三条腿扎死,留下一条腿往里面灌油,灌到约九分满时打住,再往里面吹气至鼓满,最后将口子扎紧即成。留下一定空间充气是为了增加浮力,便于行筏。

皮筏运输的第三个环节是制成筏子。筏子没有固定的做法,各地的做法会有所不同,以下两种可能较为多见。

做法之一:先用选好的圆木制成长方形格栅式架子,纵向的木材上凿卯口,横向的木材两端做榫头,榫卯结合之后,再用皮绳紧紧捆住,使其更加牢固;然后再用皮绳在框架上来回有规律地绑扎成稀疏的网,筏子就成了,就可以在上面装载皮筒子了。当然,必须把粮油皮筒用皮绳牢牢缚在架框和绳网上。

做法之二:不做整体的大木框架,而是先扎成一些细长的爬梯式架子,绑上皮筒之后,在水里两两相缚,成为一"扇",六扇缀成一个筏子,两个架子之间的连接是刚性的,扇与扇之间的连接略带柔性。

肥水期的油筏子可以摞二至四层,这时就要在侧面插上立木,将上下几层筏子捆结实。在最上面一层铺有木板,便于走动。油筏子在航行时经常三四只串连在一起,一般需要八个船工,都在最前面一只筏子上。站在头前的一位,负责点篙及停航时抛锚;六个人专司划桨,

---

① 参见《忻州地区志》,山西古籍出版社,1999年版,第377页。

一边三人，桨是用皮绳套牢在一个小立柱上的；另有一个老艄，在筏子尾部掌"尾棹"，也就是把橹，控制筏子的航向，指挥船工划桨。①

河曲、碛口等过去的黄河商贸重镇，可以利用这种体量较大的连体羊皮筏子开展特色旅游体验。皮筏易于制作且成本不高（可加装小型电动机提供动力），规格可大可小，大可乘坐二三十人，小则乘坐十几人，皮筏视体量大小由三到五人驾驭不等，在固定码头停靠。培训一批熟悉黄河水路和黄河水性的皮筏驾行专业人员持证上岗，在保证运行安全的基础上，在黄河上推出短途皮筏慢游项目。游客坐在行驶缓慢的羊皮筏子上，可以悠然欣赏黄河两岸的村镇风光，碛口上游更可以近距离观赏黄河崖壁上天然形成的千姿百态的水蚀浮雕/黄河画廊。这一项目既传承了当年运油的文化遗产，又赋予其全新的旅游功能，更重要的是游客多了一种新鲜而难忘的特殊文化旅游体验。

黄河商贸文化遗产丰富多样，期待有识之士创意开发出更多的文化旅游项目，为山西黄河旅游增色添彩。

作者简介：

张世满，男，生于1959年，山西山阴人，毕业于山西大学历史系，获历史学博士学位，曾留学于波兰华沙大学、日本立教大学。现任山西大学历史文化学院教授，博士生导师，主要从事历史学与旅游学的教学与研究，是山西省政府特聘旅游发展咨询专家。

---

① 关于筏子的操作有不同的说法，据碛口王洪廷先生2004年2月9日访问高家塔老艄公高恩才（1922年生）笔录，筏子上需要13个人，每边6个划桨，一人划一个桨，另一人是老艄，在筏子的最前面，负责掌"棹"，叫"耍棹的"，也就是把握航向的。每一筏工身边还有一根保险绳，叫"救命绳"，一旦掉在水中，可以得到救援。（参见王洪编著：《碛口志》，山西经济出版社，2005年版，第143页。）

民俗旅游与古镇历史文化解读
——以黄河碛口镇为例

山西大学历史文化学院 苏泽龙

每个地区都有自己的历史传统和风俗习惯，如果把这种历史传统和风俗习惯加以强调，赋予强烈的地方性情感，就形成了民俗。民俗包括风情民俗、传统节日、婚丧嫁娶、宗教仪式、民间歌舞娱乐、工艺美术、信仰文化等内容。民俗旅游是指人们离开惯常居住地，到异地以民俗事项为主要观赏内容而进行的文化旅游活动的总和。目前民俗旅游已和自然风光、名胜古迹旅游一起构成了颇具特色的旅游三大系列产品。旅游者通过开展民俗旅游活动，能亲身体验和触摸到旅游地民众的生活方式、思想意识和审美情趣，体会到一种自然的、原生态的生活文化，实现审美与自我完善的旅游目的，从而达到良好的游玩境界。20世纪90年代以来，古镇旅游逐渐兴起，作为新兴的旅游目的地，古镇历经沧桑留存下来的街巷、厚实淳朴的民居、清新自然的田园风光、恬静祥和的环境氛围、从容闲适的生活节奏都能让游客产生美感和愉悦。然而，古镇的魅力不仅在于其独特的建筑和秀美的风光，古镇深厚的历史文化底蕴、古朴独特的民风民俗、世代传承的生活文化以其不可替代的特点成为吸引众多游客的内在因素。罗哲文先生曾说过："村镇是我们文化最根基的，大城市是从城镇发展来的，几千年从原始社会小的城镇发展起来，文化内涵特别是一些很了不起的建筑艺术，比如说砖雕、木雕、石雕精彩得不得了"①。在世界各地，传统古镇的历史文化已引起方方面面的关注，从 2000 年起，联合国教科文组织通过国家、非政府组织、民间团体等机构在积极保护古镇文化遗产的同时，也通过文化交流、旅游等不同的方式对所在地的草根文化注入活力。从民俗旅游的视角出发，对当地历史文化的解读应作为古镇发展旅游的重要内容。

本文以山西省临县碛口古镇为例，通过对古镇的黑龙庙、碑刻、家谱等文化信息进行解读，为游客构建出古镇的历史文化空间，以满足旅游者对民俗旅游"求新、求异、求乐、求知"的心理需求，并以此为契机来探索古镇旅游发展的新空间。本文是尝试性探讨，文章尚有不足之处，敬请方家指正。

一、碛口镇历史文化信息

碛口镇位于山西省临县城西南 48 公里处，一座依吕梁山襟黄河水的古朴小镇，曾在明清时期极度繁华，因长时期占据北方商镇龙头位置，故有"九曲黄河第一镇"的美誉。碛口古为军事要冲，在清朝中叶至民国年间凭借黄河水运一跃成为我国北方著名商贸重镇。碛口的繁荣缘于大同碛的惊险，大同碛号称"黄河第二碛"，是一段近 500 米长的暗礁，落差 10 米，水急浪高，货船难以通行，碛口遂成为黄河水运的中转站，西北各省的大批物资源源不断地由黄河运来，到碛口后，转陆路由骡马、骆驼运到太原、北京、天津、汉口等地，回程时，再把当地的物资经碛口转运到西北。据民国《临县志》记载，民国五年（1916）碛口挂号的店铺有 204 家，油店、棉花店、银匠铺、染坊、磨坊、骡马店、当铺、皮毛店、盐碱店、饭店、京广杂货

---

① 罗哲文做客搜狐谈古建与文物保护，转引自刘德谦：《古镇保护与旅游利用的良性互动》，《旅游学刊》，2005.20（2）：47—53。

店遍布全镇。在碛口镇繁荣兴盛的二百余年间，其商业影响北达宁夏、蒙古，南到中原、两湖地区，西到甘肃、青海，东到京、津地区。许多经碛口转运的商品被冠以碛口的称号，例如"碛口碱""碛口油""碛口粉"等，当时人称"有不知临县，而没有不知碛口的。"碛口以"水旱码头小都会"的盛名传遍大江南北。

碛口镇的历史文化信息首先是古建筑信息，临县地处黄土高原腹地，因此碛口镇及其周边村庄保留着大量窑洞式建筑，这些建筑在形态、构成及功用方面体现了各个村落不同的聚落功能。碛口镇留存的古建筑以商业铺面为主，许多商店是北方特有的三开间一门两窗式铺面，还有的采用南方常见的活动板式门。大的商铺后面还带有仓库，例如"荣光店""四十眼窑洞"等。镇上保留着碛口繁荣时商铺的名称，如"协图店""世衡昌""锦荣店"。位于碛口镇东面五公里处的西湾村是全国首批历史文化名村，它是在陈氏住宅基础上形成的一个古村落。陈氏家族清代时在碛口经商致富，居住至今，已历经300余年，繁衍了11代子孙，发展到拥有三十几座宅院的村落。许多民宅至今还保留着清末至民国年间的匾额，"源远流长"（同治甲戌季春）、"龙飞鱼跃"（光绪×年）、"笃庆锡光"（民国×年）等。这些建筑布局及残留的门额、牌匾对游客了解碛口商业及地方社会的形成都具有很高的历史文化价值。位于卧虎山的黑龙庙是碛口镇最高建筑。黑龙庙坐东北面西南，依山傍水。正殿面阔三间，内供龙王、河伯、关帝，建庙三百余年来，几经修缮，建筑整体严谨合理，左右对称，奇伟壮观。

其次是碑刻资料，乾隆二十一年（1756）、道光二十七年（1847）、民国五年（1916）及民国八年（1919）的四通《重修黑龙庙碑》记载了碛口形成与发展的历史。我们从民国八年碑文可以看到碛口商业发展鼎盛时期的繁荣，"本镇共有施银商号219家，汾州府、祁县、孝义、文水、介休、临县、绥德等施银商号共142家。"此外，还留存有明代天启年间寨子山残墓碑、道光九年（1829）西云寺碑、乾隆四十年（1773）高家塌《新修高家塌东三重崖石路碑》、同治五年（1866）李家山重修天官庙碑、民国七年（1918）小垣则村新修长虹桥碑等。这些碑刻对于了解碛口历史、商贸交通都具有重要参考价值。

第三是民俗资料，作为晋商在西北的一个贸易重镇，民间还保留着一些当年行商贩卖的民俗、坐商店铺民俗、水陆商旅民俗、幌子招牌，还有能够反映当地生活的对联、榜示、祭文、吊则、金兰谱等。当地饮食民俗也颇具特色，有节日祭日食俗、特色风味，碛口至今还保留着农闲时一天只吃两顿饭的生活习俗等。

第四是谱牒资料，有《青塘王氏家谱》、李家山《李氏家谱》、西湾村《陈氏家谱》。其中《陈氏家谱》记载，"陈三锡（1685—1758），字金之，其曾祖父陈师范从方山岱坡山迁至西湾村，创业兴基。到祖父陈元选已成富户，三锡秉承父业曾在康熙年间从北口（河套一带）运粮到碛口，当地农民为解粮荒之急用土地换粮食，陈三锡拥有了碛口大片土地。在碛口开设了三十多所商号，此后还将生意扩大到陕北、包头、绥宁一带。"这批家谱对于从家族发展的视角来研究碛口镇的历史是十分宝贵的资料。临县伞头秧歌、道情、盲人三弦书、民间小调等民间文艺都记载了碛口镇丰富的历史。此外，散落在民间关于碛口的商业账册、契约执照、商号书信[①]等资料对于研究碛口商贸形成发展状况以及晋商都有极高的学术价值。以上记录着历史信息的建筑、寺庙、碑刻等有形资料和故事传说、风俗习惯等无形资料就成为古镇民俗文化旅游的一个重要组成部分。

---

① 田野调查资料，碛口镇陈德照先生收藏。

二、碛口镇历史文化解读

漫步于碛口古色古香的小街巷中，听到最多的就是关于古镇的种种传说，碛口人对这些传说和故事无不津津乐道，他们会给你讲述黄河上麒麟滩是怎样形成的，黑龙庙又是如何修建的，祁县乔家与碛口的故事，等等。与古朴的建筑相比，这些传说因为生动而更具有吸引力。同时，这些传说也包含着丰富的历史文化信息，有关碛口镇的形成，在文献资料中有两种不同观点。第一种观点认为碛口镇的创始人是陈三锡。据西湾村《陈氏家谱》所说，"陈三锡生于康熙二十四年（1685），卒于乾隆二十三年（1758）。三锡曾在康熙年间从北口（河套一带）运粮到碛口，当地农民为解粮荒之急用土地换粮食，陈三锡拥有了碛口大片土地。在碛口开设了三十多所商号，至此，碛口形成市镇"。第二种观点是据民国六年《临县志·山川》记载："碛口古无镇市之名，自清乾隆年间河水泛滥，冲毁县川南区之侯台镇并黄河东岸之曲峪镇，两镇商民渐移积于碛口；至道光初元，商务发达，遂称水陆小埠。"[①] 这两种记载存在一定的争议：碛口是在康熙年间就已形成贸易市镇，还是道光初年以后才出现商务发达的景象？从现存文献中无法找到正确答案。但是，有关修建黑龙庙的传说引起了笔者的注意，传说黑龙庙建于明代，碛口人用黄河上漂来的木头，修建了这座庙。最早的黑龙庙，不过"创庙三楹"而已。所以并未得到人们的重视。乾隆丙子年《重修黑龙庙碑记》记载，当时黑龙庙"荆棘丛生于阶，瓦砾狼藉于庭"，而距此仅五里的侯台镇却是商贸繁荣，寺观云集。镇上西云寺建筑精细而雅致，供奉"关圣帝君""玉皇大帝""观音菩萨"等神灵[②]。另外，在距碛口北约一百二十里的黄河渡口曲

---

① 《临县志·山川》，台北：成文出版社。
② 王洪廷：《碛口志》，太原：山西经济出版社，2005年。

峪镇，在碛口兴起前也是商贸重镇。当地曾有十八座庙，供奉着"关公""财神""河神""龙王"等十八路神仙。可以说，各路神仙保佑着侯台镇与曲峪镇的繁华。然而，乾隆年间黄河一场大水冲毁了侯台、曲峪镇，寺庙神龛也随之东流。大水过后"六神无主"，安然无恙的碛口黑龙庙却引起了人们的关注，所以"每当风雨骤至，波涛忽惊之倾，则人人怆惶，呼神欲应，夫是以演歌舞，供牺牲，祈灵于兹庙者，踵哉相接！"① 黑龙庙取代了侯台镇和曲峪镇被冲毁的寺庙成为人们祈求神灵，寄予希望的精神天堂。乾隆二十一年（1756）黑龙庙的扩建与重修正是迎合了这一要求。"今募缘增修，两旁隙地营建砖窑若干眼，而竖钟鼓楼于其上，其下立山门，修垣墉，鸠工庀材——补前所未建，虽其体制隘小，而视前荒凉冷落之况，焕然改观……四时香火永无歇绝，则今日之遥为厚望也夫"。②

黑龙庙位于湫水河与黄河的交汇处，按民间习俗水口附近都会修建庙宇，而这些庙宇的修建一般都附会着一些传说。这类传说通常有极其相似的四个要素：处于生存窘境的人、水、水面漂浮来的异物和该异物的灵验。③ 如果以此为标准，关于黑龙庙的传说应是在乾隆丙子年间才建构完整的，侯台镇和曲峪镇的商人在遭大水后"处于生存窘境"中，黄河水、水上漂来的木头是"异物"。黑龙庙的重修与扩建如同黄河岸边神灵的再塑造，人们希望黑龙庙能"灵验"，因此黑龙庙成为周边地区的信仰中心，黄河岸边的商业布局也随之发生了变化，碛口替代了侯台、曲峪成为黄河岸边一个新商埠。确切地说碛口镇的形成应以乾隆二十一年（1756）黑龙庙重修为标志的。此后一百年间，碛口迅速发展成为连接黄河中上游地区与山西中部、华北内陆、京、津地区重要的"水旱码头"。道光二十七年（1847）黑龙庙

---

① 《黑龙庙碑文》，乾隆二十一年。
② 《黑龙庙碑文》，乾隆二十一年。
③ 岳永逸：《乡村庙会传说与村落生活》，《宁夏社会科学》，2003.25（4）：158—162。

再次重修。庙中的龙王已是恩泽四方的神灵。"然龙神之佑余一人其功小，佑余百姓其功大也，方今望雨甚殷，得此大雨，官吏喜，商贾喜，农夫更喜，岂独余喜乎！是皆龙神之赐也。爰登虎山，礼龙神，以赐福者也。其庙制之壮丽，结瑶构琼，图云画仙，台雕榭楼，杆对阁连"[1]。此时黑龙庙的影响力已不再局限于碛口的原住民中，许多与碛口有商业往来的外地商号也祈求黑龙庙中的诸神来保佑他们财运亨通。道光二十七年（1847）重修黑龙庙碑施银者除有碛口本地商号外，还有（今内蒙古）包头、汾府、平遥、介休、孝义、灵石，柳林镇、吴城镇、大麦郊、双池镇、军渡、薛村等地商号。随着碛口在清末民初发展达到鼎盛，黑龙庙的影响也在不断延伸。民国五年（1916）和民国八年（1919）重修黑龙庙时，包头、河口、河曲、保德、府谷、祁县、孝义、文水、介休等地施银商号达到351家。碛口商业繁荣、商家财源广进，是因为河上飘来的"异物"显灵。黑龙庙被不同地域、不同行业中更多的商家所认同，成为众商家寻找庇护的场所，庙中所供奉的"龙王""风神""河神"无一不是"异物"的化身。商家祈求黑龙庙诸神保佑，向神许愿在平安完成一次货运之后，会给神杀一只羊、演一台大戏或三出"愿戏"，有的则承诺捐钱"重光金身"或修庙，等等。据当地传说，黑龙庙上庙又被称作关帝庙。民间信仰中关羽重义气、讲信用，特别得到商人的敬重。关公在碛口的出现，打破了黑龙庙单纯以自然神为崇拜的模式，成为碛口商业市镇象征符号之一，接受着南来北往商人的膜拜，赐给他们"金银钱财"。通过对黑龙庙和碛口民间传说的解读，游客可以从精神世界中领略到碛口镇形成、发展的历史。

---

[1] 《重修黑龙庙碑文》，道光二十七年。

三、余论

民俗旅游是人们追求的一种更高境界的活动，文化资源是民俗旅游的核心，古镇的特色之一就在于其拥有悠久的历史传统，中国的古镇数量众多，分布广泛、类型多样，可以说每一个古镇都是一部可读的历史文化典籍。因此，通过对古镇历史文化信息的解读，可以使游客看到现实景物中所蕴藏着的丰富文化内涵，同时也为我们开发古镇民俗旅游开启一扇新的大门。

作者简介：

苏泽龙，山西大学历史文化学院副教授，历史学博士。

唐诗旅游路线的规划和建议

山西大学文学院　张建伟

党中央和国务院非常重视传统文化，这也是加强精神文明建设，实践社会主义核心价值观的重要举措，对于提升社会文明程度有着重要的意义。目前我省面临转型发展的关键时期，省委提出打造富有特色和魅力的文化旅游强省，文化旅游产业必然成为转型的新引擎和新支柱。名胜古迹与古诗都是传统文化的重要载体，如何把二者加以结合，具有重要的价值。

作为中华民族的母亲河，黄河穿过山西境内4市19县，给三晋大地添加了波澜壮阔的美景和源远流长的文化，为沿黄旅游带的开发提供了得天独厚的条件。因此，立足山西独特的地理位置和文化资源，发展特色旅游，就成为我省当前的重要工作。立足黄河，打造旅游精品线路，锻造旅游文化新品牌，将开创文化旅游融合创新的大格局。

运城地区作为黄河中游的重要区域，有着得天独厚的地理优势和文化资源，其政治、经济和文化在唐代达到了高峰。随着央视"中国诗词大会"的热播，大众对于古诗的热情被点燃，尤其是大中小学生诵读古诗成为热潮，这完全符合国家关于传统文化传承创新的要求。其中，唐诗由于其极高的艺术性和广泛的知名度，成为关注的焦点。运城地区的鹳雀楼，作为中华四大名楼之一，与唐诗有着紧密的联系，把旅游与唐诗结合起来，打造唐诗之旅的精品旅游热线是大有可为的一种举措。

在我跟随中国文学地理学会会长、广州大学曾大兴教授到永济鹳雀楼考察，与景区工作人员座谈的时候，我们谈及旅游规划，曾老师提出，可以围绕唐诗打造一条旅游路线。会后，我经过进一步思考，结合山西——尤其是运城的旅游资源，将这一想法逐步细化，提出了具体的旅游规划，包括以下几个方面。

一、围绕鹳雀楼打造"唐诗之旅"

王之涣的《登鹳雀楼》家喻户晓、妇孺皆知。这首诗既描绘了宏阔的场景，博大的气象，更反映出诗人昂扬向上的积极进取精神，能够激发读者，特别是青少年奋发拼搏的热情。然而，如果不去实地考察，对于诗歌的理解就会存在一些障碍。比如"白日依山尽"中的"山"指的是哪一座山？以往的唐诗注本多语焉不详，比如金性尧先生注释的《唐诗三百首》、季镇淮等先生选注的《历代诗歌选》、上海辞书出版社出版的《唐诗鉴赏辞典》（陈邦炎先生评论）等书都有广泛的影响，这些书有的引用了沈括《梦溪笔谈》卷十五的话，说鹳雀楼"前瞻中条，下瞰大河"，但是都没有注明诗中的山是哪座山。还有的注本直接就说"白日依山尽"就是指中条山[①]。

可是在实地考察中，我们发现鹳雀楼西侧并没有山，它的南侧是中条山，但是诗人描写的日落西山，中条山并不符合山在西侧的要求。有人就把"白日依山尽"的"山"解作虚写，但是这样讲不太符合实际情况。根据鹳雀楼景区管理人员和导游的讲述，在天气晴朗的条件下，站在鹳雀楼上可以看到西侧的山，那就是黄河对岸的华山。尽管由于黄河改道的原因，重新修建的鹳雀楼比唐代向西挪移了

[①] 张燕瑾《唐诗选析》（天津人民出版社，1979年版）说："夕阳西坠，贴近了连绵起伏的中条山，这是诗人亲眼所见，是写实。"

2.5公里。即便如此，当年的王之涣还是可以看到日落华山的景象。这就是实地考察的好处，可以解决仅凭书本知识所无法解决的问题。

二、唐诗之旅配套内容——唐诗植物园、唐诗民俗园等

唐诗中有丰富的内容，其中涉及的植物就有很多种类。运城地区结合本地可以栽种的植物，打造一个唐诗植物园。在每一种植物旁边，通过指示牌或者电脑，介绍这一植物的特性和描写这一植物的唐诗一首，将自然科学与人文科学结合起来，对于游客来说，从多方面增长了科学知识，提升了人文素质。在唐诗中的植物研究方面已有相关成果，可以参考潘富俊的《唐诗植物图鉴》（上海书店出版社，2003年版）。比如王昌龄《春宫曲》："昨夜风开露井桃，未央前殿月轮高。平阳歌舞新承宠，帘外春寒赐锦袍。"① 该诗将桃花盛开作为宫廷生活的背景加以描绘。孔子讲诗歌的作用时，曾说，"多识于鸟兽草木之名"，通过唐诗植物园，能将自然科学与人文科学加以结合。

唐诗还描写了丰富多彩的民俗活动，包括科举考试习俗、婚姻礼俗、饮食习俗、居住习俗、娱乐习俗、节令习俗、服饰艺术等。通过唐代习俗表演活动，可以生动形象地加以展示。比如，考中进士后举行的杏园宴（谢师宴）、"探花使"游园、衣锦还乡等活动，都适合进行表演。这样就可以把习俗与唐诗结合起来。孟郊《登科后》："昔日龌龊不足夸，今朝放荡思无涯。春风得意马蹄疾，一日看遍长安花。"② 描写的场景就是游园活动。刘沧《及第后宴曲江》："及第新春选胜游，杏园初宴曲江头。紫毫粉壁题仙籍，柳色箫声拂御楼。霁景露光明远岸，晚空山翠坠芳洲。归时不省花间醉，绮陌香车似水

---

① ［清］彭定求编《全唐诗》卷一四三，第1445页，中华书局，1960年。
② 《孟东野诗集》卷三，《文渊阁四库全书》本。

流。"① 叙述的是进士曲江饮宴和雁塔题名等活动。白居易《及第后归觐,留别诸同年》:"十年常苦学,一上谬成名。擢第未为贵,贺亲方始荣。时辈六七人,送我出帝城。轩车动行色,丝管举离声。得意减别恨,半酣轻远程。翩翩马蹄疾,春日归乡情。"② 叙述了自己刻苦学习十年终于考中进士,如今回乡省亲的事情。由于心情愉快,又带着微醉,离别的愁闷与漫长的旅途也算不了什么了。

唐代的节令众多,旅游景点可以根据实际情况,安排节令风俗表演。比如上元节(元宵节)赏灯,以唐代工艺造型展示花灯。端午节设计龙舟竞渡,重阳节登高、插茱萸与赏菊。同样可以把习俗与唐诗联系起来,这些内容都可参考鲍远航《唐诗话唐俗》(浙江科学技术出版社,2013年版)

三、结合河东文化与旅游资源

河东(运城)有着深厚的文化积淀与丰富的旅游资源,在唐诗之旅中,可以加入这些内容。比如,唐代蒲州(今山西永济)的黄河蒲津浮桥,建于唐开元十二年(724),为稳固浮桥,维系秦晋交通,铸造了黄河大铁牛。这座浮桥反映出唐代河东地区的重要性,它是维系唐王朝的龙兴之地太原府与都城长安的交通枢纽,蒲州则是唐朝的中都。目前景区展示了四头铁牛,可以利用三维动画模型,模拟唐代的冶炼技术与造桥技术,重现铁牛的塑造过程和浮桥修建过程,学习科学技术知识。还可以设计动画模型,或者实物模型,让学生体验,增强他们的感性认识与动手能力。这四头铁牛的牵牛人分别为不同民族,反映出唐代多民族共同生活、和平共处的场景,也是生动的民族团结的教育。

---

① 《全唐诗》卷五八六,第6791页。
② 顾学颉校点《白居易集》卷五,第103页,中华书局,1979年。

唐代山西籍诗人众多，陈尚君《唐代诗人占籍考》（收入《唐代文学丛考》，中国社会科学出版社，1997年版）统计出河东道（大致相当于现在的山西）有诗人149人，其中不乏享誉天下的著名诗人，比如王维、柳宗元、王勃、温庭筠、王之涣、司空图等人，甚至武则天、狄仁杰、杨玉环这些不以诗歌出名的人都是诗人。可以建一个唐代山西诗人博物馆，利用蜡像、图片、电脑等形式，广泛介绍具有代表性的山西诗人及其代表作，既是对唐诗的学习，也是对山西文化的弘扬。

唐诗之旅主要针对中小学学生，古人重视游学，有"读万卷书，行万里路"之说，唐诗之旅正好把读书与考察结合起来。在游览观光中学习唐诗、学习古代的礼仪风俗、学习科学文化知识。相信一定能吸引中小学生参与其中。具体形式可以设计一日游、二日游，充分利用周六日，也可以安排唐诗夏令营。既可以与学校及培训机构合作，也可以安排亲子游。灵活多样的形式，可满足游客的不同需要。

基于GIS的山西沿黄区旅游资源的空间分布研究

太原师范学院　马义娟　侯　丽

一、引言

旅游业是一种无形贸易，也称为无烟工业，凭借丰富的旅游资源、完善的旅游设施，向旅游者提供旅行游览服务的行业。近年来，我国旅游业发展趋势倾向于区域合作和地域整合，特别是长三角、泛珠三角、环渤海旅游区域协作区的形成，使区域旅游合作更加成熟化。[①] 开展区域旅游合作，既符合旅游业自身发展的步伐，也是居民旅游活动的需要。山西省沿黄地区作为山西省旅游区规划发展的一部分，对山西省旅游业的发展起着推动作用。区域旅游空间结构合理度的高低，对区域旅游资源开发的空间分布格局、旅游经济活动的组织、区位等有着直接的影响。区域旅游空间结构性高则可以充分表现区域旅游资源的特色及优势，提高区域旅游交通的通达性，使旅游资源开发过程中降低建设成本，增大单位旅游资源的功能效益，促使旅游业向更健康、更经济的方向发展。目前，众多学者已在旅游资源空间分布特征、空间布局规律和交通网络结构等方面有较多的研究成果。朱竑等探讨了全国范围内A级旅游景区的空间分布规律，阐释了

---

① 刘德谦：《2004—2005：回顾与前瞻——中国旅游业发展走向的十大事项》，《旅游学刊》，2005年，第7—13页。

分布格局的影响因素;①卞显红研究了长江三角洲 AAAA 级旅游景区的空间结构,提出了三种城市旅游发展模式;②王录仓等借助 ArcGIS 空间网络分析模块和 Excel 平台,分析了黄河三峡景区旅游资源空间结构;③孔德林等分析了河南省高端旅游资源点的空间分布,总结了河南省旅游资源分布的空间规律,并针对其分布特征给予了综合评价;④齐欣等应用地理信息空间分析方法,对成渝经济区旅游景区空间结构进行了分析;⑤王恒等对大连市旅游景区空间结构和交通网络进行了研究。⑥我国对旅游资源的研究多体现在旅游资源的整合和开发、旅游区的环境承载力、区内旅游资源的可持续利用程度及生态观光旅游业发展等方面,但针对旅游资源空间分布的分析研究较少;多以宏观视角研究旅游资源,以微观视角研究小区域旅游资源的空间结构较少,特别是在旅游资源丰富、边缘化特征显著的贫困地区的研究更少。

地理信息系统(GIS)具有强大的管理数据库、分析空间矢量数据和空间属性数据的功能,在旅游规划、旅游经济、旅游资源开发等方面的理论研究中被广泛运用。本文基于 GIS 空间分析功能,以山西省沿黄地区为研究区,分析该区域旅游资源的空间分布特征,旨在揭示山西沿黄区旅游资源的空间分布规律,为该区域旅游资源的合理性

---

① 朱竑,陈晓亮:《中国 A 级旅游景区空间分布结构研究》,《地理科学》,2008 年,第 607—615 页。

② 卞显红:《长江三角洲国家 AAAA 级旅游区空间结构》,《经济地理》,2007 年,第 157—160 页。

③ 王录仓,杨志鹏,武荣伟,张宁:《甘肃黄河三峡景区旅游资源空间结构研究》,《干旱区研究》,2016 年,第 215—222 页。

④ 孔德林,乐上泓,黄远水:《GIS 辅助下的河南省高端旅游资源点空间分析》,《国土与自然资源研究》,2010 年,第 73—74 页。

⑤ 齐欣,王昕:《成渝经济区旅游景区空间结构研究》,《地理与地理信息科学》,2013 年,第 105—110 页。

⑥ 王恒,李悦铮:《大连市旅游景区空间结构分析与优化》,地域研究与开发,2010 年,第 84—89 页。

规划、管理和旅游业的长远发展提供理论依据。

二、研究区概况

（一）山西沿黄区地理环境

山西省沿黄区（34°34′49″—39°39′34″N，110°15′09″—112°01′42″E）系黄河流域中游区域，地处山西省西部，北临内蒙古自治区，西隔黄河与陕西省相望，南濒河南省。黄河自晋西北与内蒙古交界的偏关县老牛湾入山西省境内，自北向南依次流经忻州市（偏关县、河曲县、保德县）、吕梁市（兴县、临县、柳林县、石楼县）、临汾市（永和县、大宁县、吉县、乡宁县）、运城市（河津市、万荣县、临猗县、永济市、芮城县、平陆县、夏县、垣曲县）共4市19县（市），至潼关折向东流，在垣曲县马蹄窝流入河南省境内，即所谓"北牛南马"，长约965公里，流域纵跨我省7市79县，流域面积约9.7万平方公里。该区域地势东高西低，地形复杂多样，以温带大陆性气候为主，是塑造自然旅游资源的天然场所；黄河哺育着整个中华民族，是中华民族的母亲河，山西省作为中华民族的主要发源地之一，黄河沿岸区域受华夏文明的影响深远，使其具有丰富的人文旅游资源。研究区区位条件较优，特别是沿黄公路开通以来，交通便捷度有所提高，利于该区旅游业的长足发展。

（二）山西沿黄区旅游资源概况

特殊的地理位置、良好的自然条件、深厚的文化底蕴等赋予研究区独具特色的旅游资源，山西省沿黄区旅游资源分布如图1所示，旅游景区共有51处，其中属于自然旅游景区的有15处，属于人文旅游景区的有36处，本研究区旅游景点最高级别为AAAA级，共3

处，分别为黄河壶口瀑布名胜风景区、永乐宫景区、历山自然保护区。

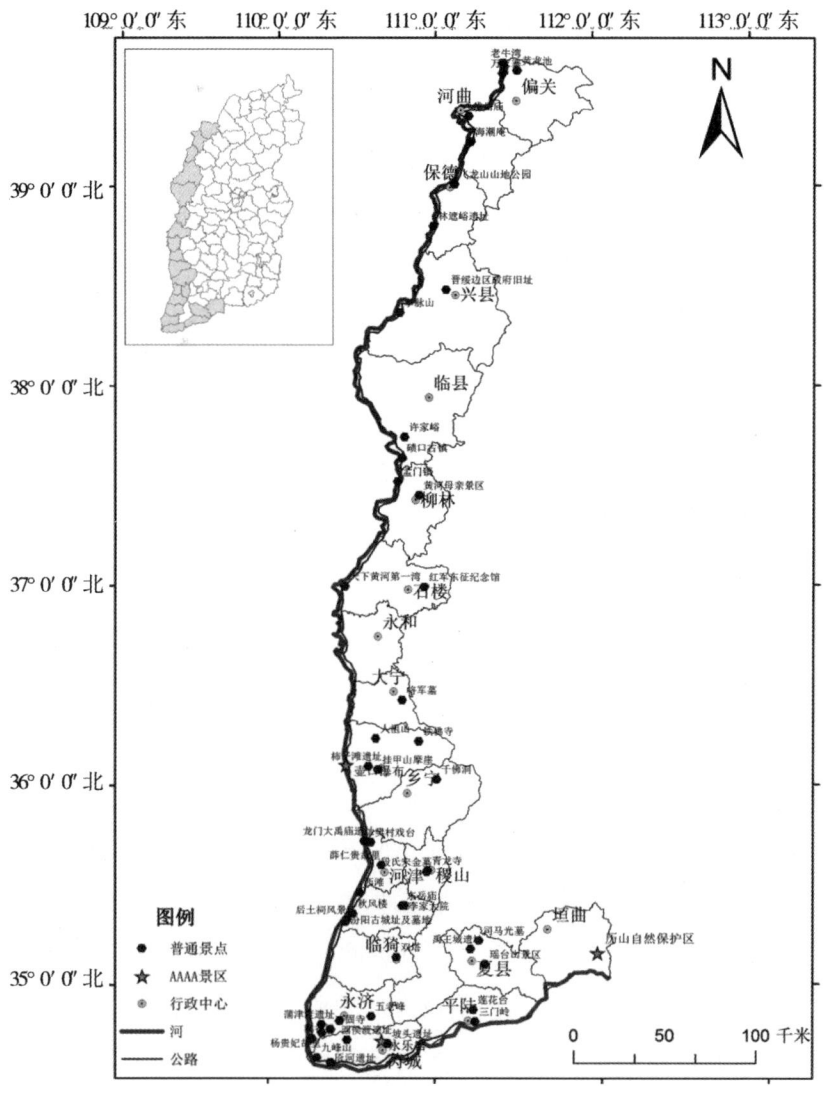

图1 旅游景点分布图

三、材料与研究方法

（一）数据来源

本文选取 51 处单体旅游资源作为研究对象，并将其划分为自然旅游资源和人文旅游资源两大类。利用 Google Earth 详细标定景点具体的空间位置（区域范围大的景区用其质点坐标标定景点坐标）。GIS 空间分析的底图来源于山西省测绘地理信息局网站中下载的 1∶3000000 的政区图，地理配准后数字化得到山西省沿黄区旅游资源空间分布图（图 1）。

（二）研究方法

借助 ArcGIS 10.2 空间网络分析模块的缓冲分析进行研究，包括基于点的缓冲分析和基于线的缓冲分析两种方式。考虑到县（市）级行政中心的影响范围，以沿黄区各县（市）的行政中心为缓冲中心点，以 8 公里为缓冲间隔，以 24 公里为最大缓冲半径建立多重缓冲区，研究山西沿黄区旅游资源以行政中心为基点的空间分布特征；山西省沿黄区级别最高的旅游资源是 AAAA 级景区，辐射范围较大，以山西沿黄区 AAAA 级旅游资源为缓冲中心，以 10 公里为缓冲间隔，以 30 公里为最大缓冲半径建立多重缓冲区，分析研究山西沿黄区最佳旅游驻足地；公路作为山西沿黄区的主要动脉，自沿黄公路建成以来，交通通达性得到大幅提升，参考各景区和沿黄公路的最短距离的平均值，建立以公路为中心线，以 8 公里为缓冲间隔，以 26 公里为最大缓冲半径建立多重缓冲区，研究山西沿黄区旅游资源沿山西沿黄公路的空间分布特征，为旅游者有效地选择景点提供可达性信息。

四、山西省沿黄区旅游资源空间分布分析

（一）基于各县（市）行政中心的点缓冲分析

把山西省沿黄区的行政区图层、AAAA级景区图层、普通景点图

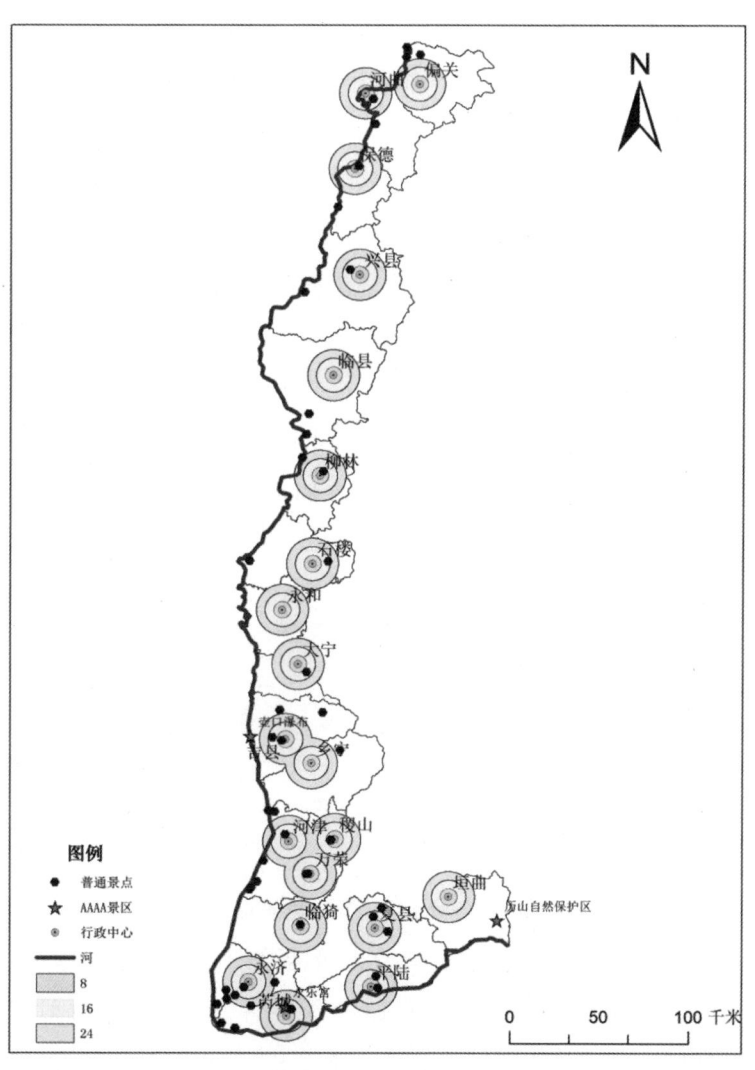

图2 基于各县（市）行政中心的点缓冲区图

层、行政中心图层叠加，以山西省沿黄区各县（市）的行政中心为基本缓冲中心，即以偏关县、河曲县、保德县、兴县、临县、柳林县、石楼县、永和县、大宁县、吉县、乡宁县、河津市、稷山县、万荣县、临猗县、永济市、芮城县、平陆县、夏县、垣曲县等20个县（市）为基本点，建立多重缓冲区。考虑到各县（市）行政中心的影响范围，建立的多重缓冲区的最大缓冲半径为24公里，缓冲间隔为8公里，生成了不同缓冲区内的旅游景点分布图（图2）。经由图2分析，在24公里的最大缓冲半径范围内，共包括25处旅游景点，约占整个山西省沿黄区旅游景点总量的49.01%。在最大缓冲半径内，自然景点6处，占山西省沿黄区自然旅游景点数总量的40%，人文景点19处，占该研究区人文旅游景点数总量的52.78%，由此可知在该缓冲区范围内人文旅游资源分布较多。山西沿黄区3处AAAA级旅游风景区只有黄河壶口瀑布名胜风景区在所辖地的最大缓冲半径内，其他2处旅游景区距离行政中心较远。

图3是20个县（市）行政中心以不同的缓冲半径形成的区域范围内的旅游景点数，表明山西省沿黄区的永济市、芮城县、夏县等地集中了多数旅游景点。

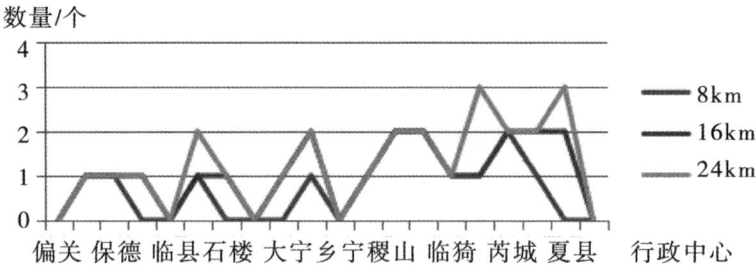

图3 各行政中心缓冲区景点数

基于各县（市）行政中心的最大缓冲范围内有相交现象的存在，20个点缓冲区发生相交后产生了13个缓冲区，包括3个辐射范围较大的缓冲区，分别为吉宁区（吉县、乡宁）、河稷荣区（河津、稷山、万荣）、济芮区（永济、芮城），其中济芮区所含景点数量最多，是良好的旅游驻足地。

(二) 基于 AAAA 级景区的点缓冲分析

山西省沿黄区旅游资源数量多，但总体的品位较低，山西省沿黄区 AAAA 级景区有黄河壶口瀑布名胜风景区、永乐宫景区、历山自然保护区。将山西省沿黄区的行政区图层、AAAA 级景区图层、普通景

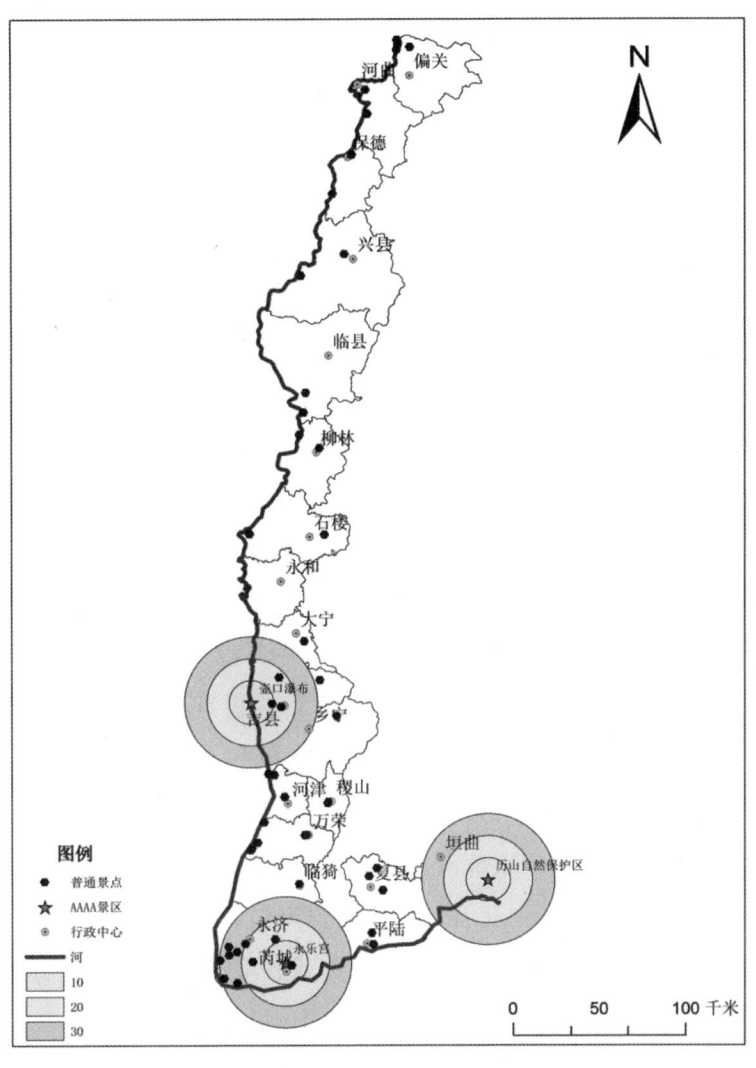

图 4 基于 AAAA 景区的点缓冲区图

点图层叠加，研究区等级最高的旅游景区为AAAA级，知名度高、辐射范围广，故分别以其景区的质点为缓冲中心，30公里为最大的缓冲半径，缓冲间隔距离为10公里建立多重缓冲区，如图4所示，得到山西省沿黄区基于AAAA级景区的点缓冲区分布图。从图4分析可知，黄河壶口瀑布缓冲区内共含4处景点，占研究区旅游景点总量的7.84%；永乐宫景区缓冲区内共含11处景点，对永济市和芮城县的其他旅游景点影响较大，占研究区旅游景点总量的21.57%；历山自然保护区范围较大，但所在辖区内普通旅游资源较少，故其缓冲区对普通旅游景点的辐射影响力小。研究区的AAAA级旅游景区集中分布在行政区划边界上，即黄河沿线一带的南端，又因研究区南北距离大，故AAAA级旅游景区整体上对研究区旅游资源的带动力较小。

（三）基于沿黄公路的缓冲分析

研究区为连片贫困地区，交通设施较差，已建成的山西沿黄公路使内蒙古、山西、河南三省（自治区）的通达度提高，且对沿线地区旅游资源的带动力度较大，进而提高了山西省西部地区的经济发展，最终促使山西省整体经济水平有所改善。以山西省沿黄公路为缓冲中心线，以10公里为缓冲半径，8公里为缓冲间隔，建立线缓冲区，如图5所示，形成基于沿黄公路的线缓冲区的景点分布图。由图5分析可知，研究区多数旅游景点落在沿黄公路线缓冲区内，且成带状分布。缓冲区内共含旅游景点35处，占研究区旅游景点总量的68.63%，其中属自然旅游资源属性的有9处，占研究区自然旅游资源总量的60%，属人文旅游资源属性的有26处，占研究区人文旅游资源总量的50.98%。由此可知，沿黄公路对研究区旅游资源辐射范围较大，从数量分析可知，人文旅游资源数量较多，但从整体来看，研究区自然旅游资源在沿黄公路辐射范围内分布比例较大。

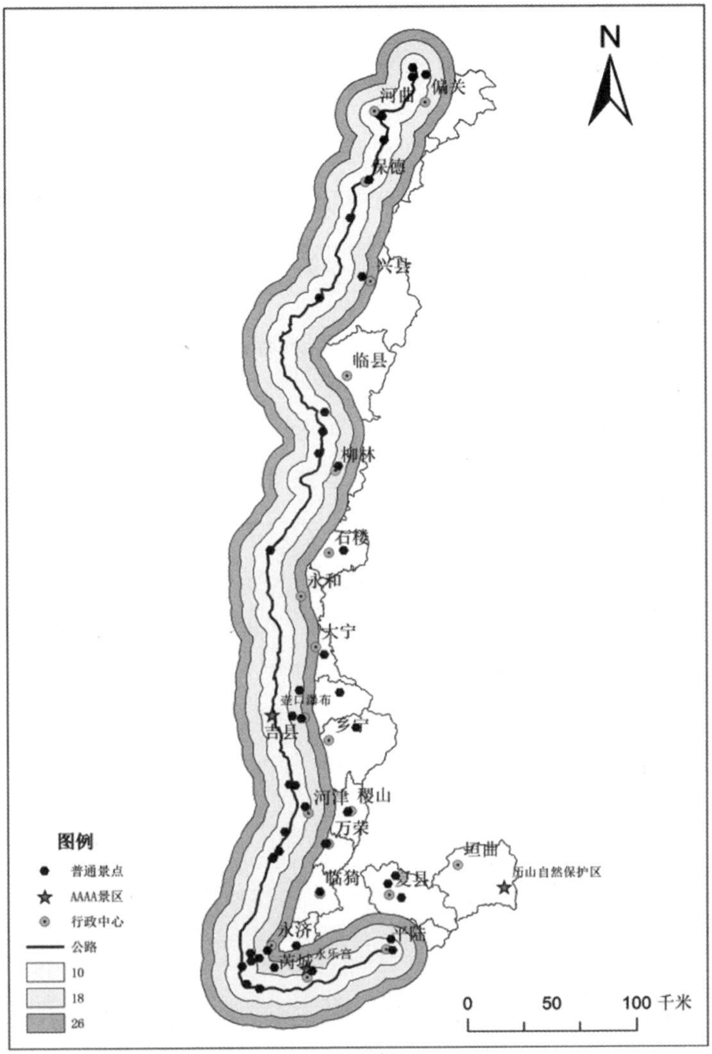

图5 基于沿黄公路的线缓冲区图

五、山西沿黄区旅游资源开发建议

(一) 整合旅游资源,加强沿黄一线区域合作

山西省沿黄区旅游资源总体上以分散状态展现,基于狭长的"一轴一线"的布局,研究区应相应地整合分散度大、品位较低的旅游资

源，将其相应的分类、串联、划区，加强区域合作，联合开发旅游资源，共同提高沿黄区的旅游发展红利。

（二）优化交通网

公路的通达性较强，加强沿黄区交通的便捷度，增大以交通线为缓冲中心的缓冲辐射影响力，以提高游客进出旅游区的便捷性。

（三）加强宣传力度，打造沿黄旅游品牌

黄河是我们的母亲河，哺育了伟大的中华民族，沿黄一带历史文化底蕴深厚，众多旅游资源带有当地独有的民风民俗。研究区多年来为连片贫困区，旅游方式多为被动形式，故研究区应打造沿黄当地特有的旅游品牌，加强宣传力度，转被动为主动，占据有利的旅游发展地位。

六、结论

山西省沿黄区有丰富的旅游资源，以人文旅游资源为主。山西省沿黄区旅游资源整体分布相对分散，局部相对集中，空间分布以"一轴一扇"的格局呈现。研究区南北向长、东西向窄，旅游资源分散在狭长区域，具有以沿黄公路为轴线的交通指向性的特点，为提高该区的旅游发展红利，山西省沿黄区在之后的具体开发过程中，需进一步发挥交通线的作用，着重突出公路灵活度的链接功效，从而提出最佳自驾游的旅游方案；旅游资源多集中分布在临汾、运城两市的南部地区，呈扇形分布。

地理标志保护与运用视野下的黄河文化旅游发展研究

山西大学法学院　赵小平　高　娟

山西是黄河文明的发祥地。五千年来，勤劳朴素的山西先民在黄河流域培育了众多的地理标志产品。基于黄河流域山西境内独有的自然因素和人文因素，山西老陈醋、平遥牛肉、太谷饼、清徐葡萄等地理标志产品，在全国乃至国际社会都有较大的影响力。楼阳生同志在2017年山西省旅游大会上提出，"大力推动文化旅游融合发展，把文化旅游业培育成我省战略性支柱产业。"本文从地理标志保护与运用的视角，就如何推进发展黄河文化旅游业，实现我省经济持续健康发展提出一些浅见。

一、地理标志之于文化旅游业发展的意义

世界旅游组织认为，广义的文化旅游"包括旅游的各个方面，旅游者从中可以学到他人的历史和遗迹，以及他们的当代生活和思想"，狭义的文化旅游指"人们出于文化动机而进行的移动，诸如研究性旅行，表演艺术，文化旅行，参观历史遗迹，研究自然、民俗和艺术，宗教朝圣的旅行，节日和其他文化事件旅行。"① 可见，文化旅游的核

---

① 基金项目：山西省回国留学人员科研资助项目"地理标志保护与运用视野下的山西经济持续健康发展研究（2016—2019）"的阶段性成果。
王明星：《文化旅游：经营·体验·方式》，天津：南开大学出版社，2008年，第9页。

心要素是文化，旅游者通过对历史建筑、文化景观、文化饮食、文化线路等的游览或参与文化活动来完成文化旅游行为。这些历史建筑、文化景观、文化饮食、文化线路或文化活动都属于文化旅游资源，是对旅游者具有吸引力的文化要素的集合；而文化旅游业正是生产或提供能对旅游者产生吸引的文化要素的企业及组织机构的集合。①

地理标志是标示产品来源于某地区，该产品的特定质量、信誉或特征，主要由该地区的自然因素和人文因素所决定的标志。地理标志产品市场地位的确立过程融合了长期的历史传统背景，大多与民族、民俗、饮食文化相关联，是旅游业富有内涵的要素，是旅游业空间广阔开发的一种新型旅游资源。② 可以说，地理标志产品是文化旅游产业中潜在的优势商品，例如在平遥古城旅游产业中，平遥牛肉就是国家地理标志保护产品。山西省有众多地理标志产品彰显了黄河文化旅游带的地域文化特色。依托地理标志产品的保护与运用，可以避免旅游商品千篇一律的同质化弊端，突出独特的地理环境、人文情怀、制作工艺、品质与文化底蕴等地方特色与个性。因此，如果在文化旅游中充分发挥地理标志产品的特色优势及综合价值，能极大促进文化旅游产业的经济增长。地理标志产品主要包括农产品和手工产品等绿色环保产品，具有保持水土、净化空气等生态作用。这些特点符合构建"生态黄河"的思路。依托地理标志产品，可形成农业生产、农产品贸易与旅游休闲相结合的新型农业模式观光旅游——观光农业。③

---

① 宋振春，李秋：《文化旅游产业与城市发展研究》，北京：经济管理出版社，2012年，第26—27页。

② 赵小平：《地理标志保护与提高我国农产品竞争力》，《山西大学学报》，第29卷第4期，2006年7月。

③ 宋金平，盖文兴：《我国观光农业存在的问题与对策》，《中国软科学》，第2期，2003年。

二、"黄河之魂旅游带"的地理标志产品资源

"黄河之魂旅游带"覆盖忻州、吕梁、临汾、运城四个市的五台山、老牛湾、芦芽山、玄中寺、壶口瀑布等 11 个知名旅游景区，拥有丰富的地理标志产品资源。整个旅游带共有 87 个已获保护的地理标志产品，包含以农产品为主的粮油类、畜牧类、果品类、蔬菜类、花草药类、名优小吃类、工艺品等 9 个品类。可以说，"黄河之魂旅游带"地理标志数目大、种类多、分布广。忻州市有 20 个地理标志产品，如宁武县澄泥砚、岢岚柏籽羊肉、神池胡油等；吕梁市有 16 个地理标志产品，如临县红枣、汾阳的杏花村酒和竹叶青酒等；临汾有 26 个地理标志产品，如吉县苹果、大宁西瓜、乡宁的戎子酒庄葡萄酒等；运城有 25 个地理标志产品，如盐湖区盐池黑泥、永济芦笋、万荣苹果等。

地理标志农产品具有养生保健的功效。例如，安泽连翘药用价值极高；运城盐湖黑泥富含有益于人体的矿物质元素，具美容和皮肤治疗的功能；临县红枣富含环磷腺苷和硒元素，是抗癌保健滋补佳品；梧桐山药富含维生素 C、蛋白质、氨基酸、磷、钾、镁、钙、硒，含量均高于普通产品均值，被誉为"地下人参"；汾州核桃有健脑益智、抗衰老的功效。这些丰富的地理标志产品资源将是开辟黄河文化旅游产业"旅游＋健康养老"新格局的一大优势。

三、黄河文化旅游业开发中的地理标志产品保护运用现状

"黄河之魂旅游带"虽然地理标志资源丰富，产品种类繁多，但作为旅游业文化要素的开发总体落后，仅有运城盐湖黑泥、山西老陈醋等地理标志产品形成品牌效应，大部分尚未开发成为具有影响力的

特色旅游商品，其问题及原因主要有以下几方面：

（一）地理标志产品开发力度不够，地理标志产品品牌形象尚未引起足够重视

地理标志产品的优势在于，与其他地方同类产品相较的特色优势，但也仅是比较优势，并不等同于竞争优势。因为它只有产品没有形成产业，或者说只有原产品和简单加工产品没有深加工产品；只有原有价值而没有附加值，或者说只有低附加值产品而没有高附加值产品；只有劳动密集型产品而没有资金和技术密集型产品，只有产品没有足以支持产品生产的先进生产要素。[①] 实践中，这些有地理标志保护的产品仅仅是名称获得保护，年产值与保护前比较，变化不大，实质效益并没有显著增长。申请者没有在获得保护的基础上对地理标志产品进行进一步的开发。比如说孙家湾香椿、万泉大葱等虽然属于地理标志产品，但是在市场上仍然只是初级农产品，那么产品经济效益自然不会提升，长期下去地理标志保护优势也会逐渐淡化。

虽然地理标志产品的原材料产地、技术要求、质量特性都有统一的国家标准或行业，但是在实际生产销售过程中不乏假冒伪劣产品。而且随着优质地理标志产品的需求量逐年增多，市场上出现了许多假冒伪劣产品，以次充好，以假乱真，以及用虚假宣传广告混淆消费者的视听。因此，地理标志产品即使有国家登记保护，这些假冒伪劣产品和虚假广告的存在也削弱了真正的地理标志产品的品牌优势和地域特色优势。例如，汾酒产地杏花村有六千年的酿酒历史，以清澈干净、清香纯正、绵甜味长即色香味三绝著称于世，畅销国内外，但是假冒汾酒也成为不法分子的牟利"捷径"，各种假酒盛行，使汾酒的质量内涵和品牌形象已经受到了严重影响。此外，地理标志产品营销

---

① 聂引娥：《地理标志保护——山西特色农产品的出路》，《中国合作经济》，第8期，2008年。

还停留在主要依靠旅游景区的零售网点与旅行社挂靠的定点销售商店的阶段,① 营销手段传统单一,现代化的营销手段在地理标志产品产业中没有得到很好的运用。地理标志产品名称经过登记,受国家保护,本应该具有极强的品牌效应,但是在销售中,企业往往是以自己的品牌名称来进行宣传,而忽略了地理标志产品品牌的宣传,使得其本来具有的品牌优势没有得到充分发挥。

(二)地理标志价值在文化旅游业中尚未充分发挥

就整个"黄河之魂旅游带"所覆盖地区来说,很多地区的地理标志产品并未作为旅游商品在旅游产业中进行销售;而已经被开发为旅游商品的,也都是以土特产为宣传名称进行销售,并没有突出地理标志保护的优势,市场空间狭窄,存在占比不足、宣传不到位等问题。地理标志产品作为一种旅游商品,不仅具有实用价值,其更有深厚的文化内涵,这同时也是地理标志产品参与文化旅游的关键连接点,但是就目前看来,地理标志产品的营销没有突出文化价值,还是以其实用价值为主。如果能深入挖掘地理标志产品的经济价值、社会价值、文化价值和生态价值等附加值,必定会丰富文化旅游的内涵,提升文化旅游的品质。以汾阳的杏花村酒为例,围绕该产品可以开发的旅游活动其实有很多,除了现有的酒史博物馆,还可以增设酒文化遗址:汾酒产地杏花村已发现有六千年前的仰韶文化遗址,从出土器物可以判断当时就有酿酒的活动,汾阳当地至今仍保存着明清时期的酿酒作坊、古井、石碑、牌匾、老街等遗迹,可以通过文化遗址的参观展示酿酒工艺的历史;以及举办酒文化节日,以地理标志酒产品的酒文化为主题,展示多元产品,传承传统技艺。

究其原因,主要有:第一,地理标志产品的开发利用尚未引起各

---

① 甄翌:《地理标志与我国旅游商品发展》,《湖南商学院学报》,第16卷第4期,2009年8月。

方面重视。地理标志产品旅游价值及其他附加值的深入挖掘，在初期都需要大量资金、政策支持，这对农户个人非常困难，对企业来说初期大量融资难、风险较大，因此没有政府的扶持，很多地理标志产品在获得地理标志保护后难以发展起来。第二，由于对地理标志的认知不足，有些企业并未真正了解到地理标志产品的优势，所以没有积极加入地理标志产品的生产销售，而加入的企业也因为在思想认识上的不足，组织管理上的松散，大多数企业并未采取有力行动来保护、发展自己赖以生存的地理标志产品。在发现市场上的假冒伪劣行为、虚假宣传行为时不主动采取有效手段维权。第三，信息反馈机制不流畅。[①] 因地理标志产品以农副产品为主，所以生产、销售方式还是以传统的方式为主，并且此种传统方式延续已久，个体思想意识容易形成闭塞。而且，很多地理标志产品产地偏僻，使作为市场直接主体的生产者个人和企业不能及时获得新鲜的现代资讯，观念还比较落后、经营方式还比较原始粗放，对如何运作地理标志保护以提高经济效益还没有充分认识，所以在生产技术、产品包装、附加值的挖掘和价值运用等方面都有很多欠缺。

四、依托地理标志产品促进黄河文化旅游业发展的思路

地理标志产品在文化旅游产业中潜力巨大，如何面向文化旅游市场，突出地域文化旅游特色，使其为文化旅游产业的发展锦上添花，开展特色化、产业化、规模化、品牌化经营？

我们的基本思路为：针对不同的地理标志产品，围绕各自不同的生产、销售过程及产品特色进行具有文化内涵的特色文化旅游景区、旅游线路、旅游商品和旅游美食的规划设计。例如，对于农产品，可以利用农村独特的田园风光、农事劳作及农村特有的风土人情设计旅

---

① 赵小平：《山西省地理标志的法律保护研究》，《三晋法学》，第二辑，2007年。

游产业，如这些以农村特色为内容的观光旅游，同时可以设计让游客也能参与农事劳作的趣味性的旅游娱乐体验活动；对于手工产品，可以将传统的工艺过程作为观光旅游内容，同样地，游客可以有偿体验参与制作环节或者设计手工产品的"私人订制"旅游产品，让游客在指导下参与或完成自己定制的手工产品制作过程。这一思路的实现可以从以下方面着手：

（一）延伸地理标志产品产业链，提升品牌形象

相关政府部门要统筹规划，开展地理标志产品旅游品牌培育试点，对地理标志产品在品牌主体、市场潜力、消费认可、发展前景等方面进行综合价值评估，对各类产品具有的市场优势及不足之处做充分记录汇总。其次，政府应加大对自主品牌的推广力度，适当进行补贴，同时发展农产品深加工，吸引外来投资，进而推进产业的规模，培育地方主导产业，提高农业经营层次，以及在消费者选择方面提供支撑，推进和提升我国农业产业化。地理标志产品要面向旅游市场，对符合地理标志要求的旅游商品也要积极进行地理标志的保护，让地理标志产品与旅游商品双向流动、互促互进。政府可以在财政、税收、融资等方面给予地理标志产品相应优惠，使得地理标志产品能在获得这一权威品牌优势后得以发展下去，而不是在获得认证后便销声匿迹了；作为企业，要能认识到产品受地理标志保护是企业的优势，并在宣传中强调这一点，对地理标志品牌着重进行宣传。

（二）在黄河文化旅游业发展中充分挖掘地理标志的综合价值

对于地理标志产品经济、社会、文化和生态价值的开发，简单的个体行为或企业行为，甚至简单的行业或政府行政行为不可能造就成功，它需要政府、行业协会、企业，乃至地理区域内相关组织和个人的协同努力。地理标志产品反映了当地独特的自然环境、民俗风情或

者人文历史，相关景区的景点也主要展现自然风景或历史古迹，两者其实是浑然一体的，要发挥两者之间的相互作用，将地理标志产品作为旅游产业的一部分，通过地理标志产品呼应旅游特色，让旅游带动地理标志产品面向文化旅游市场。然而，仅有的成功范例[①]说明，地理标志产品在黄河文化旅游业中价值的挖掘，迫切需要地方政府进行科学的顶层设计。只有在此基础上推进地理标志产品在文化旅游中的开发，才能真正让地理标志产品成为黄河文化旅游产业发展的强大助推器。

五、结论

地理标志产品其实是一种优秀的文化旅游商品，相较其他旅游商品独具地域特色，有独特的发展优势。习近平总书记在十九大报告中指出："推进国际传播能力建设，讲好中国故事，展现真实、立体、全面的中国，提高国家文化软实力。"黄河文化旅游唯有依托地理标志产品的自然与人文因素，才能避免目前国内旅游市场的同质化现象，才能将其作为山西本土主题旅游"讲好中国故事"的平台，使融合山西地理标志产品元素的黄河文化旅游家喻户晓，走向海外，成为提高山西文化软实力的重要途径。

作者简介：

赵小平（1972—），山西大学法学院副教授，硕士生导师，博士。

---

① 例如，运城盐湖盐文化的开发就是个优秀典型。运城依托盐湖拥有得天独厚的资源，运城盐湖黑泥、盐池大盐均是运城的地理标志产品，盐湖开发了以盐水漂浮、黑泥养生、医用矿泉水疗为主要内容的"中国死海·运城盐湖"特色旅游项目，研发出独具特色的黑泥系列化妆护肤品，具有良好的市场前景。山西焦煤集团公司加入以后，运城一方面将盐湖养生城设为定点疗养地；同时加大了对旅游项目的宣传力度。毕树文：《山西运城河东盐文化旅游开发现状调查》，《发展导报》，2017 年 11 月 24 日。

2014年6月至2015年6月在英国牛津大学法学院访学,主要进行地理标志方面的合作研究。主持国家社科基金项目、教育部社科基金项目多项,在《法学家》《现代法学》《华东政法学院学报》、英国 *Queen Mary Journal of Intellectual Property* 等国内外期刊发表论文多篇。

黄河在山西历史上的地位

山西大学历史文化学院　魏晓锴　王建云

唐代诗人李白曾在他的《公无渡河》中写道"黄河西来决昆仑，咆哮万里触龙门"，[①] 将黄河的气势描写得淋漓尽致。一泻千里，奔腾不羁，峰回路转，这便是对古老黄河的真实写照。山西地处黄河中游，汾水纵贯其中，自古便有"表里山河"之美誉。在这片土地上，黄河不仅是文人墨客笔下气势磅礴的美景，更是华夏人类文明、辉煌商业文明、红色抗战文化的滋养者和见证者。

一、黄河是华夏人类文明的重要源头

山西是中华人类文明的发祥地之一。纵观山西，其西部和南部均为黄河环绕，内有汾水、沁水等黄河支流，丰富的水资源和温暖的气候为晋南地区的农业提供了天然的保障，华夏先祖在这片土地上生存发展。距今约180万年前，在今山西芮城县西北隅的西侯度，黄河中游左岸高出河面约170米的古老阶地上，考古工作者发现了目前世界上最早的古人类用火遗迹，并以此命名为西侯度文化。西侯度位于中条山阳坡，黄河在西边和南边环绕，优越的生存环境使得古人类在这里扎根。考古学家们在此地发现了一批石制品、鹿角、烧骨和动物化

---

① 郁贤皓：《李白集》，凤凰出版社，2006年，第1268页。

石，石制品有砍砸器、圆刃、直刃刮削器、三棱大尖状器等，这是我国发现最早的一批石器，同时表明古人类已掌握生火技巧。烧骨和动物化石说明人们已经认识到熟食的重要性，这一遗址也是我国目前发现最早的人类文化遗存之一。继此之后，出现的是距今60万—80万年的匼河文化，位置大约在今西侯度以南，更靠近黄河的拐角处。考古工作者在离地表二十米左右的土层之下发现了大量的石核、石片、三棱大尖器等，贾兰坡曾在他的《匼河》一文中对这一文化进行介绍，认为其文化以石制品为代表，加工比较粗糙，是西侯度文化之后丁村文化之前的过渡。[①] 此外，在匼河附近，还发现了一些野猪、大象以及马、鹿等化石，基本可以判断这一地区古时有森林、草地等。另外也发现了一些软体动物、水牛的化石，说明这一地区可能存在湖泊。多种类型的生态系统是人类理想的生存环境，可以说水资源成为这一文化形成的源泉。黄河的作用还表现在匼河文化的形态呈现群组上，围绕黄河流向，在相邻的陕西、河南有类似的遗址。学者肖东发曾这样评价匼河文化，"它说明当时的人类在与大自然的斗争中，得到了繁衍壮大，在有的地区还形成了一定规模的原始人群落。而石器地点的分布，再次证明了黄河流域的巨大作用。"[②] 据不完全统计，山西所留存的旧石器文化遗址就有260多处，[③] 新石器时代所留存的遗址更丰富多样，紧邻黄河的夏县就发现了宁家坡遗址、东下坪遗址、西阴村遗址等。

　　山西作为人类文明的发祥地，有其天然的地理位置优势。一方面，早期人类以采集、狩猎为主，河水中的鱼、河流两岸的果物往往较丰富，是古人类理想的栖息地；另一方面，古人出行主要依靠双脚，居住河流附近，能够有效利用水动力交往、贸易。至今，黄河流

---

① 贾兰坡：《贾兰坡旧石器时代考古论文选》，文物出版社，1984年，第66页。
② 高宇飞：《三晋大地：三晋文化特色与形态》，现代出版社，2014年，第7页。
③ 杨晶：《中国陶鬲谱系研究》，故宫出版社，2014年，第249页。

域仍流传着人类文明起源的故事。女娲路经汾阴脽抟土造人,汾阴因处汾水之南而得名。汾阴脽乃是汾河流入黄河的交汇之地,这里气候温暖、水草丰美,女娲所在的母系氏族社会,过着采集渔猎的生活,繁衍后代,中华文明得以在这里发源。黄帝为感念女娲,在打败蚩尤、统一部落后,怀着对先人的感恩之情祭祀后土。西汉元鼎四年(前113),汉武帝正式修建后土祠,一方面平息水患,另一方面为图祥瑞。他曾经东岳封禅、六祭后土,并留下了千古绝唱《秋风辞》:"秋风起兮白云飞,草木黄落兮雁南归。兰有秀兮菊有芳,怀佳人兮不能忘。泛楼船兮济汾河,横中流兮扬素波。箫鼓鸣兮发棹歌,欢乐极兮哀情多。少壮几时兮奈老何!"① 著名的秋风楼据此而建。此后历代都有祭祀后土的习俗,有汉一代,帝王亲祭17次,唐代帝王亲祭3次,宋代以后,虽然天子不亲祭,但仍差官祭祀。所以说在今万荣县有着为祭祀女娲留下的后土祠,可以说是华夏儿女当之无愧的"祖祠"。近年来,这一带也发现了许多新旧石器时代的石斧、石錾子等砍凿工具和大象、鹿、野牛等动物化石,充分说明了这一地区是古人类活动较多的区域。尧都平阳、舜都蒲坂、禹都安邑都在河东,靠近黄河。这里有先人活动的轨迹,如黄帝采铜于首阳山(今山西境内中条山)、大禹治水(黄河)、嫘祖养蚕缫丝(夏县)、后稷播百谷(稷山县)等。

二、黄河是晋商创造辉煌商业文明的重要起点

商业是人类文化繁荣的基石。自古以来,山西便有经商的传统,炎帝日中为市,致天下之民,聚天下之货,交易而退,各得其所,始创商业。春秋时期,著名大商人猗顿开辟了山西商人发展的先河,他

---

① (宋)郭茂倩编,聂世美、仓阳卿校点:《乐府诗集》,上海古籍出版社,1998年,第894页。

畜牧起家，成于盐业，积于珠宝。为改善交通，他以舟代步，开拓运河直达黄河。秦汉时期，太原、平陆、汾阳一带的商品贸易兴盛，成为著名商品集散地。唐宋时期，山西的手工业和商业居全国领先地位，尤以盐业经营最为突出，全国盐池18处，河东独占5处。元朝，山西的商业发达，马可·波罗在他的游记中写道"从太原到平阳这一带的商人遍及全国各地，获得巨额利润"。① 明清时期，山西商人将这种商业文明推向高潮。

明清之际，山西商人称雄于全国商界。在晋商内部，最早发展起来的是明初的平阳、泽潞商人，其中以平阳商人为最。平阳商人靠近盐池，利用其地利之便，迅速发展，全国著名的扬州十二大盐商，平阳商人独占其四。平阳商帮内部的典型代表是临汾的亢家，不仅经营盐业，还涉及粮食的贩卖、典当行业等，其生意可以说是垄断华北，辐射全国。邓之诚在《骨董琐记全编》中写道："康熙时，平阳亢氏，泰兴季氏，皆富可敌国，享用奢靡，埒于王侯。"② 至今依旧能看到平阳商人留下的辉煌遗迹，北京有名的"六必居"酱园便是临汾西社村的赵存仁、赵存义、赵存礼等人创立。著名的老字号"万全堂"药店也是由平阳商人开办。平阳商人的经营范围以华北为主，南到安徽、四川、湖北、浙江等地，其贸易曾一度占据了全国的半壁江山，探究其发展繁荣的原因，黄河无疑是平阳商人走出去的起点。

贸易的发展必然会导致其他各地相继的竞争，为图发展，山、陕两地商人联合起来。双方的联合可以从历史时期追溯，先秦时期，秦晋两地有供应边防和对外开展民族商贸往来的需要，"东通三晋""西贾秦翟"促进了两地贸易往来。在长期交往中，晋、陕以黄河为界，为方便贸易，两地设置渡口，如陕西韩城的禹王渡、延长的马头关

---

① 山西财经大学晋商研究院编：《晋商与经济史研究》，经济管理出版社，2008年，第13页。
② 阎爱英：《晋商史料全览·家族人物卷》，山西人民出版社，2007年，第303页。

渡，山西芮城的风陵渡、柳林的军渡等。众多渡口也为两地商人建立了一种天然的亲密关系。明朝，食盐开中在山西实施，晋南商人临近河东盐池，利用便利的资源和地理条件，渡河西进，陕西商人受到影响，"输粟中盐"。同时"茶马贸易"最初在陕西，山西商人受到启发也开始了渡河贩茶的贸易。两地间频繁的贸易活动促进了山陕共同体的形成。在山西商人与陕西商人南下过程中，全国多处地方都出现了"山陕会馆"，这是山陕商人合作的有力印证。就此而言，黄河可以说是明清山西商人"走出去"的第一步。

明清晋商的另一支强劲商帮便是泽潞商人。泽潞地区在太行山、太岳山、王屋山之间，地势西高东低，沁水、漳河两脉自太岳山向东流入河南，汇入黄河。泽潞商人以潞绸、潞酒和铁货制品的经营为主。受到地势的影响，泽潞商人往往南下，越过黄河，到今河南等地贸易，时人曾细说泽潞商人的贸易，其足迹遍及河南各地，"如祥符之朱仙镇、陈桥，陈州之周家口，南阳之九子山，新蔡之方家集，山蔡之东安集，内黄之楚王，滑县之道口面处，皆渊薮焉。"① 在今河南省博爱县存多处泽潞会馆，成为泽潞商人贸易的见证。洛阳也有当年泽潞商人所留下的泽潞会馆，其中乾隆二十四年的《建关帝庙泽潞众商布施碑记》提到"绸布商46家，布商38家，杂货商14家，广货商12家，铁货商5家，扣布坊53家，油坊57家"，绸布和铁共占到了总商户的63%，足以说明泽潞商人在这个地区举足轻重的地位。② 宋应星在《天工开物》中对山西商人的状态描述为"平阳、泽、潞，豪商大贾甲天下，非数十万不称富"，③ 足见其商业之繁盛。

清中叶后，以祁、太、平为代表的晋中地区商人凭借其汇兑业务跻身金融领域，创造了商业奇迹，其辉煌逐渐湮没了早先兴起的平

---

① 宋长琨：《儒商文化概论》，高等教育出版社，2010年，第113页。
② 杜正贞，赵世瑜：《区域社会史视野下的明清泽潞商人》，《史学月刊》，2006年第9期，第67页。
③ 樊云慧：《晋商研究》第2辑，经济管理出版社，2015年，第63页。

阳、泽潞商人。晋中商人在全国范围内建立各种票号,加快了物资的流动速度,商品被源源不断地送往全国和国外各地。以茶叶运输为例,在湖南采办茶叶,无论是旱路还是水路运输,其必经黄河,进入泽州,再入晋中等地中转,一路沿张家口、杀虎口运往中国北部,一路沿保德、河曲等地渡河北上,进入内蒙古,穿越茫茫商路,抵达恰克图,将商品运往全国,抵达国外。李克强总理对晋商的商业文化做了高度评价:其精华除了坚守诚信,还突出表现在善于"无中生有"。他们并不依靠本地自然资源,而是依靠头脑,最早是把南方茶叶、丝绸等贩到北方,又开创了票号。总而言之,黄河不仅是商品运输的必经之路,也是晋商走出山西,走向全国,迈向世界的重要起点。

三、黄河是中国共产党红色文化的重要发源地

山西自古是兵家必争之地,重峦叠嶂,地势险要,东靠太行山,西、南临黄河,北依古长城,境内有吕梁山、恒山、五台山、管涔山、中条山等山脉,四周与陕、豫、冀、内蒙古等省区相连,自古为军事要塞。中国共产党建立之初,山西娄烦县人士高君宇接受李大钊的派遣,在省内发展共产党员,于1924年成立中共太原支部。两次国内革命战争时期,中国共产党组织群众在晋西北、晋西南发动了几场有规模的农民运动。1930年,中共中央北方局指示山西党组织,欲将山西发展为苏区。1931年,中国共产党领导成立了中国工农红军晋西游击队,并在吕梁相继建立了几块小型根据地,工农武装的浩大声势震动了当地政府,国民党当局多次进行围剿。此时的游击队规模不大,经过艰苦卓绝的斗争仍取得一定胜利。但为保存实力,八路军决定转战,西渡黄河,与陕北的刘志丹部队会合。1931年,中共山西特委军委谷雄一领导平定县的党员发动武装起义,后转战河北阜平和山西晋东南、晋西北,最后从山西河曲强渡黄河入陕。西渡黄河为共产

党的发展壮大保存了实力。

从某种意义上说，黄河是人民军队八路军的摇篮。1935年瓦窑堡会议后，中共中央把北上抗日的方向放在了山西。山西紧邻延安，隔黄河相望，在山西建立抗日根据地，是防止日寇西进的屏障，也是保卫革命大本营的前沿阵地。1937年日军大举进犯平绥、平汉沿线，国民党难抵日军猛进之势，全线溃败。随着抗日民族统一战线的形成，中央红军于8月22日、23日，从陕西三原地区出发，经韩城东渡黄河，北上抗日。正是有了红军东渡黄河之举，才有了后来八路军抗战的辉煌业绩。25日，中共中央军委发布命令，将陕甘宁革命根据地的中国工农红军第四军改编为国民革命军第八路军，下辖一一五师、一二〇师、一二九师，共4.5万人。9月23日，毛泽东指出："游击战争应处于敌之翼侧及后方，在山西应分为晋西北、晋东北、晋东南、晋西南四区，向着进入中心城市及要道之敌人，取四面包围袭击之姿势。"① 八路军根据毛泽东的指示，以山西四角为立足点，建立抗日根据地。至此，在中共中央的领导下，山西抗日根据地逐步建立起来，发展壮大，形成了晋冀鲁豫抗日根据地、晋绥抗日根据地、晋察冀抗日根据地。

抗日根据地的初步建立为游击战争的开展奠定了基础。9月25日，改编后的八路军一一五师取得平型关大捷。11月7日，成立晋察冀军区，聂荣臻任司令员、政委。后日军两万人在此展开扫荡，八路军奋起反抗，歼敌两千多人，粉碎了日军的第一次包围，收复晋东北、察东、冀西等三十余县。1938年1月在阜平县完全小学召开了边区军政民代表大会，会议上成立了边区政府，选举了各个边区行政委员，设立各个机构，颁布法令，标志着革命根据地的基本形成。此后，在抗日战争中，共产党取得了辉煌的战绩。1938年2月，对平汉

---

① 中共中央文献研究室、中国人民解放军军事科学院：《毛泽东军事文集》第2卷，军事科学出版社、中央文献出版社，1993年，第53页。

铁路实施破袭战。9月、10月,粉碎了日军对阜平、五台、涞源等地的围攻。1939年,在反扫荡的过程中,击毙日本中将阿部规秀,他也是抗战中第一个被击毙的日本中将。1940年,聂荣臻指挥晋察冀边区部队参加百团大战,此次战役给日军以沉重打击。1941年到1942年间,日军发动大扫荡和肃正作战,修复铁路等交通线,晋察冀边区八路军则深入敌后作战。1945年的战略大反攻中,晋察冀部队包围北平、天津等地,占领被侵占的土地,为抗战的胜利做出卓越的贡献。凭借黄河的天险,早期共产党人保存了实力,东渡黄河北上抗日,为八路军建立抗日根据地创造辉煌抗战业绩奠定了基础。抗战时期,黄河又构成保卫中共中央的天然屏障。冼星海在《黄河大合唱》中写下"保卫黄河、保卫华北、保卫全中国"[①]。从这个意义上说,黄河是中国共产党红色文化的重要发源地。

作者简介:

魏晓锴,男,山西太原人,山西大学历史文化学院副教授,硕士生导师。

---

① 唐杨科,杨定书:《中国抗战歌曲精选》,西南师范大学出版社,2015年,第16页。

山西省黄河文化传承与产业发展研究

山西大学晋商学研究所　荣晓峰　陈海英　王　浩

黄河是中华民族的母亲河，黄河流域是中华文明的发祥地，是中华文明的摇篮，沿黄地区有着独特的文化底蕴和深厚的历史积淀，是中华民族精神和民族情感的象征。浩瀚渊深又独具特色的黄河文化像黄河水系一样源远流长，黄河之魂在山西，这条横亘在中华大地"金色的巨龙"，赋予了三晋大地波澜壮阔的美景和源远流长的文化。这里独树一帜的旅游资源优势为以发展黄河文化为核心的文化产业奠定了坚实基础。"锻造黄河·长城·太行旅游新品牌"是国务院，山西省委、省政府针对山西经济转型发展提出的重大战略举措，也是我省经济发展的新引擎、新支柱。由此可见，经济新常态下，山西省实现产业结构转型升级和优化的过程中，山西省黄河文化的传承及相关产业的发展既符合时代发展的要求又符合政府政策的引领方向，具有战略性和必要性。本文在阐释黄河文化及文化产业内涵的基础上，分析了山西省黄河文化传承及文化产业的内涵，以及山西省沿黄旅游带旅游资源发展现状，进一步对山西省传承黄河文化和产业转型升级路径进行探讨，提出了适合山西省黄河文化传承和产业发展的一些建议。

一、黄河文化及旅游产业的现实状况

（一）文化产业与黄河文化产业的内涵

文化产业实质上是一个产业概念，但却是以文化为基础与内容的，其重心在于以文化载体，运用产业化方式来传播经营文化，并将文化的创作和传承纳入经济运行轨道中，从而形成其独特的产业链条与结构。因而，文化产业可定义为"从事文化产品生产与提供文化服务的经营性行业"。

黄河文化产业是指以弘扬与传播黄河文化为根本目的，通过开发与生产黄河文化产品以及提供黄河文化相关服务，由市场化的行为主体实施，并最终将其文化价值转化为经济价值的一系列生产经营活动的总称。发展黄河文化产业，不仅能够满足人们的精神文化需求与物质消费需求，同时也可以推动黄河文化建设与传播发展。[①]

（二）山西省沿黄河旅游带旅游资源发展现状

近些年，山西省把黄河沿岸历史文化资源、自然景观资源加以结合，并且在发展过程中不断进行调整改进，使得黄河流域文化主题更加突出，最终形成了著名的"沿黄旅游带"。目前，总计140多个景区中，已开放了50个景区。其中，4A级景区11个，3A级景区2个。3个核心景区分别是壶口瀑布、鹳雀楼和碛口古镇；11个重点景区分别是老牛湾、宁武管涔山、河曲娘娘滩、北武当山、苍儿会、永乐宫、普救寺、五老峰、黄河三峡、乾坤湾以及历山黄河小浪底库区。表1具体介绍了山西省各地区景点数量：

---

① 刘维东：《从地质历史演变谈炎帝文化与黄河文化的关系》，《西安欧亚学院学报》2006年第1期，第49—50页。

表1 黄河沿线四市主要旅游景点[①]

地区及处数	旅游景点	产品类别
忻州（11）	五台山	观光、宗教、避暑、休闲度假、康体健身旅游
	偏关老牛湾	观光、度假
	八路军总部旧址	红色旅游
	雁门关	观光、修学、军事旅游
	晋祠	观光、宗教旅游
	芦芽山风景名胜区	观光、宗教、避暑、休闲度假
	晋察冀军区司令部旧址	红色旅游
	禹王洞	探险、避暑、旅游度假
	娘娘滩	宗教、避暑、休闲度假
	万家寨水利枢纽	观光、商务旅游
	中国煤炭博物馆	观光、修学、商务旅游
吕梁（9）	翠枫山	观光旅游、修学旅游
	碛口古镇	观光、度假、民俗旅游
	黄崖洞	观光、探险、红色革命、修学旅游
	北武当山	宗教、避暑、探险
	玄中寺	宗教、观光旅游
	杏花村汾酒集团	工业旅游
	晋绥边区革命纪念馆	红色旅游
	庞泉沟	探险、避暑、旅游度假
	苍儿会旅游景区	探险、避暑、旅游度假

---

① 表1根据山西省旅游资源网相关资料整理而成。

续表

地区及处数	旅游景点	产品类别
临汾（8）	尧庙	观光、寻根祭祖、民俗
	苏三监狱	观光、修学旅游
	皇城相府	观光、探险、民俗旅游
	蟒河景区	观光、探险、度假旅游
	洪洞大槐树	观光、寻根祭祖、民俗
	云丘山旅游风景区	观光、探险、民俗旅游
	壶口瀑布	观光、探险
	姑射山风景区	观光、宗教旅游
运城（10）	解州关帝庙	观光、宗教旅游
	普救寺	观光、宗教旅游
	永乐宫	观光、文化旅游
	唐铁牛博物馆	观光、修学旅游
	中国死海养生城	娱乐、康体、休闲、疗养、度假
	鹳雀楼	观光、修学旅游
	五老峰风景名胜区	观光、宗教旅游
	舜帝陵	观光
	后土祠	观光、宗教、民俗
	圣天湖景区	观光

二、黄河文化旅游产业发展的现实优势

（一）黄河文化为黄河文化产业的发展奠定了基础

黄河作为中华民族的母亲河，自古以来就是我们民族发展的根基。而植根于此的黄河文化更是成为我们华夏文明的主体。源远流长的黄河文化为我省发展黄河文化产业奠定了坚实的基础。首先，千百年来黄河文化一直烙印在中华儿女的精神世界中，以人为本，自强不息的精神为我省发展黄河文化产业奠定了坚实的精神基础。其次，黄河流域鲜明的区域性特点，为我省发展黄河文化产业提供了充足且珍贵的文化资源。在黄河流域内，民俗文化、人文文化、饮食文化、旅游文化等都有着黄河文化的烙印，形成了众多的非物质文化遗产，这些珍贵的历史文化资源，使黄河文化有鲜明的区域性特点。最后，黄河沿边大河风光波澜壮阔，森林、湖泊、湿地等自然风光，以及自古以来留存下来的众多文化古迹，更为我省发展黄河文化产业提供了得天独厚的条件，奠定了坚实的基础。

（二）产业结构调整为黄河文化产业的发展提供了契机

我省从20世纪80年代定位为"全国能源重化工基地"，煤炭等行业发展迅速，虽然在一定程度上促进了我省经济的发展，但是随着时间的推进，特别是1997年亚洲金融危机以后，山西经济出现了大幅度的下滑，政府转而正视资源型经济发展模式带来的负面影响。从1999年开始我省就开始了经济结构转型，特别是2010年后我省申请成为"国家级资源型经济转型综改试验区"，经济转型开始上升到国家层面。伴随着十九大的召开，旅游业成为我省经济转型发展的先导产业，我省旅游产业的发展面临着重大机遇。虽然经过多年的努力，

我省旅游业有了长远的发展，但我省丰富的旅游资源并没有得到充分使用，还有着很大的发展空间，我省黄河文化产业要乘着经济转型的东风大力发展，为全省经济发展贡献力量。①

三、山西省黄河文化旅游产业面临的问题

（一）黄河文化产业发展缺乏整体的规划和政策指引

近几年，山西省内发展文化旅游产业的呼声越来越高，政府也制定了许多办法来促进旅游产业的发展。但是至今黄河文化产业也没有制定一个完备的规划和整体的发展思路，省内的黄河文化没有进行整合，这就使黄河文化产业发展比较零散，不能达到一个很好的规模效应。而且省政府没有对黄河文化产业提供一个明确的政策指引，各级政府对待黄河文化产业的发展意见并不统一，区域间不能发挥很好的协同作用，相互帮助，这就对全省黄河文化产业的整体发展造成了阻碍。所以要发展好黄河文化产业，省政府需要制定一个整体宏观的政策加以规划和指引，各级政府有一个共同的目标才能更好地促进黄河文化产业的发展。

（二）丰富的黄河文化资源未能贴上山西省的地域标签

山西是个历史名省，有这么一句话"地上看山西，地下看陕西"，可见山西省的文化资源很多，但是丰富的文化资源一直未能贴上山西这个标签。比如神话故事女娲补天、精卫填海、后羿射日、大禹治水、愚公移山等，这些都是我们耳熟能详的故事，但是有多少人知道这些故事发生的地点在哪，其实这都是发生在我们山西这片土地上的

---

① 赵心源，韩瑞杰：《山西省产业结构优化升级的对策分析》，《经济师》，2016年第1期，第106—109页。

故事。我们省文化资源很丰富而且传播广泛,但在传播过程中并没有贴上我们山西省的标签,这就使得我省旅游文化品牌没有得到游客的重视。如果我们在传播黄河文化的时候能注重贴上山西省的标签,让更多的人在了解黄河文化的同时也知道这是我们山西省的文化,让山西能因为她的文化而被人记住,就能让我们山西省像陕西西安那样为众多人熟知,从而吸引更多的游客,更好地发展我省的旅游产业。

(三)旅游基础设施建设相对比较落后

我省基础设施建设发展落后,想发展黄河文化产业就必须加快周边基础设施建设,其中交通尤为重要。我省快速铁路和高速铁路的发展速度还较为缓慢,到2016年底运营高铁站数为16个,高铁站密度为1.02个/万平方公里,远远低于全国平均水平。交通的落后使我省失去了很多潜在的游客,例如2014年新建的"大西"高铁,刚开通一年,通过该线路游览山西的游客就占了全省游客的35%,线路的端点西安所在的陕西省的游客数量迅速上升,所占比重由第六上升到第四,游客数量大幅度增长的原因就是因为交通的便利。从"大西"高铁的例子我们就可以认识到基础设施建设,特别是交通的发展对旅游产业的发展有重大推动力。如果我省能够加大与周边各省甚至是全国联通的交通设施的建设,那对我省旅游业的促进作用将是巨大的。与此同时,我省也要加快旅游配套设施建设,提高旅游景点接待游客设施的质量与数量。①

(四)众多的旅游资源未能发展为品牌旅游景点

山西省地处华北地区,是中华文明的发源地,具有悠久文化历史,拥有众多的旅游文化资源。但是品牌旅游景点却明显少于其他邻

---

① 耿娜娜:《论大西高铁开通后对山西旅游业发展的影响》,《忻州师范学院学报》,第29卷第4期,2013年8月,第88—90页。

近省份如陕西、河北，二者拥有的 A 级以上景区分别为 337 处和 314 处，而山西省仅仅有 158 处。同样是黄河文明的发源地，拥有众多文化资源，但是显然对于某些文化资源的开发与重视程度不够，造成品牌旅游景点大大少于其他邻近省份。这就使我省无论从自身建设还是与周边地区竞争上都处于劣势地位，很难起到集群效应，也难以实现旅游产业的规模经济。所以应该重视开发利用旅游文化资源，重视这些文化资源。[1]

四、黄河文化旅游产业发展的对策

（一）制定总体规划，明确目标，实现规模效应

要加快制定总体规划，明确发展目标和发展的重点，整合省内的黄河文化资源，促进黄河文化产业的又好又快发展。目前我省黄河旅游资源发展状况参差不齐，各个景点间的联动合作很少，政府要加快对旅游资源的区域整合和整体规划。例如，可以按照游客的偏好程度和景点间的距离对旅游资源进行整体的编排和规划，对旅游资源进行打包、串联、整合，形成区域小整体，全省大整体的布局。比如将景点稠密的临汾、运城两市链接起来，发展沿线的旅游资源，打造一条距离、时间相对较短的黄河精品旅游路线，形成一个区域内的小整体，各个景点间不再是单独作战，而是组成整体发展，从而吸引更多游客，分享彼此的游客资源。通过加强景点间区域合作，以实现规模效益，获得整合后的发展红利，促进当地经济的发展。

（二）精心打造具有山西特色的黄河文化旅游产业品牌

山西省拥有着众多的黄河文化资源，如果我们能把这些文化资源

---

[1] 数据根据山西省旅游资源网相关资料整理而成。

烙印上山西省的特色，让广大群众了解黄河文化的同时能够加深对山西的了解，让人们在想到黄河文化的同时自然而然地想到山西省，从而增加山西省对游客的吸引力，在人们想出游的时候把山西列为一个目的地，这将有力地推动我省黄河文化产业尤其是文化旅游产业的发展。我们要努力打造极具特色和满足消费者需求的品牌，促进市场优势的形成，把黄河文化传承与我省旅游产业的发展密切结合起来。通过黄河文化旅游不仅能促进我省旅游产业的发展，加快发展第三产业促进我省产业转型的推进，而且通过旅游业发展我们可以更有效地传承黄河文化，普及黄河文化，让更多的人在旅游的同时还能更加深入细致地了解黄河文化。

（三）加大基础设施建设力度，完善旅游设施建设

基础设施的建设对旅游业的发展显而易见，我们要加强对沿黄河带旅游基础设施及其他配套设施的建设。首当其冲的是交通建设，加大主干线交通建设力度，改善与周边各省甚至是全国各重要地市的交通，同时可以开发旅游线路，方便更大范围内的游客出入山西。其次对于省内，要加强景点之间的互通性，在景点之间开设直通车，将旅游与交通有机结合，从而使游客进得来出得去，实现景区之间的一站式换乘，降低游客的成本。对于其他旅游相关设施，要紧随全国旅游业的步伐，向其他优质景区学习，全面提高各个旅游景点接待游客设施的数量及质量，让游客们玩得舒心放心。在旅游设施的建设过程中要分清主次，循序渐进。要多建设经济型的酒店、饭店，高端的酒店可以放缓建设，从而满足更多的消费群体，以最少的资金最快的速度满足现在的需求量，再逐步提升整体水平。

（四）加大对黄河文化资源开发的重视程度

虽然我省现阶段对黄河旅游资源的利用有了一定成效，但是对于

一部分没有名气但极具价值的文化资源的重视程度还是不够，有很多文化旅游资源都没有得到充分的开发利用。我省 A 级景点就相当于陕西省一半，同样作为黄河文明的发源地，但是 A 级景点数目差距如此之大，足以看到我省对于一些有潜力的旅游资源并没有充分利用到。我们单独从数量看，就有近一半的旅游资源没有得到开发，这对我省是个极大的损失。要加大对这些没有得到重视的旅游景点的开发力度，逐渐提升一些知名度低的景点的影响力，不断扩大旅游景点的密集度，从而促进我省旅游产业的发展。政府可以出台一系列的政策对全省的旅游资源进行整体的评估，选一批有潜力的景点进行着重培养，不断提高景点的综合水平，慢慢形成一批有影响力的景点，从而提高我省优质旅游景点数量。

山西沿黄乡村旅居产业发展路径研究

山西大学历史文化学院　王勇鹏

一、前言

近年来，随着旅游市场的消费升级，旅游者的需求在消费结构、消费内容、消费方式以及产品选择等方面均发生了较大的变化。从传统的观光旅游发展到休闲旅游，最典型的旅游方式就是度假，与观光旅游所追求的"多走多看"的诉求不同，休闲度假者往往在一个地方停留较长的时间，以体验原居住环境所没有的异质化生活方式，这种旅游已然是一种生活方式。从现代旅游的角度讲，乡村风景宜人、空气清新、民风淳朴、节奏舒缓，适合人群居住。当旅游遇上乡村，乡村旅游便以一种生活化的旅游方式出现在人们面前。旅游化乡村生活方式的提倡和引导，会让乡村和逐渐消失的非物质文化遗产，找回应有的价值和生命的延续。同时，以乡村旅居为代表的乡村旅游，可以将居住和旅游融为一体，提高旅游质量，也让乡村旅游产生更大的经济效益。

黄河之魂在山西，山西黄河旅游带以其独特的魅力，吸引着越来越多的旅游者。驻足停留于此，黄河风情旅游以其厚重的历史底蕴为依托，以黄河文化、黄土文化为特征，以"粗犷豪放、生态淳朴、坚韧不拔"的原生精神为内核，具有独特地域风格的民俗文化特色，无不折射着黄土地、黄河流域文化的芬芳，成为乡村旅游中的奇葩①。从这个角度讲，山西沿黄带的乡村有着最独特的黄河、黄土自然风光，不仅仅是乡村景观和民俗文化、红色文化，还有天人合一的自然慢生活，古朴纯真、恬淡静谧、原汁原味，有故事、有亲情、有交流，这些正是当下休闲旅游市场所追求的，可以成为沿黄乡村旅居产业化的最大可能。

二、山西沿黄乡村旅居产业发展条件分析

（一）发展背景与区域范围

1. 乡村旅居产业兴起的背景

旅居原意是指外出旅游暂时的居住地或流动的居住地，在乡村旅游活动中，我们可以将旅居看成针对某一特定人群的旅游活动，即中期体验型旅游居住活动；这一特定人群区别于短期观光型（一两天）和长期度假型（几个月甚至一年）旅游者，是中期体验型旅游居住者，旅游活动时间在三到七天②。在生活水平日益提高的今天，这个群体所占的比例也日渐增大，随着旅游市场的升级与转变，旅游中心也逐步由大城市、大景区向村庄、乡镇转移，人们不再满足于城市现代化的消费体验，各式各样的乡村游成为人们旅游关注的新焦点。

而消费有限的短期旅游与极少数的长期度假都不及中期体验能带来更高的效益，因为乡镇旅游项目对城市消费群体的吸引亮点便在于对乡村生活的体验，这种体验的时间过短则如走马观花，重复消费低，长则容易导致旅游者对体验生活的不适应甚至厌倦（区别于高档

---

① 王闰平：《山西黄河风情乡村旅游发展研究》，《山西乡村旅游发展研究》，山西经济出版社，2016年，第148—166页。
② 王帅，王宝刚：《乡镇旅居体系规划与空间营造》，《小城镇建设》，2010（9）：38—42。

度假区或别墅区等)。这种旅游方式由于具有经营成本相对较低、重复消费较高、消费时间适中等特点,成为乡村旅游普遍采纳的方式,并带来了较高的经济收益。于是乡村旅居逐渐走进人们的视野,在局部地区形成产业。

2. 山西沿黄乡村旅居产业发展的区域范围

山西省沿黄县市大致位于黄河中游地区。黄河从山西省西、南两侧流经忻州、吕梁、临汾、运城4市19县(市)共约965公里。从行政范围上看,山西省沿黄县市自北向南包括忻州市的偏关、河曲、保德等3县,吕梁市的兴县、临县、柳林、石楼等4县,临汾市的永和、大宁、吉县、乡宁等4县,运城市的河津、万荣、临猗、永济、芮城、平陆、夏县、垣曲8县(市)。该区域具有沿线最长、资源富集、承东启西、特色鲜明的旅游优势与纽带作用[1]。同时该区域范围共涉及60多个乡镇和254个建制村,以及沿途30多个传统旅游景点,区域人口500多万,各类旅游资源丰富,保存着一大批风光优美的自然村落,拥有历史悠久的黄河黄土文明和独具地域特色的民俗文化、农耕文化、红色文化[2],是乡村旅游发展的核心要素,也是发展乡村旅居产业最好的依托。

3. 旅居产业发展依托沿黄旅游资源的独特性价值

山西省黄河沿岸辐射区域,华夏古文明影响深远,黄河文化艺术闻名海内外,既有品位极高的自然资源和灿烂辉煌的历史文化资源,又有一定实力的现代工农业资源;既有丰厚的红色旅游资源,又有特色鲜明的民俗民艺资源,其中作为自然和人文旅游资源的黄河风光、

---

[1] 冯文勇,韩瑛:《山西沿黄县市旅游资源的分布与结构》,《河北联合大学学报》(社会科学版),2012(5):47、48、56。

[2] 王闰平:《山西黄河风情乡村旅游发展研究》,《山西乡村旅游发展研究》,山西经济出版社,2016年,第148—166页。

黄河文化特色极为浓郁[①]。例如，区域范围内世界最大的黄色瀑布壶口瀑布；全国现存最大、画工精细、内容最丰富的永乐宫元代壁画；全国规模最大的解州关帝庙群；全国现存的古代楼阁式建筑珍品万荣飞云楼；全国纬度最高的亚热带原始森林历山自然保护区。这些旅游资源品位高、组合性好，甚至部分资源在世界和中国具有唯一性与独特性，是吸引国内外游客的核心资源，也能对本区域起到很好的客源引流的作用。

山西沿黄区域既有晋陕峡谷，又有湿地平原，地形地貌多样，充分展示了风骨忻州、风情吕梁、根祖临汾、文明运城的区域特色[②]。其有着独特的地脉与文脉特征，黄土地质、黄河峡谷和黄土生态是其地脉特征的主要表现，而黄河文化、黄土文化、民俗文化、红色文化则是其文脉特征的突出表现。故了解母亲河、体验黄河风情、品味黄河文化、赏识黄土生态、享受乡村韵味就是旅游者来黄河边的主要动机，也是沿黄旅游带的独特价值所在。此外，沿黄旅游带的乡村本身就是一种旅游资源，依山傍水、错落有致的特色民居形态，尤其是遗存的许多古村、古镇、古堡、古关、古道，这些都是乡村价值的典范，也对城市游客和国外游客具有很大的吸引力。

4. 沿黄区域旅游发展的产业破局刚需

沿黄区域依赖于单一的资源型经济，区域发展滞后，贫困县数量众多，旅游项目开发不足，旅游服务设施建设落后。旅游产业弱小乱差，开发仍处于初级阶段。产品以观光为主，业态发展单调、品牌效应不强，旅游整体收益较差。

目前，山西沿黄旅游区旅游产品规模较小，层次不高，休闲度假型产品不多。对乡村旅游的产业属性和经济功能的认识较为模糊，乡

---

① 张礼，张爱国：《山西省沿黄县市旅游资源的整合初探》，《山西师范大学学报》（自然科学版），2014.9（3）：109—112。

② 马向敏：《我省"三大板块"构筑旅游新格局》，《山西商报》，2017年11月22日。

村旅游功能还停留在单一的旅游观光的层面上，较少考虑到乡村旅游对乡村社会、乡村产业升级、生态文明、乡村文化的发展和影响，只注重其旅游功能，致使乡村旅游产品与市场不对称，进而使其促进旅游产业的方式、手段、目标单一化，不能产生良好的旅游经济效益。据此，只有通过对沿黄乡村旅游产业进行转型升级，大力发展乡村旅居进行产业破局，建设出一批宜居宜业宜游的美丽乡村旅游示范区，形成人文与山水交相辉映、观光与旅居并重的旅游产业格局。

5. 旅居产业发展可借力的利好政策

近五年来，国家出台了一系列涉及乡村发展的政策与措施，山西省政府审时度势，针对省内各地的农业背景和开展旅游的情况，制定出山西省特色的乡村旅游政策，如表1所示。除此之外，山西省政府还根据国家旅游局、农业部、发展改革委员会的相关政策文件，制定出台《关于加强对山西省休闲农业与乡村旅游示范县、示范点管理及申报2013年山西省休闲农业与乡村旅游示范点的通知》《关于申报2015年山西省休闲农业与乡村旅游示范点的通知》《关于开展中国美丽休闲乡村推介工作的通知》《山西省人民政府关于印发山西省"十三五"服务业发展规划的通知》等文件，鼓励多元化开发旅游，并在相应方面给予财政、税收支持，大大激发了社会投资热情，为乡村旅游发展创造了良好的政策环境。

表1 2013年以来山西省特色乡村旅游政策一览表

时间	政策名称	政策类型	涉及内容
2013年	山西省旅游局、农业厅组织《关于开展"山西最美乡村"评选活动》的通知	宣传导向政策	发现最美山西，共建美好山西，共享美好生活。旨在宣传展示新农村建设成果、总结推广新农村发展经验、搭建城乡沟通互动桥梁、吸引社会各界共建共享新农村。

续表

时间	政策名称	政策类型	涉及内容
2014年	山西省人民政府关于印发《山西省推进文化创意和设计服务与相关产业融合发展的行动计划》的通知	农游合一政策	推进农业与文化、科技、生态、旅游的融合，支持建设农耕体验、田园观光、教育展示、文化传承等多种类型的休闲农业园区，注重培育休闲农业产品，进一步拓展休闲农业发展空间。
2015年	山西省扶贫办关于印发《山西省开展乡村旅游富民工程推进旅游扶贫工作的实施方案》的通知	旅游扶贫政策	充分挖掘贫困乡村生态休闲、旅游观光、文化教育价值，扶持建设一批具有历史、地域、民族特点的特色景观旅游村镇，打造形式多样、特色鲜明的乡村旅游休闲产品。
	山西省人民政府《关于促进旅游业改革发展》的意见	导向性政策	重点建设好景区和乡村旅游的停车场，包括改造乡村旅游厕所，打造100个特色旅游名镇、1000个乡村旅游点、10000户品牌农家乐以及一批休闲农庄、乡村客栈、民俗展演、农业观光园等乡村旅游产品。
	山西省旅游局《关于大力发展乡村旅游》的意见	导向性政策	从旅游基础设施建设、公共服务体系健全、乡村旅游品牌打造、宣传营销、标准化管理、强化发展要素支撑等多方面扶持乡村旅游的发展。
	山西省人民代表大会常务委员会《关于加快发展旅游业》的决定	导向性政策	奖励创建全国特色景观旅游名镇（村）；全国休闲农业与乡村旅游示范县（乡镇）、示范村做出特殊贡献的企业和个人；让开展乡村旅游的农民享受农业产业政策；依托专业院校免费培训红色旅游、乡村旅游人才；促进工业旅游、乡村旅游、健康旅游的发展。

续表

时间	政策名称	政策类型	涉及内容
2015年	《山西省乡村旅游发展专项资金管理暂行办法》	资金税收政策	为乡村旅游重点市县区基础条件好的乡村旅游景区所进行的基础和公共服务设施建设提供资金支持。
2016年	《山西省乡村旅游景区标准（试行）》《山西省乡村旅游客栈标准（试行）》	市场准入政策	
	山西省农业厅《关于做好休闲农业与乡村旅游精品景点、精品线路推荐及宣传工作》的通知	宣传造势政策	通过实地考察，选择本市有一定影响力，且能提供优质休闲体验产品和特色农产品及加工制品的休闲农业与乡村旅游景点，围绕主题活动，择优推荐精品线路。

资料来源：根据政府机关单位公布的文件整理而成。

特别值得一提的是，在2017年9月21日山西旅游发展大会上，楼阳生同志指出，大力推动文化旅游融合发展，把文化旅游业培育成我省战略性支柱产业，是省委省政府深入贯彻落实习近平总书记视察山西重要讲话精神，横下一条心、培育新动能的重大举措，是推动转型发展、构建多元产业体系的必由之路。会上着重强调做好山西旅游，就得做好"黄河、长城、太行"三大旅游板块的文章，强调做好"黄河之魂"在山西的文章，大力发掘黄河内涵，促进黄河旅游板块的大发展。由此可以预见，山西沿黄区域将走向旅游发展的快车道。

三、国外乡村旅居产业发展的经验借鉴

乡村旅游在现代旅游发展中起到重要的作用，年均增长率约为20%，占全世界旅游收入的不少比重。国外发展乡村旅居产业的历史较长，总体来看，主要有以下几个方面的经验值得借鉴。

(一) 乡村旅居产业注重特色发展,强调随意休闲

国外乡村旅游居住产业的发展,最初一般都是由乡村地区特有的文化或特色产品延伸而来。在发展过程中,发挥和延续乡村旅居特色则成为重中之重;在发挥特色的同时,强调游客的休闲体验,加深对乡村旅居的偏爱和忠诚,发展成为长期游客资源。

以乡村特色产品延伸而来的乡村旅居产业较多,其产品包括种植产品、畜牧渔业等多方面。如在美国纽约有近100家葡萄酒酿造厂,向各种层次的游客开放;美国加利福尼亚州的比萨农场则以种植比萨配料为特色发展壮大;在新西兰一个只有1平方公里大小的农牧业旅游点,以牧羊犬赶羊进场、剪羊毛、喂羊羔、挤羊奶、看珍稀种羊等表演项目为卖点,每年吸引数千个旅游团参观[1];还有瑞士的稻草之旅、挪威的渔业和狩猎业旅游项目等[2],都体现了特色产品的吸引力。

以乡村特色文化为主要吸引力的乡村旅居产业则强调文化的内涵与传承。在法国由于教堂建设等成本很高,于是重点发展乡村教堂旅游,对于城市居民具有一定的吸引力,地方政府则有了保护宗教文化传统的动力。

(二) 乡村旅居产业主要表现为城市居民购买或租借乡村住宅,以及分时度假模式的发展壮大

欧美发达国家城市居民在步入老年期时会有从城市迁居至农村的阶段,一般在农村购买或租借住宅长期居住。20世纪60年代以后,部分地区甚至出现了新型乡村社区,主要集中在离都市化地带近的乡村地区。如在瑞典城市居民在农村购买第二所住宅作为旅游度假场所

---

[1] 韦汉群,徐大勇,刘瑶,孙海琼:《从国外农业旅游发展现状正视国内农业旅游的升级换代》,《西昌师范高等专科学校学报》,2004.12:29—31。

[2] Loureiro, M. L, Jervell, A. M. *Farmer's participation decisions regarding agro - tourism activities in Norway. Tourism economics*, 2005.11 (3): 453—469.

较为普遍,他们对于目的地是忠诚的,会多次重复消费,对于拉动农村经济发展具有很好的效果①。也有研究表明欧洲农村已经成为城市居民迁入地,城市居民在农村购买和租借住宅,用以临时居住,虽然拉动了农村经济发展,但也存在当地居民与新进入者难以相处的问题。

分时度假是将度假村房间的使用权以周为单位卖给多个客人,使用期限可以协商。顾客购买一定时段后,每年可以在此享受度假住宿,还同时享有购买时段的转让、馈赠、继承等系列权益,以及享受分时度假交换。从分时度假市场来看,美欧为主,拉丁美洲其次,亚洲增长最快②。分时度假的运作虽然存在较高融资风险和完善的交换系统保障,但从国外发展经验来看,随着消费者需求日益增加,分时度假模式发展壮大是必然趋势。

(三) 政府支持乡村旅居产业的发展

国外政府主要是通过减免税收、补贴、低息投资贷款等方式支持乡村旅居产业,其中贷款主要是用于改善乡村旅游的基础接待设施。如阿根廷向从事乡村旅游的个人和团体提供优惠贷款和补贴;1992—1998年西班牙政府投入很大精力进行乡村旅馆建设③。培训支持主要针对乡村旅居项目的经营管理者,内容多以旅游商务管理和服务方式、旅居产品的规范和标准化为主。宣传推广和监督管理则以达到整体产业良性发展为目的,如美国纽约州统一制定乡村旅游宣传手册,对州内各地区的农业观光项目进行促销,举办研讨会,协助成立行业

---

① Lundmark. L, Marjavara. R. *Second home lacatizations in the Swedish mountain in range. Tourism*, 2005.53 (1): 3—16。

② 陈怡宁,赵瑜:《世界分时度假业的发展及其启示》,《北京第二外国语学院学报》,2005.1: 100—104。

③ 韦汉群,徐大勇,刘瑶,孙海琼:《从国外农业旅游发展现状正视国内农业旅游的升级换代》,《西昌师范高等专科学校学报》,2004.12: 29—31。

协会；在苏格兰则对农村进行分段分片规划以吸引游客①。在监督方面，主要是制定一致的卫生和安全标准，鼓励高质量的住宿和饮食设施发展，对不符合标准的乡村旅居项目进行整改。

四、山西沿黄乡村旅居产业发展路径

山西沿黄地区的乡村旅居产业发展到了破局时期，但从发展依托与条件的分析可见，区域范围内乡村旅居产业发展形式与次序均有所不同。

（一）战略发展路径——差别化发展战略模式

采取差别化发展战略路径当务之急，不是盲目发展整个区域内的乡村旅游规模，扩大乡村旅游投资，而是寻找乡村间的地脉、文化差异，只做有历史内涵或有特色产品支持，或有特殊文化氛围的乡村旅游业，而对于只有地理优势无其他特色的乡村，应当老老实实做好农业生产或其他非农产业。乡村旅居，若要成为支柱产业，也只在特色聚集地区、部分地点可行，不能大面积推广，更不能搞示范工程项目。只在某个时间段内有游客，其他时间只能是靠政府补贴的项目必然成为发展过程中的负担，难以长期维系。

因此，沿黄乡村旅居产业应采取差别化发展的战略，在四个地市段中经济条件、区位条件较好的区位点，可以引导乡村休闲度假需求的普及，注重对度假顾客的服务，形成长期客户关系；在一些发展相对滞后的地区，则可以发展租借农村住宅等旅居项目，此类项目近期发展较为迅速，类似项目对于发展乡村旅游经济具有非常重要的意义。

---

① Fochot. I. *A benefit segmentation of tourists in rural areas: a Scottish perspective*. Tourism Management, 2005. 26（3）：335—346.

差别化发展战略还体现在旅居形象上的差别化，各区段应根据地方特色，设计有别于其他区段的乡村旅居形象，从理念基础、行为准则、视听形象和风情识别多个方面进行设计和塑造，打造地方特色；在同一地区内部，乡村旅居项目要做好整合营销，以及项目之间的优势互补，做到因地制宜，突出重点，建设一个办好一个，量力而行。

（二）市场发展路径——分层渐进式消费模式

目前，山西境内的乡村旅游市场主要以中低收入群体为主。鉴于目前消费者的消费能力和消费习惯，沿黄乡村旅游不适宜从高端市场单独做起，客户群体不应该完全定位在高收入群体，而应以中档为主，从大众消费开始，逐步引导消费者改变消费习惯，实行合理的分档定位，适应不同层次消费水平游客的需要。要从消费者短期旅游做起，逐步形成长期客户群，构建分层渐进式消费模式。

如果说沿黄乡村旅游以吸引周末的短途短期游客为主，但其乡村旅居则仍然需要以吸引有足够休闲时间的长期游客为主。沿黄乡村旅居产业可以采取高中低端并行的原则，项目之间做到差异化，一部分有实力有经验的乡村居住项目可以直接从高端做起，作为消费者投资与休闲相结合的项目风险较小。另外的乡村居住可以走租借的模式。

（三）社群融合发展路径——共享农庄模式

鉴于乡村旅游文化的特殊性，既有乡村田园风光的精神和心理产品，又有承载传统乡村文化的饮食和产品的物质产品，包括旅游业务链生产的直接的或延伸的物质产品。同时鉴于乡村旅游地域的特殊性，乡村游社群模式的正确与否、融洽与否，都与乡村原住居民的利益休戚相关，一旦没能很好地融合以及没有良好的分配与管理机制，双方将会陷入对立和冲突的局面，这与乡村旅游的发展目标是背道而驰的。

鉴于此，为了社群的融合发展，可选择共享农庄的发展模式。农庄的共享主要在农户与旅游者之间得以实现，体现在游客共享民宿、共享农村的餐饮及生活方式、共享农户的生产资料（包括农田、农具、果蔬种植等）以及共享农产品等主要结构上。消费者共享农庄资源，形成农庄的共享结构模式。农庄共享主要体现在：股权共享、资产共享、生产资料共享和生活资料共享，如图1所示。

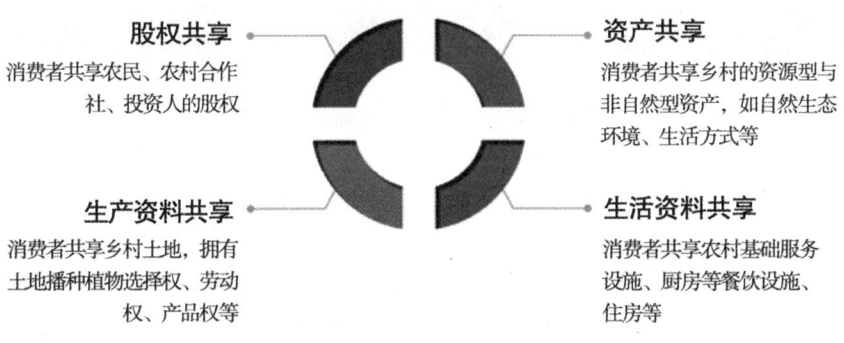

图1　农庄共享结构示意图

为了更好地促进共享农庄的有序、良性发展，可以建立一个共享交易平台，作为双方发展结构中的一种媒介，主要对接的是乡村闲置资源与消费者需求，从而实现闲置资源的社会共享，具体说就是乡村提供土地、房屋、食品等，消费者通过这个平台实现这些资源、产品的共享。而共享农庄提供的就是这样一个平台，通过协调农户、企业、政府的不同角色，整合资源，构建交易平台，实现乡村与消费者之间的共享。共享农庄是在农户、企业和政府共同支持下建立的，其中农户提供资源支持，企业对共享农庄进行顶级的规划设计和开发运营，政府支持引导共享农庄建立并提供保障，如图2所示。

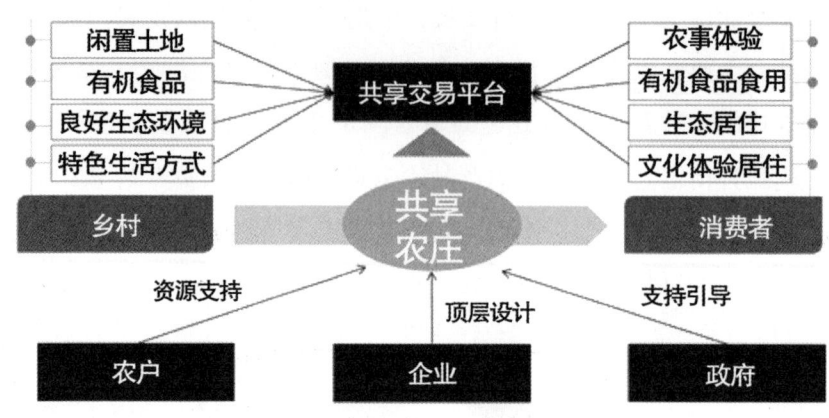

图 2　农庄共享发展结构示意图

（四）政策发展路径——政府扶持管理模式

乡村旅居产业要想快速平稳发展，离不开政府的扶持和管理。首先，要做的是强化民居的管理，制定准入标准与淘汰机制，并加强监管。其次，对有特色、有发展潜力的乡村旅居项目进行资金支持和政策倾斜，使其引导和带动其他项目的良性发展；提高乡村建设水平，扶持有特色的项目做到硬件设施达标，主要包括卫生和安全达到国家规定的标准，以及道路交通便利，让游客安全放心的消费；软性产品建设也要跟上发展要求，主要是指服务质量和旅游产品设计。再者，支持经营者参与各种培训活动，组织相关管理知识和服务培训，以提高管理者和经营者素质为目标。

五、结论

在山西省文旅产业转型升级与大力发展黄河旅游板块的背景下，就沿黄乡村旅游发展现状及当下旅游市场的发展之需，乡村旅居产业符合山西沿黄乡村旅游转型升级的发展契机。从总体上讲，沿黄乡村旅居产业以"黄河文化+黄土文化+民俗文化"为依托，通过域内乡村旅游资源特质及黄河旅游专线的运行，导入相应的旅居产业发展路径，结合山西省内出台的各项利好政策，将沿黄乡村旅游由传统的观光旅游转变成兼备游、居、养功能的旅游度假地，最后形成持续性的集观光、休闲和康养于一体的旅游度假"综合体"，为黄河旅游板块实现传统旅游到休闲度假旅游再到乡村旅居产业构建的转型升级。同时从全域旅游的角度出发，尤其是黄河文化内涵如何深度利用，域内乡村旅居产业如何联动、如何差异化发展，如何推动黄河板块旅游产业整合升级以及提升黄河旅游的品牌整体形象，同时也为当地本土居民带来长期效益，是今后要深入探索和研究的重点。

基于 RMP 分析下山西黄河流域生态体育旅游资源的开发

山西大学体育学院　石晓峰

体育旅游作为一种全新的休闲健身方式已成为新的消费热点，"体育+旅游"越来越受大众的青睐和追捧。旅游作为渠道，进一步拓展了体育的实现方式；体育作为内容，进一步提升了旅游的资源价值。本文运用 RMP 理论中 Resource、Market 和 Product 三个维度分析了山西黄河流域生态体育旅游资源评价和产品转化；体育旅游参与者对产品的选择偏好以及产品创新和空间布局。对山西黄河流域生态体育旅游发展进行定位，创立体育旅游新形象，构建体育旅游精品，培养体育旅游产业复合型人才。为建设黄河国家旅游基地，打造全域旅游示范点，推动旅游与体育产业融合发展提供基础和保障，为山西黄河流域生态体育旅游发展提供可行思路。

一、绪论

黄河作为华夏母亲河，具有非常清晰的地理和文化概念。黄河是中国第二长河，全长约 5464 公里，流域面积 752443 平方公里。黄河发源于青藏高原的巴颜喀拉山脉北麓约古宗列盆地的玛曲，在中国版图上呈"几"字形。自西向东分别流经青海、四川、甘肃、宁夏、内蒙古、陕西、山西、河南及山东 9 个省区，最后流入渤海。黄河流域跨九省区，陆域总面积占全国37%，区域人口占全国的31%①。黄河自北从山西省忻州市偏关县万家寨镇老牛湾入境，滚滚流淌，时缓时急，流至芮城县风陵渡后向东折去，南至垣曲县碾盘沟出境，流经山西省4市19县560个村庄，域内流程达到965公里（图1）。山西黄河流域内涵博大灿烂，历史源远流长，文化底蕴厚重，资源丰富多彩，为建设黄河国家旅游基地，打造全域旅游示范点，推动体育产业与旅游产业融合发展，培育体育旅游精品项目和线路以及各类旅游活动的开展提供了基础和保障。

近年来，随着我国社会经济快速稳定的发展及人民生活水平的不断提高，体育事业的蓬勃开展，人们健身意识的不断增强，以体育健身、娱乐、观赏的各类竞技及尝试体育刺激与挑战为目的的体育旅游活动也不断发展起来，逐步成为新的亮点和焦点。随着国务院办公厅《关于加快发展健身休闲产业的指导意见》②《关于进一步扩大旅游文化体育健康养老教育培训等领域消费的意见》③ 和国家旅游局、国家体育总局《关于大力发展体育旅游的指导意见》④ 等一系列文件的出台，大大加快了体育旅游发展进度。十九大报告指出，我国社会主要矛盾已经转化为人民日益增长的美好生活需要和不平衡不充分的发展之间的矛盾。当前我国进入全面建成小康社会的决胜阶段，人民群众多样化体育运动和旅游休闲需求的日益增长，体育旅游已经成为重要的生活方式，产业发展形成了一定的市场规模，取得了一定的经济效

---

① 许韶立：《黄河中下游分界线新说》，《中州学刊》，2003.3（5）：165—170。
② 国务院：《关于加快发展健身休闲产业的指导意见》（国办发［2016］77号）［EB/OL］．［2016.10.28］．http：//www.gov.cn/zhengce/content/2016-10/28/content_5125475.htm.
③ 国务院：《关于进一步扩大旅游文化体育健康养老教育培训等领域消费的意见》（国办发［2016］85号）［EB/OL］．［2016.11.28］．http：//www.gov.cn/zhengce/content/2016-11/28/content_5138843.htm.
④ 国家旅游局：《关于大力发展体育旅游的指导意见》［EB/OL］．［2016.12.22］．http：//www.cnta.gov.cn/zwgk/201612/t20161222_810129.shtml.

益和社会效益。本文运用 RMP 理论从体育旅游资源、市场和现有产品三方面进行综合分析，试图为山西黄河流域生态体育旅游发展提供可行思路。

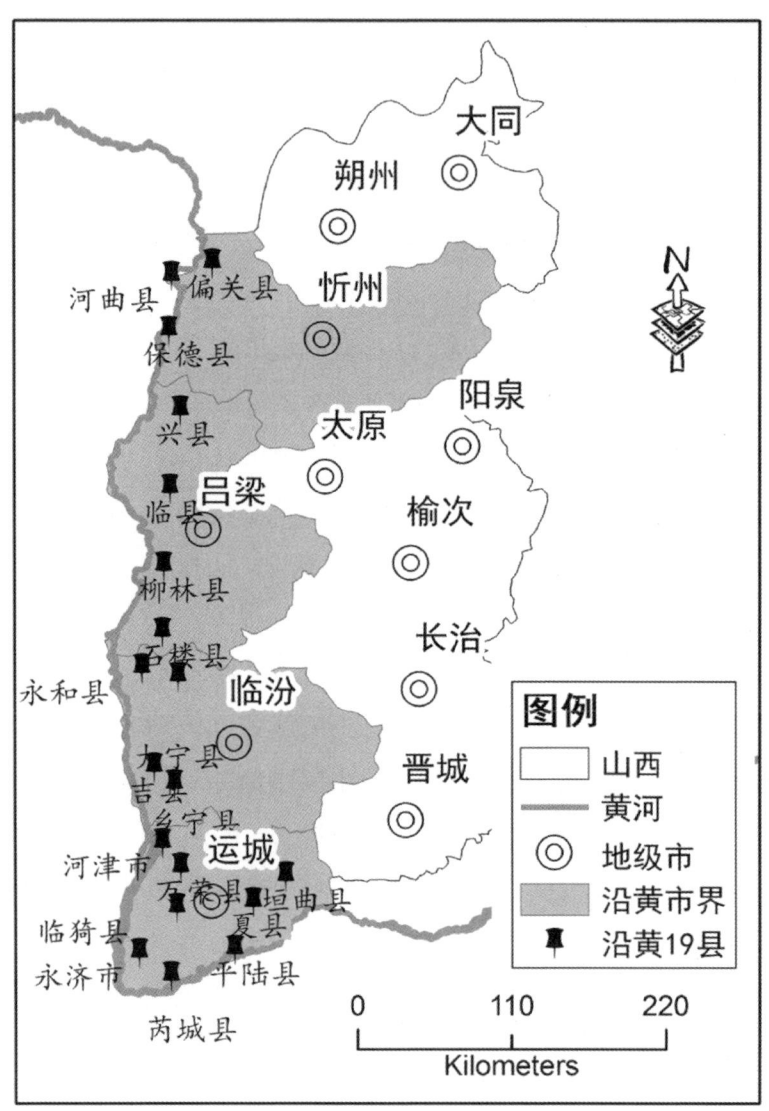

图1　黄河山西境内流程图

本文主要采用了文献资料法、问卷调查法等。对山西黄河流域重点景区进行了实地调研，对当地居民、游客进行了问卷调查，共发放调查问卷 1600 份，回收问卷 1600 份，其中有效问卷 1545 份，有效率为 96.5%。问卷中有的选项为多选，文中个别图的总比例有超过 100% 的情况，所以使用"频次"来表述。

二、山西黄河流域生态体育旅游的 RMP 分析

体育旅游资源是体育资源和旅游资源的互补互利，是一种把体育旅游活动作为吸引旅游者的自然因素和社会文化因素，激发旅游者的旅游动机，为体育旅游发展创造经济效益、社会效益、生态效益的自然与社会的实体物。体育旅游资源是体育旅游开发的条件，是发展体育旅游业的基础和保障。

（一）Resource 分析（资源分析）

1. 山西体育旅游资源优势

山西省地处黄土高原东部，介于太行山与黄河中游峡谷之间，北跨绵绵内长城，西、南以滔滔黄河为堑，东邻巍巍太行山，历史悠久，源远流长，是中华民族的主要发祥地。山西自古就有"表里山河"的美誉，省界几乎全部被山河环绕，境内的自然旅游资源也被深深烙上山河之印。东部由北向南主要有恒山、五台山、系舟山、太行山、太岳山和中条山，西侧自北向南有采凉山、洪涛山、管涔山、吕梁山、云中山、关帝山等一系列山地。山西省河流众多，流程在 65 公里以上并发源于山西的约有 40 条。著名的河流除流经晋陕、晋豫交界的黄河之外，还有汾河、涑水河、桑干河、漳河、沁河、滹沱河等多条较大的河流，并修有多座大中型水库。省内还有多处保存较好的古长城，大同的"边墙五堡"，代县长城和偏关长城均是塞外有名的长城，加上雁门关、宁武关、偏关、平型关、娘子关等关隘，沿途奇景众多，民俗乡情独特，是吸引广大国内外的徒步旅游者和登览长

城爱好者的理想去处。复杂多变的地质地貌、水文气象，造就了山西雄伟壮丽、引人入胜的自然景观。民间社火、踩高跷、划旱船、威风锣鼓、亮膘背冰等丰富独特的民俗体育风情凝聚与沉积着厚重古老的体育文化。历史悠久的武术、挠羊、艾社等体育项目成为中国北方汉民族古老文化的缩影，深厚的文化底蕴、丰富多彩的资源和四季分明的气候是发展山西省体育旅游的基础和保障，也显示了山西省体育旅游资源多样性、生态性、广博性、古老性、丰厚性、潜力性的优势。山西黄河流域生态体育旅游资源十分丰富，种类繁多，根据资源分布和分类方法，可以分为自然体育旅游资源和人文体育旅游资源两大类，进一步细分为水体资源、地文资源、冰雪资源、赛事资源、场馆资源、古迹资源、民俗资源、宗教资源和红色旅游资源等（图2、表1）。

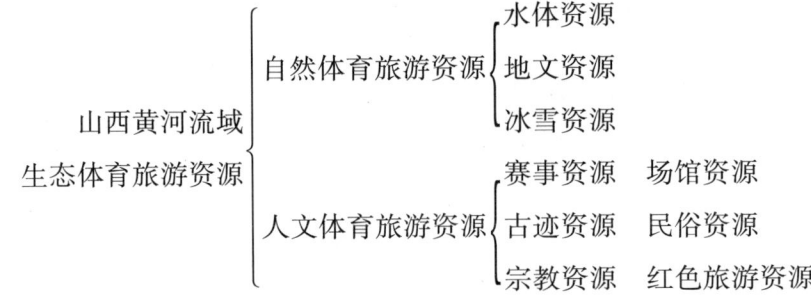

图2 山西黄河流域生态体育旅游资源丛集图

表1 山西黄河流域生态体育旅游部分资源示意图

类别	基本类型和名称	适合开展的项目
水体资源	汾河、奇村温泉、壶口瀑布、运城盐湖、圣天湖景区	划船、皮划艇、水上飞机、水上摩托、温泉养生、龙舟、环湖跑、环湖骑自行车、漂流、垂钓等
地文资源	晋陕峡谷、吕梁山、管涔山、北武当山、历山、五老峰、庞泉沟、中条山	登山探险、徒步穿越、定向越野、攀岩、跳伞、蹦极、滑翔伞、热气球

续表

类别	基本类型和名称	适合开展的项目
场馆资源	忻州、吕梁、临汾、运城各类体育场馆	足球、羽毛球、游泳、篮球、网球、乒乓球、瑜伽、健美操、门球
冰雪资源	老牛湾黄河国际滑冰旅游交流赛、曹溪河欢乐冰雪世界游、贾家庄冰雪节活动	滑冰、滑雪、雪橇、冰橇、冰球
赛事资源	"博克森杯"中国大学生篮球精英赛、代县搏击赛、挠羊赛、柔力球比赛、全国五人制足球争霸赛、百里汾河骑行自行车公开赛、体育舞蹈大赛、"关公门前耍大刀"比赛	体育赛事欣赏、体育文化交流
民俗资源	亮膘背冰、威风锣鼓、万荣花鼓、风火流星、跑鼓车	民俗传统体育观赏、演艺表演
古迹资源	西侯度遗址、丁村人遗址、鹳雀楼、碛口古镇、大禹渡	自驾游、休闲徒步、登高比赛、文化溯源
宗教资源	小西天、东岳庙、普救寺、千佛洞、关帝庙、普净寺	朝觐旅行、景区观光、修学游憩
红色旅游资源	蔡家崖红色经典旅游、刘胡兰纪念馆、兴县"四八"烈士纪念馆、晋绥边区革命纪念馆、临县中共中央后方委员会旧址、中共中央西北局旧址、陕甘宁晋绥联防军旧址、高家沟红色旅游文化节	爱国主义教育、健身徒步、农家乐、钓鱼

来源：依据相关信息整理而成

2. 山西体育旅游资源开发不足及其对市场的制约

山西虽然是旅游资源大省，但在体育旅游产业发展理念上相比发达地区还是相对落后的。山西5A级景区只相当于河南的50%；同属一座山，山西王莽岭景区的投入比河南云台山少不了多少，游客却抵不上云台山的10%；同是一条河，山西九女仙湖景区的游客不到河南青天河景区的30%；同是壶口瀑布，山西的游客只有对岸陕西的

50%，而山西这侧的游客甚至还有一半以上来自陕西。全国旅游已经从平面简单的景点观光转变为立体多样的休闲体验游，自驾游人数也在逐年增多，甚至有的地方是不需要花大价钱修建的无景点旅游，例如浙江省德清县莫干山民宿、安吉县帐篷客酒店，周边都没有任何景点，酒店本身就是旅游目的地，人们追求的就是远离城市喧嚣，亲近自然体验，一晚价格不菲的住宿费，入住率都在90%以上。山西省除了没有滨海体育旅游资源，其他体育旅游资源全都具备，是名副其实的体育旅游资源大省，却是体育旅游资源开发上的弱省。还有山西省体育旅游景点比较分散，没有形成多层次、多渠道、多形式，跨地区、跨行业、跨部门的大开发、大宣传、大促销网络和联动机制；没有对丰裕的资源加以科学合理的最大化利用，导致市场影响力和吸引力不够。

（二）Market 分析（市场分析）

目前，全球体育旅游产业年均增速在15%左右，是旅游产业中增长最快的细分市场；根据国家旅游局的公开数据，中国体育旅游的市场正在以每年30%至40%的速度快速增长，远远高于全球体育旅游市场的平均增速。总体来看，中国体育旅游市场所占比例为5%，发达国家体育旅游所占比例为25%，体育旅游市场存在明显差异（图3）。

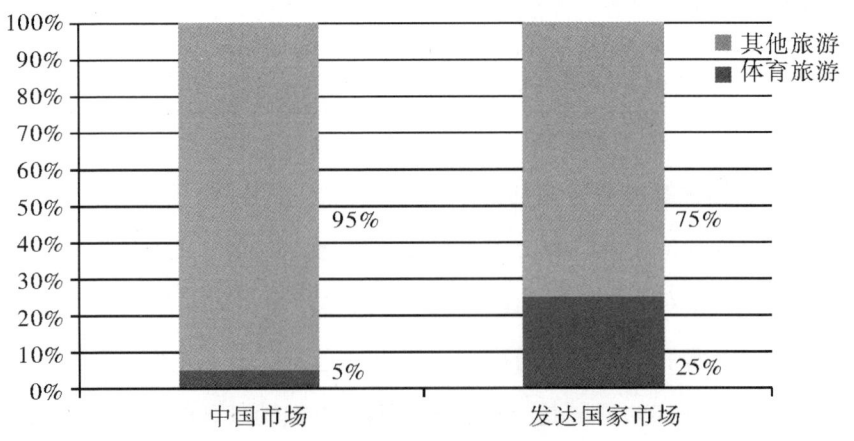

图3　国内外体育旅游市场占有率图示

从差异化的所占比例中可以看出中国体育旅游还处于起步阶段，未来随着体旅融合的进一步深入，体育旅游市场所占比例会不断提升，交集也会越来越大。

遵照"绿水青山就是金山银山"和"人与自然和谐共生"的社会主义新时代建设新格局，为适应体育旅游市场发展的需求，山西要对现在已经开发的旅游景区景点进行区域联动和有效整合，对正在建设开发的景区景点进行科学规划和合理完善，在加强资源利用、硬件建设、市场开发等显性因素的同时，还要特别重视体育旅游参与者认知水平、学历构成、参与项目、选择类别、信息获取渠道等潜在的隐性因素对体育旅游市场的影响。

1. 认知程度分析

人们对山西黄河生态体育旅游的认知程度、了解程度、参与程度都对体育旅游市场持续发展起到了重要作用。在回收的1545份有效调查问卷中，表示了解山西黄河生态体育旅游的人数为477人，占30.88%；较少了解的人数为678人，占43.88%；不了解的人数为390人，占25.24%。由此可见，被调查者中对山西黄河生态体育旅游较少了解和不了解的比例占到69.12%（图4）。这说明人们对山西黄河生态体育旅游认知程度需要进一步提高，同时也反映出宣传力度仍要加强。被调查者中认为体育旅游可以使自己身心得到放松和满足，从而获得健康的人数达到1537人，占到了总数的99.48%（图5）。被

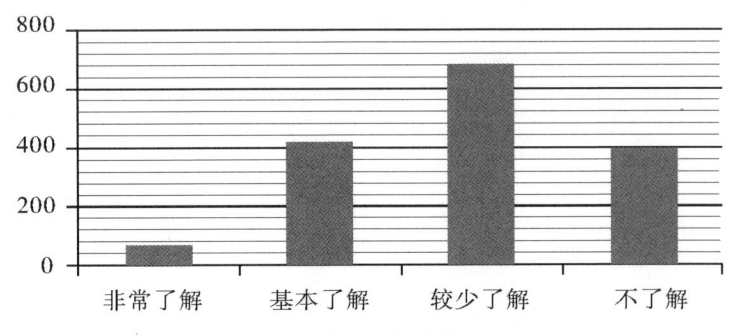

图4　被调查者对体育旅游认知情况

调查者在回答"体育旅游会成为未来健康生活中一个重要的组成部分"时,同意的有1532人,占到了总数的99.15%,表明被调查者对参与体育旅游的健康需求非常高,也说明体育旅游市场提升潜力很大。

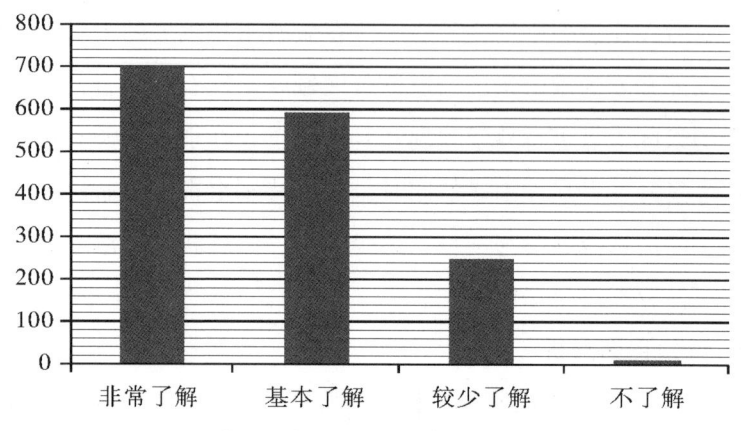

图5 被调查者对体育旅游的健康需求情况

2. 学历构成分析

对被调查者的学历构成进行分析,可以帮助我们正确认识山西黄河生态体育旅游的参与主体,有的放矢地增加符合他们的体育旅游项目,满足他们的体育旅游需求。从图6分析得出:参与体育旅游的积

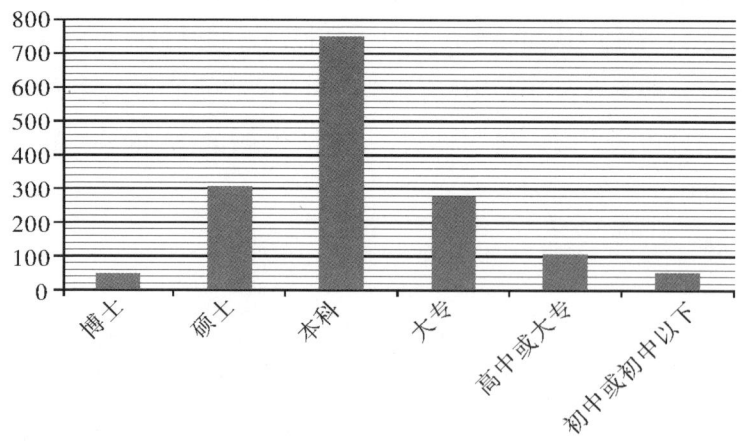

图6 被调查者学历构成分析

极性与文化程度呈现正相关。学历较高者，相对文化修养程度较高，他们对生活观念、休闲方式、消费理念、审美情趣的选择上也具有较高的认识，学历较高者往往也代表着收入较高者。因此这个群体是山西黄河生态体育旅游的主要消费群。

3. 信息获取渠道

对被调查者的信息获取的渠道进行分析，可以帮助体育旅游管理者进行统筹管理；帮助体育旅游企业投放宣传广告；帮助体育旅游者及时获取相关信息，满足他们的体育旅游需求。从图7可以看出：互联网、电视、微博微信、别人介绍、报纸杂志排在了所有信息获取渠道的前五位，所占比例分别是：48.03%、45.37%、40.84%、35.02%、19.81%，其中包括了互联网、微博微信等新媒体和电视、报纸杂志等传统媒体，"别人介绍"选项也位列其中。分析表明：山西黄河生态体育旅游参与者的信息获取渠道是多途径的、综合的，甚至是"口口相传"的。

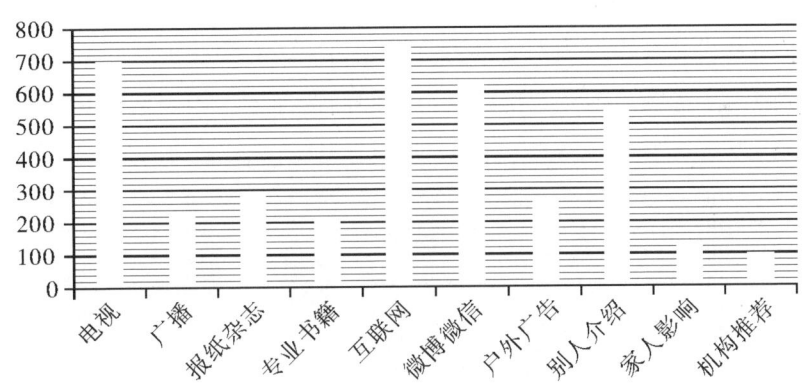

图7 被调查者体育旅游信息获取渠道情况

4. 参与项目分析

问题"您参加过什么类型的体育旅游项目"在问卷中为多选题，显示选择最多的是健身类体育旅游项目，选择频次为1115次，占72.17%；其次为休闲类体育旅游项目，选择频次为819次，占53.01%；第三为观赛类体育旅游项目，选择频次为365次，占

23.62%；最后为刺激类体育旅游项目，选择频次为 172 次，占 11.13%（图8）。被调查者更多的选择了骑自行车、划船、游泳等相对普及且安全系数较高的项目。分析对蹦极、攀岩、探险、滑翔、跳伞等项目选择较少的原因：第一是项目开展不普及；第二是项目具有较高危险性；第三是项目消费所需额度较高。

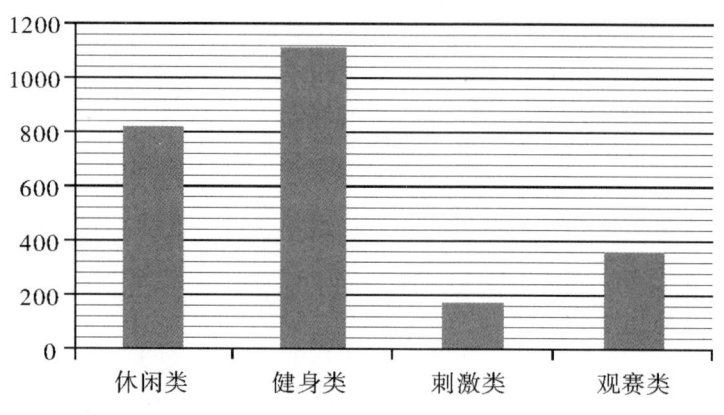

图8 被调查者参加过的体育旅游项目情况

5. 选择类别分析

问题"您在以下山西省体育旅游项目中，对哪些项目感兴趣"在问卷中为多选题。图9分析显示：人们的选择依次为民俗文化体育旅游 44.72%，太行风情体育旅游 44.21%、冰雪运动体育旅游

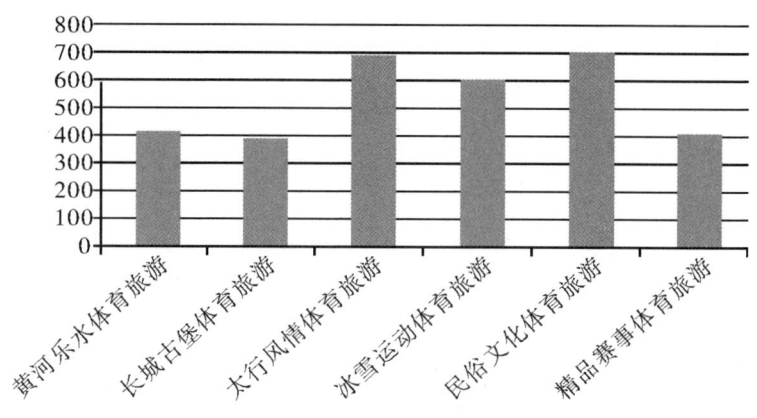

图9 被调查者希望选择参与体育旅游类别情况

38.51%、精品赛事体育旅游27.7%、黄河乐水体育旅游27.51%、长城古堡体育旅游24.92%。

(三) Product 分析（产品分析）

随着人民日益增长的美好生活需要，山西省体育旅游发展迅速，国家旅游局和国家体育总局确立运城市芮城圣天湖景区为"国家体育旅游示范基地"创建单位；大同环古城全民健步走活动为"国家体育旅游精品赛事"。山西省具有发展黄河生态体育旅游产品的优势，地理位置处于中国中部地区，连南贯北，承东启西，毗邻京津冀都市圈，交通便利，区位优势明显。独特的区位优势为接受发达经济地区的旅游市场辐射和欠发达经济地区旅游客源输入创造了条件。体育旅游具有突出的外向性和开放性的特点，是关联性很强的网络型行业，这就决定了体育旅游产品开发和创新很难独立完成，需要相关部门的协调合作，尤其是旅游与体育部门的通力合作。个人可自由支配的收入越多，人们对旅游产品的现时需求就越大[①]。2015年山西省城镇居民人均可支配收入25828元，农村居民人均可支配收入9454元[②]。较强的区位优势和出游消费能力，为山西黄河生态体育旅游发展提供了有利的市场空间。同时，调查问卷分析表明：被调查者中有1150人选择了体育旅游首选地为山西省内，占到了总数的74.43%（图10）。山西省体育旅游出行特点以省内市场为主，兼顾周边省份。近年来山西省吸引国内外旅游人数在逐年增加，旅游收入也在明显增长。充沛的客源市场，也为山西黄河生态体育旅

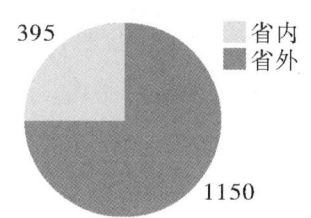

图10　被调查者体育旅游首选地情况

---

① 镇威：《武汉高校旅游RMP分析》，《湖北大学学报》，2010（3）：112—116。
② 中国经济网：《2015年山西省国民经济和社会发展统计公报》. [2016.03.04]. http://district.ce.cn/newarea.

游的发展提供了坚强的基础和保障。

政策方面的积极有利引导也会使山西黄河生态体育旅游得到强有力的推动和发展。山西省在新一轮转型发展中充分利用资源优势,着力打造黄河、长城、太行三大旅游品牌,依托我省独特的地形、气候、饮食、民俗体育文化、医药和康养文化,建设一批健康养生旅游城市、体育特色小镇、康养产业园和度假区,打造文化体育旅游村镇,加强文化体育旅游融合发展。根据不同年龄阶段对体育旅游项目的不同需求,构建不同的体育旅游产品。

"旅游发展,交通先行"。继续增加山西省忻州市、吕梁市、临汾市、运城市沿黄扶贫旅游公路修建里程,扩大辐射区域范围。便捷的交通使得山西黄河生态体育旅游在发展过程中也会不断进行完善和调整,把山西境内黄河沿岸的自然景观资源、历史文化资源与健康体育充分融合,使得黄河文化更加凸显。积极建设"山西沿黄体育旅游带",打造设立类似于"环青海湖自行车比赛""汽车拉力赛""极限挑战漂流"等大型赛事。沿黄扶贫旅游公路忻州段起点位于偏关县万家寨黄河大桥,覆盖了偏关、河曲、保德3县19个乡镇31个村庄;沿黄扶贫旅游公路吕梁段覆盖了吕梁四个县,其中兴县、临县、石楼三县是深度贫困县,这三个县都蕴藏丰富的旅游资源;沿黄扶贫旅游公路临汾段不仅可以满足自驾游,还规划修建13公里的步行路线和80公里的骑行路线,满足多样化的体育健身旅行需求;沿黄扶贫旅游公路运城段起于河津市终于垣曲县,途经8个县28个乡镇的60多个行政村。充分利用里程1200多公里的山西省沿黄扶贫旅游公路,不仅串联起了若干体育旅游景点,带动了山西沿黄线经济快速发展,还实际解决了当地农民出行难的问题,对于推进脱贫攻坚和转型发展具有十分重要的意义。但同时也存在缺乏精品体育旅游线路、体育旅游救援保障系统缺失、特色体育小镇建设不足等问题。

三、山西黄河流域生态体育旅游发展策略

（一）塑造品牌形象，加大宣传力度

大众对参与体育旅游的健康需求非常高，但同时对体育旅游认知度却并不高。应该建立专门负责管理山西省黄河流域生态体育旅游品牌策划设计、宣传推广、评价评定的系统机构，利用新媒体和传统媒体等多种信息手段，针对体育旅游参与者、体育旅游市场对产品品牌、服务的反馈信息，结合新趋势、新理念、新手段完善山西黄河流域生态体育旅游品牌的营销策略。切实形成主题健康、特色鲜明、文化凸显、便于参与的体育旅游新形象。既要反映黄河文化与自然的特色，又要符合体育旅游时尚；既要有继承性又要有创新和发展；既要符合市场需求又要易于传播；既要主题突出又要立体多面，大力拓展国内以及国外的客源市场。

（二）强化区域合作，打造高端品质

利用黄河体育旅游为合作题材和主线，可以与陕西、内蒙古、河南等相邻省区进行跨区域体育旅游合作，并对山西省内沿黄河地区各地具有特色的体育旅游资源进行合理配置，实行优势互补，通过资源互享、客源互送、线路互推、政策互惠等方式，更好地满足体育旅游规律的要求，更有效地克服各地的局限性，产生更好的经济效益、社会效益和生态效益。高品质体育旅游产品是山西黄河流域生态体育旅游健康发展的动力，也是引导潜在市场需求转变为现实参与消费行为的纽带。避免低级别的重复建设导致项目雷同、千篇一律，失去了特色，也失去了市场。开发山西黄河流域生态体育旅游应充分结合当地的资源优势，打造标志性的体育旅游赛事，突出特色，提高品质。

(三) 科学细化项目，满足不同需求

体育旅游项目既有艰难挑战类的，也有休闲娱乐类的；既有观赏类的，也有亲身互动类的。不同类型的体育旅游活动能够满足绝大部分人群的不同需求，在开发山西黄河流域生态体育旅游产品时应充分关注参与者需求特点。依据体育旅游资源属性、体育旅游资源独特性、体育旅游功能、体育旅游运动强度等方面进行科学的详细分类，推出如漂流、蹦极、攀岩、速降等刺激类体育旅游项目，满足年轻人客源和专项旅游爱好者的需求；推出健身走、健身跑、垂钓、徒步、养生等以健身为主要目的的体育旅游项目，满足老年人喜缓喜静且安全系数较高的体育旅游需求；推出高尔夫、马球、低空飞行等体育旅游项目，以满足部分人士的高端体育旅游需求；依托黄河文化、民俗文化和红色文化，积极举办各种赛事活动，从而满足体育赛事观赏旅游人群的需求。体育旅游参与者流动影响着体育旅游的发展，同时也为体育旅游产品的开发指引了方向。

(四) 降低安全风险，提升人才培养

山西黄河流域生态体育旅游既具有一般旅游风险的共性，同时也兼备了体育与旅游的不同特点，主要体现了专业性强、安全系数低、时效性强、成本费用高、社会效应大等特殊性。对于漂流、潜水、蹦极、攀岩、探险、低空飞行等高风险项目，要积极充分做好风险预测和管理工作，查找其存在的安全漏洞，认真进行总结分析，并制定和完善安全可靠的保障预案与措施。同时，要坚持以黄河文化为核心，加强文化内涵建设，提升山西黄河流域生态体育旅游产品的档次和品味，降低因体育旅游开发而导致区域文化消亡的社会风险。近年来我国体育产业的迅猛发展，对体育旅游复合型人才的需求也明显上升，存在着"人力资源供过于求，人才资源供不应求"的现象，尤其是蹦

极、热气球、跳伞、登山等一些高风险参与型体育旅游项目的指导人员必须经过严格的岗前培训和系统学习，达到规定资质后方可持证上岗服务。积极促进学科交叉，避免旅游专业人员不懂体育，体育专业人员不懂旅游的尴尬局面。

作者简介：

石晓峰（1979—），男，山西太原人，博士，副教授，硕士生导师，研究方向为体育教育训练学、体育旅游。

山西黄河旅游景点可持续开发对策分析

忻州师范学院经济管理系　岳瑞波

黄河是中华民族的母亲河，也是中华文化发源地，沿黄地区有丰厚的历史文化底蕴，这让山西省境内沿黄区域的旅游开发有得天独厚的资源优势。国务院于2017年《关于支持山西省进一步深化改革促进资源型经济转型发展的意见》中要求山西省要积极推进旅游示范区建设，打造文化旅游产业，建设省域国家级文化生态保护区，这是对山西旅游文化发展建设性的指导意见，也是开发山西黄河旅游文化的新政策。我省政府部门积极配合相关政策和指导意见，大力开发黄河旅游资源，深度挖掘黄河旅游资源，打造黄河旅游文化新品牌，这对发展黄河旅游文化有极大的推动作用。

黄河旅游景点在山西省境内从北到南有老牛湾地质公园（古村落、长城与黄河交汇处、黄河水变绿变清处）、乾坤湾（远观老牛湾）、万家寨水电站（吊桥、引黄河水工程起点）、护宁寺（长城与黄河平行处）、娘娘滩（黄河上的小岛，水涨岛也涨）、西口古渡（山西人走西口的通道之一）、天桥水电站、碛口国家级风景区（水电站）、永和蛇曲地质公园、壶口瀑布、河津禹门渡、黄河铁牛、普救寺（《西厢记》故事发生地）、鹳雀楼、平陆天鹅湖湿地公园（冬季有白天鹅）等15处。以上是笔者了解到黄河在山西境内的旅游景点，也可能不太完整，但这与黄河经过山西4市19县的优势不符，没有发挥出其资源优势。而仅有的上述旅游景点，也是旅游条件不尽如人意，旅游人数较少，很难形成一定的旅游支柱产业。为了打造黄河旅游支柱产业，重塑黄河旅游品牌，笔者对山西境内的黄河旅游景点提出十点建议，供有关部门和人员参考。

一、申遗

自然遗产是指从科学、保护或自然美角度看，具有突出、普遍价值的天然名胜[①]。据有关资料显示，到目前为止，我国的自然遗产仅有十余项，在黄河山西段中，老牛湾地质景区和壶口瀑布自然景区完全符合自然遗产特征，可以申遗，用这种世界人们公认的罕见自然美景来衬托、带动山西其他黄河段旅游，让世界人们知道并了解山西、了解黄河旅游山西景点的奇观景象，从好奇的角度来旅游、感受中国母亲河的自然景观。

二、重视宣传方法和手段

宣传的方法是多种多样的，也可以用电视、报纸等传统媒体宣传，还可以用微信、互联网等新媒体手段宣传；可以用学术会议、招商引资会议等形式进行宣传，可以在省内外著名旅游景点进行广告宣传，还可以在各大车站、广场进行宣传。这种宣传是有一定效应的，可以促进黄河旅游热。

在宣传的过程中可以换一种思维方式，用电影、电视剧的方式来做宣传，如电视剧《乔家大院》对祁县乔家大院旅游的宣传效应，使乔家大院景点一下子火起来，很多人都会慕名而来，看看当时乔家的发家过程和后来的延续过程。所以我们可以把山西境内黄河区域的旅游景点拍成电视剧或电影，在影响力大的电视台或影城播放，让更多

---

① 姚允柱，李炳义：《旅游经济学》，高等教育出版社，2016年，第90页。

游客知道这些景点，吸引人们安排时间来旅游消费。

三、利用名人效应

应用历史名人或现代名人在旅游景点进行活动并宣传。如柯受良20世纪末在壶口瀑布先后进行摩托车和汽车飞跃表演，给壶口瀑布旅游带来了机遇，让人们知道这个旅游景点是黄河的一段，是黄河以瀑布的形式出现的自然景观。鹳雀楼也是名人效应的具体体现，它是人们去永济旅游的必游景点。现在游客去了可见王之涣的铜像，可体会当时王之涣在鹳雀楼上远眺黄河的心情和景象。山西境内黄河旅游景点也可以应用这种模式、利用历史名人或现代名人来做宣传，让游客知道这些景点，从而去体验游览这些景点。

四、用历史或神话故事来引领

应用历史故事来宣传，如黄河铁牛，很多人可能知道黄河捞铁牛的故事，去了运城会去永济看下铁牛所在地，也可了解到当时铁牛的铸造过程和使用铁牛拉吊桥的故事。如老牛湾的神话故事是说"九曲黄河十八弯，神牛开河到偏关，明灯一亮受惊吓，转身犁出个老牛湾。"这是说太上老君用神牛犁黄河，到达偏关老牛湾时，受到明灯山上明灯的刺眼惊吓而转身180度犁出特别的河道，形成现在的老牛湾景区。壶口瀑布也有神话传说，但是这里的神话传说不太统一，有"女娲遗骨"神话，有"大禹治水"神话，有"伏羲和庖羲兄妹成婚"神话等。所以应用神话或历史人物故事来衬托，让山西黄河段景点成为品牌，提高知名度。

五、交通硬件设施的改善

提到旅游，除景点本身美之外，人们首先想到交通条件如何？交通设施怎样？飞机、高铁、高速、普通公路哪些更快捷？哪些更方便？山西省境内的黄河旅游景点，飞机和高铁可到的几乎没有，高速公路和普通公路都有，但与高速路出口的距离有差异，大部分景点离高速出口较近，可能只有老牛湾远一点，50公里左右。人们要想从北到南或从南向北游览黄河景点的话，就没有高速路，走普通公路也行，但是路不太好走，并且我省是西煤东输的交通要道，很多沿黄河公路既承担运煤任务，还要承担旅游交通任务，形成道路交通拥堵严重，最终导致人们旅游时耗在路上的时间太长，时间成本太高，进而导致旅游时间缩短，阻碍人们旅游。

要想更好地开发山西境内的黄河旅游景点，最好是从山西境内黄河段的最北端到最南端新建设一条公路。高速路的成本高，但普通旅游公路的成本不算太高，可以建设成普通旅游快速路，让人们游览山西境内的黄河景点一气呵成，不论从北到南，还是从南到北，都以最短的时间就可以游览完，不绕路。同时，可以在普通旅游公路附近再建设人文景区，使人们在游览休息时可以了解当地风土人情、历史故事和神话传说等。

令人欣慰的是近期有报道说山西省已经投资建设沿黄河岸边的旅游公路。山西省交通厅消息显示，山西到2020年将建成黄河、长城、太行三大板块旅游公路网络，以改善旅游交通服务能力。该公路网络建成后，将辐射全省面积的72%，对旅游业发展和农民脱贫增收发挥强大拉动作用。其中沿黄旅游公路涉及忻州、吕梁、临汾、运城4个市，总里程约1166公里，总投资约239亿。在旅游公路建设过程中，我们还需要尽量保护原始地质结构和地貌，使黄河周边的风景不要受到过大的破坏，找到合适的路线规划方案，让公路建设不破坏原有的黄河风情，也不破坏原有的自然地貌和植被。在选择建设路线时，要与黄河岸有一定的距离，让人们既能游玩，又能看到原始的自然形象和原始村落、古风古镇等景观。

六、集中连片形成景点群

集中联片游也是当下人们旅游中常见的形式，我们开发黄河旅游，也可以和当地的其他旅游景点一同开发，集中售票、集中宣传，形成旅游景点群。如在老牛湾景区游玩，可以感受到不同时期的长城，游玩下人们心中的"长城博物馆"。偏关县境内所辖长城约274里，最有代表意义的是老牛湾长城与黄河交汇处，也称长城与黄河握手处；在县城西有长城与黄河平行处——护宁寺，偏关境内有长城城堡几十处，现在保存完好的城堡有老牛湾堡、桦林堡、水泉堡、老营堡等，还有水泉明长城遗址及地下长城。这些都可以吸引游客，让他们在游玩的同时，了解自然人文景观。其他地区也可以效仿，如永济的鹳雀楼和黄河铁牛，附近有关帝庙、李家大院、五老峰、盐湖等集中连片景点，可以联通售票。临汾壶口瀑布附近也有洪洞大槐树、尧庙及凯旋门等。这种集中连片的旅游景点群，让人们在短距离内可以游玩更多景点，效率更高，玩得更高兴、更愉快。

七、优惠政策与优惠幅度

本地或本省的游客要有优惠，重游客人也要有优惠。好多景点对当地人有免票活动，但是对重游的游客没有优惠活动，事实上，重游者往往是带着别人来游玩、消费的，所以可以对重游者凭有效身份证件与游玩记录进行优惠或免票活动，让他们多带人来游玩，并能享受优惠。对省内或境内的游客可以实行一卡通优惠活动，让人们办理一张卡后可以无限次数游玩或无限景点数游玩，也可以办理一卡通后打折游玩，实际上他们在游玩过程中也要进行消费，也会对经济有促进作用。各景区不要仅盯着门票的收入，要放眼长远，增加人次。这样不仅可增加旅游景点的门票收入，其他消费收入也会增加。

八、游与留

旅游供给的目的是为了满足旅游需求，所以旅游供给要多样性。[1]旅游供给中要从经济、社会、文化等多角度来满足旅客的需求，这就是游与留的关系。旅游中为了刺激当地经济，消费是必须有的，主要看旅游中能否留下游客，使他们在当地消费、购物、娱乐。这方面需要有投资，游客往往看完景点就走，奔赴下一个景点，所以要想留下游客，必须使用一定的手段和方法，比如加大加多景点、增加演出、增加娱乐、增加特产售卖等。在五台山旅游的人们，在游完或游览前观看《又见五台山》情景剧，再游，可以延长旅游时间，也可以更多地了解五台山；在平遥旅游的人们，观看《又见平遥》情景剧，可以更多地了解当时晋商的处境和发展过程，又可以延长旅游时间，达到使游客在旅游点多停留的效果，同样可以让游客留下。留下后就到了其他非旅游的消费阶段了，需吃需住，有的还需购物娱乐等，所以我们尽可能在景点中把人文景观也加入进去，让游客的游览时间延长，可以促进消费，促进经济增长。

九、提升服务设施与服务质量

旅游中人们总要有休息饮食之需，沿山西黄河旅游景点的住宿与

---

[1] 姚允柱，李炳义：《旅游经济学》，高等教育出版社，2016年，第73页。

餐饮业设施及服务质量有待提高，让人们在旅游完后休息舒服。在现实中，各县旅游景点附近的宾馆住宿条件参差不齐，有些县的住宿条件太差，严重影响游客的心情。在大力开发旅游项目的同时要加大力度调整升级当地服务设施——即宾馆和餐饮业。对宾馆房间内设施按要求提高质量和舒适度，完善人文关怀，更新设施设备，按高要求和服务来布置，即使达不到五星或四星级标准，也要达到三星+，不要让人们花钱住了，但因设施设备陈旧而没有休息好。同时要提高服务质量，对所有服务人员定期开展培训，让服务人员虽在黄河岸边的县里或村镇里工作，但服务质量达到大城市水平，达到游客满意的程度和效果。

十、开发与保护相结合

在对黄河开发时，要适合当地的自然地理环境和可持续发展要求，不可一味地追求经济效益而忽视可持续性。如在黄河水上游娱乐设施设备的应用中，要防止污染对环境和水质的破坏，大型游船游艇的应用要适度，尽量使用清洁能源。在开发古村落古镇时也要适度，尽量不破坏原来风貌、不破坏原来形状和性质，使游客能最大程度地感受原始风味，远离现代气息。

总之，对山西境内黄河旅游景点景区的开发开放要按国家要求，符合改革大局，重点开发自然景观和人文景观，要把服务和硬件设施搞好，让人们了解历史和自然风光，改善心情，达到游玩、放松的真正目的。

参考文献：

[1] 晁冰，郑国璋．晋陕豫黄河金三角地区区域旅游合作优势分析［J］．旅游纵览（下半月）．2017．

[2] 于红，刘沛林．晋陕黄河大峡谷山西沿岸俗文化的旅游价值［J］．经济地理．2016．

［3］郭宁虎．神奇的乾坤湾［J］．先锋队．2015．

［4］张阳．山西永和黄河蛇曲地质公园旅游环境容量分析［J］．西安石油大学学报（社会科学版）．2015．

［5］王叶．山西沿黄旅游资源可持续发展初探——以黄河壶口瀑布、碛口古镇为例［J］．黑龙江生态工程职业学院学报．2014．

［6］王彦章．高擎黄河壶口文化品牌［N］．临汾日报．2012．

［7］许焕荣．山西吉县：唱响黄河壶口旅游的"大合唱"［N］．中国文化报．2010．

［8］刘金海．山西万家寨打造黄河特色旅游品牌［N］．中国旅游报，2003．

［9］秦晓娟．山西平陆黄河湿地植被数量生态研究［D］．太原：山西大学学位论文，2015．

［10］姚允柱，李炳义．旅游经济学［M］．北京：高等教育出版社，2016．

作者简介：

岳瑞波，男，忻州师范学院经济管理系副教授。

融入"一带一路"的山西黄河旅游地域独特性及重点市场开拓

山西师范大学历史与旅游文化学院　胡炜霞

着眼于开创中国全方位对外开放新格局的"一带一路"倡议，在十九大后写入党章，其推进的步伐和范围将继续加大。"一带一路"是"陆上丝绸之路经济带"和"21世纪海上丝绸之路"的简称。山西在"一带一路"的西北、东北、西南、沿海和港澳台、内陆的空间布局中，没有明显的地位和优势，因为至少山西或其主要城市的名字都未出现，因此找准融入"一带一路"的区位优势、连接点和突破领域十分关键。在向西开放，发展外向型经济的局势中，过去处于偏远地方的西部，成为对外开放的最前沿和高地。山西紧靠京津冀、环渤海地区，是向西开放、连接亚欧的桥头堡，可以吸引其产业、资本、市场向山西转移。由于旅游资源的差异性、垄断性，山西的旅游业在融入"一带一路"时具有比较优势。黄河是山西连接西北和环渤海地区的天然水系，通过黄河旅游吸引东部的资金、游客，与西部加强旅游流的交互，扩大旅游消费群体规模，是促进山西融入"一带一路"和推动黄河经济带全面发展的新途径。在山西已将旅游业提升为战略性支柱产业时，位于大河中游，占据黄河干流河段近1/5长的山西，发展与丝绸之路交织并行的黄河轴带旅游，必将与西部、东部具有更多的地域和文化认同感。在加强合作交流的基础上，通过对比来发现山西黄河的独特性和优势，更有利于清晰定位和塑造自身的品牌形象。同时找准市场营销范围，开拓重点市场，找准山西黄河旅游的发展定位。促进旅游流量的增长，打造黄河流域的国内、国际旅游目的地。

一、黄河旅游研究与开发实践

（一）黄河旅游研究

在 ELSEVIER 文献中，有大量关于中国黄河的研究，但主要分布于黄河自然地理要素、生物（植物、鱼类）、化学医药等领域。有关黄河水体旅游的研究未有涉及。两篇论文提到了黄河附近景点的旅游，Zhanfeng Guo、Li Sun 分析了陕西韩城党家村乡村旅游可持续发展，Xiaojuan Yu, Honggang Xu 利用古诗词分析了长江三峡的旅游景观，其中出现了古代黄河旅游景观。CNKI 期刊文献检索中，黄河旅游研究可分成两类：与黄河干流水体无关的旅游和与黄河干流水体有关的旅游。前者主要是山东黄河入海口湿地保护与旅游结合后的生态、休闲度假区建立、黄河故道沿线的旅游资源评价。后者是与黄河水体有关的旅游，主要集中于个案景区、省域以内的黄河旅游、省域以上的黄河流域旅游。黄河个案景区如黄河石林地质旅游资源特征、价值演化；省域内黄河如基于自然地理特点的晋陕峡谷山西一侧的民俗与历史文化分析、青海黄河大峡谷生态旅游可持续发展等；省域以上角度的如黄河流域的黄金旅游带性质特征、国家级以上景区的品牌竞争等，这个尺度是黄河流域及全国的范围，远比黄河干流水体要宽泛得多。

以上的研究，要么是黄河的非旅游领域，要么不涉及黄河本身和与黄河干流水体无关，要么泛指黄河流域，唯有个体景区和省域内的视角真正触及黄河水体旅游。但这些文献中，黄河或者只是一点构景要素，或者大多描述的是黄河流域的文化和经济，较少清晰、完整地谈到或比较黄河及水体的地域特色，以及基于特色而进行的市场分析。

（二）基于文献检索分析的黄河旅游开发实践

从开发实践看，近年来中国沿黄区域越来越重视生态文化旅游产业的发展，陕西、甘肃、宁夏、河南、山西等省都在积极谋划建设黄河经济带的生态发展、休闲观光等开发区、试验区。陕西省"一带一路"建设2016年行动计划指出要将西安构建成国际旅游中心，构建"丝绸之路起点"风情体验旅游走廊、大秦岭人文生态旅游度假圈、黄河旅游带。宁夏2012年提出要打造黄河金岸文化旅游带。2015年4月甘肃省依托"一带一路"建设，计划到2020年形成黄河风情线等6条主题品牌线路。三门峡以黄河景观为主线，黄河文化为内涵，着力打造"黄河三门峡·美丽天鹅城"城市品牌。山西省2017年启动全面打造黄河、长城、太行三大旅游品牌。

从 CNKI（2013年—2017年12月5日，许多来自报纸）所有文献检索可以看出各省发展和重视黄河水体旅游的程度。分别以"各省黄河旅游"为"篇名"和"主题"进行检索，"主题"排名前6位的是河南、宁夏、山西、陕西、内蒙古、甘肃；"篇名"排名前6位的是山西、陕西、宁夏、河南、甘肃、青海。综合分析"篇名"和"主题"前6位的排序，发现其实"篇名"的检索更准确，更能反映各省对黄河旅游的重视程度和开展程度，排名前5位的是：山西、陕西、宁夏、河南、甘肃，但不代表黄河旅游效益强弱。其中山西黄河旅游的呼声最高。表1山东黄河旅游篇目数为0，因为山东开发的是河口湿地资源，已不算作黄河干流旅游。

表 1　各省黄河旅游文献检索

单位：篇

各省黄河旅游	青海	四川	甘肃	宁夏	内蒙古	陕西	山西	河南	山东
作为"主题"	15	9	19	40	20	30	37	41	0
作为"篇名"	3	0	3	5	1	6	8	4	0
主题排名前 6 位 1. 河南 41，2. 宁夏 40，3. 山西 37，4. 陕西 30，5. 内蒙古 20，6. 甘肃 19									
篇名排名前 6 位 1. 山西 8，2. 陕西 6，3. 宁夏 5，4. 河南 4，5. 甘肃 3，6. 青海 3									
黄河旅游受重视程度前 5 名：山西、陕西、宁夏、河南、甘肃									

总体来看，对各省黄河旅游资源地域独特性的深入探讨较少，各地选择的发展路径存在相似之处，各地黄河旅游的地域特色未能明确突出，容易在发展过程中形成同类型竞争产品。山西省黄河旅游的呼声最高，但对于山西黄河旅游的实质性研究却十分缺乏，没有独特性就无法借机吸引到东部、西部的游客资源，也不利于其融入一带一路的合作发展。

二、山西黄河旅游开发的基础理论

（一）空间相互作用的边界理论

一般的二、三产业布局和区域经济分布特点表明，区域的边界部分往往因区位条件差而易被忽视。但是对于有空间位移和追逐自然感的旅游发展来说，却是另一番天地。自然旅游景区的开发往往利用的是不适合农业、人口密度大的经济发展（人口稠密区经济发展）边界地带，这些地区也因为免受现代经济活动的频繁干涉，而比较接近于大自然本来的面貌和保留着丰富的传统风俗文化。以旅游资源强烈吸引着游客到访的边界地带，其本来受冷落的市场、服务区位就完全发生了变化。价值重新定位的边界地区可以成为与城市旅游并驾齐驱的自然和文化旅游地。湘西边界的张家界、川西北边界的九寨沟、滇西北边界的香格里拉，都是后来居上的极品旅游地。边界地带的旅游开发优势也使得共享资源出现了两省或多省域的抢夺现象。在这种情况下，边界旅游景区或（旅游地）可以通过加强合作与联系达到一体化的发展。黄河是山西的边界旅游资源，在政府对边界旅游重视的情况下，基于边界理论，山西黄河旅游迎来了大力发展的机遇。

（二）点轴空间结构理论

点轴空间结构理论的"点"是不同级别中心地，"轴"为由各级中心地联结而成的人口集中带和产业带。点轴结构会有动态的发展过程，由开始的若干散状中心地，逐步形成具有一定空间网络结构的轴线。在山西黄河旅游开发中，点是黄河干流上的重要景区，轴指黄河水系及沿黄公路。其旅游开发就是通过轴线把以"点"为中心的不同级别旅游地系统，升级为空间网络结构，形成"点""轴""面"相结合的"板块旅游"空间结构体系。

三、山西黄河旅游的地域独特性

相比较于其他沿黄省份，我省黄河沿线旅游资源主要有以下鲜明特色。

表2 山西黄河干流旅游资源与其他八省比较表

省份	旅游资源概况	河长	落差	比降
山西	位于黄土高原的最高处，地势高，河段比降很大，水利资源丰富，气势宏伟壮观，黄土覆盖较厚，是造成黄河水体变色的主要区域，拥有著名景点黄河的"心脏"壶口瀑布，壮阔曲美的九曲黄河，古朴的碛口古镇等。	968.5	895	7.4
青海	青海段黄河是黄河的发源地，地形起伏较大，河流落差大，高山峡谷较多，切割强烈，河流流速较快，水流清澈，失去黄河黄色水体的特质。地理位置偏僻，距离市场较远，通达度较差，地势复杂，不易开发。	1959	2985	10.1
四川	四川段黄河只有一小段，流经四川阿坝州阿坝县，与青海省相邻，在地质、地貌、水文等方面与青海具有一致性，距离省内的其他景点较远，总体开发价值较小。	140		
甘肃	甘肃段黄河由于沿岸岩石性质不同，形成宽窄不一的峡谷，水质清澈，水流湍急，水力资源丰富，该段多水库，形成独特的景点。	913	246	4.5
宁夏	宁夏多荒漠和荒漠草原，地势低缓，水流平缓，宁夏段黄河形成河套平原，土壤肥沃。	490	200	4.5
内蒙古	内蒙古段黄河流经区域地势平坦，起伏和缓，水流流速慢，黄河从上游携带的泥沙沉积，形成了河套平原，旅游景点类型单一，多为滩地，沙地。	673	10	2.1
陕西	陕西段黄河位于陕西的东侧，地势北高南低，黄土面积广大。	723.6	890	7.4
河南	河南段黄河属于黄河的下游地区，位于地势的第三阶梯，地势开阔平坦，河流流速减缓，泥沙大量沉积，形成地上河。	711	94	1.1
山东	山东段黄河流速大大减缓，失去动态美，在入海地段，泥沙沉积剧烈，形成非常明显的地上河。	519	90	1.1

数据来源：CNKI文献整理

表3 山西黄河旅游产品与其他八省比较表

省份	旅游产品	
	旅游景点	4A级以上旅游景点
山西	老牛湾、碛口古镇、乾坤湾、鹳雀楼、黄河壶口瀑布旅游区、大禹渡黄河风景区、万荣西滩、芮城圣天湖景区、偏关万家寨水库、娘娘滩、大天鹅景区、山西印象风陵体验园、黄河蛇曲国家地质公园、石径禅院、茅津渡口、杨贵妃故居、后土祠	2
青海	黄河第一湾景区、黄河天下第一湾旅游风景区、玛多黄河源旅游区、拉加寺、水车广场、中华福运轮、玉皇阁、黄河奇石苑、贵德黄河清国家湿地公园、阿琼南宗寺、龟山平湖、坎布拉景区、坎布拉国家森林公园、坎布拉民族风情园、青海孟达国家级自然保护区、大墩峡景区、炳灵寺石窟、黄河三峡湿地自然保护区、龙羊峡水库、李家峡水库	2
四川	九曲黄河第一湾	1
甘肃	河口古镇、水车博览园、世界第一古梨园、青城古镇、徐家山国家森林公园、黄河石林国家地质公园、黄河三峡风景名胜区、刘家峡水库	5
宁夏	九龙湾风景区、中卫沙坡头旅游景区、腾格里沙漠湿地·金沙岛旅游区、青铜峡黄河大峡谷·中华黄河坛旅游区、宁夏黄河横城旅游度假区、黄河大峡谷景区、青铜峡旅游区、兵沟旅游区、黄沙古渡原生态旅游区、庙庙湖自然生态区、水洞沟旅游区	6
内蒙古	胡杨林景区、黄河河套文化旅游区、奈伦湖国家湿地公园、阿拉善盟金沙堡地生态旅游区、黄河三盛公国家水利风景区、包头市南海湿地景区、黄河谣文化旅游园、老牛湾黄河大峡谷旅游区、神泉生态旅游景区、黄河晋陕大峡谷、小白河包头黄河国家湿地公园、鄂尔多斯地质公园、昭君城旅游区	7
陕西	陕西白云山风景区、黄河壶口瀑布、合阳洽川风景名胜区、延安延川黄河乾坤湾景区、香炉寺、伏羲码头、五虎山、福山风景区、处女泉、潼关黄河风景区、韩城市司马迁祠、韩城市党家村景区	6

续表

省份	旅游产品	
	旅游景点	4A级以上旅游景点
河南	三门峡黄河公园、济源黄河三峡景区、黄河小浪底水利枢纽风景区、黛眉山景区、三门峡大坝风景区、孟津黄河湿地、汉光武帝陵、龙马负图寺、玉门古渡、孤柏渡飞黄风景区、楚河汉界古战场风景区、三皇山桃花峪旅游区、毛楼生态旅游区、三门峡虢国博物馆、黄鹿山景区、郑州黄河国家湿地公园、三门峡市灵宝函谷关历史文化旅游区、龙潭大峡谷、黄河风景名胜区、天鹅湖国家城市湿地公园	7
山东	东阳国家黄河森林公园、济南国家湿地公园、济南百里黄河风景区、山东黄河三角洲国家级自然保护区、黄河口生态旅游区、菏泽紫菏香草生态园、曹植墓、艾山风景区、毛楼生态旅游区、黄河水乡国家湿地公园、山东黄河玫瑰湖国家湿地公园、鱼山地质公园、魏氏庄园、济南天下第一泉风景区、趵突泉公园、东营龙居黄河森林旅游区、济南大明湖、滨州黄河岛	6

数据来源：对比高德地图、google地图、百度地图，在黄河沿岸，3个地图共有的景点景区才标注。

注：因为是沿黄3个地图上共有的景点景区，为了统一标准，因此与后面山西省域角度有差异。

通过上表可知，我省黄河沿线地区与其他八省相比，旅游资源丰富，具有明显的优势，但旅游产品开发的现状也存在明显的不足。我们在查阅大量资料、地图的基础上，对九省黄河干流的旅游资源特征和产品进行了整理，如表2、表3，在对黄河九省比较的基础上总结出以下的特点。

（一）山西黄河旅游资源的独特地理背景

山西历来为表里山河，西边是黄河自北而南劈开黄土高原的晋陕大峡谷——黄河干流上最长的一段峡谷，东边是绵延千里的太行山，在这两道天险的保护之下，山西成为一个相对独立的地理单元，孕育出独特的人文景观。山西、陕西隔黄河相望，峡谷山西一侧地形更为复杂，县县有山，各县因为地形的阻隔，形成了各自独具特色的民俗文化，同时还造就了多样的小气候，使这里具备了避免大面积自然灾害的环境，三晋百姓在黄河沿岸世代繁衍、分布广泛，创造了丰富的人文景观旅游资源。山西的黄土高原是整个黄土高原海拔最高的地区，无论是看九曲黄河十八湾的弯度，还是因断裂形成的壶口瀑布的壮美，山西一侧都拥有绝佳的观赏角度。黄河中游区间增加的水量约占黄河总水量的42.5%，增加的沙量占黄河沙量的92%，为黄河泥沙的主要来源。这里黄土覆盖层深厚，土质疏松，山西是黄河水体发黄变色的主要区域。山西黄河旅游还拥有得天独厚的市场优势，这主要得益于山西所处的地理区位，相较于青海、甘肃、宁夏、内蒙古、陕西而言，山西最为邻近东部经济发达区域。

（二）山西黄河流速变化大，具有最壮美和最恬静的景观组合

雄浑磅礴的吉县壶口瀑布，恬静优雅的九曲黄河十八湾，这一刚一柔的景观，堪称5000公里黄河的绝唱，壶口瀑布是黄河的心脏，以乾坤湾为首的蛇曲群是黄河水舞动的腰肢。黄河在山西的动静结合、张弛有度赋予了山西黄河水极强的观赏魅力，为山西黄河的多样化开发提供了基础。还有文人骚客在此留下的墨宝作为点缀，《黄河大合唱》绝唱更使得此处景观更有气势，别有情怀。壶口瀑布、乾坤湾景区与其他黄河段旅游景区存在较大差别，产品具有地域性和个性，便于游客识别山西黄河的特色形象。山西黄河旅游开发应把握这一特点，塑造山西黄河独有的品牌。

（三）山西黄河沿线旅游资源分布集中，开发潜力巨大

山西黄河沿岸自然旅游资源主要集中于临汾、吕梁，人文旅游资源主要集中在运城、忻州。忻州的黄河旅游资源主要集中于偏关、河曲一带，彼此距离较近，有利于进行资源的整合；吕梁、临汾、运城

的黄河旅游资源呈带状分布于沿岸各县区，彼此距离并不远，未来可通过便捷交通线加强彼此间的联系，提升交通可达性，整合优势旅游资源。

但山西黄河干流沿线A级以上的景区数量较少，4A级景区仅壶口一处（如表4）。究其原因，并非山西黄河沿线旅游资源的观赏性不高，而是由于开发滞后，景区的可达性相对较差、基础设施建设落后，加上景区管理、地方政府的重视程度不足等多方面原因，使得山西黄河旅游发展既不太平衡，也无增长极，但同时也反映出山西黄河未来的巨大旅游开发潜力与广阔发展前景。

表4 山西黄河干流沿线主要旅游资源一览表

县市	自然旅游资源	级别	人文旅游资源	级别
忻州偏关县	老牛湾		老牛堡、望河楼 万家寨水库 寺沟长城、护宁寺、桦林堡	
忻州河曲县	娘娘滩		石径禅院 西口古渡、河曲古城	
吕梁临县	黄河画廊		碛口古镇及周边古村落	
吕梁柳林县	黄河母亲景区			
吕梁石楼县	石楼湾			
临汾永和县	黄河蛇曲国家地质公园			
临汾吉县	壶口瀑布	4A	克难坡	
运城河津市	龙门			
运城万荣县			秋风楼、后土祠	
运城永济市			蒲州古城 黄河大铁牛 鹳雀楼	2A 4A

续表

县市	自然旅游资源	级别	人文旅游资源	级别
运城芮城县			风陵古渡 大禹渡	3A
运城平陆县	圣天湖、天鹅湾	2A		
运城垣曲县			垣曲小浪底水库	

（四）山西黄河沿线旅游资源种类最丰

在长期的历史发展过程中，山西黄河流域的人民创造了辉煌的文明。黄河山西段富集自然、人文旅游资源。晋陕黄河大峡谷被《中国国家地理》杂志评为中国最美的峡谷之一。偏关老牛湾是黄河与长城握手之处，是晋蒙交界峡谷突然转出的几个气势恢宏的大湾中最美的一个，其上矗立的望河楼、老牛堡长久保卫着山河。河曲有娘娘滩、西口古渡、古城墙和护城楼。临县的碛口是九曲黄河的第一镇、晋商水旱商贸码头，周边还有许多保存完好的古村落，水蚀浮雕，黄河土林等景观。永和黄河蛇曲群有清水湾、乾坤湾、伏寺湾、延水湾、漩涡湾。吉县有黄河边规模最大的窑洞群——克难坡，更有壮观的壶口瀑布，瀑布周边的人文旅游景观还有孟门、明清码头、清代长城等。河津有黄河地标——龙门，又称禹门口。万荣有矗立黄河岸边，历史及艺术价值极高的秋风楼、后土祠。永济的蒲州古城、黄河大铁牛、鹳雀楼。芮城的运城风陵古渡、大禹渡。平陆圣天湖、天鹅湾，还有垣曲小浪底水库等，这些构成了山西黄河沿线丰富的自然和人文旅游资源。

同时，山西黄河沿线还富集众多特色鲜明的山地旅游资源，如云丘山、人祖山、荷叶坪、芦芽山、管涔山等，可以与黄河旅游资源联合开发，提升游客观赏体验。此外，黄河流域作为中华文明最早的发祥地之一，形成了丰富的古文化遗址、历史古迹，山西黄河流域还孕育了举世闻名的根祖文化、晋商文化、佛教文化、古城文化、大院文化等文化旅游品牌，山西黄河沿线、黄河流域旅游资源种类千差万别，但都是黄河文明的产物，未来黄河沿线旅游资源的开发可以借助于黄河流域已有旅游品牌的影响力。

（五）山西黄河沿线民俗旅游资源存量大、品位高

山西黄河以农耕文化为根，黄河文化为体，沿线综合了军事文化、游牧文化、宗教文化、人类远祖文化、农耕源头文化、根祖文化、人祖文化、统战文化及红色文化等。山西黄河沿线的民俗有放河灯、二人台、火笼、伞头秧歌、道情、背冰、蟠桃古会、合河古会、打铁花、地窨等，存量大，品位高，独特性强。可以将这些优秀艺术活动融入旅游产品当中，或者展现到旅游演艺的舞台，展示山西特色形象，丰富游客黄河之行。山西还拥有许多特色饮食产品、民间手工艺品，许多都是黄河哺育之下三晋大地的魅力符号，将这些与黄河旅游开发融合起来，是发展旅游购物，吸引游客消费，让游客留住山西黄河印象的最佳选择。

四、山西黄河旅游重点市场分析及开拓

（一）山西黄河旅游轴线重点景区经济效益分析

依据边界理论，边界地区往往保留着较好的自然风貌和传统文化，充满了吸引力。再根据以上的山西黄河旅游的地域独特性分析，在九省黄河旅游中，山西黄河旅游的开发潜力确实挺大。在点轴理论中，要把点发展成为"面"，再把面形成空间网络化的结构，通过轴推动点、面以及空间网络化的面形成板块结构体系。在山西黄河旅游的点轴结构中，轴线是黄河及其沿黄公路。重点发展的点从上往下依

次是忻州市偏关的老牛湾，吕梁市临县的碛口古镇，临汾市永和的乾坤湾、吉县的壶口瀑布，运城市永济的鹳雀楼、芮城的大禹渡、平陆的天鹅湾。其中4A级旅游景区是壶口瀑布和鹳雀楼。但是实际上，作为黄河轴带上重点发展的旅游景区，其旅游经营效益都较差，多数是很差。再加上作为北方的自然水体景区，季节性较强。重点景区的开发和后续发展还存在许多问题。在旅游活动的六要素结构以及规划开发中，营销应该先行。而在营销时，进行市场定位，确定重点开拓的旅游市场，对于施展有针对性的营销和更好地开发出适合游客市场的旅游产品有重要意义。表5、表6是碛口古镇与壶口瀑布的旅游经营状况数字。碛口古镇不设门票，因此没有门票收入，2014年的游客量只有32万人次，旅游综合收入只有3200万元。壶口瀑布堪称整个黄河干流的精华景区，但是它的游客量在2016年也只有112.55万人次，虽然比起10年前都有很大的提高，但是相比山西的重点旅游景区来说，这个规模都是较小的，而一般来说，自然景区的游客容量要大于人文景区。所以要进行旅游地系统的建设，还有很长的路要走。

表5 碛口景区年游客量及旅游收入

单位：万元

年份	2003	2004	2005	2006	2007	2008	2009	2010	2011	2012	2013	2014
游客量（万人次）	1	4	6	8	6	8	10	20	30	35	30	32
旅游收入	100	500	900	1200	1000	800	1000	2000	3000	3500	3000	3200

资料来源：碛口景区及临县旅游局

表6 壶口瀑布景区年游客量及门票收入一览表

单位：万元

年份	2005	2006	2007	2008	2009	2010	2011	2012	2013	2014	2015	2016
游客量（万人次）	9.58	11.08	13.53	13.77	13.77	70.1	86.05	89.5	94.9	96.39	109.85	112.55
门票收入	291	469.13	518.29	646.24	612.81	1493.1	1865.6	2359.8	2858.3	3159.9	5186.1	8600

（二）山西黄河旅游重点市场之一——环渤海地区

本文所指的环渤海地区是以京津冀为核心，以辽东半岛和山东半岛为两翼的环渤海经济区域，主要包括北京、天津、河北、山东、辽宁，也就是三省两市的"3+2"经济区域。其与珠江三角洲和长江三角洲有很大的区别，环渤海经济区是一个复合的经济区，由三个次级的经济区组成，即京津冀圈、山东半岛圈和辽东半岛圈。环渤海经济圈是山西省国内旅游最重要的客源市场，其累积市场占有率高达68.91%。

依据最新数据，2017年中秋、国庆双节期间山西出行大数据分析（显示的是手机持有游客），外省入晋游客主要来自北京、天津、上海等特大城市，以及宁夏、内蒙古、陕西等我省周边省份、城市，如图1所示。应该发挥山西作为黄河旅游优质资源地，离环渤海区域距离最近的优势区位，最先承接其游客的扩散作用。在稳固和继续扩大京、津游客规模基础上，要重视对河北、山东和辽宁游客市场的开拓。河北的沉积平原的自然景观、山东和辽宁的海洋自然景观与山西内陆的黄河景观有较大的差异性，对其能够产生吸引力，但从数据统计上看，这三个省份没有成为我们的优势市场，因此要在这三个省份进行市场的拓展和宣传。

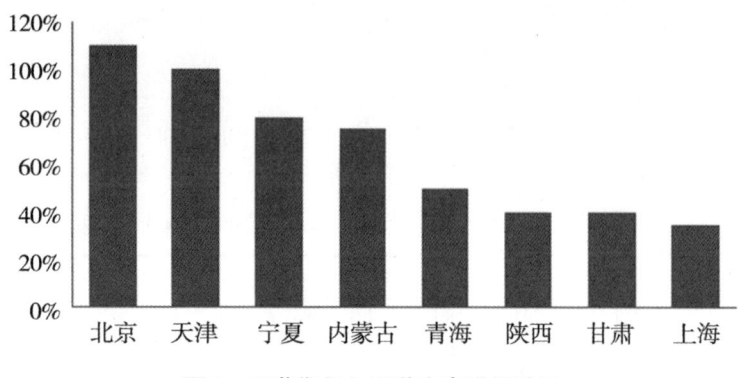

图1 双节期间入晋游客高增幅地区

数据来源：山西移动2017年国庆出行大数据

（三）山西黄河旅游重点市场之二——周边省市

在对黄河旅游资源地域独特性的梳理基础上，通过对已有资料、数据的对比分析，依据文化旅游趋向于在认同、同质环境中的集中原理，认为未来山西黄河旅游的重点市场仍然是周边省、市，在外部市场的开拓上要继续保持已有的西北客源市场稳定发展，并加强对华南、华中地区客源市场的营销力度。

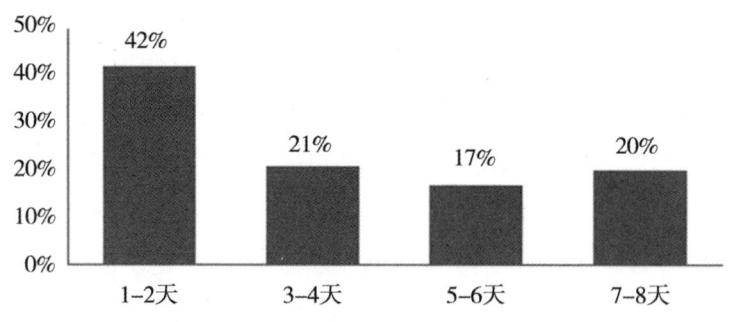

图2 双节期间外省游客来晋停留时间

数据来源：山西移动2017年国庆出行大数据

外省游客来晋停留时间大都较短，进行的旅游活动多是观光旅游，以休闲娱乐为目的的度假旅游活动较少，如图2所示，未来在继续开拓省外重点客源市场的过程中必须做好旅游产品的开发升级，推出旅游精品线路，延长旅游产业链，增加省外游客旅游滞留时间。

（四）山西黄河旅游重点市场之三——本省游客

在不断强调开拓外部客源市场的同时，我们也必须注意到本省客源市场这一基础，随着省内人民可支配收入的增加，生活观念的改变和旅游意识的提升，越来越多的人选择在节假日进行旅游。以2017年10月双节期间山西人的长假选择为例，有22%的山西人选择了在节假日出行旅游，这其中27%的人选择了近郊出游，49%的人选择了进行省内旅游，24%的人选择出省远足（图3、图4）；有半数山西人未选择出行。双节期间各级景区所吸引到的游客数量分配如下：景区所在地市游客数远远大于省外游客和其他省内游客（图5）。

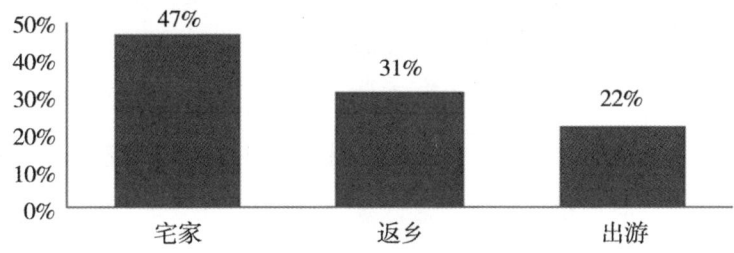

图3　双节期间山西人的长假选择

数据来源：山西移动2017年国庆出行大数据

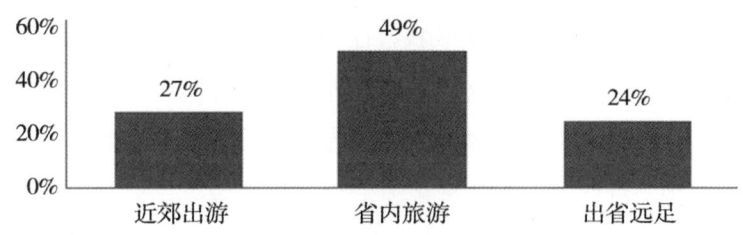

图4　双节期间山西人的出游情况

数据来源：山西移动2017年国庆出行大数据

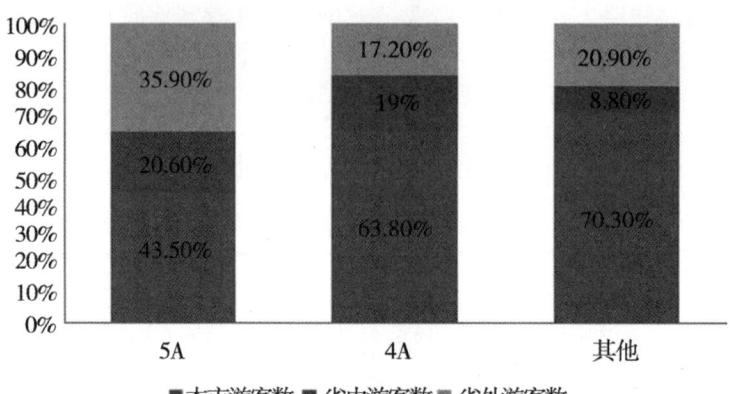

图 5 双节期间各级景区客源占比

数据来源：山西移动 2017 年国庆出行大数据分析

透过数据不难看出，省内旅游市场还蕴藏有极大的潜力可挖，保证省内客源市场的稳步发展是避免旅游景区客流量随节假日大幅起落的有效途径，可以通过丰富黄河旅游产品、拓展旅游线路、依托热门旅游线路、门票优惠、提升交通可达性等方式吸引更大范围的省内游客，开拓省内客源市场。

五、结论

（1）山西黄河旅游的地域独特性显著。这主要得益于山西黄河旅游资源的独特魅力及其孕育的特殊地理环境，黄河在山西黄土高原千沟万壑、曲折回转之间，塑造出了动静结合、张弛有度的黄河水体景观。黄河两岸自然、人文特色景观汇集，古村错落、民俗丰富。山西黄河的魅力不单单有心脏壶口的起搏，还有沿线众多自然景观的接力点缀，未来发展更离不开对沿岸特色人文、民俗旅游资源的挖掘整合。

（2）未来黄河旅游的重点客源市场是环渤海地区、景点所在市、省和周边省份以及国内一些特大城市，要做好旅游特色产品开发、品牌旅游线路的设计、优势旅游资源的整合和改善景区环境，增强山西黄河旅游吸引力，以开拓重点游客市场。

（3）山西通过黄河旅游积极主动融入一带一路建设，是推动自身发展的一次良好机会。在沿黄九省面向共同的国内、国际客源市场时，山西应该突出自己的黄河文化特色，争取在黄河旅游发展中占有牢固而不可替代的生态位。

参考文献

［1］赵春雨．山西融入"一带一路"的对策建议［J］．山西日报，2016.4.12.

［2］Hui Yang, Changxing Shi. *Spatial and temporal variations of aeolian sediment input to the tributaries（the Ten Kongduis）of the upper Yellow River*［J］．*Aeolian Research*，2018（30）.

［3］Fan Wang, Fei Liu, Wanguang Chen. *Effects of triclosan（TCS）on hormonal balance and genes of hypothalamus – pituitary – gonad axis of juvenile male Yellow River carp（Cyprinus carpio）*［J］．*Chemosphere*，2018（193）.

［4］Yuan Liu, Guijian Liu, Zijiao Yuan. *Heavy metals（As, Hg and V）and stable isotope ratios（δ13C and δ15N）in fish from Yellow River Estuary, China*［J］．*Science of the Total Environment*，2018（613—614）.

［5］Zhanfeng Guo, Li Sun. *The planning, development and management of tourism：The case of Dangjia, an ancient village in China*［J］．*Tourism Management*，2016（56）.

［6］Xiaojuan Yu, Honggang Xu. *Ancient poetry in contemporary Chinese tourism*［J］．*Tourism Management*，2016（54）.

［7］王春武．半岛蓝色经济带休闲文化产业发展研究［J］．山

东社会科学, 2013 (5).

[8] 曹俊杰, 高峰. 黄河三角洲多种生态和循环农业模式的形成及其经验总结 [J]. 地域研究与开发, 2013, 32 (6).

[9] 朱尖, 姜维公. 黄河故道线性文化遗产旅游价值评价与开发研究 [J]. 资源开发与市场, 2013, 29 (5).

[10] 范文静, 唐承财. 地质遗产区旅游产业融合路径探析——以黄河石林国家地质公园为例 [J]. 资源科学, 2013, 35 (12).

[11] 王丽丽, 马晓龙. 基于规划文本分析的地质旅游资源价值演化研究——黄河石林案例 [J]. 资源科学, 2016, 38 (9).

[12] 于红, 刘沛林. 晋陕黄河大峡谷山西沿岸俗文化的旅游价值 [J]. 经济地理, 2016, 36 (10).

[13] 闫巨海. 文化旅游业发展的理论思考——以吕梁市为例 [J]. 经济问题, 2017 (8).

[14] 唐承财, 钟林生, 陈屹松. 青海黄河大峡谷区生态旅游可持续发展策略 [J]. 资源开发与市场, 2013, 29 (3).

[15] 陈玉英, 程遂营. 沿黄黄金旅游带质性特征及其理性存在 [J]. 河南大学学报 (社会科学版), 2017, 57 (5).

[16] 吴开军. 中国大陆省域旅游目的地品牌竞争力研究——基于可视的世界级和国家级景区品牌视角 [J]. 经济管理, 2016, 38 (6).

[17] 国务院新闻办公室网站, 2016.

[18] 新华网宁夏频道 http://news.cntv.cn/20120413/114623.shtml

[19] 国务院新闻办公室网站, 2016.

[20] 人民日报, 2015.5.17.

[21] 新华网, http://www.sx.xinhuanet.com/2017-09/03/c_1121593449.htm.

[22] 吴必虎, 俞曦. 旅游规划原理 [J]. 北京: 中国旅游出版

社,2010.

[23] 张建忠,孙根年. 山西省国内旅游客源市场分析 [J]. 山西师范大学学报(社会科学版),2009,36(2).

[24] 刘振礼,王兵. 新编中国旅游地理 [M]. 天津:南开大学出版社,2011.

作者简介:

胡炜霞(1975—),女,山西临汾人,博士后,教授,硕士生导师。主要研究方向为景区周边环境开发利用。E-mail:huweixia2002@163.com,手机号:15835739900。

运城现存古代石刻的保护及旅游价值开发

运城学院政法系　孔令杰

运城古称河东,黄河从其西、南两个方向流过,特殊的地理环境孕育了独特的河东文化,至今在运城仍然遗存了数量大、种类多的古代石刻。它们反映出该地区不同时代的审美标准、经济状况、生产水平、民众信仰等多方面的情况,有助于从新视角对河东文化有更新、更深的了解。本文即从运城遗存的古代石刻的保护和旅游价值开发两方面展开讨论。

一、运城古代石刻的保存现状

运城现存的各种石刻种类和数量都不少,以所存场所不同分为三大类:一类国家保管,一类民间保管,还有一类无人管理。

(一) 国家保管

第一类石刻一般都存在于较大规模的古建筑中,在运城有池神庙、解州关帝庙、舜帝陵、关王庙、长平关帝家庙等,如今都是当地著名景点,归当地政府管理。石刻的种类有石栏杆、石碑、门墩石、柱础、拴马桩、守门狮子以及一些当年守庙人的生活用品,如石臼、石槽等,其中尤其以石栏杆为精华之所在。

这类石刻还有一部分保存在博物馆中,尤以盐湖区博物馆和原河东博物馆保存最多,而且因为馆藏石刻主要来自民间征集,因此不仅数量大,种类也十分繁多。在上述古建筑中见到的,石刻博物馆中基本都能见到,还有一些比较珍稀的种类,如盐湖区博物馆保存的北朝到唐代的佛教造像碑,造型巨大、雕刻精美,保存也较为完整;洛阳龙门石窟中的药方碑十分有名,其实运城也有一块药方碑,藏于原河东博物馆,这块碑上刻的内容是中医药方,不仅在运城,在全国也不多见。

(二) 民间保管

保存于民间的石刻因为多与过去民众生产、生活密切相关,所以种类与大型古建筑中的差别较大,和各种神庙中的石刻相比,二者有类"阳春白雪"和"下里巴人",但是因为他们反映了传统社会中运城人民真实的生产、生活状况,对我们了解传统民俗文化有着重要的参考价值,择其主要种类排列于下:

1. **拴马桩**

传统农业社会没有现代大型生产机械,生产、生活需要仰仗畜力,拴牲口就用此拴马桩。运城拴马桩桩顶多雕刻狮、猴,尤以猴为多;与之相对,关中拴马桩雕刻狮尤为多,笔者以为这与运城是关帝故乡,因此特别喜爱猴(通"侯")有关。

2. **石磨、石碾、石臼等**

现在的农业生产从收割、脱粒、加工都是机械化、电力化,但是传统社会全靠人力,工具则全是木制、石刻物品,如脱粒用石碾、磨面粉用石磨、做糁类用石臼等,而且石碾分长短两大类,石磨的尺寸更是繁多,不能一一陈述。几乎所有的石磨盘、石碾上都有各式花纹,有的还刻着主人的姓氏和雕刻年代。

3. **守门狮子、门墩石**

顾名思义,他们都是和大门有关的,守门狮子现在仍有遗存,但是已经大量流失，门墩石数量也不多了。运城的门墩石上精雕细刻有狮、兔、鹤、暗八仙、花草、天官等各种寓意吉祥的图案，具有很高的审美价值，还有的刻有诸如"忠孝节悌"类宣扬传统道德的文字，内容可谓五花八门，反映了那个时代人们的价值观。

4. **门楣**

当代人以木匾为门楣，上刻各种吉祥语，古人有以石刻者，上有各种吉祥语以及类似家训之类的词语，多是四字。笔者所见最有趣的是一块刻有"女中丈夫"的石刻。

5. **中堂狮、猴**

过去人们喜欢在中堂摆石狮、石猴，个头都比较小，但却精雕细刻，还有直接放在书案上作为文玩的石狮、石猴，个头更小，现在已经不多见了。另有一种"拴娃猴"，个头也不大，十几二十厘米，顾名思义，是过去人们用来拴幼儿的，希望孩子能沾些猴子的灵气。

运城现存石刻种类远不止以上所列几种，需要更多的人不断去发现、保护并开发之。

（三）无人保管

运城现存古代石刻尤其是民间散存甚至是荒野中无主的石刻，其保存状况不是太乐观，甚至有点糟糕，以农村的石制农具为例，这些石刻在民间至今仍然有大量遗存，不过因为技术进步都已经废弃不用了。存放地点一般都是房前屋后，有些村民在硬化路面时顺便将它们用水泥固定在地面上，有的还在暴露的顶面也抹上水泥，起到一定的保护和防盗作用，不禁为乡民朴素的保护意识所感动。但是还有一些石刻被廉价卖掉，甚至直接被扔掉，笔者不止一次见过被扔在村口垃圾堆的石刻农具，还见过野地中有一些残碑的底座，皆已残破成碎块。

如何保护散存于民间以及暴露于荒野的这些古代石刻？首先，应该通过宣传让人们有自觉保护的意识，不去主动破坏它们。其次，运城地区一些归政府划拨经费管理的大型景点应该承担相应的保管义务。事实上它们已经承担了一部分保管义务，如占地面积相当大的解州关帝庙和舜帝陵，二者除了自身古建原有的石刻，还保存有大量从其他地方征集来的石刻。如舜帝陵内就保存了数量很大的石磨、石碾，它们被摆放在园内道路两边或者铺在草木间作为甬道，既能保护它们免于流失、毁损，还成为园内的一道风景；解州关帝庙中则保存了相当数量的拴马桩、石磨盘，关帝庙旁边一座彻底毁弃的道观仅存一些石碑等石刻，也被挪于关帝庙中保存起来。其实以关帝庙和舜帝陵的巨大面积来说，仍然可以保存相当数量的古代石刻，如果铺放占地面积过大，完全可以堆放，首要原则是保护它们不流失、不被破坏，来源则是散存于民间或荒野的各种石刻。如今社会快速发展，很多古代石刻被当作"不合时宜"之旧物处理掉，保护它们需尽早。运城市内一些旧街道过去也有一些门墩石等旧石刻，但是因为两三年来不断进行的房屋改造和建设，这些石刻已经不知下落了。还有那些被丢弃于村头的旧石刻，民间不重视，政府完全可以征集来放置于如舜帝陵、关帝庙这类政府管理的场所内，既充分利用了场所空间，也保护了这些被视为"多余"的旧石刻。

丁村是著名的景点，里面的很多过去民间使用的旧物并非全部是丁村之物，也是从其他地方征集而来，然后按照过去的摆放方式向游客展示过去人们的生活。古代石刻在人们生产生活中也有重要的作用和地位，可以借鉴丁村的经验，将它们集中起来，按照旧时真实生活的布局摆放向人们展示，进一步说，运城至今保存的相当数量的传统土坯房，完全可资一用。

二、运城古代石刻的旅游开发价值

运城地区遗存的这些大量古代石刻具有较高的历史文化和审美价

值。如果说它们没有价值，那怎么解释古玩市场上的石刻交易那么多，甚至还有盗卖民间石刻的情况发生呢？这些古代石刻的历史文化和审美价值如果能得到重视和开发，能让更多的人理解和欣赏，就能转化为丰富的旅游资源。要做到这点，应该从以下三个方面入手：

（一）文史工作者应发挥自己的专业特长

由于传统文化的式微、衰落，很多古人熟悉的石刻内容在今天的人们看来已十分费解甚至完全不懂，因此很多游客只能简单看看石刻外观或者根本不看。不光是游客，连导游们也不了解这些石刻的价值，笔者曾去解州关帝庙参观十余次，听到的讲解词只介绍木建筑，却从不提及石雕部分。很多游客都是从外地甚至外省而来，组团旅游的老年人占了相当比例，我们不能苛求游客凭自己的高深知识就能把景点内历史遗存的文化价值自行解读出来，因为这很不现实，游客只能依赖导游的讲解，导游不介绍，游客也无从了解景点文物的魅力所在，关帝庙、舜帝陵一游变成走马观花，影响了游客的旅游质量，也无法提高运城旅游的知名度和影响力。关于来运城旅游的游客们的感受，扬之水先生在《永乐宫考察散记》中写道："仍有络绎不绝的参观团队，不过从我听到的讲解和观众的议论来看，参观的热情与参观所得到的知识，似乎尚远未能相符。而它告诉我们，这正是研究者的责任。"① 这种感受不仅适用于永乐宫，也适用于运城乃至山西其他景点，造成这种现象的原因就是我们为游客提供的文化信息太少了。

景点中所有导游对同一景物的导游词千篇一律，导游们不是研究者，她们的导游词是由文史工作者编撰的，导游人员只是负责将其背熟，然后在游客们面前"背诵"一遍而已，如此看来，忽视石刻的责任应该归于编撰导游词的文史工作者了。仍以解州关帝庙为例，目前专门研究关帝庙石刻的研究成果只有袁海婷的《山西解州关帝庙建筑

---

① 扬之水：《永乐宫考察散记》，《美苑》，2013 年 4 期。

艺术中石艺术图像研究》[1]，但可能出于研究旨趣不同，这篇论文在抽象理论方面的讨论比较多，于具体的石刻图像讨论较少且并不完美，仍然有很大的空白领域需要探讨。

缺乏丰富的研究成果，导游们便不知从何介绍、如何介绍众多的古代石刻作品。甚至很多文史学者也不能完全解读这些石刻图案、文字所蕴含的文化寓意。忽视这些寓意丰富、极具审美价值的石刻，就降低了慕名而来的外地游客们的旅游质量，达不到增强山西旅游、山西文化影响力的效果。

解决上述问题需要文史工作者对关帝庙及运城地区其他现存的石刻进行整理研究，然后将研究成果转化为导游人员的导游词，使游客既能欣赏运城的古代木建筑，也能欣赏丰富的古代石刻文化，提高旅游质量，扩大运城以至山西的旅游知名度。

（二）从图案上开发石刻的旅游价值

运城现存石刻大多数都有丰富精美的图案，不仅古建筑的石栏杆上，就是农家的石磨、石碾上都刻有各种图案，它们具有很强的审美价值。

以解州关帝庙为例，它是全国最大的关帝庙，遗存有大量元明清以来的各种石刻，这些石刻分布于庙内四座殿阁的石栏板上，数量大、质量精。它们精雕细刻，有圆雕、浮雕和透雕等多种技法；题材多与当时的民风民俗、宗教信仰有关；形象则包含了鸟兽、花草、人物、器物等。关帝庙里的石刻是运城地区现存石刻中规模最大、最成系统的石刻群，它们并非杂乱无章，而是由有几个大的主题组成的。关羽被儒释道三家尊崇，故而这些石刻体现出儒释道三家的价值观，如儒家的二十四孝、麒麟吐书，道教的暗八仙、刘海戏金蟾以及佛教的三具足等。因为关羽生前封侯，因此庙内石刻与"封侯"有关的不

---

[1] 袁海婷：《山西解州关帝庙建筑艺术中石艺术图像研究》，2008年。

下三幅，这还不包括石栏柱顶的大量石猴（与侯谐音）。庙中还有很多民间戏曲故事，如《墙头记》《萧何月下追韩信》等，至于其他如福禄寿、琴棋书画、渔樵耕读等不能一一详述，关帝庙的午门、御书楼、崇宁殿、麟经阁四座建筑的石栏杆内外皆满刻各种石刻图案，将其整理出来，导游词可翻一倍不止。

古代工匠们没有电动工具，完全是靠锤、凿等工具以手工雕刻它们，费了很大的人力、物力。为了让进庙的人们对这些石刻作品喜闻乐见，工匠们还在图案的布局上下了心思，如关帝庙石栏外侧雕刻的图案就比内侧雕刻的种类丰富，因为人们看到外侧的概率更高。这种考量在运城池神庙石栏杆雕刻上表现得更明确，池神庙大殿的石栏雕刻为了人们观赏的需要，大殿前面的石栏板的图案是向外的，这样方便进庙的人们远观，而在台阶两侧的石栏杆上的图案则雕刻在内侧，这是为了便于拾级而上的人们得以近观。几百年前的工匠如此巧妙设计，当时的人们能够观赏，那么今天的游客们同样也可以欣赏。可惜参观的人们因为无人提醒引导，注意力全部集中在木建筑上，实际上木建筑因为材料原因容易损坏，故历代都有修葺，变化相对较多，但是石刻因为材料坚硬，可以千百年不腐不坏，即使有损坏也几乎无法修补，其"真品率"更高，例如运城池神庙的"海光楼"，原楼早已损毁，现在的海光楼虽然也是木建筑，但完全是当代所建，其样式因为未遵从"修旧如旧"原则也受到很多质疑。与之相对，在海光楼的楼前、楼后的几个残存的石碑、龟趺、石柱础等却是真正的古代遗留物品，以文字记载和雕刻风格看至少都是清代之物，都是"真品"，这才是珍贵的文物，如果不加引导，罕有游客会对它们产生兴趣。

以上以解州关帝庙和池神庙为例说明古代石刻的价值，它们只是两处规模较大的典型，其实运城其他地方散存的古代石刻总数远超过它们，都是有待开发的丰富旅游资源。

（三）从文字内容上开发石刻的旅游价值

运城现存古代石刻文字主要有两种类型，一种是人们都很熟悉的碑刻；另一种是刻在石制器物上的"铭文"，属于古代匠人们"物勒工名"性质或者是物品所有人的姓名，前者如池神庙中元代所刻的石槽，后者如大量留存于民间的石磨、石碾等。

运城现在几大著名景点都存有古代石碑，如解州关帝庙、常平关帝庙等，尤其是池神庙有一个碑林，集中存放几十通从元到清的古代石碑。这些石碑上的文字记载内容丰富，有些通俗易懂、故事性强的完全可以为游客讲解，如池神庙中有一通《金公德政碑》，记载民国时一位金姓地方长官为民做主、惩治危害百姓的恶吏的事情，内容记载非常详细。如果游客自己阅读石碑上竖行的文言文肯定吃力，但是如果导游备好功课，以通俗的语言加以介绍，游客们应该会对这个生动而大快人心的故事感兴趣；在盐湖区博物馆保存了一方运城永济市征集来的《宣太爷断案碑》，里面记载外省移民来山西的时间恰好与闻名于世的"洪洞大槐树"移民同时，一个由山西向外移民，一个由外省向山西移民，这个事情就非常有趣。总之，在运城现存数量不少的各种石碑中找寻通俗易懂，能让游客欣然接受的应该不在少数，只是需要去发现、开发其价值而已。

再说一下石刻器物上遗留的铭文，当初工匠们刻铭文的本意只是为了记录制作者或者所有者，现在看来其中含有许多有趣的信息，比如运城现存有元代至正，清代康熙、雍正年间制造的石槽、石碾、石辘轳架等，年代就是根据其上所刻的铭文得知的。另外从器物上所刻物主姓氏如仝、王、李、张等可以知道该村庄的旧姓，还可以此判断该器物的来源，如舜帝陵中征集了大量的古代石磨，其中有一刻"仝"姓，距离池神庙不远的安邑有附近最集中的仝姓聚居村庄，以运输成本计，此磨应是就近从安邑征集。

三代的青铜器被奉为珍宝，有铭文者尤为珍贵，青铜器铭文中常见有"子子孙孙永宝用"字样。运城地区现存石刻器物上的铭文也有此韵味，如寺北村一康熙年间雕刻的石碾就属张姓人家，此碾至今仍属张姓后人所有。笔者在杨包村中采访八十岁之耆老，被告知这些石碾子已经流传"几辈辈"了，以在运城所见多例带铭文之石刻农具证之，可知其言不诬也！

三、结语

综上所述，运城至今仍然遗留大量的古建筑可以为运城提供丰富的旅游资源，保存这些古代石刻的场所现在也确实已经得到开发并成为重要的景点，然而在对游客的介绍中却忽略了这些石刻的价值。

针对这种情况，首先应该调查清楚现存石刻的分布情况，包括位置、数量和保存状况；其次也是核心部分，是考证、解读这些石刻上各种形象的寓意以及文字内容包含的历史信息等，这点尤为重要，在此基础上才能发掘并发挥它们的旅游文化价值。山西省是地面文物遗存最多的省份，有大量古代石刻遗存的不只运城一市，保护并开发这些古代石刻的价值，也适用于其他符合条件的地区，这对提高山西的旅游文化品牌和影响力应该是有帮助的。

附记：关于运城部分现存古代石刻情况，敬请参考以下三篇考察报告：

1. 孔令杰：《池神庙旧石刻评析》，《运城学院学报》，2016年4期。

2. 孔令杰：《盐湖区石制粮食加工器具考》，《农业考古》，2016年6期。

3. 孔令杰：《晋南老石猴》，《西北美术》（《西安美术学院学报》),2017年3期。

作者简介:

孔令杰,运城学院政法系历史教研室讲师,历史学博士。

山西黄河文化旅游发展的瓶颈突破
——以黄河文化的内涵为中心

山西大学历史文化学院　魏春羊

山西黄河文化旅游开展已有多年，楼阳生同志在旅游发展大会上更是提出要做好黄河旅游的文章。当前，山西黄河文化旅游正迎来一个新的历史发展机遇。然而，不可忽略的一个事实就是沿黄地区文化旅游的发展还很不充分，其中一个重要的原因就在于山西黄河文化的内涵把握不到位，这也直接导致沿黄地区文化旅游发展出现了诸多问题，如沿黄旅游景区宣传效应差，丰富独特的黄河文化资源不能转化成产品优势，旅游项目开发缺乏深度，文创理念不能迎合沿黄文化旅游发展等问题。面对这些黄河文化旅游发展的挑战，如何充分挖掘和全面展示山西黄河文化的内涵就成为现今急需解决的问题。

一、山西黄河文化的独特内涵

发源于巴颜喀拉山脉的黄河，先后流经青藏高原、河套平原、黄土高原、华北平原和滨海地区的九个省（自治区）。不同的自然环境和人文环境，使得黄河在不同的流经区域形成了不同的黄河文化。而在几大区域黄河文化中，山西黄河文化可以说是黄河文化的核心，"黄河之魂在山西"。山西黄河文化在整个黄河文化中之所以如此重要，关键在于其独特的文化内涵。

（一）不畏艰险的精神文化

黄河在山西境内老牛湾至禹门口这一段，是整个黄河流域中最富生机的一段。在这段长达630公里的连续性峡谷河道中，大部分地段河道狭窄、落差大，河水深切，黄河水由高而下，一泻千里，构成了一幅幅"黄河之水天上来"的壮丽画面，彰显出了中华民族不畏艰险、勇往直前的大无畏精神。诚如毛泽东同志所讲的那样，"你们可以藐视一切，但是不能藐视黄河，藐视黄河，就是藐视我们这个民族"①。回首近代中国，中华民族接连遭受屈辱，直到抗日战争爆发才彻底开始了救亡图存、英勇无畏、不屈不挠的民族解放斗争。而在这段争取民族独立的艰难历程中，山西黄河文化尤其是《黄河大合唱》的创作为中国军民擂鼓助威，提升了全民族的自尊心、自豪感，点燃全民救亡图存的激情，树立起了抗战必胜的信心和决心，予以中华儿女不断奋进的精神给养。山西黄河那磅礴宏伟的气魄，熏陶着一代又一代的中华儿女，铸就了他们自强不息、蓬勃奋进的性格。山西黄河文化形象地表现了中华儿女在抗日战争中的伟大力量。她反映的不是一条河的声音，也不是一个人的声音，而是整个中华民族的怒吼。

（二）历史悠久的根祖文化

山西地处黄河中游，是我国开发较早的省份。寻觅古远的人类先祖，不可不提的就是芮城县的"西侯度遗址"。在距今180多万年前的西侯度遗址中，最早发现被火烧过的动物化石。之后的匼河遗址、丁村遗址、陶寺遗址更加系统地展现了中国远古文明由远至近延续发展的历程。人文始祖黄帝和炎帝也曾长期在河东地区活动。黄帝三次涿鹿大战，胜炎帝，诛蚩尤，统一中原，定都涿鹿（即运城解州）。其妃子嫘祖，在夏县西荫教民饲蚕、植桑、织丝，被称作"蚕祖"。

---

① 李银桥，韩桂馨：《毛泽东和他的卫士长》，解放军出版社，2015年，第175页。

尧舜禹亦在山西黄河流域留下文明的足迹。尧在平阳掘井灌溉，发展农耕，在稷王山教人制作农具，学习农艺。舜耕历山，在"舜王坪"躬耕、养鱼、制陶。禹在人民遭受洪水之灾时，改堵截为疏导，引导汾河流入黄河。明代"洪洞大槐树移民"更是将山西黄河流域的根祖文化推向最高潮。明朝洪武、永乐年间，政府组织的洪洞大槐树移民多达18次，人数近百万，迁民地域达18个省（市）、500余县。这一移民壮举在中国历史上产生了巨大影响，对中华民族的生存和发展起了积极的推动作用。从此"问我祖先来何处，山西洪洞大槐树"便响彻海内外。

（三）浓郁厚重的生态文化

黄河水色浑黄，以泥沙含量多著称于世，而流经山西境内的黄河，是泥沙含量最严重的一段。据《芮城县志》记载，该县境内黄河含沙量平均每立方米38公斤，洪水期最大含沙量曾达每立方米933公斤，简直成了"泥河""浆河"。其实很早以前，黄河水质并不是这样混浊，她也曾有过清澈的岁月，《诗经·魏风·伐檀》中"坎坎伐檀兮，寘之河之干兮，河水清且涟猗……"描绘的就是古魏国（今山西省芮城县沿黄河一带）的黄河或其支流，河水清清腾着细浪的画面。山西黄河变浑的"罪魁祸首"是沿河两岸水土的流失。山西地处黄土高原，是全国水土流失最严重的省份之一。严重的水土流失不仅使耕地破坏，土壤贫瘠，还使大量泥沙堵塞河道，抬高河床，加剧了洪水灾害。沿黄地区群众中就曾流传着这样一首民歌："千沟万壑输泥沙，滚滚浊流出山陕。上边冲刷下边淤，黄河水害祸万家。"据史料记载，近百年来，仅山西运城沿黄河地区就冲毁滩地三四十万亩，冲毁村庄七十五个，被迫搬迁走38000人以上，沿河的古城镇荣河、河津、蒲州等都被河水侵犯被迫搬迁。建国以来，山西的黄河治理虽取得了很大进展，但纵观整个黄河流域的生态治理，山西黄河段的治理始终是重中之重。

(四) 称雄全国的经济文化

山西境内的黄河虽然水势相对湍急,但其水运功能却很少断绝。据光绪《山西通志》记述:在唐宋时期,每年秋季从包头、宁夏等地沿黄河顺流而下的船只多达百余艘,所载货物多为皮毛、粮食、碱面等,主要驶抵河曲、保德、兴县、临县的碛口等地推销后,转装煤炭、瓷器逆水而返,有的船只下达河津、万荣、风陵渡。[①] 明清时期,山西黄河孕育出称雄商界数百年的山西商人。山西商人频繁的长途贩运贸易又带动了山西黄河水运的再一次繁荣,沿黄地区的众多码头在这一时期得到长足的发展,"自乾隆以还,口外垦殖日广,民殷物阜,出境之油、粮、盐、碱、甘草各货,入境之日用杂货,山西与归绥往来之商运,凡经河路者,皆以托属河口为唯一之码头。"[②]《临县志》记载,"在京包铁路未建之前的 170 多年间,每日有 50 余只木船往来于碛口码头,大批粮、油、皮毛、盐碱、药材等杂货,自陕甘绥蒙等地源源运载而来。棉布、绸缎、茶叶、陶瓷、烟酒、火柴、粉条等物品,自太原、汾州等地由陆路驮运至碛口,转销于大西北。"[③] 伴随黄河水运兴起的商贸城镇有托克托厅河口镇、河曲、保德、兴县黑峪口镇、临县碛口镇、柳林县孟门镇、吉县壶口镇、芮城县风陵渡等。

二、山西黄河文化内涵的多元挖掘

山西黄河文化的内涵十分丰富,博大精深,是一个多层次的结构体系,绝不仅仅包括上述四个方面的内容。具体来说,它还包括政

---

① 山西省史志研究院编:《山西通志》第 2 卷《地理志》,中华书局,1996 年,第 597 页。
② 傅增湘等:《绥远通志稿》卷七十《水路》,内蒙古人民出版社,2007 年。
③ 临县志编纂委员会编:《临县志》,海潮出版社,1994 年,第 28、267 页。

治、艺术、哲学、科技、教育、语言、史学、宗教、民间信仰、道德规范和社会生活习俗等方面的内容。山西黄河文化旅游的繁荣发展必须建立在黄河文化内涵的深入挖掘之上。而要想充分挖掘山西黄河文化的丰富内涵,需要从以下几方面着手:

(一)加强对沿黄地区文化资源的普查与保护工作

近些年,随着沿黄地区文化旅游产业的发展,许多文化资源如文物古迹、风土人情、建筑遗址、非物质文化遗产等由于各种原因正濒临消逝。因此,挖掘黄河文化内涵的前提就是做好黄河文化资源的普查、抢救与保护工作。在普查工作上,省政府可牵头沿黄市县,组织相关院校、科研机构以及黄河文化的爱好者成立黄河文化考察队,赶赴沿黄地区开展文化资源的普查,建立沿黄地区文化名录大全。在收集与整理档案、书籍、实物等黄河文化资料的基础上,推动建立沿黄地区文化资料库、博物馆等。在抢救与保护工作上,要注意抢救、保护原生态的文化资源。沿黄地区一些文化旅游开发过程中出现了大量的以人造物代替原有的历史文化景观和文化产品,以虚构的情节来代替历史真实的现象,不仅歪曲了历史,而且使原有的文化资源受到破坏。这种情况下,在对沿黄地区文化资源的抢救与保护过程中要去伪存真,通过鉴别、考证,真正保持文化资源的原生性。同时,力求保护文化资源的全貌,确保被保护文化资源全面、真实、客观地反映其所包含的珍贵文化信息,还原其所应有的文化面貌。

(二)建立健全山西黄河文化内涵的研究机制

山西黄河文化内涵的挖掘需要一套科学合理的研究机制来推进,而这套研究机制的建立需要多方力量的配合。首先,要成立专门的黄河文化研究机构,组建专业的黄河文化研究团队。以往有关黄河文化内涵的研究或是个别学者"单打独斗",或是临时携手相关学者、爱好者展开研究,这就造成了黄河文化内涵的研究难以持续、系统地进行下去。鉴于此,省政府可引导高校、科研院所成立专门的黄河文化研究机构,吸收引进有志于长期从事黄河文化内涵研究的人才,组建起高水平的黄河文化内涵研究队伍。其次,要有源源不断的研究项目来支持。黄河文化内涵的研究需要研究项目的持续推动,省教育厅、文化厅、社科联等机构每年可设立各种相关研究项目,沿黄各旅游企业也可与各研究单位开展黄河文化内涵研究的项目合作,为黄河文化内涵研究的推进提供资金上的支持。再次,定期举办以"黄河文化内涵"为主题的各类学术会议。建议定期举办各种高水平、高层次的黄河文化内涵学术会议或研讨会,及时检验黄河文化内涵研究的最新成果,形成黄河文化内涵传承与发展的有效平台。

(三) 加快沿黄地区文化创意产业的发展

科技靠创新,文化靠创意,黄河文化内涵的深入挖掘需要文化创意产业的大力支持。沿黄地区要想加快黄河文化创意产业的发展,需要做好以下几个方面:首先,要着力解决文化创意产业所面临的生存发展难题。沿黄地区要营造一个包容个性的社会环境,为文化创意产业提供各种政策上的优惠,吸收更多的文化创意产业扎根沿黄地区,促成文化创意产业的集群发展。同时为文化创意产业搭建各种平台,使文化创意产业的产品能够尽快投入到沿黄地区旅游产业之中。其次,要高度重视文化创意产业在推动沿黄文化旅游业改造升级中的作用。政府要为文化创意产业与文化旅游业的融合提供政策方面的支持,相关部门可制定激励二者融合发展的政策,降低产业融合的壁垒,进而推动沿黄文化旅游业文化内涵的提升。再次,发挥文化创意产业在文化旅游新区建设中的作用。文化创意产业应结合沿黄地区文化资源条件和已经形成的文化品牌,将具有特色的黄河文化内涵因素植入文化旅游新区的建设之中,凸显沿黄文化旅游新区文化底蕴的厚重感。

三、山西黄河文化内涵的充分展示

山西黄河文化的内涵是黄河文化旅游发展的灵魂，为沿黄各景区的可持续发展提供了核心竞争力。同时，黄河文化旅游的大力发展反过来也将促进山西黄河文化内涵的全面展示。因此，我们一方面要充分挖掘山西黄河文化的内涵，另一方面还需要考虑山西黄河文化内涵与文化旅游发展之间的结合问题，既要把山西黄河文化的内涵挖掘好，还要展现好。

（一）打造独具特色的黄河文化旅游品牌

山西黄河文化内涵的全面展示需要强有力的品牌支撑。就目前沿黄地区文化旅游产业的品牌建设而言，品牌数量不少，但高质量、高形象的品牌不多，缺乏独具特色的世界级大品牌。要想打造世界级的黄河文化旅游品牌，就离不开黄河文化内涵的凝聚，就必须将山西黄河文化的内涵彰显出来。这需要我们在今后的工作中，一方面要将山西黄河文化的内涵植入品牌培育中，既要发挥黄河文化内涵助力品牌建设的作用，也要发挥品牌文化凸显出黄河文化内涵的特色和精神，通过品牌文化所传递的文化内涵使黄河文化的内涵深入人心，使黄河文化旅游的影响力不断增强。另一方面，要打造极具代表性的、符合市场需求的世界级品牌，促进市场优势的形成。虽然沿黄地区旅游文化的开发已经打造出一定的特色品牌，但在广度、深度、含金量等方面均有待加强，因而应创设认同度更高、精神价值影响力更大的世界级旅游文化品牌。此外，要注重开发沿黄地区黄河文化旅游产业的重大项目，省政府可将沿黄各市县整合的项目列为重点，对重大项目加大实施力度，加快实施进度，通过重点支持几个项目，推进黄河旅游文化品牌的建设。

（二）形成科学合理的黄河文化宣传体系

山西黄河文化内涵的呈现还需要健全的宣传体系。首先，要创建富有文化内涵的旅游景区。俗话说，打铁还需自身硬。沿黄各景区要根据本地的文化资源建立独具特色的旅游文化景区，避免各景区旅游项目的同一化现象。其次，要拓展多渠道的宣传路径。要将每次旅游会议都开成宣传推进会；打造互联网宣传平台，运营提出"季季有主题、月月有互动、周周有分析"的网络宣传计划，通过互联网传播渠道把一系列具有丰富黄河文化内涵的产品提供给游客；建设全景展示黄河风光馆，利用先进的技术把万里黄河风光、壶口四季的风光随时呈现给观众；要以旅游节庆为载体，让旅游者置身于各种活动中切身感受黄河文化的深刻内涵。再次，要培养高水平的黄河文化旅游服务型人才。我们不仅要有好的黄河文化旅游景点，也要有专业的服务型人才，这样才能将黄河文化的深刻内涵准确地传达给旅游者。为此，沿黄各景区要定期培训景区的服务人员，提升服务人员的专业水平。

（三）确保沿黄各景区文化旅游资源的生态开发

黄河文化内涵的充分展现依托于沿黄各景区文化旅游资源的生态开发。现实中，沿黄地区的文化旅游资源开发过程中存在着诸多违背生态文明要求的做法，突出表现在以下几个方面：一是对历史文化资源的超容量开发，造成了沿黄地区人文生态环境被破坏甚至消逝的现象。二是一些地方为了急于将有开发价值的文化资源推向市场，把原本神圣庄严的民俗活动、宗教仪式等当成赚钱的工具，出卖文化资源的毛坯而忽略文化价值的挖掘。三是沿黄各地区存在旅游文化资源开发思路单一，开发模式高度雷同，旅游演艺、节庆会展、文创园区建设几乎成为各地旅游文化开发的共同选择。这些项目往往一哄而上，很多项目不仅未能发挥产业集群作用，反而挤占了土地，浪费了大量的资金。以上问题警示我们在沿黄地区文化旅游的开发过程中，要以生态文明为指针，对文化旅游资源进行生态化开发，在具体的开发过程中要做到根据沿黄各地区文化旅游资源的差异而设计各自不同的开发模式，实现沿黄地区文化旅游资源开发模式的生态化转型。

现今世界，旅游需求和旅游市场迫切要求富有文化品位的旅游产品和独具特色的旅游品牌。沿黄旅游区在人力、物力、财力相对有限的前提下，只有深挖和全面展示山西黄河文化的博大内涵，才能开发出更具吸引力和竞争力的旅游产品，打造出世界级的黄河文化旅游品牌，增强沿黄景区对游客的吸附力，提高黄河文化旅游业的经济效益和社会效益。因此，我们必须持续挖掘与全面展示黄河文化的博大内涵，以此来推动山西黄河文化旅游业的可持续发展，提升区域文化软实力，推进山西文化大省、强省建设，实现文化旅游产业发展的新突破，构建起文化与经济高度融合、经济效益与社会效益双赢的文化旅游融合创新的大格局，使文化旅游业成为山西省战略性支柱产业，全面推动山西经济的转型发展。

关于打造山西黄河水蚀浮雕国家地质公园的思考

山西财经大学旅游管理学院 张慧霞

晋陕峡谷山西境内吕梁市临县碛口—曲峪—克虎段约20公里的黄河沿岸发育了国内罕见的流水侵蚀地貌景观，最初的发现者因其在黄河岸上酷似栩栩如生的浮雕，称其为"水蚀浮雕"。该地貌景观是距今2.5亿年前以砂岩、泥岩和页岩为主的古老地层被黄河水流切割、侵蚀、溶蚀和其他多种地质外营力综合作用塑造而成，其成景年代距今1万—2万年。黄河沿岸水蚀地貌景观是大自然独一无二的杰作，是由黄河在该段独特的地层岩性、大地构造和水流相互作用而形成的，最主要的成因是黄河的流水侵蚀和岩石差异风化。典型的水蚀地貌主要分布于克虎杏林庄、曲峪开阳以及曲峪岩窑上三段，总长约10公里，主要有两种基本类型，一类是穿隆式的，属顺层水平发育成景；另一类则为直立、栏杆式，属沿垂直节理发育成景。碛口水蚀浮雕以浮雕、镂雕为主，兼有平面线刻和透雕、圆雕，图像千姿百态、栩栩如生，可谓集古今中外绘画艺术、建筑艺术、雕刻艺术、书法艺术为一体的黄河水蚀浮雕画廊。奇特的水蚀浮雕景观，鬼斧神工，美轮美奂，是大自然恩赐于我们山西沿黄地区独具特色的地质旅游资源。

这里独特的地质地貌景观是区域地质演化的地球档案，是内容丰富的黄河沿岸第四纪地质现象"博物馆"。它对于认识区域地质历史、黄河的形成演化以及青藏高原隆升对内陆地区的影响都具有重要的科学价值，而且具有大自然赋予的极高的美学价值和艺术观赏价值，对于山西可持续利用地学旅游资源，发展区域经济，向大众普及地球科学知识，具有巨大的经济、社会和生态价值。因此，建议在此建立国家地质公园，保护珍贵的地质遗迹，并以此为契机保护利用好地质旅游资源，打造山西沿黄地区独具特色的旅游新名片，为锻造山西黄河文化旅游新品牌增辉添彩。

一、打造山西黄河水蚀浮雕国家地质公园的意义

中华人民共和国国家地质公园简称国家地质公园，是由中国行政管理部门组织专家审定，由中华人民共和国国务院国土资源部正式批准授牌的地质公园。中国国家地质公园是以具有国家级特殊地质科学意义，较高的美学观赏价值的地质遗迹为主体，并融合其他自然景观与人文景观而构成的一种独特的自然区域。截至2017年9月，全国已经有206家国家地质公园。国家地质公园建设，是响应联合国教科文组织建立"世界地质公园网络体系"的倡议，贯彻国务院关于保护地质遗迹的任务，由国土资源部主持于2000年开始进行的一项工作。国家地质公园17年的发展已经证明，建立国家地质公园是保护地质遗迹，普及地球科学知识，促进地方经济发展的良好模式。

山西目前有黄河壶口瀑布、壶关太行山、宁武万年冰洞、五台山、陵川王莽岭、大同火山群、平顺天脊山、永和黄河蛇曲、榆社古生物化石9处国家地质公园，然而山西沿黄水蚀浮雕未能荣登榜单。山西沿黄水蚀地貌（浮雕）景观属于典型的地质遗迹，在全国乃至国际上都具有独特的科学价值、普及教育价值和美学观赏价值。加之其分布在山西沿黄旅游公路两边，是山西沿黄旅游带上独一无二的特色旅游资源。因此，打造山西黄河沿岸水蚀地貌（浮雕）国家地质公园，对保护该地质遗迹资源，开展地质科学研究，普及地质知识，提

升沿黄旅游品牌形象，助推区域经济发展都具有十分重要的意义。

二、打造黄河水蚀浮雕国家地质公园目前存在的问题

黄河沿岸水蚀浮雕及周围的黄河砂岩、黄河奇石以及黄土土林地貌景观，在2003年已成功申报为山西碛口地质公园。2010年才完成省级地质公园总体规划。十多年来，该地质公园的建设和发展非常缓慢，其主要景观基本处于未开发状态，仅有的开发是当地几位农民成立了河运公司，在黄河上经营水上观光游览业务。由此可见，通过打造国家地质公园全面保护地质遗迹，可持续合理利用水蚀浮雕地质旅游资源是目前锻造山西黄河旅游板块亟须解决的一大问题。

打造黄河水蚀浮雕国家地质公园目前存在的主要问题：

（一）缺乏详细的地质遗迹调查和充分评价

无论建立国家地质公园与否，地质遗迹调查和评价都是必须进行的。就现状来看，尚未对水蚀地貌景观带进行详细的地质遗迹调查，更不用谈充分对地质遗迹价值进行评价。基础资料严重缺乏，如地质遗迹类型、地质遗迹分布范围等家底还未摸清。尽快搞清楚这些地质遗迹资源的属性和品位，是目前亟须进行的。

（二）地质遗迹保护欠缺，存在不同程度的破坏

地质遗迹遭破坏主要来自两方面，一是人为破坏，主要表现为大量涌入的客流对侵蚀形态表面的踩踏、移动、刻画，更为严重的是修建旅游公路对水蚀浮雕的破坏长达数公里；二是自然风化，不可抗力因素如水流、风力、地震等对发育脆弱的地质遗迹产生的毁灭性破坏。这些珍贵的地质遗迹形成需要几百万年甚至几亿年的时间，而破坏只需要很短时间。这种地貌景观一旦被破坏，必将永久消失。目

前，当地政府尚未采取合理的措施保护这些珍贵的地质遗迹。

(三) 缺乏科学合理的可持续发展规划

资源开发，规划先行，盲目开发和掠夺式开发对于该类脆弱型的地质遗迹资源无疑是致命的。无论何种规划，必须要由地质学家和相关的专家小组对水蚀浮雕进行严格的专业性调查和科学评价，在此基础上进行资源保护和开发规划。

三、对打造黄河水蚀浮雕国家地质公园的建议

(一) 尽快把打造黄河水蚀浮雕国家地质公园提到议事日程

山西沿黄水蚀浮雕资源是大自然恩赐于山西的独特资源，在全世界也是独一无二的，属于世界级的地质旅游资源。2017年山西省旅游发展大会上，楼阳生说，黄河之魂在山西，要充分挖掘黄河的博大内涵，凝练黄河风情、民族精神主题，构建母亲黄河、龙腾黄河、多彩黄河、生态黄河的旅游精品线路。水蚀浮雕作为山西沿黄旅游精品线路上独具特色的高品位旅游资源，赋予了母亲黄河、龙腾黄河、多彩黄河、生态黄河新的内涵，因此借我省锻造黄河、长城、太行旅游新品牌之势，尽快把打造沿黄水蚀浮雕国家地质公园提到议事日程。

(二) 高度重视黄河沿岸水蚀浮雕资源的保护和国家地质公园的申报

在山西省政府举全省之力打造沿黄旅游文化这一新品牌之际，当地政府不仅要保护好水蚀浮雕资源不受破坏和损害，而且要把申报国家地质公园作为开发的阶段性目标。要树立国家地质公园开发理念，认识国家地质公园宗旨：通过建立地质公园保护地质遗迹，普及地球科学知识，促进地方经济发展。通过改善当地的旅游基础设施，在保

护黄河沿岸水蚀浮雕的前提下，做好申报国家地质公园的有关准备工作，尽快全面启动申报国家地质公园。地方国土资源部门在国家地质公园未正式建立之前，必须采取相应的保护措施，避免人为破坏，保护好水蚀浮雕及周边自然环境。

（三）做好申报国家地质公园的可行性评估

在"山西黄河水蚀浮雕国家地质公园"启动前，应在碛口省级国家地质公园工作的基础上，邀请国内知名的地质公园专家和第四纪地质学、地貌学、地层学等方面的地学专家对其进行实地考察，对地质遗迹资源禀赋和在区域或全球的代表性进行评估，并对项目实施的可行性进行重点评估。

（四）采取两阶段策略申报国家地质公园

国土资源部对于国家地质公园的申报和建设有严格的规定，申报地区的地质遗迹必须要有国家甚至国家级代表性，在全国乃至世界上具有独特的科学价值、普及教育价值和美学观赏价值。除此之外，地质遗迹已得到有效的保护，且已批准建立省（区、市）级地质公园2年以上，并已开园揭碑（见《国土资源部办公厅关于加强国家地质公园申报审批工作的通知》，国土资厅发〔2009〕50号；《关于申报国家地质公园的通知》，国土资厅发〔2000〕77号）。因此，山西黄河水蚀浮雕申报国家地质公园应采取两阶段策略：（1）在省级地质公园的基础上完成详细的地质遗迹的调查与评价和登录任务，编制高质量的综合考察报告，基本勘定地质公园边界，确定地质遗迹保护名录并出台相关政策，完成省级地质公园的揭碑开园工作。（2）在此基础上申报国家地质公园。按申报材料的具体要求（地质公园申报书、地质公园综合考察报告、地质公园申报画册、地质公园申报影视片、提出申请的县级以上人民政府承诺书）高质量编制申报材料，办理完流程后由省国土资源厅向国土资源部推荐参加评审。

（五）科学编制国家地质公园总体规划

在取得国家地质公园资格后3年内，国家地质公园应编制《国家地质公园总体规划》。地质公园的总体规划是地质公园的"宪法"，因此当地政府要高度重视总体规划的编制，严格按照国土资源部颁布的《国家地质公园规划修编技术要求》，参照《国家地质公园规划文本编制提纲》和《国家地质公园规划编制说明编写提纲》等规范文本，聘请专门机构人员编制高质量的地质公园总体规划，为科学开发山西黄河水蚀浮雕国家地质公园绘制好蓝图。

（六）大手笔打造山西黄河水蚀浮雕国家地质公园

按《中国国家地质公园建设工作指南》和规划要求，大手笔高起点打造山西黄河水蚀浮雕国家地质公园。一是按照国家地质公园建设标准设立地质公园主碑、总体分布图及导游图、简介说明栏（中、英文）和地质公园徽标；二是建设地质公园博物馆和地质公园科普影视厅；三是做好解说牌和导引标识；四是编辑地质公园导游手册；五是科学设计导游图和科考、科普旅行路线等；六是把建设山西黄河水蚀浮雕国家地质公园与沿黄文化旅游、生态旅游和全域旅游有机结合，打造山西沿黄文化旅游带新名片。

黄河左岸生态文化旅游经济带交通建设对策分析[①]

山西大学经济与管理学院　裴丽婕　靳晓宇　梁四宝

　　山西省黄河沿线是一条风光旅游带,散布在这条线路上的旅游资源丰富,包含了边塞文化、红色文化、宗教文化、晋商文化、黄河文化等,汇聚了山西独具特色的旅游风貌。近些年,山西省把黄河沿岸历史文化资源、自然景观资源加以结合,并且在发展过程中不断进行调整改进,使得黄河流域文化主题更加突出,最终形成了著名的"沿黄旅游带"。目前,总计140多个景区中,已开放了50个景区。其中,4A级景区达11个,3A级景区2个。3个核心景区分别是壶口瀑布、鹳雀楼和碛口古镇;11个重点景区分别是老牛湾、宁武管涔山、河曲娘娘滩、北武当山、苍儿会、永乐宫、普救寺、五老峰、黄河三峡、乾坤湾以及历山黄河小浪底库区。

　　五条精品旅游线路可以归纳为——黄河风情文化精品旅游线路:从鹳雀楼至历山小浪底的黄河沿岸旅游资源集中连片区;工业旅游精品线路:以平朔、万家寨、龙口等工业区为主;黄河黄土风情游精品线路:永和乾坤湾至河津龙门的黄河沿岸辐射区,这一精品线路经过不断发展,其影响力不但可以辐射到全国甚至可以影响到世界;红色旅游精品线路:兴县蔡家崖至柳林三交镇的红色、古色、绿色旅游资源;古都长城黄河游精品线路:大同经杀虎口至老牛湾到保德的黄河

---

① 该文引用相关数据皆为课题组在山西省交通运输厅相关部门调查搜集而来。

沿岸辐射区，该景点线路可以充分建设成为集国际与国家级为一体的复合型旅游资源。

而旅游发展，交通先行，公路铁路以及河运作为旅游的交通载体，对于发展旅游业起着至关重要的作用。

一、黄河左岸生态文化旅游经济带交通发展现状

山西省交通地理位置非常重要，处于南北同蒲、京包、大秦、石太、太焦等重要干线交会处。目前交通现状为：以铁路、公路为主，航空为辅的交通运输网络群，成为华北地区乃至全国范围内的主要交通枢纽。

（一）陆路交通现状

山西沿黄旅游带的19个县市位于山西省西部，地处黄土高原，西、南隔黄河，与陕西、河南相望，北与内蒙古为邻。境内丘陵起伏、沟壑纵横、地形复杂。目前黄河左岸的公路基本格局为沿黄旅游线路、沿黄公路干线以及三段已开通的高速公路（系省内规划中的"三纵十二横"之"西纵"）。沿黄旅游线路虽然距黄河较近，但其公路级别较低、质量较差，与右岸的陕西省相比公路状况差距明显，且通车里程仅1000公里；沿黄公路干线主要穿越左岸沿黄的主要城镇，离黄河距离较远，且公路养护状况不佳，通车里程也不足1000公里；三段已开通的高速公路，通车里程不足300公里，远远不能满足大力发展黄河旅游的需求。铁路运输尤其是高铁建设更是滞后。

另外，2017年8月陕西沿黄公路正式通车，经过陕西黄河西岸韩城、渭南、延安、榆林4市12县，串联陕西50多个景点。并且能够与山西的沿黄公路连接，对于促进山陕旅游协同发展，共同开发黄河旅游资源有着积极意义。

（二）水运发展现状

黄河自偏关县的老牛湾进入山西，流经忻州、吕梁、临汾、运城4市19个县，在垣曲县马蹄窝进入河南。省内航道全长1004公里，境内规划建设万家寨、龙口、天桥、碛口、古贤、甘泽坡、三门峡等7座水利枢纽，其中大部分为高坝。目前已建成的有万家寨、龙口、天桥、三门峡4座枢纽，枢纽建成后，渠化了上游航道，使库区回水区自然形成深水航道，淹没了碍航浅、险滩，使部分不通航或通航条件较差的河段的通航条件得到改善，干流等级航道达到281公里（五级航道252公里、六级航道29公里）。

截至2015年底，全省监管船舶总数4053艘，以旅游客运船舶为主，也有少量滚装渡船和货船，其中货船主要集中在小浪底库区。全省水运企业35家，水运从业人员862人。"十二五"期间，全省水路运输完成货运量151万吨、货运周转量3261万吨，完成客运量664万人次、旅客周转量6075万人。

根据黄河山西段河道及通航现状，现阶段黄河干流山西段可分为7个通航区段：

1. 万家寨库区段

该段航道为库区航道，水深大、流速缓，大坝上游约10公里处为著名的老牛湾景区，旅游资源丰富，且大坝的兴建制造出了"高峡平湖"的壮观景象，因此该段航道近期将大力开发大坝至老牛湾景区之间的"水上观光"项目，在老牛湾景区及万家寨大坝以上约1公里处，各修建客运码头1处，最大可停靠100客位客船。

2. 龙口库区段

龙口大坝至万家寨大坝全长约25.6公里，库区航道水深大、流速缓，航道条件优良，该段航道近期以开发龙口大坝至万家寨坝下游观光游项目为主，在龙口大坝上游、弥勒洞、万家寨大坝下游建设码头3处，船型以40或60客位旅游船为主。

3. 龙口至天桥段

天桥至龙口大坝，库区段航道条件优良，自然段存在侯家口滩、长沙滩等滩险。该河段长约70公里，仅建设有黄河龙口大桥、华莲黄河大桥及浮桥一座，严重制约了两岸经济文化及旅游的交流发展。

4. 保德至壶口段

该河段上游建设有保德港及府谷港，矿产资源丰富，该段航道主要以货运为主，兼顾客运，在航道建设过程中将紧密结合碛口及古贤枢纽的建设，抓住时机建成库区航道，脱水段，通过适当整治工程达到Ⅵ级航道标准，主要通航100吨级浅吃水船舶。

5. 壶口至禹门口段

壶口至禹门口河段长约65公里，整个河段有浅滩、急流滩。近年来随着航道条件的恶化以及公路条件的改善，水上运输日趋萎缩。该河段旅游资源丰富，黄河壶口瀑布、晋陕大峡谷、石门天险、龙门大禹遗址等都是全国绝无仅有的胜景。货运方面，乡宁的优质焦煤也可通过水运至禹门口，从侯（马）西（安）铁路转运。

6. 潼关至三门峡段

三门峡水库建成后，潼关至三门峡的航道分为三段，共132公里。陕西潼关至芮城大禹渡段，非汛期可通行50吨级以下小型船舶，汛期由于含沙量高，流速大，暂不具备通航条件；大禹渡至北村段，航槽基本稳定，非汛期基本能达到六级航道标准，汛期暂不具备通航条件；北村至大坝段，水域宽阔，通航条件较好，可达到三级航道标准。

7. 小浪底库区

小浪底水库建成蓄水后，已形成库区干流航道里程约130公里，蓄水后库区水深大幅增加，流速变缓，航道条件得到大幅度改善，大部分险滩、急流消失。根据《山西省黄河小浪底库区航运建设工程初步设计报告》，至 2020 年该河段客运量为 47.6 万—53.2 万人次，货运量约 204 万吨，建设 2 个客运码头及 2 个货运码头。

二、旅游交通发展存在问题

第一，旅游景点之间交通不便。沿岸 19 县中偏关县、柳林县、临县、大宁县等 10 个县为国家级扶贫开发重点县，尤其是晋西北和吕梁山等革命老区和贫困地区，沟壑纵横，经济落后，基础设施建设不完善，至今没有建成纵贯山西西侧的高速公路（即规划中的三纵之西纵），沿黄旅游公路尚处在规划阶段，机场仅有靠南的运城关公机场，纵贯高铁线路尚未规划，严重阻碍了沿黄旅游经济带的形成，不利于当地经济持续向好发展。

第二，黄河沿线山西一侧旅游人数中自驾游和背包客人数占到一半以上，但沿线多断头路，坡陡弯多，许多路段还存在运煤车通行、旅游标识和服务站点短缺、停车场不足等问题，给自驾游游客带来诸多不便。

第三，黄河河运没有得到有效开发，航道开发和维护严重不足，特别是区域联合，尤其是省际合作开发黄河航道的力度不够。

第四，铁路和航空运输严重滞后。

三、对策建议

旅游作为一种外向型活动，首先就要求旅游者到达旅游资源所在地，因此，要发展当地的旅游业，首要任务就是建成连接该地区与其他地区的较为便利的交通线路，这就对黄河沿岸地区的交通运输条件提出了相应的要求；其次，想要将当地的特色产品运输出去，达到发展经济的目的，也必须依赖良好的交通运输条件。

第一,加快"西纵"高速公路建设进程。山西省高速公路规划建成"三纵十二横十二环"的高速公路网络,其中三纵之一的西纵高速公路(由右玉杀虎口到芮城风陵渡)基本囊括了山西境内黄河沿线的19个县域,西纵高速公路的建成对于改善黄河左岸的交通运输条件,进而促进旅游业的发展起着关键的作用。因此,建议加快规划和建设进度。

第二,加大河运开发力度。由于地处黄河沿岸,改善黄河左岸地区的河运条件对于当地的经济和旅游的发展也有积极的带动作用。黄河水流湍急,频繁改道的现实使得长距离的旅游航线无法在此建设,但是如果只在短距离内阶段性地开通旅游航线,其可操作性和安全性还是可以得到保障的。比如可以建设山西境内老牛湾至龙口、小浪底库区老鸦石至三门峡库区等航线,并在这些航道增设码头,加强基础配套设施的建设,既可以用于游客观光和交通,促进沿线地区的旅游业发展,也可以用于运输沿途县域的农产品货物,促进沿线地区的经济发展。

第三,发展区域合作的旅游交通。山西与陕西进一步联合开发共有旅游资源,加强在黄河金三角地区的合作,打破各自为政的局面。如壶口瀑布景区,两省可以制定相同的宣传口号,设置统一的售票点,整合双方的基础设施和旅游设施,既降低了成本,也可为游客带来便利,两省还可以建立一条跨越黄河的桥梁,游客不仅可以在桥梁上全方位地感受壶口瀑布的景观,还可以在两省之间流动,延长游客在该景区的逗留时间,创造更多的收入。同时两省还应加强对于景区自然环境的共同保护,实现景区的可持续发展。

山西与河南在黄河两岸旅游航线的开发上,可以以小浪底库区和沿线秀美风光为依托,开通山西垣曲、平陆到河南洛阳、孟津的黄金旅游航道,以滚装船为载具,实现两省游客的互送,同时以航道为基础,丰富小浪底库区的水利游览项目和水上娱乐项目,构建一条黄金旅游线路。

第四，增加河运航道养护经费。目前仅黄河河运航道的维护经费，每年就有2000万左右的缺口，我省财政对此项支出一直没有预算。导致黄河山西段交通设施的更新维护一直非常滞后，安全性和便利性不够，严重制约了相关行业的发展。

第五，建议黄河大坝安装通航设备，打破航线条段分割现状。早在明清时期，黄河山西段就一直是通航的重要商道，但目前山西沿线黄河大坝均无通航设备，严重阻断航线的连续性和通航能力，因此建议增设通船机或翻坝机等设备。

第六，沿黄河增建渡口码头。借助精准扶贫的机遇，增建100个左右的渡口码头，如在河曲、偏关两地即可建设50个左右的渡口码头，不仅有利于扶贫工作的开展，更有利于附近区域的旅游发展。

另外，除了陆运和河运之外，还可以选择在旅游资源比较集中的地区建立机场，设立旅游集散中心，方便游客的出行和休息，对附近地区旅游业的发展也大有裨益。

作者简介：

裴丽婕，山西大学经济与管理学院硕士研究生。

靳晓宇，山西大学经济与管理学院硕士研究生。

梁四宝，山西大学商务学院副教授。

长城博览

走西口旅游文化资源探析

山西大学晋商学研究所　刘建生

自古以来,山西蕴藏着丰富的旅游文化资源。以晋商为代表的中国传统商帮在开拓商路的过程中,也为西口文化的形成发挥了重要作用。本文在研究西口文化和晋商北路贸易的基础上,充分挖掘长城的边塞和贸易等历史文化元素,提出开发右玉旅游文化资源的路径选择,对于打造山西省旅游新品牌具有重要意义。

一、西口考辨

(一) 学术界对西口界定的几种说法

第一种是泛指说。持这种观点的人认为,既然"西口"主要在戏剧、民歌等特定艺术表现形式中得以体现,必定会掺杂许多艺术夸张成分,因此,就不一定在"实"字上加以考证。另外,由于清代山西遭年馑绝非一次两次,大批饥民外出谋生不可能仅走一条路,所以走西口的"西口"位置就被扩大到陕西北部沿黄河北上直至大同北郊晋蒙接壤的各条道路。

第二种是概指说。该观点将"西口"定义为秦晋两地到内蒙古甚至宁夏一带的各个通道关口。如秉荣、原鲁等学者便认为16处"水关"是"走西口"的口子。

第三种是特指说。这里对"西口"的特指，一部分学者认为就是山西北部的杀虎口。如安介生就将"东口以西的各口（特别是杀虎口）称为西口"。另外，王德功等人也认为"西口"就是杀虎口；另外一部分学者则认为归化城是西口，如（俄）阿·马·波兹德涅耶夫在其书中记载："归化城是西口，并看到当时官家的运输车辆上所标的地名都是'西口'，并在驻军的号衣上也可见到。"一条记载"西口"是归化城的依据，即乾隆二十六年（1761）"杀虎口监督期成额奏准增设归化关。二十九年杀虎口关监督升任山西按察使，奏准于归化适中之地，设立总局，并在城之四面立四栅口，各设分卡，并添设书巡家人六十名，蒙古笔帖式二人。"此外，还有将包头、河曲、保德、榆林等称为"西口"的观点。

第四种是变迁说。持这种观点的学者认为西口并没有始终固定在某个区域，而是根据当时社会发展演变的特点而发生了位置上的变迁。王来刚指出，"西口"随历史变迁而不断转移。"西口"最初确指杀虎口，后因经济、政治和军事等原因而转移至归化城。

（二）杀虎口是历史上最早的"西口"

1. 重要的地理位置

《朔平府志》载："长城以外，蒙古诸蕃部落百种，分四十九旗，其通贡往来必道于边关，而杀虎口乃直北之要冲也。其地在云中之西，扼三关而控五原，自古称为险塞。"右玉县志办公室编《旧志辑录》载："杀虎口设副将以下将领八人，兵八百二十六名。"（抚远将军费扬古西路军）

准噶尔部噶尔丹，于康熙二十七年（1688）掀起了反对清朝中央政府的大规模武装叛乱，康熙亲率大军征讨，"特命勋戚重臣，统禁旅数千"，驻扎杀虎口等地，与直隶、宣化、陕西、宁夏互为犄角。将杀虎口作为军粮供应地。

2. 突出的经济地位

由于历史上的杀虎口始终存在蒙汉"互市"与"征战"并存的局面，《明史稿》载自明正统三年（1438）大同马市设立，允许蒙古族到马市与汉族官民交易以来，北方的边贸互市规模也逐渐发展起来，并呈现出"汉夷贸迁，蚁聚城市，日不下五六百骑"的繁荣景象。

黄鉴晖《明清山西商人研究》说，清政府于顺治八年（1651）设立杀虎口为山西省境内唯一的榷关，严格规定"商人运载货物，例需直赴杀虎口输税，不许绕避别口私走"。

《清史稿·食货·征榷》载：康熙四十一年（1702），规定"大青木税归并杀虎口兼辖"；雍正五年（1727），规定"河宝营（即河曲、保德）木植税由杀虎口监督征收"；乾隆四年（1739），"定归化城木税额归杀虎口征收"；乾隆五十七年（1792）"开山西得胜口，归杀虎口监督稽征"。

杀虎口的特殊经济地位不仅直接体现在关税征收的权力方面，清王朝对其所实施的人员管理更能深刻地揭示这一点。

《钦定大清会典事例》载，"顺治七年（1650）定独石口、杀虎口差满洲笔帖式收税；顺治十三年（1656）在定各关专差汉官时，仍然强调张家口、杀虎口各差满官一人，笔帖式一人，均照例一年更代。"康熙四年（1665）题准各关税均交地方官管理，唯两翼、张家口、杀虎口仍差户部满官。

（三）对于以往"西口"界定部分观点的几点分析

从各种西口位置界定的总结可以看出，学术界对于"西口"位置的各种细致分析基本集中于杀虎口、归化城、包头、河曲与保德这几个地区之上。走西口事实上也就是晋西北、雁北、陕北以及鲁、豫地区的贫苦农民到口外地区谋生的移民运动。归化城、包头以及河曲、保德的确与走西口的历史始末密切相关,然而从建置年代、军事节制关系以及这些地区在大批内地民人走西口历史过程中所发挥的作用层面来考虑,它们却又严格区别于杀虎口,有着自身独特的功能定位,无法被称为历史上最早的"西口"。

1. 建置年代

位于山西省右玉县城西北35公里的杀虎口,坐落在万里长城脚下两省区(山西、内蒙古)三县(右玉、和林格尔、清水河)的交界处。《朔平府志》载:由于军事与贸易的需要,明嘉靖二十三年(1544)开始在该地筑堡(史称旧堡),并于明万历四十三年(1615)"另筑新堡一座,名平集堡,周二里,高下与旧堡等,中建客店,内外交易"。

清王朝于顺治八年设立杀胡堡为关市,"内驻笤税部、驿道、巡检司副将、都司守备等官",并改名为"杀虎口"。杀虎口随着茶马贸易集市的开展,已是一派"道通北藩,为牛羊、马驼、皮革、木植之所出,商贾称络绎焉"的繁荣景象。

经杀虎口去往归绥地区的内地民人,不论种地,还是经商,起初出入都要由该关注册,发给"印票",始准通行。《清会典事例》载"每年由户部给予印票八万张,逐年换给"。因此,杀虎口成了走西口必须经过的第一道关口,并成为众人皆知的与"东口"相对应的"西口"。伴随走西口的移民活动的不断深入,诸多商人在归绥地区开始各种贸易经营活动。《清圣祖实录》载:至康熙三十五年十月十三日(1696年11月7日),当康熙帝围猎驻归化城时,该城已是"商贾丛集"了。乾隆二十六年(1761)归化城被设为山西境内第二个榷关,并于乾隆三十一年(1766)左右,成为替代杀虎口为汉蒙商民进出关口办理票证的机关。可以说从顺治八年(1651)杀虎口开始设置,到乾隆三十一年(1766)的115年的时间里,杀虎口无疑始终是与"东口"张家口相对应的"西口",而归化城从乾隆三十一年开始才具备了作为税关关口的性质。嘉庆十四年（1809），绥远城将军改包头村为包头镇。

据《绥远通志稿》载："自昔归化城而外，商务以包头为最繁盛。归、包二处，实为西口商业之中心，非各厅镇所能比拟也。"阿·马·波兹德涅耶夫《蒙古与蒙古人》所载：清末，"不仅在购买牲畜方面，而且在购买蒙古的各种原料方面，归化城的作用都已让位于包头。"由此可见，基于社会经济发展角度来考察，西口逐渐由归化城再次转移至包头，其地域概念得到进一步泛化。

2. 军事节制关系

据《大清会典》载，清代前期军事上建立八旗和绿营兵制，其中绿营以"营"为基本建制。"汉兵皆用绿旗，是为绿营。"明代，朝廷为严守杀虎口，设守备一员，旧堡把总一员，新堡团总一员。新旧两堡共有步兵1040名，骑兵152名。俟至清代，内地与北部民族割据对峙局面结束，政权归于一统。大同镇长城沿线各堡所驻官兵多数裁减。杀虎口改设操守，守军减至100名。据《朔平府志》记载："大同郡为邻边重地，而重地之中，惟杀虎口称为最要……将杀虎口改设副将、马二、步八营制，增添精兵一千名，不无縻费钱粮……前来，查该抚属地内杀虎口最为重地，止设守备，职任未显，边威未壮，将宁武副将裁去，改设杀虎口副将。"康熙二十一年（1682），清政府派遣副将镇守杀虎口，并形成一种明确的节制关系。乾隆二年（1737），驻守右卫、杀虎口的将军移驻归化城，修建绥远城将军府，以绥远城将军监管右卫、归化城二处事务。从杀虎口八旗驻防的历史变迁可以看出，随着国家政策的变更，杀虎口在北方军事防御体系中的重镇地位在乾隆二年之后才逐渐让位于归化城。

3. 各具特色的功能定位

从走西口人群的心理活动层面考虑，对于内地的老百姓来讲，走西口本来就意味着远离汉族人民聚居的中原地区，并到达蒙古族人生活的地区去谋生，因此越过长城上的关口便成为走西口最关键的一步，而杀虎口理所当然就成了人们心目中走西口的标志。

归化城和包头起初应该被界定为走西口人群的目的地之一更为合理，如光绪《左云志稿》记载："（本邑）土著之民合伙贸易于邑城者甚少，大半皆往归化城，开设生理或寻人之铺以贸易，往往二三年不归。且有以贸易迁居大半与蒙古人通交结，其利甚厚，故乐于去故乡而适他邑也。"

对于河曲、保德而言，清政府规定由杀虎口监督节制，因为杀虎口税关监督管辖东起大同新平口，西至陕西黄甫川长城沿线二百里所有税关。《河曲县志》载："河邑人耕商塞外草地，春夏出口，岁暮而归。但能经营力作，皆足养家糊口。本境地瘠民贫，仰食于口外者无虑数千人。"

乾隆年间曾为忻州知府的窦容邃也精辟地指出："忻郡土满人稠，耕农之家十居八九，贸易商贩者十之一二，惟机杼纺绩之声无闻焉。迩年来，家有余丁多分赴归化城谋生开垦，春季载耒耜而往，秋收盈橐而还。予初至，恐其迁徙靡定也，后访得其实，乃知人烟辐凑，食指繁多，分其丁壮于口外，实养其老幼于家中也。"

随着"蒙禁"政策的逐步放松，巨大的商业利润诱使越来越多的内地民人通过东、西两口移民到达蒙地从事垦荒或者进行贸易活动。且上述史料已经显示河曲、保德人民走口外最初的目的地也是归绥地区，而当时贩运货物出口者，须经过杀虎关科税后，才能至归化城一带行销无阻。

河曲、保德人民最初也是通过走杀虎口开始其走西口生涯的。只是到清中后期才不经杀虎口，而直接过黄河到归化城办理相关入蒙手续。清末，随着清政府开放蒙禁，鼓励人们到蒙地垦荒政策的实施，大批内地百姓穿越长城，跨越黄河出口，人们根据移民方向的特征借用了传统意义上"走西口"的说法，使西口称谓在地域上得到进一步泛化。

二、走西口人员构成

（一）农民

流寓民人，在彼耕作得利，借以成家业者甚多（原规定汉蒙不通婚）。安家立业定居下来的流民，利用多年的劳动积累购置牛具籽种，便不再为人佣工，而是租地耕作变成佃户（收麦子、放羊、挖草根）。

（二）手工业者

17世纪末，汉族手工业者开始"走西口"，进入内蒙古地区。其中，最初进入的工匠大约有三类：一为驻防内蒙古的八旗官兵带来的匠役，主要是制作和修理兵器的铁匠和箭匠；一为跟随下嫁的满洲公主到内蒙古的"八大匠"；一为兴修王公府第、召庙者。

这些工匠以农产品为原料进行加工，如制酒、制粉、制酱、制醋等，给农民制造和修理农具、家具，建造房屋；深入草原，为牧民制造和修理各种用品。

（三）商人

从商人特点来说，可分为四类：（1）行商：出拔子、跑外路、外管，买卖家等商人（练、把、房）；（2）坐商：在王府、县城或其他城市及村镇开设店铺的商人；（3）开店：经营手工业和账房，并兼营运输、旅店和仓库业；（4）金融：当铺、钱铺、银号、票号等金融业，也有兼营商铺的。

三、对俄贸易的商人主体

有清一代，在中俄边境贸易中形成了恰克图、新疆、东北三大主要市场。在这三大市场中活跃着很多山西、山东、北京、天津、河北、陕西、甘肃等北方诸省的中国内地商人,其中尤以山西商人为重。在恰克图市场,商人主体为山西商人和俄商;新疆市场上,从事中俄贸易的商人以俄商为主,其次为新疆土著商人,再次,有燕、晋、湘、鄂、豫等八大商帮;在东北市场,山西、山东商人最著。此外,还有直隶、江浙等地的商人。

（一）恰克图贸易区

1728年,中俄签订《恰克图界约》。1792年,中俄签订《恰克图市约》。

恰克图市场是中俄边境贸易中贸易额最大、时间最长的贸易区域,在中俄边境贸易中一直处于极为重要的地位。恰克图—买卖城贸易区从其开始贸易到19世纪60年代,山西商人就一直占据主导地位;19世纪60年代后,俄商直接从内地采购货物,亲自贩运,山西商人的主导地位逐渐被俄商所取代。

到17世纪,晋商已涉足漠北地区,是库伦十二甲首。"康熙年间有山西商人来此经商,共有十二家。当时商会之组织,即为十二家各举一商董,称为十二甲首,在东营子造屋办公。"松筠在《绥服纪略》中称"所有恰克图贸易商民,皆晋省人,由张家口贩运烟、茶、缎、布、杂货,前往易换各色皮张毡片等"。乾隆二十八年（1759）,山西商人在买卖城的常住人口有四百多,极盛时商户达一百四十多家,其中资本较厚者六十余家,称为票商;另有散商八十余家依附于票商。

恰克图贸易初期,欧洲一些国家的商人也曾来此贸易。从前面分析可知,在1800年前,经恰克图市场向中国出口的货物很大一部分是欧货,是欧洲商人亲自赴恰克图销售货物,而俄国只是收取关税。

到18世纪后期,俄商逐渐成为恰克图市场的主要商人,且形成了不同地域的莫斯科帮、土拉帮、阿尔扎马斯克帮、伏罗格达帮、托波尔斯克帮、伊尔库茨克帮和喀山帮等几大恰克图贸易商帮。

在19世纪40—50年代，西伯利亚商人在恰克图贸易中的作用大大增长。19世纪60年代后，俄国商人通过《中俄陆路通商章程》获取了进入中国内地贸易的权利，在汉口开办压制砖茶的企业，俄商逐渐成为恰克图贸易的主导者。

据俄国驻库伦领事统计，宣统二年（1910）经恰克图输入库伦一带俄货……其中四分之三以上是经俄商之手贩运。在恰克图从事对俄贸易的众多山西商号中，经营历史最长、规模最大者，首推榆次常家。常氏一门从常万达于乾隆年间从事此项贸易开始，沿袭150多年。尤其在晚清，在恰克图十余个较大商号中，常氏一门独占其四，堪称清代本省的外贸世家。晋商"各商号在莫斯科、多木斯克、耶尔古特斯克、赤塔、克拉斯诺亚尔斯克、新西伯利亚、巴尔纳乌、巴尔古金、比西克、上乌金斯克、聂尔庆斯克等俄国较大城市以及库伦、张家口、天津、上海、汉口都设有分庄，往来采购运销由恰克图出进口的货物。"

（二）新疆贸易区

新疆市场上，从事中俄贸易的商人以俄商为主，其次为新疆土著商人，再次，中国的内地商人，有燕、晋、湘、鄂、豫、蜀、秦、陇等八大商帮。

1. 华商

新疆土著缠回是对俄贸易的一大主体。早在19世纪以前，新疆与俄国的茶叶、大黄贸易主要是通过当地缠回及安集延商人进行的。17世纪后期，"当俄国征服西伯利亚以后，它通过俄国与清朝发生贸易关系，于是青海的大黄就依靠俄罗斯商人和布哈拉人"输入俄国。在恰克图贸易关闭期间，另据明亮奏报："今在新疆陆续查获商民、回子及安集延人所贩大黄数千至数万斤不等。""新疆伊犁、喀什噶尔等处与哈萨克、布噜特、安集延较近，此等之人，常在俄罗斯地方贸易往来，将大黄带往新疆，转售与俄罗斯，不惟可得重利，且将俄罗斯之布勒噶尔哦噔绸等物换来，又卖与伊犁、喀什噶尔等处。"

中国的内地商人，有燕、晋、湘、鄂、豫、蜀、秦、陇等八大商帮。"客民之善治生者，津人为上，湘粤次之，秦陇最下。"下面分述之。

晋商一向以贩运茶叶为主，从内地输往新疆地区的茶叶也为晋商所属，谓之晋茶。乾隆年间赴新疆贩茶之山西商人多为忻州、朔平、大同、太原以及汾州府人，而学界对太原府及其以北晋商的研究几近空白，未予足够重视。仅以乾隆四十一年十一月初十日迪化州知州木和伦巾与原任员外郎开泰呈归化城副都统的咨文为例说明山西北路商人赴新疆贸易之状况。

赴新疆贸易者共计45人，其籍贯为：右玉6人，应州2人，大同1人，代州3人，崞县1人，五台1人，宁武1人，阳曲6人，文水5人，祁县3人，汾阳7人，孝义2人，四子部落3人，乌拉成2人，未注明籍贯者2人。尤其值得关注的是太原府有14人，朔平府6人，大同府3人，忻代二州6人，汾州府9人，蒙古族5人，未注明籍贯者2人。由此可见，山西北路商人是赴新疆进行茶叶贸易的一支重要的、不可忽视的商帮群体。

19世纪中叶以后，晋商除继续从事赴新疆贩运茶叶的贸易外，"多营金融事业，现有改营他业者"。在新疆的晋商"工会计，利析毫芒，营业资本率至十数万，握阛府之轻重，官中协饷不继，犹时时资以挹注，然持重矜慎不为假借"。据《新疆志稿》记载，燕商之中分为二联。"燕之西南为顺天、保定府，谓之京联，以武清县人居多"；其"东南为天津、河间，谓之津联，以杨柳青人居多"。北平商多营京广洋货，资本雄厚，交际敏活，商业知识富于他商，执商业之牛耳。"津人植基最先，故根本深固，分枝偏南。北疆肆无常货，居无常贾。五都之所，会海国之所供，莫不备致，因时俯仰动不失宜。"
"津商兼营汇兑业；天津商人中豪商比较多，同盛和（乌鲁木齐、伊犁）、文丰太（伊犁、塔城）、永裕德（乌鲁木齐、喀什噶尔）等有名者，各有资本二三十万两。"

19世纪，新疆市场虽有内地八大商帮，但多为小本生意，与俄国直接做生意的不多。津商，办些新疆土货或从俄属处批发些商品；湖商，往来内地，贩运货物；晋商，多自蒙古、科布多运货至古城和伊塔沿边地区，俗称"北套客""走西营"。他们将所运商品卖给当地人后，缠商又将其转卖给俄商，因而内地商人实际上间接充当了俄商在新疆采购商品的供应商。1910年，往来边境从事对俄贸易者成百上千。

2. 俄商

"全疆四十县中，无一县无俄国之商民"。俄籍商民中斯拉夫人仅百居一二，大部均是俄国属地之人，如哈萨克人、安集延人、布鲁特人、浩罕人、西伯利亚人、波兰人等，其中塔城、伊犁以哈萨克人为最多；分处南路各城市者以安集延人为最多。此外新疆回人由于免税利益而加入俄籍者亦不少。进入19世纪90年代以后，新俄贸易与俄国国内资本主义生产联系在一起，与新疆贸易的俄国商人已不再仅仅是俄属亚洲商人，还有一些莫斯科、下诺夫哥罗德、喀山等俄国欧洲城市的商人。

俄国属地之商人在新疆贸易，其主要有以下几个类别：（1）哈萨克人，赊本零售，赊取省城俄商货物，运往各城乡、村庄零贩，此种商民人数尚多。（2）俄属缠哈商民，从新疆本地收购土货，回国倒卖，但这些人数尚少。其借本营生，收买羊毛、棉花、马皮等项，驮运回籍，利其价昂，除还本钱以外，颇沾微利，抑或变卖变买，取其利益。（3）俄属安缠回民，是俄商中最大的商人集团，其资本甚厚，从事批发，不仅批发俄货，而且批量收购新疆土货，人人视为巨商。

(三) 东北贸易区

顺治十年（1653）发布辽东招民开垦令。康熙七年（1668）开始对东北实行封禁政策。雍正十二年（1734），令绿营或骑兵实行屯垦，为其服务的部分商民也因此被允许居住当地（张家口八大皇商）。

山西商人是随着垦荒、采参而入蒙地，再沿张家口、多伦诺尔、宁古塔的商路延伸而进入东北。"中国之商贾，则大抵来自晋、鲁，设肆齐齐哈尔城中，汉民至江省贸易，以山西为最早，市肆有逾百年者，本钜而利也厚，次则山东回民，多以贩牛为事，出入俄境极稔。"《黑龙江述略》载：道光初，驻齐齐哈尔的将军招西商二十四家，力为保护，遂有二十四牌之名。日继月增，市声大起，一切差徭均归二十四牌承办，遇有新来民户，亦归牌长保予安居。在吉林，"商贾多直隶、山东、山西人，亦间有江浙商人"；在奉天，"省城各商以帮分者，有直隶、山东、山西、吉林各帮。"瑷珲城（黑龙江城），此地与俄国属地犬牙交错……此地商贾中山西、山东两省人尤多，首要目的为收购当地人的谷物和牲畜运往俄国。20 世纪之前，山西商人的势力与山东人不相上下。"商贾以山西省地方人为多，人口凡五万余"。

山西人贩卖烧酒最多，"在阿穆尔河和乌苏里江一带以及南乌苏里边区，我们（俄国）全体居民都喝中国烧酒。在东省地方设烧锅者以山西为最多，设杂货店者山东人亦不居少数"。南乌苏里边区除当地自己酿制不少中国烧酒外，中国人还从陆路和海路把大量中国烧酒运进境内。在乌苏里江一带，人们喝中国烧酒，大都是由中国人从松花江运来的，其次是从乌拉河和刀毕河运来的。"商贩多晋人，铺户多杂货铺，客居应用无不备"。

中俄东北边境地区的贸易中，中国商人的势力超过俄国商人。据 1897 年的俄国调查：在滨海省，俄国居民从事商业的为 366 户，中国居民从事商业的为 1905 户；至于小商贩，俄国人有 82 户，中国居民有 789 户。在其农村全部商户中，俄国居民有 256 户，中国居民有 875 户。小商贩中，俄国居民 102 户，中国居民 438 户。在阿穆尔州的伯拉照夫琛斯科，俄国商人 643 户，中国商人 861 户。小商贩中俄国人 248 户，中国人 745 户。在阿穆尔州农村全体商户中，俄国居民 246 户，中国居民 156 户；小商贩中俄国 116 户，中国 145 户。

据日本领事 1909 年报告，在奉天共有山西票号 11 家，其中蔚泰厚于同治元年开设，"其资本金本店和分店合计据闻可达一千万两，分店投下资本二十万两、公存（公积金）二十万两、厚利（分红基金）十万两。""蔚泰厚其次为志诚信……同治十一年开设总店资本五百万两左右，当地分店投下资本二十万两，公存二十万两、厚利八万两。"票号各店占山西汇兑总额 90% 以上。对北京汇兑总额约 54%；对吉林、黑龙江汇兑总额 64%；对各贸易港口约 53%。

四、走西口的贡献

走西口的结果之一是：带动了北部地区的繁荣和发展，使这些地区与内地经济一体化。

今天的内蒙古自治区首府呼和浩特，清代叫归化城。乾隆年间"居民稠密，行户众多，一切外来贸物先汇聚该城囤积，然后陆续分拨各处售卖"。至康熙三十五年十月十三日（1696 年 11 月 7 日），当康熙帝围猎驻归化城时，该城已是"商贾丛集"了。包头，在 18 世纪末至 19 世纪初也发展成繁荣的城镇。包头，现在是内蒙古草原上最大的城市之一，人口超过 200 万。嘉庆十四年（1809），包头发展为一个水陆交通要道和物资集散地，商业日益兴盛，萨拉旗厅在包头设置巡检，改包头村为包头镇。光绪年间，包头已成为我国西北皮毛集散地。

走西口的结果之二是：在走西口的过程中形成了一批商路，成为牧区与村镇之间联系的关键纽带。其中一条重要的路线是由归化城到包头，经原伊克昭盟进入阿拉善盟，然后横亘沙漠达新疆。这条商路基本贯通整个内蒙古西部地区，贸易额很大。18 世纪后期，归化城出现了大盛魁、元盛德、天义德三大著名商号（万里茶道）。他们的足迹纵贯中国南北，东端则从天津开始，一路向西，经过西北地区所有的重要城市，最终到达俄国首都莫斯科。

走西口的结果之三是：加强了蒙汉之间的文化交流、融合。在共同生产和生活的基础上，蒙汉人民之间的情感交融不断增进，生活习俗逐渐同化。在饮食方面，蒙古人原来只有"白食"和"红食"两种，"白食"指奶制品，"红食"指肉类食品。在语言方面，有些汉语单词直接引入了蒙语，如"油糕""海棠""包子""班食""扁食""灯"等。而河曲民歌中的"得儿赛"中的"赛"字就是蒙语中的"好"。在文化艺术交流方面，最值得一提的是"二人台"。一些蒙古族艺人对"二人台"进行加工，促使其成熟、完善，其总数量竟达148首之多，并成为广泛流传于晋北、内蒙古西部、陕北、河北等地的地方小戏。在宗教信仰方面，晋商普遍供奉关公，以关公的"诚信仁义"来规范自己的行为和经商活动。右玉县成为多种教派并存的地方。三教寺在右卫城东街路北，殿内供奉三皇：伏羲、神农、有巢氏，这是明显的儒教痕迹；这些碑文有的是用满文、蒙古文、汉文三种文字写成，这在中原地域都是很少见的（50 余座庙宇）。

走西口的结果之四是：促进了人口的迁徙和有序流动（200 余万）。其一，康熙至乾隆年间。此时正处于康乾盛世，社会秩序稳定，人民得以安居乐业，人口迅猛增长。特别是康熙五十年"盛世滋生人丁，永不加赋"和雍正时期"摊丁入亩"政策的实施，更使人口繁衍速度加快。其二，光绪年间到民国二十五年。这一阶段，清政府提出"移民实边"的口号，鼓励口内的老百姓移民去口外。据资料记载，绥远地区（包括归化地区）汉族约占十分之六，多来自山西、河北、山东、陕西、甘肃等省,多于清中叶移来,山西人数居各省之首。《中国人口·内蒙古分册》统计,至光绪三十四年(1908)迁入内蒙古地区的汉族移民达到160万人以上,这个统计是按今天内蒙古自治区建置统计的。若按清代内蒙古辖区统计,1912年内蒙古地区汉族人口分别为:热河地区约280万人,哲里木盟约230万人,察哈尔、归化约150万人,河套地区约50万人,总数720余万。

五、右玉旅游文化资源开发的路径选择

(一)政府主导,制定统一全面的旅游规划

政府要发挥积极的指导和调控作用,建立有效的审批、监管、执行体制。山西省政府应出台全省总体旅游规划,各地市要在总规划的要求下出台自己的旅游规划,各县乡也要在各地市旅游规划的要求下出台符合当地实际情况的旅游规划,但规划必须与上级政府的旅游规划保持一致。

(二)市场调控,解决资金紧缺问题

省财政收入用于旅游开发的专项资金有限,应充分发挥市场在资源配置中的基础性作用,可通过合资、合作、出售、参股、转让、租赁等方式来吸引资金,也可通过宣传来不断提高山西旅游资源的知名度,吸引投资商来投资旅游业。采用多种形式吸引资金投向基础设施建设,提升硬件水平。

(三)学术协同,充分挖掘晋商旅游文化资源

晋商精神是山西宝贵的精神财富和无形资产。2017年6月,习近平总书记视察山西时高度评价晋商精神,"山西自古就有重商文化传

统，形成了诚实守信、开拓进取、和衷共济、务实经营、经世济民的晋商精神"，并提出具体要求，要积极营造公平竞争、诚信经营的市场环境，真正把山西发展的软环境建设好，让人们愿意到山西投资，放心在山西发展。应积极调动省内高校及科研院所围绕晋商与山西旅游资源开发开展研究，讲好山西的旅游故事。

提高站位，挖潜文化内涵，全力推进三大板块文化旅游产业发展

太原师范学院历史系　王杰瑜

一、全面理解和认识"三大板块"的深刻文化内涵

（一）认识山西历史文化的新视角、新方式

改革开放之前，讲山西历史、山西文化的图书不多。我读大学的时候，郝树侯撰写的《太原史话》和《杨业传》是研究山西地方历史文化的经典之作。20 世纪 80 年代初，山西历史学会邀请谭其骧先生到山西大学作了题为《山西在国史上的地位》的报告，他在报告中讲：现在的山西，在全国，在华北，都不过是一个一般的省份，并不突出。但是在历史上曾经有过好几次，山西在全国，至少在黄河流域，占有突出的地位，其重要性有过于今天的山西。谭其骧先生的报告给了当时山西人极大的文化自信，也基本上给山西历史脉络定了基调。1994 年，北大苏秉琦先生撰写《晋文化与北朝文化研究的新课题》，文章中说：在新石器时代，华夏文明的缘起，正是华山脚下的仰韶文化与燕山地带的红山文化，通过山西的"S"形通道进行接触、交流、撞击而出现的。南北朝时期，北方长城地带的游牧文明与中原黄河流域的农业文明形成了大致南北并行的两个地带，山西正处于这两个地带的通道上，形成了"工"字形态势。正是由于山西地区的民

族融合，才出现了后来的大唐王朝典制。进入 21 世纪，山西省委、省政府提出文化强省，掀起了研究山西历史文化的热潮，当时提出了"华夏文明看山西"的宣传口号。山西人为了找寻山西究竟在中国史上占有什么样的地位，做出哪些历史贡献，形成了怎样的文化成果，做了大量努力。今天，楼阳生同志提出了"黄河、长城、太行三大板块"是认识山西历史文化的全新视角和方式，改变了以往人们从时间维度认识山西、了解山西的习惯，而从空间维度上加以认识，能够使人们更好、更深刻地认识山西、了解山西。因此"立意远，格局高"。

（二）"三大板块"是大力发展文化旅游产业，实现转型的谋篇布局

摆脱"一煤独大"，在资源型区域实现转型发展，山西省委、省政府明确提出要大力发展文化旅游产业，实现全域旅游。尽管全省上下很努力，纵向比较，山西的旅游业发展迅速，2016 年旅游收入达到 4.6 亿，但在国民经济的占比中仍然比较低。旅游目的地也主要集中于大运、太晋这个"人字形"空间之内，这种现状显然与我们提出的全域旅游，实现转型、跨越式发展相去甚远。因此，提出推行"三大板块"旅游，是站在历史的高点，总结过往、立足现在、面向未来、精准定位，掀开了谋划山西经济发展新的篇章。

二、深刻理解长城片区的文化内涵

（一）在长城南北形成的边塞文化是晋文化重要的有机组成部分，不讲边塞文化无法全面理解山西文化

山西的地理位置、地理形状、地形地势决定了山西近畿临边的历史地理区位。文明起源时期，以晋南、关中、豫西为中心的中原文明，燕山南北长城地带为重点的北方文明，通过山西通道进行接触、

交流、撞击而出现了华夏文明。南北朝时期，北方长城地带的游牧文明与中原黄河流域的农业文明形成了大致南北并行的两个地带，又是通过山西这个通道，今天我们说山西是民族的熔炉，这个时期最为典型。在北人南下的过程中，虽然带来了战乱，同时也带来了北方民族充满活力的气质与气魄。山西境内至今遗留了大量北方草原文化与中原文化结合的辉煌的北朝文化遗迹。因此，以长城南北形成的边塞文化是晋文化重要的有机组成部分，不讲边塞文化无法全面理解山西文化。

（二）长城不是一条线，而是一条带，一个区域

长城是这个区域最为显著的文化符号，它包括长城文化遗存在内的所有文化遗产。因此，打造长城板块文化旅游，不应仅仅限于长城，而应着眼这个区域所有的文化资源。

三、加强研究，寻找长城之美，全力推进长城文化旅游产业

（一）寻找差异，发现长城之美

中国长城分布在十多个省区，山西是长城分布的重要省区之一，有以下几个特点：

1. 分布最密集

论长城之长，山西不为最；论修筑时代，山西未必最多；但山西北部是中国长城分布最为密集的地方，当为全国之最，无出其右。如明代北部边防之九镇，山西有二：大同镇、山西镇，这两镇的长城与宣府镇的长城相连，构成一个平行四边形的闭合体系，其中堡寨密布、墩台林立。

2. 遗存最丰富

东魏北齐长城，山西不独有，但遗存最丰富，保存最完整的当论我山西省。明代长城堞楼、堡寨之门额的砖雕艺术之美，没有哪个地方所能企及。

3. 建筑成体系

全国长城有如八达岭之雄伟，有如山海关、嘉峪关之复杂，慕田峪、金山岭之险要，然而这些段落只言长城墙体。而山西分布的长城，长城墙体与堡寨、墩台相互照应，构成一个有机的体系，文献所记大同镇，万历中期有城堡56座，小堡小城则有多座，墩台则有1640多个。这些堡寨、墩台以后成为村落名称，20世纪80年代地名普查中，阳高、右玉各61个，分别占全县村落的30%和25%，天镇县、山阴县则占到全县村落的五分之一。

（二）政府与大学、科研院所相互联动，搭建平台，加强研究，揭示长城所包含的深厚文化内涵

1. 通过具体研究提炼长城板块的文化精神

一部长城史就是半部中国史，长城涉及政治、经济、军事、文化和生态诸多方面。比如在政治上，明初为了加强北防，就将山西北面的行政区划撤销而改置卫所，反过来明代的军镇建设又影响了行政区的设置，宁武在清代设府就是基于明代山西镇总兵驻守地。比如明之前恒山系、大同的山区树木茂盛，经过明朝一代消耗，许多地方都无树无木可取，引发生态问题。雁门关外，明之前地旷人稀，经济开发程度并不高，明代大量军事人口来到这里，开屯田、筑堡寨，许多村庄就出现在这个时期。建国以来，山西北部以烽台命名的村庄就达六七十个。通过这些具体的研究努力提炼这个区域的文化精神。

2. 目前研究存在的问题

一是科研院所、大专院校不屑研究，因为野外调研少，认识也少；而社会上喜欢长城的，虽然跑得多，但阅读文献少，一些作品过

于粗浅。二是近年来院校研究者出于考核，许多研究不接地气，只关注高大上，忽视对区域文化的研究。因此政府要积极引导，能够建立平台，加强研究。

（三）做好顶层设计，破解体制机制的瓶颈

这一点集中表现在雁门关上。其实稍微翻阅一下历史记载，不仅在明代，就是在晚清的时候，今天广武一带划归代州管辖，就是考虑到雁门关统一的整体边防。因此要进行顶层设计，突破因行政区划的分割而导致雁门关的开发顾此失彼。

大同长城文化带旅游业发展再思考

山西大同大学历史与旅游文化学院　李珍梅

大同，在明代是九边重镇之一。作为重要的军事要塞，是拱卫京师的门户。为抵御北方蒙古族对中原的入侵，在边境修筑的长城成为遗存于大同市珍贵的历史文化遗产。大同长城历史悠久，历朝历代都有长城遗迹，包括有：赵长城、秦长城、汉长城、北魏长城、隋长城、金长城、明长城、清长城。2009年，国家文物局公布的长城资源调查数据显示，大同市境内明长城遗存丰富，其中浑源县80.309千米，广灵县0.08千米，灵丘县4.298千米，天镇县62.213千米，阳高县49.098千米，左云县37.489千米，新荣区109.662千米。

大同明长城有内外之分，大同夹在内外长城之间。外长城从居庸关西北经赤城、崇礼、张家口、万全、怀安而进入大同市的天镇、阳高、新荣区、左云，沿内蒙古、山西交界处，达于偏关、河曲；内长城从居庸关西南经河北易县进入大同市的灵丘、浑源，再经应县、繁峙、神池而至老营。

据《三云筹俎考·大同总镇图说》统计，大同镇先后修大边、二边516.3里；内五堡、外五堡、塞外五堡、云冈六堡等主要城堡72座（城20，堡52）；边城776个；火路墩833个。长城烽火台、古堡主要分布在大同市的天镇县、阳高县、新荣区、左云县、浑源县、灵丘县、广灵县等7个县区。

大同长城自古就是中原农耕文明和北方游牧民族的分割线，战略地位重要，沿线古堡遗存丰富，文化底蕴深厚。故而，人们称其为大同长城文化带。充分利用长城及古堡自身的文化底蕴，结合周边的景点，通过整体的规划与整合，以文化休闲旅游为形态，将区域文化与长城旅游完美结合，注入更多的文化因素，形成以文化体验为主要特色的旅游产品，把古长城打造成大同文化旅游的一张名片，对大同市的文化旅游、城市品位、经济转型及其对外影响力都具有极为重要的意义。2017年10月底，有幸与大同市人大、大同市文旅集团、大同市财会学校等单位的相关研究人员，实地走访调查了天镇、阳高、左云、新荣区以及朔州市右玉县的明代古长城及沿线的新平堡、保平堡、镇边堡、得胜堡等十余处古堡遗址，本文根据考察过程中了解到的情况和掌握的材料，对大同外长城旅游业再发展作一粗浅的探讨。

一、大同长城文化带的现状

对于大同长城文化旅游业的发展，山西省以及各市、县、区政府都十分重视。目前，有的地方虽然对其进行了开发，但开发力度还不够，相关的配套设施也不够完善。其中，外长城的具体现状如下：

（一）天镇新平堡

堡子东门已毁，北门仍在。堡内现存省级文物保护单位玉皇阁一处，县级文物保护单位有参将署、商业街和116号民居等。新平堡镇境内存留赵、汉、北魏、明四代长城近50公里，其中新平堡村以明长城为多，黄土夯筑，全部裸露在外。

近年来，天镇县对新平堡做了一定开发，完成环长城坡绿化1000亩，建设新区公园及小游园绿化工程4000平方米，中药材种植基地200亩，优质小杂粮种植基地300亩，优质糯玉米种植基地300亩，苗圃种植园区和长城坡杏园采摘园各500亩，新修古堡仿古街道及巷道3800米，新建商铺342套，晋北小商贸街300米。出版了《山西古村落——新平堡》《茶马新平》《塞北江南古村落对比研究》等宣传书籍，拍摄了《新平堡——边关要隘》《年味》等专题电视片和纪录片。

（二）天镇保平堡

现为省级重点文物保护单位。堡内已无人居住，堡墙坍塌，仅存堡门一处，砖券门洞上方嵌有石额，书"镇云"二字。堡外墩台林立。

（三）阳高镇边堡

堡内现有常住人口203户，493人。堡西门已经修缮完毕，东门正在维修，东门外有瓮城，墙体坍塌，仅存少量石条。堡外有台地长城、烽火台、汉代将军墓、千年古树、石炮、石雕、石碑等历史遗存多处。

近年来，阳高县对镇边堡也做了一定开发。2008年以来，先后邀请专业旅游开发与规划公司对长城镇边堡旅游区进行了整体规划。2014年，实施了西堡门修复工程和堡内明代一条街建设工程，硬化镇边堡广场4500平方米，铺设城墙下沿路750平方米，绿化停车场周边1000平方米，修复凉亭2座。

（四）左云三屯堡

堡内无人居住，堡呈平面长方形，东西宽90米，南北长100米。堡址现存墙体442米，基宽8米，墙残宽1—3米，残高8米，夯土厚0.15—0.21米，四角出角台，东、西、北三墙正中出马面，南墙中部辟门，门外建有瓮城。瓮城为平面长方形，东西长24米，南北宽19米，现存墙体较完整，总长62米，基宽4米，墙宽2米，高8米，东墙中部辟门。

（五）左云白羊城遗址

现仅存夯土墙。

（六）左云镇宁箭楼

楼体保存较好，楼基为条石所砌，墙体为青砖。楼高18米，楼南有门，门额上嵌有石匾，阴刻楷书"镇宁"二字，匾外四周有砖雕图案。券拱门框上残存有部分花饰。箭楼分上下两层，上层东西各四箭窗，北有三箭窗，楼为回廊结构。箭楼周围有黄土夯筑的围城，围城南墙现存砖券拱门一座。

（七）左云月华池

月华池呈"弓"字形，现已废弃。以长城为北墙，另筑东南西三面围墙，周长约260米。北墙上有高出墙体两丈的烽火台。与月华池相连的长城墙体完整，蜿蜒起伏，雄险壮观。

（八）新荣区助马堡

堡内仍有村民居住。堡由西侧的堡城和东侧的关城组成，关城以堡城东墙为其西墙，两城隔墙而建，墙中部留有门洞，平面呈"日"字状结构。

（九）新荣区得胜堡

堡开南门建有瓮城、月城，现仅存残墙。南门楼现已修复，门楼东西两侧为厚实的黄褐色土墙，东侧墙体棱角分明，十分齐整。门洞上砖雕图案精巧，门楣上额匾阴刻"保障"二字，门里匾额阴刻"得胜"二字。门洞内东西侧墙壁各嵌有石碑一块，西墙碑风化严重，字不可辨，东墙碑字迹清晰完整，为万历三十五年（1607）八月扩修得胜堡记事碑。得胜堡四边堡墙轮廓完整，墙体规整。墙外田野辽阔，墙内房舍成片，有居民居住。新荣区正筹划对得胜堡的开发，迁出部分住户，恢复堡内部分旧址。

总体来讲，各个县区虽然对长城及古堡资源，进行了不同程度的旅游开发，但基本上是表象性的观光旅游模式，尚处于碎片化和单一化的旅游产品开发的初级阶段，且呈现各自为政的局面，缺乏整体包装式的综合性开发，缺乏对长城及沿线古堡整体的规划与统一的思路，缺乏深度挖掘长城及古堡所代表的边塞文化、草原文化、游牧文化与农耕文化的内涵，难以彰显大同地区由此而形成的军旅商贸、宗教信仰、风俗习惯等社会风貌和文化特色。需要进一步理清思路，采取强有力的措施，努力打造长城历史文化旅游带这张品牌。

二、大同长城文化带的价值

大同地区长城及沿线古堡，是中国传统社会民族利益冲突、经济依存、融合发展的历史产物，其"血与火"的军事战争功能今天已经不复存在，但是它所凝聚的历史文化内涵却历久弥新。笔者认为大同地区长城及沿线古堡的主要价值体现在如下几方面：

（一）历史价值

大同地区长城及沿线古堡是古代大同先民巧夺天工的伟大创造，其丰富的文化遗存，如长城墙体、烽火台、城堡、马市等，是中华民族长城文化的形象再现，有着极高的历史价值。

大同长城及沿线古堡作为塞北大地的传统历史文化地标，作为大同先民万古不朽的精神传奇，积淀了古今大同的历史文化底蕴，形成了有关战争、贸易、建筑、人物、疆域分界、民族融合等多重历史维度的事件，从一个侧面体现了大同鲜活的历史与时代风貌。

其中，仅明朝一代，就有许多有名的历史人物与它关联，如常遇春、徐达、三娘子、李自成等。明王朝还有几位皇帝曾慕名来大同饱览塞外风光，尤其以正德皇帝微服"巡幸"大同为盛，留下游龙戏凤的佳话。此外，明代与鞑靼在宏赐堡、得胜堡等地的战争以及在长城的议和（如"隆庆议和"），都见证了长城沿线发展演变的历程。这些丰富的历史资源正是长城的核心内涵和自身底蕴的关键所在。

（二）文化价值

大同长城古堡地处塞北蒙汉交接之地，带有鲜明的军事防御色彩。但是，在历史发展过程中，又成为经济交流和文化交流的桥梁与纽带，这些因素共同生成了独特的长城文化。

长城文化与佛教文化、音乐歌舞文化、戏曲文化、社火文化、民歌文化、饮食文化等交融发展，孕育出了具有鲜明地域特色、民族特色、时代特色的大同文化交响曲。在长城古堡沿线，生活在这里的人们定期举行庙会、集市、文化表演和民俗技艺。从非物质文化遗产保护的角度来看，城堡充当了一个内涵丰富、文化艺术底蕴深厚的非物质文化遗产的"文化空间"。在这个文化空间里，凝聚了丰富的建筑艺术、民俗艺术和传说故事。那些古老的传说、歌舞、曲艺、剪纸、绘画、雕刻、民俗礼仪等，蕴藏着中华民族珍贵的文化"基因"，它们共同构成长城附近居民世代赖以生存的文化生态的一部分。

此外，大同古长城以其特有的古老、沧桑和厚重，成为塞北的最美意象，为历代文学家、历史学家、考古学家等所瞩目。由此，大同长城、古堡也成为历代边塞诗歌咏叹的对象，以"长城""边塞"等大同地域特色入诗的作品当中，留下了不少千古绝唱，余韵犹在，震古烁今。有关大同长城的历史文献、铭记碑文、民间传说、楹联匾额、雕刻构筑、建筑艺术等，以它们自身的独特内容和风格，成为中国文化艺术宝库中的一个重要组成部分，并且随着时代的前进而更加熠熠生辉。

（三）经济价值

随着高铁的运营，以及高速公路、省道、县道交通体系的形成，尤其是大同境内长城旅游公路的全线开通，为大同经济转型腾飞及长城旅游产业发展带来了新的契机。把长城旅游资源与大同的其他资源进行整合，挖掘长城文化，塑造长城品牌，突破县区的行政界线，建立集文化体验、观光旅游、休闲度假、康养保健、审美益智为一体的长城旅游产业经济带，对大同发展全域旅游具有重要意义。

长城及古堡资源的开发必然要满足游客对食、宿、行、游、购、娱等的基本要求，这将极大地带动周边区域的农业、种植业、畜牧业、食品业、交通运输业、文化产业、服务业等行业的发展，给各个县区在招商引资、扶贫脱贫、基础设施建设、劳动力就业以及经济结构调整等方面带来崭新的局面。由此可见，长城及古堡不仅可以为大同旅游资源增加新的看点和新的亮点，更可以为大同经济的发展提供新的增长点，进而形成规模经济效应，有效改善大同的产业结构发展模式，提升大同的城市品位，提高大同的对外竞争力。

因此，发展以长城古堡为核心的文化旅游产业，将成为大同乃至山西旅游经济发展的又一特色品牌，将大幅度地优化大同的经济结构，极大地提升大同的经济发展水平，具有相当的经济价值。

三、大同长城文化带旅游业发展的思路

在大同市经济转型的大背景下，我们可以把长城古堡历史文化资源与大同区域经济社会发展有机融合起来，依托新建设的长城公路，打造一条大同"长城古堡文化旅游带"。

大同长城古堡文化旅游带是以大同长城为轴线，以长城公路连接起来的各大乡村聚落为节点，整合长城遗产、景观环境（包括人文景观及自然景观）、民俗文化等资源，建立各要素的协作关联，最终形成一条地域特色浓厚，民族特色鲜明，集科学性、民俗性、乡土性、知识性和参与性于一体的特色文化旅游线路。

（一）发展理念

1. 保护第一，开发第二

长城古堡的开发与保护是对立统一的关系。大同长城古堡的不可再生性，决定其要按均衡性原则开发，保护第一位，开发第二位。也就是说，既要在最大程度上保护好长城古堡原生态自然环境，又要利用好长城古堡文化资源发展旅游。

长城旅游资源开发不是简单地追求经济效益，而忽视长城旅游资源保护的掠夺性开发。大同长城旅游资源开发应该循序渐进，做到资源的可持续发展。严控长城沿线盲目开发的情况发生，最大限度地保护现有的长城旅游资源。

大同长城的开发，要严格依照《长城保护条例》进行。大同长城多建在山体之上，周边生态环境比较脆弱，在开发旅游资源的同时，也应注意生态环境的保护。

2. 突出亮点，彰显特色

我国北方长城分布跨越数个省、市、自治区，自20世纪50年代以来，以长城遗址资源为主体开发的"长城系列景区"已成为国内长城旅游线上的著名景观，如北京延庆县明代八达岭长城景区、秦皇岛明代山海关长城景区和甘肃明代嘉峪关长城景区等。大同长城在旅游资源开发时，应按照突出亮点、彰显特色的原则，同中求异，避免模仿效应。

基于此，开发时，应重点突出大同长城的沧桑历史与古堡（包括军堡和民堡）的厚重文化，这是八达岭等长城所不具备的特点。要将动态的休闲旅游和静态的文化体验相结合，开发独具特色的文化体验旅游产品，形成与"不到长城非好汉"有着鲜明对比的"游大同长城、赏古堡风情、品边塞文化"的外界印象，打造出自己独特的风格和文化景观。

3. 挖掘文化资源，发展全域旅游

目前，文化旅游逐渐成为人们追求的一种旅游方式。大同长城古堡在进行资源开发的过程中，要打好历史文化旅游这张牌，在深度挖掘大同长城所具有的文化潜力的同时，更应注重旅游开发的综合性。应借鉴北京798文化创意的模式，建构由建筑空间、当代艺术、文化产业与历史文脉及乡村生态有机结合的文创产业基地，推动旅游与现代农业建设、互联网＋的建设、服务质量建设、农村宜居生态建设以及信息化建设和区域经济的一体化发展，形成经济与生态、城市与乡村、文化产业与转型发展的良好互动局面，实现传统与现代共存，文化与旅游并重，精英与大众互动，精神与物质双赢的格局，营造城乡生产、发展和消费模式等广泛变革的全域旅游。

（二）发展对策

1. 编制总体规划

立起长城历史文化遗产保护和整理项目库。要列出保护资金，落实保护责任，资源开发，规划先行。大同以长城和城堡为主体的军事防御设施大多分布于天镇、阳高、左云、新荣等"三县一区"，且多为夯土建筑，具有易损性和不可再生性，本身保护难度就很大。加上历史和认识上的因素，城堡老化、毁损、破坏严重，特别是大量的城堡原为砖包的被拆掉砖，夯土的被取了土，有的已面目全非，有的已荡然无存。因此，为有效提高沟通协调效率，建议编制长城古堡旅游开发总体规划。应建立"市级—县级—乡级"三位一体长城区域协调

发展机制。市级制定长城古堡旅游文化带统一规划,既要在整个体系中确立重点类别,也要在每个类别中确立重点区域和重点部分,实施保护性开发战略。县级针对本行政区域内长城的墙体、城堡、烽火台和周边的建筑等各个要素,进行合理规划。乡级具体行动的开展需要在前两个层级的统领下实现。各个县区要明确各自特点和开发重点,形成优势互补,避免长城沿线的同质化,以打造各具区域特色、区间特色的长城及古堡旅游文化品牌。同时,还要注重长城历史文化遗产保护开发规划与旅游业发展规划乃至整个经济发展规划的协调互动。要在整体规划的指导下,编制好长城历史文化遗产开发项目,以便于统筹开发建设。

2. 修复城堡建筑

科学地恢复或重建城堡文化的生态场,实现长城古堡特有的自然与人文场景的结合。对部分重点地段基础尚好的长城、主要的城堡及墩台要进行抢救性修复,使其恢复原先历史面貌;对已遭破坏的,可在一定的区域内,进行城堡的重建。

对长城古堡旅游资源的修复要坚持"修旧如旧"的原则。在开发过程中,尽量保持好长城沿线的历史环境,保护长城的文物价值,并且尊重历史,尽最大努力维持长城原样,保留其历史信息。复建应限制在最小范围内,尽量与原长城形制特征保持一致。

此外,城堡在重建时还要体现城堡建筑特色,重视与现代生活方式的结合。在对"民族性""地方性"文化保存的基础上,融入现代文化因素,要有所为有所不为。在这种理念之下,在对城堡的堡墙进行加固修复时,可以有选择地对堡内庙宇阁楼进行建设,并对堡内街道按照明清时的样式重新规划,将临街的房子按照油坊、当铺、钱铺、磨坊旧样改建,以恢复城堡旧貌,或将其改为展演非物质文化遗产技艺的场所。这样,兼容了"传统""地域"文化与现代文明成果的城堡,才能更加贴近人们现实的生活方式和生活理想,才能成为一种更具活力的地域文化特色。

总之,边塞历史文化遗产的挖掘和开发,将使大同这座见证了两千多年历史烽烟、沉积了厚重边塞文化的文明古城,实现历史文化与现代文明的交融,并绽放出璀璨夺目的光芒。

3. 完善基础设施

基础设施建设要配合或衬托长城色彩,新建的基础设施应遵循整体性和和谐性的要求,与长城景观相辅相成,甚至可以使长城旅游资源特色更加突出。在长城旅游资源区域内建设基础设施具有很浓重的现代气息,会使得整个长城旅游区看起来不伦不类、不中不洋,气氛极不协调,损害长城的整体景观风貌,破坏长城景区应有的古朴、凝重的文化氛围,不利于长城旅游业的发展。

同时,应完善、提升长城交通旅游公共服务体系,建立长城主题的旅游解说系统、咨询服务体系、卫生服务体系,构建公交、车辆租赁、自驾车等交通服务体系和漫游系统。

此外,为吸引户外运动爱好者的游览,可以择机建设专门的露营基地,提供水电网等基本的生活条件,提供基本的生活设施,以便于景区的管理与周边环境卫生的改善。强烈建议正在修建的长城公路除了建设机动车道外,还应该开辟非机动车道(即长城步道),为游客徒步游或自行车游长城提供方便,实现人、车的安全分流。

总体而言,针对目前大同长城的现状,我们可以把长城开发的路径概括为"本体修复、文化活化、产业联动",打造"长城本体游览、长城文化体验、长城休闲度假"的大同长城旅游品牌,最终形成"游大同长城、赏古堡风情、品边塞文化"的特色。

四、大同长城文化带特色旅游产品的开发

为了践行上述长城的开发路径,打造大同长城的龙头产品,建设

大同长城文化旅游带，建议政府打造"六大项目"，同时推出"七大长城主题游"，按照循序渐进、依次展开、突出重点的方针来进行。其中，长城沿线重点开发的区域有天镇县的新平堡、李二口长城（展现影视写生、古堡民居、康养等）；阳高县的镇边堡、守口堡（展现民俗、音乐艺术、生态农业等）；新荣区的得胜堡、助马堡（展现军旅、边塞风情等）；左云县的摩天岭长城、箭楼、威鲁堡（展现烽火狼烟、茶马贸易、摄影等）。现将初步的方案略述于下：

（一）六大建设项目

1. 长城文化博物馆

加强长城军事考古和历史研究，发掘重要战例、攻防兵器、信息通讯、特色建筑、戍守营地等资源，收集与长城相关的一系列馆藏文物和民间文物，收集各类相关图片、历史文献资料等；开发高技术含量的旅游导视系统，制作展板、模型等，模拟长城修造的过程，再现战争的场景；通过实物、图文和全方位的解说，使游客在长城文化博物馆中以亲身体验的方式，科学、客观地认识长城的重要价值。认识大同自战国至抗日战争时期的历史文化进程。

2. 长城公路绿色廊道

把观光旅游与农村经济增长、农民增收、农业转型相结合，充分调动长城及古堡沿线农民的积极性。加强长城公路两旁绿化工程，在长城沿线分别种植不同颜色的花卉、植物，建设多色彩的植被廊道，营造各具特色、风格迥异、五彩缤纷、绚丽多姿的长城旅游自然生态环境。

3. 文化创意产业基地

合理利用长城古堡沿线的各类空间，建设青少年教育基地、写生基地、摄影基地、影视基地、非物质文化遗产基地，提供优惠的政策吸引各层次的群体进驻，形成旅游、文化、招商、创意的一体化格局，带动城乡经济的快速发展。

4. 长城国际音乐节

邀请国内外艺术团体定期举办大型音乐活动，展演具有民族特色的舞蹈、音乐及各类剧目。可以选择大同地区皇家的崇佛礼佛、人物、战争场景及民间的仪式、习俗、信仰等故事，串联编创成各类形式的舞台剧目，再运用相应的音乐形式展现给观众。通过视觉动态的"活态"表演，彰显大同的区域文化，让外界认识古都大同，了解古都大同，宣传古都大同。

5. 边塞贸易（互市）小杂粮示范区

通过以生态立业，充实农民的钱袋子，建设几个具有一定规模的农牧业示范区，包括种植、养殖、采摘，展现绿色农牧业、草原民族特色，形成以晋北小杂粮为主的农业示范园区，从而带动农村经济的发展。

6. 康养特色小镇

要充分利用大同地区的气候环境（气温和空气质量）、特色杂粮等优势，以长城自然生态为基础，以康养休闲旅游为核心，依托天镇、阳高独特的温泉资源，融入文化、气候、生态、康复、休闲等元素，发展康养特色产业，建设"康养特色小镇"。积极培育和引导养生养老产业项目，吸引养生温泉、养生农业、中药养生、温泉会议等各类国际、国内项目落户，进行养生度假、休闲娱乐、旅居养老等多功能的开发，实现县域经济长效增长。

（二）长城系列旅游产品

在六大建设项目的基础上，设计开发长城七大主题旅游产品：文化娱乐游、休闲度假游、康体运动游、温泉养生游、影视欣赏游、民俗农业生态游和爱国主义教育游。

1. **文化娱乐游**

以科学研究为基础,充分发掘长城的军事、社会人文、自然科学价值。针对长城沿线各古堡的特点,开展形式多样的文化娱乐活动。例如,在新荣区的得胜堡,可建设练兵场、演武场,让游客感受军旅文化、边塞文化;在助马堡可开辟观赏平台、马道、登山游步道,游客可以骑马射箭,登烽火台,看狼烟,亲身体验古代战争的场景;在左云,摩天岭长城可恢复与其配套的烽火台及与之相关的古景观,修建以点将台为核心的古战场。古战场中可以设置相关的人物雕像,胡汉双方的兵阵等;在箭楼,让游客体验游牧民族与汉民族贸易交流的茶马市场,构建集遗址观光、文化体验为一体的长城遗址观光区、体验区。

2. **休闲度假游**

长城及古堡大多数位于晋冀蒙三省交界处,如天镇县新平堡,夏秋季十分凉爽,可以在此开发边塞长城军营度假村,甚至开展中小学生夏令营活动;修复和仿建历史时期关隘、军营、训武场,举行野营、篝火晚会等活动招揽更多的游客,让游客更多地参与其中,体会古代将士戍边时夜枕枪戈、和衣而卧的艰苦,让游客能体验到一种日常生活中无法感受到的经历,同时也是夏季避暑的胜地。

3. **康体运动游**

推出"徒步长城游""沿长城公路自行车游""沿长城公路自驾游"等。采用"长城竞走赛""绕长城自行车赛""沿长城摩托车公路赛"等不同旅行方式,增强旅游者的参与性和娱乐性。既能达到旅游休闲度假的目的,又能锻炼身体。

此外,还可以设计飞机长城游、热气球长城游、骑马长城游等。这些活动可在多处地点开展,在推出这些旅游方式的同时,加大力度进行宣传,广邀国内外旅行社前来旅游考察,开展"徒步走长城"活动。

4. 温泉养生游

利用长城、古堡的军事历史、宗教民俗文化底蕴，结合市场需要及现代生活方式，结合建设成的康养特色小镇，推出养生旅游、保健旅游和疗养旅游等精神层面的旅游产品。通过提供养颜康体、营养膳食、修身养性等方式，来体验长城民俗文化，享受自然环境，获得保健服务等方面的需求。游客在获得文化体验的同时，能够修身养性，回归本心，陶冶情操。

5. 影视欣赏游

挖掘长城古堡的历史文化，建立影视拍摄基地，提高与电视媒体的合作，邀请张艺谋、冯小刚、贾樟柯等知名导演，拍摄好能代表大同长城文化、边塞文化、游牧文化与中原北方农耕文化融合的影视文化作品，如《印象长城》《又见古堡》等大型实景剧，使游客身临其境般感受长城文化、边塞文化。

例如，可以将天镇县新平堡打造成摄影、写生与音乐创作基地，依托保存最为完整的李二口长城，每年定期举办长城风光、边塞风光摄影大赛，以美景的形式，吸引游客，宣传大同长城资源。

6. 民俗农业生态游

大同地处我国历史上农耕民族和游牧民族的分界线上，民俗文化旅游资源丰富。因此，应加强民俗文化旅游产品的深度整合，开发地方特色小吃一条街、手工艺产品、演艺活动等，把文化体验、生态观光、休闲娱乐、农事体验、工艺加工体验、餐饮制作体验有机融入，强调游客在民俗节庆旅游活动中的参与性和体验性。如，各堡可针对各自的特色开展采摘、工艺制作、食品加工、挠羊大赛、骑马、射箭、摔跤、杂耍、打铁花、篝火晚会、爬杆儿等各类参与性项目。各县区在长城各堡错峰定期举办庙会，在庙会上开展各种民俗活动展演，构建集休闲度假、民俗展示、乡村旅游为一体的休闲度假区。

以阳高的镇边堡为例，可以在镇边堡周边，建设一个可以集中展示胡汉商贸的小杂粮生产示范区、特色商品销售区、农业畜牧业生产等经济交流的旅游主题区。在每年三四月份，举办阳高"杏花节"的同时，进行各类演艺活动，如非遗演艺，二人台、走西口、边塞锣鼓等节目。依托饮食文化、窑洞民居等特色，开展农业生态游，游客可以住农家、睡土炕，体验民俗风情，以参与性、乡土性、民俗性、实惠性、知识性吸引周边城市游客，让游客"吃农家饭、住农家屋、做农家活、赏边塞景"。

7. 爱国主义教育游

长城文化和长城精神是中华民族图腾中的最强符号。几千年来，长城给了中华民族以安全感和强大的精神归宿。如今，长城虽然没有建筑之初军事上拱卫和平的作用，但是在文化上滋生了巨大的精神作用，被赋予新的含义，它鼓舞着中华民族求生存、求发展，追求和平，不断崛起。这主要体现在以下三个方面：第一，长城集中体现了顽强拼搏、自强不息的民族精神。第二，长城承载着博大精深、辉煌灿烂的中华文化。第三，长城凸显了中华儿女共御外辱、保家卫国的爱国情怀。

因此，我们可以利用建设的长城文化博物馆，凝聚长城文化精神，开展爱国主义教育游。游客置身于长城文化博物馆中，不仅能够了解明代长城的历史，而且能够感怀古今，触景生情。当年巍巍边墙、雄关堡寨、高硕敌台、烽燧矗立等历史画卷似乎闪现在眼前，遥想长城内外，狼烟漫天，蒙古骑兵千里奔袭，卷尘南下，金戈对峙的战备场景似乎近在咫尺，而触及眼帘的长城遗址，更会有一种摄人心魄的残缺美、废墟美、沧桑美，颇有历史穿越之感。

另外，还可以鼓励游客在游览的同时，为修复长城段捐资出力，比如亲自动手添砖加土，并由旅游管理部门颁发证书，证明其参与修复了世界文化遗产的组成部分——大同古长城。把游览观光和增强民族自豪感巧妙结合起来，使游客在旅游的同时，增强保护意识、学到更多知识、了解更多历史、体会更多文化，培养和激发游客的爱国主义热情。

（三）长城旅游纪念品开发

对于旅游纪念品的开发要注重其价值的体现，而体现的形式突出地表现在旅游纪念品本身所蕴含的区域特色和文化元素的展示上。大同长城旅游纪念品的开发要着重凸显本景区的长城主题，且要适当与本区域的民族特色、地方特色等相融合。在原材料的选取上也要以区域为出发点，利用当地的特色或独有的材料为商品的基料。在制作工艺上要力求现代与传统相结合的技术手段。从而使长城旅游纪念品具有历史性、独特性与艺术性，形成"过了这个村，就没这个店"的开发理念。例如，可以利用大同特有的煤矸石，雕刻长城模型；利用当地特有的大同玉雕琢各种工艺美术品等。

五、加强对外推介，讲好"长城故事"

长城历史文化走出去的基本途径是加强对外的营销与宣传。因此，要充分利用各种营销策略和现代宣传媒体手段推介大同长城古堡，依托互联网+，借助新媒体技术，转变展陈式文化推广理念，讲好"长城故事"。

（一）循序渐进，捆绑式开发

在大同长城旅游资源产品影响力还比较弱的情况下，对大同长城进行大规模的开发，不仅耗费大量的人、财、物资源，而且游客也不会蜂拥而入。因此，要正确定位，先主后次，循序渐进。一方面，要注重把大同长城旅游资源与大同云冈石窟、恒山悬空寺等传统优势旅游资源捆绑起来，组成旅游项目群进行宣传、推介，吸引游客。这样游客到大同参观其他旅游景点时会一并到长城古堡参观。另一方面，还可采取"病毒式"的营销策略，拓展客源与影响力。例如，游客在长城各古堡旅游时，可设计各堡的"通关"邮戳，每过一堡盖一邮戳，参观完长城沿线规定数量的古堡外，再回到大同古城加盖古城邮戳，并授予大同"荣誉市民"。如果该游客再次来大同旅游，可以给予景点门票或其他方面的优惠。

（二）实施客源分级，开展旅游促销

1. 一级客源市场

我国城市居民旅游和休闲目的地的80%集中在距城市500公里以内的范围内。京津冀蒙是大同的一级客源市场，尤其是京津地区的居民生活节奏快、出游动机强烈、旅游消费大幅度增长。大同长城沿线距离北京350公里左右，非常适合京津等地居民周末度假、休闲放松、短途旅行。因此，大同应大力加强针对京津等地的促销，有效地与京津等地旅游部门、旅游企业接触，联合推出周末长城游、长城短途游等。

2. 二级客源市场

在距大同1000至1300公里以内的华北地区、东北地区、西北地区是大同的二级市场。这些地区也是我国重要的客源产出地，这些市场距离大同较远，针对这些客源市场的促销可以与市内景点联合推出长城古堡文化游、北魏辽金古迹游。

（三）打造多维度的宣传平台

把长城历史文化旅游资源与市场有机融合，积极组织先进的科技力量，利用航拍、激光扫描、空地遥感、3D、多媒体、虚拟现实等现代技术把大同长城及周围的各种设施进行数字化整合，并建立相关数据库，构筑和开发基于互联网平台的长城历史文化的传播路径，创建大同长城历史文化的多维移动互联网平台和网络媒体平台。

在长城各个古堡建立微信公众号，游客通过扫描二维码，即可获得该堡历史的文字资源和语音解说；利用 App 开发与长城有关的趣味游戏等，增强长城历史文化传播的趣味性；利用长城影视基地，拍摄电视专题片、纪录片；组织相关学者结合当地历史文化编纂通俗文化读本、小册子、丛书等，再现或赋予长城沿线古堡那些动人的故事、优美的传说、可歌可泣的历史画卷，让游客真正把大同的长城文化推向全国。

综上所述，大同长城文化带拥有系列性、群体性的文物。目前虽然尚处于"养在深闺人未识"的初级阶段，但从旅游资源的视角去审视和考量，大同长城文化带具有得天独厚的资源禀赋，具有很高的价值。显然，深度挖掘长城及古堡所代表的历史文化内涵，充分利用长城及古堡自身的文化底蕴，结合周边景点，以文化体验为特色，通过规划整合，必将引领大同长城文化旅游产业的良性发展。

山西长城文化研究及旅游开发的几点思考

山西师范大学历史与旅游文化学院　仝建平

为了防御雄踞北方的民族袭扰，中国古代数个政权在山西修筑了数千里长城。山西历史上大修长城是在明朝中后期，现存的长城主体是明长城，有内外两边，两千里之长。近十年来，山西省及长城沿线大同、朔州、忻州等市组建了长城研究组织，省内外长城学者和爱好者编辑出版了一大批长城文化研究书籍。但山西的长城文化研究现状，与内容丰富的长城遗产并不吻合，且与邻省陕西、河北有明显差距，理应引起政府高度重视，在科学普查、扎实研究基础上编撰山西长城系列图书，为长城文化研究宣传、旅游开发打下基础。山西长城资源，首先应依法切实加强保护，然后科学合理利用，为山西经济社会转型发展做出应有贡献。

一、山西长城历史及现状

山西是一块相对独立的地理单元，与四边有大山大河长城之隔，北部是蒙古高原，东部是华北平原，南部是中原，地势由东北向西南倾斜，主体是山区，海拔多在一千米以上。山西衔接了北方草原民族与中原农业民族，汾渭裂谷成为历代北方民族南下中原的大通道。特殊的地形，为了防御雄踞北方的民族匈奴、柔然、突厥、契丹、蒙古，或为相互防御，中国古代在山西地区修筑了总长度数千里的长城，山西与甘肃、宁夏、内蒙古、河北、北京、天津、辽宁、吉林、黑龙江、河南、山东、湖南、湖北等省市一样，共同组成了中国长城军事网络，在中国长城史上书写了精彩的篇章。

中国的长城修筑始于春秋时期的楚国，历战国、秦汉、北朝、隋唐、宋金到明清，现今遗存尚有数万里之长。山西的长城修筑大概始于战国时期的赵国，东汉、北朝、隋唐五代、北宋到明清，历代有之。最主要修筑时期是在明朝，遗存也主要是明长城，有两千里之长。

山西现存的长城有：（一）战国长城：一般认为晋城市高平市存有赵长城。一说大同朔州忻州数县有赵长城，晋城有魏长城和秦长城。（二）东汉长城：大同市广灵县。（三）东魏长城：忻州市宁武县和原平市。（四）北齐长城：忻州市五寨县、宁武县和原平市，晋城市泽州县。（五）五代长城：晋城市沁水县。（六）宋长城：忻州市岢岚县。（七）明长城：有内外两边，也有细分为内外边、黄河边、太行山，三边共四道。外边东西走向，经大同、朔州；内边一条为西北—东南走向，经大同、忻州、朔州12县，一条为沿太行山南北走向，经忻州、阳泉、晋中、长治8县。内外两边之间，号称塞上，因山川地形、交通线，还建有二线城堡、补给城堡及大量烽火台（台墩），以备增援、补给及传递信息。（八）清长城：临汾市乡宁县、吉县、大宁县，为防御西捻军而修筑。

明代山西为九边重镇，对拱卫京城而言，有两镇三关，因此是山西历史上大修长城的时期。山西现存的明长城，包括城墙（边墙）、敌台、城堡、关城、烽火台等，共同组成了较为严密的军事防御网，甚至一地有几道边墙。其他朝代的长城，或废弃消失或后代叠压，现存所谓的山西长城其实就是明长城。它是山西长城研究和旅游开发的主体。关于山西现存明长城概况，可以参看郎保利《山西长城的历史与现状》（《山西长城》，2008年第1期）、华夏子《明长城考实》

(档案出版社，1988 年）、李少文、梁嵘《明长城通览》（清华大学出版社，2015 年）。

二、山西长城文化研究现状

近十年来，在省内外长城研究者、爱好者的参与下，也有长城沿线市县政府的重视和组织，山西的长城文化研究有了可喜的进步，建立了一些研究组织，编辑出版了不少书籍，举办过多次以长城为主题的学术研讨会和文化艺术节，发表了多篇长城文章，为山西长城文化研究打下了一定基础。

（一）长城研究组织

省市成立过一些长城研究及保护组织，在长城研究、宣传保护方面发挥了重要作用。山西省长城保护研究会成立于 2007 年，主办内部期刊《山西长城》，已经出版 18 期，及时刊登山西长城研究及工作文章、讯息，成为全省长城文化交流的主要平台；研究会还建有山西长城网。大同市长城学会成立于 2008 年，曾出版内部期刊《大同长城》；大同还设有大同长城保护与发展研究中心，编辑内部期刊《走读长城》。忻州市设有忻州市长城学会。朔州市长城保护研究会 2009 年成立，曾出版内部期刊《朔州长城》。十年来，这些研究组织曾组织或参与组织一系列以山西长城为主题的学术会议及文化艺术活动，对研究、宣传山西长城做出了积极贡献。

（二）长城研究书籍

过去的十年间，山西及省外学者编撰了一批长城文化书籍，以通俗性为主，学术研究成果不多，为长城文化研究和宣传起到了重要作用。

1. 整理古籍

山西学者整理的大概仅有一部两种,《三关志校注》(中华书局,2013年);《三关志·宁武地理总考》(《宁武旧志集成》,巴蜀书社,2010年)。内蒙古大学蒙古学研究中心整理出版的丛书《明代蒙古汉籍史料汇编》收录《三云筹俎考》《宣大山西两镇图说》《九边图说》《九边考》(内蒙古大学出版社,2006—2015年)。

2. 编著书籍

(1) 地方志类。长城志一部:《平鲁长城图志》(朔州市平鲁区三晋文化研究会,2016年);长城关隘志两种三部:《雁门关志》(刘培德编,1997年,内部印刷)、山西省地方志办公室《山西省旅游景区志丛书》(三晋出版社,2010年)、《娘子关志》(中华书局,2000年)。

(2) 丛书中收录的长城文化书籍。如《山西历史文化丛书》有《山西长城文化》《山西古代关隘与津渡》《杀虎口》;《大同历史文化丛书》收有《大同长城史话》《明代大同镇》;《朔州历史文化丛书》收有《朔州内外长城》《右玉古城堡》《圣旨雁门关碑》;《阳泉历史文化丛书》收有《英武俊秀娘子关》;《山西旅游风景名胜丛书》之《娘子关》《雁门关》(山西经济出版社)。

(3) 山西长城学术研究书籍。《明代大同镇边防体制研究》(李海林,三晋出版社,2013年);《明长城沿线军事堡寨的演化及其保护与利用模式:以山西省为例》(曹象明,中国建筑工业出版社,2015年);《边隅要冲 京师藩屏——明长城大同镇段的地理与建造信息》(周小棣等著,东南大学出版社,2013年);《仪式、秩序与边地记忆:民间信仰与清代以来堡寨社会研究》(张月琴,科学出版社,2013年);《晋藩屏翰——山西宁武关城的历史人类学考察》(张友庭,上海社会科学院出版社,2012年)。

(4) 长城古村落。代表性的有:《山西古村镇系列丛书》之《得胜古村》《娘子关古镇》（中国建筑工业出版社）；《塞北、江南古村落对比研究：以新平堡和礼社为例》（刘媛、陆阳，中国文史出版社，2013年）。

（5）论文集。《纵论西口——晋商与西口文化论坛论文集》（山西春秋电子音像出版社，2006年）；《杀虎口与中国北部边疆》（内蒙古大学出版社，2007年）；《西口文化论衡》（中国社会出版社，2010年）；《西口研究：以杀虎口为中心》（山西经济出版社，2012年）。

（6）其他。如《三春七秋：山西明长城踏步》（卢伶，北京大学出版社，2013年）；《雁门旅游文化丛书》之《雁门关》（李冬冬，三晋出版社，2014年）；《雁门关：中华第一关》（刘燕芳主编，山西经济出版社，2005年）；《宁武关城的历史》（刘标编著，山西人民出版社，2013年）；《杀虎口的传说》（王德功，山西古籍出版社，2006年）。

3. 出版影集、画册

《图文长城：山西卷》（李少文，中国旅游出版社，2006年）；《长城人家：中国山西省北部农民家庭的日常生活》（李京蜀，文艺出版社，2013年）；《仰望三关》（杨平，中国旅游出版社，2012年）；《大同长城》（韩建军，中国摄影出版社，2001年）。

（三）长城文化产品

如明信片《大同印象：长城古堡》，山西明长城明信片，等等。

总体来看，大同对长城的研究及宣传工作较多，朔州、忻州相对差些。就具体研究而言，大同镇、杀虎口研究相对较多，大同镇的研究多是学者主导，研究其军事地位；杀虎口是配合文化旅游的当地政府主导，召开数次学术会议，学者参与，多研究其边贸。

至于研究山西长城的研究生学位论文及单篇论文，数量较多，科研院所的是学术研究，水平较高；而相关地方的多是普及宣传，深度明显不足。

三、山西长城文化研究的思考

与山西的长城资源相比较，山西的长城文化研究总体情况并不乐观，明显不如邻省河北和陕西。长城沿线的大同、朔州、忻州也开展过不少工作，但亟待加大重视力度，广泛开展研究挖掘和宣传力度，整合各方力量，出精品成果。在长城文化研究方面，可以集中分批编撰一些书籍。

（一）古籍整理

集中影印、点校整理山西长城相关古籍，如《三云筹俎考》《宣大山西两镇图说》《两镇三关通志》《三关志》等。

（二）资料汇编

辑录古籍中的山西长城史料，如《读史方舆纪要》《明实录》《九边图说》《九边考》、明清《山西通志》、明代相关地区的府州县志。从古籍及旧志中辑录山西长城碑文、诗文，汇编成书。

（三）长城丛书、专著

在扎实研究的基础上，分批组织编撰《山西长城文化丛书》，大致包括山西长城历史沿革、分布现状、长城战事、堡寨、关隘、古村落、文物、经贸往来、民间故事、歌谣谚语、笑话谜语、方言、非遗、民俗信仰、地方社会、旅游之类，集中展现山西长城历史与社会现状。上述内容也可出版专题著作。编撰《山西长城史》《图说山西长城》《山西长城史话》《山西长城调查》，为社会各界提供山西长城文化研究成果。

(四) 长城志书

建议山西省有关部门编撰《长城志》，亦可编撰出版《山西长城志》《山西长城旅游志》《大同长城图志》《朔州长城图志》《忻州长城图志》《宁武关志》《偏头关志》《平型关志》《西口志》或《杀虎口志》。

(五) 长城论文精选

收集山西长城研究论文，精选萃编，同时附录编制《山西长城研究论文目录》。

一批严谨扎实的长城文化研究成果，是最基本的研究基础，有助于山西长城文化的研究挖掘和宣传推广，更有利于山西长城资源的开发利用。

四、山西长城资源旅游开发的思考

1987年，中国的长城被联合国教科文组织整体列入世界文化遗产，山西境内的明长城主体是省级文保单位，部分是国家级重点文保单位。2006年12月1日，国务院正式颁布实施《长城保护条例》。2017年，山西省正式提出转型发展旅游的三大板块（长城、黄河、太行山），山西长城被史无前例地提高到促进省域经济社会发展的重要依托层面。如何保护长城、研究长城，进而有效利用长城旅游开发成为需要讨论的课题。

(一) 依法切实保护长城遗产

长城是历代中国人民耗费巨大财力和心血汗水的结晶，修筑不易，守卫艰辛，其历史作用毋庸置疑，它是古代中国人遗留下的珍贵物质财富，也成为广为称颂的中华民族伟大精神的重要依托，与黄河、长江等成为中华文化最重要的物质表征。对长城的保护成为每个中国人义不容辞的历史责任，尤其是长城沿线的相关政府部门及民众，随着《长城保护条例》的实施，对长城的保护上升到国家法律层面。在开发利用长城资源时，必须是以保护为前提，也就是说如果开发与保护发生抵牾时，必须搁置开发利用或依法找寻妥当的解决方案。长城开发必须为文物保护让路，这条红线必须坚守，否则开发商利润最大化的驱动和沿线居民淡薄的文保意识，会因开发利用陆续破坏长城遗产，愧对古人与后人，不能重蹈忽视长城保护的覆辙。

2016年7月，笔者曾参加山西省九三学社赴大同市及天镇、阳高两县的"城镇化建设与长城保护"课题调研，发现市县两级相关政府部门都期盼山西省依据省情制定出台《山西省长城保护条例》，为保护山西明代长城提供较为细化的法制依据。长城沿线在长城保护方面工作有成效，但总体形势受各种因素制约不容乐观，长城保护刻不容缓。长城沿线政府部门在保护长城方面，责任重大，不妨把保护辖区长城作为主要领导任期考核的一项重要内容。要对沿线居民加大长城保护法制宣传力度，加强执法力度，形成一定震慑力。让保护长城逐渐成为长城居民自觉的共识，保护长城成为当地政府的重责所在。

山西的明长城主体在晋北，边墙多为夯土筑成，历经400多年风雨，加上人为的破坏，损毁相当严重。在未来的日子里，自然侵蚀仍将继续，遗存长城无疑会陆续减少，再不精心保护，将会加快其消亡进程。在依法保护的同时，可以有选择地加以适度修复，不要纠结于究竟该不该加以人为干预，就像代县雁门关长城，就是较成功的范例。加强长城巡查，破坏者必予追究。同时，继续增强长城旅游者、徒步爱好者的长城保护意识，他们和长城沿线居民是目前介入长城的主体人群。

(二) 科学合理利用长城资源

在依法加大保护力度的前提下,可以探寻尝试适度依法修复,根据具体情况可以有选择地加以开发利用,发挥长城资源更大的社会价值,满足长城沿线经济发展需要。尤其是遗存有较好基础的关城、城堡、包砖城墙段,在不破坏的前提下,发展旅游观光、民宿体验、艺术摄影,建设影视基地,开展文化艺术活动,发挥长城资源最大的社会效能。

长城与区域环境自成一体,其旅游开发目前宜集中在某些条件成熟的地点,如代县雁门关、平定县娘子关、天镇县新平堡、右玉县杀虎口,可以接待众多游客;不宜全面铺开,沿线遍地开花,大量地段能维持自然状态最好,让游客体会原生态的长城。逐步开发利用,逐步寻找保护和科学利用相结合的新模式,不宜操之过急。譬如大同市修建了"长城天路",目前仍存在诸多争议,在不破坏长城沿线整体环境的前提下,既保护了长城,方便了民众、游客,又带来了较大的经济回报,那么开发就是成功的。即便旅游获益了,但破坏了长城区域环境,那么开发就是失败的,会遭到后人指责。

在开发利用长城资源时,当地政府一定要听取多方专家的合理化建议,反复论证,综合考虑目前和长远的利弊得失,切不可只考虑经济利益,操之过急,覆水难收,既花了大钱,又成了败笔。在开发利用长城时要做到有礼有利有节,不是单纯应对上级政府旅游开发提倡,应为山西长城研究和开发利用建立较长期的运行机制。沿线政府尤其是主要领导责任重大,参与旅游开发的公司要积极承担社会责任,切不可为利益蒙蔽了双眼,做到长城遗产的保护和开发利用并举。

科学合理利用长城资源,既有利于当地经济,又能造福民众。沿线地区民众也会在开发利用过程中明白,先辈留下来的长城是增收致富的引擎之一，且不能再生。这无疑会增强当地政府和居民保护长城遗产的热情和信心。这种机制长期运行，形成长城保护和旅游开发的双赢局面，这是未来最理想的长城发展愿景。

作者简介：

仝建平，1976年生，山西怀仁人，山西师范大学历史与旅游学院教授，历史学博士，研究宋史、文献学、山西地方史志。

明清山西长城地带的关公信仰研究

山西大同大学历史与旅游文化学院 孙 瑜

关公信仰自唐宋以降成为中国乃至东亚文化圈层较为普遍的民间信仰,以地域为视界的研究是关公信仰研究中的一个热点。其中,山西地域的研究集中在晋南及晋东南地区,比如运城(解州)、晋城[①]等,针对北部地区的研究较少。本文拟以相关碑刻[②]为主要史料,探究明清山西长城地带关公信仰的形态;并基于国家在场的理论,分析在民间信仰这一文化形态发展过程中,国家和社会之间的互动关系。

一、关公信仰的地域分布——以关帝庙为视角

行政区划角度下的山西长城地带主要包括今山西北部的大同、朔州两市,该区域内明清时期的相关碑刻留存较多,简况如表1[③]:

[①] 闫爱萍:《地方文化系统中的关帝信仰——山西解州关帝庙庙会及关帝信仰调查研究》,载《山西师范大学学报》,2010年第2期,第68—72页;谷东方:《山西高平西郭庄关帝庙壁画考察》,载《山西档案》,2016年第3期,第20—22页。

[②] 本文所引用之碑刻资料均为地方碑刻,部分尚未经著录。

[③] 本表主要来源于《三晋石刻总目·大同市卷》,山西古籍出版社,2006年;《三晋石刻总目·朔州市卷》,山西古籍出版社,2006年;《三晋石刻大全·朔州市平鲁区卷》,三晋出版社,2012年;《三晋石刻大全·大同市左云县卷》,三晋出版社,2012年;《三晋石刻大全·朔州市怀仁县卷》,三晋出版社,2014年;以及相关田野调查资料。

表1 关帝庙分布简表

市	县（区）	石刻名称	保存地	立碑年代	备注
大同（21）	左云（2）	重修南关帝庙碑记	县城南街勒马关帝庙院内	1748	山东进士、知县李应辰撰文，佚失
		关帝庙碑	关帝庙原在县城西街	不详	
	灵丘（6）	关帝庙碑记	灵丘县关帝庙院内	1735	
		关帝圣君殿碑记	灵丘县关帝庙院内	1771	浑源州庠生李获龄撰书
		关帝圣君殿重修碑记	灵丘县关帝庙院内	1830	吕克明撰书，赵清义刻
		关帝庙碑记	灵丘县关帝庙院内	1859	吕克明撰，张元书
		关帝庙碑记	灵丘县关帝庙院内	1864	已残
		关帝庙碑记	灵丘县关帝庙院内	1873	已残
	广灵（4）	关圣帝君庙地藏王佛殿重修碑记	广灵县直峪村宝峰寺遗址	1786	宋瑞撰文，宋葵阳书丹
		创修关圣文昌碑记	广灵县朝阳古寺	1795	知县朱休度、庠生全志昂撰文
		重修关帝庙观音庙三元宫暨广济桥碑记	广灵县蕉山乡罗疃村	1800	蔚州儒学生员黄浚源撰文，广灵县儒学廪膳生员徐思眷书丹
		重修关帝庙募引	佚失	不详	县丞邑人王鼎撰文
	浑源（1）	重修关帝庙碑记	浑源三岭关帝庙	1704	候选训导李永馥撰文并书丹
	阳高（3）	关帝庙碑		不详	
		关帝庙碑		不详	
		勒马关帝庙碑		不详	

续表

市	县（区）	石刻名称	保存地	立碑年代	备注
大同 (21)	天镇	重修武安庙记	天镇县慈云寺	1582	河津龙门立
	新荣区	重修关圣天子庙记	得胜堡村西	1606	方广有撰书立碑
	城区 (3)	关帝庙新建飨殿丹口后牌坊碑记	关帝庙内	1737	赐同进士出身文林郎大同府儒学士教授王系谨撰文
		重修关帝大庙碑记	关帝庙内	1829	
		重修观音堂并移建关帝殿记	观音堂观音殿前抱厦东侧	1871	大同县儒□□生升□马元敬撰
朔州 (36)	怀仁 (6)	东城门新建武安王祠碑记		1575	知县撰文 佚失
		鹅毛口修关帝庙碑	鹅毛口关帝庙内	1598	乡饮介宾撰文
		怀仁县新建关圣三代祠募施碑记		1751	选拔贡生王治久撰文，佚失
		重修关帝庙并新建马土王庙碑记	金沙滩镇曹庄村庙内	1814	朔平府平鲁县儒学生员于亨荣撰文并书
		鹅毛口修关帝庙碑	鹅毛口关帝庙内	1831	乡饮介宾撰文
		忠义寺碑	鹅毛口关帝庙内	1876	举人撰文生员书写
	山阴 (4)	重修关王庙碑		1567—1572	郭石撰文
		重修关帝庙石碣	岱岳镇北街关帝庙门洞东侧	1725	
		重修关帝庙捐资碑	岱岳镇北街关帝庙门洞西侧	1725	
		新修五圣祠碑记	快乐村西北五圣祠三圣母殿内	1822	
		重修关帝庙碑记	新岱岳村关帝庙内	1910	县学优廪生樊蓁撰，县儒学文生樊菁书丹

续表

市	县（区）	石刻名称	保存地	立碑年代	备注
朔州(36)	应县(8)	重修关帝庙碑		1645	应州人左光图撰文，佚失
		重修五神宫碑记	大西头村关帝庙（亦称五神宫）	1869	
		重修关帝庙捐资碑	水磨村关帝庙	1874	
		重修关帝庙碑	康兴庄关帝庙	1904	
		重修关帝庙捐资碑	水磨村关帝庙	1904	
			北楼口关帝庙（老爷庙）三座		
	右玉(1)	重修关帝庙碑记		明代	文林郎直隶保定府定兴县知县东家王宾撰，武略将军己酉武举玉林卫千户印山王相书，玉林儒官静斋镇篆
	平鲁区(8)	重修关帝庙记	砌于阻虎乡阻堡村井口上	1663	
		重修大水口十八庙关圣帝君碑记	大河堡村关帝庙遗址	1734	
		朔州后里北辛寨村增修关圣帝君庙碑记	下面高乡吴辛寨村关帝庙内	1754	平鲁县廪膳生傅逢时撰文，右玉县廪膳生吴懿德书丹
		北辛寨村增修关圣帝庙功德碑	下面高乡吴辛寨村关帝庙内	1754	
		重修关帝庙碑记	六墩村前	1777	
		迎恩堡修关帝庙碑	迎恩堡村关帝庙	1842	仇招撰文并书丹

续表

市	县（区）	石刻名称	保存地	立碑年代	备注
朔州（36）	平鲁区（8）	七墩村重修关帝庙功德碑	七墩村关帝庙内	不详	
		重修关帝庙功德碑	七墩村关帝庙内	不详	
	朔城区（9）	重修汉关将军庙记	佚失	1522—1566	进士，大理寺卿郑本公撰文
		关帝庙善地碑	贾庄村关帝庙内	1644—1911	
		重修关帝庙碑记		1662—1722	赵昌期撰文
		新建立马关圣帝君庙碑记	大霍家营村村委会库房西墙	1848	霍氏家族十七世孙霍光书撰
		南曹村重修龙王、关帝、二郎神庙碑记	南曹村兴龙寺正殿	1863	
		关帝庙重修碑记	王万庄村东关帝庙正殿东侧	1864	
		王万庄村重修青莲桥关帝庙碑	王万庄村青莲桥头之关帝庙墙根	1864	忧生陶绪唐撰文书丹
		重修关帝庙碑记	北曹村关帝庙	1867	
		重修关帝庙碑记	崇福寺	1877	丙子科举人检选知县要恒撰文，军贡七品顶戴，郡庠生武善继书丹

明清山西长城地带属大同府，对应今山西大同、朔州两市所属之十六县区。外长城沿线之右玉县、左云县、新荣区、大同城区、大同

南郊区、大同县、阳高县、天镇县，共有关帝庙 11 座；内长城沿线之平鲁区、朔城区、山阴县、应县、怀仁县、浑源县、灵丘县、广灵县，共有关帝庙 46 座。关帝庙分布较多、修建较早的地区，大都在内长城沿线曾经的商贸要地，如怀仁、应县、平鲁及朔城区。以怀仁为例，据《鹅毛口修关帝庙碑记》载："我村关帝庙旧有戏楼……不知建于何时……今将众善芳名开列于后……怀邑，长盛货房捐大钱贰拾伍仟文，恒兴昌捐大钱肆仟文，天德恒捐大钱叁仟文，天成公捐大钱叁仟文，广兴茂捐大钱叁仟文，毓泉永捐大钱叁仟文，万义成捐大钱叁仟文，福元成捐大钱贰仟伍佰文，天德昌捐大钱贰仟伍佰文，万益金捐大钱贰仟伍佰文，源泰德捐大钱贰仟文，□成永捐大钱贰仟文，天德成捐大钱贰仟文，杨益祥捐大钱壹仟伍佰文，天益永捐大钱壹仟文，长盛源捐大钱壹仟文，永盛德捐大钱肆佰文。"① 捐款修庙的商号共计 17 家。

二、关帝庙的存在形式及布局

（一）存在形式

依上述碑刻所载，山西长城地带关帝庙的存在形式有三种——以祠庙形式独立存在、以佛寺形式独立存在、与其他民间神灵共存。

1. 以祠庙形式独立存在的关帝庙

此种形式的关帝庙在与关公有关的祠庙中占绝大多数，上表所列均为此种形式的关帝庙。所谓独立存在是指有独立殿堂的关公庙宇。

2. 以佛寺形式独立存在的关帝庙

据目前史料，以佛寺命名并独立存在的关帝庙只有怀仁县的忠义寺，俗称老爷庙。此寺建于清光绪二年（1876），位于怀仁县云中镇

---

① 《鹅毛口修关帝庙碑记》，载《三晋石刻大全·朔州市怀仁县卷》，第 52—57 页。

鹅毛口中街村。

3. 关公与其他神灵共存的关帝庙

此类关帝庙一般有四种情况——三圣祠、"四圣祠"、五圣祠及诸圣祠等。

三圣祠中的三圣在民间有多种组合，此指以关公为核心的三圣，在该地域并不多见，有些也不以三圣命名。如清咸丰十年（1860），平鲁七墩镇有财神、关圣、圣母庙三所，村民集资重修。①

民间没有"四圣祠"的说法，但是，有将关圣、龙王、财神及圣母庙建在一起的情况。如《龙王关圣财神圣母庙重修碑序》②记载，平鲁区七墩村曾有龙王、关圣、财神、圣母庙创自清初，并于清道光二年（1822）重修。

关于五圣，有四种冠名——五圣祠、五圣宫、五神宫、五圣庙。五圣祠、宫、庙所列神灵有三种情况，一种是关帝、三圣母、真武大帝、财神和龙王组成的五圣，如《新修五圣祠碑记》③记载，清道光二年（1822），在朔州山阴县古城镇快乐村西北兴建了五圣祠，是在该村原有的一所白雨龙王神庙的基础上扩建的，三圣母殿、关帝庙、真武大帝庙、财神庙和伯龙殿，五殿连檐，合修为五圣祠。一种是关圣、土皇、河神、龙神、送子观音，如《重修五圣宫碑》④载，民国七年（1918），重修东小河村五圣宫，五殿——关圣、土皇、河神、龙神、送子观音整肃一新，香火再旺。一种是三官（天、地、水）、关帝、圣母，如《重修五神宫碑记》⑤载，清同治八年（1869），应县大西头村重修上述五神之殿堂，碑现存于大西头村五神宫，该宫在当地亦称关帝庙。

---

① 《重修碑记》，载《三晋石刻大全·朔州市平鲁区卷》，第187页。
② 载《三晋石刻大全·朔州市平鲁区卷》，第147页。
③ 载《三晋石刻总目·朔州市卷山阴县》，第115页。
④ 载《三晋石刻总目·朔州市卷山阴县》，第117页。
⑤ 载《三晋石刻总目·朔州市卷应县》，第95页。

关公庙与其他诸如龙王、圣母等神庙建在一起，祠庙命名为诸圣祠。如《大峪口重修诸圣庙碑》载，清道光二十五年（1845），怀仁大峪口村集资修缮诸圣祠，"新建正殿五间，中居新塑观音、关圣、马王，左右配圣母、龙王，一然维新。"① 《东昌城新建重修诸庙碑记》载，清光绪二年（1876），东昌城村村民集资"新建关帝、三官、龙王、财神、马王、河神庙宇。"②

（二）规制及布局

该地区的关帝庙虽然不以佛寺称谓，但庙里的规制和布局均与佛寺无异。庙里有住持僧，也称长老。一般由正殿、左右配殿、东西廊房（也称官厅）、禅室、钟楼、鼓楼、乐楼构成。

大部分关帝庙中关公的雕像是立姿，也有坐像、勒马像。如左云保安堡土关路北关帝庙为坐像关帝。③ 左云县城南街之关帝庙为勒马关帝庙，正殿宽五间、进深三间，檐下有"亘古一人"之匾额，殿内正中神台上塑关帝坐像，神台左侧铸关公勒马红铜鎏金像，全高2.7米，左手执缰，右手提刀，目视前方。殿内壁上有以《三国演义》为素材的关羽生平事迹24幅，192平方米。大殿后，建有"三贤阁"，阁内正中有刘、关、张塑像，左侧武侯列陪，两壁绘有桃园结义之壁画。④

三、关公信仰的演变

以碑刻为视角，明清时期，该地域关公信仰的变化突出表现在称

---

① 载《三晋石刻大全·朔州市怀仁县卷》，第106页。
② 载《三晋石刻大全·朔州市怀仁县卷》，第153页。
③ 《保安堡重修坐像关圣帝君庙碑记》，载《三晋石刻大全·大同市左云县卷》，第114页。
④ 山西省《左云县志》编纂委员会：《左云县志》，中华书局，1999年，第777页。

谓及职司两个方面。

（一）称谓的变化

表2　关公称谓简表①

称谓	时代	例碑	碑现属地	备注
关将军	明代	重修汉关将军庙记	朔城区	重修于明嘉靖十七年（1538）
武安王	明代	东城门新建武安王祠碑记	怀仁	建于明万历三年（1575）
关王	明代	重修关王庙记	山阴	重修于明隆庆年间（1567—1572）
关圣天子	明代	重修关圣天子庙碑记	新荣区	重修于明万历三十四年（1606）
关圣帝君	清代	重修大水口十八庙关圣帝君碑记	平鲁区	重修于清雍正十二年（1734）
关圣	清代	怀仁县新建关圣三代祠募施碑记	怀仁	建于清乾隆十六年（1751）
关帝圣君	清代	关帝圣君殿碑记	灵丘	清乾隆三十六年（1771）
关帝	明代	鹅毛口修关帝庙碑记	怀仁	重修于明万历二十六年（1598）
关帝	清代	重修关帝庙碑	应县	重修于清顺治二年（1645）

关公以其忠义、神勇位列儒、释、道三界之神，并受历代帝王推崇。儒家称之为关圣帝君，释家称为护法伽蓝，道家称为武圣帝君、关帝爷。汉末三国拜将、封侯；北宋晋爵为公，升王；明代尊帝。由上表可见，明清时期，关公的称谓共有八种——关将军、武安王、关

---

① 本表与表1同源。

王、关圣天子、关圣帝君、关圣、关帝圣君、关帝，均属于儒家称谓。此外，晋北民间还有"关老爷"之称，关公庙俗称老爷庙。如应县北楼之关公庙匾额之上书"老爷庙"。关帝是最普遍的称谓。

（二）职司的变化

以碑刻记载，关公的职司分两个阶段——人教、神教。人教指在其被尊为神灵之前，作为忠孝义勇之榜样教化后人。称谓为将军、武安王、关王，碑文所叙遵史实。如《重修汉关将军庙记》载："朔城旧有将军庙，官民事之甚谨……将军河东解梁人也，起于汉末，事昭烈皇帝。间关荆楚，以吞吴灭魏复兴汉室为心。功烈俱载《三国志》。"①《东城门新建武安王祠碑记》盛赞关公"精忠贯日，大义参天"。② 自关公被尊为帝之后，碑记中的关公已然化为一方神祇，其职司具体体现有二——却病害、佑福祉。

1. 却病害

病害是关乎百姓生活幸福与否的常见问题和关键因素，山西长城地带地处胡汉边界，在明清时期作为军事和边贸重地，战事多、人口多，还有从事煤矿开采的窑工，民间有专门的神灵管理这一问题。如阳高县有药王庙，位于县城之西石桥；在县城西门有疮神庙。左云县城东南和南关各有一座瘟神庙。平鲁区白堂乡党家沟村建有窑神庙。③ 关公司驱瘟疫之职的记载只有一处，《重修关帝庙碑》载，清光绪三十年（1904），应县大黄魏乡康辛庄村曾重修关帝庙并立碑以志，碑文载："我康兴庄村考之州志即金之节度使康公弼之故里也……光绪壬寅岁七月间，瘟疫流行，村人恐惧……于是立愿重修。"④

---

① 载《三晋石刻总目·朔州市卷朔城区》，第42页。
② 载《三晋石刻总目·朔州市卷怀仁县》，第138页。
③ 《重修龙王财神窑神庙记》，载《三晋石刻大全·朔州市平鲁区卷》，第195页。
④ 载《三晋石刻总目·朔州市卷应县》，第97页。

2. 佑福祉

除上述之却病之职，在表 1 所开列的其余 56 通碑刻中，凡有碑文记载者，关公所职均为普济四民、保一方福祉之全能神，如《雕落寺重修关圣帝君庙碑记》所载："帝君自汉历清，千有余岁……佑士子文登显第，武擢高科；庇农夫，此歌大有，彼乐丰年。工人巧技而无疆惟福，商贾贸易而无疆惟休。凡四民之享荣华而获福利，产贤嗣而多寿考者，皆帝君之仁慈普济也。"[1]

需要强调的一点是，关公作为财神之职司，在该地域不见记载[2]，关公庙或独存，或与财神庙并存，如上述之五圣祠、七圣祠。关公福佑百姓的故事中更多展示的是其忠义之本色。如位于山西浑源境内广华山下的三岭关帝庙，即与关公匡扶正义的戏曲有关。戏曲名为《走雪山》，讲的是明朝天启年间，吏部尚书曹于汴因被魏忠贤所害，满门抄斩，小姐曹玉莲幸免于难，与仆人曹福连夜逃难，走过雪山（即广华山），在三岭关帝庙内避寒。曹福将自己的棉袍盖在小姐身上，自己因寒冷而亡。小姐向关圣帝君陈述冤情，在关公照应下，曹小姐跑到大同，找到公爹马总兵，马总兵联合朝中大臣，弹劾魏忠贤，天启皇帝下旨处死魏忠贤，曹家平反，曹小姐捐资重修三岭关帝庙。[3]

四、关公信仰所见国家在场与社会表现

（一）关公庙建修过程中的国家和社会

在碑刻所载关公庙建修过程中，有民办、民办官助两种形式。

---

[1] 载《三晋石刻大全·大同市左云县卷》，第 83 页。
[2] 在山西之南部及东南部地区，也没有关公职司财神，给人钱财的记录。参见宁俊伟：《关于山西清代部分地区关帝庙碑刻的研究——兼论关帝财神之职》，载《世界宗教研究》，2015 年第 5 期，第 103—108 页。
[3] 《重修关帝庙碑记》，载《三晋石刻大全·大同市浑源县卷续编》，第 83 页。

1. 民办

所谓民办，指祠庙修建的一切事务（一般包括操办、募捐、撰文、书丹、镌刻、建筑、彩画等）均由乡民自己解决，官方不介入；缮款由百姓负担。这种情况占比68%，如《朔州后里北辛寨村增修关圣帝君庙记》及《北辛寨增修关帝庙功德碑》载，清乾隆十九年（1754），该村关帝庙长老募集钱物修祠庙。平鲁县廪庠生[①]傅逢时撰写碑文，右玉县廪庠生吴懿德书丹，崞县石工刘汉起及其侄子刘立盛、儿子刘立琳镌刻。捐资者共计264人次，其中，商铺一户；监生[②]、庠生[③]各一名；余皆为普通百姓。所捐款项有五等，最高者三百文（一人）；余为三钱、二钱五分、一钱五分、一钱。[④] 此种形式中，组织修庙者一般是乡贤或僧徒；撰文及书丹者是乡贤或地方生员；百姓出资、出力、出土地。如明万历年间怀仁县鹅毛口修关帝庙，介宾[⑤]杨济川撰文；参与修庙的工匠有——泥匠宗全印、石匠李有山、木匠马德、画匠杨宇。[⑥]

2. 民办官助

民办官助，指有地方官员介入修建祠庙，缮款由百姓负担。具体分为三类——官员组织修建、官员组织修建并以个人名义捐款、官员参与修庙但不以组织者身份出现。这种情况相对于民办较少，占比32%。

（1）官员组织修建。如《朔平府志》载，明代永乐年间，在右卫城仓街，时任都指挥使袁整创建关庙一座。弘治年间分守太督侯

---

① 廪庠生，明清时指考试成绩优异，获得朝廷膳食补助的生员。
② 监生，明清时指在国子监读书的学生。
③ 庠生，明清府、州、县学生员之别称。
④ 载《三晋石刻大全·朔州市平鲁区卷》，第107—108页。
⑤ 介宾，乡饮介宾之省称，明清时期参加乡饮酒礼的宾客，一般为地方德高望重之人。
⑥ 《鹅毛口修关帝庙碑记》，载《三晋石刻大全·朔州市怀仁县卷》，第52—53页。

能、参将蔡瑄主持维修扩建。嘉靖庚子年，信官①周贤、周俊，信士郑琛、王玘及住持僧道冒再次扩建、彩绘。文林郎直隶保定府定兴县知县东家王宾撰写碑文，武略将军己酉武举玉林卫千户印山王相书丹，玉林儒官静斋镇篆刻。②

（2）官员组织修庙并以个人名义捐款。如清道光二十二年（1842），《迎恩堡修关帝庙碑》载："我堡关圣帝君庙，会口李、周公重修焕新，但边地薮小，工程浩大，所募赀财不敌其所费，功虽告竣，拖累未清。是以堡内军民受其困者已非一日。尹公莅任兹土，不忍坐视，诚敬募银两百两，既承前人之善志，又际后人之赘累，承前裕后，莫邀此举也。"③据碑载，迎恩堡城守尹公到任后组织本堡军民募银两百两重修关帝庙，并解决了前人拖欠修缮关帝庙的款项，个人捐银十两。

（3）官员不以组织者身份出现，但参与修庙。如《重修大水口十八庙关圣帝君碑记》载，清雍正十二年（1734），大同平鲁路大水口堡信官李日恭，建议兵民乡众，重修关帝庙。参与修庙的其他地方官员有本堡把总利瓦、尹兴，山西大同平鲁路迎恩堡城守曹宏、刘登、张鲤，大水口外委把总高连芳、张奎壁。参与修庙的百姓有告休老牛湾把总刘光、魏国凤，国子监生曹蓉、龙荣，会首为史达，另有石匠韩起两，泥匠张大德，募缘住持僧真罡、真昕撰文。④

综合以上三种情况，地方官员在修庙过程中主要有组织者、倡议者、捐资者、撰文、书丹、镌刻者等身份。

---

① 信官，此指崇信佛教的官员。
② 山西省雁北行署地方志办公室：《朔平府志》卷十二《艺文志》，东方出版社，1994年，第189—190页。
③ 载《三晋石刻大全·朔州市平鲁区卷》，第162页。
④ 载《三晋石刻大全·朔州市平鲁区卷》，第90页。

（二）国家在场的方式

从上述祠庙修缮过程看，以民办、民间出资居多。民办官助的情况中，国家在场仅体现在地方官员在修庙过程中的活动。表面上，国家参与较少，实际上，不论是民办还是民办官助，国家一直在场，是一种精神在场，即国家意志在地方社会的渗透和统御，具体有四个层次。

1. 立神道（造神）

神灵崇拜是中国传统文化的特点之一，以道教为视角，宇宙万物乃至人的各种器官，无一不有神灵驻守。[①] 为了迎合人的某种需要，还不时地有各种神灵被创造、宣传、认同。关帝就是这样一个神灵，因为其在凡俗世界的忠义表现，符合儒家以忠、孝为根本建立的齐家、治国、平天下的人生哲学；符合君父同伦、家国一体、君臣上下的等级秩序和社会架构，所以倍受历代帝王的推崇，汉代封侯；南朝立庙；隋朝入佛；唐代进入国家祀典；宋代封王；明代封帝，终被打造成了享誉儒、释、道三界的几乎无所不能的万能之神。就王权统治而言，最看重的是他的忠孝义勇，所以，宋代受封为忠惠公、壮缪义勇武安王；明代受封为三界伏魔大帝神威远镇天尊关圣帝君；清代受封为忠义神武关圣大帝。

2. 以神道设教

《周易》曰："观天之神道，而四时不忒，圣人以神道设教，而天下服矣。"[②] 天之神道，即阴阳流转、四时变化的规律，不可知、不可测，不为人所控制。圣人以神道设教，即圣人以客观变化的规律为准则，垂化于人，所以不须言语教戒，不须威刑恐逼，万民自然服从。《周易》所言为人对于不以人的意志为转移的客观规律的认同和服从，

---

① 冯天瑜：《中华文化史》，上海人民出版社，2005 年，第 381 页。
② 金景芳，吕绍纲：《周易全解》，吉林大学出版社，1986 年，第 167—168 页。

在古代社会，一切为人所不解、人力所不能及的事物，均以神概之，具有超自然力量的神灵自然就被用作统御人心的武器。所谓"王法为有形之教化，神威为无形之教化，庙貌森严，无形者亦俨然有形矣"。① 历代帝王神化关公的目的就是要以神威代王法，对人民施礼教，使王化所难及之偏远地区的庶民，在森严的庙宇之内，对神灵心生敬畏，从而自觉遵从礼制约束，不逾礼、不违法，达天下太平之目的。

清代国家祭祀与民间祭祀虽不属于同一个话语体系，但是，为了保证国家对地方社会的有效控制，增强民众对国家政权的认同，将民间神祇列入国家祭祀体系，以体现礼制之道，也是常见现象。② 清咸丰三年（1853），关圣帝君被升为中祀。③ 其教化作用在民间社会多有体现，如《朔州后里北辛寨村增修关圣帝君庙记》所载："凡兹乡人，体神之义，畏神之威，知有善恶，知有是非，知有父兄，知有族党。无以小加大，无以少凌长，无以淫破义，无悖圣贤之训，无叛君师之教，是即神之所佑助者，则是乡寻与皇国共万年也。"④

3. 号召

国家意志与民众思想在忠孝的理念上达成一致，关公即由人成为神，成为儒家忠孝节义理念的化身，贯穿于民间社会的认知体系；成为民间信仰体系当中不可或缺的一分子。在以关公作为神灵教谕百姓的过程中，国家在场的另一种形式就是对关圣形象的宣扬和号召。以清朝为例，雍正、乾隆、道光、光绪年间均有此号召，如清乾隆十六年（1751），怀仁新建关圣三代祠，碑载："先是，雍正初年，有□旨诏天下□，咸立关圣三代祠，恒以妥神灵，以光孝治，意至深也……

---

① 参见《吴家庄修庙碑记》，载《三晋石刻总目·朔州市应县卷》，第97页。
② 王秀玲：《清代国家祭祀及其政治寓意》，载《前沿》，2016年第3期，第103—107页。
③ 《清文宗实录》（2）卷100，咸丰三年十月甲午，中华书局，1986年。
④ 载《三晋石刻大全·朔州市平鲁区卷》，第107页。

乾隆丙寅，朔府判官龚公祖来摄怀篆，适因夏旱，虔……告募。"①

道光十一年（1831），《鹅毛口重修关帝庙碑记》载："今我皇上首隆祀典，发帑修建，更为先世所莫。京公卿士庶畴不效尤丰祀歆，此各处建庙所自起也。"②清光绪二年（1876），鹅毛口建忠义寺，碑载："国家定制，自京省外州县皆得立庙祀事，巨典煌煌，远近无异辙者。"③

4. 以士作为中介

明清时期，以乡贤、生员为代表的士阶层，自觉地担负起在地方社会贯彻国家意志的责任，他们被称为无法进入官僚阶层的文化精英④，作为国家与社会之间的联系和中介，也是国家在场的表现形式。他们作为中介的作用有表层和深层之分，组织修庙、募捐、出资、撰文、书丹只是其表层的作用。深层的作用是他们作为受儒家文化熏陶的士人，在乡间是国家意志的代言人，在修庙过程中，通过撰文，使国家意志与社会意识对接，赋予修庙以神圣的国家意志。如清嘉庆十九年（1814），怀仁金沙滩镇曹庄村重修关帝及马王、土王庙，朔平府平鲁县儒学生员于亨荣撰写碑文，从敬神、妥神的角度，强调修庙的必要性和重要意义，碑载："盖闻春祈秋报，所以妥神明也。建修庙宇所以虔祷祀也。夫乃知凡属生民所履之地，分所宜祭之神，皆宜为□□祠宇而奉香烟也。岂因村墟乡曲，人星户稀，敢不致虔诚以乞神灵哉？"⑤明万历二十六年（1598），怀仁鹅毛口修关帝庙时，乡饮介宾杨济川撰文，写道："且夫庙舍，卄一村之盛衰；建修，验人心之向背"⑥，俨然将修庙上升到了乡村文化建设的高度，将庙作为乡村

---

① 载《三晋石刻总目·朔州市卷怀仁县》，第78页。
② 载《三晋石刻总目·朔州市卷怀仁县》，第95页。
③ 载《三晋石刻总目·朔州市卷怀仁县》，第150页。
④ 孔飞力：《中国现代国家的起源》，生活·读书·新知三联书店，2013年，第14—20页。
⑤ 载《三晋石刻总目·朔州市卷怀仁县》，第90页。
⑥ 载《三晋石刻总目·朔州市卷怀仁县》，第52页。

文明先进与否的表征;承担乡村文化盛衰的载体。又言:"我村关帝庙旧有戏楼,由来久矣,层楼耸秀,今古奇观,远近驰名,军民皆仰此。"① 更明确了关公祠庙作为本村文化符号、名片的地位。

(三) 地方社会的表现

"头上三尺有神灵",是中国古代乡野间约定俗成的共识,神灵已经成为民众的信仰,具有神圣不可动摇的特性。因此,民间对于修祠建庙具有自觉实施、积极主动的特点。在投入大量的人力、物力和财力的同时,有时还把祠庙作为履行乡村权力、体现公正的神圣场所。

1. 出人力、物力、财力

乡村关帝庙修建所需费用均由地方社会承担,出资人包括地方工商业主、村民等;施工建设及费用支出由"经理募化布施总纠首"(也称"会首")负责,一般由本地乡贤、乡耆或庙宇住持做总纠首或会首。碑文的修撰、书丹由本地士人承担,一般有监生、廪生、庠生、乡饮介宾、致仕或辞官归乡的官员等(参见表1)。如清道光年间,大同左卫(治今左云县)三屯乡雕落寺重修关圣帝君庙,两次捐款涉及周围57个自然村,30家商铺,363人次,共收众施主布施钱442860文。另有木匠霍老三施木供器一件,石匠□□全施佛眼珠□双。共花钱469347文,各项用工支出包括打石窑钱,买木头橡檩、琉璃瓦、砖瓦、石灰、绳子、膠膘钱、木工、泥工、画工钱,佛经钱,唱戏钱,米面钱,盐菜钱,木匠、泥匠、画匠、石匠工钱,及其他零星钱。②

2. 以祠庙作为立乡约、办公事之地

清光绪六年(1880),怀仁县里八庄重修三圣庙,在碑文后面镌

---

① 载《三晋石刻总目·朔州市卷怀仁县》,第52页。
② 《雕落寺重修关圣帝君庙碑记》《雕落寺重修关圣帝君庙捐资碑》,载《三晋石刻大全·大同市左云县卷》,第83—92页。

刻本村公约，碑载："立阖村乡会公议村中规矩事：照得村中老幼知悉，均不准过犯，如有不遵者，定行罚数，决不姑宽。今将所禁止诸件事开列于左，以垂戒诸人：

第一件：凡庙中新旧公物，不准暂借。当如犯者，罚钱拾千文。

第二件：凡庙中议论公事，不准添言语，如犯者跪香一日。

第三件：凡庙宇砖瓦墙壁，不准间□损坏，如犯者罚油五斤。

第四件：凡庙中桌椅板凳，不准轻瞒昧，如犯者罚钱一千文。

第五件：凡村中老幼打闹，不准混撞钟，如犯者罚油十斤。

第六件：殿中场面老幼不准掘坑取土，如犯者罚钱两吊。

大清光绪六年岁次庚辰中秋月上浣谷旦阖村合立。"①

从以上碑文所载来看，清代乡村中的祠庙不仅是民众礼敬神灵、求福佑之地，而且是乡村议论、解决村里纠纷的"办公场所"。

（四）国家与社会的互动对于民间文化发展的作用

以关公信仰为视角，明清乡村在关公庙的修建及信仰的确立和推广中，国家的制度规范和神灵教化与社会的意识认同和自觉承担形成了良好的互动，对于民间宗教信仰的发展；民间文化的发展，甚至乡村社会的文明架构起到了一定的促进作用。

1. 文化多样

寺、庙视域下明清山西长城地带的乡村文化，呈现多样、繁荣的景象。种类多、数量多。宗教范围内除了中国传统的佛教寺院和道教宫观以外，还有天主教堂和清真寺，如位于大同市城区的清真大寺，始建于唐贞观二年（628）；大同左云县的大单巴天主教堂，始建于清乾隆时期。民间祠庙遍布乡野，以称庙者为例，有井神庙、河神庙、马神庙、马王神庙、水神庙、二郎神庙、龙神庙、老君庙、泰山庙、恒山庙、北岳庙、东岳庙、十王庙、铁王庙、真武庙、子孙圣母庙、

---

① 《里八庄重修三圣庙碑》，载《三晋石刻大全·朔州市怀仁县卷》，第158—159页。

关帝庙、勒马庙（也称勒马关帝庙）、财神庙、火神庙、鲁班庙、酒仙庙、八腊庙、瘟神庙、疮神庙、窑神庙、五谷庙、胡仙庙、药王庙、黑虎庙、一诚庙、灵官庙、魁张庙、孙仙庙、商家庙、唐家庙、董家庙、潘家庙、杨家庙、范家庙、樊家庙、南双庙、北双庙、三义庙、三圣庙、三官庙、三灵侯庙、三皇庙、三王庙、安乐庙、桑乾神庙、拓跋三大王庙等52种。

2. 乡村自养

据碑刻记载，不仅是关帝庙，其他庙宇、佛寺、宫观的修建，均由民众出资解决。精神文化范畴之外的关乎民间社会公益性的事业，如修桥补路，也有民间力量的承担，《修路碑记》载，清嘉庆二十三年（1818），平鲁县花圪坨村，有一段叫石节坡的路，极为崎岖，往来者均叹其险、虑其难。村中"信士王烈争公好义，率作兴事。一人倡之，三人和之，同国经理，共为捐资，将路修好，立碑记之。"[1]

总之，以碑刻为视角，明清山西长城地带的关公信仰分布较广，祠庙形制多样；关公信仰经历了从人教到神教的演变；以关公信仰为例，在民间文化的传承中，国家与社会形成了良好的互动关系，对民间文化的发展和地方社会的自治具有一定的促进作用。

本文为2015年姚奠中国学教育基金项目——《高校国学教育教材内容研究》（批准号：2015GX10）阶段性成果；山西省2015年教学改革项目——《高校应用转型视野下文物保护技术专业课程体系建设研究》（项目编号：SJG2015204）阶段性成果；2016年度山西省高校人文社会科学重点研究基地项目——《北魏以降晋北地区中小佛教石窟寺调查研究》（项目编号：2016327）阶段性成果；2017—2018年度山西省社科联重点项目——《"丝路精神"与"长城意识"二元变奏下的大同军与边疆社会》（项目编号：SSKLZDKT2017119）阶段

---

[1] 载《三晋石刻大全·朔州市平鲁区卷》，第145页。

性成果；2017 年山西省大同市科技局软科学研究项目——《"京津冀"协同发展战略背景下大同长城石刻的整理与旅游开发研究》（项目编号：2017152）阶段性成果。

作者简介：

孙瑜（1968—），女，山西大同大学历史与旅游文化学院历史系主任、副教授、历史学博士；研究方向：魏晋南北朝及隋唐时期的社会文化史、大同地方史、文化遗产保护（石质文物方向）。

山西省明长城沿线区域自然地理地质特征考察

山西大学历史文化学院 赵 杰

明代九边重镇中的大同镇和宣府镇是明代边防要冲,而山西镇则是宣、大两镇的第二道防线和后勤补给基地。因此在明代边防中,大同镇和山西镇所在的山西省北部占有极其重要的战略和战术地位。

山西省境内的明长城因镇守对象的不同被分为外、内长城,外长城为边境防御,内长城为京畿拱卫。山西省外长城大部分隶属于大同镇,少部分外长城(偏关县柏杨岭至老牛湾段)和黄河边长城(偏关县、河曲县黄河东岸长城)隶属于山西镇;山西省境内东西走向的内长城也隶属于山西镇;山西与河北两省交界区域,地处太行山脉的南北走向内长城先后隶属于蓟镇及真保镇。[1]

关于明长城的考察研究往往多从历史、文化等方面入手,还很少顾及长城沿线区域的自然地理环境和地质条件。事实上长城从修建伊始,即紧密地与各地的自然环境契合在一起。而长城沿线地区的地质构造也影响着长城的保存。对长城沿线自然地理环境和地质条件进行考察,将促进各地长城资源的管理保护与开发利用。

---

[1] 据《四镇三关志》〔[明]刘效祖撰,明万历四年(1576)刻本〕,山西省东部与河北省交界区域长城隶属于蓟镇,嘉靖二十九年(1550)设真保镇后隶属于真保镇。

一、山西省明代外长城沿线区域的自然地理地质特征

外长城由河北省怀安县向西至大同市天镇县新平堡镇平远头村进入山西省，再向西南经阳高县、大同市新荣区、左云县、右玉县、朔州市平鲁区、偏关县，直达黄河东岸。黄河边长城从偏关县老牛湾开始，沿黄河东岸蜿蜒向南，至河曲县巡镇镇石梯子村。外长城今天大致是山西省与内蒙古自治区的分界线，位于北纬39°～北纬41°之间，所在区域处于山西省自然区划中"恒山—黑驼山—人马山温带半干旱干草原"地带，为蒙古高原的边缘地带。这一自然区划由于纬度和海拔的关系，气候温凉干旱，年平均气温在3℃～7℃之间，无霜期仅120天左右，降水量约400毫米，且降水量多集中在七八月，加之春季大风天多达40天以上，造成外长城沿线干旱寒冷。① 外长城地区从地理单元上可分为盆地边缘区，山前丘陵，中低山区和山口区。

外长城最东段的天镇县长城地处低山区和山前区。低山区为阴山山脉的余脉双山，海拔1720米，但相对高程仅570米。双山也是山西省和内蒙古自治区的界山，山西、内蒙古、河北三省区交界处为双山较平坦的山谷，此地的防御受到重视，外长城沿双山山脊和双山南坡西洋河双线布防。在新平堡镇新平尔村双线合一沿山前区布局，蜿蜒西南。从阳高县守口堡向西，明长城通过阴山余脉云门山和采凉山之间的开阔地带进入大同盆地。这一地段为大同盆地的北部边缘，构造方面云门山前大断裂与这一段长城平行。② 从明代到现代，这一区域为地震多发区，可能对长城造成一定的影响。文献中有地震活动对明长城影响的记载。如成化二十年（1484）正月庚寅，京师地震。是

---

① 《山西省地图集》编纂委员会编：《山西省自然地图集》，1984年。
② 各县地质、地理信息均来源于《山西省自然地图集》（《山西省地图集》编纂委员会编，1984年）和各县新编修的县志，后文不再注释。

日永平等府及宣府、大同、辽东等地皆震。宣府地裂涌沙出水，天寿山、密云、古北口、居庸关一带城垣、墩台、驿堡倒裂者不可胜计，人有压死者①。万历八年（1580）七月甲午，大同井坪路地大地震，城墙倒塌数百丈。②

长城进入平坦的大同盆地，海拔仅为1100～1300米。为加强防御，在新荣区堡子湾乡宏赐堡村附近分成两路，一路向西北再向西（俗称"大边"），一路向西（俗称"二边"），两路长城在左云县管家堡乡黑土口村会合。两路长城之间，形成一个封闭区域。这一段长城横穿大同盆地北部。在新荣区和左云县，部分明长城压在大同煤田上，但煤田埋深为240米以上，故地下煤炭开采对明长城的影响不大。而煤炭开采造成的酸雨等环境污染对明长城的保护有一定的影响。

长城在左云县三屯乡宁鲁堡村附近从大同盆地进入阴山余脉五路山，海拔升至1500～1600米。在右玉县右卫镇杀虎口村附近脱离阴山山脉。这一地区也是黄河水系和海河水系的分水岭。继之，长城跨苍头河后向西南进入吕梁山脉，经平鲁区到偏关县境内的柏杨岭与内长城交会。这一段长城是山西省明代外长城海拔最高的地段，均在1600米以上。但这一地区保留有较多的北台期夷平面，海拔虽高但山势较为平缓。第三纪玄武岩覆盖广泛，厚达70米以上，第四纪黄土受外营力切割强烈，沟壑纵横，造成本段长城多处筑有重复墙体。柏杨岭海拔1832米，山顶平缓，筑有多道墙体。柏杨岭是大同镇长城的西终点，在此与山西镇长城连接。明代内长城也从这里向东南方向延伸。

偏关县北部外长城所在区域为黄土丘陵地貌，黄土峁、黄土梁发

---

① 《明实录·明宪宗实录》卷24，台湾"中央研究院"历史语言研究所1962年影印本，第8页。

② 《明实录·明神宗实录》卷102，台湾"中央研究院"历史语言研究所1962年影印本，第6页。

育强烈。新构造上升运动和水流切割，使"V"形沟谷发育普遍，切割深度可达150~200米以上。由于沟壑纵横，防御难度较大，因此明代在偏关县构建了大量军堡，加强纵深防御。

山西镇管辖的外长城仅有从柏杨岭向西至黄河及沿黄河东岸到河曲县巡镇镇石梯子村的段落，而黄河东岸的长城主要用于黄河冬季封冻以后的防守。该段长城从海拔1800米以上的高度骤降千米左右，从高山进入河谷。这一地区第四纪黄土广泛覆盖在寒武纪、奥陶纪石灰岩上，厚度达百米以上。

外长城沿线也是黄土高原和蒙古高原的交会地带，地表多为沙砾质。左云县以西段落地处黄土高原东缘；以东地区黄土覆盖较薄，植被原以草原植被为主，经多年农业开垦，草原植被形态多无保留，生态环境较为恶劣。

二、山西省明代内长城沿线区域的自然地理地质特征

山西省明代内长城分属于山西镇和蓟镇。山西镇所辖内长城东起于山西省灵丘县下关乡牛帮口村附近，接山西与河北两省交界的太行山蓟镇长城，向北沿灵丘县与繁峙县交界区域，再沿恒山山脉向西经浑源县、应县、山阴县、代县、原平市和宁武县后转向西北进入吕梁山区，经神池县、朔城区、平鲁区，越过管涔山在山西、内蒙古两省区交界处的偏关县柏杨岭与大同镇外长城相连接。山西镇内长城连接山西省东西太行山、吕梁山两大山脉，成为防御蒙古的第二道防线。另一条内长城属蓟镇，嘉靖二十九年（1550）设真保镇后隶属于真保镇，长城沿山西与河北两省交界的太行山南下，经五台县、盂县、平定县、昔阳县、和顺县、左权县至黎城县。

（一）山西镇内长城分布区域的自然地理地质特征

山西镇内长城东端起于灵丘县下关乡牛帮口村附近。灵丘县位于

山西省的东北部，太行山的北段，全境处于新构造运动的恒山、五台山强烈隆起构造区，基岩以古老的太古代五台群片麻岩为主，山区玄武岩覆盖较广，第四纪覆盖较少。地貌以中高山、丘陵为主，太行山在灵丘县坡度较缓，在河北省一侧为大断层，壁立千仞，陡峭险峻。

繁峙县内长城在其东部与灵丘县交界处的恒山余脉由南向北延伸。地质、地貌与灵丘县一致，内长城以西的大沙河为恒山山脉与五台山的分界河。恒山山脉是一座断层山，出露岩层为寒武、奥陶系石灰岩。基岩裸露面积较大，风化破碎严重，峰峦均呈尖形，沟谷切割较深，相对高差达1000米以上。整个山脉由东北向西南绵延，是海河支流桑干河与滹沱河的分水岭。其西段也称为勾注山或雁门山，在宁武阳方口连接吕梁山脉的管涔山，也是分隔大同盆地和忻定盆地的界山。

内长城进入浑源县恒山腹地后，至浑河河谷南岸，沿恒山北麓在山前丘陵山口地带延伸。恒山也是大同盆地的东南缘，山体与盆地之间存在恒山山前大断裂。恒山沿大断裂剧烈上升，形成峭壁。恒山山脉中部也称为翠屏山，由于切割剧烈，形成许多山口，山西镇内长城的防卫重点就在这些山口上。

应县是山西雁北地区山地面积最少的县，除东南部为恒山山脉外，县境大部分面积为大同盆地腹地。

山阴县位于大同盆地的最南缘，代县和原平市位于忻定盆地的北部，恒山山脉在此形成大同盆地和忻定盆地的屏障。内长城于此构筑，形成对两大盆地间交通孔道的封锁。恒山山脉最高峰，海拔2426米的馒头山也在这一区域。馒头山以西，山势下降，进入低山区，第四纪沉积大面积覆盖平原及低山地区，其中平原第四纪黄土沉积厚达400米以上。山阴县张家庄乡新广武村附近长城也是山西镇内长城海拔最低的地点。此区域是山西镇内长城防御的重点地区。山西镇内长城上著名的内三关之雁门关、宁武关就建于大同盆地和忻定盆地之间的交通孔道上，是内长城防卫的要冲所在。长城所在区域大面积露出中生界石炭纪地层，该地层为海陆交替相的铁铝岩和海陆交替相的含煤岩系建造，是这一地区主要的含煤、铁、铝的地层，矿藏埋深较浅。宁武县北部薛家洼乡盘道梁村至阳方口镇阳方口村长城均位于石炭纪地层上，因此这一地区的长城多直接建筑在铝、铁矿脉上，铝土矿无序开采，对本地区长城及所处环境造成严重破坏。

阳方口段长城也是山西镇内长城海拔较低的墙体。墙体所在区域处于恒山山前断裂和五台山山前断裂之间，是历史上的地震多发区域，且地震烈度较高。阳方口位于管涔山与恒山山脉之间的恢河峡谷，此地也是吕梁山脉的管涔山和芦芽山之间的深谷，海拔仅1100米，是大同盆地与忻定盆地之间的主要孔道，亦为两盆地进入神池、五寨两县的唯一通道，一口控两道，是山西镇长城防守的重点区段。

管涔山为吕梁山脉北段，属褶皱断裂中高山，海拔在1700米以上，沟谷深切。内长城在阳方口穿过管涔山与芦芽山之间的深谷，沿管涔山西南缘北上进入神池县和朔城区。长城基本上沿两县区交界区域由东南向西北构筑，海拔由1100米上升至1700米以上。长城所经过区域，中生代石炭、二叠纪地层覆盖于奥陶纪地层之上，厚度达百米以上，是平朔煤田的主要含煤地层，著名的平朔露天煤矿就位于此。

朔城区位于大同盆地的西南端，县境大部为盆地平原；北部为洪涛山，西部为管涔山，南部为恒山山脉，发源于洪涛山的源子河，发源于管涔山的恢河和七里河，发源于恒山的黄水河流经本县盆地平原，组成桑干河上游，水系较为发达。良好的农业生产环境使朔州成为内、外长城之间的重要地点，也是蒙古南下掠夺的重要目的地。

内长城在偏关县东部向西北延伸与外长城相接。偏关县地形以贯穿县境东西的黄河支流偏关河分成南北两部，南部为管涔山北麓北端，系侵蚀构造中低山区，仅有少数山峰超过海拔1800米，大部分海拔1600米左右。沟谷地带第四纪黄土覆盖于第三纪红土之上,平均厚度达40米。由于沟谷切割强烈,长城墙体多沿黄土梁峁构筑,形成较多曲折。

山西镇内长城从太行山经恒山到吕梁山,横贯山西省北部,其分布与山西省自然地理区划的"温带半干旱半草原栗钙土地带"和"暖温带半湿润落叶阔叶林与森林草原褐土地带"的分界线基本重合,说明自然环境在长城选址方面的重要性。

(二) 蓟镇(真保镇) 内长城分布区域的自然地理地质特征

分布于太行山主脉的蓟镇(真保镇)内长城从河北省阜平县,向西南延伸至山西省五台县与河北省阜平县交界的长城岭,该地段海拔高度在2000米左右,山高林密。继之向南穿过海河的滹沱河水系和漳河水系,延伸至黎城县东阳关一带。

太行山脉东缘是山西高原和华北平原的分界线,也是中国地形第二、第三阶的分界线,还是山西省、河北省及河南省的省界。因此,太行山是中国东部最重要的地理分界线,重要的地理分界线往往成为重要的军事和政治分界线。明代长城体系中,太行山是京畿拱卫的重要屏障。

太行山北段基岩由太古代海相沉积砂岩和古生代石灰岩构成,因太行山东部大断层活动和水流切割,形成太行山特有的嶂石岩地貌,常常是连绵数十千米的垂直峭壁。这些陡峻的峭壁之间往往被水流切割为深陷的峡谷,成为横贯太行山东西的孔道,古人称之为"陉"。由山西高原发源的海河水系和黄河水系河流均通过这些"陉"流入华北平原,"陉"也是山西高原和华北平原的交通通道。

五台山为太行山北段的主要山峰,海拔3061米,有"华北屋脊"之称。五台山以南的太行山海拔高度从五台县与盂县交界处的1800米左右下降到盂县北木口河省界的千米左右。内长城在盂县境内开始构建石质的连续墙体，长城墙体以沟口两侧防御为主。

盂县东部太行山地区地质构造比较复杂。基岩为震旦纪变质岩系，上覆古生代寒武、奥陶纪石灰岩和石炭、二叠纪含煤地层。石灰岩地区还存有溶洞。复杂的地质结构蕴藏了多种矿藏，煤、铁、铝土矿、石膏矿等矿藏埋藏丰富。其中铁矿独立分布，埋藏较浅，多以露天方式开采，对长城及所处环境形成较大破坏。

盂县与平定县交界处的太行山海拔高度在千米左右，内长城在平定县构筑了太行山区少见的夯土墙体。平定县东部太行山地区古生代石炭奥陶系地层厚达千米以上，是主要的含煤地层，同时还埋藏有铝土矿、硫铁矿等多种矿藏，是山西省重要的煤、铁、铝土矿产区。平定县境内太行山虽然海拔较低，但因太行山东麓山前大断层和水流切割，形成沟谷深切，壁立千仞的地貌形态，倚山为险的山险和人工开凿的山险墙也是本区域长城的重要特点。娘子关、固关、旧关等著名关隘都设于此，是京畿拱卫的重要区域。

昔阳县与河北省赞皇县、邢台县交界区域的重要关隘有九龙关、马岭关等。这一带属典型的山地丘陵地貌，海拔较低，在 600～800 米之间。元古代长城组基岩厚度 375 米以上，是太行山区长城系地层的主要区域。昔阳县东部太行山地区铁、镁和煤矿蕴藏丰富，矿业开发带动交通发展，对长城及关隘遗存的保存有较大影响。

内长城继沿太行山腹地南行进入和顺县与河北省邢台县交界区域，太行山海拔逐渐升高，从不足千米上升至 1400 米以上，从山地丘陵地貌进入石灰岩中低山区。县境东部东岭山海拔达 1971 米。这一地区古生代寒武、奥陶纪白云岩、石灰岩覆盖厚度达千米以上，喀斯特地貌发育，有不少石灰岩溶洞存在。和顺县含煤地层位于县域西部，距长城较远。

太行山脉从和顺县进入左权县以后海拔虽然没有增加，但其东麓与河北平原切割台地的相对高程增加，壁立千仞的嶂石岩地貌构成了天然的防御体系,有峻极关、黄泽关、黑虎关等著名关隘。和顺县和左权县东部长城地区的森林覆盖率是全省长城所在地区最好的。

从左权县黄泽关堡北门匾额和黎城县现存于文博馆内的两块"中州外翰"石匾可以看出,蓟镇(真保镇)内长城在太行山南段的终点应在黄泽关以北。但明代长城并没有以此为终点,仍继续向南延伸,进入左权县南部的黎城县境内。

黎城县长城主要位于县境东部晋、冀通道的东阳关附近,是明代九边体系之外的长城,归河南巡抚衙门管辖。嘉靖二十年(1541)蒙古俺答汗大举南下,这次南下,蒙古大军已经试图突破传统的明朝"九边"防御范围,甚至准备从黎城、涉县一路入犯北直隶、河南。[①] 太行山地区的内长城在这一态势下修筑,完善了京畿纵深防御的体系。黎城县明代长城所在地区是太行山海拔最低的地区,不足千米。

三、自然地理地质环境对明代长城构筑的影响

纵观整个明代边防消长态势,山西长城防御体系的选址依据首先和自然地理单元有主要的关系。在中国北方,北纬40°线大致是农业和畜牧业的地理分界线,而400毫米的等降水量线和北纬40°线大致重合。这两条线决定了线以南的气候和地理环境比较适合农业生产,所以大部分的农业文明产生在这两条线以南,在历史上形成了人口众多的农业定居区域。在这两条线以北,多是温带草原,适合游牧民族的生产方式,中国历史上多数的草原民族是从这里发源的。从历史的经验看,农业文明如果越过这两条线,它的收获和投入的劳动之比远不能和这两条线以南的地区相比,而农业文明对这两条线以北的侵入导致的结果是使这一地区荒漠化。因此,农业文明较少越过这两条线。而草原文明向南越过这两条线的结果只有两种:要么改变生产和

---

① [明]王士翘:《西关志》,北京古籍出版社,1990年。

生活方式，被农业文明同化，要么退回到这条线以北。因此，长城就成为这两大文明冲突的产物。长城的出现，使得这两种文明在一个相对长的时间段中相对稳定，这时社会处于一个和平稳定的环境，两种文明都会得到发展。一旦这种稳定被打破，就会出现战争，会损毁长城，战争将会催生新的长城。

其次，地形地貌的综合自然区划也是明代长城选址的重要依据。在山西省北部综合自然区划的划分上，存在一条"恒山—黑驼山—人马山"自然区划分界线，是山西省温带和暖温带的分界线，该线以北属温带栗钙土干草原自然区划，以南为暖温带灰褐土灌丛草原自然区划。山西镇内长城的位置恰好与这一分界线大致重合。

再次，地质构造对长城的营建也有一定的影响。新构造地质运动形成的强烈隆起断、褶构造区，如恒山、太行山等中高山地形，成为明代长城防御体系中的天然屏障，大量的山险、山险墙成为长城防御体系的组成部分。

还有长城墙体构筑材质多就地取材，根据当地地质地理条件决定长城构筑的材质和形式。外长城沿线地处黄土高原与内蒙古高原交会地带，墙体多为土墙。据全国长城资源调查资料，外长城沿线的天镇、阳高、新荣、左云、右玉、平鲁和偏关诸县区，土墙248段，长428156.6米，占全省调查土墙的89.6%。而恒山一线内长城则以石墙居多，灵丘、繁峙、浑源、应县、山阴、代县、原平、宁武、神池和朔城等区县，石墙有60段，长100696.9米，占全省调查石墙的59.4%；而这些区县土墙仅有28段，长45578.3米，不及石墙的一半。反之，在上述天镇等七县区，石墙只有29段，长32653米，仅及这七县土墙的7.6%。至于东部太行山沿线的黎城、左权、和顺、昔阳、平定和盂县等六县，人工墙体中也绝大多数为石墙，只平定县有土墙3段，长2042.23米，仅占这六县人工墙体（长36470.32米）的5.6%。山险的分布，也主要见于内长城恒山一线和太行山一线，至于外长城沿线的天镇、阳高、新荣、左云、右玉和平鲁诸县区，仅天镇县调查山险 1 段，长 49 米；而偏关县外长城也只是黄河东岸的峡谷地带以山险为主，其他地区还是以人工墙体占居多数。

通过对长城沿线区域自然地理环境和地质构造的考察，既有利于认识长城的选址、构筑，同时也是科学开展长城保护与利用的重要基础。

作者简介：

赵杰，山西大学历史文化学院考古系副主任、副教授，山西省长城保护研究会副秘书长，山西省考古学会理事。

山西长城资源特点及开发利用刍议

山西社科院历史所　赵俊明

山西境内长城资源体量巨大、分布密集，尤其是明长城资源独具特色，形成了一个典型的长城资源文化带，有较大的开发利用价值。由于历史久远，山西长城资源大部分毁损较为严重，保存状况不容乐观。与境内丰富的长城资源相比，山西长城资源的开发利用却远远不够，以长城为核心的旅游景区较少。对于山西长城资源的开发利用，需要从实际出发，全方位考虑，多方面着力，全力打造山西长城旅游品牌。

一、山西长城资源基本情况及特点

（一）基本情况

山西境内长城自战国时期开始修筑，一直到明代，延续时间长达2000余年，历代在山西境内修筑了约3500公里的长城。涉及战国、秦、汉、北魏、东魏、北齐、隋、五代、宋、明等历史时期，广泛分布于大同、朔州、忻州、吕梁、阳泉、晋中、长治、晋城等8市39县（市、区）。

宋以前的长城，由于历史久远，史籍记载往往不详。经近年田野调查，山西省晋城高平市发现战国时期长城遗存总长约75公里，墙体用片石筑垒，损毁较为严重。广灵发现的俗称"六郎址"遗址系汉代长城建筑，为长城障城。忻州市境内的东魏长城长约60公里，大部为片石垒砌，后成为北齐长城的一段。北齐长城，山西境内有数处遗址，一是从离石黄栌岭起，北至五寨县社干戍，经今方山、岚县、岢岚，长约200公里；二是西起兴县魏家滩镇西坡村西南，经忻州市岢岚、五寨、宁武、原平、代县、山阴、应县、浑源、广灵，东出至河北蔚县，在山西境内约500公里；三是自山西阳城县东南的轵关，向东进入河南省济源市境内，再向东又进入山西泽州县的满安岭断崖上，全长约100公里。五代长城，在山西省沁水县十里乡孝良村北约2公里的雨井山上，长约10公里，大体呈东西走向，起止点不详。宋长城，岢岚县境内发现的长城遗址，虽与宁武、原平等地发现的长城遗址连成一线，这段长城长约20公里，西起岚漪镇窑子坡村东，东与王家岔方向的北齐长城相连，大部分为片石垒砌，个别地段为土石混筑。

明代长城是山西长城遗址中建设最完善、设施最齐备、保存状况最好的部分。明长城是一个由城墙、关、城堡、敌台、马面、烟墩（烽火台）等军事设施和以集军事、行政于一身的卫所军事组织及以军垦屯田为后勤保障的诸方面组成的完整的军事防御体系。山西是明长城分布较多的省份之一，省内大致有三条明长城主线。第一是晋蒙交界的长城，即两省以长城为界，这一长城主线从天镇县起，从东到西依次经过天镇、阳高、云州、左云、右玉、平鲁、偏关直指黄河岸边，后沿河而下，历河曲、保德而终，也就是明代人所谓的"大边""极边"。第二是分布在"小晋北"的长城，这一长城主线从灵丘县起，从东到西经灵丘、繁峙、浑源、应县、山阴、代县、原平、宁武、神池、朔州到偏关柏杨岭附近的丫角山与大边相连，即明代人所谓的"二边""次边"。第三条是一条南北走向依太行山山脉而修筑的长城，其南端起点为黎城的东阳关，然后沿太行山北上，历经黎城、左权、和顺、昔阳、平定、盂县、五台最后止于灵丘县。①

(二) 主要特点

1. 山西境内长城资源体量大，分布密集

从前面所述山西长城的基本情况中可以看出，山西境内长城修筑年代较早、历史跨度最长、建筑长度可观，是国内长城资源最为丰富的地区之一。山西境内长城战国时期开始修筑，历经战国、秦、汉、北魏、东魏、北齐、隋、五代、宋、明等历史时期，绵延不绝。

2. 丰富的明长城资源独具特色

山西明长城内外两条，与宣府镇的长城相连，构成一个平行四边形的闭合体系。其中堡寨密布，墩台林立，长城堞楼、堡寨之门额的砖雕艺术精美。长城墙体与堡寨、墩台相互照应，构成一个有机的防御体系，文献所记大同镇万历中期有城堡56座，小堡小城则有多座，墩台则有1640多个。大同境内的边墙内五堡外五堡，贸易口岸得胜堡的马市（新平堡、助马堡）及沿线的新平堡长城、李二口长城、守口堡长城、长城乡长城、方山长城、得胜堡长城、月华池及摩天岭长城等，都极具代表性。

3. 内外长城并存，中间形成了一条长城文化带

以雁门关为界，连接关内和关外，山西长城形成一条历史文化带。这一带既是中原农耕民族和塞外游牧民族争夺激烈的地区，又是历史上各民族融合的舞台，它以雁门关为核心串联起来。这一文化带历来是中原农耕民族与塞外游牧民族和平相处、物资交易的大通道，更是中原农耕民族与草原游牧文化重要的交流融汇区域。沿此文化带深入挖掘，可以充分、全面地表现出山西的长城文化。

4. 大部分毁损较为严重，保存状况不容乐观

山西境内长城，由于历史久远，大部分损毁严重，目前经国家文

---

① 参考石浒龙：《山西长城现状及其保护对策》一文。

物局认定的山西境内长城有 5017 处,其中长城墙体 828 段,各时代累计总长 1412876.22 米,附属长城关堡 364 座,烽燧等单体建筑 3798 座,其他相关遗存 27 处。山西现存的这些长城资源的保存状况不容乐观,墙体部分保存较好的约占总长度的 18.91%,保存一般的约占总长度的 30.92%,保存较差的约占总长度的 20.4%,保存差的约占总长度的 11.25%,基本消失的约占总长度的 18.52%。

二、山西长城资源开发利用情况

（一）开发利用情况

目前,山西省长城开放段落 15 处,包含长城点段 111 处,其中墙体 16 段,总长 40357.12 米,关堡 13 座,单体建筑 82 座。涉及风景区 12 处、森林公园 1 处、历史文化名城 1 处、历史文化名镇 1 处,分布于 5 市 14 县（区）,时代以明代为主,其中大同、朔州两市开放的长城点段数量最多。

长城开放段落分布情况

序号	地区	县（市、区）	景区名城	阐释方式
1	大同市	大同县	大同火山群风景名胜区	结合风景区展示
2		新荣区	古长城森林公园	结合森林公园展示
3		城区	大同古城	结合历史文化名城展示
4		南郊区	大同云冈石窟	结合风景区展示
5		浑源县	恒山国家风景名胜区	结合风景区展示

续表

序号	地区	县（市、区）	景区名城	阐释方式
6	朔州市	右玉县	杀虎口风景区	结合风景区展示
7		平鲁区	凤凰古城旅游区	结合风景区展示
8		应县	应县木塔景区	结合风景区展示
9		山阴县	广武风景名胜区	结合风景区展示
10		朔城区	朔州古城	结合风景区展示
11	忻州市	偏关县	老牛湾风景区	结合风景区展示
12		代县	雁门关风景区	结合风景区展示
13	阳泉市	平定县	固关长城景区	结合风景区展示
14			娘子关风景区	结合历史文化名镇展示
15	晋中市	和顺县	走马槽景区	结合风景区展示

目前拟开发景区中涉及长城点段146处，其中长城墙体106段，总长174655米，关堡40座。拟开发长城段景区主要为各县（区）价值较高、自然社会环境较好、交通相对便利的长城段落。

总体来说，开放明长城段落规模较小，利用率偏低，明代以前的长城开放更少。

(二) 存在的问题

1. 与山西丰富的长城资源相比，长城相关旅游景区数量较少，不相匹配

山西省长城资源和长城文物保有量位居全国前列。省内11个地市中有8个分布着长城资源，尤其是山西北部各县、区几乎都分布有城堡、墩台、长墙、烽燧等，还有和这些长城资源高度关联的祠庙、衙署、楼阁等，结合着山川、河流、田野，共同组成了一个遗存积淀极为丰厚多样的长城自然与人文资源宝藏。但从目前开发利用情况来看，只有忻州的雁门关和阳泉的娘子关、固关是以长城为核心景区开发打造，朔州、大同、晋中这几个长城资源大市，迄今没有一个成型的以长城为核心载体的景区。与河北省、北京市的慕田峪、金山岭、山海关等长城景区相比，差距很大。

2. 对长城历史文化内容发掘、展示不够丰富

长城是山西重要的历史文化基因之一。山西长城的物质遗存和非物质遗存都存量巨大。物质遗存方面，体现在长城的基本骨架——城、堡、墙、壕、墩、台等所构成的城防体系，以及与长城密切相关的内外交通与沿线聚落等方面。非物质遗存方面，体现在政治、军事主导，经济、社会并重，多民族在冲突中融合是长城政治、军事功能的集中体现，形成了丰富的文化内容。对丰富的长城历史文化资源的发掘和整理不够。长城历史文化的研究是长城保护、管理、利用的基础，只有明确长城的时代、性质、分布、特征等，才能科学弘扬长城文化价值。只有弄清了家底，说清了长城的历史，才能够更好地对其进行开发和利用。但目前这方面的工作还远远不能满足需要。

3. 对长城旅游产业缺乏系统性的规划

近几年，随着人们物质生活的富裕和文化需求的增加，来山西游览长城的旅客不在少数，但众多长城文物资源比较丰富的县区，不约而同地要建影视城、修长墙、修城堡，资源同质化带来的负面效应已开始显现，应引起高度关注和规避恶性竞争。

独特地理区位限制了资源的整体开发和协同利用优势。长城多位于自然地理分界线，多分布于省界、市界、县界等，由此导致边界地带长城管理责任划分不清的问题，容易产生都不行使管理责任，又互相"争夺"长城资源的局面。同时，这种分割也限制了对长城资源进行整体性的联动开发利用。

4. 开发与保护的平衡是长城旅游的先天性难题

长城是不可再生的资源，特别是晋北天镇、阳高一带的低矮土城墙，都面临着风吹雨淋日晒，不断缩减的问题。长城是一个具层级性和系统性的复杂防御体系，也是一个跨越时空的大型线性文化遗产，点、线、面遗产形态俱全，且数量多，分布广，且不同历史时期修筑的长城互相交叠。长城物质文化遗产的保护不仅要保护长城墙体，更要保护数量众多的军事聚落和密布交织的驿传系统。不仅要保护长城物质文化遗产，更要保护长城依托的自然环境、人文环境、军事文化等自然和历史文化资源。在开发利用长城资源的过程中，如何能够做到有效保护，是一大难题。

三、进一步开发利用好山西长城资源的建议

（一）深入发掘和整理山西长城历史文化资源

依托国家的长城信息资源库和山西省长城保护研究会积累的图片资料，建立山西长城信息资源库。建议加快《山西省长城资源调查报告》等长城基础资料的整理出版，着手收集与长城相关的碑刻、文物等资料。依托山西完整的明长城防御体系，搭建虚拟数字博物馆和真实的长城实物博物馆，用虚拟现实手段复现长城本体、各层次军事聚落、驿传烽传系统。出版长城文化丛书，印制长城宣传手册，开展长城教育进课堂等活动，适时出台《山西省长城保护条例》等地方法规，增强全民长城保护意识，使长城保护与长城旅游互补，良性发展，在保护中合理利用，利用中得到不断保护。

（二）实施大景区引领战略，带动山西长城旅游发展

依托雁门关、老牛湾、平型关、娘子关、杀虎口、得胜堡等优势

资源，全力打造一批有影响力的长城旅游景区。景区打造中要注重游客的体验感，依托一些重大历史事件、人物，充分挖掘长城的历史文化内涵，展示历史文化信息。例如可以以影视剧的方式，发掘昭君出塞、封贡互市、杨家将、麻家将、三娘子、聂壹、马芳、辛爱等的历史故事，讲好长城故事；可借鉴英国哈德良长城和德国日耳曼长城等国外长城开发利用的经验做法，注重古迹和周围特色自然与人文景观的融合，合理规划公众游览路线和游览方式，使遗产利用与保护形成良性循环。同时应大力开发、研制具有鲜明区域文化特色的绿色有机农副产品、地方特产、户外旅行消费品、特色旅游纪念品。立足长城文化，运用电商平台与实体销售渠道，打造地方特色农产品品牌、手工艺品品牌、文化创意产品品牌。

（三）加快打造长城体育旅游和长城乡村旅游新品牌

将体育与旅游融合发展，依托大同长城沿线的山川河流村庄等特色体育旅游资源，举办具有国际影响力的体育旅游活动，打造系列化、国际化的徒步大会等，做出大同长城体育旅游特色，加大宣传营销，打造长城体育旅游品牌。以长城沿线的古村落、古堡为基础，以农村为载体，面向京津冀地区，为在长城沿线旅游的人群提供休闲度假、特色文化深度考察、养老养生等服务，形成网络化、规模化的长城古堡文化旅游产业。

鸡鸣三省之地
——黄河文化、长城文化与草原文化的交会处

鄂尔多斯博物馆　窦志斌

在山西省西北部、陕西省北部与内蒙古鄂尔多斯市东南部交界处的鸡鸣三省之地，草原文化、黄河文化、长城文化、西口文化在这里交会、碰撞、融合，形成了独具特色的当地文化。

一、三省交界处的黄河文化

黄河，中国的母亲河，从"世界屋脊"青藏高原奔腾而下，穿过底蕴深厚的黄土高原，奔腾进入渤海。川流不息的黄河两岸，孕育了我们伟大祖国的原始文化和传统文化，迸发出丰富多彩的人类文明之光。黄河文化的传承具备两大元素，一是黄河文化自身具有巨大的生命力，使其得以流传千古、生生不息；二是人们对黄河文化的重视，经过一代又一代人的不懈努力，黄河文化得以代代相传、长盛不衰、发展壮大。

黄河文化的形成期大体在公元前4000年至公元前2000年之间，前后经历了两千年之久。那个时期三省交界处整体上处于新石器时代，陕西的半坡文化、庙底沟文化、石峁文化与山西的后岗文化、陶寺文化，以及内蒙古中南部的白泥窑子文化、海生不浪文化、永兴店文化、朱开沟文化在这里交会、融合，成为我国新石器时代的鼎盛文化；此地成为文字起源、文明起源的重要发源地，成为以鼎、鬲为代

表的中华文化圈的重要组成部分。①

黄河文化的发展期是它的升华阶段。从时代来说主要是夏、商、周三代。这时的黄河文化主要凝聚在黄河中下游的大中原地区，以今天的山西、陕西、河南为核心，中原文化是黄河文化的中心。商代生活在鄂尔多斯地区的是朱开沟文化古人类，西周时期是羌方、鬼方，春秋时期是林胡、楼烦，战国时期是义渠、匈奴。这个时代生活在鄂尔多斯高原的游牧民族同中原王朝夏、商、周形成对峙。史书上记载商王武丁曾派王妃女将军妇好征讨鄂尔多斯高原的羌方。②《诗经》记载周文王命令南仲到朔方去筑城，据说当时的朔方城就在鄂尔多斯高原上。

黄河文化的兴盛期，是进入封建帝国文明的历史阶段，自秦汉开始直至北宋，一千多年来，中原地区一直处于核心地位。著名的丝绸之路的起点，西汉时始于西安，东汉至隋唐时始于洛阳，西安、洛阳在当时是对外文化交流、商业贸易的国际大都市，由此，中国历史上的汉唐文明享誉世界。丝绸之路从西安、洛阳向西、向北，经过鄂尔多斯高原的秦直道、受降城道与草原丝绸之路连接，再向西、向北与参天可汗道相通，从而进入亚欧草原腹地。鄂尔多斯高原成为草原丝绸之路上的重要节点，占据着不可替代的重要地位。

二、三省交界处的长城文化

中国长城是举世无双的古代军事防御工程，气势磅礴，雄视古今，堪称中华瑰宝、世界奇观。长城早在几百年前，就与罗马斗兽场等列为世界七大奇迹；1987 年，当之无愧地被联合国评为世界文化遗

---

① 苏秉琦：《中国文明起源》，辽宁出版社，2009 年。
② 《鄂尔多斯大辞典》编纂委员会：《鄂尔多斯大辞典》，内蒙古人民出版社，2009 年。

产；2007年，又经全球5000万人"海选"为"新世界七大奇迹"之首，成为世界人民了解和认识中国的一张亮丽名片。

长城是中华民族勤劳智慧的结晶，表现了民族的伟大创造力，更体现了不屈不挠的民族精神和众志成城、无坚不摧的民族凝聚力。因此，邓小平同志高屋建瓴，在"爱我中华，修我长城"的题词中，把维护修筑长城同爱国主义紧紧地联系起来。

长城穿越时空，历经沧桑，纵横十万余里，上下两千多年，伴随和见证了中国社会的兴衰更替和荣辱变迁。因此，只有读懂长城，才能更深刻地研究和了解中国文化；从另一方面说，要想更好地学习源远流长、博大精深的中国文化，也必须更好地读懂长城、研究长城，二者之间有着密不可分的内在联系。长城既是中华民族形成和发展的历史见证，也是光辉灿烂的中国文化的厚重载体。

在鄂尔多斯高原与山西、陕西交界处分布有多个时代绵延不绝的长城，其中战国秦长城分布于陕西和鄂尔多斯，隋长城分布于陕西榆林和鄂尔多斯，宋长城分布于山西省岢岚县和鄂尔多斯市准格尔旗，明长城则在山西、陕西、鄂尔多斯市准格尔旗、鄂托克旗、鄂托克前旗均有分布。①

鄂尔多斯高原南端正好是年降水量400毫米上下的分界线，也是我国牧区和农区的分界线。在这条分界线上，2000年以来，年降水量400毫米线在南北摆动，牧区和农区的分界线也在南北摆动。自古以来，鄂尔多斯高原就是北方草原民族的游牧天堂，而鄂尔多斯高原以南、以东地区是中原农耕王朝的粮食产区，两种不同的生产生活方式、北方少数民族和中原汉族迥异的文化和习俗在这里碰撞、交融，甚至因为政治、军事的原因在这里冲突、战争。故而，鄂尔多斯高原分布着战国、秦、隋、宋、明等几个时代的长城，就是因为这个气候

---

① 内蒙古自治区文化厅（文物局）、内蒙古自治区文物考古研究所：《内蒙古自治区长城资源调查报告·鄂尔多斯乌海卷》，文物出版社，2016年。

因素所造就的经济、政治和文化差异。鄂尔多斯高原的长城地带，从商周以来，就成为北方游牧民族与中原农耕王朝军事冲突的中心地带，战国、秦、隋、宋、明等时代在这里修筑长城，鄂尔多斯高原成为军事防御的前沿阵地，并且，由于游牧经济和农耕经济相互的多样性经济、贸易需求，北方草原民族和中原农耕民族在政治、文化上相互吸引和交融，使鄂尔多斯高原成为多民族融合和经济交流的重要区域。

鄂尔多斯高原西、北、东三面黄河环绕，南面为明长城，地理上将鄂尔多斯高原与西面的陇西、北面的大漠、东面的京畿和南面的中原隔绝开来，从而形成了独立和特有的经济、政治、军事存在和文化、风俗。

鄂尔多斯高原处在汉唐时期中原王朝的政治、经济和文化中心——长安与该时期北方游牧民族的政治、经济和文化中心——蒙古高原的中间地带，地理位置极端重要，中原王朝北进大漠，必须先占领鄂尔多斯地区，北方民族南进中原，也必须经过鄂尔多斯地区。鄂尔多斯高原成为汉唐时期的兵家必争之地和交通枢纽要地。鄂尔多斯成为中原政权与北方部落政治争夺、军事冲突、经济贸易、文化交流、民族融合的焦点地区。故而，鄂尔多斯高原成为战国、秦、隋、宋、明等时期中原王朝防御北方游牧民族的前沿阵地，成为历代修筑长城的首选之地。

三、鄂尔多斯高原的草原文化

马的驯化和使用、骑马术的出现，特别是马衔、马鞍、马镫的发明，成为人类正式进入了游牧文明时代的标志。[1] 鄂尔多斯地区出土

---

[1] 于建设：《草原文化再认识》，《赤峰学院学报》（汉文哲学社会科学版），2009年11月。

了许多青铜时代的铜马衔，标志着游牧部族登上了历史舞台，发展到战国时期的匈奴，成为最早跨入文明门槛的骑马游牧民族，开创了灿烂辉煌的游牧文化。继之而来的，在鄂尔多斯地区主要有突厥、党项、蒙古等游牧民族，将草原文化发扬光大。

鄂尔多斯由于极其优越的地理优势和交通位置，加之平坦的地貌、肥美的水草，成为北方草原民族的战略要地和游牧天堂，历史上土方、鬼方、狄、林胡、楼烦、义渠、匈奴、鲜卑、突厥、党项、蒙古等民族都占据过这一地区，鄂尔多斯地区成为当时北方游牧民族的根据地和大本营。也因为这样，鄂尔多斯一带成为草原游牧民族与中原农耕王朝政治争夺、军事冲突、经济贸易、文化交流、民族融合的焦点地区。鄂尔多斯的草原文化从而更加突出、深刻。

草原文化鲜明的文化特质有很多，一是生产规模大。历史上的游牧人，以部落为单位，所豢养的马匹、牲畜不可胜数；因其规模大，容易集中、统一，而在一定时期或某一阶段具有优越性。二是商品交换范围大。游牧部族常用丰富的马匹、牲畜、皮革交换农耕民族的粮食、铁器、日用品等，这样就促进了贸易的发展和草原丝绸之路的通畅。三是民族迁徙地域广。游牧人的迁移，逐水草而居，无非是寻求新的生存空间与环境，也有出于扩张的需要，在迁徙途中经常发生征战。北匈奴西迁、西突厥西进、蒙古铁骑西征都改变了世界历史的重大进程。同时，游牧人的迁徙，开辟了异地之间的大通道，有利于亚欧大陆政治、经济、文化的大沟通、大交融。四是尚武精神强。[①] 在大大小小、连绵不断的战争中，马匹是主要的装备，骑兵是主要的兵种，游牧民族正是依靠骑兵而使自己的武力大大地、迅速地增强了，在世界军事史上不断地写下了令人震撼的篇章。[②] 游牧人注重了解并利用各种地形、地势，故而在战斗之中，常利用关隘谷地、丛林草

---

① 马骏骐：《对游牧文化的再认识》，《贵州社会科学》，1999年第3期。
② 黄时鉴，龚缨晏：《马的骑乘与游牧文明的起源》，《暨南史学》，2005年第4辑。

泽、险地丘陵，进行伏击战；或利用有利地形，诱敌深入，聚而歼之；游牧千里相当于行军千里，游牧与"游击"融为一体，成为游击战军事理论的实践渊源。五是崇尚英雄主义。无论是匈奴人的冒顿单于，还是突厥人的启民可汗，无论是党项人的李元昊，还是蒙古族的成吉思汗，这些曾驰骋于鄂尔多斯高原的北方草原帝国统帅们更富于铁血英雄的气概，他们从不把生命禁闭在深宫之中，而是在江河大地间尽情挥洒；他们迅速把氏族转变为国家，完成一系列重大的统一和变革。

从鄂尔多斯发展起来的匈奴、突厥、党项、蒙古等游牧民族，在开创灿烂辉煌的草原文化的同时，乘势而上为中华文明开辟新的发展道路，带来了更大范围和更深层次的民族融合和文化整合。中华民族就是在这种撞击、融合，再撞击、再融合的矛盾中，经过千锤百炼发展成熟的。

四、鸡鸣三省之地

鸡鸣三省的地点位于准格尔旗龙口镇大口村小占社，以及内蒙古、陕西、山西三省（自治区）交界处，明代榆林镇明长城内长城和外长城的中间地带，黄河S型转弯的第一个弯上。素有"一脚踏三省、一桌吃三省、一个快门拍三省"之说。这里山清水秀，风景宜人，古迹甚多，文化底蕴丰厚。

"哥哥我走西口，小妹妹呀实在难留，手拉着我哥哥的手，送我送到大门口……汪汪的泪水止不住地流，只恨哥哥我不能带你一起走，只盼哥哥我早回到家门口。"一首《走西口》，唱出了一批又一批山西移民背井离乡北上口外的蒙古地区艰苦创业的辛酸史。大口村是山西等地的民众从西口古渡过黄河后"走西口"途经的路线之一，也是陕西府谷东北部的民众"走西口"途经的路线之一。走西口的民众从小占的一个路口往北走越过长城进入准格尔，再到达拉特、包头、五原、临河等地。

这里有明长城、古渡口，发生了许多走西口路上可歌可泣的故事，晋商、晋文化、陕北文化与蒙古人、草原文化在这里融为一体，漫瀚调、二人台等都是蒙汉交融、文化融合的重要体现。走在这条路上，忆苦思甜，听一听他们的故事。或许我们的祖辈就是从这里走到了内蒙古，带着闯一闯的劲头，带着开拓者的勇气，来到了这广袤的草原，在这里生根发芽。

准格尔旗龙口镇大口村正处于黄河几字湾南流段西侧，与之相邻的内蒙古中南部、晋西北地区、陕北地区都是源远流长的黄河文化的发源地之一。

五、草原文化、黄河文化与长城文化的交会之地

翻开鄂尔多斯的历史，不禁为她的悠久、灿烂、独特而欣喜甚至震撼。距今 7 万—14 万年，鄂尔多斯地区最早的古人类——河套人就生活在萨拉乌苏河畔。2010 年新发现的乌兰木伦遗址，更成为鄂尔多斯新世纪史前文化的重大发现，荣获"中国六大考古新发现"。进入新石器时代，寨子圪旦遗址、朱开沟遗址是本地区古文化、古城、古国的重要发展中心，成为以鼎、鬲为主要特征的中华文化圈的重要组成部分。秦代直道的修筑和唐代参天可汗道的通畅，将南面政治中心关中地区和北方边塞漠北草原连接起来的鄂尔多斯高原，成为交通要道和战略要地，成为汉唐时期草原丝绸之路上的重要纽带和融合中心。明清时期，蒙古鄂尔多斯部入居河套，鄂尔多斯高原成为蒙古族的聚居地和成吉思汗陵的祭祀地，从此促进了游牧文化、草原文化、蒙元文化、成吉思汗文化作为鄂尔多斯文化的基础和特色的形成。近代以来，鄂尔多斯地区抗垦的独贵龙运动风起云涌；抗日战争开始

后，鄂尔多斯军民顽强抵抗，阻止了日军占领鄂尔多斯地区中南部和成吉思汗陵。近些年一部反映鄂尔多斯蒙汉军民抗日的电视剧《鄂尔多斯风暴》已于央视热播。清末民国以后，由于大量晋、陕、冀农民到伊克昭盟开荒种地，从而推动了走西口的人口迁徙浪潮，汉族农民与蒙古族牧民在鄂尔多斯高原上交往，晋文化、陕北文化与鄂尔多斯蒙古族文化在这里融合，产生了鄂尔多斯独一无二的本地多元特色文化。

在鄂尔多斯高原与山西、陕西交界处的鸡鸣三省之地，由于这里黄河穿过、长城经过，加之这里历史上就是农耕经济与游牧经济的交界地带，中原农耕文化与塞外草原文化在这里碰撞、交融，自古以来，农耕文化、草原文化、黄河文化与长城文化在这里交会、融合，形成了本地与中原、漠北，汉族与蒙古族相类似，但又均不相同的特色文化。这种特殊的文化是值得我们去探讨、深究的永恒话题。

山西明长城史籍考述

北京市文物研究所　尚　珩

　　山西是明长城分布较多的省份之一，总的来说省内大致有三条明长城主线，第一是晋蒙交界的长城，长城起自天镇县，从东到西依次经过天镇、阳高、新荣、左云、右玉、平鲁、偏关直指黄河岸边，后沿河而下，历河曲、保德而终。即明人所谓的"大边""极边"。第二是分布在"小晋北"地区的长城，长城起自灵丘县，从东到西经灵丘、繁峙、浑源、应县、山阴、代县、原平、宁武、神池、朔州到偏关柏杨岭附近的丫角山与大边交会，即明代人所谓的"二边""次边"。第三条是一条南北走向依太行山山脉而修筑的长城，其南端起点为黎城的东阳关，然后沿太行山北上，历经黎城、左权、和顺、昔阳、平定、盂县、五台，最后止于灵丘县。由此可见山西省内的明长城遗存数量及长度是相当可观的。

　　"全国长城资源调查"项目获得了大量的第一手材料，但与此对应的有关长城文献的整理工作则相对滞后，阻碍了今后长城研究工作的发展。造成此种现象主要是因为长城基础研究尚未成为显学，学界也未给予太多的关注，故而没有人做相关的基础性工作，况且有关长城的资料全为原始文献资料，加之数量庞大、分布凌乱、整理困难，工作量也大。因此，有关长城文献的整理工作迫在眉睫。

　　笔者以实际中所见的有关长城的文献为基础，综合分析出长城文献具有如下特点：（1）数量庞大、种类繁多：由于明代距今较近，时间跨度较短,加上后代对前朝文献的重视,使得大批当时不同种类的资料得以保存。同时清人又在明人的基础上从不同角度加以补充整理从而产生了更为丰富、客观的资料;(2)分布凌乱:由于"边防"在明代时是国家政治、军事生活中的重要主题之一,在时间上贯穿明王朝的始终,地域上涉及整个明王朝北部的边疆地区,而山西又是"边防"的重中之重,因此在涉及国家有关的政治制度、奏疏中以及野史、地方志、大臣们的个人文集等众多史料中多有提及,但与其他众多主题相比所占比重不大,故往往只是只言片语且较为分散;(3)许多重要的"长城专著"存世稀少,均为善本,阅读困难。造成这种情况主要有两个原因:一是明朝的继任者清朝统治者把明朝有关长城的"专著"列为"禁毁"书加以破坏,特别是在编纂《四库全书》时使"禁毁"达到巅峰,使得原本就稀少的"专著"几乎达到绝迹的境地,再加上中国近现代史的动乱,使得保存下来的书更是少之又少。二是由于这些书的"稀缺性"使得藏有此书的机构和个人视之为"善本书"加以保存,或秘不示人,或不出版,或加以严格的阅读条件和高价的复制条件,使得大多数研究者望而却步。

根据以上所述长城文献的有关特点,结合工作实际,笔者尝试对其进行分类整理,并针对其中有较高史料价值的文献进行专门的论述,从而达到全面而有重点,但是由于与长城有关的文献数量过于繁芜、种类过于繁多,因此在文献的选择和分类上不可能面面俱到,也只是选择其中的重点进行论述。总的来说有关长城的文献可以分为如下几类:

一、正史类

即《明史》,它是我们从宏观的角度了解明代社会所必读之书,同时也是了解修筑长城"大背景"的必读之物。该书中有《边防》

这一章，为我们从宏观的角度全面把握明长城的相关政治、经济、军事制度打开了大门。此外，书中还有与长城有关的人物传记，无论是帝王将相还是朝野上下的各级官吏，这里详细记录着他们的"事迹"，这也为我们详细了解长城的"细节问题"开辟了道路。

二、实录类

《明实录》包罗万象，每一朝每一帝的实录都详细记载着该帝王的言行以及所发生的重大事件。边防在当时的国家生活中有着举足轻重的地位，尤其是到了明中后期，因此在每一朝的实录中都包含有当时大量权威的史料。这些史料除了告诉我们发生了什么重大事件，以及朝廷采取了相应的什么政策措施之外，更主要的是准确地告诉了我们事情发生的时间和地点，这为我们把田野调查所获取的资料和史料进行整理、对比、分析打下了基础。现代人为了方便学者使用《明实录》对其进行了整理，即中华书局出版的标点本《明实录》。同时也有按照事类和地域的原则将其中相关的内容"类汇"到一起并分别出版，跟山西明长城有关的主要是《明实录类纂·军事史料卷》《明实录·大同史料汇编》《明实录·山西史料辑》以及《明实录长城史料辑录》（北京版、银川版）。除此之外，此类书中还有《万历起居注》等书。

三、政书类

主要有《明会典》和《明会要》。这类书的内容是讲明朝的典章制度，这在长城研究中的作用不言而喻。边防既然是国家生活中的重要话题之一，那么就应有大量相关的制度作为保障，从而凸显其重要程度，当然这些制度是全国性的带有宏观性和原则性的，但是落实到地方上具体实施起来虽有因地制宜的"地方性政策"的因素，但总的"精神"上是和"朝廷"保持一致，在制定具体政策时也是以这些为参考，故我们只有在深刻理解宏观政策后才能更加深刻理解那些具体的政策措施。此外，在这类书中还有《皇明世法录》《皇明经济文录》等书。

四、方志类

前面所说的三类都是带有宏观性和全局性的，具体落实到地方上都会略有不同，都会被"因地制宜"采取一些具体的政策措施，并且彼此之间也会有不同，不仅是各个行政区间会有不同，而且各个"镇"间也会有不同。因地方事务详细而繁多且多带有具体实施措施，同时无论是政策还是措施时常会有变化，故要那些"宏观性"的书记录起来便显得越发困难、捉襟见肘了。地方志很好地弥补了这一缺憾，它均为当地官府根据本地区的具体情况修著，因而极具地方特色，在记录地方事务上也越发详尽，这为我们具体研究每一地方上的长城提供了钥匙，同时我们还应该注意同一朝代同一地区不同版本的地方志以及不同朝代同一地区的地方志的变化，其中后者多为对前者的考证和补充，这能使我们很好很方便地了解事件的更新变化情况以及政策和措施的发展变化情况。同时，笔者在翻阅大量的地方志之后注意到在清版的地方志中所记载的有关长城的史料往往要比明版记录的要多，当然这也不是绝对的，因此我们不能忽视清版地方志在明长城研究中的史料价值作用，也不能因为其成书年代较晚而搁置一边。

现在我们所能看到的这些地方志主要有三种印刷形式，一是原书，即明清时期的刻本或抄本，这种版本的书大多在图书馆或研究机构，并且已经成为古籍善本文物，一般不对公众开放使用，故使用、阅读起来比较困难。二是影印出版的书，即对原书进行扫描翻拍影印出版，这种书在文字史料上与原书保持一致，是目前使用比较方便的书，主要收录在《中国方志丛书》《新修方志丛刊》和《中国地方志集成》这三套丛书中。三是点校出版的书，随着地方经济的快速发展，地方越来越重视文化建设，这类书多由当地政府部门负责点校出版，由于采取横排本加标点，故阅读起来十分方便，同时书中的"校"和"注"也为研究工作提供了不少方便之处，如《太原府志集全》《大同府志》《大同县志》《云中郡志》《读史方舆纪要》《肇域志》《偏关志》《山西通志》（成化、万历、光绪版）等等。特别需要说明的是，随着网络和信息化技术的发展，越来越多的方志被各收藏单位扫描上传至其官方网站，如：中国国家数字图书馆、哈佛大学哈佛燕京图书馆藏中文善本古籍特藏；哈佛汉和图书馆、美国国会图书馆；日本东洋文库、东京大学东洋文化研究所等。尤其是海外地区，如美国、日本等这些在近代曾经在中国内地大量收购古籍的国家的图书馆、高校、研究所网站，往往存有大量的电子文献。电子文献的快速发展，为我们检索和查阅这些古籍、善本提供了便利的条件。

在以上这些地方志的《建置》《边防》《营建》《兵制》等卷中，都或多或少的有对其所管辖长城的记载，但笔者认为史料价值较高的是《宁武守御所志》。该书现已点校出版，本书是康熙朝时任宁武守御所掌印千总王镐纂修，书不分卷，正文无序言，目录六十六目，其中十目无内容，记事至康熙五十四年。其中沿革目记宁武关自唐元和年间置，乃军事要地，长官为节度使。自明代成化年以来，与偏头关、雁门关为同等重要的关塞。嘉靖以后文武官员设置齐备。随着清初统一，战争的逐步平息，渐裁冗兵。此外还有驿站目、饷制目、丁徭目、军器目、艺文目等，可谓是宁武关发展的一部百科全书，同时也是一部珍贵的史料。

五、个人有关长城的专著

这些人主要是曾经在长城防御体系中任过职，如担任过总兵、总督等，这些书的书写内容范围主要是作者所担任防区的范围，因而直接提供了有关长城具体防区的情况，较之地方志显得更有针对性，更加详细具体，并且为今后的研究直接提供了根据。在这类书中，史料价值最高的当推尹畊著的《两镇三关通志》，为了更好地说明该书的重要程度，笔者在此先就其作者——尹畊作一些简要的说明：尹畊，字子莘，号朔野，大同府蔚州人（今属河北蔚县）。尹畊聪颖好学，少负伟略，17岁中举人，18岁中进士，历任藁城知县、礼部仪制主事、员外郎、河间知府，在任期间募壮士、制戎器、旌旗，壁垒一新，并因其生长于边陲，知边事，严嵩见而才之，被破格提拔为河南按察司兵备佥事，以四品衔管领民兵，仕途可谓一帆风顺。后被张万纪所弹劾，谪戍辽左。嘉靖年间，蒙古族俺答部不断侵入内地袭扰，京师也受到极大的威胁。而尹畊的家乡蔚州，更处在战争的前沿。尹畊对当时的局势忧心如焚，他少年得志，极想干一番大的事业，"每欲提一旅横行塞上"，保家卫国。可是由于仕途未得意只能纸上谈兵了，于是，他将全部的才华和满腔的热情托于笔墨，同时为了为国家防务提供更准确的历史和地理资料，尹畊又几度到边关考察，写出了著名的志书——《两镇三关通志》（图1）。由此可见正是因为他通晓边务，胸怀才略才写出这本巨著。"两镇"指拱卫京师的大同镇和宣府镇，"三关"指雁门关、宁武关和偏头关，其重点是明朝开国迄至嘉靖二十八年（1549）的明朝西北长城沿线的明蒙关系。《千顷堂书目》卷八说《通志》全书凡五纪、二表、四考、三传，共23卷。"记内边外边之防护，山川关口之界限，人丁土田之繁庶，甲胄刍粮之储蓄，战守防堵之纪律，囊括经史，荟萃韬略"，保存了大量珍贵史料。但是现今存世的《通志》都已经残缺不全。早在明崇祯丁丑年（1637）时就有人说："顷读《两镇三关通志》及《乡约》《塞语》诸书，恍见莘野尹先生留心经济，意其博综君子也。然不无怅怅于残编阙帙云"。这样看来《通志》早在明朝末年就可能成为"残编阙帙"而令读者抱憾了。①

图1　美国国会图书馆藏《两镇三关通志》书影（封面）

根据目前国内外所存的《通志》，总的来说有以下几个地点：

（1）美国国会图书馆。该馆藏明嘉靖刻本的《通志》十三卷（1—13卷），共八册，这八册的内容是全书的"五纪"部分：卷一至四为宣府纪，卷五至十为大同府纪，卷十一为雁门关纪，卷十二为宁武关纪，卷十三为偏头关纪。虽然各部分均占一"纪"，但是内容和篇幅并不均衡。《通志》详于宣、大两镇，而略于雁门、宁武、偏头

---

① 特木勒·居蜜：《跋美国国会图书馆藏明刻本〈两镇三关通志〉》，《史学史研究》，2006年第3期。

三关。《宣府纪》四卷，《大同纪》六卷，而雁门、宁武、偏头三关各仅占一卷。在这"五纪"中，作者以编年体例叙述两地从先秦到明嘉靖时期的史事沿革，略于远而详于近，其中全书内容最丰富且史料价值最高的应该是明代部分，特别是距离作者生活年代较近的弘治、正德、嘉靖时期的记录。同时该书已经影印出版，收入《美国国会图书馆藏中国古籍善本丛刊》。

（2）日本东洋文库。根据《东洋文库地方志目录》："《两镇三关通志》，二十三卷，不著撰人，明嘉靖刊，十四册，缺卷一四至一八，其他有缺丁。"由此可见，日本东洋文库藏数最多，比美国国会图书馆所藏的还多五卷即最后五卷（卷十九至二十三），其史料价值是不言而喻的。

（3）中国国家图书馆。该馆仅藏明抄本，只有二、三、七、九、十四卷，共五卷。

（4）内蒙古自治区图书馆。该馆所藏抄本是根据中国国家图书馆藏本抄录的。

（5）吉林大学图书馆。仅藏第十四卷，也为抄本。

（6）民院。藏第一至四卷，抄本。

（7）南京图书馆、中国科学院图书馆。存卷一至十三，为嘉靖刻本，但为胶卷，是根据美国国会图书馆藏本摄制的。

（8）天一阁。存卷一至十三，为嘉靖刻本，在《天一阁藏明代方志选刊》和《天一阁藏明代方志选刊续编》中均未见到，可能是该书损毁严重，影印效果不好，故未出版。

（9）《中国少数民族古籍集成》。丛书的第十七卷收录抄本《通志》的第一至四卷，由此可见，《通志》目前为分散所藏，并且多已不全，但是其具有极高的史料价值是无可置疑的。

其次便是《三云筹俎考》和《宣大山西三镇图说》，这两部书的作者分别是王士琦和杨时宁，他们都在边防上任过职，因此对他们所管军事辖区的情况是了如指掌，故这两部书在长城的微观和细节研究上有很高的史料价值。具体来说《三云筹俎考》主要是叙述大同镇的防务，全书分四卷，其中以《险隘考》最为重要，这一卷以城堡为单位，分述大同镇的72军堡的建制及兵力部署、武器装备等，并辅之以图。《宣大山西三镇图说》与《险隘考》的线索相同，只是范围有所扩大，增加了宣府镇、山西镇，同样是图文并茂。两书相互参照，相得益彰。

最后是《三关图说》（图2）和《三关志》，作者分别是康丕扬和廖希彦，该书所提的"三关"即为雁门关、宁武关和偏头关，三者均属山西镇，其内容主要是叙述"三关"的地理沿革、武备以及后勤保障等内容并配之以图，可以说是关于"外三关"的专著，史料价值较大。

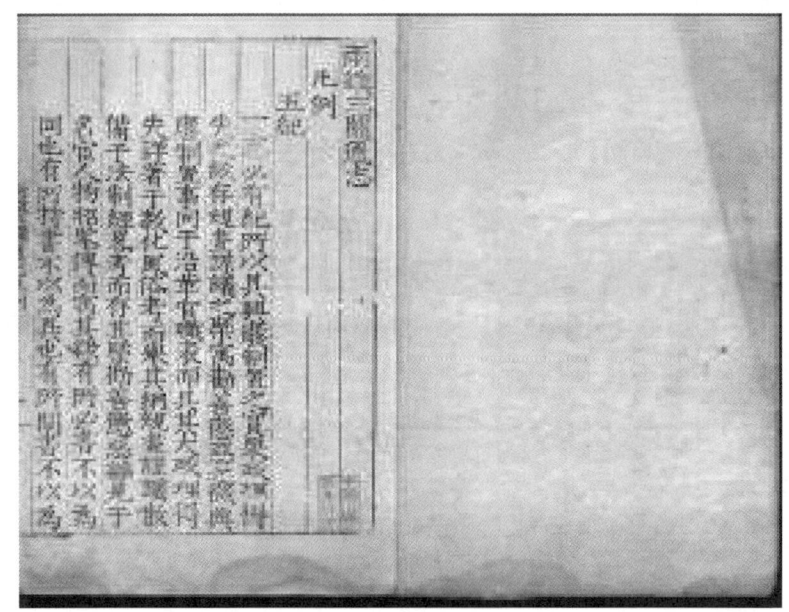

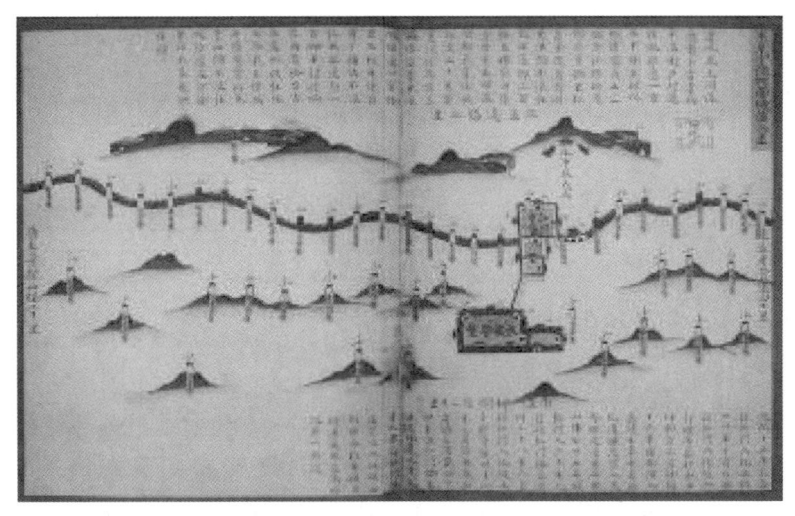

图2　国家图书馆藏《三关图说》书影

除此之外还有《四镇三关志》《边防考》《边略五种》《皇明九边考》《皇舆考·九边》《九边图说》《全边略记》《九边破虏方略》《边纪略》《九边图本》《九边图记》《九边图说》《九边图考》《九边图论》《抄本筹边纂议》等书。这些书都是全面介绍九边的专著，大同、山西两镇的内容自然包含在其中，但总的来说记载都比较简略，限于篇幅，本文在此不做具体论述。

六、奏议类

这主要是明朝的各级文武官员上奏朝廷的奏疏，这些奏疏的内容主要是大臣们关于边防事宜的讨论、建议和工作汇报。由于这些奏疏是上奏朝廷的，带有"公文"的性质，因而具有极大的权威性、原则性，很多在边防上具体实施的工作也是由此"精神"而来。因此，我们从中可以了解朝廷及大臣们的治边思想及其变化，为我们研究具体的边防"行为"找出相应的政治"理论参考"提供依据。并且这些奏疏多为当时人整理汇编，其中较为重要的有《明经世文编》《总督四镇奏议》《明臣章奏辑要》《万历疏抄》《皇明两朝疏抄十二卷》

《皇明嘉隆疏抄》《皇明两朝疏抄二十卷》《皇明奏疏类抄》《皇明留台奏议》《皇明疏议辑略》《御选明臣奏议》《皇明疏抄》等。由于当时没有专门编著"边防"类的奏疏集合，因此现存的这些"奏疏""奏议"的内容多为各项国家事务的集合，其中的类似《边防》《边饷》《边事》《边功》《武备》等条目则为与长城有关的内容。

七、个人文集类

主要指那些"知边事"的人的集子，这些人大多都任过"军职"，或文或武并且为长城的修建以及防务建设都做了贡献。这里主要列举三种，第一是《翁万达集》，该书中有许多关于修建宣大长城，整饬兵马钱粮等事宜；第二是《卢象升疏牍》，书中也有许多关于修边、整饬边务的内容；第三是尹畊的《朔野山人集》中的《塞语》和《乡约》，《塞语》内容分为边情、形势、城塞、乘塞、出塞、抽丁、官军户、练习、保马、民堡、审机，共11个部分，表达了他挥师塞上的战略思想，在书中，他向朝廷进言"汉之患在外戚，唐之患在藩镇，而本朝则以备虏为急，当以有宋为殷鉴"。《乡约》则提出了"先国家之急而后己私"的政治主张，表达了对国家防务的极大关注，书中详细论述了组织"民兵"的意义和办法。"今国家塞垣际天设险固矣，而复内治必尽民自为兵，视周不上轶乎？"以上这些主要是作者审时度势，亲身经历、思考后写成，有的是建议、理论方面的，有的是具体的实施办法，因而都具有一定的参考价值。此外，还有《熊廷弼熊襄愍公集》《大隐楼集》《高拱全集》《水东日记》，等等。

八、编年体类

编年体的书众多，据笔者所知，关于山西方面的主要是《晋乘搜略》和《山西兵事辑略》。《晋乘搜略》一书共32卷，是清代康基田修纂的一部大型编年体山西通史长编，上起唐尧，下迄明亡，记载了山西四千年的历史。"全书语言奥博质朴、端庄严肃。体制方面，熔左转、通鉴于一炉而出之，编次条目以正纲领，详尽本末以存史实，随手作注以训文字，遇疑考证以辨真伪，有感加按以断曲直。内容方面，包容了自然环境和社会生活的各个方面，凡他认为有关于国计民生、治道风尚，或者认为不可埋没的文物掌故、轶闻逸事，都采入叙明来历轨迹，为其立言，尤其边防水利和明朝一段叙述，十分详细。史料方面，书中保存了历代许多野史资料和大量的碑刻、游记、奏章、诗文以及艺术资料，并且有的原件已经失传，这些都有一定的史料价值。"[①] 由于长城不是一道简单的墙，而是一个防御体系，其中还包括相关的经济、人口等政策。因此，此书有助于我们全面了解当时的山西地方社会情况，从而更加深入地了解这一地域的"边防"。《山西兵事辑略》一书系台湾学生书局影印出版，收入《中国史学丛书》，佚名纂。该书也是采取编年体，全书共四卷，上起汉高祖二年，下迄清光绪四年，记载了山西两千多年的军事史，并且在全书的最后还附上了"释地"部分，读起来更为方便，书中内容叙述比较简略，但其文献价值不容忽视。此外，还有《皇明通纪》。

九、杂史、别史类

这一种类更为繁芜，在此笔者仅举《万历武功录》和《万历野获编》两书，这两本书主要叙述万历朝时候的兵事，因而也具有一定的参考价值。需要注意的是，在使用这类书中的史料时，一定要小心谨慎，之前先阅读相关的考证著作为宜，比如《万历武功录研究》，以

---

① [清] 康基田编著，郭春梅、王灵善、马玉山、杜士铎、刘旭、卫广来点校：《晋乘搜略·出版说明》，山西古籍出版社，2006年。

此鉴别真伪。此外，还有《名山藏》。

十、蒙古方面的资料

明长城主要是用来防御蒙古族等"北虏"入侵，因此在研究长城及其相关问题时，蒙古方面的材料也是不容忽视的，此正所谓"知己知彼"才能更好地研究。有关明代蒙古的记载，主要见于蒙文和汉文文献。蒙文史料详于蒙古内部情况，自成系统，其缺点之一是较为晚出。自14世纪中叶至16世纪末的200多年间，几乎没有蒙古人自己的史学著作流传下来。汉文史料则多为明人对当时情况的记载，虽然失之零散和过于偏重明蒙关系，但记时记事都比较准确。因此明代蒙古的活动情况在很大程度上都要依赖汉籍去搜寻。但明人著述汗牛充栋，仅《明史·艺文志》中记载的就有12000余种，且有不少遗漏，这其中有大量记载蒙古的内容，这些记载的特点是：第一，有关蒙古的记载与其他记载交织在一起，需要深入挖掘；第二，有关蒙古史料，许多是具有很高价值的第一手资料；第三，史料记载分散，颇废检索；第四，蒙古史料多有因袭重复者，需要追本溯源，识其异同；第五，清朝统治者讳言其先祖实情，禁毁书籍之风甚烈，因此流传稀少，殊不易得。[①] 明人记载蒙古情况，始于洪武、永乐，渐繁于正统、天顺，盛于嘉靖、隆庆、万历三朝，而这一时期也是山西大修边墙之时，因此阅读蒙古资料就显得格外重要。具体来说主要有《明代蒙古汉籍史料汇编》第一至四辑中包含的内容，主要有《北巡私记》《北平录》《北征录》《北虏事迹》《北虏纪略》《北虏始末志》《三卫志》《俺答前志》《北虏风俗》《四夷考》等。

---

① 薄音湖、王雄编辑点校：《明代蒙古汉籍史料汇编》第一辑，内蒙古大学出版社，2006年。

十一、舆图

明代自建立伊始，就面临着蒙古各部的沉重军事压力，并几乎贯串明朝始终。明代中期以后，由于军事态势转为被动，出现了严重的边疆危机，从而促使边防史地撰述进入高峰期，其中边防地图亦为数众多，文献记载（如王庸先生的《明代北方边防图籍录》）和现存可见的绘本、刻本舆图都有力地证明了这一点。这些舆图直观反映某一时期长城整体情况，因此明代北边地图是研究、了解明代边防历史的重要资料。如今，这些舆图存世稀少，极为珍贵。主要收录书目有曹婉如的《中国古代地图集》明代卷；李孝聪的《欧洲收藏部分中文古地图叙录》《美国国会图书馆藏中文古地图叙录》《中国长城志·图志》；孙靖国的《舆图指要——中国科学院图书馆藏中国古地图叙录》等。各图书馆也有收录，如国家图书馆，特别是海外图书馆，如美国国会图书馆、哈佛汉和图书馆等。

十二、出土文献

明长城作为历史遗迹、文化遗产，对其进行断代是不可或缺的，然而，长城的断代也是当前长城研究中的难点，目前的断代工作主要依据历史文献，但是文献断代的弊端不可避免，且长城在明代时作为建筑，对其日常的维修、加修是常有之事，文献的断代就显得捉襟见肘。因此，出土文献就显得尤为重要。依据长城有关出土文献的特征，大致可分为以下几类：施工碑，阅视、鼎建碑，纪年、记事刻石，门额，台铭刻石，边塞摩崖石刻，墓碑，墓志铭，文字砖，界碑，炮铳铭文，相关碑刻（如地亩碑），这些铭刻资料不仅将长城修建时间进行断代，而且将建筑工艺、形制特征、边墙防区的分界与长度加以断代、区分，同时这些出土文物也丰富了长城文化的内涵。

　　以上便是笔者对长城文献所做的简单归类，限于篇幅只择其重要的文献专门进行了阐述。由于中国的古文献数目庞大、种类众多，且尤以明清时期的文献为最，而长城又是文献的"边缘"——几乎每种文献都会不同程度的涉及，再加上笔者水平有限，涉猎尚少，归纳整理如此之多的文献困难很大，明显感到心有余而力不足，故有疏漏在所难免。但是我们要想研究长城仅靠实地调查是远远不够的，在进行了充分且全面的调查之余，还应静心坐在书斋里，埋头于书海之中潜心阅读，只有这样才能更加科学、客观的研究长城。

"废墟中的废墟"何去何从[①]
——晋蒙交界地带长城田野调查研究

内蒙古社会科学院草原文化研究所 康建国

长城是人类建筑史上的伟大工程,是世界文化遗产。但无论怎样它已不可避免成了历史的废墟。《长城百科全书》写道:"长城,中国古代巨型军事工程体系,由绵延伸展的一道或多道城墙、一重或多重关堡,以及各种战斗设施、生活设施、报警烽燧、道路网络等组成。是一条以城墙为线,以关隘为支撑点,纵深梯次相贯,点线结合的巨型军事工程体系。"内蒙古与山西主要就是以明长城的城墙分界的,界碑就立在了城墙遗址之上。这里是山区,是明代九边重镇中的大同镇和山西镇的主要防区。宏大的城墙防御体系彰显了明朝强大的国力和军事水平,但同时也证明了成吉思汗的子孙并非徒有虚名,没有蒙古人给明朝造成如此强大的军事威胁,这样的人类建筑史上的奇迹也就没有存在的必要了,因此长城应该是蒙汉同胞共同的历史见证。这仅仅是以明蒙对峙时代为例来谈,在此之前,从战国秦汉至唐宋辽金时代,都曾经出现过多种建筑形式的长城防御工事及其防御体系,本文以明蒙对峙时代出现于晋蒙交界地带的明长城为例,来展开论述。

长城是战争的产物,但它终归保护了大多数人民安居乐业的生活,没有了蒙古军队的袭扰,长城以南的人民能够安心耕作,而有了长城之后,明军也不再时时出兵北伐,长城以外的蒙古人也能安心放

[①] 中国长城学会编:《长城百科全书·总论》,吉林人民出版社,1994年,第3页。

牧。因此，我们既要从战争视角去理解作为军事防御工事的长城的出现，还要从和平与安定的视角去对其加以认知，更要从人类重要的历史文化遗产的角度去认识它，对于我们今天认识和挖掘长城的历史文化价值有非常大的启发。

一、晋蒙交界地带长城资源的现状

2017年6月13—23日，我和内蒙古社科院历史所翟禹博士一起对晋蒙交界一带长城城墙、城堡、明代卫所以及其他古城等遗址做了一次系统的调查。对这一带长城遗址现状有着最新的了解，也对这一带长城的未来有了很多思考。长城并不只是一堵又高又大的墙，而是综合的军事防御体系，是以墙体及相关设施组成的一整套体系，包括长城墙体及墙体上的附属设施（敌台、马面、城楼）、墙体外设施，包括烽火台、挡马墙、壕沟、居住址以及关隘、城堡等。对于长城的研究，不仅是对长城实体建筑的考证，还涉及军事、政治、经济、文化、地理等方面。从调查情况看，晋蒙交界处的长城虽然现状不好，但诸要素完整，历史信息完备。

从现存的遗址我们仍能看到，长城是由墙体、墩台、烽火台、城堡（寨）构成。

首先说墙体，这是我们今天能够看到的最主要的长城遗迹，在蜿蜒的山峦中，连绵不断的墙体与自然地理环境构成了一幅浑然天成的自然与文化高度融合的景观。墙体是方便军士防御的巨大掩体，以一当十、以一当百，也可以一夫当关万夫莫开。但这个前提必须要有军士驻守，否则再高大的城墙也是摆设，珠穆朗玛峰都不能阻止人类登顶。

其次说墩台。光滑的圆锥形墩台具有攻击敌人、瞭望战场、传递消息的多重功能。在北京的八达岭长城，因为山势险峻，墩台和墙体、烽火台是结合在一起的，而在这里它是独立的。

第三说烽火台（烽燧）。这个本来应该是独立于长城之外的战场消息传递设施。理论上它应该早于长城。发现敌人来了，燃放烟火示警和传递军情。长城是沿着军事防线修的，而军事信息不应只在前线传递，更重要的是传给后方大本营和中央。因此，烽火台有同长城城墙在一起的，也有独立的烽燧线。传说燃料是狼粪，这个很可能是顾名思义造成的错误认识。中原狼少，狼粪稀缺，为了传递军情，难道要涉险去敌境捡拾狼粪？不通情理！考古也证明狼烟就是用就地取材的树枝，且常备于烽火台上，是重要的军事物资。狼烟之说，应来自每每敌军来犯，则烽火台上烟火四起，骤然紧张的局势，如同狼来了一样，让人恐惧和压抑，久而久之，狼烟四起被形容为战火纷飞的岁月，烽火台上的烟火也就成为"狼烟"。

第四说关口。在漫山遍野当中，长城防御线要不可避免地经过各种山峦，也要经过沟谷，于是总是有一些薄弱的沟谷地带是防御的关键地点。长城防御体系在这些沟谷地带均称为关防要地、军事要塞。一般都是河谷平缓之地，因为便于车马行走。这些地方在非战争时期，也是往来的便捷之地。战争时期这里也就成为要塞，往往是军事争夺的战略要地，也是双方军事交涉的地点，因此有的地方留了城门。

第五说城堡（寨）。城堡应当是晋蒙交界地带长城防御的核心，驻军是长城体系中最核心、最重要的因素。他们负责长城沿线巡逻、维护和情报传递，包括参与军事战斗。而城堡则是唯一能够实现封闭性防御的军事据点。

晋蒙交界的柏杨岭堡

二、长城脚下村庄的变迁

长城是古代的军事前沿阵地，周围也都是军事禁区，一般无人居住。自长城的军事功能废弃之后，这里居住的居民也渐渐多了起来。清末以来国力衰微，时局动荡，大批民众加入到了走西口和闯关东的队伍中来，很多人就在长城脚下安了家。长城成了他们的依靠和遮风挡雨的家。他们扒下城砖垒砌院墙，甚至直接在墙体上开窑建屋。（不要批判他们无知，不要痛恨他们破坏文物，但有生计，谁在这荒山野岭之地求一线生机！那些动用大量资金的所谓保护和旅游开发项目，将历史抹得一干二净的项目才是真破坏，而且破坏力更大！）

如今这些窑洞，城砖垒起的山村，一个个都废弃了。时至今日，这里仍是交通不便，生活贫瘠之地。即使这样，多少代人曾因为长城的庇佑，让他们在风雨中活了下来。如今这些废弃的山村也就成了废墟中的废墟，它们和长城一样，是岁月留给人间的痕迹，讲述着人间的恩怨情仇、历史变迁。很多村子已经无人居住彻底荒弃，有些也只剩下留守的老人，这个村庄我们只见到了三个牧羊人和两只狗。他们不是这个村的，只是夏季来牧羊的，这个荒村成了他们的驻地。

北堡村写生基地

崇山翠岭间断续蜿蜒的长城、静谧的山村里传统的窑洞、沟壑纵横的黄土地、古朴淳厚的乡村民风，吸引着背包客、摄影爱好者、考古爱好者、美术采风者来此。无论在山西还是内蒙古，我们都见到了这样的采风基地。

随着城镇化进程的加速，一些村子因为村民进城、搬迁或者政府的转移安置等原因已经荒弃，成为长城脚下新的"废墟"。然而也有变化，有些村子因为长城以及其他历史资源丰富，被评为"传统文化古村落"。略多的硬化地面和现代材料的仿古装饰破坏了这里的意境。

中国传统村落，最初称古村落，是指村落形成较早，拥有较丰富的文化与自然资源，具有一定历史、文化、科学、艺术、经济、社会价值，应予以保护的村落。传统村落的本义是基于传统农业生产方式基础之上的人类社会聚落形态，但是在中国广袤的地域内，农业生产仅仅是其中的一种主要的生产方式，却不是唯一的。往往说"传统农业凝聚着乡土社会中人与环境和谐共生的智慧"，而在北方草原地带还存在着游牧、狩猎生产方式，同样体现着人与自然和谐共生的智慧。内蒙古地区的传统村落具有显著特征，即农牧文化交融而成，从而形成了独特的村落景观,而在长城沿线的传统村落就具有农牧兼容的文化和特色生产方式。

口子上传统古村落

变革悄然发生,不只是生活,还有观念。走在水泥路上,看着钢筋水泥加固的窑洞,现代材料做成的亭台楼阁。白墙上被生硬地画上了二十四孝图。也许是我们求全责备了,国人吃饱穿暖的日子不久,文化的繁荣需要时间的积淀。至少我们现在看到了群众对文化的向往,对新生活的追求。春天已经来了,秋的收获需要时间的沉淀和我们的努力!

三、文化保护传承、旅游开发利用前提下"废墟中的废墟"何去何从

(一)长城的旅游价值从哪里来

首先,它最初是军事设施,以军事需要为第一需要,因此它本身不具有观赏性和娱乐性。长城因为承载了太多的历史记忆,包括惨烈的军事斗争、存废的历史兴衰等,深厚的历史底蕴,让人期待,让它有了最重要的旅游价值。这根植于人们对长城背后文化的向往。

第二，因为军事需要，它修在了地形险要的军事要地，这才使它因地势、地形的自然环境有了观赏性。因此开发长城，可以和登山、健身、户外运动等旅游活动相联系，长城资源吸引力凸显，也使得长城成为康体旅游体验的重要载体。

第三，长城资源深处山区，地处偏远，是传统村落保护较为完整的地区。受到人们寻根访古，回归自然心理的需要，这也使得长城成为人们喜欢、向往的旅游目的地，成为人们逐渐喜欢的传统村落或古镇的重要载体。长城周边村落在历史、文化、生态和景观上与长城形成紧密的唇齿关系，也就是说，长城保护必须考虑周边村落的现状问题。[①]

（二）长城保护与开发的前提

1. 长城的魅力之一是其身上承载了深厚的历史信息

不可轻易破坏，更不容轻易改变。长城留给世人的绝不仅是长城本身。首先，长城身上承载的是历史，是人文信息。人文，就是人类活动留下的痕迹，如今包括它的残破都是信息的一部分。战争年代，他可能承载了战火、生命、血泪。如今墙上的窑洞，城砖修筑屋舍，是它承载的新的历史信息，已经是长城的一部分。

2. 历史不能真的重现，更不可复制

要深刻了解我们需要什么，在长城上我们不需要让它重现历史。因为它是举全国之力修筑的军事设施，今天我们没有这样的需要，也不需要举全国之力来恢复历史，历史不可复制，也不可逆流。因此，重修和复建都是错误的。保护的目的，就是尽量不要让风雨伤害她，不要改变它的现状，不要改变它的历史趋势，否则它将变得毫无意义。不当的保护可能造成更大的伤害。

---

① 陈喆，傅岳峰：《长城保护与周边村落更新》，《建筑学报》，2005年第7期。

3. 保护优先前提下让长城这个人类伟大的历史遗迹发挥新的作用

长城更多的是承载了人类的情感，是对历史的追思。其雄浑伟大，堪称世界建筑史上的奇迹，都是一部分，不是全部。与八达岭长城相比，晋蒙交界处的长城更显苍凉之美。无论从本质上讲，还是从实际讲，晋蒙长城的保护与开发，不可复制其他长城保护与开发的实践。正如国家文物局发布的《中国长城保护报告》中所称：

"弘扬长城精神。深入挖掘长城精神与文化内涵，加强长城重要点段的现场展示，着力长城专题博物馆、陈列馆现有展览水平的提升，建设爱国主义教育基地；运用互联网+、全媒体传播、制作科普宣传片、出版通俗读物等多种手段，利用长城文化进校园、进课堂等多种方式，加强对全社会特别是青少年长城精神的宣传教育，充分发挥长城在开展国防教育、爱国主义教育、传承弘扬中华优秀传统文化中的独特作用。"①

（三）长城的保护与开发何去何从

长城承载历史与文化，自然景观承载观赏与健身，乡村生活承载回忆与体验。感受文化与历史，拥抱自然与健康，体验传统，创造新生。让"废墟"与"废墟中的废墟"不再寂寞，让走了和来了的人民都心生留恋。留恋过往，感受生命生生不息，拥抱明天，未来可以有更多畅想。

"加强长城保护管理及研究利用工作。进一步加强长城保护管理工作，开展专业研究及长城考古、调查等工作，深入研究长城的历史、文化、艺术价值，探索不同材质长城遗存的保护管理办法，确保长城保护管理、研究利用工作科学化、常态化。"② 时代在发展，认识

---

① 国家文物局：《中国长城保护报告》，2016年11月。
② 《内蒙古自治区人民政府关于加强自治区境内长城保护工作的意见》，内政发〔2015〕128号，内蒙古自治区人民政府，2015年。

在发展，人们的需求也在不断提高。只有留住根本、留住命脉，才能在人们日益增长的需求中，持续发展不断进步。否则就是涸泽而渔、焚林而猎。打造人文——景观——生活于一体的环境，才是游客对精神家园的需要，才是本土人对幸福家园的需要，家园和梦想不可偏废。

作者简介：

康建国，男，内蒙古社会科学院草原文化研究所副研究员，内蒙古长城研究会理事、内蒙古草原文化学会常务理事，中华医巫闾山社会人文科学中心研究员，主要从事草原城市文化遗产、北方民族历史与考古研究。

基金项目：内蒙古社会科学规划项目"蒙古高原漠南城市发展与社会变迁研究"（编号 2014B074）；本文受内蒙古自治区高等学校青年科技英才支持计划资助（Supported By Program for Young Talents of Science and Technology in Universities of Inner Mongolia Autonomous Region）。

长城开放利用现状初研
——以山西长城为例

中国文化遗产研究院　刘文艳

长城作为首批列入世界文化遗产名录的中国文化遗产代表以及"国家象征"的特殊身份,历来受到社会关注。地方政府为提升地区形象并拉动当地经济发展,将越来越多的长城资源开发为各地旅游业的重要品牌,有的已经成为当地社会经济的重要支撑。除此之外,社会公众对了解、亲历长城具有强烈的意愿,并未开放为长城景区的地段也成为文化遗产爱好者、户外旅行者的探索目标。

山西省长城资源丰富,包括战国、汉、北魏、东魏、北齐、隋、五代、明等各时代长城墙体、关堡、单体建筑、相关设施共计4000多个点段。雁门关、娘子关、固关等已开放的长城景区在全国范围内具有较高的知名度,长城开放利用方面具有一定的优势。笔者对山西长城景区以及尚未建立景区但仍有一定数量游客自发前往的20余处规划开放点段进行了实地调查,对其保护管理现状、利用类型、管理状况、旅游收益及分配等按照景区和非景区两大类进行分析。其中,景区类长城着重从景区类型、经营管理情况、旅游经营、展示利用状况、长城本体现状及保护管理几个方面进行分析研究;非景区类长城主要从保存现状及开放利用条件进行评估。

一、景区类长城

根据国家旅游局《旅游区（点）质量等级的划分与评定标准》①的定义，旅游区（点）是指具有参观游览、休闲度假、康乐健身等功能，具备相应旅游服务设施并提供相应旅游服务的独立管理区。

简单地讲，旅游景区应满足以下条件：有明确地域范围的区域，以旅游吸引物为依托，从事旅游休闲活动，有统一的管理机构。②

山西已建成长城景区包括固关、娘子关、老牛湾、芦芽山北齐长城、雁门关等5个，其中长城专门景区4个、景区内有长城遗存的综合类景区1处。

（一）景区类型

旅游部门对旅游景区基本划分为自然景观类景区和人文景观类景区。自然景观类景区是以自然资源为依托的观赏景区，包括地文景观类、水域风光类、生物景观类、天象与气候类等。人文景观类景区是指由各种社会环境、人民生活、历史文物、文化艺术、民族风情和物质生产构成人文景观，包括历史遗址类、建筑物类、博物馆类、民族民俗类、宗教类、节事节气类等。③

山西长城景区均属于人文景观类景区中的历史遗址类，其中老牛湾景区、芦芽山风景区还分别属于自然景观类景区的水域风光类、地文景观类。

（二）经营管理

山西长城景区的管理模式可分为三种，第一种为政府出资，村民

---

① 中华人民共和国国家标准，GB/T 17775—2003 替 GB/T 17775—199。
② 邹统钎：《中国旅游景区管理模式研究》，南开大学出版社，2006年。
③ 郭亚斌：《旅游景区管理》，高等教育出版社，2006年。

集体经营模式，如固关、娘子关；第二种为旅游公司经营模式，如芦芽山北齐长城，第三种模式为政府设立景区专门机构负责经营管理，如雁门关。

由村民集体经营的长城景区均为长城专门景区，规模较小。但由于景区以长城为核心资源，而景区经营状况与村民的收入直接相关，因此这种经营管理模式下的景区都会从经济收益中拿出一定比例或按照实际需要用于长城保护。长城的旅游开发为当地村民带来了经济利益，周边村民也会自觉地保护长城，长城的保护与开发利用形成了良性互动。

旅游公司经营下的长城景区在山西有2处，芦芽山风景区、老牛湾景区。芦芽山风景区内的北齐长城位于芦芽山风景区马仑草原旅游区内。由于该段长城位于游人较多的核心景观区，加上北齐长城距今年代久远，部分段落已散落成碎石，在没有防护设施的情况下游人踩踏不可避免。由于景区以自然景观为主要旅游资源，这段北齐长城并不能带来更多的游客，因此景区内没有做出特别的说明，也没有对长城投入保护资金和专门的人力。

由政府设立专门的景区管理机构负责经营管理，例如雁门关。雁门关景区直属忻州市政府，由其专设雁门关景区管委会，其职权包括了旅游景区管理与旅游文物保护、基础设施建设等。景区管委会属于忻州市政府的直接派出机构，管理关系更直接，功能更加综合。相较于村民集体经营和旅游公司经营管理的景区，其景区规模更大、对长城的保护管理更专业、展示方式更多样。但为满足大量游客的需求，关城内遍布商户、农家乐等，长城的历史风貌也受到了一定影响。

（三）旅游经营

从旅游项目看，旅游经营除了提供登城游览外，老牛湾、芦芽山、雁门关还修建了农家乐等供游客居住。雁门关旅游商业活动较多，包括各类旅游纪念品商店、小吃店、曲艺演出。

从旅游设施看，景区内配备了必要的停车场、接待中心、厕所等服务设施及登城阶梯、护栏等安全设施。雁门关景区内还设有长城攻防设施模型展示，固关长城和老牛湾景区建立了长城主题的展览室。然而，为了吸引游客，破坏风貌的旅游设施也影响了长城的原真性。2016年，内蒙古将与山西毗邻的村镇更名为老牛湾村老牛湾镇，并拆除了山西境内黄河口的一座烽火台，砖石用于修建供游船停靠的仿长城墙体外观的步道台阶，与距离不足1公里的明长城形成对比，严重影响了景观。

从旅游收入看，除门票收入外，还包括商铺出租、餐饮等。老牛湾景区、芦芽山景区的旅游经营收入还包括酒店、农家乐等。景区之间旅游收入水平差距较大，且旅游收入与投入文物保护的经费并不成正比，如年收入最少的固关景区每年投入40万~50万元进行长城的日常维护，而收入可观的芦芽山景区、老牛湾景区等却基本没有投入。值得关注的是，文化宣传对长城景区的旅游收入影响很大，固关景区的门票价格仅为27元（山西长城景区内最低），之前游客量每年不足10万，2017年《人说山西好风光》节目介绍了固关后游客量达到20万，年收入近800万。

从游客量看，景区游客量基本为15万~20万人次/年，最少的5万人次/年，最多的可达到200万人次/年。但游客量最多的并不是专门的长城景区，不以长城为主要旅游资源的芦芽山风景区游客量达200万人次/年，是雁门关景区年游客量的8倍。

从文创产品或旅游纪念品开发看，山西长城景区内尚无与长城主题相关的文创产品，除雁门关景区内有长城剪纸作品外，其他景区没有关于长城的旅游纪念品。

（四）展示利用

总体来看，山西长城景区的展示利用手段主要是遗址原貌展示，以徒步登城游览为最主要的利用模式。其中，雁门关长城景区除了登城游览外，还纳入了国家体育总局登山运动管理中心全民建设扶贫工程，设置了"雁门关长城国家登山健身步道"，将观赏长城与运动健身结合起来开展综合利用。经营老牛湾景区的旅游公司规划重新整合包括老牛湾长城、烽火台、关堡、传统民居在内的各类资源，在保证文物安全的前提下维护核心景区的长城风貌，将传统手工展示纳入景区范围，而将其他新建的酒店、农家乐、商铺等设施放在景区大门之外。

（五）长城本体现状及保护管理

从长城本体保存状况看，除芦芽山景区内的北齐长城保存状况较差，娘子关景区部分墙体外包砖脱落外，其他景区内的长城保存状况较好。

从保护维修情况看，山西五处长城景区中，固关、娘子关景区建立之初对长城进行了大修，老牛湾正在编制修缮方案，雁门关已编制了保护修缮方案，而保存状况较差的芦芽山风景区内的北齐长城尚未编制保护维修方案。

从文物保护管理方面看，所有长城景区均被公布为省级文物保护单位以上，其中雁门关长城为全国重点文物保护单位。景区管理机构担负着日常维护的责任，但旅游公司经营管理的长城景区对长城日常管理维护较少，基本处于看守状态。

二、非景区类长城

自然开放模式的展示方式与景区模式相对应，尚未设立经营管理机构，展示范围不明确，不具备相应的旅游设施。这类展示方式的突出特点是长城本体基本保持原状，没有成熟的管理模式和展示利用规划。

(一) 自然开放模式

以山西省长城保护规划所列野猪口长城、荷叶坪—王家岔北齐长城、竹帛口长城、茨沟营长城、旧广武城、新广武城、右卫城、牛帮口长城、新平堡长城、新平尔长城等部分列入展示利用计划的点段做分析。

一类为修缮维护型开放展示。以旧广武城为例。修缮维护类展示为大遗址露天保护展示的一种，是指维持遗址现状结构和外观的前提下，对遗址尤指古建筑进行外观和结构的粉刷、翻新、修缮、维护工程。[1]

另一类为修复保护展示[2]，以右卫城为例。修复保护展示即以考古发掘研究的科学资料为依据，在最大限度地保证遗址原真性的情况下，将倒塌、散落、破碎的遗址规整回原位或将其修补复原到一定程度的方式。

还有一类为原状展示，以野猪口长城、荷叶坪—王家岔北齐长城、牛帮口长城、新平堡长城、新平尔长城等尚未进行保护修缮，可进入性条件有限的长城点段为例。这类长城仍保持原状且保存状况较好，没有任何人工修缮，但基础设施尚不完备，暂时没有开放利用的条件。

(二) 生活居住模式

生活居住模式的展示利用方式基本为长城的关堡。长城沿线居民长期生活在关堡周边，当这些关堡失去原有的防御功能之后其周边居民将其作为生产生活场所。例如，得胜堡、茨沟营等被列为省级、国

---

[1] 赵文斌、褚天骄：《大遗址保护与展示规划初探》《2012国际风景园林师联合会(IFLA)亚太区会议暨中国风景园林学会2012年会论文集》(上册)，中国建筑工业出版社，2012年。

[2] 同上。

家级传统村落，新平堡等关堡内保留了大量传统民居。

偏头关、宁武关、大同镇城等原为长城重要的屯兵、防御指挥中心，其内居民有的就是当时守城官兵的后裔，在城市化发展进程中，这些关城已经成为现代化的城镇、城市。

三、结语

长城的展示利用首先应以保护为前提，《文物保护法》要求"基本建设、旅游发展必须遵守文物保护工作方针，不得对文物造成损害；加强保护宣传教育，增强全民保护意识，鼓励保护科学研究，提高保护科技水平"；《中国文物古迹保护准则》明确规定了中国文化遗产的保护、管理与展示目标、原则和方法，提出"合理利用"必须坚持以社会效益为准则，不应为当前的利用的需要而损害文物古迹的价值。

山西省长城的开放利用基本遵循了保护遗产真实性、完整性的理念，但相对于丰富的长城资源缺乏整体的影响力；原状展示之外更应结合本省长城与传统村落结合的特色，将长城利用与传统村落保护相结合，使二者和谐共存、共同发展；加强保存状况较好、格局完整、价值突出的长城点段周边环境整治、基础设施建设，创造展示利用的必要条件；文物部门应积极参与长城的开发利用，做好长城的解说，为提升长城的观赏性做好故事素材储备，旅游部门、城镇规划部门更应主动与文物部门合作，提升长城展示利用的水平和质量。

（一）展示模式较单一，可达性较弱

山西已建立景区的长城以及部分经过保护维修处于自然开放模式的长城基本为遗址原状展示。可达性，即指文化遗产的展示方式及解说系统能使观众到达，并能让观众读懂和正确理解、体会及欣赏遗产

的内涵和价值。①

展示模式单一，可达性较弱表现在两方面。一方面，缺乏趣味性、互动性。除雁门关开发了长城健走步道外，其他均为简单的观赏长城。登城游览成为主要且唯一的方式，缺少有助于观众理解长城知识的互动性活动，展示方式多为解说牌，缺乏多媒体等利于理解的展示手段。山西长城中有部分都位于山地，长城与周边的自然环境和谐共存，可扩展开发思路将长城开发与徒步健身、长城遗址与森林公园、自然保护区等自然景观相结合，而呈现遗址状态的长城可以长城遗址公园的形式，成为城镇居民休憩场。

另一方面，对长城的价值、体系构成、构筑特点等阐释不准确、不清晰，没能充分展示长城应有的文化遗产价值。如，长城景区内的解说、展示方式较为单一，观众很难通过展示和解说理解该段长城的修建背景、建筑特点、体系构成、历史作用等。

（二）发掘资源特色，提升综合利用水平

山西境内长城关堡数量较多，例如，繁峙县境内的茨沟营堡位于茨沟营村，茨沟营长城处于村子附近的山体上。茨沟营村1986年公布为省级文物保护单位，现为首批国家级传统村落。长城关堡是当地村民的生活场所，以长城为背景的茨沟营村呈现出独特的景观效果。

大同市新荣区得胜堡，1986年被公布为省级重点文物保护单位，2009年被公布为山西省第三批古村落。堡子内尚有47户近500人居住，保留大量民居及农田。2007年由堡子湾乡政府出资1300万，回收当地村民的旧城砖维修了城门楼。2015年国家文物局立项，2016年山西省文物局出台保护方案。2017年国家文物局拨付350万维修资金。

关堡是长城防御体系的重要组成部分，原为屯兵、居住场所。现

---

① 卜琳：《中国文化遗产展示体系研究》，科学出版社，2013年。

有的居住利用模式保留了长城关堡原有的功能，而国际先进的文化遗产保护理念往往提倡合理利用。例如，日本很多传统民居依旧保留着原有的生活方式，且这些具有几百年历史的住宅也乐于让人参观，居民以此为荣。这种利用模式为保护文化遗产形成了良好的社会基础。

山西长城与传统村落结合的利用模式是其一大特色，在未来规划展示利用中应突出这一优势，形成传统民居与长城资源的整合效应。

（三）加强环境整治，完善基础设施，奠定长城开放利用条件

从长城本体的保存状况和价值来看，山西可供展示利用的长城点段为数不少，如岢岚县荷叶坪—王家岔长城，神池县野猪口长城，繁峙县竹帛口、茨沟营长城，然而这些长城缺乏基本的道路、通讯、服务设施等，且晋北地区是煤矿产区，空气粉尘污染较为严重，加上尚有人居住的关堡周边的垃圾、污水处理等缺乏管理，长城所赋存的环境欠佳。

（四）长城保护开发与利用的良性互动

"在不贬损文化价值情况下，文化和自然遗产的组成部分应恢复其原有用途或赋予新的和更恰当的用途，只要其表明恢复遗产用途或重新利用也是保护遗产的一种手段"[①]。概括地说，文化遗产的保护和利用不应对立。实际上，遗产保护、展示与利用紧密联系、不可分割，遗产保护是一切展示利用的前提和准则，遗产展示是遗产保护的重要组成部分和遗产利用的最直接表现形式，遗产保护与展示的目的是将文化遗产的文化重要性和价值真实、完整地传达给社会公众，促进文化遗产的保护与传承，最终实现文化遗产的价值为全人类所

---

① 联合国教科文组织世界遗产中心、国际古迹遗址理事会、国际文物保护与修复研究中心：《关于对国家一级保护文化和自然遗产的建议》，国家文物局：《国际文化遗产保护文件选编》，文物出版社，2007年。

共享。

山西有大量保存状况较好且遗产价值突出的长城，在长城资源中独具特色，可成为地方发展旅游的重要资源。而如前文所述，文物部门在长城开放利用中的参与性不足。在已开放的长城景区中，文物部门的角色基本为看护长城，没有参与到景区长城旅游项目的设计、规划、阐释中。这不但不利于景区对长城价值的发掘，甚至会因为景区管理部门缺乏专业指导，对长城的解释存在错误给公众造成错误的认知。

（五）发挥长城资源集中优质的优势，形成山西长城开发利用合力

山西全境共有 39 个县、市、区内分布有长城。忻州、朔州、大同市境内长城适合开放的段落较多，但目前的开发利用较为分散，单一且趋同的开发模式和资源特点不仅投入大，且开发效果差强人意。首先，要发掘各个地区长城资源的特色，深入研究本地区长城的修建沿革，在山西长城防御体系中的作用、构筑特点等，讲好本地区长城的故事；其次，部分长城遗址处于县界、市界、省界地带，受地域管辖权的限制，存在利益冲突、协调困难等现象。应突破行政界线，将争夺资源的矛盾变为合作共赢，共同打造山西长城旅游的资源优势与特色，条件成熟的情况下，在长城集中的区域成立长城旅游特区，统一协调管理；另外，文物部门与发改、旅游、城镇规划等部门沟通不畅，没有发挥文物部门行业指导作用，应打破行政区间壁垒，发挥各个部门的业务专长，在当前全域旅游发展的新思路下，将长城开发利用纳入山西全域旅游的总体规划中。

线性文化遗产视角下晋蒙明长城文化遗产廊道旅游区构建
——以云石堡及周边遗存为例

内蒙古社会科学院历史研究所 翟 禹

长城（The Great Wall）从最早的先秦时期诞生至今，历经两千多年的时间，构成了一个复杂而庞大的体系，在作为纯粹军事防御工程作用的长城本体以外，又不断衍生出管理、使用以及围绕各类军事、政治和社会活动所形成的多种历史文化信息，使得留存至今的各类文化遗存呈现出非常复杂的局面，因此长城文化遗产的保护与利用毫无疑问存在着特殊性。长城遗迹多分布在欠发达、边远地区，或交通不便的地区，漫长的线性墙体以及种类繁多的附属设施，给保护管理带来的难度是空前的。本文以线性文化遗产为视角、以晋蒙交界地带的云石堡及周边遗存为例来探讨长城的保护与利用问题。

首先应明辨基本概念，相关的主要有"大遗址""文化线路""线性文化遗产"等。一是大遗址，财政部、国家文物局2005年印发的《关于印发〈大遗址保护专项经费管理办法〉的通知》中对"大遗址"定义作了表述："本办法所指的大遗址主要包括反映中国古代历史各个发展阶段涉及政治、宗教、军事、科技、工业、农业、建筑、交通、水利等方面历史文化信息，具有规模宏大、价值重大、影响深远特点的大型聚落、城址、宫室、陵寝等遗址、遗址群及文化景观。"[1] 据此可知，长城是我国一处非常典型的大遗址，且这个大遗址的内涵不仅仅包括多种文物遗存，还有文化与自然景观如传统村落

---

[1] 《关于印发〈大遗址保护专项经费管理办法〉的通知》，财政部、国家文物局2005年印发。

等。二是文化线路（Cultural Routes）。2008年10月4日，《文化线路宪章》（全称为《关于文化线路的国际古迹遗址理事会宪章》）由联合国教科文组织在加拿大召开的国际古迹遗址理事会第十六届大会上通过，这是国际文化线路遗产保护的基础性文件。《文化线路宪章》指出，将文化线路看成一个新的概念并不与文化遗产现有类型如历史遗址、城镇、文化景观和工业遗产等相矛盾，文化线路将这些范畴包括在一个联合系统中，提升它们的意义。从这个角度上理解，长城文化遗产也是一处典型的文化线路。三是文本所要集中围绕讨论的线性文化遗产（Lineal or Serial Cultural Heritages），有人这样认为："从世界范围看，许多重要的自然和文化资源都集中于线性区域。最常见的形式是以历史时期人类迁徙和交流所形成的通道文化为基础的线性文化遗产。"[①] 线性文化遗产是由文化线路（cultural routes）衍生并拓展而来的，其形式和内容多种多样，但基本形态非常明确，即"线性"，例如铁路线、运河、道路等，其中运河、铁路线容易理解，"道路"可以中国著名的"秦直道"遗址为典型案例来认知，除此以外最为世人广泛熟知的自然要属丝绸之路。总的来说，线性文化遗产如表1所示包括交通线路、军事工程、自然河流与水利工程以及历史主题事件四大类型，而长城则属于其中的"军事工程"类，可以说长城是世界上最大的军事工程类线性文化遗产。

表1 国内典型线性文化遗产一览表

类型	遗产名称
交通线路	丝绸之路
军事工程	长城
自然河流与水利工程	京杭大运河
历史主题事件	长征路线

---

① 陶犁：《"文化廊道"及旅游开发：一种新的线性遗产区域旅游开发思路》，《思想战线》，2012年第2期。

目前学界运用线性文化遗产理论和视角开展文化遗产研究的，在国内尚不多见，主要的有刘庆余《世界遗产视野下的线性文化遗产旅游合作研究——以京杭大运河为例》（中国经济出版社，2016年）、孟宪民等编著《大遗址保护理论与实践》（科学出版社，2012年）等是这个领域的最新成果。有关长城保护利用研究的，最新成果主要有苏明明《依长城而居：世界遗产地旅游发展与遗产保护》（世界图书出版广东有限公司，2013年）一书以八达岭长城和慕田峪长城为案例地，通过深入访谈、问卷调查、实地考察、文献研究等方法进行对比研究。但目前从微观案例分析的角度，对长城的保护利用开展研究的尚不多见。故本文选择晋蒙交界地带明长城的典型区域云石堡及周边长城遗存作为案例，对于长城这一内涵复杂的线性文化遗产，从遗产内涵、价值评估和旅游开发廊道构建等方面进行初步探讨。

一、云石堡与周边长城文化遗产廊道旅游区的构建

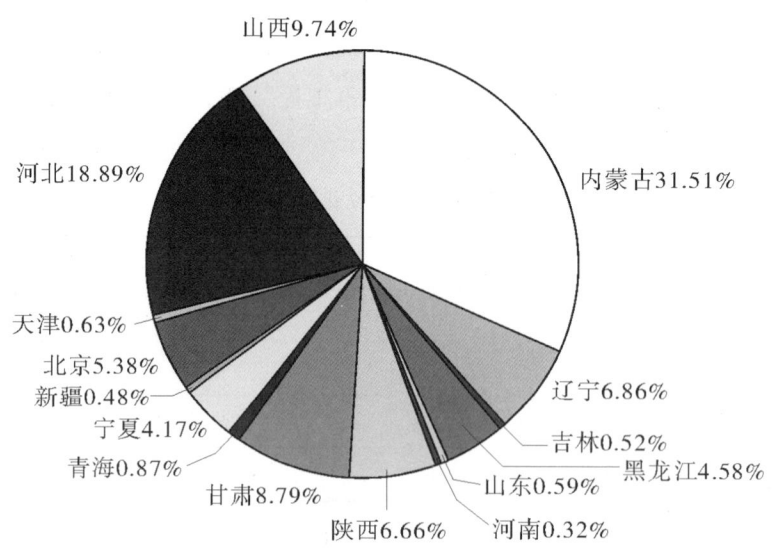

图1　各省（自治区、直辖市）长城资源比例示意图
国家文物局《中国长城保护报告》（2016年12月）

通过图1所示可知,我国长城资源排在前三名的是内蒙古、河北和山西。虽然北京的八达岭等地区的明长城显得更为世人所熟知,但无论是从总量还是文化内涵上,晋蒙交界地带的明长城及其各类设施遗迹遗存,都不逊色于北京地区,而经过十多年的长城资源调查和保护管理工作,各地长城的重要性、文化内涵和区域特色,都已经开始显现。

有明一代,明朝政府在北方与北元—蒙古诸部对峙的地方逐步建立了一整套长城防御体系,分为九个军镇管辖,"其边陲要地称重镇者凡九:曰辽东,曰蓟州,曰宣府,曰大同,曰榆林,曰宁夏,曰甘肃,曰太原,曰固原。皆分统卫所关堡,环列兵戎。纲维布置,可谓深且固矣"。[①]九边军镇并非一蹴而就,而是自明初开始在北边构筑防御体系,直至中后期才逐渐完备成型。对于以长城墙体所串联起来的防御体系地带中的各类防御设施的考察,是认知长城地带历史文化的一项基础性研究工作,今天山西和内蒙古交界地带的长城文化遗产就属于当时九边重镇的大同镇和山西镇。城堡是指用夯土或砖石围筑起来的用来居住或屯驻的封闭型聚落形式,其作用是为了配合长城墙体,具有军事防御和屯兵驻扎等功能。基于城堡具有的这种集聚性功能,本文选择现位于山西省朔州市右玉县丁家窑乡的云石堡及周边长城文化遗产为案例,尝试进行以城堡为核心、以烽燧线、长城墙体和民居聚落为纽带的遗产廊道旅游区的构建。

(一)云石堡及周边长城文化遗产廊道旅游区的基本信息

要想构建一处长城文化遗产廊道旅游区,首要的应当是明晰遗产廊道的组成部分。经过多年调查和研究,笔者认为一个完整的"云石堡及周边长城文化遗产廊道旅游区"应当包括如表2所列内容:

---

① 张廷玉:《明史》卷40《地理志一》,中华书局,1974年,第882页。

表2 云石堡及周边长城文化遗产廊道旅游区要素表

遗产层级	类型	遗产名称	地理位置	价值定位
核心区	古遗址	云石新堡	山西省朔州市右玉县丁家窑乡云石堡村所在地，地理坐标：N 40°02′53.80″，E 112°09′55.90″	云石堡是明代大同镇下辖长城防御体系中的一座重要军堡，明蒙关系史上著名的"把汉那吉事件"与本堡关系密切，这件事促成了明蒙长达二百多年的和平局面，故此城堡是本遗产廊道旅游区的核心遗产
		云石旧堡	山西省朔州市右玉县丁家窑乡，位于云石新堡东南直线距离7公里处，地理坐标：N 39°59′47.24″，E 112°13′58.58″	云石旧堡始建于嘉靖三十八年（1559），万历十年（1582）改建于王石匠河南岸，即新堡（今云石堡村），但旧堡并未废弃，而是作为长城防御体系中的一处军事据点被继续使用，故成为本遗产廊道的核心遗产
		长城墙体	位于云石堡西北1.5千米~3千米处，呈东北—西南走向，可纳入本区域的长城墙体自桦林山至云石新堡以西，大约长15千米	为山西与内蒙古的分界线，修建于明代，被称为大边，墙体高大宽厚，外筑壕沟，墙体上墩台、马面相间分布，墙体内侧有早期修筑的烽燧，墙体呈东北—西南走向，是体现长城线性文化遗产的主要遗存，墙体的构筑是中国古代传统军事建筑工程的见证
		马市遗迹	位于云石新堡西北1.5千米呈东北—西南走向的长城墙体内外，共计三处地点，分别为市场、小堡和韭菜沟堡（系明长城资源调查工作时所命名）	马市见证了明蒙和平贸易往来的历史，加强了蒙汉民族、长城内外民众的交流与融合
		东镇沟墩极冲与系列烽燧线	东镇沟墩极冲位于云石新堡西北1.5千米呈东北—西南走向的长城墙体上，地理坐标：N 40°2′11.39″，E 112°8′57.80″；诸烽燧分布在云石堡附近以及与周边城堡相连的烽燧线上	长城墙体上的墩台与墙体外沟通军事据点城堡的烽燧线，在长城防御体系中承担着军事防御、传递讯息、军事预警和排兵布阵、互相策应等功能，可以说是防御体系运转机制中最为核心、最为关键的环节

续表

遗产层级	类型	遗产名称	地理位置	价值定位
核心区	文化景观	云石堡村落文化景观	山西省朔州市右玉县丁家窑乡云石堡村所在地	云石堡村是长城地带一处典型的随着战争转为和平之后,由军事性城堡逐渐转为民居聚落的城堡,是长城功能转变的见证者,也是长城内外不同民族交融的见证者,更是长城地带社会历史进程的参与者
辐射区	古遗址	复线长城墙体	云石堡附近的复线墙体共两段,一段位于云石堡以北2千米~4千米处,呈东北—西南走向,直线距离长约2千米;一段位于铁山堡西北10千米处,呈东北—西南走向,直线距离长约9千米。两段墙体中,外侧墙体均早于内侧墙体	复线长城墙体见证了明代长城多次修筑的历史进程,有助于考察明长城建筑结构和军事防御设施的发展演变,同时多道长城墙体及其附属设施蜿蜒在崇山峻岭中,人工建筑在因地制宜的原则指引下,与自然地理相互映衬,构成了一幅观赏性极强的文化与自然双重景观
辐射区	古遗址	马堡遗址	位于右玉县丁家窑乡政府所在地以东600米的山坡上,地理坐标:N 39°59′13.40″,E 112°12′55.48″	至今仍称为"马堡",因未有文献史料记载,故此遗址可弥补文献记载之阙,此类遗址的存在有助于在从事明长城学术研究时,从时间和空间两个维度多层次理解和动态认知明代军事防御体系的演变历程
辐射区	古遗址	"万历二十七年"界碑	界碑共计两通,位于云石堡以北4.5千米处的长城墙体东侧、东西走向穿过长城墙体的沟谷南、北两侧的台地上	"万历二十七年"界碑是目前长城沿线发现的仅有的两通,是明代九边军镇内部军事制度的文字和实物见证[①]

---

① 参见内蒙古自治区文化厅、内蒙古文物考古研究所编著:《内蒙古自治区长城资源调查报告·明长城卷》,文物出版社,2013年;翟禹:《明代"万历二十七年"界碑考》,《中国长城博物馆》,2010年第4期;翟禹:《铁山堡若干位考辨——明长城史地札记之四》,《河北地质大学学报》,2017年第5期。

续表

遗产层级	类型	遗产名称	地理位置	价值定位
辐射区	古遗址	铁山堡	位于右玉县丁家窑乡铁山堡村以西的干涸河流台地上，地理坐标：N 40°3′54.85″，E 112°17′0.33″	铁山堡建于明嘉靖三十八年（1559），是大同镇外边长城沿线的重要军堡，其功能与云石堡基本相同，铁山堡遗存有关厢，是目前晋蒙明长城沿线保存关厢最完好的城堡，具有重要示范意义
辐射区	文化与自然景观	圣山	内蒙古和林格尔县与山西省右玉县交界十三边村西北1千米处，地理坐标：N 40°5′30.82″，E 112°10′19.06″	圣山地处晋蒙明长城交界地带，是一处以自然风光为主，辅以长城建筑的文化与自然双重景观，其主要特征为原生态、人类建筑与自然景观完美结合的典范
辐射区	文化与自然景观	十三边废墟村落景观	内蒙古和林格尔县与山西省右玉县交界的明长城墙体脚下，分为口内和口外十三边，地理坐标：N 40°5′5.95″，E 112°10′44.42″	十三边村是一处典型的分布于长城沿线的现代民居聚落，因其废弃多年，展现了现代人类社会聚落变迁的历程，同时也可以将其与中国古代边疆基层社会的发展对比，具有一定的启发意义
辐射区	文化与自然景观	石咀子村写生基地	位于内蒙古和林格尔县羊群沟乡石咀子村，长城墙体西北3千米处，地理坐标：N 40°3′0.46″，E 112°7′17.33″	石咀子村是长城沿线传统民居聚落的典型代表，保留了长城地带原生态生产生活方式，见证着人类聚落适应环境、人与自然和谐相处的生存理念

（二）云石堡及周边长城文化遗产内涵分析

从文化遗产和文化资源的地理位置、重要性方面看，将"云石堡及周边长城文化遗产廊道"中的诸多内容划分为遗产核心区和遗产辐射区；从文化遗产和文化资源的类别方面看，则将其划分为古遗址和文化景观。

1. 云石新堡、旧堡

云石堡在明代历史上隶属于大同镇左卫道威远路管辖，有新、旧两座城堡，新堡的地理位置为山西省朔州市右玉县丁家窑乡云石堡村所在地，旧堡位于新堡东南直线距离7公里处。有关云石新堡、旧堡及周边烽火台、马市遗迹现状描述可参见《中国文物地图集·山西分册》[①]，此外在2007年内蒙古开展明长城资源调查工作时，也已对云石新堡做了详细调查。[②] 云石堡始建于嘉靖三十八年（1559），始建城堡当是旧堡，直至万历十年（1582）改建于王石匠河南岸，即新堡，也就是现在的云石堡村所在地。文献中专门记载云石堡最为详尽的便是《宣大山西三镇图说》和《三云筹俎考》：

《宣大山西三镇图说》："本堡设自嘉靖三十八年，故土筑也。万历十年因山高无水，离边尚远，不便市场，故改建于王石匠河，砖包焉。周一里七分，高四丈一尺。设守备官一员，所领旗军五百四十三名，马二十七匹。分边十四里三分零，市场一处，边墩二十一座，火路墩一十四座，内镇墙等墩极冲。边外马耳山、长沟一带，多罗土蛮等部落驻牧。本堡旧堡凭山为险，缓急可守，今改建新堡，密迩市口，防御抚处虽视旧为便，但地势平旷，险非所据。且距威远四十里而遥，孤悬一隅，道路崎岖，转输不便，有警似为可患。议者谓旧堡亦当存留以便应援，不为无见云。"[③]

《三云筹俎考》："嘉靖三十八年土筑，万历十年改建砖包。本堡旧据山为险，缓急可恃，后缘山高无水，防守为难，且离边太远，不便市场。改建于王石匠河，密迩市口，但地势平旷，险非所凭。且东南北三面近

[①] 山西省文物局：《中国文物地图集·山西分册》（中册），中国地图出版社，2006年，第182—183页。

[②] 内蒙古自治区文化厅、内蒙古文物考古研究所：《内蒙古自治区长城资源调查报告·明长城卷》，文物出版社，2013年，第227—229页。

[③] 杨时宁：《宣大山西三镇图说》卷二《大同镇图说》，引自薄音湖编辑点校《明代蒙古汉籍史料汇编》（第十二辑），内蒙古大学出版社，2015年，第146页。

山,虏登之,我虚实悉见。虽藉本路援兵,而相(拒)① 颇遥,道路崎岖,转输未易。边外虏酋宋银儿、板升等部落驻牧,有警殊可寒心。议者欲于堡外东南高冈之处,添筑一台为孤堡一臂之助。又堡外居人无关可恃,增筑关厢以备趋避之所,即今承平亦弭盗之一策矣。"②

《三云筹俎考》"威远路参将分属图之云石堡、威平堡"图标注文字:"北至铁山堡二十里,东至威远四十里,南至威胡三十里,西至边墙三里。城周一里七分,高四丈,内驻守备、坐堡各一员,把总一员。军五百四十五名,马二十七匹。云石分边一十四里,边墩二十二座,火路墩一十七座。"③

2. 马市遗迹

在云石堡处所开马市位于云石新堡西北方直线距离约 1.2 公里处的长城墙体内外两侧、王石匠河的北岸,长城墙体内侧有两处地点,一处为韭菜沟堡,一处为《三云筹俎考》所标注的"小堡";墙体外侧为标注"市场"的马市,见图 2 所示。"小堡""市场"与韭菜沟堡相距 130 米。"市场"基本形制:整体呈矩形,倚在长城墙体上,西墙(呈东北—西南走向)长约 50 米,北墙、南墙(呈西北—东南走向)长约 60 米。墙体上未见门的痕迹,推测在东墙(即长城墙体)底部设有出入通道,因坍塌严重,无法确认。"小堡"基本形制:整体呈正方形,西面墙体均长约 40 米,西墙有豁口,推测可能为城门。

至于三处马市的修建时间,从现存构筑形式来看,韭菜沟堡建于紧挨长城墙体之处,与云石堡相比,韭菜沟堡墙体低矮且单薄。一般而言,一座城堡地处极边却构筑单薄,其防御性是非常差的,可见明显是专门作为马市而修建,因此其始建时间应不早于云石新堡的建成

---

① 应为"距"。
② 王士琦:《三云筹俎考》卷三《险隘考》,国立北平图书馆善本丛书第一集影印明万历刻本,引自薄音湖、于默颖编辑点校《明代蒙古汉籍史料汇编》(第六辑),内蒙古大学出版社,2009 年,第 346 页。
③ 同上,第 142 页。

时间，即万历十年（1582），否则在没有专门军事据点防御的前提下，于长城墙体处修建一座防御性极差的城堡，无异于将自己彻底暴露给敌人。至于"小堡"和"市场"，从现存程度来看无任何防御设施，不太可能在开辟市场之前就已存在，多半为云石堡开马市之时始建，因此其时间大概为隆庆五年（1571）前后。

图2　云石新堡与长城墙体、马市Google图

3. 东镇沟墩极冲与诸烽燧线

明长城沿线的城堡所分管的长城墙体沿线，均有许多"极冲之地"，云石堡一带的极冲就有东镇沟极冲。关于其地理位置，根据《宣大山西三镇图说》所绘制图与实地调查，推测其位置应为"市场"和"小堡"以西临河的那座墩台，《内蒙古明长城报告》将这座墩台命名为"韭菜沟7号敌台"。[①] 在开发利用时，可将此墩台做适当修复，并做标志牌予以说明。

笔者曾经对云石堡周边的烽燧进行考证，如以云石新、旧堡和铁

---

① 内蒙古自治区文化厅、内蒙古文物考古研究所：《内蒙古自治区长城资源调查报告·明长城卷》，文物出版社，2013年，第137页。

山堡等军事据点为核心，可发现存在多条烽燧线，如表3所示：

表3 云石堡及周边烽燧线一览表①

烽燧线方向	烽燧线	烽火台数量	烽燧线长度②
东北—西南走向	云石新堡—铁山堡	约5座	11千米
	铁山堡—右卫城	约10座	12千米
	铁山堡—云石旧堡	约7座	9千米
西北—东南走向	云石新堡—云石旧堡	约7座	7千米
	云石旧堡—威远城	约8座	10千米

烽燧的作用在长城防御体系中非常重要，九边防御体系之中的军事城堡作为点，点之间的烽燧连缀成线，构成一面网格状军事防御带，长城墙体就是这条防御带最外围的边线。可见烽火台作为单体建筑，尽管构筑形制简单，但多个单体组合在一起，就会构成一条条快捷有效的通讯警示线，从而将整个防御体系调动起来，其作用不容忽视（见图3）。

以云石堡为核心、向四周延伸的烽燧线，连接的是其他长城区域的核心点，如铁山堡、威远城乃至右卫城、杀虎口、牛心堡等。实际上在整个长城防御体系中，这些城堡、关口与云石堡均有着同等重要地位，因本文侧重点在以云石堡为核心的长城遗产廊道旅游区的构建，故其他城堡、关口不作为重点论述对象。

---

① 翟禹《云石堡考——明长城史地札记之一》，中国人民大学北方民族考古研究所、中国人民大学历史学院考古文博系：《北方民族考古》（第四辑），科学出版社，2017年；翟禹《铁山堡若干问题考辨——明长城史地札记之四》，《河北地质大学学报》，2017年第5期。

② 烽燧线长度，在这里主要指的是两座城堡之间的直线距离，因受到地形的限制，在实际行军路程中，两座城堡之间一定存在许多弯曲折之路，但是烽燧线上的烽火台均建于视野开阔之地，相邻烽火台之间能够直接传递预警讯号，故从信息传递这个角度来说，烽燧线的长度可以达到直线距离的效果。

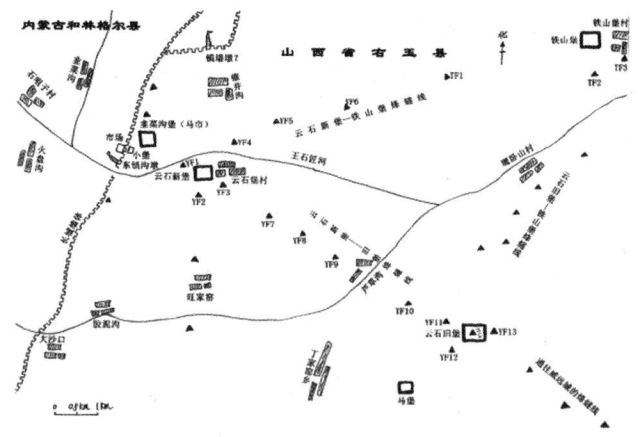

图3 云石堡及周边长城文化遗产、村落景观分布示意图（作者绘制）

4. 发生在云石堡地区的历史事件

云石堡的战略位置在大同镇是非常重要的，所处之地被称为"极冲"。《九边图说》载"极冲地方"有"云石堡守备一员"。①《三云筹俎考》"威远路"载："本路原非旧设，其设而裁，裁而复者屡矣。后因王石匠河败绩，各城堡卒难应援，复画地置将而设本路于此。"②

云石堡地处沟通蒙古与明朝的要道上，明蒙关系史上最著名的事件"隆庆和议"能够得以实现，其起因是隆庆四年（1570）十月发生的俺答汗的孙子把汉那吉投明事件，关于这一事件的详细经过，有学者予以考订，可资参考。③时任宣大总督翁万达、大同巡抚方逢时妥善处理此事，经过双方多次磋商，俺答汗与明朝大臣达成协议，愿"执叛易孙，请封输贡"，于是他命令"其麾下哈台吉、伍奴柱袭捕众贼。二人固俺答嬖幸，自全等用事，二人者日见疏，遂擒赵全与其弟赵龙，及李自馨、六四儿、猛谷王、吕西川、吕老十、马西川之属，

---

① 霍冀《九边图说·大同镇图说》，《玄览堂丛书》本，引自薄音湖、王雄编辑点校：《明代蒙古汉籍史料汇编》（第二辑），内蒙古大学出版社，2000年，第38页。

② 王士琦《三云筹俎考》卷三《险隘考》，国立北平图书馆善本丛书第一集影印明万历刻本，引自薄音湖、于默颖编辑点校：《明代蒙古汉籍史料汇编》（第六辑），内蒙古大学出版社，2009年，第345—346页。

③ 薄音湖：《把汉那吉的家庭纠纷》，《内蒙古大学学报》，2001年第3期。

凡八人，面缚械系抵边城外。是日入云石堡，十九日送大同左卫。"①此处所经过的云石堡，应当是旧堡，因为新堡是在万历十年新建于王石匠河。这一事件完全可以作为本遗产廊道旅游区中最为重要的一件历史遗产加以利用，能够极大提升本区域的文化影响力，因为这一事件的影响在中国古代民族关系史上是不言而喻的。

5. 文化与自然景观

云石堡及周边文化遗产廊道旅游区中的文化与自然景观因子，主要包括云石堡、铁山堡、石咀子与废弃的十三边等几处村落。这些村落同中有异、异中有同，加之具有较高开发潜力的"圣山"自然景观，构成了这一区域长城社会的景观要素。晋蒙明长城地带目前已有多处村落被列入中国传统村落名录当中，详见表4所列：

表4 晋蒙明长城地带传统村落名录一览表

所属省区	传统村落名称	基本描述	批次及时间
内蒙古	乌兰察布市丰镇市隆盛庄镇隆盛庄村	隆盛庄位于丰镇市东北部，地理坐标：N 40°42′19.80″，E 113°25′58.04″，明代早期长城墙体从村庄北部穿过，呈东西走向	第一批，2012年12月
	呼和浩特市清水河县北堡乡口子上村	位于呼和浩特市清水河县北堡乡，地理坐标：N 39°38′34.27″，E 111°52′11.01″，口子上是明代山西镇与大同镇的分界线，这一代有多次修筑的长城墙体多条，遗存众多	第三批，2014年11月
	呼和浩特市清水河县单台子乡老牛湾村	位于清水河县单台子乡，地理坐标：N 39°38′35.25″，E 111°26′17.96″，老牛湾是黄河与长城交会处，内蒙古老牛湾村位于杨家川河北岸，对面是山西老牛湾，建有老牛湾堡和望河楼以及东西走向的长城墙体，内蒙古老牛湾以北有东北—西南走向的烽燧线，系明代早期修筑	第三批，2014年11月

---

① 焦竑：《国朝献徵录·通贡传》，明万历刻本，引自薄音湖、王雄编辑点校：《明代蒙古汉籍史料汇编》（第二辑），内蒙古大学出版社，2000年，第443—444页。

续表

所属省区	传统村落名称	基本描述	批次及时间
山西	大同市天镇县新平堡镇新平堡村	位于天镇县新平堡镇,地理坐标:N 40°39′26.44″,E 114°4′21.74″,新平堡附近有多道长城墙体,以及明代长城历史遗迹,地处晋冀蒙三省区交界地带,交通便利	第一批,2012年12月
	忻州市偏关县万家寨镇万家寨村	位于偏关县万家寨镇黄河东岸,地理坐标:N 39°34′39.24″,E 111°26′8.00″,为万家寨黄河水利工程所在地,有明代修建的万家寨驻军城堡,沿黄河东岸分布有南北走向的烽燧线	第一批,2012年12月
	忻州市偏关县万家寨镇老牛湾村	位于万家寨镇老牛湾村,即黄河与明长城交会处,地理坐标:N 39°38′12.33″,E 111°26′11.45″,明代建有老牛湾堡,现存有城堡和望河楼墩台以及长城墙体	第二批,2013年8月
	大同市新荣区堡子湾乡得胜堡村	位于新荣区堡子湾乡,地理坐标:N 40°23′41.84″,E 113°14′0.35″,城堡紧挨长城,周边长城遗存众多,为明代重要关口	第三批,2014年11月
	大同市天镇县谷前堡镇水磨口村	位于天镇县环翠山南麓水磨山口南,地理坐标:N 40°28′30.53″,E 113°58′55.20″,明代建镇口堡,为明长城防御体系中的一处军事据点,长城墙体在环翠山南麓呈东北—西南走向延伸	第四批,2016年12月
山西	大同市新荣区郭家窑乡助马堡村	位于新荣区郭家窑乡助马堡村,地理坐标:N 40°18′3.92″,E 112°54′20.02″,西边和北边各1千米左右为长城墙体,周边分布较多墩台、烽火台等长城防御遗迹	第四批,2016年12月
	朔州市右玉县李达窑乡破虎堡村	位于右玉县李达窑乡,地理坐标:N 40°15′1.62″,E 112°33′33.10″,村落所在地为建于明代的破胡堡,北距长城墙体1千米	第四批,2016年12月
	朔州市平鲁区高石庄乡七墩村	位于平鲁区与清水河县交界的明长城墙体南侧,地理坐标:N 39°57′31.77″,E 112°5′45.16″,村落紧挨东北—西南走向的长城墙体,距村落西南1千米处长城墙体上建有徐氏楼	第四批,2016年12月

本文所探讨的云石堡及周边长城文化遗产区域中尚有未被列入传统村落名录之中的村落，但是从现在已有的晋蒙明长城地带传统村落可以看出，云石堡（图4）、铁山堡、石咀子等村落基本上是符合传统村落标准的，建议在今后的工作中，内蒙古和山西两省区能够将这些村落申报列入传统村落名录，以获得更好、更便利的发展条件。

图4　云石堡村景与城堡东墙（南北方向，作者2017年6月18日拍摄）

传统村落之所以称其为"传统"，重点和核心在于村落中的文物遗迹遗存，即历史建筑。历史建筑是指各级各类国有文物保护单位以及烈士纪念设施保护单位、宗教活动场所中具有特殊历史文化价值的建（构）筑物。历史建筑是构成传统村落特质的最核心的项目，是一处村落之所以能够代表一定区域特征、成为传统村落最重要的内涵。传统村落的定义中，其主要特征是传承农耕文明，"是农耕文明的最佳见证。"① 但是，往往在不同地域会产生不同的特色，而长城沿线的传统村落则具有非常典型的农牧文化交融特征。长城沿线传统村落的历史就是区域历史中的民族关系、人与自然环境的关系、区域性政

---

① 周建明：《中国传统村落：保护与发展》，中国建筑工业出版社，2014年，第1页。

治、经济和文化变迁的历史见证,更是作为民族和边疆地区的晋蒙交界地带新农村建设、改革和发展的历史见证。如石咀子村位于长城脚下,毗邻山西省朔州市右玉县丁家窑乡云石堡,有人称石咀子为"西口外第一村",这一称呼虽有攀附"第一"之嫌,但仍然凸显了这一类村落的独特性和不可替代性。石咀子村山水相依、民风淳朴,是近年来兴起的集摄影、旅游为一体的观光胜地,其原生态的自然和人文景观吸引了诸多摄影、写生活动的展开。内蒙古师范大学艺术学院已将石咀子村作为写生基地,在区内外颇有一定的影响(图5)。

图5　石咀子村标示碑(东西方向,作者2017年7月15日拍摄)

上述考证和文献记载所反映的信息,就是云石堡及周边长城文化遗产廊道旅游区中遗产内涵的具体分析,也是遗产区的核心价值所在。只有认识和理解了上述内容,以及与其相关的更多的历史史实和遗存信息,才能够开展遗产廊道旅游区的建设和发展。

二、关于晋蒙明长城保护利用的几点思考

在国家文物局发布的《中国长城保护报告》中的"长城开放展示"一节中,报告总结道:"长城旅游与丝路旅游、沙漠旅游、草原旅游有机结合,带动了红色旅游、研学旅游、乡村旅游等蓬勃发展,有力扩大了公共文化供给,改善了长城沿线生态环境,推动了区域经济增长及国家扶贫攻坚战略的实施。"① 可见,长城作为我国重要的线性文化遗产,将其进行展示利用是不可避免的,这也是更好的宣传、保护长城的手段之一。

(一) 全面认识和描述长城遗产

鉴于长城(The Great Wall)内涵的复杂性,要想对其进行保护和利用,首要的是对其进行全面认识,这是开展所有工作的基础,也是一项长期而艰巨的工作。长城文化遗产内涵的界定和认识,既不应该局限于长城墙体及其附属设施本身,也不应该无限放大,把与长城无关的文化内涵囊括进来。如何认识和描述长城文化遗产?本文以为首先应从最基本的考古、历史两方面去描述,其次要找到并归纳总结中国长城文化遗产的重要特征。但是,我们也不能够等待将所有长城遗址及其相关历史文化信息认识和描述清晰以后,才去开展各项保护利用工作,而是应当把这项工作贯穿长城保护和利用工作的始终。在中国国内的文化遗产中,从遗产保护利用视角来看,能够与长城进行对比分析的遗产似乎只有大运河。学界对大运河的评价是"跨区域、跨年代、弃用兼备、形神俱丰的超巨型遗产"②,用这个来形容长城的遗产特征,当也有类似之感。但是两者在"有用性"这一点上存在差

---

① 国家文物局:《中国长城保护报告》,2016年12月。
② 孟宪民等编著:《大遗址保护理论与实践》,科学出版社,2012年,第197页。

异,即大运河在今天仍在被使用,而长城原本的军事防御功能早已消失,这一点是需要辨明的。

全面认识和描述文化遗产的工作注定是一项复杂的系统工程,其包括历史沿革、遗址辨认、文化发掘、价值评估等诸多项目。例如价值评估这一项,理论上说,价值评估的工作是被纳入保护管理体系之内的,但因价值评估工作本身具有一些特殊性,它既是保护管理中的具体工作,又是对文物遗址开展的学术研究中非常重要的一个领域。价值评估工作需要解决的价值问题包括长城线性文化遗产的价值认定、价值评估以及价值体系的构建和梳理。那么,对于长城线性文化遗产的价值认定和评估来说,首要的是将其纳入文化遗产的保护管理体系之中,只有这样才能够有效地开展评估认定和提升认识的工作。因为价值评估是建立遗产保护管理体系的基础,只有正确梳理出遗产的价值内涵层面,才能有效地针对各要素进行保护,并建立理论与实践相结合、行之有效的运作体系。如果我们对长城线性文化遗产的价值无法认清,没有行之有效的价值评估指标体系,那么在开展遗产保护管理的具体工作之时,就会无的放矢,不知道遗产的真正价值在哪里,自然就无法提出有针对性的保护措施,遑论开发与利用。

(二)注重云石堡及周边长城文化遗产廊道旅游承载力的控制

长城作为历史文化遗迹遗存,在对其进行保护利用时,不应仅局限于长城遗存本身,而是要扩大到以长城为中心所形成的一个条状地带为保护利用单位。虽然仅仅是一个范围的变化,但实际上是从遗迹遗存(古建筑)的保护利用向包含遗产、人类社区聚落和景观这三个层次的复杂综合体的保护利用的转变。所以说,长城文化遗产的保护利用是复杂的、多方面的。

基于文化遗产类旅游区的特殊性,区域内的景区、农家院和风景园区的承载接待能力需要格外被关注。因为从资源利用角度来说,文化遗产是不可再生资源，一旦遭到破坏将永远无法再现和恢复，它承载的是人类自身的历史和记忆，这是极为珍贵的。旅游景区承载能力是一项综合性指标，需要进行科学合理的裁定后方能作出判断。根据《中华人民共和国旅游法》（2013年）第四十五条规定，"景区接待旅游者不得超过景区主管部门核定的最大承载量。景区应当公布景区主管部门核定的最大承载量，制定和实施游客流量控制方案"，因此需要进行游客容量测算工作。游客容量控制必须以不损害所保护遗产的原状、有利于文化遗产管理为前提，同时也要考虑遗址区域的生态环境指标和景观特点。游客容量的测算应具有科学性、合理性、可操作性。测算数据需要经过实践的检验或技术检测的修正，方可形成定制，但也不是一成不变的。容量的变化要随着遗产保护程度、区域环境以及展示利用程度等方面的变化而调整。由于长城文化遗产所处自然环境多数为人迹罕至、生态脆弱地区，自然环境总体特征是大陆性干旱半干旱气候，历史文化遗迹与村落均存在不同程度的残损。因此，基本原则应是结合实际情况科学合理地制定旅游容量。

（三）交通路线在长城遗产保护利用中的极端重要性

交通路线在人类发展历史上占有非常重要的地位。有人提出"通道文化"的概念①，这一定程度上反映了交通路线对于文化遗产的深层次影响，甚至可以说交通路线本身也是文化遗产的一个因子。因此，在保护利用长城遗产时，必须要重视开展长城旅游公路的建设。众所周知，云石堡及周边地区一直是一处交通极为不便的山区，虽然经过近些年的发展，状况有所改善，但路难行的基本状况并未彻底改观。

但是，过于方便的交通介入长城整体文化景观之中的时候，反而

---

① 陶犁：《"文化廊道"及旅游开发：一种新的线性遗产区域旅游开发思路》，《思想战线》，2012年第2期。

会让长城失去很多原有的韵味。因此，不便的交通也并非全无坏处，它也恰恰保护了长城及沿线景观，因为路难行往往使得人迹罕至。而且，"交通不便"有时也可能成为旅游的热点，比如川藏线，其本身就是一项非常具有吸引力的旅游目的地。但是，要注意旅游目的地和作为旅游辅助手段的"交通"和"区位"之间的区别，川藏线特有的"路途艰险"的感觉本身就是一个优秀的旅游项目，而这里所强调的"区位"和"交通"是影响旅游项目和目的地的地位和层次的一个因子，是可改变和可提升的。

旅游业的兴盛在很大程度上取决于区位优势，而所谓区位优势的关键恰恰就在于便利的交通。对于旅游者的体验来说，便利的交通使得旅游具有易达性，并大大降低旅游成本；从旅游区角度来说，便利的交通能够使得相似旅游点整合为一个具有相似文化传统和面貌的旅游区域，而这也使得本文提出的"云石堡及周边长城文化遗产廊道旅游区"成为可能。

基于 UGC 文本挖掘的山西长城板块旅游景点和路线研究
——以马蜂窝游记为例

山西大学历史文化学院旅游管理系　李燕燕

一、引言

UGC（User Generated Content），即用户原创内容，是一种用户使用互联网的新方式，由原来的下载为主，变成下载和上传并重。艾瑞咨询公司发布的 2014 年中国在线旅游 UGC 行业报告中提到，浏览游记成为中国在线旅游 UGC 用户使用目的。游记是旅游者基于自身旅游体验发表的相对原真性的记录，数据真实性强，已成为旅游者对景点和路线甄选的重要参考[①]。游记中隐含许多有价值的信息，但游记存在信息质量参差不齐、内容碎片化、冗余度高等劣势，如何能高效挖掘游记文本有用信息，以此分析游客行为及旅游感知等信息，对旅游管理者、旅游企业及游客，都有很现实的意义。

马蜂窝自 2010 年成立以来，一直致力于打造专业在线旅游 UGC 社区。马蜂窝为用户提供了信息交流和分享的平台，自助游用户通过游记的形式，对出游线路、旅游产品、旅游目的地及相关设施、服务给予评价。在 2014 年中国在线旅游 UGC 企业品牌美誉度及品牌推荐

---

① 吕琳露、李亚婷：《游记文本中的知识发现与聚合——以马蜂窝旅行网杭州游记为例》，《情报杂志》，2017 年第 7 期，第 176 页。

意愿中，马蜂窝以绝对优势占据首位。随着 2017 年 12 月 12 日马蜂窝宣布完成 D 轮融资，公司成为估值 10 亿美元的行业翘楚。本研究以马蜂窝中的"山西长城"游记为例，从游记文本中筛选相关信息，挖掘并分析用户的出游行为、意愿、热点旅游景点、路线等信息，为自由行游客提供出游参考信息。

二、研究设计

（一）研究流程

本文借助 web 页面信息提取工具（网络爬虫软件八爪鱼）和文本挖掘工具（Python），对游记文本特征及内容进行研究。首先，通过网络爬虫技术获取研究样本，样本包括用户互动特征数据（如浏览量、点赞量等）和游记的全部文本数据。其次，根据研究对象自定义长城板块旅游地字典。第三，采用文本挖掘工具 Python 对旅游地字典进行分词处理，得到相应的数据集，并统计频次，筛选热门旅游地。第四，对游记文本中的旅游地数据进行有序化处理，建立位置关系，提取旅游线路。第五，对游记文本的重游意愿进行挖掘。

（二）数据来源

本研究利用网络爬虫软件八爪鱼，数据检索时间为 2017 年 12 月 7—8 日，以"山西长城"为关键词检索马蜂窝游记网页，共筛选 575 篇游记，游记时间范围为 2009 年到 2017 年 12 月 6 日。

（三）长城板块旅游地字典构建

本文游记搜寻关键词为"山西"，研究的范围为山西长城板块旅游领域。由于长城板块地市分布范围广，涵盖的地名及景点数量多，笔者将所涉及的地名分为三个层次构建旅游地字典。第一层次为旅游市县。根据2016年11月山西省政府公布的长城保护区段中所涉及的市县名称，包括8市37县，加上省会城市太原，一共9市37县，组成长城板块旅游市县集。第二层次为市县内的旅游景点，包括长城景点和非长城景点，依据山西省旅游网公布的8市的旅游景点构建。第三层次为长城景点，由于长城遗址很多没有准确景点名称标识，往往以一个地段为景点名，且没有一个官方的景点集合，本文根据归纳筛选旅游网站及长城徒步爱好者的游记，整理得出116个长城景点。详见表1。

表1 长城板块旅游地字典构建

类别	内容
旅游市县 （46个）	太原；大同、广灵、浑源、灵丘、南郊、天镇、新荣、阳高、左云；朔州、怀仁、平鲁、山阴、朔城、应县、右玉；忻州、偏关、河曲、繁峙、代县、岢岚、宁武、神池、五台、五寨、原平、保德；阳泉、盂县、平定；晋中、左权、和顺、昔阳；吕梁、兴县；长治、黎城、壶关；晋城、高平、陵川、泽州、沁水
市县景点 （212个）	大同：云冈石窟、悬空寺、恒山、华严寺、善化寺、九龙壁、新平堡、平型关、万人坑、得胜堡、白求恩医院遗址、桃花山、晋华宫、乌龙峡、广灵剪纸、大同城墙、方特 朔州：应县木塔、苍头河、广武城（新广武、旧广武）、杀虎口、南山、李林烈士陵园、净土寺、广武汉墓、安太堡、金沙滩、西口（右玉国家生态旅游示范区）、崇福寺、南山公园、北固山（凤凰城）、释迦塔、杨家 忻州：五台山、雁门关、芦芽山、老牛湾、晋察冀军区司令部、禹王洞、白求恩纪念馆、娘娘滩、佛光寺、五峰山、万家寨、忻口、边靖楼、顿村、台怀镇、杨衮祠堂、齐村、阿育王、南禅寺、五寨沟、西河头、徐向前纪念馆、代县文庙、阎锡山纪念馆、赵杲观、前郝村、凤凰山、天柱山、云中河、汾河源头、情人谷、万年冰洞 阳泉：藏山、百团大战纪念馆、石评梅故居、狮脑山、娘子关、关帝庙（老爷庙）、药林寺、固关长城、冠山、翠枫山、桃林沟、大汖温泉、银圆山庄

412

续表

类别	内　　容
市县景点（212个）	晋中：平遥古城、乔家大院、绵山、王家大院、梅苑南山、榆次老城、曹家大院、张壁古堡、乔家堡、常家庄园、方山、尹灵芝纪念馆、龙口、渠家故居、双林寺、乌金山、麻田、祆神楼、平遥文庙、资寿寺、孔祥熙故居、后沟、城隍庙、张壁古堡、大寨、票号博物馆、镇国寺、双林寺、榆社、三多堂、龙泉、静升镇、县衙、后土庙、红崖、石膏山、莲花岩、龙泉、圣母、祁寯藻、明乐庄园、王家庄园 吕梁：碛口、北武当、玄中寺、黄河奇湾（第一湾）、杏花村、四八、母亲峰、刘胡兰、刘志丹、庞泉沟、神龙沟、贺昌、白龙山、贾家庄、天宁寺、华国锋、石楼山、卦山、苍儿会、武则天、汉画像石、三皇庙、孝河国家湿地公园、果老峰、抖气河、胜溪湖、金龙山、于成龙 长治：太行山、红豆峡、黑龙潭、张家凹、观音堂、太行水乡、龙门寺、神龙湾、老爷山、大云院、天脊山、西沟村、百草堂、仙堂山、天台庵、潞宝集团、法兴寺、八路军总部、黄崖洞、灵空山、金灯寺、砖壁村、潞安府城隍庙、岳家寨、王家峪、北村、太行龙洞、通天峡、大河古村、五凤楼、老爷山、洗耳河 晋城：皇城相府、蟒河、沁水、孙文龙、九女仙湖、珏山、西文兴村、青莲寺、丹朱岭、皇城村、锡崖沟、历山、山里泉、郭峪古城、析城山、砥洎城、炎帝陵、三都古城、王莽岭、开化寺、柳氏民居、羊头山石窟、赵树理、玉皇庙、东四义村、海会寺、锡崖沟、姬氏老宅、棋子山、大粮山、天官王府
长城景点（116个）	滑石堡、八墩、八台子、白草口、白羊口、柏杨岭、保德、北隘、北高庄、北楼、边墙五堡、茨沟营、大河堡、大石口、大水口、得胜、地椒峁、东阳关、二十一墙、方山、凤凰城、固关、关河口、管涔山、河曲营、鹤度岭、恒山、猴儿岭、护城楼、护宁寺、滑石涧、桦林、黄草梁、黄花山、黄沙口、黄榆关、黄泽关、箭牌楼、将军峪、荆庄、旧广武、拒墙堡、峻极关、狼牙口、狼峪、老牛湾、老营堡、了角墩、李二口、利民堡、凌云口、龙泉关、龙山、楼子营、乱岭关、罗圈堡、马兰口、马岭关、马市楼、摩天岭、娘子关、宁武关、牛帮口、牛槽峪、牛食尧、盘道梁、平胡墩、平型关、平远头、破虎堡、荞麦茬、圈马堡、茹越口、三十二、杀虎口、十九墩、十三边、石梯隘、守口堡、水磨口、水泉营、寺沟、田庄、团城、万家寨、王家窑、威鲁堡、五花城、西河口、夏营、小石口、新广武、新平堡、兴旺坡、徐氏楼、薛家凹、巡镇、丫角山、雁门关、阳方口、野猪口、右卫城、右玉、榆林口、月华池、云石堡、张其沟、长城梁、长城乡、镇川口、镇江营、镇宁楼、支锅岭口、竹帛口、助马口、左云

数据来源：根据公开资料整理

（四）数据处理方法

一是热门旅游地筛选。根据游记中出现的频次进行分析，得到各个景点的热门程度。二是热门路线筛选。游记中任意相邻的两个热门旅游地的相对位置，作为一条旅游地路线段（如太原—大同），对游记中出现的旅游地路线段进行频次统计，筛选出热门路线。三是，重游及推荐意愿筛选，以关键词"推荐""还来""再来""还想来""还会来"进行名词筛选。

三、研究发现

（一）用户互动行为

借助网络爬虫软件八爪鱼对575篇游记的浏览量、评论量、收藏量、点赞量和分享的数据进行整理，统计后分析用户的互动行为，详见表2。从表中可以看出，马蜂窝网上关于"山西长城"的游记浏览量均值达到2281.5次，最高的游记浏览量为42608次，浏览量集中在1000~4999次区段，游记的评论量均值为15.2次，收藏量均值为8.1，点赞量均值为44.5，可见游记中用户的使用及活跃度较高。游记的分享量均值为0.9。其中分享量指的是分享到马蜂窝以外的社交媒体，如新浪微博、QQ空间和微信。可见，关于马蜂窝上山西长城游记与其他社交媒体的互动程度不高。

表2 游记的浏览评论收藏点赞分享数据分布情况

	划分标准	>10000	5000~9999	1000~4999	500~999	<500
浏览量	游记数	18	34	290	106	127
	占比%	3.1	5.9	50.4	18.4	22.1
	最大值	42608	最小值	23	均值	2281.5
	划分标准	>300	100~299	25~99	1~24	0
评论量	游记数	2	10	62	420	81
	占比%	0.3	1.7	10.8	73.0	14.1
	最大值	424	最小值	0	均值	15.2
	划分标准	>300	100~299	25~99	1~24	0
收藏量	游记数	0	5	27	467	76
	占比%	0.0	0.9	4.7	81.2	13.2
	最大值	277	最小值	0	均值	8.1
	划分标准	>100	50~99	10~49	1~9	0
点赞量	游记数	36	35	213	271	20
	占比%	6.3	6.1	37.0	47.1	3.5
	最大值	4595	最小值	0	均值	44.5
	划分标准	>15	10~14	5~9	1~4	0
分享量	游记数	0	6	21	188	360
	占比%	0.0	1.0	3.7	32.7	62.6
	最大值	13	最小值	0	均值	0.9

（二）出游时间分布

由于不是每篇游记都详细记录准确的出行时间，且游记文本中提到的出行时间格式不固定、时间顺序凌乱，人工或者计算机获取此类数据都比较困难。考虑到游记的撰写一般都在出行后的一到两周内完成，故笔者认为，游记发表时间一定程度上也能反映出游客的实际出行时间。本文根据抓取到的游记发表的时间，反映用户旅行的时间分布情况，如图1所示。从线性趋势线可以看出，出行量随着时间的推移缓慢增长。具体来看，选择10月份、8月份和4月份出行的人数最多，游记数分别为96篇、63篇和62篇，分别占到总数的16.7%、11%和10.8%。从2月份开始人数逐月递增，4月份达到小高峰，5月份到7月份基本持平，8月份开始持续递增，10月份达到顶峰后开始逐月递减。由于游记撰写时间有延迟性，故可以推断，来晋旅游3—4月份和7—10月份为旅游旺季。

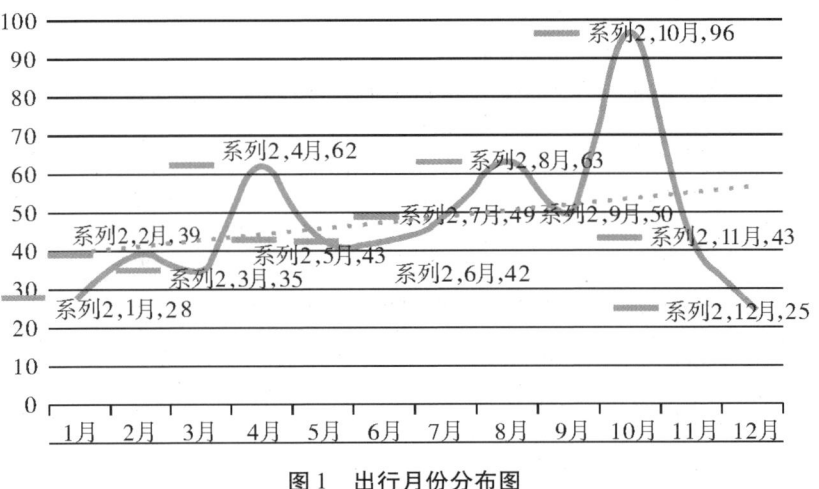

图1　出行月份分布图

（三）热门旅游地筛选

对游记中的热门市县、热门景点及热门长城景点进行频次统计（去重后），如表3所示。在地市的热门排行中，太原、大同以绝对优势分列第一、第二位；热门县排行前三为五台、应县和浑源县。热门景点排行中，平遥古城、悬空寺、云冈石窟分列前三。长城景点中，雁门关、老牛湾、杀虎口和右玉游览热度最高。同其他旅游景点的频次相比，长城景点的旅游热度较低。

表3 热门旅游地频次统计

序号	旅游市县 Top10	频次	旅游景点 Top10	频次	长城景点 Top10	频次
1	太原	395	平遥古城	292	雁门关	64
2	大同	352	悬空寺	260	老牛湾	45
3	五台	171	云冈石窟	244	杀虎口	22
4	应县	134	恒山	198	右玉	22
5	浑源	120	王家大院	194	龙山	18
6	晋中	61	乔家大院	177	娘子关	17
7	忻州	54	五台山	164	平型关	16
8	代县	51	应县木塔	118	得胜堡	15
9	吕梁	51	华严寺	111	新广武	14
10	朔州	47	县衙	106	旧广武	14

(四) 热门路线的网络文本挖掘

根据游记文本中提到的路线，筛选出城市热门路线、热门景点路线和热门长城景点路线。路线频次详见表4。其中，热门的市县路线有，太原大同线。具体为：太原—大同（浑源—应县—五台）—忻州。通过路线分析，两条热门景点路线为：恒山—悬空寺—云冈石窟—华严寺—九龙壁—应县木塔，乔家大院—平遥古城—王家大院。除了这两条热门路线，研究者发现，不少游客选择两条路线间直接切换，如云冈石窟到平遥古城，或王家大院到悬空寺。只针对长城景点的热门景点路线统计中，频次远低于前两个热门路线，得到的热门路线图为：雁门关—新旧广武—宁武关；老牛湾—万家寨；左云—摩天岭—右玉—杀虎口。长城景点较为分散，游览景点集中在2到3个。同时，长城景点路线的频次统计较低，意味着同其他景点比较，来山西长城类旅游景点的旅游人数较少。

表4 热门路线频次表

序号	市县Top15	频次	景点Top15	频次	长城Top15	频次
1	太原→大同	66	恒山→悬空寺	65	老牛湾→万家寨	12
2	大同→太原	62	悬空寺→恒山	57	右玉→杀虎口	9
3	大同→浑源	58	悬空寺→云冈石窟	52	雁门关→宁武关	8
4	大同→应县	53	平遥古城→王家大院	49	雁门关→旧广武	7
5	五台→太原	48	乔家大院→平遥古城	43	左云→右玉	5
6	太原→五台	34	平遥古城→乔家大院	43	新广武→旧广武	5
7	大同→五台	25	云冈石窟→华严寺	40	右玉→三十二	4
8	五台→大同	21	云冈石窟→悬空寺	40	娘子关→固关	4
9	应县→大同	20	悬空寺→应县木塔	38	旧广武→新广武	4
10	太原→浑源	20	华严寺→九龙壁	35	雁门关→平型关	3
11	浑源→应县	19	五台山→悬空寺	29	雁门关→老牛湾	3
12	太原→晋中	19	王家大院→平遥古城	28	固关→娘子关	3
13	应县→太原	18	应县木塔→云冈石窟	26	平型关→雁门关	3
14	太原→忻州	17	王家大院→乔家大院	24	娘子关→方山	3
15	应县→浑源	17	恒山→应县木塔	24	老牛湾→左云	3

（五）推荐及重游意愿的挖掘

以推荐为关键词，对其相关的名词进行检索，如表5所示。从推荐意愿频次表中可以看出，游客明确对"平遥古城""山西""太原""云冈石窟"推荐意愿较高，尤以"平遥古城"的推荐意愿最强，为204次。模糊推荐的吸引物包括"客栈""古城""火车站""景点""味道"等，推荐原因认为"不错"的频次有66次，可见，对于自助游游客,推荐山西的意愿较高。对重游意愿的挖掘中,重游的热门名词为"山西""平遥""太原""博物馆"和"忻州"。重游相关的名词频次如表5。其中,重游"山西"的频次为37次,占据重游首位。值得注意的,"博物馆"和"忻州"在热门旅游地和热门路线中均没有涉及,虽然游览热度不够,但重游意愿相对较高,分别排第六和第七。自助游游客的重游受到"时间""遗憾"和"计划"影响,频次总和达到29。

表5 推荐及重游意愿相关名词频次统计

序号	推荐相关名词	频次	重游相关名词	频次
1	平遥	204	山西	37
2	太原	176	平遥	22
3	客栈	105	地方	21
4	山西	93	游记	21
5	古城	90	太原	15
6	火车站	79	博物馆	13
7	景点	73	忻州	12
8	不错	66	时间	11
9	味道	66	遗憾	9
10	云冈石窟	59	计划	9

结 语

综上,笔者针对长城带旅游的文本分析发现,一是,从旅游的时间分布上看,3—4月份和7—10月份为自由行来晋旅游旺季。建议自由行游客错峰旅游,五六月份山西气候条件适宜,风景优美,景区在推广上应有所侧重，同时景区可考虑在旅游淡季开发节庆类等受季节影响较少的活动作为新的旅游吸引物，为景区吸引更多游客。二是，自由行的热门旅游线路为太原—大同线，热门景点也集中在太原—大同线和晋中大院线。长城板块的旅游线路需多加开发、宣传，扩大影响范围，为游客的游览提供更多选择性。三是，单独长城景点的旅游热度远低于地市的其他景点。建议，后续可深挖长城的人文底蕴，融合历史性的节庆及事件营销，以期让更多的游客了解长城和保护长城。四是，长城景点分布比较散，线路不连贯。这和长城的遗址分布有直接的关系。考虑到长城遗址的保护问题，景点的开发可以从旅游线路的通达性入手，如构建方便快捷的交通网。

晋北地方神灵崇拜建构中的"长城记忆"猜想
——以原平、代县扶苏、蒙恬崇拜为中心

山西大学历史文化学院 贾亿宝 杨永康

今忻州地区的雁门关及其周边地区,长城文化在长达两千余年的时空叠加中不断累积,呈现出丰富的多元色彩,但并非所有历史真实都被民众广泛演绎、宣传开来,我们可以称呼这类文化为"长城记忆"。原平、代县位于雁门关以南,是古代雁门关防御体系的重要组成部分。春秋战国时期,雁门地区便是中原文明与北方游牧民族对峙的前沿阵地,战国时期赵长城便率先建筑于此,李牧在勾注塞关隘屯兵驻守,秦代更是属于蒙恬大军增筑长城的管辖范围内。其中在原平、代县地区,扶苏、蒙恬文化以及部分传说遗迹的留存相当丰富。扶苏、蒙恬传说与遗迹以及祭祀活动集中的场所,公认是"上郡"所在的陕西地区,但相关传说并不局限于此地,大部分是在口口相传与记述中不断演绎的结果。[①] 本文深入探讨忻州地区原平、代县一带的扶苏、蒙恬文化,对其相关遗存与相关记载形成的"长城记忆"流传过程做初步阐述与猜想,以求进一步明晰其流传实状,求教于方家。

相关记载主要保存在历代地方志书中。今日原平在明清时属代州府管辖,而现今的代县为当时的府治所在,因此,代县内容在《代州

---

① 张玉:《神话历史:介于祠堂与神庙之间——秦晋两地扶苏"故事"的人类学考察》,《百色学院学报》,2014年第6期。

志》中以府城视角为主，崞县相关内容则在历代《崞县志》①中详载，周边乡村具体情况不详。明清时期，还有《山西通志》《大清一统志》等志书收录相关内容。因条件所限，暂主要以上述志书为主梳理相关记载与传说，不足之处待逐步弥补。

相关庙宇一般简称"太子庙"或"将军庙"，全国其他地区也有不少，但未必为扶苏、蒙恬。陕西相关庙宇与原平代县无确切联系记载。在原平一带，虽然官方记载皆为"××山神庙"，但最终民间皆简称两者为"大王庙"②，只因两庙祭祀对象一般被称作"崞山大王"和"柏枝大王"，相关庙会也被简称为"大王庙会"。代县则称"太子庙或太子祠""蒙恬祠"，并无其他说法。

一、原平扶苏、蒙恬文化传说与方志记载情况

原平，至少汉代已存。崞县，原位于现在的大同浑源县境内。西晋永嘉五年刘琨迁徙雁门关以北五县民众内徙雁门关内，始侨置崞县，隋代废原平县，仅存崞县，之后县治所辖区域屡经分合变迁，但宋元至明清时期，原平一带主要以崞县为名。③ 境内有扶苏庙和蒙恬庙各一座，皆在现在原平西北部大林乡所辖地区，黄土沟壑丘陵地带与石质山崖接壤处。扶苏庙建在西神头村，蒙恬庙建在南神头村（现名迎新村）④。扶苏庙亦称柏枝神庙、柏枝大王庙、柏枝寺，以有一块

---

① 明清时期《崞县志》有五次主要编纂，明代嘉靖版《崞县志》仅国图有藏录，万历版佚失，现存主要为乾隆版与光绪版。本文主要立足于乾隆版与光绪版记载，嘉靖版内容尚待查证。参见《原平史鉴》编委会编：《原平史鉴》，三晋出版社，2009年。

② 同样也有其他庙宇简称"大王庙"，并非独有称呼。

③ 蔡顺田：《雁门内外两崞县溯源》，《忻州日报》，2012.02.12（003）。另有部分相关考述，参见《原平史鉴》编委会编：《原平史鉴》，三晋出版社，2009年，第38页。

④ 扶苏庙在旧有遗迹的基础上，在2011年完成重建，并修建有文化墙。迎新村（南神头村）附近的蒙恬庙，1966年被彻底毁坏，仅剩三面土崖、两条窄沟、一道细沟。新时期以来，崞山寺在当地村民组织下，开始重新建设，为完全新修建筑。

柏枝花纹神石得名；蒙恬庙亦称崞山神庙、崞山大王庙、崞山寺，因所在地别名为崞山得名；二者相距5里左右，周边还有其他相关遗迹传说留存。在蒙恬庙和扶苏庙所在的大林乡，还有三个紧邻的村庄，叫中、南、北苏鲁（路），三苏鲁村是去西神头扶苏庙的必经之路，传说就是因为扶苏从龙宫村去西面的西神头村时路过的地方，所以叫苏路（后改为苏鲁）。龙宫村，相传是太子扶苏曾经居住过的地方，后世百姓便以"龙宫"称之。该村后面即是太子崖。马圈村与龙宫村紧邻，相传是蒙恬大军屯集军马之所，故名。红池村，相传扶苏自刎后染红了此地的池水，遂得名。传说扶苏、蒙恬正在崞山下巡视，接到赐死诏书后，扶苏、蒙恬自杀。蒙恬死后，蒙恬战马跑上崞山山顶纵身投了下去，所以，崞山又叫马头（投）崖。后人即在马头崖下建了蒙恬庙。浮图寺村则以太子庙会为主。以上为当代传说与遗迹。[①]明清时期，方志修纂兴起，明代方志中的记载较为简略，其详细记载主要在乾隆版《崞县志》与光绪版《续修崞县志》中。

对于崞山、柏枝山、马头崖，康熙版《山西通志》仅有"崞山，汉以此名县，上有崞神庙，左有甘露池"[②]等一般记述。雍正《山西通志》中，列出了崞山上面有崞山神庙及与之相关的历史访迹，大段引用了宋代崞县人士张忱撰写的《崞山神庙碑》中的传说记载。[③] 清乾隆《崞县志》载："崞山，西南三十里……县以此山名，为邑之主山。上建秦将军蒙恬庙，敕封崞山大王，山前三里许，石上马蹄痕传为蒙恬遗迹也。"此处认为"县以山名"，自宋代当地人即有此误会[④]，其实应是崞县侨置在此后同时出现"崞山"，用以寄托原雁北崞

---

① 以上部分内容参见原平工人文化委员会编：《崞风》，内部出版物，2016年。
② 康熙《山西通志》卷5《山川》，收于《中国地方志集成·省志辑》，凤凰出版社，2011年，第129页。
③ 雍正《山西通志》卷26《山川》，收于《中国地方志集成·省志辑》，凤凰出版社，2011年，第520页。
④ 乾隆《崞县志》卷6《艺文》，第239—241页。

县民众怀念故乡之意。柏枝山，康熙版与雍正版《山西通志》皆记载"柏枝山，山石纹类似柏枝"，雍正版多一句诗文，别无其他。清乾隆《崞县志》记载"柏枝山，正西二十五里，山石貌类柏枝，故名。秦太子扶苏庙在焉。"① 此时才多了扶苏庙的记载。对于"马头崖"，光绪版《续修崞县志》附图中，崞山位于马头崖以东。两者应非一地。而"山前三里许，石上马蹄痕"这一遗迹，还在另一处名为"将军山"的地点出现，康熙《山西通志》记载为"将军山，在县东南七十里，上有神庙，庙前石上有马蹄痕"②。此处与崞山神庙一东一西，并非一地，然而事迹相同，不能不怀疑有误代嫌疑。

对于扶苏神庙、蒙恬神庙、陵墓、事迹地，方志记载愈发详细。康熙《山西通志》记载为"崞山神庙"与"柏枝山神庙"，内容简略，仅交代方位。③ 有关崞山寺，清乾隆《崞县志》与光绪《续修崞县志》记载大体相同，个别文字有出入："崞山神庙，在县西南二十五里，崞山西南麓，地名鬼儿坪。神即秦蒙将军恬也。相传肇邑之初，有神兵出入山麓，以助修筑，因立庙报功焉。齐世祖永明八年暨魏孝文时并遣有司谕祭。宋政和五年重修。（明）弘治壬子、（清）康熙己酉，先后补葺，（康熙）二十二年地震，倾圮。雍正初重修。每岁七月初五日致祭。金安阳王尚书无竞工书，尝题'崞山神'三字庙额。元好问宝贵之，刻诸石而为之记，今石刻无存。"④ 此处的记载与雍正《山西通志》中"崞山"与"崞山神庙"的记载大体相同，

---

① （清）邵丰辕、顾弼修，贾瀜纂，乾隆《崞县志》卷1《地理》，收于《中国地方志集成·山西府县志辑14》，凤凰出版社，第181页。光绪《续修崞县志》增加"八景之一"记载，按通志内容补充后魏（北魏）高宗兴安年间途经崞山以及行猎事迹，事见第333页。

② 康熙《山西通志》卷5《山川》，第129页。

③ 康熙《山西通志》卷9《祠祀》，第231页。

④ （清）赵冠卿、龙朝言、潘肯堂纂，光绪《续修崞县志》卷2《建制志·坛庙》，第369页。此处为光绪版记载。乾隆版中，仅在"秦将军蒙恬"与"因助筑"，"其迹"与"石刻"等词表述上有出入，殊无大异。

更为简略，来源应当都是该庙所立碑刻中的史料。《山西寺庙大全》中，对此仅记载其古代修葺经历，未指出其当代被拆毁过程，认定其遗址尚存。① 对于扶苏庙，雍正《山西通志》载："柏枝神庙，在柏枝山，祀苏鲁都，宋建明时，七月二日有司致祭。"② 此处"祀苏鲁都，宋建明时"文意不明，与其他记载印证，疑是笔误。与乾隆《崞县志》："柏枝神庙，在县西二十五里柏枝山。宋建隆中建，元至正二十三年、明正德六年、（清）雍正十一年相继重修，有司岁以七月二日致祭焉。"③《大清一统志·代州志》采用县志记载，并无大异。《山西寺庙大全》中将其登记为"柏枝神庙"，记载其古代修葺经历，对其现状记述为"坍塌"④，2011 年前后完成重建。

有关陵墓，仅有"扶苏墓"与太子崖在同一地的记载在列。雍正《山西通志》："秦太子扶苏墓，相传在县西南四十里，其高若陵，草木旋绕，农不忍耕，樵不忍采，乡人每岁春秋致祭。"⑤ 乾隆《崞县志》仅记载："秦太子扶苏冢，在县西南四十里太子崖。"⑥ 光绪《崞县志》则写"秦太子扶苏墓，在县治西南六十里太子崖，其地草木旋绕，农不忍耕，樵不忍采，乡人每岁春秋致祭。"⑦ 志书中出现了距离变更的问题，有可能是后期重新核实更改。有关太子崖，康熙版《山西通志》有关"崞县"的记载："在县西南六十里，因扶苏赐死于此，又名杀子谷。"⑧ 光绪《崞县志》："太子崖，相传秦太子扶苏驻军于此，石城故址犹存。"⑨ 太子崖处被解读为扶苏驻军地，并有石城

---

① 白清才等编：《山西寺庙大全》，山西经济出版社，1995 年，第 306 页。
② 雍正版《山西通志》卷 167《祠庙》，第 466 页。
③ 乾隆版《崞县志》卷 4《坛庙》，第 225 页。
④ 《山西寺庙大全》，第 307 页。
⑤ 雍正版《山西通志》卷 174《陵墓》，第 605 页。
⑥ 乾隆版《崞县志》卷 4《古迹》，第 230 页。
⑦ 光绪《续修崞县志》卷 1《舆地志·陵墓》，第 345 页。
⑧ 康熙《山西通志》卷 5《山川》，第 129 页。
⑨ 光绪《续修崞县志》卷 1《舆地志·山川》，第 333 页。

遗址。此处现为龙宫村驻地，太子崖下确为山石峡谷，曾被认为是阳武河源头，后改源头为阳武峪口，但扶苏墓具体位置何在，现今尚不清楚，也无人实地查探。《大清一统志》中，还有"太子崖"与"杀子谷"在同一地的说法，但不如代县对"杀子"传说的记载丰富。①记载随时代推移而丰富或改动，历史传说在方志书写中的加工痕迹可见一斑。

此外，原平与秦代有关的遗迹，还有石闸口、长城梁两处："石闸口，壁上刻人，相传秦始皇修边，火头三千人。""长城梁，县西四十五里，始于赵武灵王，至秦始皇更增筑也，今遗址犹存。"② 这两处地名，是有关秦代长城修筑与增筑事迹记忆的记录，需要结合考古资料进一步证实。

二、代县扶苏、蒙恬文化传说与方志记载情况

代县临近雁门关，为雁门关后的军事服务重镇，地位重要，并且为清代代州府治所在，下辖包括崞县在内的东五县，名称变化较少，清代主要称为"代州"。境内相关传说主要为杀子河沿岸的蒙恬身亡遗迹纪念地与扶苏庙祭祀传统，传说杀子河沿岸有十八村，村村皆参与蒙恬、扶苏祭祀。

杀子河在代县中北部，为滹沱河北部支流之一，传说即因扶苏在该河畔蒙冤自刎而得名。相传太子扶苏遇难后冤魂显灵，一腔热血冲刷黄土为沟，人们取名赤土沟，赤土沟也称"杀子谷"。其水取名杀子河，也称"恨斯水"，意即痛恨李斯的意思。雍正版《山西通志》："杀子谷，在州东北二十里赤土沟北。相传扶苏死此，中有恨斯水。"

---

① 嘉庆《大清一统志》卷151《代州·祠庙》，四部丛刊续编本，第17页。
② 乾隆《崞县志》卷4《古迹》，第230页。

"恨斯水,源出杀子谷。"① 乾隆版《代州志》略有增补:"恨斯水,源出杀子谷,水声如呼李斯,故后人名之以志恨。"② 对于杀子谷,雍正《山西通志》有载"杀子谷,东北二十里。相传秦扶苏死此,中有恨斯水,水声呜咽。唐陶翰诗:'寨下有遗迹,千龄人共传。'一载,崞县为太子崖。"③ 但是原平太子崖下杀子谷不见文献明确证实。光绪版《代州志》则在"杀子谷"一条仅增加旧志考证,对"恨斯水"一条增加了"出赤土沟北,西南流至平城堡,东左会磨坊水,入滹沱。俗谓秦太子扶苏死于是间。故水声流恨,如呼李斯,殆齐东语也"一段。④ 仅对该河流域细节有所充实。

代县扶苏庙祭祀活动记载不详。康熙《山西通志》记载"扶苏太子祠,在州东二十里,宋政和八年建"。⑤《山西寺庙大全》一书中认定该祠位于门王村,已经毁掉⑥,但乾隆版与光绪版《代州志》均无载。所谓十八村扶苏庙,据说还有十个村落有保存。⑦ 这十八村主要属于代县上磨坊乡⑧。现在结合文献资料与实地探查明确可证的仅有两座。在《山西寺庙大全》记载中,仅有赤土沟的扶苏太子庙被记载,在它的描述中,这座扶苏太子庙的山门、戏台、鼓楼、泥塑均拆

---

① 雍正《山西通志》卷26《山川》,第512—513页。
② 吴重光辑,乾隆《代州志》卷1《舆地》,国家图书馆藏印本,第23页。康熙版《山西通志》对二者补充记载仅为"秦太子死此中""水声呼斯,故后人名之以志恨",见康熙版《山西通志》,第126—127页。
③ 雍正《山西通志》卷60《古迹》,第264页。
④ 光绪《代州志》卷3《地理志》,收于《中国地方志集成·山西府县志辑11》,凤凰出版社,2011年,第300页、第304页。
⑤ 康熙《山西通志》,第230页。原"致和"八年,实为"政和",内容被《山西寺庙大全》一书收录并更正年代写法。雍正版相同。
⑥ 白清才等编:《山西寺庙大全》,第271页。
⑦ 山西省旅游景区志编委会:《雁门关志》,三晋出版社,2010年,第58页。
⑧ 磨坊乡下辖村34个,从北边源头红泥湾村开始,一路下来有赤土沟村、十里铺村、小西庄村、芳昌村(原名大西庄村)、神涧村、上门王村、下门王村等村庄,但并未达到18个,显然还有其他周边村落参与。《雁门关志》列举有保留扶苏太子庙的村落中,还包括雁门关乡的韩曲村,数量与名称不对应,因此具体情况不明,第58页。

毁于"文化大革命"时期，至少在1995年还仅存正殿、朵殿、配殿三间主体建筑被学校占用。① 奇怪的是，现存的芳昌村扶苏太子庙形制完整，按理不该被遗漏。其余更不必说，管见所及史料并无相关记载。此地据称有扶苏陵，方位在小西庄村村北2.5公里处，曾被盗，但史料中并无明确记载。②

　　至于蒙恬，主要是与墓地遗址相关的传说和蒙恬庙的记载。雍正《山西通志》中提到蒙恬墓："秦内史蒙恬墓，相传在州东二十里。筑城于代，没而葬焉，庙存。"③ 乾隆、光绪两代《代州志》均有"蒙恬死葬于代"的记载，嘉庆《大清一统志》中有"代州城东二十里的蒙恬祠"一语，与"扶苏太子祠"在同一方位。但是"蒙恬庙"或"蒙恬祠"等名称，不见于其他记载与民间遗迹留存。《山西寺庙大全》中，则记载有门王村已经荒废的"门王寺"，认定始建年代不详，估计便是与蒙恬相关的寺庙。④《代县地名录·门王村条》载："因蒙恬将军死葬此地，故名蒙亡，后嫌不雅，以谐音和村中王姓居多，改为门王。"⑤ 就现在来看上门王村、下门王村拥有"蒙亡"地遗址传说与蒙恬墓（据说在上门王村东）遗迹。门王（蒙亡）村为纪念蒙恬取名。上门王村东有一封土堆曾立有"蒙恬之墓"石碑，在"文化大革命"中墓碑丢失，土堆被铲平，后来有人在土堆原址植树一株，成为现在辨认的标志。

三、扶苏、蒙恬传说的历代考证与文人书写

　　按正史记载，秦朝大一统时期，秦将蒙恬领兵屯驻北方，尤其是

---

① 白清才等编：《山西寺庙大全》，第270页。
② 曾有新闻报道，新华网：《"搜刮"扶苏陵、破坏七郎墓，山西代县盗墓贼猖獗》，2001年10月16日。
③ 雍正《山西通志》卷174《陵墓》，第604页。
④ 《山西寺庙大全》，第267页。
⑤ 见代县史志办公室编印，《代县地名录》，内部出版，1980年。

驻扎在"上郡"(今陕西绥德)。史载"秦已并天下,乃使蒙恬将三十万众北逐戎狄,收河南。筑长城,因地形,用制险塞,起临洮,至辽东,延袤万余里。于是渡河,据阳山,逶蛇而北。暴师于外十余年,居上郡。"①"上郡"一直被认定在现今陕西榆林一带,即现今山西河曲保德西向的黄河西岸以西区域,毫无争议。但蒙恬军的活动范围显然沿长城一线展开,并不局限于上郡范围内。秦始皇死,胡亥谋立,杀蒙恬之弟蒙毅于"代",《史记正义》指"今代州也"②,"代州"所辖区域也久经变迁,并非准确定点于今日代县一带,但蒙毅正是在前往北岳恒山"祷山川至代",在返回途中遇害,现今代县一带正在"代州"辖区,也在返程路线当中,因此相关遗迹与故事的留传并非空穴来风。事实上,在清代各个版本志书修纂过程中,对相关事迹的考证就已开始。同时也可从相关诗文中,一探历代以来至少是清代文人对此历史记忆的感怀与文中反映的环境变迁,了解当地扶苏、蒙恬文化的影响力。

对原平扶苏庙与扶苏墓的考据。清乾隆《崞县志》"秦太子扶苏冢"一条的按语中,纂修者参阅《史记》,否认了此墓与扶苏有关,认为应为后人附会:"按《史记》,扶苏死于上郡,在今陕西延绥地,非崞境也,此系后人附会。"③清光绪《续修崞县志》再次对此提出疑问,差点删去这一记载,但最终保留下来:"按《史记》,太子扶苏死于上郡,在今陕西延绥地。前志载此,未知何据,姑仍之,以俟参考。"④

对于崞山神庙,乾隆《崞县志》卷六《艺文》中,首先即收录前文提到的张忱撰写的《崞山神庙碑》和金代元好问撰写的《崞山神额刻石记》。张文中只记载了"神兵相助鬼儿坪"的传说事迹,并未

---

① 《史记》卷88《蒙恬列传》,第2565—2566页。
② 《史记》卷88《蒙恬列传》,第2568页。
③ 乾隆《崞县志》卷4《古迹》,第230页。
④ 乾隆《崞县志》卷4《古迹》,第230页。

指出蒙恬事迹，马头山也只是山崖形状与马头相似得名，而且当时崞山神灵并未列入地方祀典。元文也无一字提到"崞山神"所指神灵为何人，因此在金代也应尚无相关传说。① 从这些碑文资料看来，相关传说与附会不会早于金代。嘉庆三年崞山寺失火，邑人贾晖撰写的《重修崞山寺神庙碑记》中，也通过翻阅《史记》认为记载明确，并非死于此地。但其并非考证，重在抒发自己对蒙恬、扶苏多灾多难与"为人御灾"的感慨。② 清代冯立的《扶苏庙》则有如下描写："神头分东西，相隔十余里。扶苏与蒙恬，此地同赐死。雄关萦百二，长城绵万里。古殿高巍峨，直矗层峦起。松柏郁苍苍，流泉清澈底。宫门盘磴磴，厥中衣冠伟。貌像尚如生，烈烈忠义鬼。春秋存馨香，千年昭堙祀。为问期高辈？奸魂何依倚。"清代崞县人兰尔潜的《崞县赋》中，也有"秦城崒嵂，太子留芳"句，就是取材于秦代"长城梁"和扶苏"太子崖"相关记载。③

对于代县蒙恬扶苏的考证与历史记忆描写，唐代诗人胡曾则有《杀子河》"举国贤良尽垂泪，扶苏屈死戍边时。至今谷口泉呜咽，犹是当年恨李斯"诗文。还有唐代诗人陶翰的《经杀子河》一诗，其中有"扶苏秦帝子，举世称其贤……塞下有遗迹，千古共人传"等语。④ 这两首诗在《山西通志》与《代州志》中出现，若不见于其他唐代文集，也无法与其他唐人诗互证，其可靠性值得怀疑。

对于蒙恬墓，《山西通志》的纂修者在对原平"太子崖"又名"杀子谷"的考据中，首次对代州扶苏、蒙恬遗迹的传说根源定位为蒙毅："《史记》：毅祷雨山川，还，系于代。代州扶苏、蒙恬诸迹当改蒙毅，恨斯杀子当入上郡阳周，今延安府。"⑤ 对"杀子谷"传说

---

① 乾隆《崞县志》卷6《艺文》，第239—241页。
② 《原平史鉴》，第291页。
③ 光绪《续修崞县志》卷8《艺文》，第582页。
④ 乾隆《代州志》卷1《舆地》，第21页。
⑤ 《山西通志》卷26《山川》，第521页。

则定位为上郡阳周延安府,排除故事在代州发生的可能性。光绪版《代州志》增加的旧志考证与此相同。① 当代人也有认同蒙恬墓即蒙毅墓的探讨论证,但也属于推测,无法确切证实。② 明代代州人王钥《扶苏祠》记载:"古城东北二十里,有土泥湾,始皇死,李斯与赵高写始皇诏立胡亥为太子,赐扶苏死。扶苏发书泣即自杀,后人怜之,建祠蒙恬墓旁,春秋祀焉。"③ 王钥归乡后游历代州当地,进入扶苏祠,有感而发,这一描写生动具体,显然是对相关传说的总结。清代当地文人在文化怀古中,主要认为此地有蒙恬墓。明代李濂《雁门关》诗中,有"晴云白草蒙恬墓"的描写,清代陆耀《雁门怀古》诗中,有"秋阴狐火蒙恬墓"一句。④ 民国时期,开始出现对蒙毅在此处活动的认识,民国代县人、筹编《代州志》的张友桐在《广武古城》一诗中,有"毅死沙丘祷"一句,在对雁门关外广武城的凭吊怀古中引用这一典故,至少是对"毅死于代"这一史实的认同。

四、蒙恬、扶苏崇拜的"长城记忆"猜想

有关秦扶苏、蒙恬信仰崇拜最集中的区域,除了陕西地区,就是在忻州市原平(旧称崞县)、代县一带。即便故事有可能张冠李戴,尚未证实秦时期此地郡治与属县确切遗址所在,但以原平、代县为核心区域,拥有丰富的秦文化扶苏、蒙恬传说与景观遗迹,与蒙恬"筑长城"、蒙毅遇害于"代"的文化传说相结合,已然成为该区域"长城记忆"文化的重要内容之一。

蒙恬、扶苏的事迹也是长城历史的一部分,其传说在原平、代县

---

① 光绪《代州志》卷3《地理志》,第300页、第304页。
② 冯湘:《代县"蒙恬墓"真伪考》,《山西档案》,1997年第5期。此文同样被收于《雁门关志》,第796—797页。
③ 王钥:《雁门胜迹稿》。
④ 《雁门关志》,第678、638、642页。

地区的建构与流传,显然可以融入"长城记忆"内涵中去。无论真假,其相关传说已经成为当地文化的一部分。《雁门关志》认为,代县的所谓墓葬遗迹有可能是衣冠冢,有可能是讹传,但遗存与传说如此密集,可知民间对蒙恬、扶苏的同情与怀念。① 但就以上史实记载来说,相关传说故事的形成,诗文的出现也主要是在明清时期。

就长城地域来说,"长城记忆"可以分为"纵向记忆"与"横向记忆"。"纵向记忆"为某一地区长期以来口口相传,千百年来逐渐累积的历史记忆,最终形成文本才会被记录下来,绝大部分细节早已遗失;"横向记忆"则为同一时代下外来记忆的落户生根,两者都在流传中产生走形变化。这并不是说当地记忆的虚假,而是其很可能是一种虚化记忆在流传中逐渐实体化的过程。比如代县的"蒙亡"记忆,假设其存在后,自汉至元时期,始终存在于朦胧的民间历史记忆流传中。直至明代,当地记忆在与外来传说的印证融合下,将"蒙亡"记忆与在长城地带具有巨大影响力的蒙恬结合,实体化为"杀子河"与"蒙恬墓"的记忆,而忘却一般人所知甚少的"蒙毅亡于代"的传说,是十分有可能的。今日代县的"蒙恬墓"可能是"蒙毅墓",因蒙恬名大,被当地人搞混。② 若再继续推测,代县杀子河沿岸当地民户,不排除有陕西绥德原籍,即一般意义上的拥有"扶苏、蒙恬"记忆崇拜的人家流落迁徙在此,将老家记忆与当地记忆融合,形成代县的"蒙恬、扶苏"记忆。就此大胆推测,相关传说主要形成于明代九边城防修筑的繁荣时期。大量的人员往来,也带来了丰富的外地传说落地生根。

至于原平的蒙恬庙、扶苏庙,也是同样道理,崞山大王庙修筑中的"鬼神助力",扶苏庙的"柏枝崇拜",都是某些当地神灵不断具化为具体人物的过程。太子崖地区有屯兵相关记载,很可能在军寨的

---

① 《雁门关志》,第58页。
② 文见冯湘:《代县"蒙恬墓"真伪考》,《山西档案》,1997年第5期。

历代沿用中，形成军人社会中的传说与流传。蒙恬虽然身为齐人、秦将，公认殒身于陕西，但在长城沿线地带，同样也是记忆中的名宦。在康熙《山西通志》中，蒙恬就已经位列大同府名宦，对其"累土为山，植榆为塞"修筑长城的事迹予以肯定。① 当然我们不排除二人真的身殒这一地区，但一切都需要史料来支撑。

还有一个方志编修与影响力问题。在地域记忆流传的影响因素中，还存在着无视这些历史地名与地域的变迁，直接移植当时时空下的"当地"，如早期的"代地"相关记载被直接收入今日代县地区。崞山与崞县的方志记载也是一样，相关材料被方志纂修者不加考辨收入，造成张冠李戴，屡见不鲜。读者若不加辨析，更容易以讹传讹，以假当真。

---

① 康熙《山西通志》卷18《名宦》，第584页。

山西长城旅游发展视角下的地理标志开发与保护

山西大学法学院　叶振韦

2017年9月11日发布的《国务院关于支持山西省进一步深化改革促进资源型经济转型发展的意见》，要求山西省实施产业转型升级行动，积极推进全域旅游示范区建设，推动文化旅游融合发展，打造文化旅游支柱产业。2017年9月20日至23日召开的山西省旅游发展大会，进一步提出要把文化旅游业培育成山西省战略性支柱产业，提出锻造黄河·长城·太行旅游新品牌的战略举措。2017年10月23日至24日，山西省长城旅游片区开发推进会在忻州偏关举办。在此背景下，长城旅游得到前所未有的重视，山西长城旅游正在步入发展正轨。

而地理标志作为一类新兴的知识产权制度，与长城旅游具有一定的契合性。在"锻造黄河·长城·太行旅游新品牌"上升为山西省经济发展新引擎、新支柱的背景下，开发保护地理标志，对促进长城旅游发展，丰富长城旅游文化内涵，促进山西经济转型具有很好的推动作用。

一、山西长城旅游与地理标志

旅游资源的本质特征主要体现在吸引性、经济性和社会生态效益等方面。[①] 长城旅游资源的开发也必须满足这三大特征。而地理标志

[①] 宋子千，黄远水：《旅游资源概念及其认识》，《旅游学刊》，2000年第3期。

具有的经济、政治、文化、社会、生态五位一体的多元价值①决定了地理标志产品符合旅游资源开发的条件要求。

第一，地理标志的地域性与稀缺性决定地理标志产品对游客有足够的吸引性。地理标志产品植根于当地的自然环境与人文环境，受当地的风土民情、知识技艺的影响程度极大，因此具有浓郁的地方特色。地理标志产品的生产高度依赖特定的地域环境，这决定其无法实现大规模批量生产，其产量是有限的，具有稀缺性。第二，地理标志具有经济性。地理标志是商品良好品质和信誉的保障，消费者更愿意为地理标志买单。据统计，同种类的商品，在被认定为地理标志产品后，收购价格普遍提高20%以上。② 有的甚至出现价格翻番的情况。因此，地理标志产品的良好经济价值决定其满足旅游资源的经济性。第三，地理标志具有社会生态等效益。地理标志是一种融集体性与亲农性于一身的知识产权。据第二次全国地理标志调研报告统计，涉农地理标志数量占全部地理标志总数的94.92%。地理标志对于环境的依赖性要求地理标志利益相关者不仅有保护生态环境的义务，也有保护生态环境的权利。开发、保护地理标志因此成为我国实现农业可持续发展的重要途径。因此地理标志具有良好的社会效益。可以说，地理标志是长城旅游开发的优质备选资源。

根据学者评估，山西长城资源集中分布在晋北地区，即大同市、朔州市和忻州市，其中忻州所拥有的长城旅游资源又最为丰富。③ 所以，此晋北三市可被称为山西长城旅游区。截止到2017年12月1日，山西省有地理标志保护产品24件，地理标志证明商标47件，农产品

---

① 赵小平：《中国农产品地理标志法律保护研究》，太原：山西人民出版社，2012年，第6页。
② 赵小平：《地理标志的法律保护研究》，北京：法律出版社，2007年，第32页。
③ 官元慧，韩瑛：《山西省长城旅游资源整合开发研究》，《哈尔滨师范大学自然科学学报》，2012年第3期。

地理标志 116 件，考虑到有 17 件产品获得双重保护①，则山西省已注册和申请的地理标志总量为 170 件。山西长城旅游区地理标志保护产品有 6 件，地理标志证明商标保护产品有 8 件，农产品地理标志保护产品有 31 件。考虑到有 4 件产品获得双重保护②，则山西长城旅游区共有 41 件地理标志。这些地理标志涉及粮油、水果、蔬菜、家禽牲畜、中药材、工艺品等广泛类别。这些地理标志产品是可供长城旅游开发的优质资源。

表1 山西长城旅游区地理标志分布概况

地级市	区县	地理标志保护产品	地理标志证明商标	农产品地理标志产品
大同市③	大同县（国家级贫困县）		大同黄花	
				大同小明绿豆
	广灵县（国家级贫困县）	广灵小米		
				广灵大尾羊
			广灵画眉驴	
				广灵斗山杏仁
	浑源县（国家级贫困县）	恒山黄芪	浑源正北芪	
	阳高县（国家级贫困县）			阳高长城羊肉
	天镇县（国家级贫困县）			天镇唐杏
	灵丘县（国家级贫困县）			灵丘荞麦
	左云县	左云苦荞		

① 这 17 件产品分别是恒山黄芪（浑源正北芪）、红山荞麦、神池胡油、岢岚柏籽羊肉、临县红枣、汾州核桃、山西老陈醋、清徐葡萄、寿阳豆腐干、太谷壶瓶枣、祁县酥梨、平遥牛肉、吉县苹果、大宁西瓜、隰县梨（隰县雨露香梨）、黎城核桃、芮城苹果。

② 这 4 件产品分别是：获得地理标志保护产品与地理标志证明商标双重保护的恒山黄芪（浑源正北芪），获得地理标志证明商标与农产品地理标志双重保护的红山荞麦，获得地理标志保护产品与农产品地理标志双重保护的神池胡油与岢岚柏籽羊肉。

③ 大同市下辖四区七县，其中城区、矿区、南郊区、新荣区四个区目前尚无地理标志产品。

续表

地级市	区县	地理标志保护产品	地理标志证明商标	农产品地理标志产品
朔州市①	平鲁区（省级插花贫困县）		红山荞麦	平鲁红山荞麦
	应县	应县紫皮大蒜		
				应县胡萝卜
			应县陶瓷	
				应县青椒
	右玉县（国家级贫困县）			右玉羊肉
	怀仁县	怀仁陶瓷		
			怀仁羔羊肉	
忻州市②	忻府区			忻州糯玉米 孙家湾香椿 义井甜瓜 忻州香瓜
	原平市			同川酥梨
	代县（国家级贫困县）			代县酥梨
	繁峙县（国家级贫困县）			繁峙黄米 繁峙胡麻油
	静乐县（国家级贫困县）			
	定襄县			定襄甜瓜
	神池县（国家级贫困县）	神池胡油		神池莜麦 神池胡麻 神池胡油 神池羊肉 神池黑豆 神池黍子

① 朔州市下辖两区四县，其中朔城区、山阴县目前尚无地理标志产品。
② 忻州市下辖一区一县级市十二县，其中静乐、五寨、河曲、保德四县目前尚无地理标志产品。

续表

地级市	区县	地理标志保护产品	地理标志证明商标	农产品地理标志产品
忻州市	岢岚县（国家级贫困县）	岢岚柏籽羊肉 岢岚红芸豆		岢岚柏籽羊肉 岢岚红芸豆
	偏关县（国家级贫困县）			偏关小米 偏关羊肉
	宁武县（国家级贫困县）			涔山芥菜 宁武莜麦

二、地理标志对于山西长城旅游发展的意义

（一）增加长城旅游资源种类，保障长城旅游商品质量

从购物心理来说，游客希望购买到的商品应当具有如下特征：一是种类丰富，有新意并能体现当地民族风情的商品。然而当前长城旅游区及其临近区域商品的现状不能令人满意。第一是长城旅游区能够彰显山西地域特色与长城传统文化的商品不多。第二是产品质量缺乏可靠保障。地理标志是自然地理环境与人文地理标志综合作用的产物，地域依赖性强。地理标志对于区域小环境的依赖性决定了地理标志产品的多样性与地方性。同时地理标志的申请、认定有着严格的标准与程序。可以说，地理标志是产品质量与信誉的保障，地理标志产品是能彰显地方特色的典型产品。地理标志产品的加入能丰富长城旅游资源的种类，同时保障长城旅游资源的质量。

（二）丰富长城旅游的文化内涵，弘扬传统文化与地域文化

地理标志产品是自然地理环境与人文地理环境综合作用的产物。许多地理标志产品的质量与声誉除了归因于当地独特的自然环境外，

还与其产地独特的人文环境有关，如材料选择和制作工艺、流程。因此，地理标志背后大都有浑厚的历史文化内涵。长城沿线的地理标志产品是长城文化的载体与象征。

在开发与保护地理标志的过程中，地域文化的精神内涵随之被注入到旅游的环节中。将地理标志产品开发为旅游商品，不仅可以保护、传播地方文化与传统知识，也可以提升山西长城旅游的知名度与文化影响力。将锻造山西旅游新品牌与开发保护地理标志相结合，可以实现文化和旅游融合发展的最佳契合。

（三）增加长城旅游区就业，提高当地居民收入

2017年，山西长城旅游区有18个国家级贫困县，占全省36个贫困县数量的一半。另外还有2个省级插花贫困县。由此可见，山西长城旅游区大部分地区为经济欠发达地区，亟待能够有效拉动就业、增加收入的产业入驻。

地理标志产品的开发、销售能有效地提供就业岗位。这是因为地理标志是一种集体性权利和亲农性权利，在主管机关认定的范围内，生产者的产品只要符合相应质量、声誉及其他特性要求的，均有权使用地理标志。所以地理标志往往能带动一方民众就业。因此地理标志产品在生产加工过程中，能为当地居民，尤其是当地农民提供大量就业岗位。另外，由于具有良好的溢价能力，地理标志产业的开发还能显著增加居民的收入。例如，应县大蒜在被认定为地理标志证明商标之前，存在"有名无牌，有市低价"的状况。在地理标志证明商标注册成功之后，大蒜的需求猛增，价格顺利实现翻番。①

---

① 米玲：《应县紫皮大蒜种在致富的"春天里"》，《中国工商报》，2012年2月24日第2版。

三、山西长城旅游区地理标志产业发展的主要问题

(一) 地理标志分布不均

第一是注册保护类别分布不均。到目前为止,山西长城旅游区的地理标志保护产品有6件,地理标志证明商标有8件,农产品地理标志有41件。可以看出,地理标志分布数量从质检、工商到农业系统依次呈递增之势。放眼全省,也符合这一规律:目前全省的地理标志保护产品有24件,地理标志证明商标有43件,农产品地理标志有116件。可以看出,虽然质检、工商、农业三大行政管理系统均对地理标志提供保护,但是各个系统已注册登记的地理标志数量差异较大,分布并不均衡。

第二是地域分布不均。山西省面积15.66万平方公里,山西长城旅游区面积约5万平方公里,约占全省面积的32%;共有地理标志产品41件,仅占全省比重约25%。可以说长城旅游区所拥有的地理标志占比显著低于面积占比。从长城旅游区内部来看,大部分县区均有一件或一件以上的地理标志,但是也有不少县区的地理标志数量为零。这些县区分别是大同市的城区、矿区、新荣区、南郊区,朔州市的朔城区、山阴县,忻州市的静乐县、五寨县、河曲县、保德县。

(二) 地理标志产品结构不合理

目前山西长城旅游区的地理标志产品以果蔬、粮油等食品类地理标志产品为主,药材类、工艺品类、花卉类地理标志数量稀少。山西长城旅游区的41件地理标志产品中,药材类地理标志产品仅有恒山黄芪、岢岚红芸豆两件,工艺品类地理标志产品有应县陶瓷、怀仁陶瓷两件,花卉类地理标志产品为零。由此引发问题:第一,产品的溢

价能力差。一般而言，药材类、花卉类、工艺品类产品的溢价能力要比纯食品类产品的溢价能力高，二是旅游商品架构单一。

（三）地理标志产品的加工转化率低

食品类地理标志产品大多数为初级农产品，缺乏深加工。产品在收获之后经简单包装就直接出售，这导致产品品种单一、产业链短、产品附加值低、溢价能力差。以广灵小米为例，目前广灵小米的加工方式还停留在简单的"去皮、除杂、包装"的初加工阶段，没有形成多元化的小米系列产品，难以满足旅游者多元化的需求。实际上，小米作为食品原料可供开发的产品类型极为丰富，如目前常见的小米功能性食品就有小米营养粉、小米营养粥、小米饼干等系列产品。此外还有小米黄酒、调料酒、小米陈醋等系列产品可供开发。

（四）地理标志利用、开发状况不佳

这主要表现为：第一，地理标志的利用率不高。由于缺乏长远规划，有些地方在申请注册地理标志时热火朝天，积极性很高。但在申请成功后，对地理标志的利用率却不高。有些地理标志长期受到搁置，无人问津。除平遥牛肉、沁州黄小米等少数产品外，相当一部分获得国家地理标志认证的产品在销售中并未使用地理标志专用标识。这具体表现为两种情况，第一是不使用任何商业标识，将商品直接出售，如偏关小米与繁峙黄米；第二是使用了自有商标但未使用地理标志，如神池莜麦、红山荞麦。

第二，营销能力差。在产品形象上，很多产品包装缺乏设计感，形象较差。更多的产品甚至没有包装，直接以散装形式出售。这样的商品显然无法满足游客审美与炫耀的心理需求。在销售渠道上，很多地理标志产品均在当地自产自销。由于相当一部分地理标志产品生产者仍习惯于自给自足的状态，采取传统的小农生产经营方式。所获产品部分转化为商品出售的,其销售对象也是周边地区居民,而非旅游者。这样自然制约了商品销量及售价的提升。因此,"一等货色、二等包装、三等价格"的怪相屡见不鲜。

第三,地理标志的品牌价值不高。就已申请的地理标志来看,大多数地理标志缺乏长期的培育发展规划,导致山西多数地理标志的品牌价值不高。除少数产品外,大多数地理标志产品并未因荣获地理标志这一头衔而得到太大的经济效益。如在"全国300个最具综合价值量地理标志"中,山西仅有沁州黄小米、山西老陈醋、应县青椒三件产品上榜,仅占上榜名单的1%;并且排名先后为第187位、第197位、第230位,较为靠后。

四、加强山西长城旅游区地理标志开发与保护的建议

(一)加大地理标志的注册申请力度

山西省物产丰饶,素有"地肥水美五谷香"的美誉。与此同时,全省的地理标志数量仍然较少[①],直接限制了可供开发的长城旅游资源的基础。因此,长城旅游区内的地方政府,尤其是尚未有地理标志的县区政府,要高度重视地理标志的价值,重点培育一批优质产品。针对符合条件的产品,政府应积极组织地理标志权益相关者申请地理标志,争取取得地理标志这一知识产权保护的"潜力股"。

(二)重视地理标志的宣传推广

现代社会物质极大丰富,商品种类繁多,好的东西也需要宣传,不然很容易湮没在同类竞品中,所谓"酒香也怕巷子深"。地理标志

---

① 以地理标志证明商标为例,截止到2015年12月,全国地理标志证明商标共2984件,山西省有地理标志证明商标43件,仅占全国的1.4%多一点。

的开发保护也要遵循这一原理。当前一般民众对地理标志的认同度还不如"名牌产品""绿色食品""有机食品"高,这是导致地理标志利用率低、总体经济效益不高的重要原因。所以地理标志的利益相关者以及工商、质检、农业等地理标志行政主管部门要综合利用各种现代化的传媒方式,如电视、报刊、互联网、大型展销会等,积极宣传推广山西省,尤其是山西长城沿线地理标志所蕴含的多元价值与功效,提高地理标志在社会大众心目中的知名度与认可度,缩短地理标志与普通民众之间的距离,扩大地理标志产品潜在的消费群体。

(三)挖掘地理标志的潜在价值

第一,延长地理标志产品产业链。要解决初级产品溢价能力差的问题,就必须丰富地理标志产品的利用方式。所以,延伸地理标志产品产业链,提升地理标志产品的加工转化率,形成多个品种全系列的商品就成为一条提升地理标志产品附加值的良好途径。第二,开发其他类别的地理标志产品。当前山西省的地理标志产品绝大多数为食品类产品,仅有少数陶瓷类手工艺品。符合条件的地理标志权利人应当加大对药材类、花卉类、手工艺品类、纪念收藏品类地理标志产品的开发力度,以增强地理标志产品的溢价能力。第三,实现地理标志旅游资源的立体开发。游客需求的多元化要求地理标志开发必须走向立体融合式的发展,在传统单一的产品交易之外加入更多体验性与文化性的因素。发展长城旅游应当认识到地理标志产品所具有的自然属性与人文属性,挖掘地理标志产品背后所蕴含的长城边塞、军事、农牧、贸易等历史文化元素,在旅游过程中向游客展示地理标志背后的风土与乡俗、技艺与文化,把单一的产品销售发展为产品展览、加工工具展示、生产流程体验等多通道体验地理标志的旅游方式,使旅游者能近距离体验地理标志的魅力,从而愿意为地理标志产品买单。

内蒙古鄂尔多斯市长城的现状、保护、管理与利用

鄂尔多斯博物馆　甄自明

鄂尔多斯高原南端正好是年降水量400毫米上下我国农区与牧区的分界线，自古以来，漠北和鄂尔多斯地区以畜牧业为主的游牧民族与以农耕业为主的中原王朝在这里交往、贸易、碰撞、融合。故而，鄂尔多斯高原分布着多个时代的长城。

鄂尔多斯市共有战国、秦、隋、宋、明五个时代的长城，总长228公里。战国秦长城分布于伊金霍洛旗、准格尔旗、达拉特旗、东胜区，全长94公里。秦长城分布于鄂托克旗、达拉特旗，全长39公里。隋长城存在于鄂托克前旗，全长12公里。宋长城分布在准格尔旗，共有20余座烽火台。明长城分布于鄂托克前旗、准格尔旗、鄂托克旗，全长83公里。

鄂尔多斯市是内蒙古乃至全国长城时代最多、分布最广的城市之一。鄂尔多斯保留着内蒙古唯一的一段隋长城和唯一的一条宋代烽燧线。全市9个旗区中，除杭锦旗、乌审旗和康巴什新区外，其他6个旗区均有长城分布。

近年来，鄂尔多斯市各级党委、政府高度重视文物保护工作，特别是各级文物管理部门，积极开展长城普查和保护工作，取得了很大成效。

一、往年长城研究和保护情况

（一）往年鄂尔多斯长城研究情况

1980年，陕西师范大学史念海教授曾对伊金霍洛旗、准格尔旗境内的秦昭王长城进行了调查，调查成果《鄂尔多斯高原东部战国时期秦长城遗迹探索记》发表于《文物与考古》1980年第1期。

第二次全国文物普查（为鄂尔多斯市的第一次全市文物普查）期间，1985—1987年，伊克昭盟文物工作站调查了明长城、战国秦长城。调查成果发表于国家文物局主编的《中国文物地图集·内蒙古自治区分册》（上、下册）。

1996年，内蒙古文物考古研究所李逸友先生到准格尔旗、伊金霍洛旗南部访查长城遗迹。后来，又考察了东胜区、准格尔旗的一些烽燧遗址，调查成果写成《内蒙古史迹丛考》一文，发表于《内蒙古文物考古文集》第二辑。

（二）往年长城保护情况

长城是祖先留给鄂尔多斯的宝贵遗产和财富。但由于年代久、分布广、里程长，保护长城任重而道远。鄂尔多斯市及之前伊克昭盟各级政府、文化文物部门进行的长城保护工作主要有：

1. 出台长城保护文件

（1）伊金霍洛旗人民政府出台了《伊金霍洛旗秦国长城遗址保护管理暂行办法》，为战国秦长城的管理、保护提供了依据。

（2）1994年，伊金霍洛旗人民政府下发文件《关于将新庙、秦长城遗址列为旗级重点文物保护单位的通知》（伊政发［1994］46号），将伊金霍洛旗战国秦昭襄王长城列为旗级重点文物保护单位，划定1平方公里的保护范围，由旗文物管理所负责管理。

（3）2002年，伊金霍洛旗人民政府下发文件《伊金霍洛旗人民政府关于建立纳林塔秦国长城遗址（战国）保护管理机构划定保护范围和建设控制地带的通知》〔伊政法（2002）6号〕，确定纳林塔秦国长城遗址（战国）保护管理机构为旗文物保护管理所，具体负责该遗址的保护管理工作，纳林陶亥镇人民政府予以协调配合。确定的保护范围和建设控制地带为该段长城南北各1公里，共计2公里，东西两侧各0.5公里为重点保护范围；再向南、北、东、西各延伸0.5公里为建设控制地带。

（4）2006年，鄂托克前旗人民政府下发文件，确定了鄂托克前旗明长城的保护范围为以墙体为基线向外扩展100米，建设控制地带为以墙体为基线向外扩展200米。

（5）2010年，达拉特旗人民政府下发文件《达拉特旗人民政府关于公布第二批旗级重点文物保护单位及其保护范围建设控制带的通知》〔达政发（2010）291号〕，决定战国秦昭襄王长城·敖包梁段（战国）（白泥井镇境内）、秦汉长城·新民堡段（秦代、汉代）（王爱召镇、树林召镇境内）为第二批旗级重点文物保护单位，并划定长城遗迹的保护范围为长城两边各向外延伸200米，建设控制带再向外延伸200米。

2. 保护碑设置情况

（1）1990年，鄂托克前旗人民政府在鄂托克前旗芒哈图村南长城北侧0.21千米处立石质保护碑一块。碑宽1.5米，高1米，厚0.15米，底座高0.5米。

（2）1996年，伊金霍洛旗人民政府在纳林塔长城一段西侧立水泥包砖保护碑一块。碑高1.2米，宽1.5米，厚0.15米，底座高0.5米。

（3）2001年11月18日，伊金霍洛旗人民政府在纳林塔长城3段西北侧立石质保护碑一块，基座为水泥。碑高0.65米，宽1.3米，厚0.1米；基座高0.45米，宽1.5米，厚0.35米。

二、鄂尔多斯长城现状

岁月千年、风雨涅槃，鄂尔多斯境内部分长城已不同程度地受到损坏，长城保护工作形势不容乐观。就目前长城的保护现状而言，由于历史欠账较多，该市虽经多种途径抢救也收效甚微，特别是距离市区较近的长城，保护状况相对较差，破坏相对严重。

经历了长年的风雨侵蚀、山洪冲刷、沙丘掩埋以及昆虫、鼠类、鸟类繁衍生存的损坏，历代居民在这块土地上种地、放牧，以及近现代人为取土、开矿、挖煤、修路、架线、掏洞、种植、放牧、取土石盖房等生产生活的毁坏，鄂尔多斯长城已经是千疮百孔、岌岌可危，保护和研究工作已迫切地提上议事日程。

2012年6月5日，国家文物局公布了全国历代长城总长为21196.18千米，其中包括鄂尔多斯市战国、秦、隋、宋、明等朝代分布于伊金霍洛旗、准格尔旗、达拉特旗、东胜区、鄂托克旗、鄂托克前旗6个旗区约228千米的长城，其每一段长城都已经录入国家文物局长城数据库，都已记录在案。然而，随着鄂尔多斯市经济的快速发展，基本建设已对长城造成了一定的破坏，并将长期威胁长城的存留。经济建设与长城保护的矛盾和冲突已迫在眉睫。其中，达拉特旗、准格尔旗、伊金霍洛旗的战国秦长城正在遭受露天煤矿的严重威胁；达拉特旗秦长城在农村和耕地里慢慢消失；鄂托克旗秦长城正在遭受露天煤矿的破坏；鄂托克前旗隋长城和明长城遭受风雨侵蚀等自然损害较多；准格尔旗北宋丰州长城烽火台多被盗掘。

鉴于近年鄂尔多斯市经济快速发展，露天煤矿等大型基本建设项目不断开工，为摸清长城保存现状，鄂尔多斯市文化新闻出版广电局派遣鄂尔多斯市文物考古研究院组建长城现状调查队，于2014年11

月 4 日—25 日，对全市长城的保存现状尤其是破坏情况进行了全面摸底调查，形成了《2014 年鄂尔多斯市全境长城现状调研报告》。为下一步的保护工作提供了重要资料。

三、近年来鄂尔多斯市长城保护工作

2015 年 8 月 9 日，中共中央政治局委员、国务院副总理刘延东在内蒙古鄂尔多斯市出席第 10 届全国少数民族传统体育运动会开幕式后，主持召开了长城保护工作座谈会。在会上，刘延东副总理传达了习近平总书记对长城保护工作的重要指示。习近平总书记指示："《长城保护条例》颁布实施十个年头了，长城保护工作仍不尽如人意，值得总结反思。长城是中华民族的精神象征，具有独特的历史文化价值，需本着对历史负责，对人民负责的态度，切实完善政策措施，加大工作力度，依法严格保护，更好地发挥长城在传承和弘扬中华优秀传统文化中的独特作用。"指示中对长城保护与宣传事业，对长城科研工作都提出了新的任务与要求，各级文物、长城保护工作部门深感责任重大。

为深入贯彻落实习近平总书记、李克强总理、刘延东副总理关于长城保护工作的重要指示精神和全区长城保护工作会议精神，根据市委、市政府的部署，为全面加强鄂尔多斯市的长城工作，2015 年 12 月 3 日，召开了"鄂尔多斯市长城工作会议"，市人民政府、各相关旗区人民政府、市发改委、市财政局、市国土局、市煤炭局、市文化新闻出版广电局等相关部门负责人出席会议。依据《中华人民共和国文物保护法》《长城保护条例》，按照"落实责任、属地管理"的原则，根据全市长城保护工作的实际，市政府李国俭副市长做了重要讲话，市文化新闻出版广电局曾涵局长对全市长城工作做了重要部署，会上鄂尔多斯市人民政府与长城沿线各旗区人民政府，签订长城保护

工作责任状，吹响了我市加强长城管理和保护工作的号角。

（一）加强长城管理工作

在长城文物保护方面，鄂尔多斯市各级文化文物部门认真贯彻落实《长城保护条例》，主要采取了以下几项措施。一是建立了机构，落实了责任。为进一步加强各旗区境内长城的保护管理力度，按照属地管理的原则，明确了各旗区为长城保护的责任主体，全面负责辖区内长城保护工作，各旗区均成立了相应保护机构，并聘用了一定数量的专兼职文物保护管理员，使这项工作有人抓、有人管。二是摸清了家底，完善了档案。我们对全市境内的长城资源进行了详细普查，掌握了第一手资料，基本建立了资源档案。同时公布了相应的保护范围与建设控制地带，并在长城沿线设立了保护和警示标识，基本实现了保护机构、保护标识、保护范围和记录档案全覆盖。三是加强了宣传，营造了氛围。针对社会各界对长城保护的认识不够、意识不强等问题，在全市范围开展了长城保护相关法律法规的宣传教育活动，重点加强了对长城沿线农牧民的教育，查处了一批因采土、修路等破坏长城的行为。同时，对长城保护人员进行了业务培训。

（二）长城保护措施

1. 设立保护碑、设置网围栏

近年来，鄂尔多斯市各级文化文物部门加大了树立长城保护碑的力度，鄂尔多斯博物馆设置长城保护碑 20 块，准格尔旗文物保护管理所设置长城保护碑 30 块，伊金霍洛旗文物保护管理所设置长城保护碑 16 块，鄂托克旗文物保护管理所设置长城保护碑 22 块，达拉特旗文物保护管理所设置长城保护碑 7 块、禁止施工碑 10 块。鄂托克前旗在明长城两侧设置了网围栏，阻隔了牲畜对长城的踩踏。

2. 开展长城巡查工作

鄂尔多斯市各旗区长城管理、保护、巡查工作主要由各旗区文化局、文物保护管理所进行和实施。各旗区文物保护管理所的文物管理保护工作人员兼任长城管理、保护工作人员，每年定期对长城进行巡查、发现问题、采取措施。各乡镇苏木、嘎查村文化管理员兼任长城管理保护员。另外，各旗区文化局、文物保护管理所在每个有长城分布的嘎查村雇用长城保护员，对长城进行日常巡查，发现情况及时上报。

3. 编制长城保护规划

鄂尔多斯市各旗区文化局、文物保护管理所积极推动和制定长城保护规划编制工作，目前，《伊金霍洛旗纳林塔战国秦长城加固维修保护规划》已经编制完成，《鄂托克前旗明长城保护规划》《达拉特旗秦汉长城抢险加固工程规划》的编制工作也都基本完成。鄂尔多斯全市的长城保护规划编制工作已经提上议事日程，正在积极推进。

四、长城保护建议

2006年12月1日，国务院颁布的《长城保护条例》已经实施。爱我中华，修我长城；保护长城，人人有责。鄂尔多斯长城年代久、分布广、里程长，保护长城工作任重而道远。要保护好长城，使之传至后世，乃至永存。

2012年以来，全国人大和自治区人大已经开展了长城专项文物执法检查工作，取得了很好的效果。鄂尔多斯市市级和旗区级长城专项文物执法检查工作也应开展起来，这样才能更真实地了解长城的现状，才能让各级领导和政府了解长城情况和保存现状，从而认识到保护长城的紧迫感，从实践中重视长城的保护，并进而采取措施。

鄂尔多斯市经济发展起来后，发展文化文物事业已经是建设全面小康社会的重要内容，并且，不用再以牺牲环境、牺牲文物资源为代价换取 GDP 的增长。以历代长城等线性文物为代表的众多的文物遗址，是祖先留给我们的珍贵历史文化遗产，现在，正面临着经济建设项目的巨大威胁。如何保护好文物资源，如何处理好基本经济建设与文物保护之间的矛盾，是衡量和考验我们建设全面小康社会、建设文化强市、建设文物大市的关键所在。

针对长城现状与保护所存在的问题，特提出以下几点建议：

1. 事前评议

政府相关部门认真执行《中华人民共和国文物保护法》《内蒙古自治区文物保护条例》和相关文物保护规定，在露天煤矿、电厂、公路、铁路及其他大型项目建设前，规划部门、建设部门须会同文化文物部门先行论证项目的可行性，在建设项目涉及文物时，妥善处理经济建设与文物保护的关系，既保证文物安全，又不阻断建设项目的上马。

2. 事后督查

各级政府应当定期对下级政府执行《中华人民共和国文物保护法》《内蒙古自治区文物保护条例》和相关文物保护规定的情况进行督查，执行不力的给予通报批评，不作为或明知故犯致使文物遗址遭到严重破坏的，应当追究相关部门及其负责人的责任。

3. 重点保护

对于历代长城、秦直道、各级重点文物保护单位、二普三普文物点等重要遗迹，应当定期督促各级政府责成专人对这些文物遗址的现状进行考察，确认这些文物遗址是否有明确的保护标志，是否有人员保护，是否遭到破坏，是否有建设项目对其形成威胁，这样才能确保这些文物遗址永世长存。

五、鄂尔多斯长城的展示与利用

建议加大长城保护和利用力度的长城段落有：1. 伊金霍洛旗纳林

塔战国秦长城。2. 鄂托克旗巴音温都尔秦长城、乌仁都西石城。3. 准格尔旗北宋丰州故城及其烽燧线。4. 鄂托克前旗明长城。

在这些长城段落附近加大保护和开发力度，具体举措包括：1. 建立长城保护工作站。2. 配备专门保护人才。3. 建设长城展览室。4. 设立由文物部门牵头的长城管理、保护、开发委员会。5. 建设长城保护、旅游开发区。在充分管理、保护和研究长城的基础上，发挥这些长城的文物价值、旅游价值，使长城焕发出充分的历史价值、社会价值和经济价值。

习近平总书记指出要"像爱惜自己的生命一样保护好文化遗产"，刘延东同志部署"进一步提高长城保护水平，更好地传承长城文化遗产"，自治区人民政府多次开会部署和加强长城保护工作。为此，我们必须更快地行动起来，统筹谋划长城规划编制工作；以项目为抓手推动长城保护，实施抢救性保护工程；提升长城保护管理水平，加强长城保护管理机构建设；加强执法监督，营造社会参与氛围，充分利用传统媒体和新媒体，讲好长城故事。在市委、市政府的正确领导和上级业务部门的有力指导下，进一步提高认识，团结协作，锐意创新，与时俱进，为长城保护工作做出新的贡献。

历代长城是祖先留给我们的宝贵财富，见证了鄂尔多斯高原北方游牧民族与中原农耕王朝冲突、交往、融合乃至走向统一的历史步伐，是不可再生的历史印记。在经济、社会飞速发展的今天，我们只有保护好、研究好、利用好鄂尔多斯市境内的古长城，才能使之得以保存，直至永久。

"爱我中华、修我长城""不到长城非好汉"，长城已成为中华民族的象征。包括长城在内的文物古迹都是祖先留给我们的珍贵文化遗产，我们必须保护好、发掘好、传承好，为把鄂尔多斯市建成文物大市、文化强市奠定坚实的基础。

大美太行

从历史地理看太行山精神与民族崛起

复旦大学历史地理研究中心　安介生

山西形势素称"表里山河",东倚太行,西指吕梁。在地理区划上,太行山是山西与河北及河南两省之界山,但是,太行山在中国历史地理上的意义并不止于此。就深入认知山西历史演变以及思考今后山西地方文化的发展而言,关于太行山历史地理的深入研究都是极其重要的。从《尚书·禹贡》开始,太行山就作为一个具有标识意义的重要山脉,呈现于中国历史地理的版图之上。传统时代对于太行山的认知也有一个渐进与整合的过程,其影响与意义也随之扩展。而人们对于太行山的重视与推崇,也有一个从物质的、地理的层面到精神的、象征的层面的过程。古往今来,以太行山为主题的诗歌与文章数不胜数,这些诗篇与文章在一定程度上凝聚成为太行山在中国人心目中特殊的精神价值。

关于太行山文化以及相关历史地理问题的研究,已有不少成果,涉及内容也相当丰富。[①] 在本文中,笔者在历史地理相关文献分析的

---

① 近20年的相关研究成果,参见张建鹏、张惠敏:《论"太行山精神"》,《探索与求是》,1997年第8期;王益民:《用"太行山精神"指导社会实践》,《思想教育研究》,1998年第1期;孙泓洁、苗卫钟:《走进太行山:重回我们的精神家园》,《河北画报》,2009年第8期;段宏振:《太行山脉东西两翼:中原与北方青铜文化互动的重要通道》,《三代考古》(2009年刊);张新斌:《太行山的文化定位与开发的战略思考》,《中原文化研究》,2013年第1期;程人乾:《山西人性格的地理学诠释》,《记者观察》,2015年第6期;王新政:《正本清源说"太行"》,《黄河·黄土·黄种人》,2015年第16期;萧烟:《巍巍太行山:东方文明沃土上的文化名山》,《现代青年》,2017年第9期等。

基础上，结合太行山的地理区位特征，试图从太行山在中国历史地理上的区位价值、太行山与山西的重要地位、太行山的精神文化内涵等几个方面进行分析与说明，为今天重新认识太行山在山西地方史乃至中国文化史上的地位与影响提出一些个人看法，以就正于方家。

一、"天下之脊"：传统形胜意义上的太行山

在中国历史上，太行山的地位与影响不同于通常所谓的"五岳"（有不同说法，其中以泰山、华山、嵩山、恒山、衡山是最通行的说法）。太行山并不是一个独体或孤立的高山，而是一系列巨大山脉的空间组合。太行山大致北起北京市西山，向南一直延伸至河南与山西交界地区的王屋山。人们通常所云"八百里太行"，其实并不十分准确，因为太行山的覆盖面积与历史影响，远不止于此。

太行山的影响，直接反映在中国地貌构造运动之中。中国的构造地貌总体上西高东低，从西到东呈现出十分明显的三个阶梯式地貌形态。第一阶梯是青藏高原，平均海拔在4000米以上。黄土高原是第二阶梯地形的主体之一，平均海拔在1000—2000米之间。第三阶梯就是东部广大的山地丘陵及平原盆地，包括东北平原、华北平原、长江中下游平原以及东南丘陵地带等，平均海拔在1000米以下。而第二阶梯与第三阶梯之间，是一系列的山脉，从西南地区的岷山，向北、向东有巫山、雪峰山、太行山以及大兴安岭。[①]也就是说，太行山系实际上是中国构造地貌中第二阶梯与第三阶梯之间的重要界山之一，处于黄土高原到华北平原之间，对于中国地貌轮廓形成的影响极其重要。

[①] 参见尤联元、杨景春主编：《中国地貌》第二章《地貌构造》，科学出版社，2013年，第20页。

中国古代对于太行山之认知，存在着一个逐步整合的过程①。也就是说，在相当长的时间里，人们限于当时地理认知的水平，其所知"太行山"的内涵及实态，往往只是我们今天所称"太行山"的一部分，并没有形成统一的地理概念。如"太行"之名，出现于中国最古的地理学典籍《尚书·禹贡》之中：

>……导岍及岐，至于荆山，逾于河；壶口、雷首，至于太岳；底柱、析城，至于王屋；太行、恒山，至于碣石，入于海。

在我们今天的地理概念中，王屋、太岳等山脉都从属于太行山系，而在当时人的观察中这些山是分立的、平等的。我们看到《禹贡》所言内容，同样涉及构造地貌问题，而当时的观察范围已相当广大。从壶口、雷首、太岳、底柱，到太行、恒山，然后直连碣石山，以至于东部海域。关于碣石山的方位，有不同说法，或在秦皇岛，或在今朝鲜境内，其中，以今河北昌黎境内碣石山为最通行。而碣石山实际上已通向东北地区，与现代地理学所称"太行山与大兴安岭系列"是基本相通的。很明显，在古人的理解中，太行山实际直通碣石山及海域，并不仅限于今天所说的北京西山，影响更为广大。如《博物志》曰："按太行山而北去，亦不知山所限极处，亦如东海不知所穷。"②唐枢《太行山记》一文云：

>山自北纪云中发宗，行平定州，至上党、辽、沁、潞、泽。衍亘多，起彰、卫、怀三府，南受藩垣中原，自是西奔，为中条，至雷首，东发为燕山，至碣石，左右行皆其托祖，故曰太

---

① 如太行山又称为"五行山"。关于"太行山"之读音，宋人周必大认为："四方声音不同，形于诗歌，往往多碍，其来久矣。如北方以行为形故，《列子》直以'太行山'为'太形'。"参见《文忠集》卷一百七十七《老堂诗话上·南北声音》，《景印文渊阁四库全书》。

② 引自（宋）李昉等辑：《太平御览》卷四〇，河北教育出版社，1994年，第346页。

行。又以介省故,名省曰山之东,山之西。太行,中原之正脉,两腋如华盖。所以冒中原而重其力,惟其起张两脉,故身不自结,而凝为所冒之中,以其行局之宏,非太行不足以当之,而其伊止之所,乃所以为行之地,盖言意也。①

清代著名学者胡渭在《禹贡锥指》卷十一注解中总结了古代人们对于太行山的一些基本认知情况,他指出:

……又按《金史·地理志》云:济源县有太行山,以沁水为界,西为王屋,东为太行。则此山实起于济源(治今河南济源市),盖自河南怀庆府入山西泽州,迤而东北,跨陵川、壶关、平顺、潞城、黎城、武乡、辽州、和顺、平定、乐平,以及河南之辉县、武安,直隶之井陉、获鹿诸州县界中,皆有太行山,延袤千余里焉。林少颖曰:太行在今怀州之北,连亘数州,为河北脊,以接恒岳。程子谓太行千里片石,众山皆石上起尔。《朱子语录》曰:太行山一千里,河北诸州皆旋其趾,潞州上党在山脊最高处,过河便见太行在半天,如黑云然。②

由于缺乏对于中国疆域总体性的地理及地貌知识,古代地理学者都有这样的共识:"天下之山,莫大于太行。"③ 在中原地区人们的心目中,太行山是规模最为宏大的山脉。而"太行,天下之脊"的说法更为流行于天下④。显然,这个"天下"正是当时人们所知道的地理范围。如宋人汪若海指出当时天下形势云:"天下者,常山,蛇势也,秦、蜀为首,东南为尾,中原为脊。今以东南为首,安能起天下之脊

---

① 引自雍正《山西通志》卷二三,《景印文渊阁四库全书》。
② 参见胡渭著,邹逸麟整理:《禹贡锥指》卷十一,上海古籍出版社,1996年(下同),第349—350页。
③ 《禹贡锥指》卷十一,第350页。
④ 《禹贡锥指》卷十一,第349页所引《河图括地象》之文。

哉？将图恢复，必在川、陕。"① 此处"常山"，即为太行山之代称。宋代大哲学家朱熹曾关注太行山，他曾经指出：又"太行山一千里，河北诸州皆旋其趾，潞州上党在山脊最高处，过河便见太行在半天，如黑云然。"② 朱熹作为一代儒学大师，并不是一位地理学家，但是，他通过实地观察及总结前人经验，对于太行山的地位及影响得出了一些较为深入的认识。

  上党，即今潞州（治今长治市），春秋赤狄潞氏，即其地也。以其地极高，与天为党，故曰上党。上党，太行山之极高处。平阳、晋州、蒲坂，山之尽头，尧、舜之所都也。河东、河北诸州，如太原晋阳等处，皆在山之两边窠中，山极高阔（原注：伊川云：太行千里一块石）。山后是忻、代诸州……河东、河北皆绕太行山，尧、舜、禹所都，皆在太行山下。③

  （又）……且太行山自西北发脉来，为天下之脊，此是中国大形势。其底柱、王屋等山，皆是太行山脚。④

朱熹的视角，是以太行山为核心来审度天下形势，很具有启发性。晋西南地区地处太行山之西南尽头，是华夏农耕文明之发祥地，上古帝王都城之聚集地。上党之地为"天下之脊"，居高临下，而"河北"及"河东"（即今山西中南部）都处于太行山之两侧，进而构成了当时"中国"之大形势。地势高耸的太行山地，对于一马平川的华北平原而言，确实在居高临下之势。如元代诗人何中有诗云："黄河西来走东注，太行山高压中土。河山壮观帝王州，万雉城荒土

---

① 参见《宋史》卷四〇四《汪若海传》，中华书局1997年《廿四史》合订版，第12218页。
② 参见《朱子语类》卷二，明成化九年陈炜刻本（下同）。
③ 参见《朱子语类》卷二。
④ 参见《朱子语类》卷七九。

花雨。"① 又有元代诗人周伯琦《过太行山》一诗云：

> 太行苍翠插秋旻，叠岭重关自昔闻。
> 战国东西分晋赵，中原南北带河汾。
> 帝王都邑青青草，豪杰勋名点点坟。
> 鸟道盘空频立马，便从高处望飞云。②

可见，古代哲人及诗人们都已经意识到：巍峨太行山的地位与影响，绝不仅仅限于自然地理层面，更体现在中国历史地理格局的演变之中。

二、形胜镇神州：太行山与山西之区位价值

山西在中国历史上的区位价值，已为现代研究者所高度关注③。而山西的区位价值与太行山在中国历史政治地理版图中的特殊地位是分不开的。中国古代很多学者都在高度推崇太行山的重要地位与价值的同时，也注意到了其对山西形势的影响。如宋代著名哲学家朱熹曾指出："河东地形极好，乃尧、舜、禹故都，今晋州河中府是也，左右多山，黄河绕之，嵩华列其前。"又"河东、河北，皆绕太行山，尧、舜、禹所都，皆在太行下"。④ 又如宋代著名学者洪适在《次韵初望太行山》一诗中写道：

---

① 参见（元）何中撰《读罗时翁燕山行稿》一诗，载于《知非堂稿》卷四，《景印文渊阁四库全书》本。
② （元）周伯琦撰《近光集》卷二，《景印文渊阁四库全书》本。
③ 参见谭其骧：《山西在国史上的地位》，《长水集》（下），人民出版社，1987年；安介生：《再论山西在国史上的地位：基于历史时期地域共同体的初步分析》，载于张有智等主编《陟彼阿丘：首届晋学与区域文化学术研讨会论文集》，科学出版社，2016年。
④ 参见《朱子语类》卷二。

> 层峦逾碣石，形胜镇神州。
> 可惜羊肠险，今包鼠穴羞。
> 天心端有待，人力岂能谋？
> 未老如凭轼，壶浆为曲留。①

笔者提出：历史时期最早对山西形势及区位价值进行全面评估的是金朝著名学者郝经。如郝经评价山西地区的形势云：

> 夫河东，表里山河，形胜之区。控引夷夏，瞰临中原，古称冀州天府，南面以莅天下，而上党号称"天下之脊"，故尧、舜、禹三圣，更帝迭王，互为都邑，以固鼎命，以临诸侯，为至治之极。降及叔世，五伯迭兴，晋独为诸侯盟主，百有余年。汉、晋以来，自刘元海而下，李唐、后唐、石晋、刘汉，皆由此以立国，金源氏亦以平阳一道甲天下，故河东者，九州之冠也。②

可见，山西的区位价值在很大程度上与太行山相关。当然，太行山之地位与影响，更在于其地域扩展范围。如中国古代学者指出：太行山之势直接碣石，即联连燕山，共同形成中国华北地区的一道屏障。这在唐宋时代的政治地理形势中表现得最为明显。在唐朝后期政治地理形势中，上党之地备受关注。如云"上党居天下之脊，当河朔之喉"。③ 如唐人杜牧曾在文中指出："某启伏以上党之地，肘京洛而履蒲津，倚太原而跨河朔。战国时，张仪以为天下之脊；建中曰，田悦名曰腹中之眼。带甲十万，籍土五州，太行、夷仪为其肩关，健马强兵为其羽翼。自逆党专有，仅及一世。颇闻教育，实曰精强……"④

---

① （宋）洪适撰：《盘洲文集》卷五，《四部丛刊》影宋刻本。
② 《河东罪言》，郝经《陵川文集》卷三二，清《景印文渊阁四库全书》本。
③ 唐人李德裕之语，引自郑亚《太尉卫公会昌一品制集序》，《文苑英华》卷七〇六，明刻本（下同）。
④ 引自《文苑英华》卷六五二。

其后，宋人也强调"太行山在怀、泽之间，最为要害"。① 又如宋人罗璧在《识遗》一书中曰："河北以居庸诸关为险，盖居燕百里外，关外名虎北口，即汉上谷郡。其山西连太行，东亘辽海，狼诸胥诸山为襟带，关南北通处，路绕两崖间，风起人行，或为所掀。彭文子谓：隘如线，侧如倾，其峻绝天。其降趋井下，有涧，巨石磊块，凡四十五里，艰折万状。山外寒气，先山南两月。燕之东百里曰榆关，盖自虎北口下，皆乱山层，复至此，循海方有狭径，寔辽东诸州之障阻。昔时守以土，步敌不能入。自石晋割关南十六州，刘仁恭割营、平、滦三州赂契丹，由是北自定武达滦海，千里失险。"② 唐末五代时期石敬瑭割让"燕云十六州"，其实是将太行山与燕山所构成的屏障划归塞北政权，因而华北地区失去了保障，在很大程度上改变了政治及军事地理形势。直到清代，著名学者魏裔介也曾评价道："兹者，登高远眺，览冀、并之形胜。东则太行，蜿蜒绵亘，天下之脊也；西而黄河，奔流浩荡，一息千里。北则云中、雁门，幽燕之屏翰也，南而上党、蒲津，控扼秦豫，势若建瓴……"③ 应该说，太行山对中国地理格局的影响与作用，是持续及难以忽略的。

但是，由于历代认知上的差异，片面夸大太行山的地位与作用，也是不可取的。如宋代学者王应麟称："秦汉之间，称'山北''山南''山东''山西'者，皆指太行。太行在汉属河内郡，壄（野）王、山阳之间，在今属怀州，在天下之中，故指此山以表地势焉。"④ 清代著名学者顾炎武也曾经强调："河东"与"山西"为一地。这些观点都存在着一些认知上的偏差问题。如秦汉时代，"山东"与"山西"的分界线，更应倾向于崤山，而非太行山。又如"山西"得名问题，笔者已在《"山西"源流新探——兼考辽金时期山西路》一文中

---

① 引自（宋）徐梦莘撰：《三朝北盟会编》卷一百三。
② 引自《辽史拾遗》卷十四，《景印文渊阁四库全书》本。
③ 《兼济堂文集》卷八，《景印文渊阁四库全书》本。
④ 王应麟撰，傅林祥点校：《通鉴地理通释》卷二，中华书局，2013年，第25页。

进行了较为细致的探讨。"河东"与"山西"二词，并不是在任何时代都可以换用。作为地区名称的"山西"通行于辽金时代，是以太行山系北端的燕山为基准，多指雁门关以北地区。时至元代，山西与河东出现合并之趋势，元代"河东山西道"的设置，即是明证。①

还要强调的是，笔者在《山西何以成为建都最多的省区之一》一文中指出：山西地处南北之间，是北方游牧区向中原农耕区过渡的桥梁，也是北方民族南迁之孔道。不少北方民族南迁进入山西后消失了，山西也就成为华北地区民族构成最为复杂的区域之一，原来的匈奴族南迁后变成"并州胡"，就是最为突出的例证之一。②就中国自然地理大势而言，在相当长的时间里，北方民族的南迁运动，大多止步于第二阶梯地带，太行山就是其南迁及驻留的南缘。也可以说，历史时期北方游牧民族从蒙古高原或塞外迁入黄土高原还是较为顺利的，并实现了在山西地区的长期驻留。如"稽胡"（山胡）之在吕梁地区③。但是，在向第三阶梯地带迁徙及停驻的尝试与努力，却是异常艰难的，最终往往以惨痛的失败告终。其中，最出名的事例，便有北魏孝文帝改制迁都洛阳与金朝后期的"贞祐南渡"，这些都无疑彰显了太行山在中国政治地理及民族地理格局上的作用与影响。

三、巍巍太行山：太行山与中华民族精神寄托

地理环境决定论，作为世界地理学史上的一种重要理论，很早引起不少研究者的思索、关注以及争论。笔者以为：除却其中过多武断

---

① 参见拙文：《"山西"源流新探——兼考辽金时期山西路》，《晋阳学刊》，1997年第2期。
② 参见拙文：《山西何以成为建都最多的省区之一》，《三门峡大学学报》，2017年第1期。
③ 关于"稽胡"（山胡）在山西的驻留情况，参见拙著《山西移民史》的相关内容，山西人民出版社，1999年，三晋出版社2014年再版。

的论断之外,"环境决定论"所显示出的人类发展与环境之间的相互影响以及客观的、内在的关联,则是无法否认的。如"山居人尚气",明代著名学者王士性的这句名言,代表了中国传统地理学界对于山区环境与区域人群精神素质之间的一种观察与判断①。大约同时代的学者谢肇淛的观点大致类似:

> 山气多男,泽气多女。故山陵险阻,人多负气;江河清洁,女多佳丽。②

必须指出:雄伟壮观的太行山对于人们生活而言,并不完全是福音,其中,纵贯南北的山系对于中国北方交通版图而言,就是一个巨大障碍。太行山路之艰险,很早为人们所熟知,其中,尤以所谓"羊坂路"为最。如宋人程大昌所著《北边备对》曰:"太行山南自河阳怀县(治今河北武陟县),迤逦北出,直至燕北,无有间断也。此其为山不同他地,盖数千百里,自麓至脊,皆陡峻不可登越。独有八处,粗通微径,名之曰陉。居庸关也者,即其最北之第八陉也。此陉东西横亘五十里,而中间通行之地才阔五步。即李左车谓井陉车不得方轨,骑不得成列,其险可以类推也。"③又如明人谢肃曾撰《羊肠坂歌》云:"太行山,天井关,关南关北修坂盘,略似羊肠百里千万折,萦岩络嶂曲穿怀泽间。泽州城南岗阜拥,万牛服箱难引重。绝厓黑入河底深,奇石铁积坡头辣。振衣捫板上青天,时闻啸虎兼啼猿。雄峰四嶂日色薄,大树群撼风声寒……"④明人贝琼也有《太行山谣送靳用中归潞州》一诗云:

---

① 《广志绎》卷二,中华书局,2006 年,第 220 页。
② 《五杂俎》卷五,中华书局,2012 年,第 85 页。
③ 引自(明)陆楫编:《古今说海》卷十,《景印文渊阁四库全书》本。
④ (明)谢肃撰:《密庵集》卷二,《景印文渊阁四库全书》本。

> 太行之山，包燕跨晋兮，拔地千仞谁能踰？
> 天何不铲羊肠九折坂，使人万古方驾而长驱？
> 山寒六月积冰雪，穷猿怪鸟左右时相呼。
> 故人玉女泉头居，北上岂不愁崎岖？
> 朔风吹沙不见塗（途），青天茫茫飞鸟孤。
> 我歌短歌倾酒壶，勿言太行险，人间之险何时无？①

当然，中国历史上描写太行山景色最早、最著名的诗歌之一，要数一代枭雄曹操所作《苦寒行》。古人常云"诗言志"，曹操的这首诗对于太行山文化来讲，是至关重要的。这首诗赋予了太行山一种特殊的精神意义，即不畏险阻、百折不挠的精神。攀登太行山是对人类能力极限的一种挑战与考验：

> 北上太行山，艰哉何巍巍！羊肠坂诘屈，车轮为之摧。
> 树木何萧瑟，北风声正悲。熊罴对我蹲，虎豹夹路啼。
> 溪谷少人民，雪落何霏霏！延颈长叹息，远行多所怀。
> 我心何怫郁，思欲一东归。水深桥梁绝，中路正徘徊。
> 迷惑失故路，薄暮无宿栖。行行日已远，人马同时饥，
> 担囊行取薪，斧冰持作糜。悲彼"东山诗"，悠悠使我哀。②

西晋诗人袁宏也有《从征行方山头诗》一诗曰："峨峨太行，凌虚抗势。天岭交气，窈然无际。澄流入神，玄谷应契。四象悟心，幽人来憩。"③《诗经》里有"东山"诗，但这个"东山"是否指太行山，尚无可考。④而曹操是沛国谯人，即今安徽亳州市人，而袁宏也是阳夏（今河南太康县）人，来自华北及江淮平原地带，他们对于太行山之印象是极其深刻的。作为一代文学家与人中豪杰，曹操用精彩

---

① （明）贝琼撰：《清江诗集》卷五，《四部丛刊》本。
② 《文选》卷二七，世界书局，1935年（民国二十四年），第380页。
③ （唐）欧阳询撰：《艺文类聚》卷七，上海古籍出版社，1965年，第135页。
④ 参见高亨注：《诗经今注》，上海古籍出版社，1980年，第208—209页。

的文学语言道出了太行山之艰难万状，以及不畏险阻、勇攀高峰的精神，为后世所传颂。而正是由于这首诗歌，让"登太行山"成为一种不畏艰辛跋涉，勇于冒难前行的英雄主义的精神象征。

与太行山精神更为密切相关的，是另一则著名寓言《愚公移山》。此则寓言有多种版本，其最早应出于《列子·汤问》。而其所指之山，则无疑是太行山（又称"太形山"）。

> 太行、王屋二山，方七百里，高万仞。本在冀州之南，河阳之北。北山愚公者，年且九十，面山而居。惩山北之塞，出入之迂也，聚室而谋曰："吾与汝毕力平险，指通豫南，达于汉阴，可乎？"杂然相许。其妻曰："以君之力，曾不能损魁父之丘，如太行、王屋何？且焉置土石？"杂曰："投诸渤海之尾，隐土之北。"遂率子孙荷担者三夫，叩石垦壤，箕畚运于渤海之尾。邻人京城氏之孀妻有遗男，始龀，跳往助之。寒暑易节，始一反焉。河曲智叟笑而止之曰："甚矣！汝之不慧，以残年余力，曾不能毁山之一毛，其如土石何？"北山愚公长息曰："汝心之固，固不可彻，曾不若孀妻弱子。虽我之死，有子存焉。子又生孙，孙又生子。子又有子，子又有孙，子子孙孙，无穷匮也；而山不加增，何苦而不平？"河曲智叟亡以应。操蛇之神闻之，惧其不已也，告之于帝。帝感其诚，命夸娥氏二子负二山，一厝朔东，一厝雍南。自此，冀之南，汉之阴，无陇断焉。①

这则寓言的内容似乎早已为人们所熟知，而《愚公移山》一文是已故毛泽东主席在中国共产党第七次全国代表大会上作的闭幕词，与《纪念白求恩》《为人民服务》合称为"老三篇"，影响极大，为中国革命文化建设做出了重要贡献。不过，我们今天重新审视这个故事原

---

① （晋）张湛注：《列子注》卷五《汤问》，岳麓书社版《诸子集成》第4册，第49页。

文,发现有些细节的问题还需要进一步的解释与说明。首先,北山愚公一家面临的最大困难就是太行、王屋二山所造成的严重交通阻隔,"惩山北之塞,出入之迂",因此,北山愚公的主要目的也不是什么"移山"或"挖山",而是平险凿路,通畅交通。"毕力平险,指通豫南,达于汉阴",即从今天的山西南部及东南部起开通道路,直达河南、陕南南部及湖北等地。这在生产力水平相当原始的时代,同样是常人难以企及的浩大工程,从而招致了质疑与讥讽。其次,这则寓言的价值更在于其蕴含的中华民族特有的智慧。面对如此巨大的挑战及难以想象的工作量,"北山愚公"与"河曲智叟"的两种态度相对应,形成了巧妙的对照。北山愚公所为,并非一味蛮干,而具有高度预见性,以子孙接力,积久为功的努力工作来应对看似不可能的任务。其与"水滴石穿""铁杵成针"的精神内涵并无二致。从根本上来讲,不仅在于不畏艰难的勇气,还在于用发展及变化的观点来看待问题及解决问题。而面对现实的困境,智叟则简单持以完全否定、嘲讽及简单回避的态度,正如愚公所言:"汝心之固,固不可彻,曾不若孀妻弱子!"智叟的思维看似明白直接,却存在致命的盲点或明显缺陷,既对于现实的困难无可奈何,无能为力,又要对他人的努力简单否定。没有发展的眼光,更没有坚持的毅力以及承担责任的勇气。这样的生活与认知态度高明吗?客观看待"愚公"与"智叟"的较量,孰智孰愚,似乎已有结果。其三,这则寓言所含英雄主义与浪漫主义的色彩十分鲜明。愚公的精神感动了上苍,命二神背负太行、王屋,这是何等宏大的气魄与勇气!北山"愚公"一家正是智慧、勇气与毅力的化身,最终能够感天动地,改变了自己的生存环境。直到今天,太行与王屋并没有真正搬移到河南及湖北,依然矗立在晋、冀、豫三省交界处,而"愚公移山"的故事却被后世所传扬,甚至成为一个时代的"精神内核"。

四、太行山是中华民族之精神"圣山"

太行山曾经是中华民族发祥与发展的依托,与中华文明的早期发展息息相关。太行山南端直抵黄河中段,"三河"之一——河东地区处于太行、王屋山脚,黄河河曲之地,是华夏文化之发祥地。尧都平阳、舜都蒲坂以及禹都安邑,正是朱熹所云,上古帝王都城都在太行山脚下。而山西在中国历史上的区位价值,又在很大程度上反映在为北方民族的南迁与发展提供了一个缓冲的地带,这同样得力于太行山的支撑。

限于当时的地理认知,在中国古人的心目中,太行山的地位是无比尊崇的,故云"天下之山,莫大于太行"。在现代地理版图上,太行山同样作为第二阶梯到第三阶梯间的界山,发挥着不可忽视的影响。然而,这座雄伟而广大的山脉却给中原地区乃至华北地区的交通制造了巨大的困难。对于历代中国人而言,这座高山所制造的困难与障碍又是无法回避、必须面对与克服的。这就需要刚强不屈的自信与乐观、排除万难的勇气与坚持到底、坚忍不拔的毅力,这也就是我们所说的"太行山精神"。

太行山在中华文化史与民族发展史上影响巨大,是中华民族精神的"圣山",有着十分特殊的象征意义。太行山的价值与意义,更在于其所负有的民族精神寄托。太行山精神,是不畏万难、勇攀高峰的精神;太行山精神,就是"愚公移山"精神,就是"红旗渠"精神。太行山精神的实质,就是面对貌似不可能完成的任务,以无比的勇气,自强不息,目光远大,积久为功,冲破任何阻挡,顽强拼搏,克服一切阻碍与艰险,不达目的,誓不罢休。"愚公移山"的精神实质,意译为英文,可以对应那句熟语:"Impossible is nothing!"即没有不可能的事。

"勿言太行险，人间之险何时无？"① 历史的发展、社会的进步以及个人的前途都不会是一帆风顺，都会存在种种难以预料的风险与困难，需要通过艰苦努力去克服。中华民族的发展，离不开"愚公移山"的精神。我们生活的世界是不完美的，一切美好环境要靠我们自己去创造。任何时代，民族与国家之间的竞争都是客观存在的。近代以来中华民族的百余年抗争史更说明：中国人民正是以"愚公移山"的精神，完成着一件件貌似不可能完成的壮举。我们生存的环境是不完美的，一切的改善，都需要所有人付出最大的努力，而不是简单逃避与推卸责任。世界上也没有一厢情愿的永久和平状态，落后就要挨打，软弱就要遭受欺凌，中华民族的生存与发展，永远要依赖全体国民无畏的勇气与不懈的坚持。只有自强不息，才能巍然屹立于世界民族之林。

---

① 见前引明人贝琼诗句。

历史文化视角下的山西太行山堡寨村落文化旅游开发研究

山西大学历史文化学院　郝　平　刘伟国

山西省太行山区保留有许多传统堡寨村落，在太行山特定的地质地貌环境中，经过漫长的历史积淀形成了深厚的文化底蕴和独特的聚落形态，具有极高的历史文化价值和旅游开发价值。在城市化发展进程中，这些边远的堡寨未得到有效的保护与利用，且面临空心化或者搬迁荒置的尴尬局面。时逢山西省黄河、长城、太行三大旅游板块新品牌塑造期的到来，深挖太行山堡寨村落历史文化内涵，推进堡寨村落文化旅游的开发，对于完善太行山文化旅游产品体系的布局，构建资源复合型的具有综合吸引力的太行山特色旅游品牌具有重要意义。

一、太行山地区堡寨村落的历史文化内涵

堡寨类村落来源主要有两种，一是始终是村落，村民为自卫在村落外围修建堡、寨墙等防御设施而形成的堡寨村落，二是军事性质的屯田卫所、海防卫所等演变而来的村落。二者之间差别的本质是"住"和"防"的关系。堡寨村落虽然修筑了防御性的堡、寨墙等防御设施，但只是以设防为方式和手段，以保障正常的生产生活为主要目的，其物质构成是民居、祠堂、庙观等，是内涵丰富且相对稳定存在的社会共同体。军事性质聚落演变而来的村落正相反，其修筑堡墙首先是作为军事防御设施，待其军事功能丧失后才逐渐演变为乡村或

城镇聚落。本文所说的山西太行山的堡寨村落是第一种类型。

(一) 农耕文化

传统中国以农业立国,农耕文化在中国传统文化中占据主要地位,是培育社会主义核心价值观的重要精神文化资源。太行山堡寨村落所展现的农耕文化表现为两个方面。

一是中国农耕社会时期的"耕读传家"的思想。中国古代一些知识分子以半耕半读为合理的生活方式,以"耕读传家"、耕读结合为价值取向,形成了一种"耕读文化"①。曾国藩就主张"耕读传家"才是长久之计②。"耕读传家"是古代乡村社会宗族文化的重要组成部分,宗族又在中国传统基层社会起着社会管理的作用,在宗法制的传统农村里"耕读传家"是人们根深蒂固的生活理想③。太行山地区的传统农村社会也不例外,在民居大院中保存着大量的"耕读"门匾。王化所修《王氏族谱》中说王氏"以农事起家"等,就是明证。

二是从民间信仰中体现,如关帝信仰、土地神信仰、文昌君信仰等,而在很多的庙中都是多神供奉,以郭峪村的西山庙为例说明之。《西山庙碑记》④记载:"本镇西山有庙一区,从古相传,皆名为山神坡,然庙中之神像甚多,何独以山神名也?或者当日诸神未修,而独以山神居其始,故以此名乎?"这种猜测可以作为一种解释,但是中国以农为本的传统思想才是中国人多神供奉和多神崇拜的根本原因,这可从其供奉的对象中理解。从庙碑上面的文字可以看出,中国古人所信奉或供奉的神像大多与其生活密切相关,或是与土地密切相关

---

① 邹德秀:《中国的"耕读文化"》,《中国农史》,1996年第4期,第61—63页。
② 曾国藩:《曾国藩全集·家书》,长沙:岳麓书社,1985年,第420页。
③ 邱国珍:《耕读文化与人居环境的互动关系——以楠溪江流域古村落为例》,《温州师范学院学报(哲学社会科学版)》,2001年第5期。
④ 车国梁主编:《三晋石刻大全·晋城市阳城县卷》,太原:三晋出版社,2012年,第119页。

（药王、虫王、五谷神、龙神、蚕神等），或是代表中国传统思想中的典型人物（关帝），或是反映人民祈求婚姻（高禖）、祛病（五瘟、广禅侯①）等，其实都是农耕文化的体现。

（二）科举文化

科举是中国古代通过考试选拔官员的重要制度。太行山地区在明清时期取得了辉煌的科举成就，形成了浓厚的科举文化。

以阳城县为例，顺治三年（1646），在北京举行的清朝开国首科会试中，阳城县有张尔素、乔映伍、田六善、杨荣胤、王润身、王兰彰、王克生、卫贞、段上彩、赵士俊10人同榜高中进士，阳城县在县城建筑牌楼，上书"十凤齐鸣"以示祝贺和表彰②。

郭谷里（今郭峪村）考中进士和举人的基本上以张氏和陈氏为主，卢氏和窦氏虽然在科考中也有斩获，但影响较张氏和陈氏而言还是小不少。陈廷敬说，郭谷镇人"自明以来，出而仕者未尝乏人，……然其仕以进士起者多，故士之荐乡书者，率数数，就春官试即不第，不肯轻出以仕。"③且任职多个职位，"官侍郎、巡抚、翰林、台省、监司、守令者，尝相续不绝于时，盖近二百年所矣。"④可见，郭峪村科举昌盛，为官者多。

白巷里上庄村（今上庄村）的发展随王姓一族的兴起而繁荣。《王氏正派谱·序》载"四公以上不可考，遂以四公为始祖焉。四公

---

① 广禅侯原是北宋末年阳城县山头村的一个民间兽医，名叫常顺，因医术高明，医治牛马手到病除，受到百姓的敬仰。后因为为宋军医治战马有功，被宋徽宗封为广禅侯，元太宗又勒令在其家乡修庙、塑像、祭祀。

② 张俊峰：《繁华落尽：十二世纪以来沁河流域的大姓望族》，太原：山西人民出版社，2016年，第45页。

③ 《午亭文编》卷47《故北直隶任县知县卢府君墓表》，《影印文渊阁四库全书·集部7·别集类6》（第1316册），第693—694页。

④ 《午亭文编》卷45《故永从令张君行谷墓志铭》，《影印文渊阁四库全书·集部7·别集类6》（第1316册），第655—657页。

以下六世至遵公（即王遵）中亚元，又三世国光公（即王国光）荐嘉靖癸卯科贤书，联登甲辰进士，历刑部、户部尚书。神宗御极，拜吏部尚书，作□□大臣，秉铨政六年，晋青宫太保，赐麒麟、服玉带、侍经筵。"在王氏之前并没有其他姓氏科举和为官的记载，因此，可以推断王氏的兴起推动了上庄村的发展。从现在村落的民居遗存看，王氏家族的建筑时间最早，也可以证明这个推断。王国光是促进上庄发展的关键人物，他于嘉靖二十三年（1544）考中进士，仕途虽然坎坷，但也官至吏部尚书，著有《万历会计录》，是张居正改革的重要助手①。王国光家族可谓阳城县科举成绩最为辉煌的一家，据当地人统计，明清时期，王氏家族一共产生了5名进士、6名举人、25名贡生、60名秀才、1名武举、1名武秀才、8名礼部儒士②。

自王国光之后，三庄在明清时期共出了16个进士和16个举人，集中在上庄和下庄，中庄仅有一个进士。从姓氏上看，集中在上庄的王氏、下庄的李氏和杨氏，这在光绪《阳城县乡土志》（民国二十四年铅印本）中都有记载。虽然下庄李氏和杨氏的官位、历史地位和影响都没有王国光高，但却体现了三庄耕读传家的优良传统，也大大促进了三庄在明清时期的繁荣和规模的扩大。

民谚也曰："郭峪三庄上下伏，举人秀才两千五，如若不够数，小城寨上尽管补。"足见阳城县科举兴盛，文化发达。

(三) 官宦文化

辉煌的科举成就造就了大批的官宦之家，形成了盛极一时的官宦文化。

表现一是著名官宦多。上庄王氏以科举立家，从明成化十年

---

① （清）张廷玉：《明史》卷225《王国光传》，北京：中华书局，1974年，第5912—5914页。

② 张俊峰：《繁华落尽：十二世纪以来沁河流域的大姓望族》，太原：山西人民出版社，2016年，第46页。

(1474)到清康熙二十六年（1687），上庄王氏共有10人高中举人和进士，并由此步入仕途，高官加身，形成了以王国光为代表的官僚、士绅群体。

又如沁水县窦庄村张氏家族，到了明代，张氏耕读发家，其势力逐渐超过窦氏。张五典、张铨父子都考中进士，如自张五典祖父张谦光算起，辉煌不下7代，且有4代人的官位一直很高，直到兵部尚书。《明史》中还有《张铨传》，并附记其父张五典和其子张道浚。

如果说王国光家族是明代沁水流域科举为官的代表，那么中道庄（今皇城村）的陈廷敬家族就是清代沁水流域科举为官的典范。据不完全统计，从1544到1744年间，陈氏共培养出9名进士、19名举人、41名贡生，其中38名进入仕途，足迹遍及14个省。陈氏祠堂的一副对联"德积一门九进士，荣恩三世六翰林"，就是陈氏家族百年荣耀显赫的真实写照①。

表现二是沁河中游堡寨村落中的民居遗存以官宦大院为主。清代郭谷里的陈廷敬曾经说："尝窃观明之盛世，往往为其臣出官帑治居第，高檐巨桷，彤髹雕焕……居高位、享厚禄，或多营良田美宅，连阡陌而溢衢巷……"② 光绪《阳城县乡土志》③ 中详细记载了阳城县各地的12家望族：郭峪村的张氏和陈氏，屯城村的郑氏和张氏，润城的张氏，上庄的王氏，下庄的李氏和杨氏，县城东关通济里的卫氏，化源里的田氏，匠理村的杨氏，下交村的原氏④。可见，阳城望族非常荣显，是耕读传家的典范，这也使其所在村落遗存了丰富的民

---

① 张俊峰：《繁华落尽：十二世纪以来沁河流域的大姓望族》，太原：山西人民出版社，2016年，第112页。

② （同治）《阳城县志·艺文·阳城白巷里免城役记》，台北：成文出版社，1976年，第883页。

③ 阳城县的大族资料来源于两本《阳城县乡土志》（清末撰，民国二十三年和二十四年铅印本），二十三年本只记载了4个大族，因为其他大族"已杂见于前者旧录中"。二十四年本则详细记录了12个大族。两本所记内容稍有出入，可互补。

④ （清）《阳城县乡土志·附录·氏族（不分卷）》，民国二十三年铅印本，第61页。

居建筑，其中又以官宦家族大院为主，它们构成了村落建筑的主体。郭峪村中的"恩士第"、窦庄尚书府的称谓及其上宅和下宅门楼的高规格都体现了这一点（表1）。

表1 沁河中游部分堡寨村落的物质遗存内容

村落	遗产类型			防御要素		村落遗存现状				
	名村	文保单位名称	等级	堡寨	规模	遗存内容	典型传统建筑	格局	风貌	姓氏	重要历史人物
窦庄村	国	窦庄古建筑群	国	堡	周2000米，高12米，墙头宽1.5米	南门、北墙	尚书府上宅、九宅、三圣阁、慈母堂、佛庙等	完整	好	主姓村	张五典、张铨、霍氏（张铨妻）
上庄村	国	上庄古村	市	寨		寨遗址	北庵庙、尚书第、司农第、参政府、永宁闸、炉峰院、进士院等	完整	好	主姓村	王国光
郭壁村	国	郭壁村古建筑群	国	寨		寨遗址	府君庙、张家十三院、三槐里建筑群、青缃里建筑群、行宫建筑群	完整	较好	主姓村	韩范、王纪、王度
湘峪村	国	湘峪古堡	国	堡	周760米，宽4—5米，最高处25米	西、南、东堡墙完整，北墙遗址	帅府院、双插花院、孙氏祠堂、东岳庙等	完整	好	单姓村	孙居相、孙鼎相
良户村	国	玉虚观	县	寨		寨墙遗址、豫楼	玉虚观、郭仕直院、双进士院、侍郎府	完整	好	多姓村	田逢吉

续表

村落	遗产类型			防御要素		村落遗存现状				
	名村	文保单位		堡寨	规模	遗存内容	典型传统建筑	格局	风貌	姓氏	重要历史人物
		名称	等级								
郭峪村	国	郭峪村古建筑群	国	堡寨	堡周1400米，平均高12米，宽5.3米；寨周600米	西、南、东堡墙完整，北墙遗址，侍郎寨遗址	汤帝庙、豫楼、谭家院、"恩进士"宅和"光怡世泽"宅、"耕心仲德"院等	完整	好	多姓村	陈廷敬、张鹏云、张尔泰、王重新
		郭峪古村落	省								
		郭峪城	县								
大周村	国	大周村古寺庙建筑群	国	堡		护城河、西城门、西南门和部分城墙遗址	资圣寺、宣圣庙、七间阁祖师殿、武家大院、焦家大院、段家大院	完整	较好	多姓村	杨篡、郭翻、赵匡胤
		资圣寺、七间阁祖师殿	省								
冶底村	国	冶底岱庙	国	寨		寨墙	岱庙、佛堂	完整	较好	多姓村	
		古寨	市								

资料来源：各村历史文化名村申报材料、保护规划，由各村委会提供。

（四）防御文化

太行山地区堡寨村落是在明代中期抵御蒙古骑兵和明末清初抵御农民起义军的背景下形成的独特村落，遗存了大量的堡、寨等防御设施，是堡寨村落防御文化的物质载体。

太行山地区的堡寨村落的形成可追溯到明嘉靖、隆庆年间，这一时期主要是抵御蒙古骑兵侵入，其侵扰主要集中在大同府和太原府，往南止于沁州和潞安府。《明史·世宗本纪》载："（嘉靖二十一年，1542 年）闰五月戊辰，俺答、阿不孩遣使款大同塞，巡抚都御史龙大有诱杀之。六月辛卯，俺答寇朔州。壬寅，入雁门关。丁未，犯太原。秋七月……己未，俺答寇潞安，掠沁、汾、襄垣、长子，参将张世忠战死。"① 隆庆元年（1567）俺答汗又入太行山，"北虏入寇至郭道镇而还，是年沁州陷。"② 顺治《潞安府志》也记载"嘉靖间，边患孔棘，各县乃于民居繁衍村落督建城堡以保卫民"③。可见，明嘉靖、隆庆年间今长治市修建了大量的堡寨以抵御蒙古骑兵的侵扰。

明代中期蒙古骑兵并没有进入泽州，泽州各县志和正史文献中都没有蒙古骑兵入侵的记载，却有大量的明末农民起义军侵扰的记载④。崇祯四年（1631），农民起义军的重心由陕西转移到山西，形成了三个主要活动区，一是平阳府，二是泽州和潞安府，三是汾州、辽州、沁州和太原府⑤，对太行山区产生了重大影响。如阳城县"紫金梁等犯县之郭谷、白巷、润城诸村，杀掠数千人而去……十一月，老回回等复自樠山入县境，至城下……总兵尤世禄……会游击白安，逐别部贼至县之北乡，贼为安所败，乃与老回回合众而西。"⑥ 碑刻文献中记载更为详细，张鹏云于崇祯十一年撰写的《郭峪修城碑记》详细记载了起义军侵扰的惨烈。

在这个背景下，太行山地区修建了大量的堡寨（表1），《明史》

---

① （清）张廷玉：《明史》卷17《世宗本纪》，北京：中华书局，1974年，第231页。
② （清）《山西直隶沁州志·天文考·灾异附》，清康熙十三年刻本。
③ （清）《潞安府志·建制志·城池》，清顺治十六年刻本。
④ 可参见，（雍正）《泽州府志·关隘》，《中国地方志集成·山西府县志辑》（第32册），南京：凤凰出版社，2005年，第61页。（雍正）《泽州府志·兵燹》，同上，第78—82页。晋城市地方志办公室整理，（雍正）《泽州府志·兵燹》，太原：山西古籍出版社，2001年，第1189页。沁水县地方志编纂委员会编，《沁水县志·历史文化·历代碑刻选》，北京：方志出版社，2006年，第649—650页。（乾隆）《阳城县志·兵燹》，《中国地方志集成·山西府县志辑》（第38册），南京：凤凰出版社，2005年，第60—61页。（乾隆）《潞安府志·纪事》，《中国地方志集成·山西府县志辑》（第30册），南京：凤凰出版社，2005年，第145页。（乾隆）《沁州志·灾异》，中国地方志集成·山西府县志辑（第39册），南京：凤凰出版社，2005年，第273—274页。（雍正）《辽州志·祥异（石印本）》，台北：成文出版社，1976年，第304—307页。
⑤ （雍正）《泽州府志·纪事·兵燹》，《中国地方志集成·山西府县志辑》（33册），南京：凤凰出版社，2005年，第81页。
⑥ （乾隆）《阳城县志·兵燹》，《中国地方志集成·山西府县志辑》（第38册），南京：凤凰出版社，2005年，第60—61页。

中说"沁水当贼冲，去来无时，道浚倡乡人筑堡五十四以守"①。

太行山堡寨村落防御文化的载体即防御遗存包括堡墙和寨墙、村中防御塔式建筑、与村落密切相关的自然山体、与堡墙和寨墙密切相关的民居建筑以及连通各防御设施之间的暗道（表2）。其防御遗存与村落的关系可总结为4种类型。

表2 太行山堡寨村落的防御类型

类型	特点
堡墙与防御塔式建筑的结合	在村落外围修建连续的堡墙包围村落，形成一个封闭的防御空间，并在村落内部修建防御塔式建筑。防御塔式建筑可以是独立的，也可以是民居的组成部分
单独的堡墙防御	只在村落的外围修建连续的堡墙包围村落，形成一个封闭的防御空间
堡墙、防御塔式建筑和寨墙的结合	在村落外围修建连续的堡墙包围村落，形成一个封闭的防御空间，并在村落内部修建防御塔式建筑。防御塔式建筑可以是独立的，也可以是民居的组成部分。而且在村落的外部又修建一个独立的防御寨，寨内也会有民居、宗教、祠堂等建筑，部分也会在寨内修建防御塔式建筑。这是最复杂的一种空间关系
防御塔式建筑和寨墙的结合	不在村落外围修建连续的堡墙包围村落，只在村落外部修建防御寨，寨内有民居、宗教、祠堂等建筑，部分也会在寨内修建防御塔式建筑。同时，在村内修建多座防御塔式建筑以增强防御，这些防御塔多是民居的组成部分，独立修建的较少

总之，太行山堡寨村落是在明代中期和明末清初的战争背景下，村民为自保而形成的独特的自然防御设施、人工构筑防御设施和民居建筑的结合体，由外而内可分为外围自然山体—外围城墙—街巷通道和防御塔建筑—住户单元4个层次，形成了一种封闭、围合、片段化、空间上互相联系的多层级的防御结构，体现了一种"集落"的防御思想②。

---

① （清）张廷玉：《明史》卷291《忠义三·张铨传》. 北京：中华书局，2007年，7457页。

② 王绚：《传统堡寨聚落研究——兼以秦晋地区为例》，南京：东南大学出版社，2009年，第224页。

综上所述，耕是衣食来源，读是入仕之阶，这可以说是太行山堡寨村落文化的精髓。根植于农耕文化的中国传统村落脱离不了农耕文化的底色，太行山地区的堡寨村落也不例外。"耕读传家"、耕读结合的价值取向是中国古代知识分子认为的合理的生活方式，这在太行山地区体现得极为明显，也使其取得了延续两百年的科举成就，造就了多个官宦和士绅家族，以及多位政绩显赫的官员。同时，明代中期和明末清初独特的历史背景又为太行山地区的村落披上了另一层外衣，那就是在大姓望族的主持了修建了大量的堡寨以自卫。最终，太行山地区形成了农耕文化、科举文化、官宦文化、防御文化四位一体、互为补充、互为支撑的复杂、独特的村落文化。

二、太行山堡寨村落文化旅游价值的认识

在影响旅游价值的众多因素中，文化是决定旅游项目能否成功塑造的关键和核心因素。文化是旅游项目的灵魂，所谓为旅游项目价值的"找魂"，就是通过挖掘文化，寻找最能代表和体现旅游本质的文化要素，然后通过旅游的手法提炼、重构，为旅游项目形成一个独特的、不可复制的文化精髓，最终注入旅游项目中，使其成为旅游项目独一无二的灵魂。

（一）四种文化融合发展而成的太行山堡寨村落文化体系

太行山堡寨村落历史沉淀深厚，根植于太行山地区而形成自身独特的历史文化特质，由于处于较为封闭的生活空间的历史沿革中，不少历史遗存至今还保持着完整的村落格局和环境风貌，沿承着民俗习惯，是了解太行山地区古代村落发生、发展的典型材料。不同于已享誉国内外的具有"小桥流水人家"盛名的江南水乡风情古镇的小巧精致的风格特色，太行山堡寨村落以其独特的"四位一体"文化为核心

价值体系存活至今，从建筑文化、耕读文化、科举文化、官宦文化、防御文化到民风民俗，无不通过各种物质和精神的形式展示着太行山堡寨村落的精彩和独特。

正是这种独特文化与民俗文化的碰撞与结合，加之与太行山自然生态环境紧密融合的文化氛围和深厚的历史积淀，使其在太行山文化旅游资源中占有重要的一席之地。究其内涵，是在晋文化的大环境之中，以耕读文化为本底，融合了科举文化、官宦文化以及防御文化，在历史的演变发展中形成了现在独特的太行山堡寨村落文化体系。这种独特的文化，可以成为太行山文化旅游资源的核心吸引物，成为打造太行山堡寨村落特色文化旅游的最佳载体。

（二）太行山堡寨村落展现的原真性生活方式

太行山是其堡寨村落文化的发源地，这里不仅孕育着生命和文化，更孕育着一种生活方式。居民以堡寨村落群为载体，在太行山水中享受平和而自然的生活。因此，太行地区的堡寨村落也形成了鲜明的太行文化烙印，在原生态的历史建筑风貌和传统文化风俗中，保留着最原真的生活方式。原真性生活方式讲求天人合一、人与自然和谐相处的生活理念，体现回归自我、自在乐活的生活态度。此种生活方式不仅是过去堡寨村落生活的真实写照，更是现代都市人群最为向往的生活方式，对旅游者具有极大的吸引力。以堡寨村落集群为载体，以其多元文化和原真性生活方式为灵魂，并将其有机贯穿于堡寨村落旅游产品的开发和设计中来，形成功能完善的旅游吸引物体系，将会给旅游者带来由内而外的震撼，满足久居樊笼里的都市人群的休闲需求[①]。

[①] 葛雯，单鹏飞，唐罗娜：《基于传统村落核心价值的旅游开发利用研究——以苏州陆巷—杨湾村落集群为例》，《苏州科技学院学报（自然科学版）》. 2014.9（3）：63—68。

三、太行山地区堡寨村落文化旅游开发分析

(一) 太行山堡寨村落开发现状

太行山堡寨村落整体旅游资源丰富,由于区位条件的限制,使得其文化景观保存完整,现存堡寨村落独特的历史文化、生态景观等能吸引众多旅游者。从这一层面来讲,旅游的发展可以大力推动堡寨村落的保护和利用,不仅为此间区域内的堡寨村落带来新的发展机会,同时也让更多的旅游者感受到其独特的魅力,认识到它们蕴藏的文化价值。

目前在一些遗存较好,且具有较高开发价值的堡寨村落中,当地民众具有较强的开发意识,但由于缺乏资金,缺乏专业指导,旅游资源均处于未开发的状态。地处偏远山区的堡寨村落,各种发展比较滞后,基础设施匮乏,建筑遗存内大多无人居住且缺乏维护,致使一些堡寨村落的衰败日益加剧。另一方面,随着农村经济的发展,多数居民缺乏对文化遗产价值观的认同感,在改造与拆除民居建筑时,致使大量与当地环境、历史文化不协调的现代建筑充斥其间,严重破坏着固有的古风貌,故亟待合理地保护和开发利用。在已经进行旅游开发的一些堡寨村落,文化旅游产品雷同,缺乏特色且参与体验性缺乏。

(二) 历史文化视角下的太行山堡寨村落文化旅游开发策略

1. 加强堡寨村落的保护性开发

文化是依赖象征体系和个人记忆而维护着的社会共同经验[1]。历史文化是村落旅游吸引力的核心,其历史文化的传承和有机融合发展是旅游可持续发展的关键。太行山地区堡寨村落的文化资源可以为旅

---

[1] 费孝通:《乡土中国》,南京:江苏文艺出版社,2007年,第19页。

游业合理开发利用，变文化资源优势为旅游产业优势，一方面可有效学习传承中国传统文化，另一方面旅游业的经济乘数效应将反哺堡寨村落的保护体系，实现社会效益与经济效益的双丰收。文化旅游资源开发与保护矛盾是古村落旅游开发面临的主要问题，为有效保护太行山地区堡寨村落的历史文化，应确立明确的保护机制。

2. 加强对堡寨村落景观意象的塑造

旅游体验中非常关注旅游堡寨村落中古民居、古建筑等物质景观和文化特质，游客对文化的辨识和信息的获取正是来源于物态景观的空间架构与表达[①]。堡寨村落物态景观意象的重构及塑造也是文化体系自身不断完善发展的需要。太行山堡寨村落自身文化生态系统比较完整，但物态景观意象遭到不同程度破坏或特色彰显不突出。因此，文化旅游开发中要加强堡寨村落的物态景观主题意象的重构与塑造，保护堡寨村落的传统选址、格局、风貌以及自然和自然景观等整体空间形态，加强对古村落周边及旅游交通沿线自然环境的综合整治，借此奠定古村落文化生态发展的物质基础[②]。

3. 加强堡寨村落文化的"活化"

对于旅游者而言，除了现存的民居古建筑等遗存景观，其在特定历史条件下形成的生活方式、传统工艺、民风民俗等文化基因同样具有较强的吸引力，这种独特的历史文化更能体现堡寨村落文化旅游的核心价值。随着城镇化进程的加速，不少堡寨村落历史文化受到很大的冲击，许多传承下来的风俗也处在青黄不接的尴尬境地。堡寨村落历史文化传承的主体是当地村民，因此，应当充分调动村民参与古村落保护和活化的积极性与主动性，促进古村落文化的活化[③]。一方面

---

① 王乃举，陈晓华：《文化生态型乡村旅游发展与空间重构》，《池州学院学报》，2010（3）：91—92。

② 刘沛林：《古村落：和谐的人聚空间》，上海：三联书店，1997年，第68—72页。

③ 卢松，陆林，凌善金等：《皖南古村落旅游开发的初步研究》，《国土与自然资源研究》，2003（4）：71—72。

需要呼吁并推动非物质文化的传承和保护的立法工作，另一方面要推动堡寨村落文化保护的学术活动，加强理论指导；以堡寨村落传统文化传承为目的，吸引相关文化产业，以期能重建堡寨村落的文化生态，推动其保护与活化，使濒临消亡的民俗文化逐渐复苏并进行活态展示而得到传承。

4. 强化古村落文化生态整体旅游发展观念

在文化旅游开发过程中，不能单纯为了迎合市场而大规模地商业开发，应当在维持堡寨村落完整的文化体系的前提下进行科学开发。这种完整不仅仅是古村落街巷、文物古迹、建筑民居等物质形态，也包括其赖以生存的自然生态及丰富的地域饮食文化、浓郁的民风民俗、节庆习俗等文化景观。因此，堡寨村落旅游开发应强化旅游资源的整体概念，注重物质文化旅游资源与非物质文化旅游资源的有机融合。

通过堡寨村落文化资源的整合，把不同文化要素进行聚合加工，最终形成具有独特山西太行山地区堡寨村落完整的文化旅游产品链，发挥其文化特质和整体效应。与此同时，注重堡寨村落文化内涵的扩展和提升，增强文化体验性和参与性。

结　语

堡寨村落是太行山地区厚重的历史字典，需要我们去仔细品读、研究、传承，以了解其历史文化的变迁与演化。在历史文化遗产保护和可持续发展的理念指导下，开展堡寨村落旅游可使游客更好地了解中太行山地区的发展历史及其所承载的农耕文化、科举文化、官宦文化、防御文化等传统文化。堡寨村落的文化旅游发展离不开特有的文化属性。秉承并保有堡寨村落良好的历史文化内涵是其旅游发展的前提和基础。在文化旅游开发过程中，应将农耕文化、科举文化、官宦文化、防御文化四位一体、互为补充、互为支撑的复杂、独特的村落文化进行有机融合，深挖历史文化内涵，形成农耕文明堡寨村落品牌，塑造出太行山特色文化旅游品牌。

建立山西太行山区避暑型乡村旅游带的设想

山西大学旅游学院　朱专法

近年来，山西以避暑旅游为特色的乡村旅游备受欢迎，尤其是太行山区一带。为了探索山西避暑型乡村旅游发展原因，我们对山西典型避暑型乡村旅游点进行了调研。研究发现：山西太行山区具有清凉的气候和良好的自然生态环境，吸引了大量来自夏季炎热的河南、河北等平原地区的旅游者。太行山区的乡村避暑旅游具有重游率高、停留时间长等特点。乡村避暑旅游的发展，提高了当地农民的收入。本文总结山西太行山区避暑型乡村旅游发展的现状、特点，提出了发展太行山区避暑型乡村旅游带的设想。

一、避暑型乡村旅游发展的典型案例

避暑型乡村旅游是游客以避暑旅游为目的的乡村旅游。为了探索山西省避暑型乡村旅游的发展现状，我们对山西发展避暑旅游的乡村进行了深入的调查研究，介绍几个典型案例。

（一）晋城市陵川县

多年来，我们关注着陵川县乡村旅游的发展变化。发现夏季有很多河南游客前来陵川乡村避暑度假，长则在此居住2—3个月，短则2—3天，吃住在农家，促进了当地乡村村民开发"农家乐"接待业，短短几年时间，住宿、餐饮等接待设施不断增加，从最初利用自住房屋到建起了二三层楼的标准客房，农民的经济状况明显得到改善，乡村避暑型旅游得到了很大发展。

1. 锡崖沟村

锡崖沟村地处陵川县东南部、王莽岭脚下，暑期日平均气温在 18℃—22℃ 之间，锡崖沟村全村共有 323 户、820 人，截止到 2015 年底，有"农家乐"经营户 133 户，床位 3200 张；旅游商品经营户 30 户。各类旅游从业人数共计 600 余人，基本上是一个旅游村。各农家乐已升级为标准客房，规模也多在 20 间左右，能够正常接待一个旅游团队规模，形成了集吃、住、游、购为一体的旅游服务体系。

农家乐住宿价格相对便宜，多在 40—50 元/天，房费甚至包括普通的农家餐饮。例如喜相逢宾馆、龙水轩客栈、休闲农家乐、山友山庄等。少量高档农家乐价格超过百余元，如瀑布农家乐、聚鑫农家旅馆、民宿客栈等。

访问游客，大多来自郑州、新乡、焦作，甚至上海、武汉等城市。有的退休老人每年夏季会来此地避暑休养两三个月，成为这里的忠诚顾客。也有很多的上班族在周末多次来到这里避暑。

2. 武家湾村

马圪当乡位于陵川县城东南，与河南辉县接壤，是陵川的东南门户。马圪当乡的村庄沿沟谷展开，武家湾便是其中的一个村。全村有 5 个自然村，7 个村民小组，195 户，642 人。这里气候夏季凉爽，水资源充沛，形成太行山区独具特色的水乡风光，素有"太行江南"之称。

2009 年武家湾村开始发展农家乐，现在武家湾的农民，家家户户围绕农家乐谋生。住所离景点近的村民开办小旅馆，远点的村民则给旅馆送菜供粮或者干脆当服务员。据当地行业管理者介绍，每个"农家乐"可带动 6 户村民就业，2 家供粮、3 家供菜、一家当服务员。

大学生村官李某,一边协助管理村务,一边和家人搞起虹鳟鱼养殖,2013年他投资30多万元建池养鱼,每年向市场提供8万斤成鱼,全部供给了村里的"农家乐"。

村内较大的农家乐为志强客栈,客栈共有四栋楼,每栋楼有三层,一次能接纳400人左右。武家湾有50多家农家乐,住宿价格一致,素菜价格15—25元,荤菜25—60元,野兔、野鸡等菜价格较贵。

调查发现武家湾村的游客主要来自河南,沿路农家乐门前停放的各种车辆,几乎全是河南省牌照,从豫A、豫B到豫G、豫H……"这里景色美,空气好,温度低,没蚊咬,饭菜又适口便宜,住在农家乐很舒坦。"这是绝大多数河南游客对马圪当的标准印象。有的老人在此住几个月,双休日前来武家湾旅游的游客,经常高达八九千人,超过了全乡人口,各色车辆能把附近路段两边排得满满当当。

3. 凤凰村

凤凰村位于陵川县东南约30公里处,全村163户,700余口人,分布于9个自然村。凤凰村三面环山,一面绕水,邻近凤凰欢乐谷景区,是一处以山、水、崖、洞、林为特色的避暑休闲生态度假旅游区。近年来加大了乡村旅游开发力度,开办了特色农家乐、采摘园、观光大棚、影视基地、茶吧等。现有"农家乐"80余户,从业人员达640余人,占到全村人口总数的80%以上。凤凰村还成立了"太行人家"乡村旅游客栈协会,加强行业自律,其中红叶酒店农家乐、金凤凰宾馆农家乐是国家级"金牌农家乐"。

(二) 长治市平顺县

平顺县现已形成以岳家寨、苇水、枣林为代表的一批乡村旅游示范村,受经济效益驱动,外出务工者纷纷回乡,办起了农家乐,搞起了特色种植,建起了休闲采摘园。在旅游产业的带动下,该县还发展起旅游纪念品开发企业 6 家,农副土特产品加工企业 6 家,各具特色的旅游专业村达 80 多个,开发老粗布、潞绣鞋垫、山沟沟石磨面、小磨香油、葫芦烫画、根雕等高附加值的旅游商品 40 个品种。农家乐发展到 300 余家,直接带动贫困户 3000 余户,户均年增收 2000 元。

1. 岳家寨

平顺县石城镇岳家寨距离石城镇约 16 公里,位于漳河南侧。海拔 1032 米。因为山村道路艰险,所以长期与外界隔绝,2009 年平顺县实现了村村通公路,这个曾经自给自足的小山村,才逐步地向人们展现出了美丽迷人的身姿。岳家寨由三个自然村组成,现有 38 户,80 余人,面积虽然不是很大,但整个村落很有特色。这里的房子依山势而建,且都是清一色的石板房,就连屋顶上都铺着一块块薄薄的石板。村里的路也是用石头铺成的。2012 年,岳家寨被列入第一批中国传统村落名录。这里夏季清凉的气候资源优势,加上优美的自然环境、纯朴自然的人文景观和独特的民风民俗,对外界产生了巨大的吸引力。目前,村里有一多半的农户家里都具备接待游客的条件,还有很多年轻人从外地回来自己当老板。

(三) 晋中市和顺县

和顺县按照《和顺县全县旅游发展总体规划》,打出了建设"生态避暑旅游名县"的战略目标,努力将和顺打造成避暑消夏养生福地,目前已经形成了以夫子岭、走马槽、姑岩庙、水帘洞一线、晋冀交界太行山断裂带为主的太行风光带避暑旅游胜地。

1. 夫子岭村

夫子岭村居和顺之东南,东与河北省邢台毗邻,距邢台市区 65 公里。因孔夫子周游列国,井台问路且小驻而得名。属晋、冀交界太行山百里断裂带南端,古为晋省关隘,有明代内长城垣壁、城堡、烽台遗址,山势险峻,最高海拔 1971 米。全村 149 户 392 人,夫子岭弦腔表演是知名的民间艺术。

夫子岭村根据自身独特的自然气候条件，构成了以建设"农家乐"为基准的乡村旅游。村外的沟沟坎坎里长满了青青的艾草，散发着浓浓的香气。艾草驱蚊虫，此地夏无蚊虫骚扰。农家乐价格较低，多在30—40元，从邢台方向攀登天河山到达顶峰的游客多在此停留。

2. 百备村

百备村位于和顺县青城镇东面，距青城镇4公里。全村194户628人。百备村还特别推出了"金秋农家乐"农业生态观光旅游项目，打造出了一片浓美的田园风光。每年夏季很多来自河北邢台等地的游客前来此地避暑，有的农家乐仅夏季就可以获得收入6万元。

二、避暑型乡村旅游发展原因分析

夏季避暑游客的到来，大大刺激了太行山一带乡村避暑旅游业的发展，那么引起这些地区乡村旅游快速发展的原因不能不引起我们的关注。避暑旅游离不开气候等自然环境条件，以及旅游业的快速发展，还要有庞大的市场和便利的交通区位条件。

调研发现山西太行山一带，尤其是距离河南、河北较近的地区，夏季大量游客到来，避暑旅游的特征最为明显，可以称为太行山避暑旅游带。

太行山避暑旅游带的游客主要来自河南、河北，但也有来自北京、天津甚至上海等地的。其中郑州、南阳、洛阳、焦作、新乡、安阳、鹤壁、邢台、邯郸、石家庄、保定、北京、天津等地城市居民是其主要客源。

（一）自然因素

避暑旅游发展的前提就是客源地和目的地的气候等自然条件差

异,其中最重要的就是气温差异,目的地夏季清凉的气温是避暑旅游的重要诱因。各地区夏季最热月份的平均气温如表1:

表1 太行山区代表性县区与河南、河北等地夏季气温对比

目的地	夏季平均气温	客源地	夏季平均气温
阳城县	24.6℃	洛阳	26.1℃
陵川县	23.0℃	郑州	27.3℃
壶关县	22.1℃	开封	26.9℃
平顺县	21.9℃	焦作	27.5℃
黎城县	23.6℃	新乡	27.0℃
左权县	22.0℃	鹤壁	32.0℃
和顺县	18.3℃	安阳	27.0℃
昔阳县	23.9℃	邯郸	27.0℃
盂县	22.5℃	邢台	27.0℃
五台山	13.0℃	石家庄	26.8℃
灵丘县	20.5℃	保定	27.0℃
浑源县	20.8℃	北京	27.6℃
		天津	28.0℃

河南、河北等客源地,夏季受副热带高压控制,底层没有冷空气,很难形成上升气流,无法形成降雨,并且来自海洋的暖空气湿度很大,呈现闷热天气。地处平原没有地形风,再加上城市人口集中,热岛效应明显,使得城市更加炎热。大部分河南、河北地区夏季平均气温在27℃—28℃之间,与太行山一带气温差异较大。

太行山一带的气候受地形影响很大。太行山北高南低,大部分海拔在1200米以上,拥有众多的山峰和峡谷,区域气候垂直变化显著。海拔升高100米,温度下降0.5℃—0.8℃,海拔升高100米,降水增多40—50毫米,形成众多的避暑小气候。这使得太行山地区夏季的平均气温大多在20℃—24℃,十分清凉舒适。例如,陵川县乡村地域

辽阔,自然风光秀美,文化积淀深厚,植被丰茂,林海莽莽,森林覆盖率高达52.07%,全县年平均气温7℃—9℃,夏季气温保持在22℃—24℃之间,最高不超过29℃,自古以来就有"清凉圣境"之美誉。和顺县夏季平均气温18.3℃,最高气温仅28℃,昼夜温差大,夏无酷暑,清凉宜人,是消夏避暑胜地。

亚太环境保护协会APEPA等评价机构提出的第十二届(2015)中外避暑旅游口碑金榜中,山西省长治市、晋城市、大同市入选"2015中国避暑名城65佳榜",长治市武乡县、长治县、平顺县,晋城市阳城县,晋中市和顺县、昔阳县入选"2015中国避暑休闲百佳县榜",这些地区都位于太行山避暑旅游带。这证明了太行山一带具有避暑旅游优势资源环境。

(二) 市场因素

从人口角度来看,河南、河北、北京、天津等平原地区都是人口集中的地区,按照2010年第6次全国人口普查数据,与太行山相连的地区包括:洛阳市654.95万人、焦作市353.99万人、新乡市570.78万人、鹤壁市156.91万人、安阳市517.28万人、邯郸市917.47万人、邢台市710.41万人、石家庄市1016.38万人、保定市1119.44万人,合计达6017.61万人;再加上北京市1961.24万人、天津市1293.82万人、南阳市1026.3万人、郑州市862.65万人、开封市467.62万人、许昌市430.72万人,则达到了12059.96万人,即一亿两千万人。即使只有很小比例的人选择夏季到太行山避暑,在庞大的人口基数下,也有相当数量的游客,也足以刺激太行山避暑旅游业的发展。

从游客消费来看,目前在太行山区乡村避暑的消费水平还很低,每天吃住花费仅几十元。在太行山生活一天的花费,远低于在城市一天的花费,每天人均花费按照60元计算,一周为420元。而且乡村地区没有景区门票，游客出游受经济收入的限制很小，所以每年有大量的游客前往太行山区的乡村避暑。

（三）区位因素

洛阳、焦作、新乡、鹤壁、安阳、邯郸、邢台、石家庄、保定直接与太行山相接，近年来高速公路及国道、省道、县道的建设使得交通条件大大改善，如果上面各城市选择最近的太行山地区旅游，自驾车一般在 2 小时内就可以到达目的地。例如洛阳到晋城 2 小时车程，焦作到陵川县 1 小时 50 分钟车程，安阳到平顺县 1 小时 50 分钟车程，邢台到左权县、和顺县 2 小时车程。较近的距离以及交通条件的不断改善使得游客出行越来越便利。

三、避暑型乡村旅游的发展特征

山西太行山一带的避暑型乡村旅游有其独有的特征，很多乡村都是随着游客的到来自主发展起来且发展速度快，旅游对就业的带动很明显。游客慢游性、长时性、重游率高，消费水平低。

（一）发展速度快

河南、河北等地的游客在炎热夏季前来太行山区避暑，大大地刺激了当地旅游接待业的发展，当地农户利用自家房屋开办农家乐。随着避暑游客一年比一年多，农家乐的数量也得到迅速增加。例如，武家湾村从 2009 年开办农家乐，到现在发展到了 50 多家，而且很多农家都翻盖新房，建起了二三层小楼，室内设施也进行了改造提升。"农家乐"的发展，带动了村民就业，很多外出务工人员也返乡发展，甚至在外打工的一些年轻人，专门出去学习餐饮、接待知识，返乡经营农家乐。同时"农家乐"的发展，促进了乡村新的劳动分工，农户开始专门种植水果蔬菜、养殖家禽,从事乡村交通运输等。与农业相比,农户经济收入大大增加。

(二)停留时间长

游客在太行山避暑停留时间较长,短期3—5天,长期停留数月,尤其是退休的老年避暑游客较多。调研期间遇到武汉来的游客,一些老人组团前来太行山避暑,直到武汉下雨,天气凉快了才下山,一共住了十几天。依靠游客口碑相传,越来越多的老年人与亲朋好友成群结队来太行山乡村避暑、养生。

(三)慢游性

不仅清凉的气候吸引游客,乡村悠闲的慢节奏生活对于在城市紧张生活的工薪阶层也有巨大的吸引力,游客坐在山间河边,或读书、或戏水、或纳凉,欣赏美景,好不自在。也有农户,因经营农家乐,顾不得自家农田的玉米、花椒、核桃干果的收获,免费给游客采摘,高兴了游客,增加了主客感情。山间小道、徒步漫行,观花识草、修身养性。旅游节奏慢,舒适健康。

(四)重游率较高

与观光旅游不同,避暑旅游的游客有很高的重游率,因为每年夏季,客源地都很热,避暑旅游成为很多客源地游客的习惯。例如新乡等地的居民,夏季一到周末就全家来陵川避暑。由于居住时间长,游客和当地村民成为很好的朋友,这种情感联系提高了游客的重游率,游客的口碑宣传也会带来更多稳定的客源。

(五)发展水平低

发展水平低,体现在很多的乡村还处在村民利用自家房屋自主开发阶段，接待条件不够高，价格低。虽然旅游增加了农户收入，但农户仍无力改善乡村的旅游服务设施，在产品标准化、设施完善等方面还有很大改进空间。乡村农家乐的自发性，使村民乱盖乱建，在危险地带建造建筑，夏季如遇到暴雨，易受山洪、滑坡、泥石流等自然灾害影响，造成生命财产损失。

四、建立太行山区避暑型乡村旅游带

（一）整合开发太行山避暑型乡村旅游

太行山一带本来就有近百处景点，近年来这里的避暑型气候及生态环境又逐渐被平原地区所认知，这一市场契机首先被当地人重视，自发开展乡村避暑旅游。笔者认为，太行山避暑旅游带的发展拥有很大的潜力，特别是这些地方多为贫困山区，旅游扶贫有着很大的潜力。我们认为各级政府都应该抓住这一机遇，发挥政府主导和宏观调控的作用，科学规划，推动太行山区避暑旅游度假带的整体开发。依靠政府支持，改善交通条件，完善区域基础设施和旅游设施。通过政策支持和行业规范引导乡村避暑旅游健康发展，合力宣传山西避暑旅游，扩大市场知名度和影响力。

（二）促进乡村避暑旅游开发和扶贫相结合

太行山属全国连片特困区，目前是中国扶贫开发的重要区域之一，散落着很多国家级贫困县。但是这里清凉的避暑小气候以及优美的自然环境为发展旅游提供了基础，旅游成为广大贫困乡村脱贫致富的一个机遇。通过实施乡村旅游扶贫富民工程，直接拉动项目村贫困人口脱贫致富。

具体来说要做好以下几个方面的工作：

通过乡村旅游扶贫，加强基础设施建设，改善乡村的交通条件，满足乡村用水、用电及通讯的需求。未处理污水的任意排放，已严重影响到乡村旅游的可持续发展。

重点支持以农民家庭为经营主体的乡村旅游经营户。设立旅游扶贫专项资金，帮助农户翻修房屋，购置接待设施如桌椅板凳、床单被褥等。积极指导和规范经营户的经营行为，提高农家乐的标准化程度。对有规模、上档次、效益好、带动能力强的精品乡村旅游进行奖励。

要积极关注乡村旅游经营户的培训。强化礼仪接待、卫生意识。要注意引导农民保护传统民居，强化乡村的旅游氛围。

加强旅游宣传营销，通过举办"避暑旅游节"等节庆活动，在官方旅游推介会上宣传避暑旅游村。

长程累进：太行山文化的历史脉动

山西大学历史文化学院　周　亚　李善靖

引　言

中国多山，有的山名不见经传，有的山却广为人知。"一座山是否能成为名山，不仅有赖于自然高度的挺立，更有赖于文化高度的跃升。"① 正是因为不同历史时期人类与山岳的互动，才创造和积淀了深厚的山岳文化，成为中华文化中极具地理特色和区域特色的文化类型。学界历来重视山岳文化的研究，但研究的对象主要集中于那些知名度很高的"三山五岳"，研究的内容则重在探讨山岳信仰和区位意义②。进一步而言，研究者实际上是将"山岳"从"山脉"中孤立出

---

①　侯甬坚：《神山、奇山、英雄山——西岳华山历史文化蕴义的全程叩问》，《华中师范大学学报》（人文社会科学版），2014年第4期。

②　如刘凌：《泰山文化与齐鲁文化》，《齐鲁学刊》，1993年第3期；王畅：《晋冀恒山之争与中国山岳文化》，《河北学刊》，2002年第6期；刘毓庆：《炎帝族的播迁与四方岳山的出现》，《民族文学研究》，2009年第3期；魏斌：《官亭庙传说：中古早期庐山的信仰空间》，《历史研究》，2010年第2期；陈立柱、纪丹阳：《古代"衡山"地望与〈禹贡〉荆州范围综说》，《中国历史地理论丛》，2011年第3期；周郢：《从庙堂到民间：明清时期泰山文化之转变》，《民俗研究》，2013年第6期；侯甬坚：《神山、奇山、英雄山——西岳华山历史文化蕴义的全程叩问》，《华中师范大学学报》（人文社会科学版），2014年第4期；牛敬飞：《明代北岳信仰转移及其军事背景》，《宗教学研究》，2015年第1期；林巧薇：《试论嵩山中岳庙与宋以后国家祭祀礼制的关系》，《世界宗教文化》，2017年第3期；等等。

来作为研究对象，山岳成了山峰或山岭的代名词，而忽视了其背后更为宽广的山脉空间。我们认为，山脉是一个综合的地理系统，除最显著的要素——山岳之外，还有山谷、山间河流、山间盆地、丘陵、土塬、动植物、土壤、山区气候等一系列地理要素，这些地理要素与人类的互动过程和在此过程中产生的一切物质和精神，都是山岳文化的组成部分。在此意义上说，山岳成了一个区域的概念，在此区域中的一切自然与人文要素的互动自然而然地成为山岳文化史的研究范畴。

从卫星地图上俯瞰北中国，会发现数条清晰的轮廓线，其中，呈东北—西南走向，与其东部、南部有着明显地貌差异的，就是太行山。它不仅在地理上位于中国第一阶地向第二阶地的抬升处，影响着北中国的气候、水系、生态，更在文化上成为草原文明与农耕文明、高原文化与平原文化的交融区，见证了中华民族的形成与中华文明的演进，经过长期的历史发展，积淀、凝聚成了独具特色的太行山文化。可以说，无论是从自然高度，还是从文化高度上说，显然都在"名山"之列。早在先秦时期，太行山已为世人熟知。《穆天子传》即有天子"升于太行，南济于河"的记载①，《山海经》称其为"北次三经之首"②，《吕氏春秋》记载的"九山"即有太行③，足见其在全国山脉中的地位。秦汉以来的史籍对太行山的记载，更是不惜笔墨，使其文化蕴意经历了从神山到雄山、圣山、奇山、英雄山、劳模山的发展和积淀。

一、文明起源之祖山

探究华夏文明起源，主要基于两个线索。一是利用考古发掘的遗

---

① 荀勖校勘：《穆天子传》卷4。
② 袁珂：《山海经校译·山经东释卷三》，上海：上海古籍出版社，1985年。
③ 《吕氏春秋·有始》：何谓九山？会稽、太山、王屋、首山、太华、岐山、太行、羊肠、孟门。

迹遗存,二是从远古神话中寻找早期文明的发展轨迹。这两者在太行山区域有着非常密切的结合,毫无疑问,太行山地区是中华文明重要的发祥地之一。

从考古发掘来看,太行山地区很早就有着人类生存的遗迹,主要有盂县黑砚水遗址、昔阳河上洞穴遗址、和顺背窑湾洞穴遗址、潞城黄龙洞遗址、黎城猫崖洞遗址、陵川塔水河遗址、武安磁山遗址等。这些遗址集中反映了从旧石器时代到新石器时代早期人类生存和发展的轨迹,对于我们了解人类早期文明意义重大。

从古史传说来看,太行山区留存的英雄神话与华夏文明起源息息相关。

1. 神农尝百草

神农氏即炎帝,在上古传说中,他亲尝百草,创始农业,将古人从采集渔猎时代带向农业耕作时代。《管子·轻重戊》载:"神农作,树五谷淇山之阳,九州之民乃知谷食,而天下化之。"① 据刘毓庆先生考证,此处所指"淇山之阳"当指"包括陵川、高平、辉县、林州等地在内的太行之野的广大地区,甚至比这更广。"② 《山海经》载:"北次三经之首,曰太行之山。其首曰归山……又北三百里,曰陆山,多美玉。郻水出焉,而东流注于河"③,可见,郻水发源于"太行之山"中,向东流入黄河。此处,郭璞注曰:郻水"或作郯水","郯"从"炎",旁加"阝",是古氏族活动遗留地名的说明,可以看到它与炎帝部族的联系。

2. 精卫填海

在古史中,精卫乃炎帝之女,而太行山是精卫生活的地方。《山

---

① 《管子·轻重戊》,四库全书本,上海:上海古籍出版社,1987年。
② 刘毓庆:《神农氏与太行山地区关系之考察》,《山西大学学报》(哲学社会科学版),2012年第3期。
③ 袁珂:《山海经校译·山经东释卷三》,上海:上海古籍出版社,1985年。

海经》曰:"又北二百里,曰发鸠之山,其上多柘木。有鸟焉,其状如乌,文首、白喙、赤足,名曰精卫,其鸣自詨。是炎帝之少女名曰女娃,女娃游于东海,溺而不返,故为精卫,常衔西山之木石,以堙于东海。漳水出焉,东流注于河。"① 此处的"发鸠之山"亦在"北次三经之首"条下,当属"太行之山"无疑,且为漳水所出,即今日之浊漳南源,可见炎帝部落的活动区域很可能就在南太行一带。

3. 愚公移山

愚公是传说中一个坚韧不拔的人物,面对太行、王屋二山的阻隔,他率领家人坚持不懈,日夜挖山开道,最终感动了天帝,挪走了太行、王屋二山。《列子》载:"太行、王屋二山,方七百里,高万仞,本在冀州之南,河阳之北……帝感其诚,命夸娥氏二子负二山,一厝朔东,一厝雍南。自此,冀之南,汉之阴,无陇断焉。"② 这一传说正好体现了太行山区域早期人类勇与自然界做斗争的艰苦精神。

4. 女娲补天

女娲是古史传说中的祖神和婚姻之神,女娲补天和造人的传说广为流传。《山海经》载:"有神十人,名曰女娲之肠,化为神,处栗广之野,横道而处。又云:女娲,古神女而帝者,人面蛇身,一日中七十变,其腹化为此神。"③ 古人对于人体构造不甚清晰,"女娲之肠"其实是生殖崇拜的一种,以生命的力量对抗苍天令人为之动容,联系人类早期母系氏族社会的历史,就可以理解女娲被尊为人祖的原因。又《列子·汤问》载:"昔者女娲氏炼五色石以补其阙,断鳌之足以立四极。其后共工与颛顼争为帝,怒而触不周之山,折天柱,绝地维。故天倾西北,日月星辰就焉;地不满东南,故百川水潦归焉。"④ 这里"天倾西北,地陷东南"的情况,在太行山南部的晋东南地区经

---

① 袁珂:《山海经校译·山经东释卷三》,上海:上海古籍出版社,1985年。
② 《列子集释卷》第五。
③ 袁珂:《山海经校译·大荒西经》,上海:上海古籍出版社,1985年。
④ 《列子》卷五《汤篇》。

常可见。《地理通释》曰:"太行山连亘河北诸州,为天下之脊,一名皇母,一名女娲。"① 所以太行山又叫"女娲"或"皇母"。笔者在晋东南地区进行田野考察中发现大量的娲皇信仰②,或可为人们对这一神话传说的认识进行佐证。

二、兵家必争之雄山

在军事理论和实践中,地形对于战争有着至关重要的作用。太行山脉南北纵横八百里,它的东侧、南侧是开阔而富庶的华北大平原,从北向南分布着北京、邯郸、安阳、开封、郑州、洛阳等历史上著名的都城,"历代中原王朝评述当时天下形式均以都畿为核心,名山大川的重要意义也是围绕这一核心来判断。"③ 可以说,这里是历代王朝尤其是唐以后大一统王朝定都的首选之区。而与都城毗邻,有着居高临下之地利的太行山,显然有着特殊的战略地位,成为兵家必争之雄山。

东周初年诸侯争霸开始之际,太行山为兵家必争之地。史载齐桓公争霸之路即经过太行,其"西伐大夏,涉流沙,束马悬车登太行,至卑耳山而还。"④ 束马悬车可见太行山势之险峻;此后齐庄公曾派栾逞潜入晋国作为内应,以大军随其后登太行山,进孟门关。栾逞败露,"齐庄公闻逞败,乃还,取晋之朝歌去"⑤。之后晋国趁齐国崔杼弑庄公内乱之际"伐败齐于高唐去,报太行之役也"⑥。齐晋之间围绕太行有过激烈交锋。

---

① (宋)王应麟著,张保见校注:《通鉴地理通释校注》,成都:四川大学出版社,2009年。
② 如太行山南段的长治黎城县、襄垣县,河北涉县等都有广泛的娲皇信仰分布。
③ 安介生:《"山西"源流新探——兼考辽金时期山西路》,《晋阳学刊》,1997年第2期。
④ 《史记》卷32《世家第二》,北京:中华书局,1959年,第1491页。
⑤ 《史记》卷39《世家第九》,北京:中华书局,1959年,第1683页。
⑥ 《史记》卷39《世家第九》,北京:中华书局,1959年,第1684页。

战国初年，韩赵魏三家分晋，其疆域皆大致位于今太行以西的区域，三晋都是当时的大国，在战国时期举足轻重。战国时期也有很多关于太行的记载，魏武侯启用吴起时有意对策，指着黄河说山河险要可为国之屏障，这是魏国的珍宝。"（吴）起对曰：在德不在险。"① 指出夏商皆以太行为天险，而国家灭亡，非山河不固，实失德之故，因而受到魏武侯的重用。战国末年，秦与三晋之间的战争也多围绕太行地区进行，"桓惠王十年，秦击我于太行，我上党郡守以上党郡降赵。"② "十四年，秦拔赵上党，杀马服子卒四十余万于长平。"③ 此即历史上赫赫有名的长平之战，此役之后，秦加快了统一六国的步伐。"四十四年，白起攻南阳太行道，绝之。"④ 很快，韩国被灭。

秦二世而亡，楚汉相争之际围绕太行山一带也有激烈争锋，刘邦在争夺天下的过程中派郦商对齐王田广进行游说，郦商分析天下形势后指出"（刘邦）今已据敖仓之粟，塞成皋之险，守白马之津，杜太行之阪，距蜚狐之口，天下后服者先亡矣。"⑤ 使齐王田广放弃了对刘邦的抵抗，加快了楚汉之争的进程。

汉建立后，实行郡国并行制。"自雁门以东，尽辽阳，为燕、代。常山以南，太行左转，度河、济，渐于海，为齐、赵。"⑥ 将太行山附近区域都分封给同姓子弟拱卫王室，可见这一地区之重要。建安七年（202年），曹操讨伐袁绍余部，行进白陉入上党，路经羊肠坂道，写下气魄雄伟、慷慨悲凉的《苦寒行》，诗中写道："北上太行山，艰哉何巍巍！羊肠坂诘屈，车轮为之摧。"⑦ 古道之艰险难行，可见一斑。五胡乱华之后，北方长期混战，太行山地区成为举足轻重的重要区

---

① 《史记》卷65《列传第五》，北京：中华书局，1959年，第2166页。
② 《史记》卷45《世家第一五》，北京：中华书局，1959年，第1877页。
③ 《史记》卷45《世家第一五》，北京：中华书局，1959年，第1877页。
④ 《史记》卷73《列传第一三》，北京：中华书局，1959年，第2331页。
⑤ 《资治通鉴》卷10，北京：中华书局，1959年，第340页。
⑥ 《汉书》卷14《表第二》，北京：中华书局，1962年，第393页。
⑦ 曹操：《苦寒行》，《曹操诗集》。

域。后燕开国君主慕容垂议征长子时诸将皆以士卒疲怠请求来年再战，慕容垂意识到占据长子地区的重要性，说道："吾计决矣，且吾投老，扣囊底智，足以克之，不复留逆贼以累子孙也。"① 北魏河阴之变后，尔朱荣部很快分裂，大将源贺"迁卫将军，假车骑将军，率诸将于太行筑垒以防之。"② 成为当时举足轻重的一支力量。北周武帝攻齐时，与群臣议，"今欲数道出兵，水陆兼进，北拒太行之路，东扼黎阳之险。若攻拔河阴，兖、豫则驰檄可定。"其后，"上亲率六军，众六万，直指河阴。"③

隋炀帝即位后为打通太行山东西两侧交通，于大业三年"发河北十余郡丁男凿太行山，达于并州，以通驰道。"④ 这是太行山交通史上的一件大事。隋末天下大乱割据四起，李渊起兵于太行以西的晋阳，随后进军长安。李唐王朝在平定天下的过程中与占据洛阳的王世充和占据河北的窦建德有激烈交锋。武德三年李世民率军征王世充，"太宗遣行军总管史万宝自宜阳南据龙门，刘德威自太行东围河内，王君廓自洛口断贼粮道。"⑤ 从各个方向切断洛阳的粮道补给，进逼洛阳。王世充遣使臣向窦建德求救，窦建德率大军前往支援，其谋士凌敬进说曰："宜悉兵济河，攻取怀州河阳，使重将居守。更率众鸣鼓建旗，逾太行，入上党，先声后实，传檄而定。渐趋壶口，稍骇蒲津，收河东之地，此策之上也。"⑥ 建德不从，后有虎牢关之败，最终灭亡。唐中期爆发的安史之乱是唐由盛转衰的转折点，颜真卿率义军对抗叛军，其谋士李萼道："今闻朝廷使程千里统众十万自太行东下，将出崞口，为贼所扼，兵不得前。"⑦ 此处所言的崞口即壶关口，是太行山

---

① 《晋书》卷123《载记第二三》，北京：中华书局，1974年，第3088页。
② 《魏书》卷41《列传第二九》，北京：中华书局，1974年，第936页。
③ 《周书》卷6《帝纪第六》，北京：中华书局，1971年，第93页。
④ 《隋书》卷3《帝纪第三》，北京：中华书局，1975年，第68页。
⑤ 《旧唐书》卷2《本纪第二》，北京：中华书局，1975年，第26页。
⑥ 《旧唐书》卷54《列传第四》，北京：中华书局，1975年，第2241页。
⑦ 《旧唐书》卷128《列传第七八》，北京：中华书局，1975年，第3591页。

重要的军事要地,安史之乱及日后的河北诸藩镇,长期在此与唐王朝的军队相对峙,泽潞镇的军事地位因此大大增强,唐相李绛曾说"昭义五州据山东要害,魏博、恒、幽诸镇蟠结,朝廷惟恃此以制之。邢、磁、洺入其腹内,诚国之宝地,安危所系也"。① 可见其重要性。唐末黄巢起义,沙陀人李克用起兵南下助战平叛,史载"河东李克用下兵太行,渡河出洛阳,与东兵会击巢,巢已败去。"② 此后因其战功被封为河东节度使。五代的后梁与后唐曾在太行山区进行大战,"文德元年,河南张言袭破河阳,李罕之来归晋,晋处罕之于泽州,遣存孝与薛阿檀、安休休等以兵七千助罕之还击河阳。梁亦遣丁会、牛存节等助言,战于温县。梁军先扼太行,存孝大败,安休休被执。"③ 后梁与后唐在此连年大战,展开对太行天险的争夺。

宋太祖建隆三年"开太行运路"④,这是继隋炀帝开凿太行以来又一次大规模的开山运动,在太行山史上是一件重要的事情。虽然北宋开太行运路的主要目的在于打通向北的通道,促进统一全国,但对后世影响深远。《宋史·地理志》记载:"河东路,盖《禹贡》冀、雍二州之域,而冀州为多。当觜、参之分。其地东际常山,西控党项,南尽晋、绛,北控云、朔,当太行之险地,有盐、铁之饶……太宗平太原,虑其恃险,徙州治焉。然犹为重镇,屯精兵以控边部云。"⑤ 因其重要成为北宋和辽国交界的军事重地。宋初李筠叛乱占据泽潞,宋太祖亲征,向拱等人献计"筠逆节久著,兵力日盛,陛下宜急济大河,逾太行,乘其未集而诛之,缓则势张,难为力矣。帝从其言,卷甲倍道趋之。筠果率兵南向,闻车驾至,惶骇走泽州城守,遂

---

① 《资治通鉴》卷238,北京:中华书局,第7675页。
② 《新五代史》卷1《梁本纪第一》,北京:中华书局,1974年,第2页。
③ 《新五代史》卷36《义儿传第二四》,北京:中华书局,1974年,第391页。
④ 《宋史》卷1《本纪第一》,北京:中华书局,1977年,第11页。
⑤ 《宋史》卷86《志第三九·地理二》,北京:中华书局,1977年,第2138页。

见擒。"①

北宋末年"宗翰伐宋,与银术可围守太原。明年,攻襄垣,下潞城,降西京,至汴。元帅府以怀、孟北阻太行,南濒河,控制险要,使习室统十二猛安军镇抚之。"②宗翰派精锐之师对太行地区进行镇守,可见其重要性。元灭金国亦经太行,史载"是秋,分兵三道:命皇子术赤、察合台、窝阔台为右军,循太行而南,取保、遂、安肃、安、定、邢、洺、磁、相、卫、辉、怀、孟,掠泽、潞、辽、沁、平阳、太原、吉、隰,拔汾、石、岚、忻、代、武等州而还"。③元朝末年,天下大乱,围绕太行地区又有数次征战,如至正十八年(1358)"曹、濮贼方分道逾太行,焚上党,掠晋、冀,陷云中、雁门、代郡,烽火数千里,复大掠南且还。"④

明取元而代之,朱棣继位后,议以天子守国门迁都北京,六部及御史等上疏:"伏惟北京,圣上龙兴之地,北枕居庸、西峙太行、东连山海、南俯中原,沃壤千里,山川形胜。足以控四夷制天下,诚帝王万世之都也。"⑤言语中以太行为北京屏障,可见其倚重,明朝为了防止蒙古残余势力南侵,在北部设置九边重镇。其中太原镇总兵初驻偏头关,后移驻宁武所,管辖的长城西起河曲,经偏关、老营堡、宁武关、雁门关、平型关,东至太行山岭之真保镇长城,全长800多公里。因该镇在大同、宣府两镇长城的内侧,故又称为内长城,而偏头、宁武、雁门三关也就合称为内长城的"外三关",此皆为太行山北麓山脉之重要关口。明末崇祯年间,流民四起,五年"山东道试御史禹好善上言:山西流寇突过太行,焚烧怀庆关厢,杀掠河内清化,

---

① 《宋史》卷255《列传第一四》,北京:中华书局,1977年,第8910页。
② 《金史》卷70《列传第八》,北京:中华书局,1975年,第1623页。
③ 《元史》卷1《本纪第一》,北京:中华书局,1976年,第17页。
④ 《元史》卷141《列传第二八》,北京:中华书局,1976年,第3386页。
⑤ 《大明太宗孝文皇帝实录》卷182,"中央研究院"历史语言研究所校印,第1965页。

破修武城，置酒县堂，用刑捶辱县令，恣横极矣。"① 六年"河南西路盗自辉县入清化镇，游击越效败没，左良玉擒斩六十一人；其武安东盗，游击陶希谦击之，亦败没。部臣以河南不塞太行之险，揖盗使人，不得无罪。"② 明的灭亡亦是李自成军越过太行北麓自大同入宣府，进抵北京。

清朝仍以北京为国都。与明朝相比，长期的蒙汉对峙已然不存，九边的重要性也就有所下降，但太行山作为守卫京师之西部屏障依然十分重要，仍为常驻兵马之雄山，尤其在清军应对太平军、捻军等农民起义军时受到重视。

巍峨广袤的太行山承载了历代王朝太多的军事战争使命，留下了丰富的军事文化遗产，是太行山文化的重要组成部分。

三、宗教广布之圣山

山岳高大峻极，气象变幻，宛若仙境，是先民心目中的通天圣地和宗教神灵崇拜最理想的场所。太行山脉雄伟壮阔，孕育了众多名山，其中最著名者当属位列中国四大佛山之首的五台山和五岳之一的北岳恒山。山上寺庙、道观广布，香火绵延，在我国宗教史上占有重要地位。

1. 恒山与道教

在中国的名山之列中，五岳地位极高。自先秦而起的五岳概念，成为中华文化中至为重要的组成部分。从汉代起，五岳常祭成为历代定制，延续至清，绵延不绝。同时因为五岳之重要地位，成为佛道两家争先结缘的重要选址。作为北岳的恒山，它的发展与道教关系极深，早期道教讲求的修仙、问道需找寻仙山择居，五岳自然而然进入

---

① 《崇祯长编》卷65。
② 《崇祯实录》卷6。

道教的视野。

在道教眼中，五岳是最具灵气之修炼场所。从汉代开始，恒山就有道士修炼，如《列仙传》就有记载："昌容者，常山道人也。自称殷王子。食蓬虆根，往来上下，见之者二百余年，而颜色如二十许人。能致紫草，卖与染家，得钱以遗孤寡。历世而然，奉祠者万计。"① 昌容是史料记载最早在恒山修道的人，她服食丹药，广行善事，这体现了早期道教济世救民得道成仙的重要路径。在常山②一带还因此形成了对昌容的祭祀，可见道教在恒山的发展。又《茅君传》载"（茅）盈时年十八，遂弃家委亲，入于恒山，读老子《道德经》及《周易传》，采取山术而饵服之。潜景绝崖，素挺灵岫，仰希标玄，与世永违……"③ 后来茅盈被尊为"太元真人"，这是汉代在恒山修道的又一重要人物。

南北朝时期，北魏太武帝时有道士寇谦之到国都平城进献了《录图真经》，并对太武帝宣讲天师道的教义，深得太武帝的赞赏和推崇。史载太武帝"崇奉天师，显扬新法，宣布天下，道业大行"。④ 恒山位于北魏京畿之地，理所当然成为道教发展的重地，香火大兴。太延元年（435年），太武帝下令在恒山建了北岳庙。随后寇谦之在恒山翠屏峰上修建了悬空寺，后来成为三教共存的重要场所。寇谦之的弟子李皎亦在恒山修道，《北史》载："皎为寇谦之弟子，遂服气绝粒数十年，隐于恒山。年九十余，颜如少童。一旦，沐浴冠带，家人异之，俄而坐卒。道士咸称其得尸解仙道。"⑤ 此处诸多道士对其飞升有说法，说明当时恒山应集聚了一批修道之人。

---

① 王叔岷：《列仙传校笺》，北京：中华书局，2007年，第122页。
② 常山是恒山的别称，因汉时避文帝刘恒讳所改。
③ 张君房编，李永晟点校：《云笈七签》，北京：中华书局，2003年，第2255—2257页。
④ 《魏书》卷114《释老志十第二十》，北京：中华书局，1974年，第3052—3053页。
⑤ 《北史》卷27《列传第十五》，北京：中华书局，1974年，第979页。

隋唐时期是恒山道教发展的又一重要时期，这时历经长期的佛道之争，道教开始吸收佛教的诸多思想，越发成体系。隋统治者非常崇尚道教，史载："大业中，炀帝因幸晋阳，遂祭恒岳。其礼颇采高祖拜岱宗仪，增置二坛，命道士女官数十人，于壝中设醮。"① 唐统治者认为自己是老子的后裔，将道教奉为国教。唐高宗乾封元年（666年），李氏封老子为太上玄元皇帝，玄宗更是在全国兴起了兴建玄元皇帝庙的浪潮，并将《道德经》列为诸经之首，下令每户必备一本，道教迎来大兴。这一时期恒山出了位极著名的仙人，这便是八仙中的张果老。史载"张果者，不知何许人也。则天时，隐于中条山，往来汾、晋间，时人传其有长年秘术，自云年数百岁矣。尝著《阴符经玄解》，尽其玄理。则天遣使召之，果佯死不赴。后人复见之，往来恒州山中。"② 玄宗曾封张果老为"银青光禄大夫"，号"通玄先生"，其所作《阴符经玄解》成为道教经典。总之，唐代道教得到极大发展，其洞天福地理论最终形成，北岳恒山被尊为道教第五洞天，成为众多道士传习经典、隐居修行之所。

及至金元，恒山道教的发展变缓但仍继续推进。"特别是金代，对恒山道观庙宇专门进行过三次大的修建。"③ 金大定七年（1167）王重阳创立了以道教为主的三教合一的全真道。元朝建立后，元太祖奉王重阳之徒丘处机为国师，这样山西道教全真派得到了全面发展，在各地兴建道观，凝聚香火。恒山亦受其影响，出现了三教合流的趋势，恒山的悬空寺在这一背景下逐渐由单一的道观转变为佛道儒三教合一的宗教场所，其"三教殿"出现老子、释迦牟尼和孔子共坐一殿、同享香火的盛景。

明初朱元璋对宗教严格控制，"先后设立了玄教院、道录司统一

---

① 《隋书》卷6《志第一》，北京：中华书局，1975年，第140页。
② 《旧唐书》列传第一百四十一《方伎·张果传》，北京：中华书局，1975年，第5106页。
③ 张剑扬：《恒山宗教探源》，《雁北师院学报》，1995年第1期。

管理道教事务，山西道观中一些因逃避徭役而出家的道士被勒令还俗，自元朝以来一度泛滥的传道活动得以遏制。"① 但恒山的道教却得以幸免，据张剑扬的研究"明代洪武、成化、弘治、万历年间官方均对恒山进行过大规模的兴建和维修，于万历二十四年（1596）由皇帝亲赐北岳道经512卷共1479种。顺治十八年将北岳之祀的盛典归移到恒山主峰。清历代皇帝均派人赴恒山进行祭祀和庙宇修缮活动。"② 这些足见恒山道教在明清两代的发展和兴盛。

2. 五台山与佛教

和恒山相距很近的五台山盛名远播，影响力不次于五岳之一的恒山，其盛名之由来，与佛教之传布有密切关系。在国内五台山与峨眉山、普陀山、九华山并称为佛教"四大名山"，在国际上，它又与尼泊尔蓝毗尼花园、印度鹿野苑、菩提伽耶、拘尸那迦并称为"世界五大佛教圣地"，国际声望盛隆。从古至今，印度、日本、蒙古、朝鲜、尼泊尔等国的僧人来五台山朝圣者甚多，成为国内最负盛名的佛教圣地，佛教诸派在此争先传道，历代统治者亦极为重视，在此广建佛院，世代祭祀。

东汉明帝时，佛教从印度东传，开始在中国布道。五台山被佛教认定为文殊道场，史料可考，早在南朝编撰的《大方广佛华严经》已有记载，其曰"东北方有处，名清凉山。从昔已来，诸菩萨众，于中止住。现有菩萨，名文殊师利，与其眷属，诸菩萨众，一万人俱，常在其中而演说法。"③ 又唐译《文殊师利法宝藏陀罗尼经》记载"佛告金刚密迹主言'我灭度后，于南赡部洲东北方，有国名曰大震那，其中有山，名曰五顶。文殊童子游行居住，为诸众生于中说法'"④。

---

① 贾发义：《山西道教历史发展特点探析》，《宗教学研究》，2010年第1期。
② 张剑扬：《恒山宗教探源》，《雁北师院学报》，1995年第1期。
③ 《大方广佛华严经》卷四十五《诸菩萨住处品第三十二》，《大正藏》10，第279页。
④ 《佛说文殊师利法宝藏陀罗尼经》，《大正藏》20，第791页。

这里说了两个说法，一是清凉山，二是五顶山，均言为文殊菩萨传道之所。这里所述正好与构成五台山主体的五座山峰相匹配，故而五台山被古人认定为文殊道场，又称"清凉圣境"。

认定了其为朝圣文殊之地，又因文殊在佛教中的特殊地位，五台山也就自然成为官方正统争先扶持和朝拜的圣地。《清凉山志》记载的汉明帝十一年（68）印度高僧摩腾、竺法兰建立的"大孚灵鹫寺"就是今显通寺的前身，这是五台山最早的佛教寺庙。此后五台山逐渐有佛教圣地的气象，据《古清凉传》记载，北齐时"宇内塔寺，将四十千；此中伽蓝，数过二百。又割八州之税，以供山众衣药之资焉。据此而详，则仙居灵贶，故触地而繁矣"。[①]

唐代是五台山成为信徒朝圣的国际中心的重要时期。唐太宗贞观九年下诏"五台山者，文殊闷宅，万圣幽栖，境系太原，实我祖宗植德之所，尤当建寺度僧，切宜祗畏。"[②] 此后唐代诸帝除武宗外均对五台山多加礼遇，主要的措施包括减免赋税、普施供养、修寺度僧、延庆名僧等。尤其武则天时期，对佛教的礼遇达到一个高潮。长安二年（702），武则天令大德感法师为清凉寺主持，并派人到五台山各台顶敕建铁塔，从各个方面加强对五台山的管理、宣传和支持。在官方的支持下，五台山的文殊信仰迅速传布，甚至影响到整个东亚地区，及至代宗时期还流传着吐蕃攻陷京师后文殊显灵的事迹。唐代宗进一步加强了对五台山的支持力度，使其成为镇国道场，并令全国寺院普建文殊院，推广文殊信仰。

唐末以来战乱不休，北方少数民族南下对中原王朝不断进行冲击，五台山从地处中原地带变成诸国边界的佛教圣地。罗伯特·M.詹密罗曾对晚唐到金国初期这段时间的五台山佛教状况进行研究，他指出"以晚唐北部边疆的精神阵地标示五台山的特性具有某种潜在的

---

① （唐）慧祥：《古清凉传》卷上，《大正藏》第51卷，第1094页。
② 《清凉山志》卷五《帝王崇建·唐太宗》。

讽刺意味,因为五台山也是国际佛教中心,是连接晚唐与其他国家人民与文化的通道与纽带。五台山以文殊道场闻名于整个亚洲,是来自东亚各地乃至中亚、南亚与东南亚朝圣者的目的地。即使五台山附近的局势紧张或处于敌对状态,某种程度形成旅行的障碍甚至成为战场的情况下,五台山仍然保持其国际地位。"① 这种国际地位体现在辽国、西夏等对五台山的精神信仰,尤其辽国的西京大同府就位于五台山不远处,这种精神信仰方面的交往就越多。960年北宋建立并开启对全国的统一进程,于979年灭掉辽国支持的北汉政权,将五台山纳入治下。但由于此时北宋的边界已受到辽国的侵袭,实际上五台山是作为两国边界防御的重要场所存在的,又因文殊信仰的广泛传布,这种精神上的交流使双方在澶渊之盟后得以维持相对持久的和平。这一时期的特点是政局动荡,但官方对五台山的扶持力度并未减弱,国际上亦不断有僧人到五台山进行朝圣,宋仁宗嘉祐五年(1060)延一撰写了《广清凉传》,为我们了解这段历史提供了重要的线索。

金元时期,五台山的归属屡遭变动。金朝建立后,先后灭掉了辽和北宋,统一了华北大部分地区,五台山此后归属金国统治下。罗伯特通过史料印证推断"尽管五台山确实享誉整个佛教界,甚至对远至印度的朝圣者具有吸引力,但是它似乎明显属于地区所有,之所以在金国初期幸存下来,主要取决于当地信徒的虔诚与慷慨。"② 这与隋唐时期国家大力扶持祭祀供奉形成对比。元代以后,五台山发展为国内唯一的汉藏共存的佛教圣地并为后世所继承,这与元初帝师八思巴巡礼五台山有关。八思巴是萨迦五祖,他不仅是藏传佛教的领袖,也是西藏地区的政治首领,他与五台山有很深的渊源。他于1257年朝拜了五台山并在此居住了近一年,其间他传布萨迦佛法使藏传佛教正式

---

① 罗伯特·M.詹密罗著,冀培然译:《晚唐至金国初期五台山地区的佛教状况》,《世界宗教文化》,2016年第2期。
② 罗伯特·M.詹密罗著,冀培然译:《晚唐至金国初期五台山地区的佛教状况》,《世界宗教文化》2016年第2期。

传入五台山。有元一代，藏传佛教在五台山扎根传播，渐成规模。元代诸帝均礼遇五台山，并不断修缮五台佛院，这进一步提高了五台山的宗教地位和政治地位。

明清以来，五台山地位越发稳固，圣凯指出"名山信仰具有经典、地理、感应传说、塔寺、信徒、国家支持等六大要素"，明清时代四大名山的确立与此六要素息息相关，纵观五台山与佛教的渊源，基本符合这一条件。"及至康熙年间，四大佛山成为一体的概念，分别作为文殊、普贤、观音、地藏的道场，并以地、水、火、风进行了解释。"① 五台山的佛教信仰至今不绝，并形成了独特的五台山文化。

3. 金元以来的庙宇世俗化与民间信仰的发展

传统的史学对太行山地区的记载在金元时期有一定的断层。这一时间段，从北宋灭亡的靖康之难（1127）算起，到明取元代之的洪武元年（1368），共241年。太行山区这一时期的典型特点是朝代更替频繁，又一次迎来了多民族融合的浪潮。辽代在中央实行南北面官，在地方实行头下军州，虽有利于其控制局面，但无形中也将臣民进行了三六九等的划分。1127年，即宋金联合灭辽的第三年，金兵南下掳徽、钦二宗而去，北宋灭亡。金在中原地区实行奴隶制度，大量汉人沦为奴隶，这种背景下，以太行山为中心的民众反抗此起彼伏，他们被金统治者称为"太行群盗"②，比较出名的就有磁州一带的王会、孙小十等起义军以及宋朝军官王彦领导的八字军等。元代实行四等人制，原金朝统治下的民众为第三等的汉人，在政治权利与科举文化等方面都受到严重限制。无论是辽的统治，还是此后的金及元的统治，对汉族民众来讲心理上总有一种失去主心骨的失落感。这种失落感使得他们追求自治与神灵庇佑，这便是太行山区大规模庙宇世俗化进程的起因，今日进行太行山区的考察调研，从北太行到南太行，几乎所

---

① 圣凯：《明清佛教"四大名山"信仰的形成》，《宗教学研究》，2011年第3期。
② 《金史》卷81《列传第一九》，北京：中华书局，1975年，第1826页。

有的村庄中都遗留有一个或多个庙宇，它们在传统时代庇佑着村庄的兴旺发达，是研究这一地区历史最重要的切入点之一，也自然成为太行山历史文化蕴意极为重要的组成部分。

以太行山为中心的华北地区，现在分布着大量的金元以来的村庄庙宇，其中不乏国家级、省级等文物保护单位。这些庙宇涉及的神灵信仰体系极其庞杂，除带有儒道释三教的影子外，更多地体现了民众的精神诉求，对远古神话中的诸多神灵都有供奉。总体来讲，这一区域发现的庙宇供奉之神灵从北到南各具特色，最重要的神庙有：玉皇、真武、关帝、观音、三官、三教、东岳、财神、龙王、娲皇、神农、文昌、高禖等。除这些大庙外，村庄中还广泛分布着土地庙、五道庙、瘟神庙、疙瘩庙、眼光庙等庙宇。村庄中的庙宇位置非常讲究，这些庙宇供奉的神灵和职司体现了村庄百姓的诉求，除祈求村庄安定发展的保护神外，还体现了求子、求雨、求财、祈福、免灾等诸多诉求。庙宇的修建过程体现了朴素的有钱出钱、有力出力的原则，往往是阖村老少共同修建，因而成为村庄的共有财产和公共空间。庙宇也因之成为村社组织集会议事的场所，在村庄发展中发挥着重要的作用。

综上，无论是恒山还是五台，能够作为名山，不仅与其独特的风景有关，更与佛道两教的传布密切关联，正是在宗教和政权的多重影响下，北岳祭祀历代不断，五台信仰广布世界，两者成为佛道交融之圣山。而关于金元以来太行山地区广布的村庄庙宇与民间信仰，它们同恒山、五台这两大宗教圣地相比，表现出更为复杂多样的神灵信仰与诸神崇拜，为太行山增添了更为丰厚的历史文化内涵。

四、文人激赞之奇山

仁者乐山，智者乐水。山水之间向来是人们亲近自然的最好去处,也成为人们寄寓思情的最佳场所。太行山百岭互连、千峰耸立、万壑沟深,自南而北有数条大河穿切山体东流入海,形成若干峡谷。这些峡谷与著名的"太行八陉"① 成为沟通太行山左右的主要通道,途经此地者,无不以其风光之壮美,道路之艰难而感慨惊叹,留下了广为传颂的不朽篇章。最有名的当属三国时期的曹操,唐代的韩愈、白居易、李贺等人,北宋的苏轼,南宋的陆游及金元时期的文学大家元好问。

三国时曹操有著名的《苦寒行》,可谓是描述太行路险的典型,诗文写道:

> 北上太行山,艰哉何巍巍!羊肠坂诘屈,车轮为之摧。
> 树木何萧瑟!北风声正悲。熊罴对我蹲,虎豹夹路啼。
> 溪谷少人民,雪落何霏霏!延颈长叹息,远行多所怀。
> 我心何怫郁?思欲一东归。水深桥梁绝,中路正徘徊。
> 迷惑失故路,薄暮无宿栖。行行日已远,人马同时饥。
> 担囊行取薪,斧冰持作糜。悲彼东山诗,悠悠使我哀。②

此诗作于建安十一年(206),是曹操由邺城北上征讨袁绍余部高干所据壶关口的行军之作。正值冬春时节,太行巍峨险峻,羊肠诘屈,野兽逞强,风雪肆虐,又有"水深桥梁绝""迷惑失故路""薄暮无宿栖""人马同时饥"的艰难,因而引起了诗人"东归"之思。诗中有魏武帝的大抱负与大胸怀,其哀生灵之涂炭虽只从"溪谷少人民"一句中吐露出来,但从全诗字里行间,都可以感受得到,此诗融叙事、写景、抒情为一体,实为难得之佳作。

---

① (晋)郭缘生《述征记》载:"太行山首始于河内,自河内北至幽州,凡百岭,连亘十二州之界。有八陉:第一曰轵关陉,今属河南府济源县,在县西十一里;第二太行陉,第三白陉,此两陉今在河内;第四滏口陉,对邺西;第五井陉;第六飞狐陉,一名望都关;第七蒲阴陉,此三陉在中山;第八军都陉,在幽州。"

② 曹操:《苦寒行》,《曹操诗集》。

唐代是中国历史上对太行描述最多的朝代之一，大唐盛世孕育了无数文人墨士。其中白居易的《太行路》就是很有名的一首诗：

> 太行之路能摧车，若比人心是坦途。
> 巫峡之水能覆舟，若比人心是安流。
> 人心好恶苦不常，好生毛羽恶生疮。
> 与君结发未五载，岂期牛女为参商。
> 古称色衰相弃背，当时美人犹怨悔。
> 何况如今鸾镜中，妾颜未改君心改。
> 为君熏衣裳，君闻兰麝不馨香。
> 为君盛容饰，君看金翠无颜色。
> 行路难，难重陈。
> 人生莫作妇人身，百年苦乐由他人。
> 行路难，难于山，险于水。
> 不独人间夫与妻，近代君臣亦如此。
> 君不见左纳言，右纳史，朝承恩，暮赐死。
> 行路难，不在水，不在山，只在人情反覆间。①

白居易拥有着登山探险的豪迈之情，诗中借写太行山之崎岖险峻，揭示人世道路更为艰辛，人心善恶易变的现实，是一首难得的现实主义诗歌。

与白居易几乎同时期的韩愈亦有一诗，题为《卢郎中云夫寄示送盘谷子诗两章歌以和之》，诗中写道：

> 昔寻李愿向盘谷，正见高崖巨壁争开张。
> 是时新晴天井溢，谁把长剑倚太行。
> 冲风吹破落天外，飞雨白日洒洛阳。
> 东蹈燕川食旷野，有馈木蕨芽满筐。

---

① （唐）白居易：《白氏长庆集》，《新乐府五十首之一》。

马头溪深不可厉，借车载过水入箱。
平沙绿浪榜方口，雁鸭飞起穿垂杨。
穷探极览颇恣横，物外日月本不忙。
归不辛苦欲谁为？坐令再往之计堕眇茫。
闭门长安三日雪，推书扑笔歌慨慷。
旁无壮士遣属和，远忆卢老诗颠狂。
开缄忽睹送归作，字向纸上皆轩昂。
又知李侯意不顾，方冬独入崔嵬藏。
我今进退几时决，十年蠢蠢随朝行。
家请官供不报答，无异雀鼠偷太仓。
行抽手版付丞相，不待弹劾还耕桑。①

这首诗开篇即豪兴逸飞，格局宏大，以"长剑倚太行"比喻从天井关飞流而下的瀑布，而这飞瀑被狂风吹拂，竟然直洒洛阳。意境传神，气势宏伟。而后以李愿仕途不顺归隐太行引申到自身的境遇，颇有不得志则独善其身的思绪蕴含其中。

中唐李贺也有描写太行的诗，名传后世，题为《七月一日晓入太行山》。

一夕绕山秋，香露溘蒙绿。新桥倚云阪，候虫嘶露朴。
洛南今已远，越粂谁为熟？石气何凄凄，老莎如短镞。②

此为李贺从祖籍河南赴山西潞州途中所作，是少有的描述太行山自然景观的名诗。一夕绕山秋，指的是太行地势高耸，较其相邻的河南地区相比，已是夏秋之隔；候虫嘶露朴则体现了山中空气之清香。而后两句诗则体现了李贺的思乡之情和对人世无常的感慨。

北宋苏轼有《谢仲适坐上送王敏仲北使》一诗，表达了对老友前

---

① （唐）韩愈：《韩愈全集·诗集》卷7。
② （唐）李贺：《李贺诗全集》卷3。

途的欣喜：

> 冲风振河朔，飞雾失太行。相逢不相识，下马须眉黄。
> 洗眼忽惊笑，见此玉节郎。喜有贤主人，共此残烛光。
> 聚散一梦中，人北雁南翔。吾生如寄耳，送老天一方。
> 幸子遇明主，陈经入西厢。归期不可缓，倚相宜在傍。①

此诗描述的太行十分有趣，黄河以北大风凛冽，太行山浓雾弥漫，马上相逢不知是谁，下马也只是看见对方一脸的黄沙，画面感极强。此诗虽是送别诗，但全诗却没有太多的伤感之情，而是充满对老友遇到明主，前途可期的欣喜。

南宋陆游生逢北宋灭亡之际，一生坚持抗金。陆游有两首描写太行的诗词最为出名，皆反映了其渴望收复中原，一展抱负的心愿。

书怀绝句

> 老死已无日，功名犹自期。
> 清笳太行路，何日出王师？②

哀 北

> 太行天下脊，黄河出昆仑。
> 山川形胜地，历世多名臣。
> 哀哉六十年，左衽沦胡尘。
> 抱负虽奇伟，没齿不得伸。
> 老夫实好义，北望常酸辛。
> 何当拥黄旗，径涉白马津？
> 穷追殄犬羊，旁招出凤麟。
> 努力待传檄，勿谓吴无人！③

---

① （北宋）苏轼：《苏轼集》卷21。
② （南宋）陆游：《陆游诗全集·三》。
③ （南宋）陆游：《陆游诗全集·一》。

金元之际的元好问是当时最负盛名的大文豪，他一生经历了金的灭亡，见证了许多地方烽烟四起、硝烟弥漫、遍地流亡的惨状。他写的关于太行的诗词，不仅有对太行雄伟壮观场景的称赞，还有对世事无常、人间疾苦的感慨：

黄华峪五首

岱崧王屋旧经过，自倚胸中胜概多。
独欠太行高绝处，青天白日看山河。

绝壁孤云仔细看，云间龙穴想高寒。
碧澜寸寸横秋色，空对山灵说到难。

玉立千峰画不如，天公自有范宽图。
间山要著黄华老，千尺珠帘得似无。

团团石瓮琢青瑶，仰面看云觉动摇。
谁著天瓢洒飞雨，半空翻转玉龙腰。

落峡飞流散不收，湍声汹汹动高秋。
也应嫌被红尘涴，才近山门便洑流。

再到新卫

蝗旱相仍岁已荒，伶俜十口值还乡。
空令姓字喧时辈，不救饥寒趋路傍。
行帐马嘶尘颎洞，空村人去雨淋浪。
河平千里筋骸尽，更欲驱车上太行。

历代文人对太行山的描述可分两种，一是对太行天险的敬畏感叹和对太行壮美景观的赞赏；二是将太行山与个人或国家命运结合起来，抒发家国情怀和个人抱负。可见太行之所以为名山，不仅与其自然高度和地理位置有关，更与时代变迁和人们创造性的认识密切关联。太行山之重要地位，以其丰富的人文寄寓而更加彰显。

五、中国革命之英雄山

太行山在军事上的重要战略地位，在近代以来中国人民反帝反封建的革命斗争中再次凸显。1937 年日本发动了全面侵华战争，民族危亡之际，共产党领导建立抗日民族统一战线，八路军三大主力东渡黄河进入抗战前线，在太行山创建了晋冀豫和晋察冀抗日根据地，占领了华北战场的制高点。太行山成为中华民族敌后抗战的重要战略支点，为抗战全面胜利发挥了不可替代的作用。

太行八陉自古就是难以逾越的天堑，但总体来讲从华北平原进入黄土高原，太行山自北而南最为重要的通道和关口只有四个：即北部的雁门关、中部的娘子关、南部的东阳关和轵关陉。无论日军是想要从华北平原进入山西高原进而打通向西的通道，还是想从太行山一线向南进攻，都只能通过这几个关口实现。所以整个抗战时期围绕太行山的几次大规模战役都是从这几个关口展开的。

1. 平型关大捷

日军攻陷平津后，分兵沿津浦、平汉、同蒲铁路南下，企图夺取整个华北地区。这其中又因山西所处的地理位置相当重要，同蒲线的战斗被列为重中之重。当年 9 月日军攻陷大同并向平型关一带移动。鉴于此，阎锡山急令晋绥军在平型关布防，同时又有八路军 115 师来援。9 月 25 日，日军第 21 旅团 21 联队一部进入 115 师伏击圈，115 师居高临下，将敌人分割包围，在平型关沟壑纵横的地形下，日军的现代化装备威力大大减少，八路军战士同敌人展开了白刃战。经过一日的激战，第 115 师取得了伏击战的最后胜利。"此战八路军共歼敌

1000 余人，击毁汽车百余辆，缴获大量物资"。① 这场战役又被称为"平型关大捷"，这是华北战场上中国军队主动围歼敌人的第一个大胜，也是八路军出师抗战以来有力配合正面战场取得的第一个大胜，打破了"日军不可战胜"的神话。

2. 忻口会战

这是抗战初期华北战场规模最大、动员最广、参战人数最多、战斗最为惨烈的战役，也是国共合作的重要战役。在第二战区司令长官阎锡山的统一指挥下，国民党中央军和晋绥军以及共产党领导的八路军团结协作，取得了歼敌上万的记录，进一步粉碎了日军妄图速战速决的计划。战役从 1937 年 10 月 13 日持续到 11 月 2 日，历时二十一天。战役的总指挥是卫立煌，副总指挥傅作义。中方投入兵力 17 万余人，日军投入兵力 9 万余人。这场战役中，国民党第九军军长郝梦龄将军英勇殉国，八路军三大主力师都参与了战斗，也创造了夜袭阳明堡机场等胜利，从敌后袭扰日军，有力地配合了正面战场。

3. 娘子关战役

娘子关位于山西与河北交界，是正太铁路上最重要的关口之一，也是晋东的门户与防御重点，抗战一开始就成为双方争夺的焦点。阎锡山从辛亥首义开始就对娘子关进行经营，构筑了坚固的防御工事。在忻口会战进行的同时，为增援忻口日军第 5 师团，日军统帅部令华北方面军进攻娘子关，从侧面迂回太原。此时阎锡山无暇东顾，只有蒋介石调第 2 集团军三个军及两个师的兵力守卫娘子关。阎锡山派黄绍竑担任娘子关战役总指挥，这场战斗历时 20 余日，我军伤亡两万余人，歼灭敌人数千。但最终在敌人猛烈的进攻下娘子关宣告失守，日军占领平定、阳泉，进而占领寿阳。这场战斗也直接导致了忻口会战的失败，省会太原的门户被打开。

---

① 杨奎松：《关于平型关战斗的史实重建问题》，《社会科学论坛》，2006 年第 1 期。

4. 川军守卫东阳关

山西成为抗日前线后吸引着全国军民抗战的热情。1937年，川军第二次整编完成后，由邓锡侯带领的第二十二集团军奔赴山西战场。其中，川军第四十一军受命布防于晋东的东阳关、黎城、潞城、长治等七八个城镇。驻守东阳关的是川军第一七八师李宗防部，其重点任务是保卫东阳关，阻击日军从邯郸、武安、涉县向长治一带进攻。1938年日军一部从平汉线之邯郸、涉县进攻东阳关，企图控制上党地区，策应同蒲铁路的日军南进。川军将士严阵以待，从2月14日开始阻击了敌人三天三夜，敌人未能逾越东阳关防线半步。后因敌人抄小路绕后包围黎城，川军接军部命令后撤以策应保卫长治之战。此役日军伤亡千余人，川军壮烈牺牲者两千余人。

5. 百团大战

这是抗战相持阶段八路军主动发起的最大规模的反扫荡战役，因为参加的部队多达105个团，故称之为"百团大战"。从1940年8月到1941年1月，短短几个月时间内就进行了大小战斗1824次，摧毁在日军在正太铁路及其沿线的主要据点，并对日军的报复性扫荡予以坚决反击。百团大战是在中国抗战处于困难时期取得的重大胜利，它极大地鼓舞了全民抗战的勇气和决心，也大大提高了共产党的声望。

6. 八路军的战略展开与敌后抗战

太原失守后，日军占据了山西境内的大中城市及铁路公路干道沿线，此后这一区域的抗战逐步进入以中国共产党领导抗日武装敌后游击战时期。在中国共产党的领导下，八路军依托太行山等山脉，先后开辟了晋察冀、晋冀鲁豫等根据地，在太行山区的广大农村广泛开展建党、建军、建政工作，成为插入敌人背后的一把尖刀，与中国国民党领导的正面抵抗遥相呼应，互为支撑，形成了华北持久抗战的局面。八路军的总部先后设立于左权县的麻田镇和武乡县王家峪村、砖壁村等地，中国共产党植根于此，发展出了从小到大、自下而上的各级革命武装,并领导当地农民进行经济建设和社会改革,主要通过"三三制"和"减租减息"开展。减租减息打碎了农民身上的枷锁,崭新的政权机关和农民心心相连,保证了抗日政策的执行。这些区域现在还保留着八路军建军、建政的痕迹,如于1939年建立的黄崖洞兵工厂就是当时华北敌后八路军最大的兵工厂,在整个抗战时期,黄崖洞兵工厂研发出了我军第一种制式步枪——"八一"式步枪,第一种自产"掷弹筒",其生产的炮弹和子弹占了全部产量的35%,年产的武器可装备16个团。这使得日军于1941年进攻黄崖洞,我军以不到一个团的兵力依托地势歼敌1000余人,取得了"黄崖洞保卫战"胜利。又如1939年在黎城县建立的冀南银行成为抗战时期统筹根据地经济,调度金融的重要手段,冀南银行先后辗转河北省涉县索堡村、邢台县、武安县等地。1948年7月冀南银行与晋察冀边区银行合并成立华北银行。同年12月华北银行与北海银行、西北农民银行合并成立中国人民银行。可以说冀南银行是中国人民银行的前身,它培养了大批的金融人才,在抗战时期以货币手段有效地实现了对根据地金融的调控,增强了抗战的力量。此外,1944年11月21日至12月7日,太行区在黎城县南委泉村召开了太行区第一届群英会,主要表彰在抗战过程中的杀敌英雄与劳动英雄,邓小平、滕代远、李雪峰等都参加了大会,大会共选拔出了杀敌英雄120人,劳动英雄206人,大大鼓舞了太行区人民抗日和革命的热情。总之,中国共产党在八年的全面抗战中将太行山区改造成了适合中国发展的新社会,这也是日后这一地区在建国后经济迅速恢复并成为全国知名的劳动模范高产之地的原因之一。

1943年后,抗日战争进入战略反攻阶段,国际国内形势都朝着有利于我国的方面进行。中国共产党适时在华北、华南各地发起了局部反攻,并在这个过程中进一步发展壮大。到1945年"抗战胜利之后,形势的发展不断向有利于共产党方面转变。1948年晋察冀和晋冀鲁豫两大解放区连成了一片,中共晋察冀中央局和晋冀鲁豫中央局及两个军区合并成为中共华北中央局与中国人民解放军华北军区,两个边区政府也合并组成华北人民政府。这个地区有 4500 万人民,与 1937 年开始立足于太行山之时,简直不可同日而语。"①

此后,中共中央和毛泽东、周恩来等也由延安转到太行山脚下的西柏坡村,准备"进京赶考",夺取全国革命的胜利。

在长期艰苦卓绝的抗日战争中,太行各根据地军民付出了巨大的牺牲,铸就了不怕牺牲、敢于胜利、艰苦奋斗、无私奉献的太行精神,强有力地推动了中华民族的独立和解放事业的胜利发展,成为中国共产党和中华民族抗战精神的伟大象征。革命根据地创造性地进行了新民主主义的政治、经济和文化建设,为我党积累了丰富的新民主主义革命经验。敌后根据地创造性的实行三三制、减租减息、精兵简政等民主政治,有力地团结了人民群众,加强了革命统一战线。根据地建立了自己的银行并发行货币,实行贸易统制,为新中国的金融事业奠定了基础。根据地在抗灾自救的基础上发展了互助合作的经济模式,平顺县西沟村共产党员李顺达建立了太行区第一个互助组。各敌后抗日根据地吸引了全国成千上万的知识青年和文化名人,投身于抗日洪流,创作出一大批鼓舞民族斗志、记录烽火岁月的文艺作品,塑造了中国新民主主义文化的一代新风。这些都是在太行山上发展起来的,太行山因而成为引领中国革命之英雄山。

六、典型辈出之劳模山

新中国成立后,广大劳动人民在政治上翻了身,但在经济上不可能一夜致富。对于党和政府而言,如何解决几亿人口的吃饭问题,成为当时最重要的工作。因此,必须在发展农业生产力和改变生产关系

---

① 魏宏运:《太行山和中国革命的胜利》,《前进》,2005 年第 8 期。

上找到突破口。当时的中国,工业基础整体薄弱,通过科技手段发展生产力受限较大,而土地改革的进行却为农业生产关系的调整提供了前提。太行山地区在抗日战争和解放战争中的一系列成功实践,便成为一种典型模范在全国推广开来。

这一时期的太行山区,诞生了具有全国影响力的三大劳动模范基地,其中两个是农业模范基地,分别为位于太行山南麓平顺县的西沟村以及位于太行山中部昔阳县的大寨,另外一个则是林业水土保持的基地,即位于太行山北麓阳高县的大泉山村。这三者相继成为引领全国学习的典范,与中国的集体化进程息息相关,时任山西省委书记的陶鲁茄称其为"两大一西"。

1. 李顺达与西沟村

1929 年,15 岁的李顺达从河南林县逃难到了西沟;1938 年 4 月平顺县第一个共产党支部成立,当年 10 月 1 日他就成为中共党员,此后带领西沟村农民成立了太行区第一个劳武结合的互助组,恢复发展生产,参军、参战,支援抗日战争。在太行区召开的两次群英会上,都被评为"一等英雄"。新中国诞生后,他多次出席了全国劳动模范大会。1951 年,他领导的互助组向全国农村发起开展爱国丰产竞赛运动的倡议,在全国影响甚大。中央人民政府农业部向他领导的互助组颁发了爱国丰产奖状,向他颁发了安国丰产金星奖章。1952 年,他领导的互助组扩建为金星农林牧生产合作社之后,由于全面发展山区农村多种经济,建设三年即发生天翻地覆的变化。"李顺达领导的西沟金星农牧林生产合作社经验,即《勤俭办社 建设山区》一文得到了毛泽东的高度赞扬,并亲自编写按语收入到了《中国农村的社会主义高潮》一书中。"① 他先后当选为中共第八、九、十届全国代表大会代表,第九、十两届中央委员,第一、二、三、四届全国人民代表

---

① 行龙:《在村庄与国家之间:劳动模范李顺达的个人生活史》,《山西大学学报(哲学社会科学版)》,2007 年第 3 期。

大会常务委员会委员。多次受到毛泽东、刘少奇、周恩来、邓小平等中央领导同志的接见。时任山西省委书记的陶鲁笳写诗称赞他：立党为公斗志坚，改天换地太行巅。农村变革领头雁，劳动塑造新状元。①

2. 高进才与"大泉山精神"

大泉山，位于大同市阳高县城南12公里处。建国前，大泉山沟壑纵横，沙石裸露，山山和尚头，处处裂嘴沟，水土流失严重。20世纪三四十年代，张凤林、高进才两位普通的农民自发植树造林、绿化荒山，由此带领当地群众拉开了治山治坡序幕。1955年，时任阳高县委书记王进就此写了一篇典型调查，报至中共山西省委。这篇文章后被收入毛泽东主编的《中国农村的社会主义高潮》一书。毛泽东把标题改成《看，大泉山变了样子》，并写了热情洋溢的按语："很高兴地看完了这一篇好文章。有了这样一个典型例子，整个华北、西北以及一切有水土流失问题的地方，都可以照样去解决自己的问题了。并且不要很多的时间，三年、五年、七年或者更多一点时间，也就够了。问题是要全面规划，要加强领导。我们要求每个县委书记都学阳高县委书记那样，用心寻找当地群众中的先进经验，加以总结，使之推广。"②大泉山从此成为"全国治理水土流失的一面红旗"。其后，毛泽东又于1956年和1958年两次提到大泉山的事迹，赞扬道："大泉山的张凤林真好啊！我们感谢他！我们要在报纸上大量报道大泉山，我们要写书，写传单，给来参观的人每人发一套。"③阳高县地方领导的大力推广，再加上毛泽东的高度赞扬，很快就使大泉山村因水土保持工作的经验闻名全国。从1955年9月到1956年3月，仅有百余人的大泉山村共迎来了全国各地的参观者8779人次，其中包括著名学

---

① 陶鲁笳：《李顺达颂》，《支部建设》，2002年第5期。
② 中共中央办公厅编：《中国农村的社会主义高潮》上册，人民出版社，1956年，第227页。
③ 陶鲁笳：《我记忆中的毛泽东同志——为纪念毛泽东同志诞辰100周年而作》，《山西日报》，1993年12月24日第二版。

者竺可桢、林镕、张乃凤等。

1957年，大泉山受到了国务院的表彰。阳高县也于1958年荣获全国第三次水土保持工作会议的水保特等奖。① 因水土保持工作上的成绩，张凤林于1956年12月担任阳高县人民委员会委员；高进才于1957年被评为全国劳动模范，在"文化大革命"前曾一度担任过县委副书记、县人大常委会副主任，还曾经作为代表出席过两届全国人民代表大会和两次中国共产党全国代表大会，受到毛泽东的亲自接见，并应毛泽东和周恩来的邀请两次参加国庆观礼、一次国际劳动节观礼。②

3. 陈永贵与"农业学大寨"

20世纪60年代初，太行山脚下产生了一个农业战线的典型——大寨。这一典型产生之后，一开始就受到山西省委的重视，后来由山西省委负责人向毛泽东推荐，又受到了毛主席的重视。毛主席发出了"农业学大寨"的号召后，大寨的经验迅速对全国的农业产生了重要引领作用，成为指导中国农业发展的典范。这期间，陈永贵作为大寨的杰出代表，发挥了重要的作用，成为全国知名的劳动模范和农业专家，甚至成为国务院副总理。

大寨是山西省昔阳县的一个山村，历史上这里的绿色植被就很少，四周都是荒山，土地条件也很差，当地农民依靠各家各户在山沟里修少量的梯田为生，生活十分艰苦。建国后，大寨于1952年成立了合作社，当年获得的丰收使得百姓意识到团结合作的重要性，当年底整个大寨的农户就都入了初级社。1956年全国掀起了农业合作化高潮，在这种浪潮的推动下，大寨也成立了高级社，依靠集体化的力量和农民的生产热情，对大寨的农田进行了初步改造，实现了粮食产量的丰收。1958年，在全国人民公社浪潮下，大寨也成为一个生产大

---

① 郭海主编：《阳高县志》，中国工人出版社，1993年，第677页。
② 郭海主编：《阳高县志》，中国工人出版社，1993年，第652页。

队，隶属于大寨公社。①

大寨大队党支部书记陈永贵出身贫苦，常年的劳动生产中，他严格要求自己和家人，在大寨的党员和群众中享有很高的威望。他在带领大寨农民整修土地，建设高产梯田的过程中，摸索出一套农业生产管理制度，同时也总结出一套通过做思想工作，发挥党员模范带头作用，调动农民生产积极性的党支部工作经验。山西省晋中地委早就注意到了大寨这个典型，把它作为全地区农业战线的模范，陈永贵也连续多年当选为劳动模范和模范党支部书记。1960年2月，山西省委批转了晋中地委关于学习陈永贵的事迹和大寨的生产管理经验的决定，号召全省农村干部学习陈永贵，学习大寨的经验。为此，《山西日报》还发表了社论《陈永贵——党支部书记的好榜样》。这样，在20世纪60年代初，山西全省掀起了一个学习陈永贵、学习大寨大队经验的高潮，起到了带动全省农业生产发展的作用。

1963年夏，大寨大队遭遇特大洪水，陈永贵带领大寨农民辛辛苦苦干了十几年才修好的梯田，全部被洪水冲垮，庄稼和土壤全部被大水冲走。"令人感动的是，这么艰难的条件下，陈永贵和大寨党支部艰苦奋斗，自强不息，做出了'三不要，三不少'的决定，即：不要国家救济粮，不要国家救济款，不要国家救济物资；当年社员口粮不少，社员收入不少，上交国家的统购粮不少。"②

1964年3月28日到29日，毛泽东在河北邯郸听取山西省委第一书记陶鲁笳的工作汇报。在听了陶鲁笳对陈永贵和大寨事迹的介绍后，毛泽东以肯定和赞赏的语气说：穷山沟里出好文章。毛泽东随即要来了是年2月10日刊有通讯《大寨之路》的《人民日报》，陶鲁笳也把预先准备汇报的有关陈永贵和大寨的材料交给了毛泽东。③

---

① 霞飞：《农业学大寨始末》，《文史精华》，2005年第10期。
② 晓晋：《大寨红旗是怎样升起的》，《世纪桥》，2000年第5期。
③ 陶鲁笳：《毛主席教我们当省委书记》，北京：中央文献出版社，1996年，第167页。

1964年12月底，经毛泽东和中共中央的同意，周恩来在三届人大一次会议上作的《政府工作报告》中指出，大寨大队"是一个依靠人民公社集体力量，自力更生地进行农业建设、发展生产的先进典型"，并把大寨的基本经验概括为："政治挂帅、思想领先的原则，自力更生、艰苦奋斗的精神，爱国家爱集体的共产主义风格"。①

此后，大寨精神作为自力更生、艰苦奋斗的典范成为全国学习的楷模，1965年初，全国农村掀起了学大寨的运动。后来大寨又逐渐与社会主义教育运动乃至"文化大革命"结合起来，成为领导农村文化革命的工具，陈永贵个人的政治命运也与此息息相关。虽然他犯了一些错误，但是他领导大寨人民自力更生、艰苦奋斗而形成的大寨精神，值得我们学习和发扬光大。

无论是西沟的李顺达、大泉山的高进才还是大寨的陈永贵，他们都是集体化时期中国农民的典型代表，他们不仅是太行山革命老区自力更生、发展生产的一个缩影，也是那个时期中国农村和农业发展的一个缩影。大寨精神在很长的一段时间成为激励全国人民解放生产、艰苦奋斗的一面旗帜。除此以外，平顺县羊井底，长治县林移、小宋等都是在集体化时期诞生在太行山上的先进集体典型，引领着全国农业发展的方向。太行山以其一脉相承的自力更生、艰苦奋斗的精神文化，成为全国人民向往和学习的劳模之山。

结　语

太行山作为我国最负盛名的山脉之一，自古以来便受到人们的广泛关注。从地理分界的角度看，其作为黄土高原与华北平原的分界线，自古以来便是交通要道和兵家必争之地，可谓"乱世之重镇，治

---

① 《建国以来重要文献选编》第十九册，北京：中央文献出版社，1998年，第468—169页。

世之强藩",从古至今在此爆发了无数的战役,对历代中原王朝的统治影响深远。从中华文明传承的角度看,太行山脉所处区域自古即文明鼎盛之地,数千年来一直处在华夏文化的中心地。从古史传说中的女娲补天、炎帝尝百草、精卫填海、愚公移山等到后世的诸多祭祀活动可以看出太行山作为华夏文明祖山在人们心目中的地位。秦汉以来,太行山成为佛道广布的圣山,作为道教第五洞天的北岳恒山与世界五大佛教圣地之一的五台山成为太行文化靓丽的标志。无数文人墨客争先登太行览胜景,"太行八陉"成为人们难以跨越之天险,屡次出现于文人游客的诗词歌赋中。近代以来,人们对太行山的印象塑造有两次重要转型,一次是全民族抗日战争时期,太行山成为肩负民族与历史使命之英雄山,太行山地区成为全国人民抗战的革命圣地,孕育了光芒万丈的"太行精神";另外一次是建国后太行山区的劳动人民所创造的奇迹,出现了西沟、大泉山、大寨等全国性的劳动模范基地,20世纪60年代更是在全国兴起了"农业学大寨"的浪潮。

山脉是地球上最具自然高度的存在,太行山作为对中国历史影响重大的山脉,一方面取决于其所处的地理位置和华北屋脊的自然高度,南北纵跨四百余公里,不仅成为东西阻隔的分界,也成为决定王朝命运的制高点;另一方面则取决于山脉与不同历史时期人们的互动,山脉给人类提供生存空间和资源,人类则对山脉进行开发、利用和改造,并因时代的发展创造出富有特色的文化内容。太行山文化就经历了从文明起源之祖山、兵家必争之雄山、宗教广布之圣山、文人激赞之奇山、中国革命之英雄山到新中国典型辈出之劳模山等不同时代的长期积累和演进。相对于较为稳定的自然高度,太行山之为名山,正是因为文化高度的累进而跃升。

本文系 2017 年教育部哲学社会科学研究重大课题攻关项目"中国传统村落价值体系与异地扶贫搬迁中的传统村落保护研究"(项目

编号：17JZD052）的阶段性成果。

作者简介：

周亚，山西大学历史文化学院教授、博士生导师，研究方向为中国近现代史、社会经济史、历史地理。

李善靖，山西大学历史文化学院博士研究生，研究方向为社会经济史。

太行山乡村旅游发展的问题与应对

长治学院历史文化与旅游管理系　段建宏

乡村旅游在今天已不是稀罕事物,在全国各地已经呈现出如火如荼之势,各种各样的模式、经营理念、实际效果已成为学界、政界讨论的事情。但是随之而来的问题却也在不断升温,对此进行批评与指责的声音不断充斥其间。如何解决这些问题,是当下应该思考的。本文将以太行山为研究区域,对此问题做简单梳理。

乡村旅游资源的优势就在于与大城市截然不同的环境,如原始、古朴、自然等,正是这些旅游特色,吸引了回归大自然、追求古朴和原始生态的旅游者。但目前不少地区的乡村旅游开发大兴土木,建宾馆饭店、大型娱乐设施,把城市现代化建筑移植到了乡村,形成了城市化的发展格局,乡村旅游资源特色丧失,当地村落风貌失范,乡村风貌特点受到严重侵害。[①] 国外乡村旅游发展起步较早,目前已进入健康发展的过程。而中国的乡村由于没有经历过工业化的积淀,在发展中依然强化单纯经济的贡献,乡村旅游的开发难逃固定思维。在过度强调经济性的乡村旅游发展中,忽视了环境与文化的保护与传承,使得原本就在快速工业化、城市化中受损的乡村环境变得更加脆弱,

---

①　张文等:《我国乡村旅游发展的社会与经济效益、问题及对策》,《北京第二外国语学院学报》,2006年第3期。

甚至消失殆尽。① 那么究竟应该如何认识乡村旅游？如何用一种正确的理念应对当前的境况呢？太行山区域发展乡村旅游有何优势？有何具体措施呢？

一、太行山乡村旅游的优势

太行山区域依其不同的生成，目前主要存在四种可开发的乡村形态：

其一，因其地理环境而形成的绿色乡村。太行山高大绵延，森林覆盖率较高。《河北省太行山绿化三年见成效实施方案》明确表示，到 2018 年河北省太行山森林覆盖率在现有基础上提高 8.1 个百分点，达到 34%。山西省森林面积 321 万公顷，森林覆盖率为 20.50%。② 大小河流穿行其间，成为太行山流动的景观。一座座村落镶嵌其间，成为太行山景观的点缀，亦成为欣赏风景的佳境，平顺岳家寨就是一处难得一见的此类型村落。有些地方由于地理塌陷或断裂成为谷地，沿岸分布着村落，如平顺县奥治村、克昌村等。这些乡村可以称为绿色乡村。

其二，因其历史而形成的传统村落。浊漳河是太行山区域重要的河流，河谷地带孕育了古老的人民，数千年来，他们在这块土地上生生不息，形成了独特的生活方式。迄今仍保存下来的许多古村落中散布着宋金以来的古建，为这些村落增添了色彩，成为我们了解历史、理解自身的一份份沉甸甸的档案。还有活跃在乡间的形式缤纷的仪式、流传在民众口中的传说故事，至今依然有很强的活力，成为村落活着的灵魂，失去了这些，乡村便会陷入僵寂。这些既是村落历史变

---

① 尤海涛等：《乡村旅游的本质回归：乡村性的认知与保护》，《中国人口·资源与环境》，2012 年第 9 期。

② http://www.orz520.com/a/travel/2017/0813/2462825.html.

迁的见证，亦是村落发展的精神。自 2012 年，住房城乡建设部、文化部、国家文物局、财政部公布第一批传统村落以来，太行山区域获批一大批传统村落，古建、仪式、传说故事均成为这一名录的主要考察指标。同样，亦成为乡村保护、发展旅游的重要内容。有些乡村虽然没有列入保护名录，但其中的文化内涵丝毫不显逊色，亦应划入传统村落之中。例如平顺县蟒岩村、老申峧村、豆峪村，等等，在沁河沿岸还有数量不少的明清古镇，共同构成了传统村落类型。

其三，特殊历史时段形成的一些特殊村落。20 世纪的抗日战争至今依然是人们关注的话题，在那个时代，八路军总部转战太行山，带领根据地人民开展了浴血奋战，最终打败了日本侵略者。这一段特殊的历史使这一区域的乡村染上了独特的色彩，成为红色村落。著名者如武乡县王家峪村、砖壁村、长乐村、枣烟村，黎城县霞庄村等。这一类村落也可称为革命村落。

其四，在我国现代化建设过程中走在前列的现代村落。自改革开放以来，一些村落紧跟时代步伐，开始了乡村现代化，无论是思想理念还是经济文化都走在前列，并且开始转型发展，由过去的资源型经济向绿色型经济发展，已经将旅游业当作经济发展的重要支柱产业，在全省形成一定影响。这一类村落可称为现代村落或体验乡村。如长治县振兴新村、长子县宋村等。

太行山区域丰富的资源造就了不同形态的村落，为发展旅游业提供了基础，有些村落已经实行了多年。在此过程中，既收获了一定的成绩，也产生了不少问题。如何解决这些问题，是本文要着力解决的内容。

这些因素是否能成为旅游资源呢？并非如此。这些零散的有利因素，都只是个别、零散地分布，并不能成为旅游资源。甚至连潜在的都不是。国保单位，仅仅是一个建筑，蕴涵着深厚的历史文化底蕴，但并不是旅游资源。对一个普通民众而言，可能并不需要深层次了解古建结构、文化意义。因此，这样的建筑受众面小，仅仅适用于文化人士，对文化层次缺乏的民众而言，并不能成为旅游资源。他们看不到金代建筑与明代建筑的区别，体会不到金代建筑里包含的文化意义。因此，一些在学术上具有重要价值的建筑、村落并不能成为旅游资源。要成为旅游资源，必须将其改造、形塑。只有符合大众审美的、切合民众心理的才能成为旅游资源。而浊漳河沿岸的重要古建筑虽文化价值深厚，但旅游潜力并不大，仅仅凭此不能开发旅游资源。那么究竟应该如何做呢？

一些自然风景也不能成为旅游资源，因为这样散在外面的风景到处都是，如果仅仅为观景而来，旅游就成了拍照。大概只需半小时而已。没有游客的居留，就没有旅游收入，也就没有旅游业。因此，自然风景也需要打造，必须与人文内涵相结合，这样才能形成旅游资源，进而成为旅游产品。

红色文化亦是如此。红色旅游是旅游当中最难打造的。如果仅仅是一些破败的房子加上一些碑刻，人们很难去产生对它们的认同。不能在人们心中留下深刻印象，就不会有第二次。再者，大多数红色旅游大同小异，没有差别，不仅没有旅游，而且连最基本的道德教化都丧失殆尽。我们经常可以看到在红色景区发生的一些有伤大雅的现象。如果拿英雄、先烈调侃或作为饭后的谈资，那么这样的红色旅游就没有开发的必要。

二、乡村旅游面临的问题

乡村旅游之所以尚未呈现出欣欣向荣之势，主要是由于一些农村不能跟上时代步伐，没有发展起来，导致城乡二元差异不断增大。其问题就是人口外流，房屋坍塌，农业衰落。很多农村虽然具有较大的资源优势，但却不具备发展乡村旅游的潜质。如岳家寨，其自然风光已不待赘言，但这些并未成为人们致富的方式。尽管政府在极力提倡开发旅游产业，希望有人为之投资，效果却"涛声依旧"。还有王家峪村、霞庄村，红色文化资源丰富，但与此相关的旅游业并未呈现出开放之势，也只能偶尔吸引慕名而去的人摄影留念，与产业无关，与旅游无关。还有很多具有"国保"级文物的村落，也只能守着"国保"干瞪眼，"国保"甚至成为人们聊天的背景。

之所以出现这种情况，主要有几方面的原因：

其一，人气不足。无人村无法承载乡村旅游。20世纪城市化进程造成的人口流失使很多村落成为无人村或少人村，无人关注村落的发展，根本难以维持现状。相对较好的情况是有时可以略微卖一些小商品，仅供维持生活，与发展无关，与旅游业无关。在已发展旅游业的乡村，开发商与民众之间矛盾重重，这些利益处理不好，会直接影响到乡村旅游的发展。利益问题直接关系乡村人气指数，旅游者进入该村以后，感到的只是矛盾与斗争，就会减弱旅游的放松、休闲心态。

其二，文化承载的缺失。乡村是最能保持文化的场所，"礼失求诸野"，就是说乡村是传统文化的渊薮，传统精英文化的基础。事实上，当下的乡村很难承载起这一重任。在日益现代化的今天，这一理想离我们越来越远。乡村传统文化消失不少，现代文化又难以立起，成为一种特殊的场所。"庠序"之教在现在的乡村已难以看到。有些乡村为了发展旅游，把破败的庙宇修建，从主观目的上看是件好事，但是一定要明白，庙宇的修建，不是越豪华越有价值，而是要让观光者能够感受到民间信仰的价值与意义，看到祷雨能够感受到生存的欲望与现实的艰难，看到碑刻能够有一种历史的沧桑之感，看到城墙能够感受到战争的残酷，看到河水能够感受到人心的纯净，看到农业能够感受到大自然的赋予、生长奋斗的冲动。这些文化所承载的精神感受才是乡村旅游发展的内生动力。

其三，乡村气息不浓。本来城市人群到乡村旅游的目的是为了逃避城市的喧嚣，远离城市污浊的气息，来到农村以后，看不到乡土气息，感受到的是与城市无二的争夺、虞诈，没有农村的安静，没有农业的气息，没有鸡豚狗彘的生气，看不到农村的真实生活。游客看到的只是一个旅游景点，而这个景点又与其他景点并无二致，因此，对游客而言，他们的旅游方式只能是拍照。事实上，乡村旅游最大的特点在于体验、感受。如果将乡村旅游当作景点，势必带来不利影响，当下的乡村旅游最大的问题可能正在于此。

其四，人们对交通的认识。时下，交通不便成为人们指责旅游业发展缓慢的一个原因。对其他旅游笔者不敢肆意批评，但是对乡村旅游，却不敢苟同。乡村旅游的核心在感受，所有的过程都是感受的组成部分，之所以有如此指责，就是我们把乡村旅游等同于景点旅游，是一种速成的旅游，其目的是以到过为主要目标。拍照是旅游的主要手段。事实上，乡村旅游的目的不一定是吃、住、行、游、购、娱。如果乡村旅游仍以此六要素为主的话，那就一定不是乡村旅游。笔者浅陋的见解是发展乡村旅游就不能通高速。泥泞小道、坑洼小道都能让人体验，增加乐趣。在静谧的林荫小道行驶有一种道家宁静幽远的意境，在颠簸的小道上行驶可以让人获得成就感，有儒者"先难而后克"的惬意。让曾经的农人怀念过去的日子，让城里的市民获得一种体验，让现代的人感受传统社会。

三、如何形塑乡村旅游的理念

乡村旅游不是快餐，一定要有缓慢的心态，所有的历程都是旅游。不是拍照，不是曾经来过，而是一种深层次的体验，是一种放松，是一种休闲，是一种感悟。与当下的吃、住、行、游、购、娱不同。"吃农家饭、住农家院、观自然景、赏民俗情、享田园乐"对乡村旅游的特点进行了较好的总结。这其中"吃、住"是旅游服务接待，而"观、赏、享"是建立在资源基础之上的。①

当下旅游六要素，乡村旅游只能行其四：吃、住、行、娱，游、购不应囊括进去。游是指较大的景点，乡村旅游不具备，即使是较大的村落也难以与景区相比。稍微小点的村落，可能不到一小时便可浏览完毕。购更不应是乡村旅游的主体，一个纪念品，大概只有不到10元，一年到头卖不了几个，不可能形成经济主体。因此，单纯强调农家乐的乡村旅游一定不是乡村旅游的全部内容，这样的话只会将旅游者带入一种误区。一般而言，农家乐的后劲明显不足，导致旅游的第二次或更多的消费太少。

当前我国经济发展较快，快得让一些人只追求经济效益而忽视社会的整体。忽视社会财富的浪费，导致人们的生活节奏太快，没有缓下来的意识，因此出现了各种各样的问题。如身体疾病、心理障碍、沟通缺失，生活方式发生了根本性的变化。

对中国传统乡村的描述，最早在老子、孔子、孟子的著作中已经体现，"五亩之宅，树之以桑""土地平旷，屋舍俨然，有良田美池桑竹之属。阡陌交通，鸡犬相闻。其中往来种作，男女衣着，悉如外人。黄发垂髫，并怡然自乐"，这些均是对农村的描述。在其中可以看出乡村林翳荫郁、悠然自得的生活，这种生活与现代社会的快节奏形成截然反差。一个人不能一直紧绷着神经，而应注意休息，在工作之余亦应享受生活，不要为物所累。要想享受、感受这种生活，就应运用与之相适应的心态去对接，如果仍用城市生活、现代生活的快节奏感受乡村生活，便难以真正体会其中的乐趣。这种走马观花式的拍照旅游不应是乡村旅游的主要方式。

在传统文人笔下也对乡村社会做过描述，"绿树村边合，青山郭

---

① 张文等：《我国乡村旅游发展的社会与经济效益、问题及对策》，《北京第二外国语学院学报》，2006年第3期。

外斜。开轩面场圃,把酒话桑麻。"① "雨里鸡鸣一两家,竹溪村路板桥斜。妇姑相唤浴蚕去,闲看中庭栀子花。"② "茅檐低小,溪上青青草。醉里吴音相媚好,白发谁家翁媪。大儿锄豆溪东,中儿正织鸡笼,最喜小儿无赖,溪头卧剥莲蓬。"③ 这些特色时至今日已经成为梦想,只能在诗文之中想象。如果有村落具备这样的特点,就有可能成为发展乡村旅游的品牌。

在乡村旅游中,最忌旅游摆拍。乡村旅游与传统旅游不同,游客的进入不能打乱乡村原有的生活,除了正常的服务业,乡村仍旧按照自己传统的生产、生活方式运作。本身都是乡村旅游的内容,要让游客观看到乡村的生活,原来的乡人得到一种怀旧的感受,原来的城里人看到一种不同的风格,甚至参与到乡民的生产、生活之中。而现有问题是,农村不像农村,农民不像农民。很多农村已被改造成旅游村落,整齐的街道、新添的瓦房,甚至是高耸的大楼,使得农村成为城市的缩影,农民四出打工,村中人烟稀少,鸡鸣、犬吠之声不闻,除了安详地在太阳下聊天的老人,几乎找不到人影,看不到农民的生活。这样的农村没有人愿意去,即使偶有路过,也并不想再去第二次。所以,游客的较少光临,主要是由于农村衰落造成,如何经营农村,如何发展乡村旅游是我们亟待思考的问题。

发展乡村旅游,除了让游客体验乡村的寂静之外,还得让游客体验乡村的熟人社会。费孝通先生便指出,乡村是熟人社会。让外来者得到真实的体验,这亦应成为乡村旅游的题中应有之义。

最后,在发展乡村旅游时,应处理好内部与外部的关系。对当地乡村而言,可以引进外来的资金、技术、经营方式,但不能让乡村特色完全为外部同化。例如,在武乡县泉之头村开设东北饭店、湖南饭

---

① (唐)孟浩然:《过故人庄》。
② (唐)王建:《雨过山村》。
③ (宋)辛弃疾:《清平乐·村居》。

店,便难以吸引游客的眼光。

  综上所述,在发展乡村旅游时,一定要树立正确的理念。从乡村社会而言,要打造自己的特色,要充分体现农村本色,要让游客能够体验、享受到城市不同的景观、感受。从旅游者而言,要有正确的乡村旅游认识,要明白乡村旅游是要体验,要获得感受。只有全社会形成正确的乡村旅游观,才能引导乡村旅游向健康、良性方向发展。

太行生态文化旅游资源开发对策分析

山西大学晋商学研究所　成艳萍　张　琪　付喜凤

山西省煤炭资源丰富，是我国重要的能源基地，该地区的许多产业和经济活动都是依赖于煤炭资源的开发和利用。然而当环境问题和绿色发展出现在公众的视野，资源不合理的开发利用不仅使该地区的不可再生资源面临枯竭风险，也使这一地区的经济是否能可持续发展逐渐被提到日程上来。从"绿水青山就是金山银山"到"加快生态文明体制改革，建设美丽中国"，不仅体现了我国政府对环境问题的重视，也是我国人民的美好愿望。现阶段，我国的主要矛盾已经转化为人民日益增长的美好生活需要和不平衡不充分的发展之间的矛盾，这就为山西省经济的转型提供了强大的需求支持，也使山西省作为资源依赖型省份有了转型的必要。基于山西省是否需要转型，山西省政府很早就进行了探索，并提出了数条必要性进行理论支持，而我们现在主要做的就是将这些理论运用于实践，使山西省的转型发展尽快适应我国的宏观大环境。同时转变发展方式，改造产业结构单一，解决区域经济结构不合理等问题，从而促进山西省经济发展，推动供给侧结构性改革。

太行山是我国东部地区的重要山脉和地理分界线，连接北京、河北、山西和河南四省，共400余公里。因其独特的地理优势，自古以来就是兵家必争之地，从炎帝黄帝到春秋战国再到明清一直都是烽火不断，硝烟不停。在其两侧更是存在着很多我国历史上有名的都城，像太原、大同、洛阳等,有着悠久的历史底蕴和文化内涵,为旅游产业带来了现实可行性。其中大部分太行山脉的海拔都在1200米以上,属于中高型山脉,适合游者在休闲放松时进行攀爬。同时这里的地质地貌、气候特点、水系情况、特色产物和人文历史都有独特的魅力和闪光点。

山西省作为华夏文明的起源地之一,同时也是抗日战争的主战场。根据其本身所承载的文化内涵,加上依托太行山悠久历史和自然资源所进行的经济转型,就可以打造出属于山西省特有的旅游王牌。

现阶段山西省的发展方向由资源大省向文化强省转变。文化的发展是社会发展的集中反映,在山西转型跨越发展之际,以文化为先导,使文化发展适应山西转型跨越发展十分必要。红色文化作为山西重要的文化资源之一,肩负着振兴山西转型跨越发展的重要使命。太行山历来都是兵家要地,抗日战争的时候也不例外。在太行山上曾经建立晋冀鲁豫、晋察冀等革命根据地,在这里中华儿女进行了艰苦卓绝的斗争,平型关大捷、百团大战人们耳熟能详,抗日战歌无一不是在太行山上唱响。作为山西红色文化的重要承载者,振兴山西转型发展的重大使命自然而然地就落在了太行山的肩上。

一、太行旅游资源

(一)自然资源

太行山得天独厚的地质地貌优势,为其发展旅游业提供了方便。太行山所在地在六亿年前本是一片汪洋大海,随着潮起潮退先是形成了茂密的森林,后经过不断的地壳运动,形成了峡谷、洞穴、瀑布和急流等众多景观,最终形成现在的太行山。

其中峡谷景观主要分布在太行山中南段,在山西省境内,最著名的大峡谷是壶关太行山大峡谷,是国家4A级景区和国家级森林公园。

另外，还有平顺林滤山峡谷、平顺虹霓河峡谷、平顺浊漳河峡谷、陵川武家湾峡谷、阳城蟒河峡谷等。

山西境内洞穴景观的分布比较分散，主要有黎城白云洞，晋城白云洞，武乡太行龙洞，阳泉万花洞，娘子关张果老洞等。

还有好多点缀其间的湖泊河流，太行山是许多河流的发源地，有沁河、丹河、蟒河、浊漳河、清漳河、松溪河等。因山西本身地处黄土高原，已有的高山大川基本的地质地貌都是用黄土来勾勒，而太行山旅游业的形成和开发会给游客一种耳目一新的感觉，也给太行山旅游带来了基本的需求人群。

(二) 人文资源

太行山别名五行山、王母山和女娲山，顾名思义好多神话传说都发生在这里。精卫填海、后羿射日、女娲补天等神话传说给太行山带来的神秘感加之炎帝神农氏从遍尝百草到定居，最早的华夏文明被太行山承载，散发出不一样的文化韵味，带来不一样的文化体验。

太行山是兵家要地，历史上争夺太行山的战争数不胜数，但也造就了太行山不一样的历史韵味。每一次的战争所伴随的朝代的更迭，也是一次文化的更迭，战争给太行山带来的不仅是硝烟，还有文化的沉淀。在太行山旁边有很多历史文化名城，很多王朝将他们的都城建立在太行山旁边，太行山的地位可见一斑。每个王朝的都城都是集经济中心和文化中心为一身的大都城，这样的文化是该王朝的精髓，而太行山则承载了这些精髓。

近代抗日战争的发生使无数中华儿女都奋起反抗，当然山西人民也不例外。山西省是抗日战争的主要战场，在这里发生的事件没有一件不让后人肃然起敬。经过艰苦卓绝的奋斗取得的抗日战争的胜利，离不开所有八路军战士的沥血牺牲，他们在太行山上用生命谱写出来的坚持不懈、不怕牺牲的精神，也为太行山的文化底蕴增添了独特的内涵，那就是红色精神。山西武乡的八路军太行纪念馆、阳泉市的"百团大战"纪念馆、大同灵丘县的平型关大捷纪念馆、太行太岳烈士陵园、山西黎城的黄崖洞革命纪念地等31处革命战争纪念地，形成与众不同的旅游资源。

二、太行山旅游资源的开发现状

（一）缺乏整体规划

太行山连接北京、河北、山西和河南四个省市。在太行山上不同的地理位置存在着不一样的地质地貌、气候条件、水系情况和特色物产，也就形成了不一样的景观和特色。近些年随着旅游业的发展，北京和河北并没有对太行山进行太多开发和利用，只有山西和河南在不同程度上打造太行旅游这一形象。然而不同地区各自为政，将太行山一劈为二，旨在发展和打造本省本区的旅游线路。虽然不同的地段存在不同的景观，但是这种方法给游客造成一种河南太行和山西太行的错觉，导致并不能构建一个鲜明的太行旅游形象。不仅三省一市之间不能很好地将太行山作为省市之间经济交流和共同发展的桥梁，在山西省内也存在这种各为发展谋出路的现象。期间虽然长治和晋城曾经合作想打造特色旅游，后来因许多问题导致这一旅游线路并没有引起很大的反响。

（二）景点单一

在山西省内依附太行山发展的旅游景点都比较单一。作为一个旅游景点，它的发展不是依赖于打造纯天然的自然景观，而是依赖于这里独一无二的人文特点。目前在太行山上更多的是致力于自然景观开发出来的景点，然而这些景点大部分都是以森林为主的自然保护区和公园，虽然高山流水和森林带来的是一种不一样的视觉体验，但由于景观偏重点的单一重复就会不可避免地导致游客的审美疲劳，使得一次性消费的现象出现，游客不乐意重复消费，丢失多次消费人群。目前由于我国经济的发展和国民收入的增加，人民的需求不只是解决温饱问题，各种服务性的需求层出不穷，而这些需求更多的是从精神文化上的一种升华，不只是简单重复的景点可以满足的。

（三）基础设施不完善

一个地区的基础设施是否完善，是该地区经济稳健发展的重要基础。山西省的景点分布在各个市县的不同地方，而在那种远离城市的偏远地区分布尤为广泛，特别是太行山区，基本的地貌特征都是以森林和山川为主。基于景点分布的情况，交通状况、供水供电等各种基础设施就显得尤为重要。

然而对于太行山景区和想要连接太行山形成的红色旅游线路而言，这种基础设施显然是不完善的。现在大部分家庭都会选择"自驾游"作为一种出行的方式，这种出行方式比较随意，没有定时定点上山下山的束缚，也无须担心错过寥寥无几的城镇班车，所以成为一种受欢迎的旅游方式。随着"自驾游"的增多，而且绝大多数游客都是集中在国家法定节假日出行，因此出现高速路拥堵，景区门口无停车位，城镇班车无法正常运行等现象。自驾游人数的增多，一方面是代表国民收入的增加，在另一方面也体现出交通设施的不完善。在山西省内有可以直接到达景区的汽车或者火车少之又少，就连本省的很多游客都必须进行二次乘车才能到达，外省游客的处境可想而知。一个完备的景区要满足游客的各种需求，不仅是出行，其中也包括吃饭和住宿。住宿对于省内一日游而言还不足以作为基础设施来探究。餐饮是很多游客关心的重点，山西省内的景区多以面食为主，没有新意，没有特色。

基础设施的不完善还体现在景区内部的设施不完善。比如护栏维修、危险警示，还有公共厕所的建造和垃圾的处理等问题。

（四）宣传力度不大

人民对旅游需求的增长使旅游业快速发展，也使越来越多的省份开始重视省内各地旅游业的开发，旅游业受到重视，投资力度才会增加，才会进入发展好—投资—发展好的良性循环中。在人民还在为温饱问题展露愁容的时候旅游业的发展不会被政府部门重视，山西省一直以来是以资源型大省来打造自己的品牌，在关于煤炭资源的开发和循环利用上必定会投入巨额资金来发展，使得旅游资源作为一种待发展的潜力不被重视，也就使得山西省的旅游现状还是处于初级阶段，没有自己的品牌，没有自己的特色，没有自己的旅游线路。

山西省内的许多旅游景点并不被外界所知，而且大部分宣传只是在省内进行，这样的宣传无法吸引大量的消费人群，也无法在短时间内脱掉山西煤炭大省的身份。

三、太行山旅游调整的对策和建议

现针对太行山以上四点旅游现状和现有的景区资源，提出以下几点对策和建议。

（一）结合旅游资源进行整体规划

结合旅游资源进行的整体规划包括以下几点，第一是山西省政府在山西省境内太行山的整体规划；第二是整个太行山脉的统一规划；第三是黄河、长城和太行结合的规划。

1. 山西境内的整体规划

要发展为文化强省就要以文化为转型基础进行旅游资源的有效利用。自古以来沉淀的文化正是太行山特有的旅游资源，从神话传说到文人墨客再到红色精神都可以作为一条旅游线路进行开发，但是在山西省境内神话传说和文人墨客只是太行山所独有，想开发一条属于山西省的线路似乎有点困难。但红色文化和红色精神好像比较眷顾山西，山西是抗日战争的主要战场，许多著名的战役发生地都可以用来作为开发线路上的一个旅游景点进行推送。因此提出"红色太行"旅游线路比简单笼统地概括山西太行的人文资源更具可行性，也更具有独特性。

2. 整个太行山脉的统一规划

要整合太行山资源，山西省内的各城镇可以共同合作打造，同时不仅山西省要推出打造自己的品牌，更要加强河北、河南、山西和北京之间的联系，增强区域联合。创造一个跨省市的以太行为主题的旅游线路，也不失为一个吸引人的特点之一。为了加强区域联合可以在不同城市或省市之间打造一个旅游合作区，在合作区内可以通过一卡通进行旅游区的消费，办理一卡通的游客可以享受门票打折、送纪念物或者在相关纪念日（持卡者生日或者战役纪念日）免费等优惠措施。

3. 在山西简单以太行山为背景打造的旅游特色明显单一

将太行、黄河、长城三个要素联合塑造山西三个旅游特色，规划整体旅游网络，将旅游事业遍及全省，成为山西省的主要王牌，向文化强省转变。

（二）改善景点单一状况

推出"红色太行"作为山西省特色旅游线路就可以改善太行山景点单一的现状。太行山单一的自然风景虽然没有办法改变，但是以红色文化为背景可以带来不同的视觉享受和体验。在山西省长治市武乡县的武乡八路军太行纪念馆，有很多可以真人体验的项目，比如有3D影城，可以让体验者穿上八路军的军装并佩戴模拟枪支，将体验者置身于当时的场景，体会当时战况的激烈和在紧要关头下红军战士不怕牺牲勇往直前的精神；也有八路军训练的场地和项目，可以进行免费的实际操练体验，比如在冰面上攀铁桥，通过障碍物和打击远处的敌人；有当时红军在此驻扎的居住地和各种家用、复古的物件；还有各种特色物产和红色农家乐等各种不一样的体验。有武乡县城作为先导，我们就可以效仿其发展创造红色线路服务，推动红色太行的建立。

（三）完善基础设施

完善基础设施，就需要中央政府、当地政府和景区共同努力。中央下放权力到地方，地方的财政支持中央，中央的财政支持地方发展。当然这既需要中央政府和当地政府的支持，也需要将景区的一部分收入用来建设这些基础设施。其中特别是对于推出以红色文化为主的旅游线路来说，红色文化一直以来备受推崇，这样的发展线路是符合中央财政要求的正确线路。同时景区也要做到将各种资金运作到位，这样就必须将责任分配到人，加大监察力度，促进景区基础设施的建设。

基础设施中最重要的是交通状况。景区交通状况不完善是山西省面临的主要问题，一旦交通不发达其他相关的各种配套措施是很难进行的。山西省在内陆地区，主要的交通线路就是铁路和公路，而在山区景点的交通主要是靠公路实现，公路主要包括国道、省道和乡间小路，要发展当地的旅游经济就需要将这三条路联合起来。可以打造专属线路，环线有专门的公交进行接送，公交配套红色文化的主题，配发一次性公交卡以避免没有零钱的焦虑。

基础设施建设起步并不受市场的支配，需要政府首先注资进行发展，其后可以鼓励所发展景区周围的企业进行注资，然后政府撤资，由企业进行控制，使景区周围的基础设施受市场支配。也可以结合其他外省的著名景区的发展方法,进行投融资但一定要符合山西的发展规划而不能照搬,这样才能使基础设施在市场的调控下越来越完善。

(四)加大宣传力度

山西省有些旅游景点虽然很出名,但是很多游客在去之前并不知道这个旅游景点位于山西省境内。这个事实提醒我们,要打造属于山西省特有的红色旅游王牌就要将山西省和红色旅游联系在一起进行宣传,我们可以通过各种媒体进行主题宣传,比如通过报纸、杂志、电视广告和综艺节目、微信公众平台、app 推广、微博、无线电台等各种手段进行;可以专门在山西省内选址通过明星效应结合综艺节目来进行推广;也可以仿照五台山和平遥对其旅游主题的推广进行宣传。

参考文献:

[1] 陈安泽. 国家地质公园建设与旅游资源开发. 旅游地学论文集. 中国林业出版社, 2003.

[2] 山西省旅游局. 山西导游基础知识. 中国旅游出版社, 2000.

太行文旅产业发展思考及对策

长治城乡发展研究院　郭译仁

目前,我国旅游业正处于战略转型阶段,革命老区文旅产业发展同样面临机遇与挑战,把脉老区文旅产业发展,剖析存在的问题,提出合理化建议是我们科研人员的职责所在。本文以山西省太行山区文化旅游产业发展为例,对山西省太行山区旅游业在发展过程中存在的问题进行分析研究,针对性地提出一些解决办法,为政府部门科学决策提供参考。

一、引言

市场经济的快速发展加快了旅游业向产业化方向发展的步伐,富裕起来的人们,对于精神方面的需求越来越强烈,休闲时代就此到来。面对人们日益增长的旅游休闲的需求,各地旅游部门都下足了功夫,但由于受投资和创新瓶颈的制约,太行山老区旅游产业发展还相对滞后,同时也存在不少问题。解决这些问题的根本出路就在于加大投资力度,创新管理和营销模式。太行山区文旅产业发展亟待转型升级,以满足广大游客对消费品质的要求。为了适应旅游市场需求,旅游业应由过去单一的观光模式转型升级为观光休闲度假等综合式复合型产业模式。当前,各地区纷纷推出了迎合时代特点的旅游形式,特色旅游、商务会所休闲、乡村度假、体育娱乐健身、文化创意、民间特色文化、农活体验、生态科普、健康养老等休闲旅游产品百花齐放，争奇斗艳。琳琅满目的旅游产品满足着不同需求的游客，不少景区企图把自身打造成为一个集综合观光、度假、休闲、娱乐、人文、养生和实地体验于一体的旅游产业链，但因缺乏统一规划管理，使得各旅游景点各自为政，景区建设趋同化比较严重，极大程度影响到景区的可持续发展。

面对激烈的旅游市场竞争，太行山文旅产业只有积极调整自身发展战略定位，推动产业结构优化升级，才能实现自身可持续性发展。本文主要结合山西省太行山区的旅游发展现状，对山西省太行山区旅游产业发展存在的问题和机遇加以剖析，并针对性地提出发展对策，以期推动山西省太行山旅游业发展更上一层楼。

二、山西省太行山区旅游资源分析

（一）太行山区自然资源得天独厚

太行山有着广泛的天然林地分布，太行山区内国家级、省级森林公园以及自然保护区资源丰富多样，生机勃勃。在山西省境内，国家级森林公园主要有：左权龙泉国家森林公园、壶关太行山大峡谷国家森林公园、黄崖洞国家森林公园、寿阳方山森林公园、长治老顶山国家森林公园，等等；省级的森林公园主要有：平定药林寺森林公园、陵川棋子山森林公园、大寨森林公园，等等；除此之外，还存在很多的著名省级自然保护区，主要有：阳城莽河自然保护区、沁水历山自然保护区、灵空山自然保护区，等等。其次，太行山还是很多河流的发源地，主要流经山西境内的河流有：沁河、丹河、蟒河、松溪河、清漳河，等等。其中，还存在着较多的湖水瀑布，使太行山景观更加充满活力。例如娘子关的泉群和水帘洞飞瀑等。

更加引人入胜的是太行山中著名的峡谷风光，这些资源主要分布于太行山的中南段。在山西省境内的峡谷风光主要有：平顺林滤山峡谷、陵川武家湾峡谷、壶关太行山大峡谷、阳城蟒河峡谷，等等。与此同时，在太行山中还分布着众多的岩溶洞穴，其中处于山西境内的主要有：晋城白云洞、武乡太行龙洞、阳泉万花洞和娘子关张果老洞，等等。大自然鬼斧神工，给太行人民锻造出了秀丽山河。

（二）太行山人文景观分析

太行山人文景观星罗棋布，举不胜举。太行山是一座人文历史丰碑。在远古时代，就有人类开始在这片土地上繁衍生息，中华民族的始祖炎帝神农氏在太行山实现了由游牧转向定居，由游猎转向农耕的重大变革。太行山亦曰王母山，又名女娲山，"后羿射日""女娲补天"等很多神话传说都发生在太行山区。在山西省境内的太行山地段，有很多的远古遗迹，在晋城东南方向的浮山北谷，存在着"女娲炼石补天"的"娲皇窟"；在长治市黎城县西南的广志山上发现有"娲皇庙"等。

太行山有着深厚的文化底蕴，太行山有着悠久的历史传承，太行山不仅存在古老的人类文明，还有非常丰富的文化宝藏。沿太行山脉两侧，众多中国历史文化名城都散发着古香古色的文化魅力，太行古城留下了很多帝王将相、文人墨客、宗教名流的活动足迹。在李白的《行路难》中这样写道："停杯投箸不能食，拔剑四顾心茫然。欲渡黄河冰塞川，将登太行雪满山。"三国时期，在北征途中，曹操发出了这样的哀叹："北上太行山，艰哉何巍巍，羊肠坂诘屈，车轮为之摧。"这些历史积淀使得山西省地面的古代建筑占据了全国古建的73%左右，其中太行山区就达到了一半以上。

巍巍太行山象征着中华民族不朽的脊梁。作为抗战革命时期的重要根据地，在太行山传颂着许多革命故事，不少抗日将士为了新中国的建立抛头颅洒热血，一代名将左权将军就长眠于此。八路军总司令朱德曾写下"名将以身殉国家，愿拼热血卫吾华，太行浩气传千古，留得清漳吐血花"这样的不朽诗篇。陈毅在《过太行山书怀》中也表达了这样的情感。结合历史来看，从远古的"愚公移山"直至抗战、红旗渠的修建，这些事件深深记录以及彰显出太行儿女的豪情壮志和革命英雄的历史功绩，同时也铸就了中华民族不朽的民族精神。因此，太行山不仅仅是一座充满自然景观的山，也是英雄的山，光荣的山，奋斗的山，是象征革命精神的不朽巨峰。

三、山西省太行山区旅游产业存在的问题与分析

（一）区域经济比较落后

太行山旅游开发自身缺乏投资能力，旅游产业发展相对滞后，从而导致旅游业可持续性发展能力大打折扣。旅游市场营销策略还不能很好适应市场需求，北上广深杭等经济发达地区游客资源开发利用还存在技术障碍；异地互动、资源整合、协同发展、模式创新明显不足，国际市场开发也面临同样问题。基础设施建设滞后，导致现阶段山西省太行山区的旅游还是处于一个比较狭义的观光阶段，而对游客的吃、住、行、购等方面的需求难以提供与经济发展和消费水平提升相匹配的服务水准。

（二）山区旅游基础设施建设相对滞后

为了适应旅游业的不断发展，在旅游接待地需要建设一定的旅游基础设施和旅游服务设施。但是结合现阶段山西省太行山区旅游硬件的基础设施来看，总体上还是滞后于整个旅游行业的发展水平，其中主要突出的问题体现在以下几个方面：道路交通、垃圾处理、给排水

工程以及通信工程等基础设施还不够完善；餐饮住宿基础设施以及地面人员服务水平等处于较低的档次。旅游景区相对落后的软硬件设施给景区的游客带来较多的不便，导致大量的游客在景区停留的时间较短，回头率自然也就相对较低。这些基础设施带来的问题根本上影响到了山西省太行山区旅游景区的对外形象以及经济效益。

（三）缺乏统一的规划，开发建设能力较低

当前，太行山不少景区虽然推出不少新型旅游产品，但由于没有统一的规划与管理，不少景区都是单兵作战，各自为政，导致旅游产品重复建设尤为突出，对游客的吸引力也在不断下降。景区开发建设和管理模式简单，创新不足，有的甚至生搬硬套，导致项目趋同化严重。很多旅游产品档次较低，游客观感体验较差。

（四）景区环境质量严重下降影响可持续发展

山区本来就是一个生态环境极其脆弱的地带，伴随着旅游业的快速发展，游客人数的急剧增加，对景区以及山区的生态环境造成了严重的损害；其次，周边越来越多的农村人口迁移到风景小镇，使得小城镇的规模迅速扩大，但是小城镇中的工业化水平较低，很多资源无法充分利用和回收，以致造成周边地区严重的环境污染，对太行山区旅游产业的持续发展带来严峻挑战。

（五）管理体制不健全

在山西省太行山区的旅游产业发展中，存在着一个比较严重的问题，那就是传统体制下政府部门职能交叉，权力过于分散。再加上缺乏完善的统一管理体制，导致对旅游业的发展与调控丧失能力。有的景区归属省或市，有的归属县或乡，由于利益纠葛，权责不明，客观上形成了条条块块，很难有一个统一良好的规划思路，从而导致矛盾突出。景区污染防治工作和环境改善工作责任不明,互相扯皮,无法形成合力,影响长远发展。

四、关于推动山西省太行山旅游产业发展的建议

(一) 加强资源整合力度

发挥自身优势,努力适应市场需要。在转型升级的同时,要把太行山区的旅游开发和资源配置作为一个整体来规划设计,要对区域内的所有资源进行全方位、大尺度的整合,打破地区内部复杂的行政划分以及各自为政的体制壁垒,统一对区域内的资源进行科学合理配置,突出各个地方特色,防止景区建设雷同化。在这个过程中,应该以著名的景区作为发展的龙头,规划精品旅游路线作为发展纲领,逐渐形成以点带线、以线代面的发展格局。对于一些功能单一的景区,建议作为主要景区的辅助或者是补充性景观加以协调,盘活市场,满足市场经济条件下游客的多样化选择。

(二) 强化融资能力

扩大建设规模,完善景区建设,努力建设一批优质休闲度假观光区。科学整合资源,打造文旅经营航母群,找准机会,争取上市,提高融资能力。同时,建议成立太行文旅产业发展联盟,充分整合太行山周围的晋、冀、豫三省旅游资源,协调发展,资源互补,市场共享,为发展大太行文旅产业奠定坚实基础。

太行山的旅游特点是具有良好的避暑气候,这也是很多平原地区游客选择在夏季来太行山旅游的主要原因。但是现阶段山西省在太行山景区的接待设施还不能够满足人们在品质方面的需要,导致很多游客的体验感每况愈下,回头客更是不断下降。因此,想要谋求长远发

展，必须尽快制定相应的措施加以改进和解决当前存在的问题。要积极拓宽已有的投资渠道，加强投融资和基础设施建设力度，引入大型投资项目，加强人才引进与培养，补足太行山旅游产业发展的短板，实现弯道超车，使太行山旅游产业发展上一个新台阶。太行旅游产业规划应对休闲度假的定位进行细分，合理区分商务游、家庭游等不同层次、不同需求的旅客群体，提高配套服务能力，做到迎得来，留得住，让人满意甚至流连忘返，提高回头率，只有这样才能够实质性提升现阶段太行山的旅游接待品质。

（三）善打自然景观、人文景观和红色旅游组合拳

《太行山抗日》实景剧，属于山西省"八大文化品牌"和"三大精品演艺"中的重要项目。剧作的主要定位就是对八路军抗日救国、英勇斗争、不屈不挠精神的宣传，传承民族精神。这些都与社会主义核心价值观相一致，对社会主义核心价值观的宣传有着重要的作用。因此，应该把这些实景剧作为山西省太行山的特色旅游品牌，推广开来，以拉动地区经济的发展。同时，对于红色旅游产业的开发和建设，其规划思路应该是传统形式与时代发展需要相结合，要创新表现形式，寓教于乐，让游客在接受革命传统教育的同时，娱乐身心，强身健体，激发游客爱国热情，壮大旅游市场，推动太行山特色旅游、红色旅游产业健康发展。

（四）重视"私家车"旅行族游客资源开发，建设自驾游接待基地

随着经济的发展，越来越多的游客在出行方式的选择上发生了重大的变化。之前人们的旅游方式主要是社团形式，但是现阶段人们越来越重视自身感受以及旅游便利化，不少人选择自驾游的出行方式。随着人们的出行方式的变化，自驾游的兴起，带动了景区沿途汽车维修保养和餐馆、住宿、纪念品商店等行业的兴起。家庭汽车持有量也

在急剧上升，这些表明在今后的旅游方式中，人们选择自驾游方式的可能性在不断加大。因此，山西省太行山旅游业应该对于这个现象给予充分的重视，除了在建设综合性以及特色性的景区基地之外，建议在各个景区之间的连贯处建设相应的自驾游接待基地，提供相关的服务，丰富市场需求。

五、结论

总而言之，太行山旅游产业发展既有挑战又存机遇。我们要重视发展存在的问题，广泛征集民意，搞好顶层设计；晋、冀、豫三地协调发展，资源共享，市场共享，取长补短，着力建设太行山文旅产业发展联盟，统一标准，统一管理，互惠互利，只有这样才能提高太行山旅游市场抗风险能力。太行山文旅产业发展要与国际接轨，善于运用资本策略，打造旅游产业航空母舰，利用上市公司筹集资金，不断完善景区建设，为建设太行山文化旅游产业强区贡献力量！

参考文献：

[1] 郑振华，蔡湛. 新时期推进山区旅游业发展的若干思考——以河北省太行山区为例 [J]. 中国集体经济，2009（15）.

[2] 王志峰，吴颖.《太行山》助力山西红色文化旅游产业 [J]. 经济问题，2017（8）.

[3] 郅润明. 关于加快太行山和晋西北革命老区旅游开发的思考 [J]. 经济问题，2013（12）.

[4] 蔺鹏，孟娜娜，路振家. 生态旅游产业发展的金融支持问题研究——以燕山—太行山集中连片区为例 [J]. 甘肃金融，2017（3）.

[5] 王月红. 举全县之力抓旅游　靠先行先试促转型——壶关县

全力将太行山大峡谷打造成山西旅游旗舰［J］. 记者观察, 2013 (6).

［6］潘琳. 太行山农业特色旅游观光发展研究［J］. 北京农业, 2013 (27).

［7］张万军. 太行山观光旅游农业与高价值绿色食品产业化开发［J］. 土壤与作物, 2001 (4).

［8］康利军, 李博理. 环太行山著名旅游景点多媒体导航系统研究与建立［J］. 科技资讯, 2017 (18).

［9］王新歌, 虞虎, 李萍, 林明水, 陈田. 燕山—太行山片区旅游精准扶贫识别案例实证——以河北涞水县为例［J］. 生态经济（中文版）, 2017 (7).

［10］韩轶君. 大型农产品物流园区运营模式的规划与研究——以山西太行山农产品物流园区为例［J］. 物流工程与管理, 2017 (5).

［11］刘亚莎. 对山西旅游产业发展的思考［J］. 经济问题, 2003 (4).

［12］邵秀英. 对山西旅游产业发展定位的思考［J］. 品牌, 2008 (8).

［13］吴银珍. 关于山西省文化与旅游产业融合发展的思考［J］. 前进论坛, 2010 (3).

［14］扈照轼, 白金梅. 发展旅游业是山西经济的现实选择［J］. 山西财政税务专科学校学报, 2010 (4).

太行山生物生态景观类旅游资源及文化景观价值

山西大学环境与资源学院　上官铁梁

太行山自然生态资源和社会文化资源的数量、质量和特点是区域旅游业健康持续发展的环境与物质基础，直接决定了区域旅游生产力的发展水平和持续增长潜力。以往业界对太行山的历史文化、民风民俗和人类遗产等文化旅游资源的整理与开发非常关注，在旅游资源调查与评价、旅游发展的规划与策划和旅游景区建设与开发等方面的工作中，更加注重把文化旅游景区景点建设和文化旅游产品开发放在突出地位，由此形成的景区、景点已成为游客观赏或利用的基本旅游资源。然而，太行山的生物生态旅游资源类型具有极其丰富的多样性，许多生物生态景观具有较高的旅游观赏价值和文化景观价值。生物生态景观具有自然地带分异性属性和空间异质性特点，能够从本质上反映太行山不同旅游空间的特征和景区景点的特征以及旅游产品的特色。如天然林生态景观、山地灌丛景观、湿地生态景观、山地草甸景观等，还有古树名木、奇花异草和珍稀物产如"唐槐""宋柏"、千年银杏、太行花、太行菊、党参、黄芪、红豆杉、山白树、连香树、金莲花、毛健茶等。生物生态景观资源是构成太行山生态文化旅游的重要资源，如何发挥丰富多样性的生物生态景观资源在振兴太行山旅游产业持续发展和创新开发中的价值和作用，唤醒业界对太行山生物生态景观类旅游资源的高度关注和重视，已成为提升太行山区域旅游资源开发亟待解决的重要问题，本文旨在为太行山板块旅游品牌打造和景区景点规划提供参考资料。

一、太行山生物生态景观旅游资源类型

根据生物生态景观的资源性质、旅游价值和实际用途，将生物生态景观旅游资源分为植物群落类、观赏植物类、珍稀植物类、奇花异草类、古稀名木类、经济用途类和观赏动物类等，分述如下：

（一）植物群落类

太行山在植被区划上属暖温带落叶阔叶林地带，又将南部太行山的中条山各县和高平、陵川、壶关、黎城部分与北部太行山划分为南北两个亚地带。组成太行山植被的植物群落类型涵盖了我国暖温带落叶阔叶林地带的主要优势植被类型，是华北地区植物群落类最丰富的地区，更是地带性落叶阔叶栎林类型分布最完整的地区。

太行山具有代表性的落叶阔叶林主要有栓皮栎林、辽东栎林、槲树槲栎林、橿子栎（半常绿）林、白蜡树林、山杨林、白桦林、板栗林、槭树林、胡桃楸林、漆树林、山核桃林、山茱萸林、山楂林、山桃林、鹅耳枥+蒙椴林等。

太行山具有代表性的针叶林主要有寒温性和温性针叶林，很具地域特色，主要有云杉林、华北落叶松林、南方红豆杉林、侧柏林、白皮松林、油松林、华山松林等。

太行山主要的灌丛群落有山桃灌丛、山杏灌丛、连翘灌丛、黄栌灌丛、照山白杜鹃、珍珠梅灌丛、鬼见愁灌丛、金露梅+银露梅灌丛、陕西荚蒾+多花枸子木、绣线菊灌丛、荆条灌丛等。

太行山主要的草地群落类型有野菊（甘野菊+野菊）群落、蒲公英群落、橐吾群落、银莲花+毛茛群落、金莲花群落、狼毒花群落和

柳兰群落、芦苇群落、莲群落、泽泻+慈姑群落、针茅+百里香群落等。

上述植物群落在太行山不同旅游景区表现出不同特色，彰显出各景区最美丽的标志特点，如南部陵川县和壶关县太行峡谷分布的南方红豆杉群落，是第四纪冰川的幸存者聚集体和活化石；五台山高寒山区的云杉+华北落叶松林，是黄土高原林海绿洲林相最整齐最壮观的典型代表；五台山亚高山草甸和五花草分别是华北屋脊上辽阔而最具冰缘地貌发育的冻融草丘及天然空中花园；舜王坪、析城山、花坡和凤凰山等山顶草甸是镶嵌在森林怀抱中色彩斑斓的天然花草绿地；太行山的连翘灌丛、黄栌灌丛、山桃灌丛、山杏灌丛等灌丛与其伴生的丰富花草种类交相辉映，不断变换太行山四季的装扮和色彩。上述种种，形成了太行山不同区域与众不同，具有当地特色的生物景观资源。

（二）木本观赏植物类

太行山南北延绵上千里，纵跨六个地理纬度，由南部的暖温带过渡到北部的温带，穿越典型森林及农耕区，经森林草原到农牧交错区，全域地形地貌复杂多样，从南部海拔高度180米的黄河谷底，向北飙升至海拔高度3062米的五台山夷平台地，兼有平原、盆地、山地、丘陵和河谷。这些自然生态环境的异质性为各种野生花卉和灌木生长提供了优良的生存繁衍空间和条件，成全了太行山四季常绿，三季有花的自然景观特色。

> 三月迎春花先知，
> 四月桃花遍山野；
> 六月丁香花香飘，
> 七月杜鹃映山红；
> 八月锦带花似火，

四季松柏映客仙；

太行锦绣花似海，

漫游山间如仙醉。

走进太行山，各种观赏植物会使游客悄然止步，在游山玩水过程中观花识花，对游客来说，是绝好的与大自然亲密接触的机会，更是一种生态审美的无尽享受。

太行山有各类野生观赏植物482种，包括观形、观花、观果、观叶等。常见的重要观赏植物是南方红豆杉、白皮松、华山松、油松、沙地柏、连香树、矮牡丹、山白树、山桃、山杏、花楸、锦带花、迎红杜鹃、照山白杜鹃、太行花、太行菊、金花忍冬、金银忍冬、稠李、褐梨、杜梨、华北珍珠梅、黄刺玫、山刺玫、野玫瑰、多花胡枝子、多花栒子木及各种铁线莲等。

太行山的野生观赏植物是吸引游人的重要因素，蝶以花为舞，风戏蒲公英等自然情趣，是阳光沐浴与观景悦情的快乐享受。太行山复杂多样的山水环境造就了各具特色的生物生态景观，在陡峭悬崖之上和潺潺溪流的水边生长的各种花卉迥然不同。如峭壁悬崖是太行花、太行菊、绣线菊顽强生活的环境，山谷溪流边生长着铁线蕨、羽节蕨、鳞毛蕨、小花耧斗菜、鹿蹄草、银莲花等。太行山独特的地理条件和多变气候，形成了姿态万千的野生观赏植物。许多种类是植物盆景种质资源，生长在山崖绝壁的崖壁植物，就是高大壮观的天然生态盆景，无疑会带给游者极强的视觉冲击力，与人工盆景不可同日而语。最常见的树桩盆景材料如侧柏、白皮松、小叶鼠李、迎春、连翘、黄栌、橘红山楂、葛藤、山葡萄、绣线菊、薄皮木、酸枣、君迁子、小叶朴、榔榆等。

彩叶植物的观赏性和景观价值在旅游景区景点的打造中具有极大的影响效应，太行山的雄伟壮观在丰富的彩叶植物装点和扮饰下，显得刚中带柔，赋予妖娆和妩媚的内涵。常见的彩叶植物有黄栌、连香树、辽东栎、红瑞木、色木槭、漆树、黄连木、花楸。

（三）奇花异草类

太行山野生草本花卉种类繁多，千奇百态，争芳斗艳，且不乏名贵观赏植物的上品，如太行花、太行菊、荞麦叶大百合、蕙兰、大花杓兰、紫点杓兰、金莲花、胭脂花、中华秋海棠、山大烟、翠雀、河北报春、铃兰、风铃草、狼毒、角柱花、勿忘草、百合、桔梗、沙参、紫斑百合、石竹、白头翁、水金凤、华北耧斗菜、大花篮盆花、二叶舌唇兰、盘龙参、地黄、角蒿、甘野菊、野菊、山丹丹、类叶牡丹、白头翁、中华秋海棠、北重楼、报春花、大火草、柳兰等。

（四）珍稀植物类

太行山地处温带向暖温带、暖温带向亚热带的过渡区，复杂的地形地貌和多样的自然条件，孕育着丰富的动植物物种。境内以暖温带生物区系成分占明显优势，同时有温带草原地带和亚热带常绿落叶阔叶林地带的种类交错分布，是华北山地珍稀物种较多区域。为了保护这些珍稀动植物，太行山境内已建立国家级和省级自然保护区多个。国家和山西省公布的重点保护野生植物有南方红豆杉、核桃楸、连香树、太行花、太行菊、翅果油树、刺五加、水曲柳、杜仲、紫萁、木贼麻黄、臭冷杉、铁木、脱皮榆、匙叶栎、太白杨、木姜子、山胡椒、红景天、青檀、异叶榕、领春木、山櫆、山白树、竹叶椒、漆树、省沽油、膀胱果、中条槭、山西槭、文冠果、暖木、贯众、泡花树、山桐子、紫珠、窄叶紫珠、迎红杜鹃、刺楸、狗枣猕猴桃、软枣猕猴桃、山茱萸、四照花、角柱花、老鸦岭、野茉莉、郁香野茉莉、流苏树、络石、蝟实、锦带花、党参、桔梗、野大豆等。

在上述这些国家和山西省重点保护野生植物中，太行花和太行菊是太行山土生土长的特有种，观赏价值和保护意义很大。还有一些亚热带与暖温带跨域渗透分布达太行山南部的种类，如紫萁、木姜子、山胡椒、山櫃、异叶榕、领春木、山桐子、山白树、铁木、竹叶椒等。历史气候变化过程中孑遗的活化石种如南方红豆杉、领春木等，太行山成为它们躲过不良气候环境影响的"避难所"；臭冷杉、刺五加等则是由我国北部向南延伸的间断或狭域分布的小种群物种。更多的是具有开发利用、科学研究和重要经济价值的种类，如翅果油树、刺五加、水曲柳、杜仲、漆树、党参、桔梗、野大豆等，但由于人类的过度开发利用，它们的种群数量越来越少，已处于濒临灭绝的境地，加强保护势在必行。

（五）古稀名木类

在太行山生物生态景观类旅游资源中古稀名木类的历史文化和旅游资源景观价值最大，是太行山自然生物生态景观的璀璨明珠。从历史的角度看，古稀名木是自然生态变迁的承载者和记录员，有"活化石"和"活文物"之称，蕴藏着太行山的政治变革、历史演化、人类文明多元信息；从旅游产业角度看，古稀名木是旅游景区景点的重要地标和符号，凡原始森林、名村古镇、通关驿站、祠堂古庙和重要场所等常见参天的古稀名木威严屹立，给人以恬静、古朴、幽远、清净和豁达之感，这对旅游产业的发展具有重要的文化和经济价值。

太行山的古稀名木众多，与人类世代相伴，凝聚乡情，积淀文化，传承历史，有许多脍炙人口的传说和故事。古稀名木拓展了想象空间，折射着历史的进程，浓缩了生物和人类漫长的演进历史和星辰日月周而复始的运行周期，构成了一幕幕靓丽的人与自然融合的景观。

在太行山众多的古稀名木中列举一些代表，以此表达景观的特有性和重要性。北岳恒山天峰岭 1000—1400 年树龄的油松古树群；灵丘县上寨镇石矶村有一株约 800 年树龄的旱柳古树；原平市中阳乡下庄村有一株高9.3米，胸围2米的酸枣古树；灵石县南关镇西许村有一株生长健盛的古槐，树龄达2800多年；榆次区城区有一株皂荚树树龄800年，胸围达3米，实属罕见；阳泉平定林场药林寺的麻栎古树有600年树龄；沁源县灵空山有一株距今600多年树龄的世界油松之王"九杆旗"，获吉尼斯世界纪录；平顺县东寺头乡井底村有一株2000年树龄的红豆杉，实属罕见；泽州县冶底村的古银杏树龄1500年，树高32.5米；高平市马村镇康营村的龙柏古树有3000年树龄；阳城县白桑乡洪上村的一株橿子栎树树龄约5000年；阳城县蟒河镇蟒河村有千年树龄的栓皮栎古树群等。

（六）经济用途类

1. 野生和栽培干鲜果资源丰富

走进太行山从春到秋山果遍野，足以使游客望而生畏，核果、浆果、蒴果、瓠果、梨果、瘦果等果类齐全，应有尽有。常见的乔灌木类果树有核桃、柿子、板栗、山茱萸、大枣、山楂、酸枣、银杏、君迁子、拐枣、杜梨、褐梨、棠梨、野山楂、山杏、榛子、沙棘、刺果茶藨子、东北茶藨子、胡颓子、欧李、毛樱桃、柘树、构树等；木质藤本类水果资源有葡萄、野葡萄、山葡萄、软枣猕猴桃、狗枣猕猴桃、猕猴桃、三叶木通、北五味子、悬钩子、萝藦等。草本水果植物也不乏其数，常见的有草莓、东方草莓、酸浆、蛇莓等。果实简繁各异、果色五彩缤纷、果形千奇百怪，既是田野美味，又具观赏价值。水果林草不仅给太行山增添了美景秀色，也给当地村民提供了脱贫致富、增加经济收入的资源，也是吸引大批游客来此采摘品尝的绿色食品和开发旅游食品的天然资源。

2. 道地中草药资源受人青睐

古往今来，太行山区一直是我国北方药材的道地产区。研究表明，太行山药用植物有468种，其中菌物类36种、苔藓植物8种、蕨类植物12种、种子植物412种。常见常用的中草药有天麻、山茱萸、连翘、山桃、山楂、黄芪、柴胡、党参、沙参、丹参、细辛、百合、天门冬、枸杞、山药、黄精、桔梗、玉竹、地黄、何首乌、防风、益母草、艾蒿、曼陀罗、罗布麻、苍术、地榆、半夏、天南星、龙牙草、翻白草、白芷、紫苏、牛蒡子、薄荷、葶苈、马齿苋、蒲公英、白头翁、侧柏、九节菖蒲、菟丝子、黎芦、苦参等。太行山是上述这些中草药的主产区,许多种类是传统医药中的上品,有极高的医药价值,其中党参、黄芪、百合、连翘、山茱萸等都是久负盛名的道地药材,远销世界各地。有探索精神的游客可以在当地居民的带领下,到密林深处搜寻珍宝,或许会有意想不到的收获。

3. 野生蔬菜植物资源

野生蔬菜植物是生物生态景观资源中的特殊类群,既是天然有机食用植物,又是生物生态旅游景观的重要组成部分。太行山野生蔬菜植物分布广泛,种类最多,蕴藏量大,具有无污染、无公害的原生态特点,又有食用、保健和观赏三大功能,越来越受到游客和当地居民的青睐,已成为旅游景区景点生态开发亮点、热点和重点。太行山区的野生蔬菜资源既是太行山旅游餐饮业创新特色资源基础,也是亟待开发利用的生物生态旅游商品。

根据调查,太行山的野生蔬菜资源有160多种,主要有蕨、紫苏、薄荷、小黄花菜、香椿、苍葱、野芝麻、马齿苋、薯蓣、鹿药、小山蒜、山韭、野韭、竹叶椒、水葱、毛百台、细叶百台、茖葱、藜、地肤、猪毛菜、荠菜、诸葛菜、紫花碎米荠、刺五加、刺楸、水芹、桔梗、蒲公英、白花菜、荇菜、茅莨、荚果蕨、刺儿菜、苣荬菜、苦苣菜、茵陈蒿、野茼蒿、麦瓶草、杠柳、长萼堇菜、海州常山、白刺花、刺槐、野葛、紫藤、杠柳、卫矛、反枝苋、刺苋等。

(七)观赏动物类

野生动物是太行山宝贵的自然资源,它不仅为人类提供衣、食住、行的物质财富和开展科学研究的对象及材料，而且对太行山旅游和维持自然生态平衡有不可低估的重要作用和意义。

太行山的复杂地形、南北气候差异、水陆生境适宜和广袤植被覆盖的自然生态环境，为野生动物的栖息、繁衍提供了多样性的生态系统。根据樊龙锁等的调查研究，太行山有23种两栖动物，常见的是中华蟾蜍、中国林蛙、蓝尾石龙子、王锦蛇、团花锦蛇、红点锦蛇、虎斑游蛇、菜花烙铁头、短尾蝮蛇等。珍稀物种大鲵是国家二级保护种类，在历山和蟒河国家级自然保护区均有分布。太行山的野生兽类有52种，其中国家和山西省公布保护的种类为16种，它们是国家Ⅰ级保护动物豹，国家Ⅱ级保护动物猕猴、豺、水獭、青鼬、石貂、猞猁、兔狲、原麝、林麝、黄羊、青羊、盘羊，山西省保护的种类有普通刺猬、小麝鼩、豹鼠、复齿鼯鼠和飞鼠等。

太行山的鸟类是脊椎动物中种数最多的一类，按照鸟类对生境利用特征和主要栖息、觅食和繁殖地生态系统类型依赖性程度，可划分为七个不同生境利用的类群，它们是：森林生态依赖性动物，如猛禽雕鸮、红角鸮、松雀鹰、普通鵟、褐马鸡、红腹锦鸡、白冠长尾雉等；灌丛和灌草丛依赖性，如多种噪鹛、环颈雉、杜鹃、金翅、石鸡等；草地依赖性动物，如鹫、鸢、雀鹰、游隼、戴胜、朱雀、凤头麦鸡、凤头百灵、小云雀等；裸岩和洞穴依赖性动物，如金雕、黑鹳、黑背燕尾、雕鸮、岩鸽、大鼠耳蝠、蝙蝠等；水体湿地依赖性动物，如大天鹅、鸳鸯、灰鹤、野鸭、大白鹭、沙燕、家燕、白鹡鸰、黄鹡鸰等；农田生态依赖性动物，如田鹨、环颈鸽、金眶鸻、灰头麦鸡、环颈雉、白胸苦恶鸟、董鸡、环颈斑鸠等；人居环境依赖性动物，如家燕、麻雀、树麻雀、池鹭、山斑鸠、原鸽、布谷鸟、喜鹊、雕鸮、小嘴乌鸦等。

二、太行山生物生态景观类资源的特点

(一) 资源类型全，分布范围广，南北差异大

太行山的生物生态景观类旅游资源从宏观的生态系统和植物群落生态到多体聚集的集合景观类型齐全，由陆域、水域、高山、丘陵、河谷、盆地和聚落不同生境条件下形成的森林、灌丛、草丛、草甸和湿地景观呈啮合镶嵌布局。太行山南北跨度大，有衔接亚热带和近邻温带的南暖温带和北暖温带的过渡性，草原、森林草原和落叶阔叶林呈连续完整的由北向南过渡分布，这显然是周边拥有太行山的河南和河北无法比拟的，也是山西省太行山板块旅游业省级提档和创新发展的资源基础和生态本底。从亚宏观和微观看生物生态景观类旅游单体资源也十分丰富，有当地特有种类，有珍稀濒危种类，有景观标致和指示种类，更有开发潜力大、市场竞争力强的多型多用途种类。

(二) 资源利用领域宽，应用价值高，开发潜力大

太行山生物生态景观旅游资源不仅类型多，分布广，而且还体现出三大特点，即利用领域宽、应用价值高和开发潜力大。太行山各种植物群落都具有旅游资源良好品质，它们是太行山生态系统的主要生产力，生态系统的缔造和维系主体，更是人类繁衍生息、生产生活的自然资本。在旅游产业方面的作用也是三位一体，即景观的主体、旅游的产品和旅游的环境。太行山生物生态景观类旅游资源无论是群落、改善个体或生物资源，还是奇花异草、古稀名木，对于旅游者的景观视觉冲击力、景观意念感染力和景观吸引唤醒度等方面都是观赏特性的好上品资源。

太行山生物生态景观类资源的开发空间还很大，很多资源还不为

人所知，观赏特性尚未被大众充分了解，更谈不上被开发和利用。特别是那些野生资源量少、生境特殊、自然繁育有局限性的种类，如连香树、山白树、四照花、暖木四照花、异叶榕、山桐子、山檀、木姜子、山胡椒等。太行山生物生态景观类旅游资源的开发潜力巨大，应重新审视和加强对此类资源的宣传、开发和推广。就彩叶植物来说，它们既是景观旅游资源中的旅游珍品，观赏特性很好，同时也是造园创景潜力很大的资源物品。又如许多资源植物除具有极高的观赏价值外，还具有多种经济用途，有望开发成为太行山的特有旅游商品和产品。

（三）资源自然属性固化，生态地位重要，文化内涵深刻

太行山的生物生态景观类旅游资源是该区域自然综合体不可分割的一部分，是固化于太行山特定地形地貌、地质土壤、气候水文和阳光空气等生态条件基础之上经千万年生态演化、生物进化和生命适化的产物，对旅游产业来说，生物生态景观是旅游景区景点有生命的旅游景观和产品，是景区景点的"脸面"和"门面"。

太行山的生物生态景观类资源更是生态系统的生物组成部分，其生态功能的作用是第一位的，它们担负着生态系统物质循环、能量流动和信息传递的重要功能。在生态系统中位置具有层级性，它们的生产者、消费者和分解者地位不容动摇和破坏，否则生态系统就会失衡和解体。如果这样的悲剧真的发生，那么太行山旅游业就会出现塌方式倒退。

太行山的生物生态景观是与当地人类一起成长起来的文化内涵丰富的旅游资源，它们的自然性被人类文明浸润和重新塑造，融入了人类崇尚自然、敬畏自然、热爱自然和利用自然的文化烙印，护村林、风水林、古稀名木等已成为当地文明、民俗文化和信仰图腾的"标识牌""代名词"和"化身"。太行山生物生态景观类旅游资源是文化

景观的有机融合，其深刻的文化内涵有待进行广泛、系统和深入的开发整理。

三、结论

太行山的生物生态景观类旅游资源是太行山旅游板块的自然本底和生态系统平衡的基础，作为旅游资源具有丰富的多样性，作为旅游产品极具观赏价值，作为旅游文化和品牌具有极强的感召力和吸引力，作为旅游资源具有广阔的开发利用空间，作为区域文化景观则内涵深远，应在保护的基础上进行开发，在开发利用过程中加强保护。

从太行山自然演变历史、生物生态进化史和人类文明进步史层面，结合太行山大区位、大产业、大服务、大经济和大协调的发展趋势，我们应建立太行山旅游板块的共同体系和运筹机制，统筹运行太行山国家旅游的大格局，积极申请建设太行山国家公园。

发展太行红色文化 实现山西转型发展

山西大学 刘美玲 高田慧

太行文化曾多次在中华民族危难时刻起到中流砥柱的作用,可以说是中华民族的"元文化"。其中,太行红色文化是太行文化的重要组成部分。对于山西省来说,它不仅是山西人民的主心骨,也是转型发展的强大动力。深入挖掘太行红色文化是建设美丽山西的需要,也是建设文化强省的需要。

一、太行红色文化的内涵

太行山位于中国地图的中央,是众多山脉中唯一南北走向的大山,看起来很像中国版图的脊梁。太行山纵贯北京、山西、河南、河北四省市,在山西省的地区包括长治市和晋城市的全部地区,忻州、晋中等市的部分地区。

太行山平均海拔在1500米以上,地势险要,具有"表里河山"之胜。自然地势特征使太行山脉宛如一道用钢铁铸成的城墙,在关乎民族生死存亡的时代,成为仁人志士的主要隐蔽地。太行山不仅是上古时期战天斗地传说的发生地,也是许多民族英雄事迹的发生地。抗日战争时期,作为扼守华北的战略要地,太行山是抗日最前线。前赴后继的英雄相继在这里抛头颅洒热血,许许多多的著名战役如平型关大捷、百团大战等在太行山打响。著名的军区如八路军总部、太岳军区司令部分别设在武乡县和沁源县,太行山成为抗战时期风云汇聚的中心。

太行山的红色文化大致可以用以下三个部分概括:一是抗日战争时期前方文化的代表地。山西武乡有八路军司令部旧址、八路军太行纪念馆和王家峪八路军总部旧址,黎城有黄崖洞兵工厂旧址。河北涉县有129师司令部旧址,邢台浆水有抗大旧址等革命圣地,石家庄有白求恩与柯棣华墓等许多牺牲革命者的纪念馆和遗址。这些历史遗迹都是太行红色文化的重要载体,在传播太行红色文化过程中占有重要地位。二是解放战争时期的革命圣地。河北平山的西柏坡,是抗日战争后期的总指挥部,为当时党中央办公之所。也是在这里,毛泽东主席提出了"两个务必"。可以说,伟大的新中国从这里孕育、诞生,在中国革命史上占有举足轻重的地位。三是革命建设时期英雄的典型示范地。20世纪六七十年代,山西昔阳的大寨人在自力更生、艰苦奋斗的大寨精神的指引下,在七沟八梁一面坡上谱写了撼天动地的壮歌,使大寨成为当时农业战线的一面旗帜。

在抗日战争时期,太行山借助得天独厚的地理优势,形成了独具特色的太行红色文化。太行红色文化诞生于反帝反封建和抗日救亡时期,来源于优秀传统文化和抗战文化的有机结合,形成于中国共产党领导的革命和生产实践。太行红色文化既是我们国家宝贵的社会主义革命、解放和建设时期的独特文化,也是在太行山这个独特地域形成的特有的地域文化,在社会主义物质文明和精神文明建设的征程中逐渐成为太行山区人民最高的生活准则和信念。

二、太行红色文化对山西转型发展的价值

(一)转型发展是山西发展的当务之急

可持续发展、人与自然和谐发展是社会发展的大趋势。主要表现

在产业结构的优化升级。资源型产业、传统工业、粗放型的工业将会慢慢地被淘汰,取而代之的是具有科技含量的工业。在大形势下,山西省原来依靠煤炭开采为主要经济增长点的经济发展道路就难以为继,山西省近几年的经济发展水平和人民生活水平就是最有力的佐证。自新中国成立以来,山西省依托煤炭业的发展,人们的发展思维逐渐僵化:破坏环境、资源浪费、寅吃卯粮,只知道通过资源发财,却不进行产业结构的优化升级,不治理环境污染。山西给人的印象是煤老板、暴发户、沙尘煤粒。山西省要改变形象、摆脱资源大省的单一发展模式和产业结构,就必须进行转型跨越发展,即由原来增加劳动力、资源投入促进经济发展变成增加科技投入、创新驱动促进经济发展。要实现经济发展,就要改变发展理念,由原来的先发展后治理的理念变成可持续发展,不走老路、弯路的理念。目前,山西省既处于全面建成小康社会的决胜时期,又处于转型跨越发展之际。在看到各项工作取得丰硕成果的同时,也必须认识到山西改革发展已进入深水区,这也是压力大、困难多的时期。要实现"四为四高两同步",就要用太行精神鼓舞斗志,调整产业结构。

(二)山西转型发展需要用太行精神鼓舞斗志

1938年2月,中国共产党在抗战的国家大形势下,为了更好地领导抗战,在太行山建立了抗日革命根据地。从此,太行地区成为中国抗日战争的重要地区。在长期的战争熏陶下,在这片洒满不屈者鲜血的土地上,山西人民在中国共产党的领导下,在付出极大代价的同时,也有满满的收获:把侵略者的脚步阻挡在山西境内,保证了陕北的安全,也极大地打击了日本侵略者。在取得这些辉煌的战争成果的同时,逐渐形成了伟大的太行精神。

太行精神在不同时期有着不同的时代内涵。习近平同志在2009年5月25日亲赴山西视察八路军太行纪念馆时指出:党和政府的工作人员需要加强对太行精神的学习。需要在现代山西转型发展的基础上对太行精神加以创新以保持其革命性，体现时代性。还要从太行精神中学习如何做一个好党员：一个合格党员要做一个真正的马克思主义者，始终牢记为人民服务的宗旨，始终践行对人民负责的原则，始终坚持从群众中来到群众中去的工作方法，始终发扬太行精神。艰苦奋斗、奋勇拼搏的作风将成为推动山西转型发展的强大精神动力。可以说，太行精神已经成为民族精神的重要组成部分。在新时代，太行人民还将继续保持和发扬这种精神，不断涌现出像申纪兰、李顺达等为代表的先进模范，更使太行精神光照八方。

要促进山西转型跨越发展，弘扬山西红色文化，就必须依托太行精神，用太行精神激发新时代各行各业干部群众的斗志。同时要把握太行精神的本质属性，充分认识太行精神的时代价值，把太行精神的价值应用到掌握新情况和解决新问题当中来，将太行精神外化为建设新山西的行动力，从而不断推进山西跨越转型的发展。

一是转型发展要有"不怕牺牲、不畏艰险"的正确理念。新中国建立初期由于工业化的进程加快，加之山西省有着丰富的煤炭资源，山西省在党和政府的正确领导之下，社会经济有了很大的发展。然而在发展过程中却存在着一定的缺陷。主要表现为经济发展方式粗放，产业结构单一等。单纯依靠煤炭资源开采加工发展经济，造成产业结构畸形，资源浪费严重。而今煤炭市场陷入低迷，直接影响山西经济发展。打赢山西转型发展是场硬仗，因此需要重新树立不怕牺牲、不畏艰险的理念，对山西省进行产业结构调整。在实际工作中，需要树立创新的理念，要承认矛盾，正确对待矛盾，允许犯错，建立容错纠错机制。

二是转型发展要有"百折不挠、艰苦奋斗"的顽强意志。随着全国各地基础建设不断完善，涌现出了一大批新兴的具有活力的各具特色的城市。山西虽也借此机会有所发展，但作为内陆城市，与沿海地区的城市仍有较大差距。所以太行精神中不屈不挠的革命意志在当下仍然适用。山西省在百折不挠、艰苦奋斗的精神指引下开始了产业结构的调整，主要有以下几个方面：第一，以创新驱动为主导加大科技投入。第二，发展山西省原有的著名品牌，加大品牌建设。以汾酒和历史文化遗迹为主，打造特色旅游业和服务业。第三，推动城乡一体化建设。建立以工促农、农牧兴工的农村产业格局，积极推进农村城镇特色农业发展，促进山西省生态建设的发展。

三是转型发展要有"万众一心、敢于胜利"的坚定决心。要实现山西的转型发展，需要尽可能动员山西省的每一位成员。要调动每一位成员的积极性，就要实现群众利益最大化。抓好民生问题，把民生问题作为最大的政治。要把民生建设作为最大的工程，加快建设公共服务基础设施。解决人民群众最关心、最紧急的问题，比如就业、医疗、教育及养老等重点社会事业，使公共服务体系更加完善，人民生活水平不断提高，幸福感不断加强。

四是转型发展需要有"英勇斗争、无私奉献"的革命品质。"英勇奋斗、无私奉献"是太行精神最根本的特点。新时代用太行精神指导山西省的转型发展，就是要在无私奉献精神的引领下，打造一支苦干、实干、加油干的干部队伍。在抗战中形成的苦干实干、无私奉献、不求回报等精神品质，极大地鼓舞了太行军民英勇顽强的斗志和勇气。在山西省转型发展的过程中更加需要这种大公无私、认真负责的太行精神。需要广大干部保持革命的纯洁性和忘我精神，积极发挥模范带头作用，引领山西转型发展，促进山西重新崛起。

（三）山西转型发展需要用太行红色文化调整产业结构

转型发展将会是未来山西经济发展的主线。过去的历史经验告诉我们，如果我们只依靠煤炭资源发展经济，不进行产业结构调整，转变发展方式，资源消耗会越来越大，环境会越来越恶劣，山西的发展会越来越缓慢。要改变这样的状况,就要实现山西的转型发展,主要是实现经济转型,使山西省的产业结构由原来以煤炭开采业为主的单一结构转变为乡镇特色农业、能源深层次开发和文化旅游资源开发等相结合的多元产业结构。山西的文化底蕴深厚,又有许多红色文化旅游资源,可以集中精力加快发展文化产业,努力把文化产业打造成为山西经济社会可持续发展的新动力。同时,不同的文化对地区的发展产生不同的影响,在现阶段要注重山西省文化的发展,着重建设山西省特色的文化,具有发展性、引领性、长期性,最重要的是能够发挥对经济的反作用,促进山西省转型发展的顺利进行。

自2002年以来,山西省委、省政府就开始重视文化强省的建设,更是在全省经济社会发展规划中写下"努力把山西建设成为文化强省"。按照《山西省建设文化强省发展规划纲要(2003—2010)》的总要求,2003年全省上下都以文化产业创新发展为首要内容,大力整合文化资源,促进旅游文化产业的发展,并取得了令人瞩目的成就。

红色文化是山西文化的重要组成部分,同时也是文化旅游资源的重要来源。它承担着山西发展文化和旅游等朝阳产业的重要使命,为山西转型发展注入新的源泉。在红色文化产业中,太行红色文化是文化强省的一个重要内容。随着山西省文化强省的建设,武乡县委县政府探索创新红色文化传播方式,为了弘扬太行精神、传承太行红色文化,创建了一系列特色园区,如八路军文化园、游击战体验园。还创新了红色文化传播方式,如策划举办了八路军文化旅游节等具有一定知名度的文化活动,编排了《太行山》实景剧。2011年武乡"八路军文化旅游节"和"两园一剧"让游客身临其境,当年接待游客就超过一百六十万人次,旅游综合效益更是达到十亿多元。我们要通过这些形式来弘扬太行精神和红色文化,来达到开发红色旅游资源、发展文化强省的目的。不仅是武乡县,山西境内其他红色旅游资源也要进行科学规划。要紧紧抓住山西省革命纪念地众多的优势,整体开发,打包推出旅游路线；规划红色文化产业集聚区，推进红色旅游项目建设，形成文化产业带。

三、开发太行红色文化的战略思考

（一）深化认识，加强太行红色文化资源的保护开发

山西是有着光荣革命传统的老区。在抗战期间，山西人民为了崇高的理想和国家前途，以太行山等山西境内复杂的地形为基础，与敌人开展了长期的斗争，相继建立了晋察冀、晋冀鲁豫、晋绥三大革命根据地，为山西留下了丰富的红色文化资源。太行山区遍布着不同历史时期的革命遗址和纪念地，包括八路军总司令部在内的许多首脑机关都在这里留下了不可磨灭的印记。"山山埋忠骨，岭岭皆丰碑，村村住过八路军，户户出过子弟兵"就是这一片红色热土的真实写照。它被誉为太行山上的"小延安"，也是太行精神的重要发源地和太行红色文化的形成地。在太行山区几乎各地都有关于不同历史阶段的遗迹、纪念馆等红色资源，但是山西省的产业结构中第三产业所占比重本就低，红色旅游产业占第三产业的比重就更是少之又少。为了充分挖掘这些宝贵的太行红色文化资源，山西省委、省政府又规划完善了多个红色旅游基地和红色旅游景区。

在山西省大力发展红色旅游的过程中，仍然有许多突出的问题。一部分旅游资源分布的地区较为偏僻，基础设施比较落后，道路交通、饮食、住宿等发展旅游业所必需的设施极度欠缺。一部分地方政府缺乏长远规划，为了短期利益，使当地红色基地走向庸俗化。大部分地方政府在红色产品的开发上，形式单一，停留在遗址参观、简单的图片和物品的展示上。也有一些红色资源较为分散，村村都有，不集中，难以规模开发。山西省在红色旅游开发中缺少长远的规划，开

发力度远远不够，其中仍然蕴藏着巨大的经济效益和文化效益。为此要充分开发利用山西省的红色资源，各级政府要加强对这些资源的科学规划和管理，按照一定的标准，进行分类、评估、开发、保护。充分认识到太行红色旅游资源的地方特性，认真分析不同地区、不同种类文化资源开发的价值、保护的程度、恢复的成本等，首先需要对各地红色资源进行保护，然后统计、备案、形成文献。其次进行分类，从亟须保护、加强开发、整合连片等角度入手，然后投入专项资金分门别类展开工作。

（二）加强整合，确保太行红色文化资源的优化配置

太行红色文化资源丰富，需要加强对各个地区的资源要素进行整合，立足整体，加强太行山红色旅游资源的内部优化，形成综合思维和整体考量。发挥出一加一大于二的经济和社会效益。在发挥本地资源特色的同时，结合自己的实际情况，加强与其他地方的联系，整合资源优势。资源整合的关键在于积极推进市场化配置方式。从消费者角度出发，利用现代文化传播手段，改变传统单纯展览的方式。吸引消费者的关注，增加山西省文化旅游业在全国旅游业中的市场份额。在市场配置红色旅游资源的过程中，可以通过各地红色旅游业所占比重，对其进行合理的安排，使红色旅游资源得以在市场的调节下发挥出最大的经济效益。针对市场的选择，相关部门要建立相应的数据库，通过分析、对比、实地考察等方式，保护、开发、利用市场占有率大的红色资源。同时需要建立相关的责任部门，对此专门负责，权责分明。对于在市场中活跃度不够的红色资源，也需要一定的投入进行保护，在保护的基础上重点发展本地区的消费者。面向当地人民，可以建成公益性文化基地、爱国主义教育基地或者重点面向中小学校，与教育结合，打造成校外实践基地和文化乐园。

（三）推进创新，优化太行红色文化资源的开发活力

创新是挖掘太行红色文化资源的灵魂，没有创新就失去了活力。一是创新开发利用的模式。由单纯政府开发、管理落后、全局性不足等僵化的管理模式转变为政府、企业、相关专家和红色文化爱好者等多个群体共同组成的机构进行专门的研究开发。政府需要从行政审批、专项资金、基础建设等政府职能角度给予支持；企业主要从管理、市场敏锐度和最大限度地获取利益角度提供意见；相关专家可以围绕保护、分类、建档等方面贡献智慧；爱好者主要是承担舆论传导者的角色。在机构运行中需要避免行政权力搞一言堂、避免只注重经济利益而忽视生态和社会效益。二是在开展红色旅游的同时，需要创新展览方式，避免单纯的文物展览、照片展览等没有生气的展览形式。可以利用现代科学技术，通过多维角度使游客可以实地体验红色文化。可以通过视频制作，开发3D展览，把图片、文物和战事文字描述转换成生动的视觉效果，产生强烈的视觉冲击和震撼。着重表现红色文化的精神，让爱国主义教育、艰苦奋斗教育直观呈现在游客面前。

太行红色文化是先人留给我们的宝贵文化遗产。作为太行山区的子孙，我们要将太行精神转化为攻坚克难、干事创业的责任和激情，用太行精神滋养我们的灵魂，激励我们的行为，以实际行动塑造山西美好形象。合理开发利用太行红色文化旅游资源，打造太行革命文化品牌，调整产业结构，争取早日完成资源大省向经济文化强省的转型发展。

参考文献：

[1] 周宿峰. 红色文化基本问题研究 [D]. 吉林大学学位论文，2014.

[2] 刘红梅. 红色旅游与红色文化传承研究 [D]. 湘潭大学学位论文, 2012.

[3] 王志峰, 吴颖.《太行山》助力山西红色文化旅游产业 [J]. 经济问题, 2017 (08) .

[4] 骆郁廷, 陈娜. 论红色文化的微传播 [J]. 江淮论坛, 2017 (05) .

[5] 孙玉梅, 秦俊丽. 山西省文化旅游资源的特征与文化产业发展模式 [J]. 地理研究, 2011 (05) .

[6] 张慧霞, 李中建. 对山西红色旅游开发的思考 [J]. 经济问题, 2006 (12) .

[7] 邵秀英, 王向东. 论红色旅游目的地的开发与建设——以山西省左权县麻田抗战根据地为例 [J]. 人文地理, 2006 (04) .

[8] 中共长治市委讲师团课题组. 太行山高可以呼远——太行精神的理论特质和时代价值 [J]. 前进, 2010 (10) .

[9] 李建斌. 巍巍太行 看文化新格局 [N]. 光明日报, 2011.10.25.

[10] 杨荣, 李建斌. 太行精神: 山西转型跨越的强大动力 [N]. 光明日报, 2011.07.16.

太行山脉历史文化资源背景下体育旅游的 SWOT 分析与发展路径

山西大学体育学院 刘映海 郭凌宇

体育旅游是体育与旅游有机结合的一种旅游类型,是当前热门的旅游形式,正受到日益关注和重视。2014 年我国颁发了《关于促进旅游业改革发展的若干意见》,就提出了"积极推动体育旅游"[1],其后体育旅游迅速成为一种时尚的旅游形式。文化旅游是以享受文化熏陶为目的的旅游,是以感知、了解、体察人类文化具体内容为目的的行为过程[2],文化旅游正成为当前热门的旅游类型。由于体育旅游和文化旅游符合旅游者崇尚健康、回归自然、休闲娱乐和感悟文化的现代旅游观,两者的结合是一种必然趋势,"去文化圣地里享受运动快乐,在运动快乐中接受文化熏陶"正成为旅游新理念。大到北京奥运会、南京青运会等大型赛事,小到门球、广场舞等群众赛事,参与者无不在享受运动中体会着地域文化的熏陶,在地域文化的熏陶中领悟着生命的真谛。

雄峻的八百里太行山脉正迎来旅游业中最大的机遇,山西政府极力打造的"黄河、长城、太行"三大旅游板块中,太行山脉群山环

---

[1] 中华人民共和国中央人民政府网站,http://www.gov.cn/zhengce/content/2014-08/21/content_ 8999.htm.

[2] https://baike.baidu.com/item/%E6%96%87%E5%8C%96%E6%97%85%E6%B8%B8/6311468?fr=aladdin.

抱，表里河山，风光奇特，既有自然天成之美，也有文化厚植之韵，还有历史遗存之重，更有民俗多彩之姿，正是发展体育旅游与文化旅游的绝佳之地。但纵观山西旅游推介政策①，却缺乏了充分利用太行山脉历史文化资源，开展丰富多彩的体育旅游的内容。为此，本研究试图通过对太行山脉历史文化资源的类型及其特征分析，梳理适合与体育旅游融合的历史文化内容，然后对在其间开展体育旅游进行SWOT分析，并据此提出体育旅游的发展路径，为山西文化旅游发展添砖加瓦，为山西体育旅游发展提供建议。

一、太行山脉历史文化资源研究

（一）太行山脉历史文化资源的类型及其特征

山西物华天宝、人杰地灵，是华夏文明的根脉和摇篮，素有"五千年文明看山西"的美誉。尤其是山西东部雄峻的八百里太行山脉，自然资源与文化资源极其丰富。历山、蟒河、古堡等自然资源各具特色；从远古到尧舜、从唐宋到明清、从民国到抗战，这里留下的历史遗迹、文化遗产、民俗民风等历史文化资源不计其数。而且，其独特而多样的文化资源更是融于自然环境之中，构成了太行山脉"抬头是景、低头是史"的独特资源。进行初步整理笔者认为：太行山脉主要有始祖文化、佛道文化、医药文化、红色文化和民间文化五类。

（二）太行山脉历史文化资源开发现状

太行山脉的旅游开发虽然较为落后，但也形成了许多精品路线，如四大佛教圣地之首五台山、全国最大的地下冰洞宁武冰洞、华北最

---

① 山西旅游发展委员会，http://zw.shanxichina.gov.cn/sitefiles/sxzwcms/html/zwdt/zwyw/15236.shtml.

大的原始森林历山林区、北方最大的大峡谷群太行大峡谷、华北最大的山顶草原沁源花坡等，都是全国闻名、特色鲜明的旅游区。但相比太行山脉丰富的旅游资源而言，其开发尚处于初始阶段，众多特色鲜明、文化价值突出的地区尚待开发，如沁河历史文化名村、古堡等。而丰富、典型的历史文化资源更是处于无序状态，个别地区（如武乡的红色文化）开发也未形成规模、特点，远逊于其他地区（如井冈山等）。

太行山脉历史文化类型

分类	主要分布区域
始祖文化	高平炎帝庙、羊头山神农镇、垣曲历山舜王坪
佛道文化	忻州五台山、晋城玉皇庙、青莲寺、长子法兴寺、平顺天台庵、泽州开化寺、陵川崇安寺
医药文化	历史遗存：羊头山也有神农庙、神农阁 平顺的党参、壶关的紫团党参、陵川的连翘
红色文化	武乡、左权的八路军太行纪念馆和抗战砖壁、王家峪、义门等旧址 昔阳大寨、平顺西沟
民间文化	阳城的皇城相府、平顺的阱底村、陵川的马武寨村等 左权的民歌小花戏、高平的九联灯、原平的炕围画等

二、太行山脉体育旅游研究

（一）体育旅游的类型及其特征

体育旅游产业是"环保时代""绿色时代"和"生态时代"主流色

调的产业，其最大的生命力在于具有公众的参与性①。旅游者在旅游与运动的双重刺激下，可以获得生理与心理相结合的自我情感体验过程。

体育旅游虽然刚刚兴起，但其成长迅速，在市场中已形成休闲体育游、健身体育游、观光体育游、刺激体育游、竞技体育游和其他类型体育游等多种体育旅游类型，并形成钓鱼、登山、崖降、跳伞、野营、自行车、冲浪、骑马、打高尔夫、探险、攀岩、滑雪、武术、徒步、观看大型运动会等多种体育旅游形式。

（二）太行山脉体育旅游的开发现状

太行山脉体育旅游资源丰富②，如地文景观类的北武当山、太行峡谷、宁武冰洞等；水域风光类的汾河水库、娘子关瀑布、齐村温泉等；气候天象类的五台山、恒山等；生物景观类的老顶山国家森林公园、五台山的五花草甸、历山高山草原等；文物古迹类的下川遗址、炎帝陵等。大多数的体育旅游形式都可以在太行山脉开展。

现在，太行山脉的体育旅游主要以竞技体育游和刺激体育游为主。2004年天河山定向越野挑战赛③、2016年红山自行车越野挑战赛等全国比赛在旅游景区举行，吸引了诸多体育爱好者参与；徒步、露营、攀岩、攀冰、自行车、定向越野、马拉松等项目也时有开展，并形成了一定规模和品牌，如五台山的徒步"朝台"、长治的"太行之巅行走"等。

---

① 于素梅：《影响我国不同群众参与体育旅游的因素》，《上海体育学院学报》，2007年。
② 王峰：《山西体育旅游开发研究》，《体育文化导刊》，2009年第7期。
③ 搜狐新闻网，http://news.sohu.com/20040923/n222194473.shtml.

三、太行山脉历史文化——体育旅游发展的 SWOT 分析

(一) 优势分析

1. 自然资源与历史文化资源结合的优势

太行山脉中"处处是景,景景不同,景中有史,史史精彩"。

历山既有壮观优美的自然景观、舜耕历山的美丽传说、下川遗址的厚重历史,还有"舜王祭祀"等民俗文化活动,蟒河的湍急似箭,棋定天下的历史典故,更有"为问高标谁为伴,老松冬岭正青葱(杨柏朋·清)"的文化气息。群山环抱的历史文化名村(古村落和古堡)在太行山脉的沁河流域就有 19 个,每一个村落、每一座古堡都有一段真实的历史。几乎每一个自然风光中都涵盖着历史文化,这正是山西旅游的最大优势所在。

2. 多种文化类型与多种体育项目结合的优势

自然、文化资源丰富的太行山脉有着与体育结合的天然优势。险峻、多姿的太行山脉为户外项目提供了绝佳的环境,而红色文化、始祖文化探险使运动更具意义;峡谷幽深中穿行的沁河水系是水上体育娱乐项目的理想之地,而九仙女等传说为其提供了文化气息;鬼斧神工、天人合一的挂壁公路使奔跑、骑行其间的人们深深体会到勇敢者的胆略与气魄;顺势而为、奇思妙想的乡村古堡处处有机关、时时有奇巧,正是定向寻宝、武术竞赛的绝妙之所。舜在棋子山下设计的围棋现已经成为全球最精妙的体育游戏,棋子山前赛一赛围棋是将文化与运动融合的最佳设计。

3. 业已形成一定的品牌优势

山西旅游不缺乏名片,平遥古城、五台圣地、皇城相府等都是享誉世界的旅游宝地。但山西旅游的深度开发明显不够,"又见平遥"

"又见五台山"等历史文化剧是其中的少数精品。更多地区还停留在"以景旅游、靠景发展"的原始旅游生态中。体育旅游虽然处于初级阶段,但也有些地区在进行着尝试,并逐渐形成一定的影响力。

五台山的徒步"朝台"现在已经成为资深徒步者的传统活动,长治的"太行之巅行走"也是一条经典徒步线路,太行山大峡谷的《冲关大峡谷》吸引无数爱好体育的年轻人结伴而来,享受着运动、体会着娱乐;相传舜帝创造围棋、箕子推演天文、鬼谷子演练阵法、刘秀棋定天下的棋子岭,正在申请世界围棋发源地。

(二)劣势分析

1. 基础设施缺乏层次

历史文化—体育旅游是一个高度综合的产业,需要文化、体育、旅游、规划、土地、工商等多个部门的通力合作,这需要政府起主导作用。但现实的情况是由于对历史文化—体育旅游的认识不足,导致基础设施差,并且缺少层次。丰富的文化旅游资源并没有被充分利用和发掘。从旅游的硬件设施看,各个景点均存在基础设施差、安全隐患多的问题;从文化的软件储备看,景点对历史文化资源的认识普遍不足,对历史文化资源的整理不够重视。

各类型间的历史文化资源没有层次。其实,太行山脉的文化旅游资源本身就是一部中华民族的奋斗史,这里不仅能找到文化,更能看到文化,但没有对文化资源整合使得这里的文化资源非常繁杂,导致特点不鲜明。

2. 体育旅游资源配置落后

整个太行山脉的各市县均对历史文化—体育旅游资源的认识不足,致使体育资源的配置非常落后。从体育场馆、健身场所等硬件设施看,数量本就不多的场馆全部建设在市、县,体育场馆标准也是进行大型竞技体育比赛的标准,好看却不实用,健身场所也只是趋于一般性的健身。只有少数景点具备体育旅游的设施。相关的旅游交通、旅游宾馆（饭店）的接待能力、服务质量和卫生情况也较差，还有待进一步提升。

3. 体育旅游观念落后

对太行山区的各级政府而言，体育旅游本身就是一个新兴行业，对其可能产生的社会经济作用、未来发展前景缺乏足够的认识，面对体育和旅游还是按照惯性思维分开对待，对历史文化—体育旅游的规划、开发、保护、策划、营销等均缺乏足够的认识和整合，对现在存在的个别体育旅游企业采取不支持、不鼓励的态度。体育旅游观念的落后是制约历史文化—体育旅游发展的最大障碍。

4. 体育旅游形式单一

太行山脉体育旅游开展的地域主要集中在太行大峡谷等少数区域，开展的形式主要是户外探险的攀岩和登山，参与的主要人群是体育专业人士或资深运动"达人"。开发形式和开发内容都属于简单粗放型。其问题主要有：首先，资源开发同质化，现有的开发类型基本上是依靠自然环境进行攀岩和登山单一开发，没有特点也难以持续；其次，没有形成较为完善和传统的赛事或活动，传统赛事或活动能够长期吸引爱好者参与，其宣传作用和经济效益均非常显著，但太行山脉地区仅偶尔举办过体育比赛或体育活动，没有形成传统以及连续的赛事和活动；第三，基本没有利用历史文化资源，五台山的"朝台"活动是一项长期在徒步圈内流行的传统活动，这是太行山脉中少有的利用历史文化资源形成的传统活动，太行山脉中历史文化资源非常多，但却从来没有利用。

（三）机遇

1. 山西省促进旅游的大好环境为体育旅游创造了发展平台

2015年6月4日，山西省人民政府就明确表明"大力推动旅游业与文化、体育、农业、工业等相关产业融合发展"①；2016年11月4日，山西省人民政府出台政策促进旅游投资和消费②；2017年9月，山西旅游业推出新奖励政策以"引客游晋"③；2017年12月3日，山西省政府正式开始打造黄河、长城、太行三大旅游板块④。山西旅游的黄金期到了。

2. 全国健身热带来的休闲健身观念为体育旅游提供了发展动力

自1995年国务院发布实施《全民健身计划纲要》⑤始，全民健身就逐渐成为一种全社会的共识；2009年9月16日《全民健身条例》由国务院颁布，全民健身热情逐渐高涨⑥；2014年11月20日，《国务院关于加快发展体育产业促进体育消费的若干意见》颁布，将全民健身上升为国家战略⑦，体育产业迎来大发展的机遇；2016年10月25日，中共中央、国务院印发《"健康中国2030"规划纲要》⑧，全民健身、健身健康的理念已经植入中国人的心里，正逐渐成为人们的生活方式。而这正是"体育休闲业发展的契机"⑨，体育旅游正是体育休闲业中的"6大亮点产品"⑩之一；2016年12月22日，国家旅游局、国家体育总局共同印发的《关于大力发展体育旅游的指导意见》中明

---

① 山西省人民政府网，http://www.shanxigov.cn/sxszfxxgk/sxsrmzfzcbm/sxszfbgt/flfg_7203/szfgfxwj_7205/201506/t20150604_145735.shtml.

② 山西省人民政府网，http://www.shanxigov.cn/sxszfxxgk/sxsrmzfzcbm/sxszfbgt/flfg_7203/bgtgfxwj_7206/201611/t20161116_259938.shtml.

③ 新华网，http://m.xinhuanet.com/sx/2017—09/22/c_1121706768.htm.

④ http://www.sohu.com/a/193972417_99958709.

⑤ 国家体育总局，http://www.sport.gov.cn/n16/n1092/n16849/312943.html.

⑥ 中华人民共和国中央人民政府网，http://www.gov.cn/flfg/2009—09/06/content_1410716.htm.

⑦ 中华人民共和国中央人民政府网，http://www.gov.cn/zhengce/content/2014—10/20/content_9152.htm.

⑧ 央视网，http://news.cctv.com/2016/10/25/ARTI09MjUy6gnxaJEsa8Go9O161025.shtml.

⑨ 钟秉枢：《全民健身国家战略的提出与体育休闲健身产业的发展》，《体育科学》，2015年（第35卷）第11期：19—23。

⑩ 邱建国，徐瑶等：《〈国民旅游休闲纲要〉实施目标下我国健身体育旅游公共服务体系的构建》，《北京体育大学学报》，2015年（第38卷）第11期：36—42。

确提出,"体育是发展旅游产业的重要资源,旅游是推进体育产业的重要动力"[①],体育旅游业正逐渐兴盛。

3. 山西举办"第二届全国青年运动会"为体育旅游带来发展契机

全国青年运动会是全国性的大型综合性体育盛会,是专门面向14至18岁年轻人的体育盛会,是调动青少年训练积极性的有力杠杆和重要抓手,更是衡量我国竞技体育可持续发展水平的重要标志。2019年,山西太原将举办第二届全国青年运动会,这是山西第一次举办大型运动会,这是一个发展的契机,是一个宣传山西文化、展示山西体育的平台。如何借助这次体育契机,将"雄奇太行、秀丽太行、红色太行、古韵太行"的太行板块展示给世界,是摆在山西各级政府、旅游界、体育界人士面前的课题。

(四)挑战

1. 山西旅游和历史文化资源的分散、繁杂

有"表里山河"赞誉的山西自然资源和"五千年文明看山西"美誉的山西历史文化资源虽然非常丰富,但也存在着诸多问题。首先是自然资源分散,交通状况不佳,往往坐很久的车到达某地只能看到很少的景,这使得旅游者的旅游兴趣减少。这是影响山西旅游的一大弊端,解决这一问题的根本措施就是在旅游中增加文化内涵,促进文化旅游;其次是历史文化资源繁杂,相比已成体系的晋商文化、根祖文化,太行山脉中的红色革命文化、尧舜帝王文化、沁河村落文化等的开发还处在初级阶段,尚不成体系。这是影响山西文化旅游的软肋,解决这一问题的根本措施就是加大对文化体系的整理与完善。

---

① 王辉:《国家旅游局国家体育总局共同印发〈关于大力发展体育旅游的指导意见〉》,《中国体育报》,2016.12.23.

2. 全国体育旅游热带来的冲击

体育旅游虽然是新兴行业，但体育旅游巨大的市场潜力和发展前景致使其发展非常迅速，各地政府、各级人才纷纷进入体育旅游行业，促使体育旅游迅速发展。湖北、陕西、贵州、滇西、京津、皖南等关于体育旅游的研究成果已为地区体育旅游的发展进行了把脉，而更多的地区是直接进入了行业实践，体育竞赛游、民俗风情游、竞赛休闲游、探险寻宝游、水下体验游等多种体育旅游形式业已在实践中成长、完善。在这一方面，山西已经落在了后面，如果不能迅速借助历史文化的优势发展，将会失去这一宝贵的机会。

四、太行山脉体育旅游的发展思路

（一）制定历史文化与体育融合发展战略，确定"历史文化—体育旅游+"项目区

政府牵头主导，对太行山脉的历史文化资源进行分类整合，结合地理和资源条件，确定历史文化—体育旅游项目区。建议分为徒步寻根体验、红色励志体验、古堡防御体验、极地探险体验、水上娱乐体验等板块。在此基础上确定各板块的文化主题、行动计划和实施方案，实现太行山脉旅游的一体化发展。

（二）优化资源开发模式，开发"历史文化—体育旅游+"形式

太行山脉体育旅游的开发模式可归结为"历史文化+体育旅游"或"体育旅游+历史文化"，前者主打文化牌，强调历史文化，主推历史遗迹考察和民俗节庆活动等模式，让旅游者在参与活动的过程中实现体育运动、享受旅游快乐；后者主打体育牌，强调体育赛事，开发地域性传统赛事或承办全国性大型赛事，吸引体育爱好者参与赛事，并在赛事中实现历史文化熏陶、享受旅游乐趣。

（三）打造精品路线，形成核心竞争力

太行山脉历史文化—体育旅游资源类多质优，应该充分挖掘地方特色，形成精品项目和特色项目，打造属于自己的多元历史文化—体育旅游产品。如五台山的"朝台"项目一般，武乡县可开发负重红色越野铁人赛（越野跑+攀登+自行车）等，古村落可开发古堡寻宝（定向越野+搏斗+无线电测向）等，逐渐形成一批"铁粉"，提升市场核心竞争力。

（四）完善相关政策，为"历史文化—体育旅游+"开发保驾护航

政府应该进行综合考虑，制定符合太行山脉的历史文化—体育旅游政策、战略、措施等。各级政府要在财政、土地、税收、金融等方面扶持、引进一些专业化水平高的旅游或体育企业经营。同时，还应该积极完善相关的保险、法律等，为经营企业提供支持，为旅游者提供保障。

作者简介：

刘映海，男，山西大学体育学院，教授，博士，硕导，体育教学训练理论与方法专业。

郭凌宇，男，山西大学体育学院，副教授，硕士，硕导，体育教学训练理论与方法专业。

山西太行山传统村落保护与开发的思考

山西省社会科学院历史所　冯素梅

太行山是中国东部地区的重要山脉和地理分界线，号称"天下之脊"，自然山水雄峻、奇美，历史文化资源底蕴深厚。山西境内的太行山地区散落着数量众多的传统村落，这些传统村落承载着历史文化和记忆的"细胞"，是中国农业农耕文明的重要载体，也是中国华夏文明精髓的重要组成部分。很多学者认为，中国的文明追根溯源在乡村，传统村落是宝贵的物质和精神文化遗产。但由于种种原因，特别是现代城市化步伐的加快，大量的传统村落走向衰败甚至消亡。本文即是对山西太行山传统村落的保护和合理开发提出一些初步的思考、建议，以供参考。

一、传统村落保护和开发的意义及山西太行山传统村落的大致分类

（一）山西传统村落保护和开发的意义

中国文明的根基在乡村，这已经是世界上许多有识之士的共识。19世纪末，美国传教士明恩溥（A. H. Smith）在其中国研究中构建起"中国乡村是这个帝国的缩影"的西方式中国观。后来他又在《中国人的德行》（Chinese Characteristics）一书中明确提出："我们必须把村庄看作是中国社会生活的一个基本单位。"进入20世纪后，荷兰人高延（J. J. M. de Groot）、美国人葛学溥（D. H. Kulp）等西方人类学者，

也把村落作为理解中国的着眼点。中国著名社会学家、人类学家费孝通在其著作《乡土中国》中提出："从基层上看去，中国社会是乡土性的。""中国乡土社区的单位是村落。"从他的《江村经济》一书可以看出，一个村落的经济和社会变迁，可以折射出中国乡村的历史变迁过程。

在现代化进程中，传统村落保留了中国传统农耕文明的许多核心元素和文化精髓，因此具有极大的历史文化价值。传统村落有物质文化与非物质文化遗产的双重特性，既是延续生产和生活的基地，也是构成社会的基本单位。它的历史不是静止的或平面的，而是流动的和多面的。山西作为中国农耕文明的发祥地之一，传统村落的保有数量和历史文化价值都排在全国前列。

改革开放以来，我国农村经济有了较快发展，传统文化、地域文化都受到了强有力的挑战，村落文化生态环境迅速恶化，传统村落中的文化遗产资源严重流失，山西传统村落的存续和发展也面临着诸多困难和问题。因此，研究传统村落的保护与开发，深入挖掘其历史文化遗产，努力实践农业文明的活态传承，为农村地区注入新的经济活力，对实施乡村振兴战略，促进农村经济、社会、文化的协调可持续发展，在全面建成小康社会的道路上加快山西步伐和拓宽山西路径，具有很强的实践价值和现实意义。

（二）山西太行山传统村落的大致分类

根据山西太行山传统村落所处的地理位置和历史变迁，大致可分为几种类型：

1. 军事古堡

在山西历史上的战乱时期，普通民众为了自身和家族的安宁，或者千方百计地加固堡墙，或者选择从平原地区迁移到深山或地势险要之地重建村落。这类传统村落遗存主要有大同市天镇县新平堡村、晋城市沁水县湘峪古堡、阳城县润城镇砥洎城等。

2. 晋商古村镇

这类传统村落历史上曾经是山西商业贸易发达之地，或者是名闻天下的晋商故里。如晋城市泽州县大阳镇东街村、西街村和阳泉市郊区大阳泉村等。

3. 与古代名人有关村落

这类传统村落与山西历史上的名人有或多或少的联系。如晋城市沁水县西文兴村与唐代文学家柳宗元有关，阳城县皇城相府是清初名相陈廷敬故里。

4. 红色文化遗存村落

这类传统村落遗存在山西太行山上，遍布各地，数量众多，具有独特的价值和意义。如长治市武乡县砖壁村、沁源县古寨村、平顺县西沟村、晋中市昔阳县大寨村等。

5. 农耕文明原生态传统村落

如阳泉市平定县桃叶坡村、长治市平顺县岳家寨村等。

二、山西太行山传统村落的文化资源

山西省目前列入中国传统村落保护名录的共279个，太行山区有100多个，其中泽州20个，平定18个，高平17个，陵川、阳城、平顺各11个，沁水10个。山西境内的太行山传统村落的文化资源主要分为物质文化资源和非物质文化资源两大类。

（一）物质文化资源

1. 雄奇山水

太行山呈东北、西南走向，最具魅力与特色的典型地质地貌景观有长崖、曲峡、塔峰。在这样险峻的高山深谷间，在长崖绝壁之上，还留存着自然与人工结合的奇迹——挂壁公路。挂壁公路集中于南太行，如陵川县的锡崖沟村挂壁公路、平顺县的井底村挂壁公路、虹梯关挂壁公路等。

2. 文物资源

A. 国保单位、省保单位

山西全国重点文物保护单位共452处，位于全国前列，而太行山地区高平20处、泽州19处、陵川15处、平顺14处、长子12处，遥遥领先。省级文物保护单位共487处，太行山地区有100多处。

根据山西省文物局2011年公布的数据，全国现存早期木结构古建筑约440座，其中山西有350座，占到全国的近80%；宋辽金以前木结构古建筑全国共有160座，山西占到75%。其中山西东南古上党地区，已知宋辽金以前的古建筑80座，占到全国半数，这些文物和古建很多都在传统村落里留存。

B. 遗址、遗迹，特别是红色文化物质遗存

包括古战场和战争遗址，如长平之战古战场；古人类活动遗址、遗迹，如沁水下川遗址、阳高许家窑人遗址、芮城西侯度遗址；晋商古镇大院，如阳城皇城相府、长治市申家大院、泽州大阳古镇等。

最突出的是红色文化遗存，山西境内的太行山上留有大量革命纪念地，如国保单位武乡八路军总司令部旧址、左权八路军前方总部旧址（含八路军一二九师司令部旧址）、五台八路军总部旧址、平型关战役遗址、黎城黄崖洞兵工厂旧址、沁源太岳军区司令部旧址。省保单位的红色文化遗存更是不胜枚举，如左权将军殉难处、麻田镇山庄新华日报社旧址、麻田镇南会八路军前方总部旧址、桐峪镇桐滩村晋冀鲁豫边区临时参议会旧址、潞城县抗日民主政府旧址、八路军军工部垂阳兵工厂旧址、武乡八路军兵工厂蟠龙镇旧址、上党战役指挥部大丰当旧址、沁水中国抗日军政大学太岳分校旧址，等等。

红色文化既是物质遗存，也是精神遗存。山西红色文化脉络可以

从抗日战争根据地时期到解放战争时期，一直延续到新中国成立初期，可以看到太行山人民在中国共产党领导下不屈不挠、浴血奋战、英勇抗争、艰苦奋斗的历程。红色文化成为太行山内在的精神内核，新中国建立以后，西沟村、大寨村、锡崖沟村等都是山西红色文化的永续传承。

C. 太行古关

太行山山地受拒马河、滹沱河、漳河、沁河、丹河等切割，多横谷，当地称为"陉"，古有"太行八陉"之称，为山西或过山西南下中原的重要交通孔道。太行八陉中除军都陉、飞狐陉完全在河北、北京附近，蒲阴陉存在争议外，有五个和山西有直接关联，分别为轵关陉、太行陉、白陉、滏口陉、井陉。太行山多雄关，在这八陉之中的古关，山西境内的有娘子关、虹梯关、壶关、天井关等。

（二）非物质文化资源

太行山与华夏文明的起源有密切关系，是农耕文明的博物馆，山西境内的太行山传统村落中至今依然在许多地方展示出古老农耕文明的风貌。

1. 有关太行山的上古神话传说以及相关的民众信仰、农耕文明面貌

太行山是中国历史上最早被认识和记载的山脉之一，上古文献中许多神话传说都和太行山有关，如女娲造人、女娲补天、愚公移山、精卫填海、后羿射日、黄帝战蚩尤等。而尧都平阳、舜都蒲坂、禹都安邑的记载，也和南太行有关。

有关专家认为，太行山与华夏文明的起源有着密切的关系，山西境内的太行山是中国农业文明起源的重要地区之一，古人类遗址、神农炎帝的传说等是与文明起源特别是农业文明起源相关的文化资源。晋东南地区的上古传说人物信仰大多都有相应的庙宇存在，可作为神话传说的一种印证。山高林密的太行山深处大量的传统村落里至今仍保留着许多古老农耕文明的生产、生活方式,与现代工业文明面貌形成鲜明的对照。身处其中,强烈的时空变换令人有穿越之感,可以激发寻找人类童年的独特感受。

2. 太行山民俗风情、非物质文化遗产

山西目前共有157个项目列入国家级非物质文化遗产名录,省级共754项,类别包括民间文学、民间音乐、民间舞蹈、戏剧、曲艺、传统技艺等,太行山区有数量众多的项目入选。

太行山上党地区是戏曲之乡,上党梆子历史悠久、文化深厚,有着广泛的群众基础。此外,襄垣秧歌、壶关秧歌、沁水鼓儿词都有传承。太行地区的民歌具有浓郁的山西特色。左权是民歌之乡,左权小花戏戏舞结合,既有传统剧目的传承,还有新时代的新编剧目《太行奶娘》这类优秀作品。

太行地区的传统手工艺许多也已列入名录,如平定县陶器烧制技艺(平定砂器制作技艺、平定黑釉刻花陶瓷制作技艺)、高平市蚕丝织造技艺(潞绸织造技艺)、黎城布艺黎侯虎、广灵剪纸等。

三、山西太行山传统村落保护与开发利用存在问题

山西太行山数量众多的传统村落目前保存状况不一。有的村落保存较好,如小河村、张壁村、良户村、西文兴村、上庄村、皇城村、郭峪村等。有的村落保存状况一般,如得胜村、官沟村等。有的就破坏比较严重,如王化沟村、大阳泉村、彭坡头村、梁坡底村、李家山村、光村、天井关村等。

近年来,随着文化旅游业的兴起,传统村落以其宜人的自然风光和丰厚的文化底蕴也成为人们节日和周末休闲亲近自然之地。在传统村落资源开发方面,有些传统村落已经走出了成功路径,如高平市良

户古村。但是相比传统村落的保有量来说,大量的传统村落还没有得到应有的认知和深度的开发。

由于历史的原因和现实的影响,山西太行山传统村落保护与开发存在着一些问题。主要有:

（一）保护的资金还不够充足

山西省古村落数量众多,录入名录的只是极少部分。据初步估计,山西拥有的传统村落不少于3500个,其中保护相对完整的有500个左右。由于资金、人才等有限,不能全盘保护,大量传统村落遭到破坏,如天井关村的建筑被严重破坏。

（二）旅游开发的成本和难度大

太行山,其总长数百公里,分属4省市,主要是晋冀豫3省,其中山西为主体。与另外两省资源的共享程度高,同质现象严重,加大了旅游开发的成本、效益和难度。

（三）山西的太行山价值、品牌和对外影响力相对较弱

网上有关太行山旅游景点的介绍,80%是河北、河南的,比如,焦作云台山、林州红旗渠、辉县挂壁郭亮村经过河南省的大力推广,都成为当今太行山旅游热点。山西在宣传自身的太行山资源上存在明显不足。

（四）缺乏总体规划

各地的旅游开发呈现出明显的各自为政现象。由于缺乏全省太行山旅游产品一盘棋的思想,导致开发存在着较为严重的低水平重复建设和明显的开发性破坏现象,依然停留在低层次、简单化的线路组合上,没有深入挖掘体现太行山传统村落红色旅游资源与山水资源之间

的内在联系和太行山旅游文化的内涵。

(五) 基础设施存在欠缺

目前山西太行山传统村落旅游资源还只能算作潜在的财富,远远没能释放出自身的能量。要发展相配套的吃住行游购娱等要素是必须具备的条件,但目前大多数景点还缺乏较为合理的配置,接待能力上还存在很大不足,不能满足产业开发的规模条件,难以承载大型活动。

四、对太行山传统村落保护与开发的几点建议

山西是太行山的绝对主体,拥有的太行山属地约占全山面积的80%,散落在太行山各地的传统村落犹如沧海遗珠,具有极高的历史价值和文化价值。如何充分挖掘山西太行山传统村落的山水、生态、红色圣地等文化元素,打造红色太行、古韵太行的精品风景旅游带,让这些古老的遗产在今天的经济发展中焕发出新的光彩,我提以下几点建议,仅供参考。

(一) 坚持保护第一、保护为主的原则

要保持传统村落的原始风貌和特色。2014年3月公布的《国家新型城镇化规划(2014—2020年)》提出,在提升自然村落功能基础上,保持乡村风貌、民族文化和地域文化特色,保护有历史、艺术、科学价值的传统村落、少数民族特色村寨和民居。2017年2月中办、国办印发的《关于实施中华优秀传统文化传承发展工程的意见》提出,坚持保护为主、抢救第一、合理利用、加强管理的方针,做好文物保护工作,加强新型城镇化和新农村建设中的文物保护,并且提出要实施中国传统村落保护工程。

具体实施过程中,要制定合理规划,分级分类保护。2017年5月,中办、国办印发的《国家"十三五"时期文化发展改革规划纲要》提出,传统村落保护利用,应编制总体规划,完善基础设施,对国家和省级重点文物保护单位集中连片的传统村落进行整体保护利用。对一些整体布局相对完整、民居院落和公共建筑结构完备、细节构件相对完好的传统村落,可以采取原址原真性保护,即原址、原状、原物,原汁原味地保护,尽最大可能地保留传统村落的建筑价值和人文价值。对一些损毁较严重的传统村落,可以把散落的单体建筑和构件收集起来,建立露天博物馆,集中保护与展示,目的是将历史民居的细节保存下来,以供后人窥一斑而知全貌。

(二)更新观念,在保护的基础上开发利用

要对山西太行山区的整体范围、自然和文化资源进行全面摸底,做到心中有数;要用全域旅游战略指导编制《山西太行山旅游发展总体规划》,要创造山西太行山内部旅游资源、品牌、市场、利益的高度共享机制。

1. 开发乡村文化旅游风格、线路,打造品牌

太行山地区乡村旅游资源丰富,但随着城镇化进程的加快,一些古老民居、偏远乡村即将废弃,应当加以保护和开发利用,使之成为新旅游增长点。要大力发展乡村休闲旅游产业,坚持突出特色、注重内涵、一村一策、错位发展,打造一批国内一流的文化旅游村镇,带动当地群众脱贫致富奔小康。如弘扬独特的关隘文化,把娘子关、虹梯关、壶关、天井关等建成著名关口胜地;打造一批富有山西太行特色的文旅小镇和山地田园综合体;要有步骤地在山西太行山腹地创新开发一批太行文脉和地方风情主题的新型度假目的地。总之,要力争让"太行古村落、美丽新山西"品牌成为未来中国旅游业长期高度关注的旅游度假目的地。

除了一般性的旅游项目外，还应当瞄准高端市场，打造高端的特色旅游品牌。利用太行四季不同的风光，打造高端特色旅游品牌，满足户外运动者、美术工作者和摄影爱好者的需求。从地理位置上说，太行景区可以大量吸引京津冀豫及南方游客。这方面已有例子，和顺县徐村已经成为美术工作者写生的地方。这方面确实需要充分论证和科学开发，进一步提升传统村落旅游的品位和知名度。

2. 加强红色旅游资源与其周边旅游资源整合开发

山西的红色文化从抗战一直延续到新中国成立以后，一路走来，太行山区独领风骚，模范村庄、模范个人频频出现，红色文化是太行山旅游的一大品牌。能与红色旅游优化搭配的有黑色、绿色、黄色和古色旅游，根据红色旅游资源与周边旅游资源的组合特点，将红色旅游资源与煤炭地质资源、绿色山水生态资源、黄土风情资源以及文物古建资源等整合开发，把红色旅游的主题置身于山西悠久的历史文化环境中，融入山西"和而不同"的地域文化中，形成红绿搭配、古今相映、雅俗共赏的太行山传统村落红色旅游开发新模式。

3. 发展康养产业

康养产业是21世纪的新兴产业，是现代服务业的重要组成部分，关系国民的生存质量，影响经济社会发展。康养产业涵盖诸多业态，关联城市建设、生态环境、民风民俗、科技信息、文化教育、社会安全等众多领域。康养产业在中国尚处于起步阶段，市场前景较好，同时政策的导向作用至关重要。依托太行山传统村落独特的地形、气候、饮食、医药和康养文化，可以着力打造"夏养山西"康养品牌，开发全生命周期康养产品，加快建设一批康养旅游城市、康养小镇、康养产业园、康养度假区，引进培育一批旗舰龙头企业，打造融旅游、居住、养生、医疗、护理为一体的康养产业集群，努力构建全省域、大康养格局。

锻造太行文化旅游新品牌的三大高标准

太原旅游职业学院 罗海英

党的十九大报告指出:"中国特色社会主义进入新时代,我国社会主要矛盾已经转化为人民日益增长的美好生活需要和不平衡不充分的发展之间的矛盾。"这一论断同样适合于旅游行业。当旅游成为民众的基本生活需求之后,传统景观所带来的视觉冲击与浅层的文化体验已经远远不能满足他们的旅游需求。[①] 国家旅游局局长李金早在2015年全国旅游工作会议工作报告中提到,旅游是国民精神文化享受、文明素质提升的重要行业;是促进人的全面发展进步的重要事业。现阶段的旅游发展要素为"商、养、学、闲、情、奇",其中,"养""学""情"体现了游客通过旅游活动达成身心健康、丰富精神世界、满足求知欲,不断获得成就感和幸福感的内在需求。传统粗糙的、雷同的、无特色的、文化感不强的旅游景观显然无法满足这种需求。

正是在这样的背景下,文化旅游应运而生并被全面迅速推广。文化旅游肩负着满足游客新型需求、陶冶游客情操、提升全民价值观、引领区域经济转型发展并成为战略支柱等重任。

---

① 李钊,施维树:《县域文化旅游深度开发模式研究——以四川郫县为例》,《长江师范学院学报》,2017.02(33)。

一、旅游新品牌的内涵

(一) 文化旅游的内涵

简单说,文化旅游不仅具有旅游的一般属性,同时更强调了游客对于蕴藏丰富文化内涵的旅游资源的体验,并获得精神上的满足。[①] 系统地说,文化旅游是指以文化旅游资源为支撑体系,旅游者通过对旅游资源文化内涵的特殊体验,获得精神愉悦和文化享受的行为,包括旅游主体的文化审美体验和心理感应,旅游客体的文化价值、景观价值与知识探索价值,以及处于二者之间的旅游介体的文化创意策划和以文化理念为基础的实践操作体系等三方面。[②] 由此看来,文化旅游重在文化,如何把文化融入旅游之中,如何让游客在旅游中感知到文化并逐渐对其价值体系产生影响,这都是策划文化旅游必须考虑的环节。

(二) 新品牌的内涵

品牌是指消费者对产品的认知程度,其实质是价值、个性、文化。价值是与消费者的需求紧密关联的,在旅游产业中,某一处区域的旅游类目能满足游客的潜在需求,被游客所需要,其价值就高;个性体现的是品牌的差异性,锻造有别于已有旅游品牌,有别于邻近省市同质的旅游产品是一个永久的课题;文化是品牌的灵魂,是核心竞争力,挖掘区域文化、地方文化是当务之急。一个产品能否称得上是品牌,衡量标准是其在消费者心智中的印象,虽然利用大力的宣传和

[①] 陈素平,叶香凝:《近5年国内文化旅游研究综述》,《河北旅游职业学院学报》,2017.01 (22)。

[②] 平文艺:《四川文化旅游发展理论与实证研究》,成都:巴蜀书社,2007年。

营销手段可以快速扩散产品的知名度，但是，要真正树立起品牌形象，保持长久的生命力，还是要建立品牌长效建设机制，更多地关注消费者。

太行山位于山西省与华北平原之间，纵跨北京、河北、山西、河南4省市，绵延数百公里。历经百万年的锤炼，形成了丰富奇特的地质地貌，有平原、高原、断层、山峰、雄关、瀑布、峡谷、溶洞；植被丰富，位于壶关的太行峡谷国家森林公园森林覆盖率达74.9%；有丰富的煤炭和稀有金属资源；冬无严寒、夏无酷暑，中药材种类齐全，是进行康养旅行的极佳之地；地势险要，历来为兵家必争之地，谱写了大量可歌可泣的动人诗篇，形成了许多重要战略区。

近年来，山西太行山旅游虽已取得较快发展，但因为交通建设严重滞后等因素，缺乏影响力较大的龙头景区，品牌认同感没有树立起来。

锻造太行文化旅游新品牌，要立足文化、挖掘文化、彰显文化，最终使消费者达到旅行的最高境界：放下嘈杂、陶冶情操、洗涤灵魂、锤炼精神。

二、锻造太行文化旅游新品牌的三大高标准

（一）文化载体建设高标准

1. 强化景区开发策划的文化内涵

（1）以太行精神为支柱，全面挖掘景点，整合提炼文化精神板块

晋冀鲁豫抗日根据地作为抗日战争时期的三大革命根据地之一，是八路军129师以太行山为依托，在1937—1941年逐步建立的。在这片热土上，无数中华儿女抛头颅洒热血，谱写出一篇篇可歌可泣的动人诗篇，流传下数之不尽的革命故事，遗留下无数供后人瞻仰的革命

遗迹，给山西现代文化注入了浓重的红色基因。如武乡有40多处革命遗址，4000多件革命文物，被称为"没有围墙的革命历史博物馆"，可谓实至名归。[①]

以太行精神为主线，整合为八大红色文化精神板块：天下兴亡、匹夫有责的爱国情怀；矢志不渝、永跟党走的坚定信仰；不畏强暴、血战到底的英雄气概；宁死不屈、视死如归的民族气节；百折不挠、坚韧不拔的顽强信念；顾全大局、无私奉献的责任意识；勇往直前、探索创新的进取精神；久久为功、持之以恒的工作作风。[②]在精神板块之下，打造"太行风骨·民族脊梁""抗日先锋""胜利之路""中国军工寻根游""追寻红色电码"等路线。

（2）促进红色文化与绿色、古色等文化一体发展

以红色文化为品牌，兼容生态旅游、民俗旅游、乡村旅游、古堡大院旅游、煤炭开采旅游、养生旅游等项目融合发展。进一步充实展品内容、改良展陈方式、增强体验感受，逐步树立文化丰富、形式多样、主题突出的品牌形象。

2. 围绕实景剧《太行山》提升文化旅游的品牌效益

（1）加大创作文化盛剧的力度

以可歌可泣的红色历史故事、事件、人物为创作源泉，创作一批极具思想性、艺术性、观赏性的文化盛剧，提升景区软实力。要以歌剧、舞剧、话剧等多种形式呈现不同作品，力求达成种类齐全、百花齐放的局面。这样既有利于吸引大量游客，又可以将游客自然合理地分开批次；既有效平衡了景区经营的淡旺季，又避免人群聚集的场面，使文化之旅真正成为品质之游，也可以逐步改变把接待人数作为评价旅游经济主要指标的状况。

[①] 王志峰，吴颖：《〈太行山〉助力山西红色文化旅游产业》，《经济问题》，2017.08。

[②] 山西省"十三五"红色文化传承保护与发展规划。

(2) 利用好当地演绎人才和群众，做好旅游扶贫工作

文化是人民大众创造的，红色文化的提炼更是离不开广大人民群众，红色文艺作品要来源于人民，也要回馈于人民。因此，演艺人员不能只局限于专业团队，更应利用好当地演绎人才和群众，培养经济落后地区的民众有自力更生的能力，这是旅游扶贫的一个着力点。旅游扶贫是需要精心策划的，不是有了景点就富裕了，要全面分析贫困人员的原因，正确认识到贫困人员能力的提升是扶贫的落脚点，此所谓授人以渔。

（二）人才队伍建设高标准

旅游业发展的根本目标是人的发展。[①] 文化旅游品牌的终极感受者和评估者是游客，而锻造文化旅游品牌更离不开新型旅游人才的合力推进。故人才才是这场事业的最终竞争力，没有人才，一切都是空谈。

1. 博古通今的文化挖掘人才

习近平总书记说过，文化的力量，或者我们称之为构成综合竞争力的文化软实力，总是"润物细无声"地融入经济力量、政治力量、社会力量之中，成为经济发展的"助推器"、政治文明的"导航灯"、社会和谐的"黏合剂"。文化是灵魂，锻造文化旅游新品牌，文化先行。文化的异质性是文化旅游得以开展的决定性因素，但因旅游自身的广泛性、综合性、参与性，加之文化的复杂性、多样性、包容性、开放性，[②] 挖掘提炼区域文化内涵必将是一项高难度的核心工作，博古通今的专家学者成为奇缺的人才。

[①] 李钊，施维树：《县域文化旅游深度开发模式研究——以四川郫县为例》，《长江师范学院学报》，2017.02（33）。

[②] 吴丽慧，马达，王诗龙：《国内外文化旅游研究进展概述及启示》，《当代经济》，2017.08（22）。

2. 开拓创新的旅游经营人才

文化产业在西方称为创意产业，由此可见文化本身就是创意，旅游产业的发展不能没有创意。[①] 从文化凝练、品牌定位，到旅游规划、产业引领，都需要高端的旅游经营人才。他们不但需要过硬的创意和策划能力，还需要开拓进取的精神，这是当前制约发展的最大短板和软肋。我们应该在人才的培养、引进、使用方面有突破性的政策与举措。

3. 高瞻远瞩的旅游管理人才

旅游管理人才涵盖行政、服务、技能、销售、设计、客运、会展等各个工作种类。[②] 传统大众旅游存在诸多问题，经营理念陈旧，管理模式粗放，缺乏可持续发展观，制约了旅游产品个性化、特色化、区域化提档升级，使其过早地失去了活力和吸引力。这归根结底是缺乏一支硬素质、高水平、有愿景、会统筹的旅游管理人才队伍，其中尤其缺乏旅游行政管理人才、旅游企业高级管理人才、新业态旅游人才。

4. 精益求精的旅游服务人才

旅游服务人才是直接面对游客的一线工作人员，游客在旅游中能否有效感知文化，能否实现最初的旅游目的，文化之旅能否和游客达成价值趋同，能否在游客心智中真正树立品牌形象，旅游服务人才起着至关重要的作用。文化旅游服务人才必须深刻领悟区域旅游的文化内涵，全面提升自身人文素养，通过一言一行、一举一动演绎并传递特色文化，力求达到人景合一的境界。在酒店、商店、文娱场所等相关服务领域，要建设具有宾至如归的服务意识、精益求精的服务态度的国际高标准的人才队伍。

---

① 闫巨海：《文化旅游业发展的理论思考———以吕梁市为例》，《经济问题》，2017.08。

② 臧其林：《全域旅游背景下旅游人才队伍建设策略研究——以苏州市为例》，《职教通讯》，2017.05。

政府要筑巢引凤，优化高端人才的引入和培养机制；以旅游职业教育为基点，建设现代旅游人才培养体系；产教结合，深化校企协同育人机制，快速建设一支高水平的复合型新兴旅游人才队伍。

（三）旅游安全保障体系高标准

1. 强化安全意识，建立严格的安全责任体系[①]

国务院办公厅关于加强安全生产监管执法的通知中强调，建立"党政同责、一岗双责、齐抓共管"的安全责任体系。所以，把建立安全责任体系作为旅游管理部门和景区的主要工作之一是减少突发事件的关键，是建立完善的预警机制的思想保障，旅游管理部门要加强和景区的信息互通，及时发布信息；景区要完善预警机制，责权明确，强化安全生产意识，把预警、应急、救援作为重要考核内容。

2. 景区协同旅游主管部门建立旅游安全监管信息系统

从山西省旅游局安监处得知，目前，景区信息中心和移动公司合作，通过大数据流量监测得知人流量；各地市景区及旅游管理部门建立了网上交流平台，通过山西交通广播、太原交通广播、12301短信平台及时发布信息；正在建立旅游安全监管信息系统，通过对导游和司机及车辆的GPS监控系统，及时排除隐患，加强日常管理，减少事故发生。

各大景区都设置了安全管理机构，制定了安全责任制度，依据《山西省旅游突发事件应急预案》编制了应急预案。景区根据实际情况配备烟感报警器、应急照明设备、疏散指示灯、防火门（墙）等防火设备，在出入口、交通路口、检票口等人员密集地装有监控摄像头、开关式报警控制器、无线电报警控制器、自动红外传感器、计算机控制网络、声控传感器等先进仪器。

[①] 罗海英：《山西省旅游景区突发事件预警机制研究》，《中北大学学报（社会科学版）》，2016.06.30。

在人流密集时，景区能够采取领导职工分区域负责、划片包点等办法，同地方公安、交警、卫生等部门联动，适时启动应急预案，确保游客旅行安全。

3. 软件、硬件建设齐头并进

景区工作人员作为和游客直接接触的一线工作人员，其工作方式、综合能力、道德素养都会关系到景区的安全建设，因此，各景区要提升从事景区管理工作的任用门槛，加大培训力度，培训内容不能局限于礼仪文明，还要树立法制意识、责任意识和安全意识。同时要建立奖惩激励机制，对优秀员工大力提升待遇，逐步形成优良工作作风。

管理部门除了定期严格对基础设施设备进行建设和检测之外，还要改变目前景区周边医疗救援机构缺乏落后的状况。山西的很多景区和居民区融为一体，居民生活在景区或附近，在景区附近建设医疗机构既能在突发事件救援时发挥关键作用，又能在日常生活中为当地居民服务，是非常实用的双功能资源。另据悉，贵州九大景区将建立红十字救护站，培训1500名景区红十字救护员，这是中国红十字基金会惠及的第一个省份。山西省也应加快相应建设步伐。

长平之战的凭吊祭祀地点与旅游景点开发

河北大学宋史研究中心　张　楠　杨　波

　　长平之战是发生在今晋城高平地区的重大历史事件,相关研究很多①,但大多是就长平之战历史的考证研究。实际上,长平之战的历史记忆对于高平地区地方社会有重要影响。从历代文人士大夫为高平所写的诗文来看,长平之战在高平的诸多历史记忆中占有核心的位置。明代大儒王阳明在弘治《高平县志》的序文中说:"予惟高平即古长平,战国时秦白起攻赵,坑降卒四十万于此,至今天下冤之。故自为童子,即知有长平。慷慨好奇之士,思一至其地,以吊千古不平之恨而不可得。"②王阳明的感受在传统士大夫群体中应该很有代表性,长平之战可以说是高平留给他们的"第一印象",是高平的第一

---

①　一些通史和断代史中很早就重视长平之战的研究,早期研究有范文澜《中国通史简编》(人民出版社 1949 年版)和杨宽《战国史》(上海人民出版社 1955 年版)等。20 世纪 80 年代到 90 年代,长平之战研究开始走向深入,重视细节考证,侧重军事史研究,并与考古研究相结合。80 年代初,杨宽与张景贤就长平之战发生时间进行了一场著名的争论,宋裕则对坑杀四十万赵军的数量提出了质疑,这些都是对具体历史细节的考辨,相关论文不再赘述。军事史方面较早的有《中国古代战争一百例》(湖北人民出版社 1979 年)和《中国古代战争战例选编》(中华书局 1981 年)。与考古文物相结合的方面,《文物季刊》1992 年第 4 期发表《高平县出土"宁寿令戟"考》,《文物》1996 年第 6 期发表《长平之战遗址永禄 1 号尸骨坑发掘简报》对考古发掘情况做了介绍。或许由于先秦史史料有限,进入新世纪之后,长平之战研究陷入沉寂。

②　此县志为明弘治杨子器任县令时所修,今已不存,仅存阳明序文。杨子器为浙江慈溪人,与阳明是同乡,阳明序文参看王守仁:《王阳明全集》(下),吴光,钱明,董平等编校,上海:上海古籍出版社,2015 年,第 867 页。

张面孔。或许正因为长平之战如此重要,高平一地留下了大量凭吊长平之战的古诗文。

现存历代凭吊长平之战的古诗文多达一百多篇①,由汉至清,几乎从未间断。这些古诗文中涉及很多高平地区具体的凭吊和祭祀地点。本文试图以历史文献为线索,结合笔者实地田野调查的情况,对这些凭吊与祭祀地点的情况作简要考证。这些历史文化遗存同时也是我们今天发展长平之战旅游的重要资源,本文试图以此为基础提出发展长平之战旅游的一些不成熟的规划建议。

一、长平之战的凭吊与祭祀地点

(一) 长平驿:凭吊之地

一些诗文作者只是匆匆路过高平,这种情况下他们常常短暂停留在驿站里,这时驿站就成了它们凭吊亡灵的主要地点了。长平驿不仅名字容易让人产生联想,而且其地理位置非常接近人们所认为的长平之战的古战场。

最早出现长平驿的诗歌是唐代李贺的《长平箭头歌》,其中有"驿东石田蒿坞下"②的诗句。后来作于长平驿的诗文就更多,例如金梁镗的《留题长平驿》、明常伦的《宿长平驿》、清董文骥的《题长平驿壁》等③,这些都是诗题中直接出现长平驿的,诗文中提到长平驿的就更多,不再一一罗列。长平村驿站遗址现在位于寺庄镇长平村关帝庙,现在还留有一通明代诗作的碑刻原物,碑文漫漶,诗题现存"长平"两字,诗作原文是"长平□□□邯郸,几处犹存戍垒寒。一

---

① 参看闫斯扬:《"长平之战"诗作研究》,硕士学位论文,南昌大学,2010年。
② 靳生禾,谢鸿喜:《长平之战——中国古代最大战役之研究》,太原:山西人民出版社,1998年,第117页。
③ 同上,第123、136、157页。

片愁云收不尽，飞来磷火照空坛"。署名是"钧阳右□□□董世彦书"。董世彦，嘉靖三十二年（1553）进士，曾任山西右按察使。此诗可能是董世彦在山西为官时经过长平驿手书前人诗作，后被人刻成碑保留了下来。

除了长平驿之外，晋城或高平附近地区还有其他一些地方，和长平之战并没有直接的联系，但因为地理上临近长平之战古战场，从而也成了凭吊之地。如唐代著名诗人陈子昂在当时泽州的城楼上写凭吊诗《登泽州城北楼宴》①。

（二）杀谷与省冤谷：坑杀祭祀之地

从很早时候开始，长平之战中坑杀赵卒之地就和"谷"的意象联系在一起。现存于敦煌文书中的《秦将赋》绘声绘色地描写了白起杀降的具体过程，其中写道："秦将昔时坑赵卒，入深谷，排一重刀，布一重弩。"② 这个记述中已经开始出现了谷，认为坑杀赵卒是在一个谷里进行的。后来这个谷有了明确的名称和地点，这就是省冤谷或者杀谷。这也是在长平之战诗文中常常出现的一个地名。

现在所知最早对省冤谷的详细记载出自宋代的《太平寰宇记》，其中对省冤谷的记载是："省冤谷，东西南北各六十步，在县西北二十五里秦垒西面一百步，即赵括被杀，余众四十万降白起之处。起惧赵变，尽坑之，露骸千步，积血三尺，地名煞谷。唐开元十年正月，玄宗行幸，亲祭，改名为省冤谷。"③《太平广记》《新唐书·地理志》、光绪《山西通志》卷五十三《古迹考》中也沿用了这一说法。《泽州府志》和《高平县志》等地方志中都收录有《省冤谷记》（也

---

① 同上，第116页。
② 转引自常四龙：《长平之战与文化旅游》，北京：大众文艺出版社，2009年版，第161页。
③ 乐史：《宋本太平寰宇记》卷四十四《泽州辽州》，北京：中华书局，2000年，第68页。

写作《省冤谷掩骼记》）一文。此文作于金皇统元年（1141），作者王庭直当时任高平县令。文中说："（王庭直）询其故迹，父老曰：'城西北十五里，有地曰杀谷，乃秦将白起坑赵降卒四十万人之所。'当时头颅似山，骸骨成丘①。何晏亦尝哀悼，至唐易名省冤，则长平故事，其来久矣。"②同是金代的周昂留有诗作《过省冤谷》③，是诗作中最早出现省冤谷的。

省冤谷究竟在什么地方呢？关于省冤谷或杀谷的详细位置，《太平寰宇记》中说是县城西北二十五里，而《省冤谷记》中说是西北十五里。考察《太平寰宇记》中提到的高平其他地名的位置，大多数情况都是和现在的县城位置符合的。如果以今天的县城为基准，西北二十五里大概在今天寺庄镇的长平和德义附近，则宋代所说的省冤谷也有可能是在长平驿的附近。而西北十五里在今天的寺庄镇境内，乾隆《高平县志》中介绍省冤谷时说："省冤谷，白起坑赵军处，在长平驿以南王报义庄等村，旧名杀谷。"④也就是说，从宋代到金代，省冤谷的位置可能发生了南移。

（三）头颅山与骷髅山：积尸祭祀之地

与白起杀降有关的地理意象除了"谷"之外，还有"山"，而且时间更早。与头颅山和骷髅山有关的最早记载出自《水经注》"秦坑赵众，收头颅筑台于垒中，因山为台，崔嵬桀起，今仍号之曰白起台。"（《水经注》卷九）这里并没有明确说到头颅山，不过已经出现了白起台的说法。从唐代开始白起台被等同于头颅山，白起台是头颅

---

① 此八字出于何晏文章，见何晏《白起降赵卒论》，收入乾隆《高平县志》卷十九《艺文》，南京：凤凰出版社，2005年，第231页。
② 乾隆《高平县志》卷十九《艺文》，南京：凤凰出版社，2005年，第236页。
③ 靳生禾、谢鸿喜：《长平之战——中国古代最大战役之研究》，太原：山西人民出版社，1998年，第124页。
④ 乾隆《高平县志》卷五《古迹》，南京：凤凰出版社，2005年，第65页。

山的别称。唐代的《元和郡县志》中有："头颅山一名白起台,在高平县西五里。"(《卷第十五·河东道四》)"收头颅"也是和祭祀有关系的活动,因此头颅山或骷髅山也可以视作是早期长平之战的祭祀地点之一。

关于头颅山的位置,《元和郡县志》的记载大约就在今谷口村附近,而宋代的《太平寰宇记》中头颅山和骷髅山分成两条记录:"骷髅山,在县西五里。永嘉中,晋道陵迟,刘聪举兵,积尸为骷髅山。"① "头颅山,一名白起台,在县西北九里,《上党记》云:'秦坑赵众,收头颅,筑台于垒中,因山为台。'"② 将骷髅山和头颅山分开来记录,一个对应于长平之战,实际上是流传已久的白起台;另一个对应于刘聪积尸,称作骷髅山。如果以现在的县城为基准,骷髅山的位置在今天谷口的位置,和《元和郡县志》所说的头颅山位置一致。头颅山位于今天的北城街道办事处王河村附近。如果宋代高平确实存在着一南一北两个与积尸收头颅有关系的山,那么认为北面的头颅山与长平之战有关就更为合理。

(四) 骷髅庙:明清祭祀之地

在现在的谷口骷髅庙的山门内有一块牌匾,上面是对骷髅庙的简要介绍,其中说:"谷口村亦名杀谷、哭头、省冤谷",而人们也相信头颅山或者骷髅山也在谷口村。严格来说,杀谷和省冤谷都是谷的名字,而不是村的名字。这个牌匾反映出现在大多数人的一种认识:杀谷或者省冤谷就在谷口村。通过前面对省冤谷的考证,可知宋金时期的省冤谷并不在今日谷口村的位置。骷髅庙成为长平之战的祭祀之地是从明代开始的。

---

① 乐史:宋本《太平寰宇记》卷四十四《泽州辽州》,北京:中华书局,2000年,第68页。

② 同上,第69页。

骷髅庙，又名头颅庙、赵王庙。其始建年代没有详细的记载。济渎庙万历四十年《增修邑哭头村高禖祠记》的碑文中提供了一些线索："迨我明兴，诏立赵王庙，俾有司时祀之。"除了碑文中这种比较含混的说法之外，现在所知最早的明确记录骷髅庙存在的文献是县志中收录的一篇文章《吊头颅庙文》："嘉靖纪元，岁舍戊子，时维十月，农事方已。芸庄子管律访古遗踪，出城西隅。"①这里的戊子年是嘉靖七年（1528）。作者管律是正德十六年进士，从出城西隅和头颅庙的名称来看，管律去的就是骷髅庙。因此，骷髅庙的建立不晚于嘉靖七年。明清时代，长平之战的祭祀地点主要在骷髅庙，雍正十一年和光绪五年，当时的知县对骷髅庙进行了修缮。

二、长平之战历史文化遗存的旅游开发

以历史文化为主题的旅游实际上就是要在景点与历史之间建立某种联系，通过现实中具体的景点来触发游客的历史情怀。这一部分根据前面的考证分析，对长平之战的景点规划做一个简单的初步设计。

长平之战旅游景点分为三个层次：核心区层次、扩展区层次和延伸区层次。具体情况见表1。核心区层次包括永禄尸骨坑、长平驿、省冤谷、白起台、骷髅庙共五个景点。这五个景点基本都分布在长平之战古战场上。永禄尸骨坑是考古发现的与长平之战有关的实物证据②，现在已经建有长平之战纪念馆及其配套设施，纪念馆以展览的方式展示了长平之战的历史。长平驿是古驿站文化与历代长平凭吊诗文化的结合，可以在今长平驿（长平村关帝庙）遗址上修复驿站，将历代长平古诗文以实体碑刻的形式集中展示。省冤谷可以考虑和伯方

---

① 乾隆《高平县志》卷二十《艺文》，南京：凤凰出版社，2005年，第247页。
② 山西省考古研究所、晋城市文化局、高平市博物馆：《长平之战遗址永禄1号尸骨坑发掘简报》，《文物》，1996年第6期。

村的旅游结合起来，省冤谷与唐玄宗有关，伯方的仙翁庙也与唐玄宗有关，伯方同时又是国家级历史文化名村，庙宇众多，旅游资源丰富，基础条件也好，最近村庄旅游发展势头很好。白起台可以考虑在王河村与王降村之间建立，白起台以名将白起为名，可以考虑与古战场、古阵法和古兵器等古代军事史内容结合，突出地呈现长平之战在军事方面的旅游价值，这是比较少见的旅游景点类型，很有特色。骷髅庙是明清以来主要的长平之战官方祭祀点，这种传统可以延续，将骷髅庙作为一个官方祭祀长平之战的地点。

除以上核心区的五个景点之外，与长平之战直接有关的一些景点可以作为扩展区，包括长平关和高平关（含空仓岭）、大粮山（含廉颇庙与定林寺）、康营村光狼城、下马游村、古长城和炉灶遗址。大粮山兼具自然环境山水和历史的特点，也可以充分利用已经建成的廉颇庙资源。长平关和高平关的特色是古关隘，高平关现存遗址可以利用起来。康营光狼城和下马游主要和秦国有关，康营庙宇众多，下马游也是国家级历史文化名村，都是旅游资源丰富的地方。古长城和炉灶遗址都是考古发现，比较有特色，而且都和长平之战有直接关系。

延伸区的几个景点是和长平之战没有直接关系的，它们都是和先秦历史有关系的。韩王山（含韩王庙和玉女祠）历史悠久，两座庙宇都已经重建，而且在民间影响很大。廉颇和蔺相如的故事天下皆知，高平也确有对他们的祭祀传统，这类庙宇全国罕见，包括莒山的蔺相如庙、米山郭村的相如宫、大周的莒山庙（奉祀廉颇）。张仪庙也是比较罕见的，还可以与鬼谷子文化结合。仓颉庙和先秦历史无关，但是仓颉是书圣，围绕仓颉庙展开书画方面的文化发展是合情合理的，而长平之战的重要历史资源就是大量古诗文，两者的结合也是别开生面的，围绕仓颉庙可以建立长平之战书画中心。长平之战文化可以以书画形式延伸。

表1 长平之战旅游景点整体规划

序号	等级	空间地点/景点	特色与价值	依据/备注
1	核心区	永禄尸骨坑	考古、纪念馆	考古发现
2	核心区	长平驿（长平村）	古驿站文化、凭吊诗	古诗碑
3	核心区	省冤谷（伯方村）	唐玄宗（结合仙翁庙）	《唐史》《太平寰宇记》
4	核心区	白起台（王何村）	古战场、白起	《水经注》《太平寰宇记》
5	核心区	骷髅庙（谷口村）	官方祭祀点、烧豆腐	古碑刻、县志
6	扩展区	长平关和高平关	古关隘文化	含空仓岭
7	扩展区	大粮山廉颇庙	廉颇屯粮处	
8	扩展区	古长城	军事长城文化	有遗址①
9	扩展区	光狼城（康营村）	秦屯兵处，古庙集群	
10	扩展区	下马游村	秦训练处，历史文化名村	
11	扩展区	炉灶遗址	战争遗址特色	陵川高平交界处②
12	延伸区	韩王庙（韩王山）	山水（玉女泉）、韩王被围处	
13	延伸区	蔺相如庙	将相和文化	莒山和郭村
14	延伸区	莒山庙（大周村）	廉颇文化，历史文化名村	
15	延伸区	张仪庙（凤翅山）	张仪文化、鬼谷子文化	县志
16	延伸区	仓颉庙（永禄）	长平之战书画中心	上扶、扶市、东庄

---

① 《关于山西省长城认定的批复》，国家文物局2012年997号文件。
② 《晋城：高平陵川交界发现长平之战炉灶遗址》，《太原晚报》，2011年6月。据报道遗址在礼义镇沙河村。

三、结语

长平之战是中国历史上最著名的战役之一,它奠定了秦统一六国的基础,对于中国形成多元一统的封建帝国具有极其重要的历史意义。高平地区作为长平之战发生的地区在历史上就受到这种历史记忆的深远影响,有很多与长平之战有关的历史文化遗址和遗存。有各种不可移动文物,包括古战场遗址、尸骨坑遗址、祭祀地点遗址、凭吊地点遗址等。还有各种可移动的文物,如箭头等兵器、尸骨和碑刻,等等。还有各种历史文献、历史记忆和民间习俗等也属于历史文化遗存的重要组成部分。

在当前发展旅游产业的大背景下,一方面与历史文化有关的旅游必须建立在扎实可信的历史文化研究和考证基础之上。另一方面应该充分将历史研究与现实的旅游开发相结合,充分发挥历史文化遗存在旅游开发建设中的价值。长平之战旅游对于高平地区具有重要的意义,是高平除了炎帝文化之外的另一张"名片"。长平之战的凭吊与祭祀地点是最具开发利用潜力的历史文化遗存类型,它们可以直接开发为相关旅游景点。在此基础上,将这些不可移动文物点与其他可移动文物、历史文献展览展示、历史记忆和民俗活动的再现等结合起来,提供一种综合的旅游服务,这不失为当前山西发展旅游过程中可以探索的一条道路。

抗战时期正太铁路沿线日军封锁墙考察

山西大学历史文化学院　牛　婕　胡一平

在太行山区的山西省平定县和河北省井陉县境内,有一段长城被认为是明长城。2007年,山西省长城资源调查队根据线索对这段石墙进行了调查。结合实地调查成果以及文献研究分析,这段石墙并非明代长城,而是抗战时期日军所筑的封锁墙。它既是日寇侵略我国的铁证,也是我国军民英勇抵抗侵略的见证。其性质的确定,为抗战史的深入研究以及开展爱国主义教育、弘扬太行文化都具有积极的现实意义。

一、墙体概况调查

据《中国文物地图集·山西分册》和《明长城考实》等文献,在平定县石太铁路北侧有一段长城,被认为是明代长城。2007年,山西省长城资源调查队对这段长城进行了调查。根据调查成果,这段长城包括不相连的三段:西段,位于平定县境内,大致呈西南—东北走向,西起娘子关镇上董寨村,向东北方向经上宅算村、炮楼岭、山岔村、蒲东掌村,北至石人湾村,由石人湾村向北沿省界西北至东红岭村后改为北行,至龙苍窑村东,长约15千米;东段和南段位于井陉县境内,东段呈西北—东南走向,从龙苍窑村至井陉县南峪镇核桃园村西南;南段呈南北走向,从南峪镇核桃园村向北至西凉洼村,长约

5 千米。三段均为石墙。

在平定县娘子关南北两侧,有经认定的明代长城。通过与明代长城进行比较,这几段石墙形制、结构等方面,与明代长城存在显著区别:石块形制方面,石块长宽大小厚薄方圆无定制,无固定形状;堆砌方法亦无定制,一般堆高即可;两壁砌筑不齐整,凹凸不平;石块缝隙间所填泥土很少,可能是由于风雨侵蚀所致,这也说明原填泥土松软,明长城缝隙间所填灰泥则较坚硬,能经久保存;中间亦堆以泥土碎石,但泥土量很少,且质松散,虽表面由于年久已呈灰色,但表层下即为黄色的松散的泥土,与附近近现代所垒石坎缝隙间泥土性质一样,说明其年代不久;墙体形状,底宽顶窄,宽窄比例较小;从位置上而言,墙体不一定筑于山脊之上,明长城则大多筑于山脊之上,两侧地势险要。

再者,翻阅光绪《平定州志》、光绪《平定州志补》与今本《平定县志》《井陉县志》等,在长城篇中也并未将此石墙记录在册。因此这段石墙并非明代长城墙体。

二、日军封锁墙修建始末

在对这段石墙进行调查走访时,有说是古代长城的,有说是军阀混战时阎军所为。我们在井陉县南峪镇南峪村找到了一位八十多岁的老者,他告诉我们这段石墙为抗战时期日军所筑,并讲述了当年遭受日军强征修建石墙却未付工钱的细节,还告诉我们当时日军白天修,夜晚就有抗战军民对封锁墙进行破坏。这位老者的亲身讲述,为我们探究这段石墙的性质提供了重要的线索。

抗战时期,日军在华北的封锁政策由来已久。1938 年,日军占领武汉后,正面进攻放缓,回师华北,发布《治安肃正纲要》,以"剿灭占据地区内的残敌及匪团,封锁游击战术"为目的之一,开展"治安肃正"。1939年1—5月的第一次肃正运动中，日军以山西为中心，展开多次作战。其中，驻守阳泉之日军独立混成第四旅团参与了扫荡北部山西的作战。①

1940年百团大战期间，我军发起了遍及华北主要交通干线的进攻战役，战役的第一阶段即是围绕正太铁路展开的。在此期间，日军所修筑之防御工事受到了不同程度的破坏。据第十八集团军总司令部野战政治部公布的百团大战总结战绩记载："消灭了敌伪据点共二百九十三个，其中最大最险要者，计有正太铁路之娘子关、磨河滩、莒家庄、马首、狼峪、乏驴岭、北峪、乱柳……"②

百团大战的胜利，沉重打击了日军并使其对华北之政策发生了改变。之后，日军之封锁政策有所打破，1940年8月31日，彭德怀总司令之《令继续扩大战果》电文中提道："如能达到目的，使基本根据地连成一片，在任何方面于我有利。"③再加上共产党不懈的敌后工作，直到1940年底，日军之"治安肃正"成果依旧不尽如人意。于是，1941年2月，日军华北方面军召开参谋会议，发布《昭和十六年度肃正建设计划》，同年3月至次年秋，共开展治安强化运动五次。④中条山会战结束后，日军制定《肃正与建设三年计划》，提出划分治安地区、准治安地区及未治安地区，对应我方为敌占区、游击区及根据地，明确提出并大力推行建设封锁工事的任务。⑤

《肃正与建设三年计划》的起草人岛贯武治对这一时期大力推行

---

① 日本防卫厅防卫研究所战史室：《中国事变陆军作战史·第二卷第一分册》（征求意见稿），田琪之译，宋绍柏、郭林校，北京：中华书局，1979年10月，第218页。

② 中国人民革命军事博物馆《百团大战历史文献资料选编》编审组：《百团大战历史文献资料选编》，北京：解放军出版社，1990年，第404页。

③ 中国人民革命军事博物馆《百团大战历史文献资料选编》编审组：《百团大战历史文献资料选编》，北京：解放军出版社，1990年，第34页。

④ 日本防卫厅防卫研究所战史室：《中国事变陆军作战史·第三卷第二分册》（征求意见稿），田琪之译，宋绍柏、郭林校，北京：中华书局，1979年10月，第130页。

⑤ 日本防卫厅防卫研究所战史室：《中国事变陆军作战史·第三卷第二分册》（征求意见稿），田琪之译，宋绍柏、郭林校，北京：中华书局，1979年10月，第170页。

的"建立封锁线",做了以下说明:"自古以来,中国城市周围都筑有城墙……筑有万里长城,这除了对外敌有一定程度的防御力以外,象征着对中原民众的拥抱与保护。在与中共争夺民众方面,以这样的封锁线来拥抱我方保护下的民众,与中共势力之间画一条线加以防护……在准治安区与未治安区的边界适当地建立封锁沟或一个个小碉堡(瞭望楼、碉堡等),或者两者并用,以阻止中共军的侵入,是有效的方法……这种方法对于防护长距离交通线也是有效的。"①

综上可知,日军修筑封锁工事的主要作用有四:其一,分割中共各抗日根据地,减弱其联动性以求逐个击破;其二,隔离敌占区与根据地民众,与共产党争夺民心;其三,隔绝准治安区与未治安区,即游击区与根据地区,争取控制游击区,阻断我军游击战术;其四,保护交通线。而以上几点,本文所提及之平定、井陉县境内石墙皆符合其作用,这段石墙应当主要修筑于1942年日军制定《肃正与建设三年计划》之后。从石墙的位置所在和走向等方面进行分析,也为确定这段石墙的性质提供了佐证。

首先,1940年起,日军为消除中国共产党领导的八路军及其抗日根据地,在公路和铁路干线上实行一里一兵营、三里一碉堡、十里一据点的办法,企图将各抗日根据地分割、包围、封锁,然后各个击破。②该石墙走向及方位和晋冀豫革命根据地与北岳革命根据地分界线大致相同,加上日军在石墙以西制造的北起五台县跑泉场,南至盂县上社长200余里、宽五六十里的"无人区",③可能起到隔绝晋冀豫革命根据地与北岳革命根据地的作用,形成以正太铁路为中心的敌

---

① 日本防卫厅防卫研究所战史室:《中国事变陆军作战史·第三卷第二分册》(征求意见稿),田琪之译,宋绍柏、郭林校,北京:中华书局,1979年10月,第174页。

② 山西省委党史办公室:《山西省抗日战争时期人口伤亡和财产损失》,北京:中共党史出版社,2017年1月,第49页。

③ 山西省委党史办公室:《山西省抗日战争时期人口伤亡和财产损失》,北京:中共党史出版社,2017年1月,第243页。

占区。

其次,日军企图将日占区的民众圈禁起来,一方面减少敌占区人员流失,另一方面通过威逼利诱、教育同化等手段离间中共与民众的关系。日军从1941年8月25日起,在晋东北进行全面扫荡,在郝家庄及石墙中断以北下车塞建立据点。9月24日,日军将从巨城至郝家庄至黄大崖等十三个村庄划为"无人区",即准治安区,其他为"治安区"。① 该"无人区"位于石墙西北,石墙东南则为正太铁路沿线之敌占区,即日军规定之治安区,可见该石墙可能用于隔绝敌占区与游击区、根据地,以确保敌占区内民众不受共产党影响。

最后,在治安强化运动中,日军在平定县、盂县等地制造"无人区",在平定县准治安区推行碉堡政策,沿铁路和各公路修筑碉堡。② 正太铁路连接平汉、同蒲两条铁路,是华北的重要战略运输线。该石墙位于正太铁路沿线以北,与正太铁路相距不远,石墙西段、南段走向与正太铁路大致平行,东段与正太铁路垂直,对正太铁路平定、井陉段呈包围之势,理论上可以起到防止铁路被破坏,维持物资运输,保证日军补给的作用。相反,封锁墙则成为阻碍我军物资运输的一道屏障。

除此之外,日军占领山西后为维护其统治,大肆修筑的碉堡、封锁墙、封锁沟、公路、铁路等,都是以山西各地大量劳工无偿服务为基础的。③ 这正与调查走访时当地村民所说的日军征用劳工修筑石墙,但拖欠费用的说法相合。

---

① 山西省委党史办公室:《山西省抗日战争时期人口伤亡和财产损失》,北京:中共党史出版社,2017年1月,第472页。
② 山西省委党史办公室:《山西省抗日战争时期人口伤亡和财产损失》,北京:中共党史出版社,2017年1月,第13页。
③ 山西省委党史办公室:《山西省抗日战争时期人口伤亡和财产损失》,北京:中共党史出版社,2017年1月,第49页。

三、太行精神光照千秋

抗战时期日军修筑封锁墙并非个案。据《山西省抗日战争时期人口伤亡和财产损失》一书统计，日军修筑的封锁沟墙有3609段，其中长治市28段，长治县828段，屯留县453段，长子县2300段。① 平汉路沿线也是封锁墙修建的重要区域。1941年起，日军在平汉路沿线以西修筑了长达数百公里的封锁墙。墙体位于铁路以西山地山脚下，主体为石墙，其中井陉县日军中队承担了其中90公里路段的修筑，耗时70天，用工10万。石墙高2米，底厚约1米。冀中地区也是封锁沟墙工事修筑的集中地区。直到1942年2月末，冀中地区此类工事总长大约已达3900公里。② 这些材料成为我们确定平定、井陉两县境内有关石墙性质的重要佐证。

太行山区作为敌后抗日根据地，在1940年前后成为抗日战争的主战场。在此期间民众饱受战乱之苦，却依然配合中共积极抗日，先后取得了百团大战、反扫荡作战的胜利，形成了伟大的太行精神。李长春同志指出："太行精神是在国家和民族处于危亡的关键时刻，中国共产党领导太行儿女展现的不怕牺牲、不畏艰险的革命英雄主义精神，是在极其艰苦的条件下展现的百折不挠、艰苦奋斗的精神，是为民族的解放展现的万众一心、敢于胜利的精神，是为人民利益展现的英勇奋斗、无私奉献的精神。"在太行山区遗留下来的以封锁墙为代表的防御工事是日军侵华的铁证，也是军民联合抗日的凭证，可以作为爱国主义教育基地，警醒后人勿忘国耻、珍惜和平。

---

① 山西省委党史办公室：《山西省抗日战争时期人口伤亡和财产损失》，北京：中共党史出版社，2017年1月，第49页。

② 丁则勤：《论百团大战后日本对华北的政策》，《抗日战争研究》，2000年02期，第21页。

参考文献

[1]《平定县志》编撰委员会. 平定县志. 北京：社会科学文献出版社，1992.

[2] 中国地方志集成·山西府县志辑21·光绪平定州志·光绪平定州志补. 南京：凤凰出版社，2005.

[3]《井陉县志》编纂委员会. 井陉县志. 石家庄：河北人民出版社，1986.

[4] 日本防卫厅防卫研究所战史室. 中国事变陆军作战史·第二卷第一分册（征求意见稿）. 田琪之译，宋绍柏、郭林校. 北京：中华书局，1979.

[5] 中国人民革命军事博物馆《百团大战历史文献资料选编》编审组. 百团大战历史文献资料选编. 北京：解放军出版社，1990.

[6] 山西省委党史办公室. 山西省抗日战争时期人口伤亡和财产损失. 北京：中国党史出版社，2017.

[7] 丁则勤. 论百团大战后日本对华北的政策. 抗日战争研究，2000（02）.

[8] 郭贵儒，张同乐，封汉章. 华北伪政权史稿——从"临时政府"到华北政务委员会. 北京：社会科学文化出版社，2007.

[9] 刘干才，李奎. 百团大战大纪实. 北京：团结出版社，2015.

[10] 张国祥. 山西抗战史纲. 太原：山西人民出版社，2005.

[11] 曲青山，高永中. 抗日战争回忆录. 北京：中共党史出版社，2015.

后　　记

　　山西大学首届新年论坛"锻造黄河·长城·太行文化旅游新品牌"在山西大学和山西省社科联的共同组织下圆满完成各项议题，山西大学杨军，省社科联李高山、王志超等领导对论坛的形式、主题进行了擘画和指导。山西大学社会科学处和历史文化学院具体承办论坛各项事宜。社科处侯怀银处长，以及李雪枫、徐晓东、张海云、宋文婷等在会务组织、新闻发布、后勤保障等方面做了大量工作。历史文化学院周亚、刘伟国、魏晓锴、闫爱萍、张霞、晏雪莲等老师以及十余位研究生负责参会论文的征集、编辑、印刷和论坛分组、手册编订、会议记录等。在论文集出版阶段，周亚与文章作者和出版社进行了多次沟通联络。谨向上述为论坛成功举办和论文集出版付出努力的领导、同仁、同学表示衷心的感谢！山西人民出版社的王新斐编辑具体负责论文集的出版事宜，他不仅在文字工作上精益求精，也对论文集的结构安排提出了宝贵意见，在此一并表示感谢！

　　论文集是我们对"黄河·长城·太行"三大板块文旅融合发展研究的一个阶段性成果，不足和纰漏之处在所难免，敬请广大读者批评指正。

郝平

2019 年 12 月